Konstrukteure der Nation

Niklas Lenhard-Schramm

# Konstrukteure der Nation

## Geschichtsprofessoren als politische Akteure in Vormärz und Revolution 1848/49

Waxmann 2014
Münster • New York

**Bibliografische Informationen der Deutschen Nationalbibliothek**
Die Deutsche Nationalbibliothek verzeichnet diese Publikation in der Deutschen Nationalbibliografie; detaillierte bibliografische Daten sind im Internet über http://dnb.d-nb.de abrufbar

Print-ISBN 978-3-8309-3159-1
E-Book-ISBN 978-3-8309-8159-6


Postfach 8603, 48046 Münster

www.waxmann.com
info@waxmann.com

Umschlaggestaltung: Inna Ponomareva, Münster
Druck: Hubert & Co., Göttingen
Gedruckt auf alterungsbeständigem Papier, säurefrei gemäß ISO 9706

Printed in Germany

# INHALT

1. Einleitung . . . . . . . . . . . . . . . . . . . . . . . . . . . . . . . . . 7
1.1 Quellen . . . . . . . . . . . . . . . . . . . . . . . . . . . . . . . . . 11
1.2 Forschungsstand . . . . . . . . . . . . . . . . . . . . . . . . . . . 14

2. Nationalismus und Geschichtswissenschaft . . . . . . . . . . . . . . . . . . 19
2.1 Nationalismus . . . . . . . . . . . . . . . . . . . . . . . . . . . . 19
2.2 Nationalismus und Geschichte . . . . . . . . . . . . . . . . . . . . . . 26
2.3 Die Verwissenschaftlichung der Geschichtsschreibung . . . . . 33

3. Akteure, Aktionsformen und Handlungsebenen . . . . . . . . . . . . . 40
3.1 Kurzbiographien . . . . . . . . . . . . . . . . . . . . . . . . . . . 40
3.2 Der ›politische Professor‹ – Selbstverständnis als Wissenschaftler und Politiker . . . . . . . . . . . . . . . . . . . . . . . . 59
3.3 Aktionsformen und Handlungsebenen . . . . . . . . . . . . . . . . . 77

4. Die historiographische Konstruktion der Nation . . . . . . . . . . . . . 83
4.1 Die Nation als überzeitliches Kollektivsubjekt der Geschichte . . . . . . . . . . . . . . . . . . . . . . . . . . . . . . 83
Dahlmann (83) Droysen (87) Waitz (94) Gfrörer (103) Hagen (111) Wuttke (119)
4.2 Die Überhöhung der eigenen Nation und die Nation als Letztwert . . . . . . . . . . . . . . . . . . . . . . . . . . . . . 123
4.3 Die Nation als auserwähltes Volk . . . . . . . . . . . . . . . . . . . 138
4.4 Preußens deutscher Beruf oder habsburgisches Kaisertum? . 144
4.5 Nation und Volk – Liberalismus und Demokratie . . . . . . . . . 166

5. Nationalfeinde und -konflikte . . . . . . . . . . . . . . . . . . . . . . . . 188
5.1 Nationalfeinde . . . . . . . . . . . . . . . . . . . . . . . . . . . . 188
5.2 Die Polen-Frage . . . . . . . . . . . . . . . . . . . . . . . . . . . . 199
5.3 Die Schleswig-Frage . . . . . . . . . . . . . . . . . . . . . . . . . . 208

6. Die Historiker als nationalistische Politiker in der Revolution 1848/49 ... 222
6.1 Die Schleswig-Frage in der Revolution 1848/49 ... 223
6.2 Die Polen-Frage in der Revolution 1848/49 ... 246
6.3 Die Verfassung der Nation und das Argument der Geschichte ... 258
6.3.1 Der Verfassungsdiskurs des Frühjahrs 1848 ... 258
6.3.2 Die Grundrechte ... 277
6.3.3 Einheit und Individualität – deutsches Reich und deutscher Charakter ... 285
6.3.4 Das deutsche Reichsoberhaupt ... 300

7. Zusammenfassung und Ausblick ... 314

8. Quellen- und Literaturverzeichnis ... 321
8.1 Quellenverzeichnis ... 321
8.1.1 Rechtstexte, Quellensammlungen, Verhandlungsprotokolle ... 321
8.1.2 Briefwechsel und Polizeiberichte ... 322
8.1.3 Zeitungen ... 322
8.1.4 Literarische Quellen ... 323
8.2 Literaturverzeichnis ... 330
8.3 Abbildungsverzeichnis ... 347

9. Dank ... 348

10. Anhang ... 349
10.1 Ordentliche Professuren an Universitäten im Gebiet des Deutschen Bundes (Stand 1848) ... 349
10.2 Übersicht über die Geschichtsprofessoren in der Frankfurter Nationalversammlung ... 350

# 1. EINLEITUNG

»Das Vergessen – ich möchte fast sagen: der historische Irrtum – spielt bei der Erschaffung einer Nation eine wesentliche Rolle, und daher ist der Fortschritt der historischen Erkenntnis oft für die Nation eine Gefahr.«[1] Mit diesen Worten beschrieb Ernest Renan in seiner berühmten, 1882 an der Sorbonne gehaltenen Rede *Was ist eine Nation?* das Verhältnis von Geschichte und Nation. In diesem Vortrag, der als Ausgangspunkt der Nationalismus-Forschung gilt,[2] unterstrich der französische Religionswissenschaftler und Orientalist, dass Nationen nichts Ewiges und Natürliches sind, sondern etwas vom Menschen Erschaffenes. Damit formulierte Renan einen Gedanken, der in den 1980er Jahren von der kulturgeschichtlich und sozialkonstruktivistisch geprägten Nationalismus-Forschung aufgegriffen und seitdem theoretisch weiter fundiert wurde. Die Auffassung, dass es sich bei der Nation um eine »imaginierte Gemeinschaft« (Benedict Anderson) oder »gedachte Ordnung« (M. Rainer Lepsius) handelt, hat sich inzwischen – von wenigen Ausnahmen abgesehen – weithin durchgesetzt.[3] Versteht man die Nation mithin als gedankliches soziales Konstrukt, so stellt sich die Frage nach ihren Konstrukteuren. Gerade die Rolle von Historikern rückt dabei in ein ambivalentes Licht. Denn die Nation wurde nicht nur durch die historische Forschung dekonstruiert; vielmehr waren Historiker – auch hier ist sich die historische Forschung weitgehend einig – an der Konstruktionsleistung der Nation federführend beteiligt.[4]

1 RENAN, Was ist eine Nation, 1882, S. 14.

2 So KUNZE, Nation, 2005, S. 10f.

3 ANDERSON, Erfindung, 2005 (engl. Original: Imagined Communities, 1983); LEPSIUS, Nation, 1982, S. 13, 26f., der den Ausdruck »gedachte Ordnung« von dem Soziologen Emerich K. Francis übernommen hat.

4 Dies wird in der Forschung mehr oder weniger reflektiert betont. Siehe CONRAD/CONRAD, Nation, 2002, S. 19–23; BERGER/DONOVAN/PASSMORE, National Histories, 1999, S. 3, 47; BERGER, Geschichten, 2002, S. 49; BERGER, Search, 2003, S. 7; BERGER, Nation, 2008, S. 7–9; HYE/MAZOHL/NIEDERKORN, Nationalgeschichte, 2009, S. 7–9; MUHLACK, Einleitung, 2003, S. 10; MUHLACK, History, 2000, S. 30; ECHTERNKAMP/MÜLLER, Perspektiven, 2002, S. 15; ECHTERNKAMP, Aufstieg, 1998, S. 306–343; HROCH, Europa, 2005, S. 149f.; GRAMLEY, Propheten, 2001, S. 28–32; WEHLER, Nationalismus, 1994, S. 163–168; JANSEN/BORGGRÄFE, Nation, 2007, S. 21–25; VÖLKEL, Geschichtsschreibung, 2006, S. 289–293; KOSELLECK u.a., »Volk, Nation«, 1992, S. 146; WEICHLEIN, Nationalbewegungen, 2012, S. 112f. Ähnlich bereits LIST, Historische Theorie, 1974, S. 36. Essayistisch hierzu SCHULZE, deutsche Geschichte, 1998, bes. S. 28–47. Widersprüchlich und nicht überzeugend ist RUMPLER, Deformierung, 2009, S. 23, 41. Mit Blick auf die Intellektuellen allgemein, denen zweifellos auch Historiker zuzurechnen sind, siehe EISENSTADT, Konstruktion, 1991, S. 21f.; GIESEN, Intellektuellen, 1993. Zum Sozialkonstruktivismus

Die Frage, warum Historiker als Konstrukteure der Nation fungierten, lässt sich nicht hinreichend beantworten, wenn der Blick nur auf die gegenseitige Durchdringung von Geschichte und Nationalismus gerichtet wird. Vielmehr ist eine weitere Dimension mit einzubeziehen: die Politik. Denn die historische Situation, in welcher die Historiker an der Konstruktion der Nation mitwirkten, war geprägt durch drei grundlegende Prozesse, die sich wechselseitig bedingten und die mit den Stichwörtern *Nationalisierung*, *Historisierung* und *Politisierung* umschrieben werden können. Prägend für dieses Bedingungsgefüge war die Sozialfigur des ›politischen Professors‹. Einen besonders sichtbaren Ausdruck fand das Wirken solcher Professoren in der Revolution von 1848/49, als zahlreiche Hochschullehrer Abgeordnete der Frankfurter Nationalversammlung wurden. Schon von den Zeitgenossen als ein ›Professorenparlament‹ wahrgenommen,[5] entfalteten in dieser ersten gesamtdeutschen Volksvertretung auch Historiker ein bis dahin ungekanntes politisches Gewicht. Dies galt namentlich für nationale Fragen und Konflikte, also Angelegenheiten, in denen nationalistische Ansichten und Ansprüche historisch herzuleiten und zu begründen waren. Doch ihr politisches Engagement während der Revolution war keineswegs ein Novum, sondern stellte nur einen vorläufigen Höhepunkt dar. Denn schon vor 1848 hatten sich zahlreiche Geschichtsprofessoren darum bemüht, durch die Verknüpfung ihrer wissenschaftlichen und politischen Tätigkeit zur Nationsbildung beizutragen und dabei zentrale Argumente, Denkmuster und Standpunkte entwickelt, die die nationalistische Politik während der Revolution von 1848/49 maßgeblich prägten, die aber auch über die Revolution hinaus äußerst wirksam blieben.

Ziel des vorliegenden Buches ist es, diesen Zusammenhang von Geschichtswissenschaft, Politik und Nationalismus bis 1848/49 genauer auszuleuchten. Im Fokus steht dabei das wissenschaftlich-publizistische Wirken dieser politischen Historiker und Professoren; das Erkenntnisinteresse richtet sich hier vor allem auf drei Punkte: (1) auf ihr berufliches Selbstverständnis, (2) auf die Frage, wie sie durch ihre Geschichts-

---

grundlegend Berger/Luckmann, Konstruktion, 1969; siehe mit Blick auf die Bedeutung der Sprache auch Searle, Konstruktion, 2011.

5 Zum Topos des ›Professorenparlaments‹ Engehausen, Revolution, 2007, S. 81; Siemann, Revolution, 1985, S. 124. Omnipräsent war dieser Topos beispielsweise in den Gedichten Georg Herweghs und anderen linken Intellektuellen, in denen der Professor als doktrinäre und tatkräftiges Handeln scheuende Gestalt erschien und das ›Professorenparlament‹ als ›Schwatzbude‹, die sich in endlosen Debatten verzettele und damit die Errungenschaften der Revolution zerrede. Zu den Professoren in der Nationalversammlung siehe unten, Anm. 190; siehe ebenso die Zitate in Kap. 7.

schreibung politisch wirkten und dadurch zur Konstruktion der Nation beitrugen und (3) wie sich dieses Ineinandergreifen ihres wissenschaftlichen und nationalpolitischen Wirkens auf der parlamentarischen Ebene niedergeschlagen hat. Hierzu werden sechs Geschichtsprofessoren in den Blick genommen, die als Abgeordnete der Frankfurter Nationalversammlung angehörten, sich aber schon vor der Revolution von 1848/49 durch eine genuin nationalpolitische Geschichtsschreibung ausgezeichnet hatten: Friedrich Christoph *Dahlmann*, Johann Gustav *Droysen*, August Friedrich *Gfrörer*, Karl *Hagen*, Georg *Waitz* und Heinrich *Wuttke*. Die Auswahl beruht auf mehreren Gründen: Zunächst wurden Historiker herausgegriffen, die sich in historiographischer Hinsicht eingehend mit nationalen Fragen befasst haben, namentlich mit der deutschen Geschichte. Denn insbesondere durch national*geschichtliche* Arbeiten bot sich der optimale Rahmen auch national*politisch* zu wirken. (Allerdings wandten sich viele Geschichtsprofessoren schwerpunktmäßig anderen Themen zu, da Ordinariate für Geschichte in der Mitte des 19. Jahrhundert oftmals keine rein historischen Lehrstühle waren, sondern zugleich Lehrstühle für Statistik, Geographie oder Staatswissenschaft usw.) Überdies wurde darauf geachtet, dass durch die Professoren unterschiedliche politische Positionen repräsentiert sind. Schließlich wurden sie so ausgewählt, dass ihre Universitäten auf verschiedene deutsche Staaten verteilt waren, um nicht nur ein möglichst breites weltanschauliches, sondern auch regionales Spektrum erfassen zu können.[6]

Bevor diese sechs Historiker, ihr Denken und Handeln in den Mittelpunkt rücken, werden im zweiten Kapitel *Nationalismus und Geschichtswissenschaft* zunächst die ideellen und institutionellen Grundlagen ihres Wirkens thematisiert. Kapitel 2.1 umreißt den der Arbeit zugrunde liegenden Nationalismusbegriff und skizziert wichtige Charakteristika des

---

6 Von den insgesamt 16 Geschichtsprofessoren stimmten 4 am 28. März 1849 gegen den preußischen König Friedrich Wilhelm IV. als »Kaiser der Deutschen«: Fallmerayer, Gfrörer, Hagen und Wuttke. Fallmerayer fiel aus dem Analyseraster, da er sich wissenschaftlich fast ausschließlich dem Orient widmete. Für Gfrörer sprach, dass er als einer der wenigen Historiker in der Paulskirche dem Katholizismus nahestand; für Hagen und Wuttke, dass sie dem linken Spektrum angehörten. Von den übrigen Geschichtsprofessoren fiel Gervinus heraus, weil er sich bereits am 31. Juli 1848 aus der Nationalversammlung zurückzog. Von den übrigen 11 (die mit einer Ausnahme alle dem rechten oder linken Zentrum der Nationalversammlung zuzurechnen sind) lehrten 3 an einer nicht-preußischen Universität: Droysen, Fallati und Waitz. Fallati wurde nicht ausgewählt, da er hauptsächlich zu statistisch-ökonomischen Fragen publizierte. Für Droysen und Waitz sprach neben ihrem Berufsort, dass sie sich in ihrer wissenschaftlichen Arbeit ausgiebig zu nationalen Fragen geäußert und sich überdies vor 1848 im Schleswig-Konflikt engagiert haben. Gleiches gilt für Dahlmann, der aus den übrigen Geschichtsprofessoren auch ausgewählt wurde, weil er einer der einflussreichsten Abgeordneten war.

Nationalismus, an welche die folgenden Ausführungen immer wieder anknüpfen werden. Sodann werden in Kapitel 2.2 die Bedeutung und Funktionen der Geschichte für den Nationalismus erörtert und in Kapitel 2.3 die Verwissenschaftlichung der Geschichtsschreibung kurz nachgezeichnet, die in vielerlei Hinsicht mit dem Aufkommen des Nationalismus verzahnt war und den fachspezifischen Rahmen schuf, in dem die Historiker tätig waren.

Das dritte Kapitel entspricht im Wesentlichen dem ersten Punkt des oben formulierten Erkenntnisinteresses und beleuchtet die *Akteure, Aktionsformen und Handlungsebenen*. Nach einer knappen biographischen Vorstellung der sechs Historiker in Kapitel 3.1, die sich auf die Zeit bis 1848 beschränkt, soll das Konzept des ›politischen Professors‹ erläutert und in einen Zusammenhang mit dem beruflichen Selbstverständnis der sechs Historiker gestellt werden (Kapitel 3.2). Im Vordergrund steht dabei die Frage, welche Rolle Geschichte, Nation und Politik in ihrem Denken und Handeln spielten und welche nationalpolitische Bedeutung sie der Geschichtswissenschaft beimaßen. Hiernach werden in Kapitel 3.3 die Felder und Formen ihres Handelns angesprochen, um vor Augen zu führen, wo und wie sie ihr berufliches Selbstverständnis in die Tat umzusetzen suchten und welche Reichweite sie mit ihrem Wirken erzielen konnten.

Die beiden folgenden Kapitel widmen sich dem zweiten Punkt des Erkenntnisinteresses. Kapitel 4 stellt den Hauptteil der Arbeit dar – hier wird vornehmlich der Frage nachgegangen, wie die sechs Historiker zur *historiographischen Konstruktion der Nation* beitrugen und dabei politische Botschaften entwickelten, begründeten und vermittelten. Die Untergliederung dieses Kapitels orientiert sich an wichtigen Denkmustern, die aus dem Nationalismus selbst hervorgehen oder eng mit ihm verbunden sind: die Nation als ein objektives und zeitloses Kollektivsubjekt der Geschichte, das nach selbstständiger politischer Organisation verlangt (4.1); die Überlegenheit der eigenen Nation und deren Überhöhung zum Letztwert (4.2); die historische Mission und Auserwähltheit der eigenen Nation (4.3). Außerdem soll gezeigt werden, wie die Historiker die Rolle Preußens und Österreichs mit Blick auf einen angestrebten deutschen Nationalstaat interpretierten (4.4) und inwiefern ihre nationalistischen Geschichtsdeutungen mit demokratischen und liberalen Anschauungen verbunden waren (4.5).

Kapitel 5 behandelt ein für den Nationalismus ebenso zentrales Themenfeld: *Nationalfeinde und Nationalkonflikte*. Während Kapitel 5.1 zunächst auf die historische Begründung von Feindbildern und die daraus abgeleiteten politischen Forderungen eingeht, wird daran anschließend das wissenschaftlich-politisch-nationalistische Engagement der Professoren anhand zweier Nationalkonflikte konkretisiert: an der Polen-Frage in Kapitel 5.2 und an der Schleswig-Frage in Kapitel 5.3.

Das sechste Kapitel zielt auf den letzten Punkt des Erkenntnisinteresses und fragt danach, wie die sechs *Historiker als nationalistische Politiker in der Revolution 1848/49* agierten. Hierbei geht es nicht darum, ihre Standpunkte in allen Fragen erschöpfend zu erörtern und das Handeln der sechs Historiker inner- und außerhalb des Parlamentes *in extenso* nachzuzeichnen.[7] Ziel ist vielmehr, den Nexus ihres wissenschaftlichen und politisch-parlamentarischen Wirkens an ausgewählten Beispielen herauszuarbeiten. Anknüpfend an Kapitel 5.2 und 5.3 stehen zuerst die Schleswig- und die Polen-Frage im Zentrum (Kapitel 6.1 und 6.2). Dabei geht es insbesondere darum zu zeigen, inwieweit die wissenschaftlich-politischen Ansichten und Argumente, die die Historiker in diesen Fragen vor 1848 entwickelt und vertreten hatten, aufgegriffen wurden – sowohl von ihnen selbst als auch von anderen. Dies gilt auch für Kapitel 6.3, das die Beteiligung der Historiker an der Verfassungsfrage 1848/49 erörtert. Hier wird zunächst dargelegt, wie sich die sechs Historiker durch die Ereignisse des Frühjahrs 1848 zu aktivem politischen Engagement veranlasst sahen und wie sie auf die Verfassungsfrage – noch unbefangen von den Sachzwängen parlamentarischen Handelns – einzuwirken suchten. Im Folgenden werden schlaglichtartig einzelne Beiträge der Historiker zur Verfassungsarbeit der Frankfurter Nationalversammlung besprochen, wobei die Beiträge zu Dahlmann und Droysen etwas knapper ausfallen, da zu ihrem Wirken 1848/49 bereits vorzügliche Studien vorliegen. Den zeitlichen Schlusspunkt dieses Kapitels (und der Arbeit) bildet die Wahl des preußischen Königs Friedrich Wilhelm IV. zum Kaiser der Deutschen am 28. März 1849.

## 1.1 Quellen

Den vorwiegenden Anteil des hier analysierten Quellenmaterials stellen veröffentlichte Schriften dar. Dies ergibt sich aus der oben formulierten Fragestellung – denn einen Beitrag zur ideellen Nationsbildung, zur

7 Nippel, Droysen, 2008, S. 62, hat mit Recht darauf hingewiesen, dass allein die Rolle Droysens in der Revolution von 1848/49 genügend Stoff für ein eigenes Buch bieten würde.

Politik und Wissenschaft konnten die Historiker nur durch ein auf die Öffentlichkeit zielendes Wirken leisten, also vor allem durch Publikationen. Dementsprechend steht hier die Geschichtsschreibung der sechs Historiker im Vordergrund. In ihr schlugen sich Denkmuster und Diskurse nieder, die sich an ein Publikum richteten, die durch ihren ›wissenschaftlichen‹ Gehalt eine große Autorität genossen, die weithin rezipiert und verbreitet wurden und die dadurch die nationalistischen Deutungen der Geschichte – und damit auch der Gegenwart – wesentlich mitgeprägt haben.[8] Dabei gilt, dass eine Unterscheidung zwischen ›politischer‹ und ›wissenschaftlicher‹ Geschichtsschreibung wenig hilfreich ist. Denn alle Texte waren in gewissem Sinne zugleich wissenschaftlich und politisch. So enthielten vordergründig ›wissenschaftliche‹ Arbeiten stets politische Botschaften und zum Teil auch konkrete politische Forderungen. Umgekehrt erhoben auch Schriften, die im Ganzen eher als ›politisch‹ zu charakterisieren sind, einen wissenschaftlichen Anspruch und untermauerten diesen oftmals mit Quellenbelegen, Anmerkungen und Literaturhinweisen. In Anbetracht dessen werden hier alle Publikationen berücksichtigt, die sich mit dem Thema ›Nation‹ befassen und geschichtlich argumentieren. Dazu zählen insbesondere Monographien, Beiträge in Zeitschriften und Sammelbänden sowie Zeitungsartikel, aber ebenso gedruckte akademische Reden und Programme.

Wenngleich die Nation in allen diesen Schriften eine Rolle spielte, so stand diese Rolle mal mehr, mal weniger im Vordergrund. Grundsätzlich gilt für die vorliegende Untersuchung, dass hier alle die Nation betreffenden Aussagen der sechs Historiker verdichtet werden. Ihre Schriften sind – von wenigen Ausnahmen abgesehen – mithin nicht gänzlich von nationalistischen Argumenten durchzogen (wie es vielleicht bei der Lektüre der folgenden Ausführungen erscheinen mag). Aber gerade weil viele nationalistische Denkfiguren und Deutungsmuster meist als selbstverständlich dargestellt wurden und die sechs Historiker sie nicht

8 Inwieweit auch die sechs Historiker als Meinungsmacher und Multiplikatoren eines nationalistischen Weltbildes wirkten und welche Reichweite ihre Werke hatte, zeigen zwei Beispiele der heute eher unbekannten Historiker: August Friedrich Gfrörer publizierte 1837 seine über 1.000 Seiten starke *Geschichte Gustav Adolphs* in einer für damalige Verhältnisse enormen Auflage von 5.000 Exemplaren. Der Erfolg des Buchs war so groß, dass 1845 eine umgearbeitete Neuauflage erschien; zwei weitere Auflagen folgten nach 1849 (Gfrörer, Gustav Adolph, 1845, S. V; dazu auch Brechenmacher, Geschichtsschreibung, 1996, S. 12, 113). Heinrich Wuttke gab 1846 seine Schrift *Polen und Deutsche* heraus, die zuvor in der damals auflagenstärksten deutschen Zeitung, der Augsburger *Allgemeinen Zeitung*, artikelweise abgedruckt worden war. Bereits 1847 erschien diese Schrift in einer zweiten, umfangreich erweiterten Auflage, die 1848 erneut abgedruckt wurde (Wuttke, Polen und Deutsche, 1848, S. V).

unentwegt und extrem übersteigert vorbrachten, sondern mit Bedacht und wohlbegründet, wohnte ihnen – so die These – eine umso größere Überzeugungskraft inne.[9]

Punktuell ergänzt werden die publizierten Schriften durch private Dokumente, insbesondere Briefe und unveröffentlichte Denkschriften. Obzwar diese Quellen für das öffentliche politische und wissenschaftliche Wirken und damit für das zentrale Erkenntnisinteresse dieser Arbeit von geringerer Aussagekraft sind, können sie in Einzelfragen herangezogen werden, um das gedruckte Schriftgut zu ergänzen oder um etwaige, durch die Publikationen aufgeworfene Unklarheiten zu beseitigen. Mit Blick auf die privaten Dokumente beschränkt sich die vorliegende Arbeit auf ediertes Quellenmaterial (in erster Linie Briefwechsel, Vorlesungsmanuskripte und Memoranden).

In Anbetracht der Vielzahl an herangezogenen Quellen werden diese nur dann eingehend kontextualisiert, wenn dies für die Fragestellung einen (wesentlichen) analytischen Mehrwert verspricht. Zugunsten einer größeren Klarheit werden die sechs Historiker und ihre Schriften im Wesentlichen einzeln abgehandelt, wiewohl auf Gemeinsamkeiten und Unterschiede immer wieder hinzuweisen ist. Ein Vorgehen, das bereits während der Analyse des Quellenmaterials stark vergleichend verfährt, tendiert dazu, die Spezifika bestimmter Historiker und ihrer Deutungs- und Argumentationslinien zu verwischen.[10] Die jeweilige Konzentration auf *einen* Historiker ist darüber hinaus sinnvoll, weil sie sich nicht alle zu den gleichen Fragen äußerten oder, wenn doch, nur in sehr unterschiedlichem Ausmaß: Während sich einige wissenschaftlich wie politisch stärker mit dem Konflikt um das Herzogtum Schleswig befassten (etwa Dahlmann), richteten andere ihr Augenmerk auf die Frage eines polnischen Nationalstaates (so Wuttke). Wieder andere beschäftigten sich in ihren Schriften kaum mit diesen beiden Angelegenheiten (Gfrörer). Vor diesem Hintergrund sind die Anteile zu den verschiedenen Historikern in den einzelnen Kapiteln unterschiedlich gewichtet – nämlich so, wie sie zu den jeweiligen Fragen und Sachgesichtspunkten Stellung genommen haben.

9 So hat umgekehrt Heinrich Wuttke, der in seinen Schriften (vor allem *Polen und Deutsche*) den chauvinistischsten Nationalismus der sechs Historiker verfochten hat, auch den schärfsten Widerspruch und die größten Anfeindungen erfahren. Siehe dazu unten, Kap. 5.2 und 6.2.
10 Hierzu tendiert etwa Gramley, Propheten, 2001.

## *1.2 Forschungsstand*

Dass das Aufkommen des Nationalismus im 19. Jahrhundert eng mit einer allgemeinen Historisierung des Denkens und der Verwissenschaftlichung der Geschichtsschreibung verbunden war, gilt in der historischen Forschung als allgemein anerkannt.[11] Dennoch – oder vielleicht gerade deshalb – ist das grundsätzliche Verhältnis zwischen Nationsbildung und Geschichtsbewusstsein und -wissenschaft in Deutschland im gesamten 19. Jahrhundert bislang kaum systematisch und auf breiterer Quellenbasis untersucht worden.[12] Die meisten Studien, die sich dieser Materie zuwenden, setzen sich mit einzelnen Personen, Institutionen oder Themenbereichen auseinander.[13] Wie die (wissenschaftliche) Geschichtsschreibung zur Entwicklung, Begründung und Vermittlung nationalistischer Denkmuster beitrug, wird hierbei meist nur beiläufig behandelt. Überdies beschränkt sich der weitaus größte Teil dieser Arbeiten zeitlich auf die zweite Hälfte des 19. Jahrhunderts.[14] Auch in den wenigen Arbeiten, die sich um eine zeitlich umfassende und transnational vergleichende Perspektive bemühen, wird die Zeit vor 1848 zwar nur selten übergangen, aber fast ausschließlich am Rande berührt.[15] Dies ist besonders misslich, weil gerade die erste Hälfte des 19. Jahrhunderts von

11 Siehe die in Anm. 4 angegebene Literatur.

12 WEBER, Geschichte, 2002, S. 343; HROCH, Europa, 2005, S. 152, Anm. 53 weist daraufhin, dass der Zusammenhang von Nation und Geschichte bisher hauptsächlich mit Blick auf die sog. ›Staatsnationen‹ hin untersucht wurde.

13 Aus der schier unüberblickbaren biographischen und historiographiegeschichtlichen Literatur seien hier genannt DOTTERWEICH, Sybel, 1978; HÜBINGER, Gervinus, 1984; LANGER, Treitschke, 1998; FULDA, Wissenschaft aus Kunst, 1996; JORDAN, Geschichtstheorie, 2000; JAEGER/RÜSEN, Historismus, 1992.

14 Siehe beispielsweise LEONHARD, Vergangenheit, 2009; WOLFRUM, Geschichte, 2001; FAULENBACH, Ideologie, 1980; MOMMSEN, Geschichtsschreibung, 1989; WEBER, Geschichte, 2002. Insbesondere die Arbeiten GRAMLEY, Christliches Vaterland, 2002; GRAMLEY, Propheten, 2001, illustrieren, dass ein Ansatz, der sich auf die Zeit nach 1848 beschränkt, unzureichend bleibt, zumal aufgrund der Auswahl der beleuchteten Historiker: So wird etwa das Wirken Ernst Moritz Arndts und Friedrich Christoph Dahlmanns ab 1848 analysiert, obwohl beide seit 1848 nicht mehr nennenswert historiographisch publizierten. Die auf Meinungs- und Willensbildung zielende Geschichtsschreibung gerät damit aus dem Blick.

15 Als beispielhaft können hier die vielzitierten Publikationen von Stefan Berger gelten. So handelt BERGER, Search, 2003 (die Monographie trägt den vielversprechenden Untertitel *National Identity and Historical Consciousness in Germany since 1800*) die »nationale Tradition der deutschen Historiographie« bis 1960 [!] auf lediglich 17 Seiten ab (S. 21–48). Auch der Sammelband BERGER/DONOVAN/PASSMORE, Writing National Histories, 1999 enthält mit Blick auf Deutschland nur zwei kurze Aufsätze, die selbst die Zeit vor 1848 nur streifen (S. 15–29, 57–68).

wegweisender Bedeutung für die weitere Entwicklung des Nationalismus und der Geschichtswissenschaft war.

Für viele historiographiegeschichtliche Arbeiten gilt, dass sie die Geschichtsschreibung im 19. Jahrhundert aus einer preußisch-zentrierten Perspektive betrachten. So liegt der Fokus oft auf jenen Historikern, die der ›borussischen‹ Schule zugerechnet werden.[16] Andere Strömungen in der Geschichtsschreibung wurden und werden in einschlägigen Arbeiten vielfach nicht behandelt, vor allem in der Zeit vor 1848/49. Die Arbeit *Großdeutsche Geschichtsschreibung im neunzehnten Jahrhundert. Die erste Generation (1830–48)* von Thomas Brechenmacher ist daher als eine bedeutende Pionierstudie zu betrachten, die eine bisher kaum erforschte Richtung der deutschen Historiographie beleuchtet.[17] Zu den fünf von Brechenmacher untersuchten Historikern zählt auch August Friedrich Gfrörer, dessen historiographisches Œuvre (bis 1848) in dieser Studie erstmals eine eingehende und wissenschaftlich fundierte Analyse erfahren hat. Obzwar damit in vielerlei Hinsicht wertvolle Hinweise für die vorliegende Arbeit gegeben sind, nimmt die Frage nach Gfrörers nationalistischen Deutungsmustern der Geschichte in Brechenmachers Buch eher wenig Raum ein. Auch das politische und parlamentarische Handeln Gfrörers in der Revolution 1848/49 wird nur angerissen, sodass sich hier die Möglichkeit bietet, an Brechenmachers Arbeit anzuknüpfen und diese weiterzuführen.

Völlig anders stellt sich die Forschungslage zu Heinrich Wuttke und Karl Hagen dar. Zu ihrer Geschichtsschreibung existieren keine entsprechenden Vorarbeiten. Während zum politischen Wirken Wuttkes noch die Arbeiten Joachim Müllers vorliegen, die aufgrund ihres stark marxistisch-ideologischen Charakters aber nur bedingt zu gebrauchen sind und außerdem den Schwerpunkt auf die Zeit nach 1849 setzen,[18] ist das historiographische Werk Wuttkes bislang noch nicht eingehend untersucht worden. Hilfreich sind in diesem Zusammenhang die 2010 erschienenen *Studien zum Geschichtswerk von Heinrich Wuttke* von Mario Todte.[19] Zwar gehen sie inhaltlich nur sehr oberflächlich auf die Geschichts-

---

16 So bei Gramley, Propheten, 2001; List, Historische Theorie, 1974. Schon die klassischen historiographiegeschichtlichen Werke, etwa Fueter, Geschichte, 1911; Srbik, Geist, 1950/51; Gooch, Geschichte, 1964, schenken Historikern, die als der ›borussischen‹ Schule angehörig oder nahestehend gelten, überdurchschnittliche Beachtung. Auch die in Anm. 13 genannten Biographien geben ein beredtes Beispiel für das Interesse an den ›borussischen‹ Historikern.

17 Brechenmacher, Geschichtsschreibung, 1996.

18 Müller, Wuttke als Politiker, 1959; Müller, politische Wirken, 1960.

19 Todte, Geschichtswerk, 2010.

schreibung Wuttkes ein (und behandeln dabei auch vorwiegend die Zeit nach 1849), doch liefern sie zahlreiche bibliographische und biographische Hinweise und bieten damit einen soliden Ausgangspunkt für die vorliegende Arbeit. Ähnlich unzureichend ist der Forschungsstand bei Karl Hagen. Während zu seinem politischen Handeln in der Revolution von 1848/49 zwei Aufsätze von Eike Wolgast (1985) und Robert Zepf (1998) vorhanden sind,[20] muss sein historiographisches Werk als weitgehend unerforscht gelten. Hier liegt lediglich ein einziger Aufsatz von Günter Mühlpfordt aus dem Jahre 1980 vor, der sich aber inhaltlich auf Hagens Interpretation der Reformation beschränkt und überdies stark von einer marxistischen Geschichtsdeutung vereinnahmt ist.[21]

Demgegenüber können Friedrich Christoph Dahlmann und – mehr noch – Johann Gustav Droysen als gut erforscht gelten. Gerade die historiographiegeschichtliche Auseinandersetzung mit Droysen kann auf eine lange Tradition und zahlreiche Werke zu unterschiedlichsten Aspekten zurückblicken.[22] Auch in jüngster Zeit ist eine Reihe von bedeutenden Arbeiten erschienen. Neben drei Sammelbänden, die zwischen 2009 und 2012 veröffentlicht wurden und die den gegenwärtigen Stand der Forschungen zu Droysen in verschiedener Hinsicht abbilden,[23] ist hier vor allem Wilfried Nippels kritische Droysen-Biographie (2008) zu nennen, die sowohl das wissenschaftliche als auch das politische Wirken Droysens in den Blick nimmt und in Beziehung setzt.[24] Gleichwohl ist für diese Biographie wie auch für die Droysen-Literatur insgesamt zu konstatieren, dass das Wirken Droysens vor 1848 in der Regel eher prologartig abgehandelt wird und sich der Fokus oftmals auf Droysens *Historik* und *Geschichte der preußischen Politik* richtet. Dementsprechend ist auch der nationalistische Gehalt seiner vormärzlichen Geschichtsschreibung bislang kaum eingehend untersucht worden (als Ausnahme kann hier die Arbeit von Günter Birtsch von 1964 gelten, die aber in vielerlei Hinsicht veraltet ist, zum Teil selbst einem essentialistischen Nationsbegriff folgt und auch den Schwerpunkt auf Droysens nachrevolutionäres Wirken legt).[25] Dies gilt im Wesentlichen auch für Dahlmann,

20 Zepf, Hagen, 1998; Wolgast, Hagen, 1985.
21 Mühlpfordt, Hagen, 1980. Dieser Aufsatz wurde an zwei verschiedenen Orten gedruckt.
22 Einen umfassenden Überblick der bis 2006 erschienenen Literatur bietet Blanke, Droysen-Bibliographie, 2008, S. 204–235. Siehe von den neueren Arbeiten vor allem Rüsen, Droysen, 1971; Muhlack, Droysen, 1998. Zur Geschichtsphilosophie Droysens ist überdies wichtig Bauer, Geheimnis, 2001.
23 Blanke, Historie, 2009; Ries, Droysen, 2010; Rebenich/Wiemer, Droysen, 2012.
24 Nippel, Droysen, 2008.
25 Birtsch, Nation, 1964.

zu dem die allgemeine Literaturbasis ähnlich breit ist. Hervorzuheben ist auch hier eine aktuelle Biographie, die Wilhelm Bleek 2010 vorgelegt hat und die ausführlich über die politische und ›politikwissenschaftliche‹ Tätigkeit Dahlmanns berichtet,[26] aber sein Wirken als Historiker relativ knapp behandelt.[27] Auch zu Dahlmann sind erst vor kurzem zwei Sammelbände erschienen,[28] welche die ohnehin umfangreiche Literatur ergänzen.[29]

Die Zahl der Arbeiten zu Waitz fällt hingegen relativ spärlich aus, besonders derjenigen, die den Zeitraum vor 1848 eingehend berücksichtigen. Zu nennen sind hier ein älterer Festschriftbeitrag von Karl Jordan aus dem Jahr 1964, der einen knappen Überblick über Waitz' Wirken an der Universität Kiel bietet[30] und ein Aufsatz von Ulrich Muhlack, der die zentrale Bedeutung von Waitz für die Entwicklung der deutschen Geschichtswissenschaft im 19. Jahrhundert hervorhebt.[31] Darüber hinaus sind insbesondere die beiden rechtshistorischen Dissertationen von Ernst-Wolfgang Böckenförde und Dominik Reither hilfreich, die sich zwar unter anderem mit dem politischen Gehalt von Waitz' Geschichtsschreibung auseinandersetzen,[32] dabei aber kaum auf das Problem der historiographischen Konstruktion der Nation eingehen. Das politische Wirken Waitz' ist durch die Arbeiten von Ernst Fraenkel und Hermann Hagenah behandelt worden, die aber nicht nur aufgrund ihres Erscheinungsdatums (1923/31) kritisch zu betrachten sind, sondern mehr noch aufgrund des immer wieder durchscheinenden Bemühens, Waitz' politische Rolle positiv darzustellen.[33]

Wenn sich vor diesem Hintergrund festhalten lässt, dass im Hinblick auf die Verbindung von Nationalismus und Geschichtsschreibung im Allgemeinen und im Hinblick auf die sechs Historiker im Besonderen noch großer Forschungsbedarf besteht, so gilt dies ebenso für die Rolle und Bedeutung des Nationalismus während der Revolution von 1848/49

---

26 Bleek, Dahlmann, 2010.

27 So auch Jansen, Rez. Bleek, 2011.

28 Becker/Bleek/Mayer, Dahlmann, 2012; Knelangen/Schliesky, Dahlmann, 2012.

29 Eine Auflistung der wichtigsten Literatur zu Dahlmann findet sich bei Bleek, Dahlmann, 2010, S. 453–455. Hervorzuheben sind Hansen, Dahlmann, 1972, sowie vor allem die materialreiche, grundlegende Biographie von Springer, Dahlmann, 1870/72.

30 Jordan, Waitz, 1964.

31 Muhlack, Stellung 2005.

32 Böckenförde, Forschung, 1995 (hierbei handelt es sich um eine zweite, ergänzte Auflage einer Dissertation aus dem Jahre 1961); Reither, Rechtsgeschichte, 2009. Beide Arbeiten nehmen mehrere Rechtshistoriker, darunter auch Waitz, in den Blick.

33 Fraenkel, Waitz, 1923; Hagenah, Waitz, 1931.

in Deutschland. Zwar sind die nationalpolitischen Debatten und Ziele der Frankfurter Nationalversammlung durch die Arbeiten Günter Wollsteins weitgehend aufgearbeitet.[34] Darüber hinaus liegen aber kaum Arbeiten vor, die sich auf Basis der neueren Nationalismus-Forschung eingehend und quellengesättigt mit dem Nationalismus während der Revolution befassen. Die meisten Arbeiten, die sich diesem Thema widmen, haben einen kursorischen Charakter und problematisieren das Phänomen des Nationalismus nicht weiter.[35] So sind es in erster Linie Überblicksdarstellungen und Einführungen zum Nationalismus, auf die zurückgegriffen werden muss, um einen fundierten Einstieg in das Thema zu finden. Diese Arbeit versteht sich daher als ein Beitrag, die Rolle des Nationalismus in der Revolution 1848/49 und seine ideellen Hintergründe weiter zu erhellen. Indes kann und soll ein Überblick über die Forschung zur Revolution 1848/49 und zum Nationalismus im Rahmen dieser Arbeit nicht geleistet werden. Es sei daher auf die einschlägigen Forschungsberichte verwiesen.[36]

34 Wollstein, Großdeutschland, 1977 (Wollstein referiert auf S. 11–15 den Forschungsstand bis 1977); Wollstein, Mitteleuropa, 1983; Wollstein, Oktoberdebatte, 1996.

35 So wird in vielen neueren Arbeiten zur Revolution von 1848/49 das Phänomen ›Nationalismus‹ nur völlig unzureichend oder gar nicht hinterfragt. Dies gilt oft sogar für Arbeiten, die sich explizit mit diesem Thema beschäftigen. So verwenden Siemann, Nation, 2006; Breuilly, Nationalbewegung, 1998, die Begriffe ›Nation‹ und ›Nationalismus‹ völlig selbstverständlich, ohne genauer auf sie oder die Nationalismus-Forschung einzugehen. Dann, 1848, 1998, bleibt ebenso unbefriedigend, da er neben seiner strittigen Nationalismus-Definition (siehe Anm. 55) das Phänomen ›Nationalismus‹ in der Revolution von 1848/49 weder quellen- noch literaturgestützt auf acht Seiten abhandelt.

36 Zur Revolution 1848/49 siehe Hachtmann, Forschungserträge, 1999, bes. S. 477–483; ferner Langewiesche, Forschungsstand, 1981, bes. S. 461–464. Zum Nationalismus Langewiesche, Forschungsstand, 1995, S. 190–236 sowie die in Anm. 40 angegebene Literatur.

# 2. NATIONALISMUS UND GESCHICHTSWISSENSCHAFT

## *2.1 Nationalismus*

Nur wenige Weltanschauungen haben die Moderne so geprägt wie der Nationalismus. So groß seine Wirkung war und noch immer ist, so unscharf und dehnbar scheint der Bedeutungsgehalt des Begriffes ›Nationalismus‹, der nicht selten mit anderen Begriffen der politisch-sozialen Sprache semantisch[37] vermengt wird (etwa ›Faschismus‹) und vorwiegend in einem abwertenden Sinne Anwendung findet. Die vorliegende Arbeit versucht, dies zu vermeiden. Eine Definition Eugen Lembergs aufgreifend, soll Nationalismus hier verstanden werden als »ein System von Vorstellungen, Wertungen und Normen, ein Welt- und Gesellschaftsbild«, das eine soziale »Großgruppe ihrer Zusammengehörigkeit bewußt macht und dieser Zugehörigkeit einen besonderen Wert zuschreibt, mit anderen Worten: diese Großgruppe integriert und gegen ihre Umwelt abgrenzt.«[38] Als spezifische Integrationsideologie ist der Nationalismus stets auf das Kollektivsubjekt der Nation ausgerichtet, bei der es sich – dies hat die kulturgeschichtlich inspirierte Nationalismus-Forschung überzeugend herausgearbeitet – keineswegs um eine natürliche und notwendige Form menschlicher Vergemeinschaftung handelt, sondern vielmehr um ein kulturelles Produkt, das dem historischen Wandel unterworfen ist. In diesem Sinne ist die Nation als *Imagined community* (Benedict Anderson) zu verstehen. Die Gemeinschaft der Nation ist deshalb vorgestellt, weil »die Mitglieder selbst der kleinsten Nation die meisten anderen niemals kennen, ihnen begegnen oder auch nur von ihnen hören werden, aber im Kopf eines jeden die Vorstellung ihrer Gemeinschaft existiert.«[39]

Entgegen der älteren Nationalismus-Forschung, die eine Existenz der Nation als Vorbedingung für die Herausbildung des Nationalismus interpretierte,[40] hat sich in der neueren Forschung die Ansicht durch-

---

37 Zur historisch-semantischen Perspektive auf den Nationsbegriff siehe KOSELLECK u.a., »Volk, Nation«, 1992.

38 LEMBERG, Nationalismus, 1964, Bd. 2, S. 52.

39 ANDERSON, Erfindung, 2005, S. 15. Zu Andersons Nationalismus-Definition S. 14–17.

40 WEHLER, Nationalismus, 2007, S. 7f. Den umfassendsten deutschsprachigen Überblick zur älteren und neueren Nationalismusforschung bietet KUNZE, Nation, 2005. Siehe dazu ergän-

gesetzt, dass erst der Nationalismus die vorgestellte Ordnung der Nation entwirft. Ernest Gellner hat dies pointiert ausgedrückt: »Es ist der Nationalismus, der die Nationen hervorbringt, und nicht umgekehrt.«[41] Was aber genau unter einer Nation zu verstehen ist, bleibt umstritten. So besteht die größte Einigkeit darin, dass der Begriff ›Nation‹ kaum allgemeinverbindlich definiert werden kann.[42] Dennoch lassen sich zwei prinzipielle und idealtypische Nationsvorstellungen unterscheiden, die nicht nur in der Forschung aufgegriffen und modifiziert wurden (etwa von den konstruktivistischen Theoretikern), sondern auch das nationalistische Denken selbst prägten: (1) Ein *subjektiver* oder *voluntaristischer* Nationsbegriff. Hiernach ist eine Nation eine Gemeinschaft von Menschen, die auf dem gemeinsamen Willen und Glauben fußt, dieser Gemeinschaft anzugehören; in diesem Sinne hat Ernest Renan die Nation 1882 als ein ›tägliches Plebiszit‹ beschrieben.[43] Wesentlicher für die vorliegende Arbeit ist (2) der *objektive* oder *essentialistische* Nationsbegriff: Wenn im Folgenden vom Nationalismus die Rede ist, bezieht sich dieser auf ein Nationsverständnis, nach dem die Nationszugehörigkeit nicht willentlich veränderbar ist, sondern vielmehr auf objektiven Merkmalen beruht, die jedes Individuum eindeutig einer einzigen Nation zuordnen. So behauptet der Nationalismus, dass die Nation eine primordiale und ewige Einheit ist, dass sich die Menschheit von Natur aus in verschiedene Nationen teile, die nicht nur in Sprache, Geschichte und Kultur verschieden seien, sondern auch durch einen spezifischen ›Volkscharakter‹, der in jedem Angehörigen der jeweiligen Nation zu erken-

zend Hroch, Europa, 2005, S. 11–47, 245–251; Jansen/Borggräfe, Nation, 2007, S. 82–117.

41 Gellner, Nationalismus, 1995, S. 87. Siehe auch ebd., S. 15–17, 83–97. Die Nation wird in der Forschung überwiegend als Produkt eines kulturellen gedanklichen Konstruktionsprozesses verstanden, der aber in steter Wechselwirkung mit anderen sozialökonomischen Prozessen stand. Für diese Position sind (neben Gellner) am einflussreichsten Benedict Anderson und Eric Hobsbawm; siehe Anderson, Erfindung, 2005; Hobsbawm, Nationen, 2005, bes. S. 11–24. Siehe ebenso Wehler, Nationalismus, 2007, S. 7–12, 36–40; Hroch, Europa, 2005, S. 201–234; Giesen, Intellektuellen, 1993, S. 27–85; Langewiesche, Erfindung, 2003, bes. S. 597–602; Koselleck u. a., »Volk, Nation«, 1992, S. 405f.; Lepsius, Nation, 1982, S. 26f.; Echternkamp, Aufstieg, 1998, S. 18–29; Echternkamp/Müller, Perspektiven, 2002, S. 5–7; Jansen/Borggräfe, Nation, 2007, S. 14–16; Hardtwig, Elitenbewußtsein, 1992, S. 35; Kunze, Nation, 2005, S. 3.

42 So bereits Weber, Wirtschaft und Gesellschaft, 2002, S. 528; Alter, Nationalismus, 1985, S. 23; Anderson, Erfindung, 2005, S. 13; Hobsbawm, Nationen, 2005, S. 15–20; Gellner, Nationalismus, 1995, S. 83–86; Lemberg, Nationalismus, 1964, Bd. 1, S. 16–18; Seton-Watson, Nations, 1977, S. 5; Kunze, Nation, 2005, S. 3.

43 Renan, Was ist eine Nation, 1882, S. 35: »Das Dasein einer Nation ist [...] ein Plebiszit Tag für Tag«.

nen sei.[44] Aus diesem Ordnungsmodell leitet der Nationalismus seine politische Kernforderung ab: Mit Ernest Gellner lässt sich der Nationalismus (in Ergänzung zu Lembergs Definition) beschreiben als »ein politisches Prinzip, das besagt, politische und nationale Einheiten sollten deckungsgleich sein.«[45]

Der Nationalismus kann indes nicht als eine reine ›Erfindung‹ aus dem Nichts erklärt werden. Die kulturgeschichtlichen Ansätze, die den Konstruktcharakter der Nation aufgezeigt haben, bedürfen einer Rückbindung an sozialgeschichtliche Arbeiten, denn das Aufkommen des Nationalismus ist nur überzeugend vor dem Hintergrund eines tiefgreifenden sozialökonomischen Wandels darzulegen: Der Nationalismus ist ein Phänomen der Modernisierung und Moderne.[46] Obschon sich seine Vorläufer bis in das späte Mittelalter zurückverfolgen lassen, lässt sich erst ab Mitte des 18. Jahrhunderts sinnvollerweise von einem Nationalismus sprechen. Impuls und Nährboden für die Entstehung des Nationalismus bildeten die fundamentalen sozialen Umwälzungen, die sich seit dem Ende des Spätmittelalters abzeichneten und den Transformationsprozess zur Moderne einleiteten. Die Auflösung der ständischen Gesellschafts- und Herrschaftsordnung setzte das Individuum

44 Namentlich die ältere Forschung hat sich auf die Dichotomie von subjektiven und objektiven Nationen gestützt. Dieses Begriffspaar findet inzwischen kaum noch Verwendung, zumal es mit ideologischen Implikationen verbunden sein kann – etwa wenn man zwischen einem subjektiv-demokratischen und objektiv-illiberalen Nationsbegriff unterscheidet. Dazu WINKLER, Nationalismus, 1978, S. 7–12; JANSEN/BORGGRÄFE, Nation, 2007, S. 13f. Gleichwohl handelt es sich bei subjektiven und objektiven Nationsbegriffen um zwei logisch mögliche Idealtypen, um eine Nation zu definieren. Andere Nationsbegriffe sind als Modifikationen dieser Begriffe zu verstehen, da keine Nations-Definition ohne subjektive oder objektive (oder eine Mischung aus beiden) Zugehörigkeitskriterien auskommt. So ist auch der konstruktivistische Nationsbegriff Benedict Andersons (Nation als eine *Imagined Community*) in gewisser Hinsicht als subjektiver Nationsbegriff zu charakterisieren, weil er die Nationszugehörigkeit an das Subjekt und dessen Vorstellung knüpft, so HROCH, Europa, 2005, S. 201; JANSEN/BORGGRÄFE, Nation, 2007, S. 11–15. Realiter sind subjektive und objektive Nationsbegriffe freilich nicht scharf voneinander zu trennen. Jede subjektive Nationszugehörigkeit muss sich auf bestimmte objektive Merkmale stützen; umgekehrt kommt keine objektiv definierte Nation ohne subjektiven Zugehörigkeitsglauben aus. Dazu HROCH, Europa, 2005 S. 15; ALTER, Nationalismus, 1985, S. 21f.

45 GELLNER, Nationalismus, 1995, S. 8.

46 Zur Nation als Phänomen der Moderne siehe JANSEN, Formation, 2011, S. 234f.; JANSEN/BORGGRÄFE, Nation, 2007, S. 24–27; WEHLER, Nationalismus, 2007, S. 16–26, 37; HROCH, Europa, 2005, S. 75–108. Dass Nationen modern sind, ist die durchgängige These von GELLNER, Nationalismus, 1995; ANDERSON, Erfindung, 2005; HOBSBAWM, Nationen, 2005; LANGEWIESCHE, Nation, 2000. Wichtig für die Datierung des deutschen Nationalismus ist PLANERT, Wann beginnt, 2002. Einen vormodernen Nationalismus sehen dagegen EHLERS, Entstehung, 1994, S. 8f. und – wesentlich fundierter – HARDTWIG, Elitenbewußtsein, 1992, S. 34, 36–46; HARDTWIG, Einleitung, 1994, S. 8f.

aus den überkommenen Loyalitäts- und Gruppenbindungen frei. Diese Emanzipations- und Desintegrationstendenzen korrelierten mit der fortschreitenden Erosion traditionaler Wert- und Ordnungsvorstellungen, die ihrerseits durch die Konfessionalisierung im 16. und 17. Jahrhundert und die Aufklärung im 18. Jahrhundert beschleunigt wurde. Als Reaktion auf die damit einhergehenden strukturellen Krisen frühmoderner Gesellschaften schuf der Nationalismus mit dem Nationalstaat eine neue Legitimationsgrundlage für politische Vergemeinschaftung und Herrschaft und bot zugleich eine Antwort auf das Identitäts- und Orientierungsvakuum, indem er das Individuum in ein neues, überpersonales Beziehungsgeflecht, die Nation, einzubinden versprach.[47]

Überdies bildeten sich erst im 18. Jahrhundert bestimmte soziale Strukturen aus, ohne die Nationalbewusstsein und Nation nicht denkbar sind. Eine wesentliche Rolle spielten dabei Staatenbildungsprozesse, die zur wachsenden politischen Durchdringung der Gesellschaft führten und klar begrenzte Territorien herstellten. Entscheidender noch war die Verdichtung von Handels-, Verkehrs- und Kommunikationsnetzen.[48] Das Aufkommen eines publizistischen Massenmarktes, die Entfaltung einer bürgerlichen und politischen Öffentlichkeit, aber auch die Vereinheitlichung und Kanonisierung von Sprache und Mythen sowie ein zunehmender Bildungs- und Alphabetisierungsgrad schufen die Voraussetzung für eine weiträumige Rezeption politischer Ideen. Erst damit entstand ein sozialer Rahmen, in dem nationale Denkmuster entwickelt und verbreitet werden konnten. Der deutsche Nationalismus bildete sich in einer »nationalen Sattelzeit« (Ute Planert) aus, die um ca. 1740 begann und bis ins 19. Jahrhundert hineinreichte.[49]

Als neuartige politisch-soziale Weltanschauung erzeugt der Nationalismus kaum eigenständige Formen der Sinnstiftung. Er knüpft vielmehr an etablierte gesellschaftliche Bezugsgrößen an und speist sich dementsprechend aus bereits vorhandenen Traditionsbeständen und Sinnressourcen. So ist der Nationalismus als »Unikat des Okzidents«[50] in erster Linie mit Denkfiguren des christlich-jüdischen Ideenhaushaltes

---

47 Wehler, Nationalismus, 2007, S. 16–26. Siehe auch die in Anm. 46 angegebene Literatur.

48 Grundlegend dazu Deutsch, Nationalism, 1953. Zu Deutschs Theorie der sozialen Kommunikation siehe Kunze, Nation, 2005, S. 51–54; Jansen/Borggräfe, Nation, 2007, S. 82–86; zur Bedeutung von wirtschaftlichen und kommunikativen Strukturen auch Hroch, Europa, 2005, S. 88–98, 239–241.

49 Planert, Wann beginnt, 2002, S. 24, 27 u. ö. Hingegen setzt Echternkamp, Aufstieg, 1998, S. 39–159 den Beginn der Entstehung des deutschen Nationalismus auf ca. 1770 an.

50 Wehler, Nationalismus, 2007, S. 15.

angereichert, insbesondere des Alten Testaments. Dazu zählt zunächst die Vorstellung der eigenen Nation als ›auserwähltes Volk‹, das dank einer höheren Kraft (Gott, Vorsehung, Geschichte etc.) einen privilegierten Status innerhalb der Völkergemeinschaft genießt und allen übrigen Nationen überlegen ist. Eng damit verknüpft ist die Idee eines ›gelobten Landes‹, einer als heilig gewerteten und von unverrückbaren Grenzen umgebenen nationalen Heimstätte. Darüber hinaus ist der Nationalismus meist mit einer nationalen Heilsverheißung verbunden, also mit dem Glauben, dass die eigene Nation berufen sei, eine geschichtliche Mission zu erfüllen und einer Art nationalem Elysium entgegenstrebe. Begleitet wird diese Vorstellung oftmals von der Erwartung nationaler Erlösungsfiguren, welche die Nation zu ihrem vorbestimmten Endziel führen werden.[51]

Als Integrationsideologie zielt der Nationalismus auf die Inklusion sämtlicher Nationsangehörigen ab. Da Inklusion aber notwendigerweise mit Exklusion einhergeht,[52] sind Abgrenzung und Ausschluss aller Nationsfremden ein ebenso integraler Bestandteil jedes nationalistischen Denkens. Angesichts dieses Gegensatzes von Nationsangehörigen und Nationsfremden scheint jede Nation prinzipiell durch andere Nationen gefährdet zu sein: in ihren Interessen, in ihrem Territorium oder in ihrem Dasein. Aufgrund dieser latenten oder offenbaren Bedrohungssituation ist die »Xenophobie als nationaler Imperativ«[53] schon grundsätzlich in die Gedankenwelt des Nationalismus eingebettet, der sich mithin stets zwischen »Partizipation und Aggression« bewegt.[54] Er ist *per se* ambivalent, weil seine integrierenden Elemente *immer* auch eine destruktive Seite aufweisen – und umgekehrt. Aufgrund dessen hat die Forschung (von wenigen Ausnahmen abgesehen) die Unterscheidung zwischen einem harmlosen Patriotismus und einem bösartigen Nationalismus aufgegeben und stattdessen die strukturelle Doppelbödigkeit des Nationalismus hervorgehoben.[55]

---

51 Zum religiösen Deutungshintergrund des Nationalismus ANDERSON, Erfindung, 2005, S. 21–27; WEHLER, Nationalismus, 2007, S. 27–35. Ausführlicher dazu SMITH, Chosen Peoples, 2003; GRAF, Nation, 2000, bes. S. 301–314.

52 LUHMANN, Inklusion und Exklusion, 1994, S. 20.

53 WEHLER, Nationalismus, 2007, S. 50.

54 LANGEWIESCHE, Partizipation und Aggression, 2000.

55 JEISMANN, Vaterland, 1992, S. 12–17, 381–384; LANGEWIESCHE, Partizipation und Aggression, 2000, bes. S. 39–41; WEHLER, Nationalismus, 2007, S. 28, 76, 109f.; JANSEN/BORGGRÄFE, Nation, S. 8, 18, 104–107; HARDTWIG, Einleitung, 1994, S. 12f. Dazu weiterführend LANGEWIESCHE, Forschungsstand, 1995, S. 192–197. Eine Ausnahme bildet DANN, Nation, 1993, S. 16f., der zwischen ›Patriotismus‹ und ›Nationalismus‹ unterscheidet.

In seiner integrativen Ausprägung postuliert der Nationalismus die prinzipielle Egalität aller Nationsangehörigen. Dies unterstreicht nicht nur die Modernität des Nationalismus, sondern verweist auch auf die enge Verwandtschaft von nationalistischen und liberalen bzw. demokratischen Ideen.[56] Diese Verwandtschaft fußt nicht zuletzt auf dem großen Einfluss, den die Romantik auf den Nationalismus ausgeübt hat. Wie der Nationalismus ist auch die Romantik als Antwort auf Modernisierungsprozesse zu verstehen. Sie ist geprägt durch die Idealisierung des Ursprünglichen, Natürlichen und Individuellen, durch die Aufwertung des Volkes als Verkörperung des Unverfälschten. Damit verbunden ist die Zuweisung von charakteristischen Eigenschaften an jedes Volk, das gleichsam individualisiert wird.[57] Dieses romantische Denken ist in den Nationalismus eingegangen und besitzt eine innere und äußere Seite: So wie ›Nationsindividuen‹ untereinander frei und unvermischt sein sollen, so sollen auch innerhalb einer Nation alle Individuen frei und gleichberechtigt sein. Obzwar sich dieser Egalitätsgedanke gegenüber der realen Sozialhierarchie oftmals nicht hat durchsetzen können, ist er dennoch von besonderer Bedeutung für das typisch nationalistische Zusammenspiel von Inklusion und Exklusion und somit für die große Anziehungskraft des Nationalismus insgesamt.

Neben der philosophischen Leitidee des Naturrechts ist der Nationalismus durch ein weiteres, zentrales Merkmal gekennzeichnet, das ihn grundlegend von vormodernen Formen der ›Heimatverbundenheit‹ oder ›Vaterlandsliebe‹ unterscheidet: Die Nation entwickelt sich im Nationalismus zum höchsten und letzten Wert, wodurch unter den Anhängern des Nationalismus eine weitreichende Opferbereitschaft generiert wird. Die Nation selbst wird in kultureller, sozialer und politischer Hinsicht zur obersten »verbindlichen Rechtfertigungs- und Sinngebungsinstanz«[58] – nicht zuletzt aus diesem Grund ist der Natio-

---

56 Wehler, Nationalismus, 2007, S. 31; Jansen/Borggräfe, Nation, 2007, S. 37; Hroch, Europa, 2005, S. 80–88; Alter, Nationalismus, 1985, S. 33f.; Weichlein, Nationalbewegung, 2012, S. 28–33; Echternkamp, Aufstieg, 1998, S. 254–276, 490, 494–496 u. ö.; Giesen, Intellektuellen, 1993, S. 184–195; Koselleck u. a., »Volk, Nation«, 1992, S. 357–362.

57 Leerssen, Nation, 1998; Giesen, Intellektuellen, 1993, S. 142–159; Koselleck u. a., »Volk, Nation«, 1992, S. 314–316.

58 Winkler, Einleitung, 1978, S. 6. Ebenso Alter, Nationalismus, 1985, S. 15–19; Lepsius, Nation, 1982, S. 13f.; Langewiesche, Nation, 2000, S. 16f., 20; Jansen/Borggräfe, Nation, 2007, S. 8, 20; Jansen, Formation, 2011, S. 235; Wehler, Nationalismus, 2007, S. 36f.

nalismus auch als »politische Religion« oder »Ersatzreligion« beschrieben worden.[59]

Im Hinblick auf die Entwicklung des Nationalismus und seine soziale Trägerschaft hat sich das idealtypische Drei-Phasen-Modell Miroslav Hrochs bewährt.[60] Die Entstehungsphase des Nationalismus ist demzufolge durch das Aufkommen eines stetig zunehmenden historischen, literarischen oder künstlerischen Interesses einer intellektuellen Avantgarde an scheinbar ›nationalen‹ Bezugsgrößen (Geschichte, Sprache, Sitten usw.) geprägt. Durch Eingrenzung und Verknüpfung dieser Bezugsgrößen wird der gedankliche Unterbau des Nationalismus konstruiert, auf dem sich die Nationalidee weiter entfalten kann. In Deutschland entspricht diese Phase in etwa dem Zeitraum, der oben als »nationale Sattelzeit« beschrieben wurde.

In der zweiten Phase formt sich dann ein vornehmlich vom liberalen Bildungsbürgertum verkörperter Elitennationalismus aus, der erstmals ein konkretes, auf die jeweiligen politischen Verhältnisse bezogenes Programm entwickelt, darüber hinaus aber auch schon politisch aktiv wird. In Deutschland bildeten sich ab ca. 1790–1800 erste Zirkel von Nationalisten, die auf die Schaffung eines einheitlichen Nationalstaates hinzuwirken suchten.[61] Obzwar sich hier schon eindeutig von nationalistischen Strukturen sprechen lässt, ist der Begriff ›Nationalismus‹ im 19. Jahrhundert nur äußerst selten anzutreffen. Nationalisten beschrieben sich selbst in der Regel mit Ausdrücken wie ›national‹ oder ›patriotisch‹. Von den hier untersuchten Historikern hat lediglich Karl Hagen den Begriff »Nationalismus« verwendet, ohne jedoch genauer zu erläutern, was er darunter verstand.[62]

---

59 Die Frage, ob der Nationalismus als ›politische Religion‹ angemessen charakterisiert ist (oder ob sich überhaupt sinnvoll von ›politischen Religionen‹ sprechen lässt), soll hier nicht weiter verfolgt werden. Als »politische Religion« beschreiben den Nationalismus WEHLER, Nationalismus, 2007, S. 32–35; SMITH, Chosen Peoples, 2003, S. 249 u.ö.; als »Ersatzreligion« JANSEN/BORGGRÄFE, Nation, 2007, S. 37; weitere Beispiele bei GRAF, Nation, 2000, S. 299f.

60 HROCH, Vorkämpfer, 1968, S. 24–26, 140–149, 163–171; HROCH, Europa, 2005, S. 45–47. Zur sozialen Trägerschaft des Nationalismus WEICHLEIN, Nationalbewegungen, 2006, S. 67–88; WEHLER, Nationalismus, 2007, S. 41–44.

61 Zur Entstehung des deutschen Nationalismus siehe ausführlich ECHTERNKAMP, Aufstieg, 1998; JANSEN, Formation, 2011. Siehe auch WEHLER, Nationalismus, 2007, S. 62–74; DANN, Nation, 1993, S. 24–111.

62 HAGEN, Hauptrichtungen, 1843, S. 105: »Erstens kann der Nationalismus und der Kosmopolitismus mit einander in Conflikt kommen, was leicht möglich ist, wenn man sich nicht über das Wesen der beiden Richtungen verständigt.« Obzwar Hagen den Begriff ›Nationalismus‹ nicht weiter erläuterte, ist anzunehmen, dass dieser als Bezeichnung für eine politische Weltanschauung auch in der Mitte des 19. Jahrhundert nicht gänzlich unbekannt war. Die etwa bei KOSELLECK u.a., »Volk, Nation«, 1992, S. 318f., Anm. 180; JANSEN/BORGGRÄFE, Nation, 2007,

In seiner dritten und letzten Phase geht der Nationalismus in einer langsamen und wechselhaften Entwicklung in ein Massenphänomen über, wobei die bürgerlich-intellektuelle Speerspitze aber weiter das Deutungsmonopol für sich beansprucht. Getragen von einem breit gefächerten Vereinswesen, vor allem der Turner und Sänger,[63] und begünstigt durch die Entstehung eines nationalen Kommunikations- und Verkehrsnetzes vollzog sich in Deutschland die Diffusion des nationalistischen Weltbildes in die Massengesellschaft ab ca. 1820–1830. Wichtige Entwicklungsschübe stellten hierbei außenpolitische Spannungen dar, etwa die Rheinkrise 1840 oder die Konflikte um das Herzogtum Schleswig in den 1840er und 1860er Jahren. Einen Abschluss fand diese letzte Phase in Deutschland indes erst in der zweiten Hälfte des 19. Jahrhunderts, als sich der Nationalismus als handlungsfähige Massenbewegung politisch organisieren konnte.[64] Eine maßgebliche Rolle bei dieser Durchsetzung des nationalistischen Weltbildes in Deutschland (und auch andernorts) haben Historiker gespielt, nicht nur weil sie als Angehörige der bildungsbürgerlich-intellektuellen Elite mit an der Spitze der Nationalbewegung standen, sondern auch, weil Geschichte und Geschichtsbilder von entscheidender Bedeutung für den Nationalismus waren und sind.

## *2.2 Nationalismus und Geschichte*

Nationen ohne Geschichte sind nicht denkbar. Diese grundlegende Bedeutung der Geschichte ist schon im Nationsbegriff semantisch angelegt, denn dieser leitet sich vom lateinischen *natio* ab, was soviel bedeutet wie ›Abstammung‹, ›Herkunft‹ oder ›Geburt‹.[65] Alle Nationen fußen *eo ipso*

S. 17 vorzufindende These, der Begriff ›Nationalismus‹ lasse sich im 19. Jahrhundert (mit Ausnahme bei Ernst Moritz Arndt 1806) nicht nachweisen, muss vor diesem Hintergrund revidiert werden. Dies gilt umso mehr, weil die genannten Autoren aus der vermeintlichen Nicht-Verwendung des Begriffes durchaus begründete Rückschlüsse auf die Selbstwahrnehmung der Nationalisten ziehen. Es scheint deshalb lohnenswert, die zeitgenössische Literatur genauer zu analysieren (etwa mit Hilfe elektronischer Volltextsuchverfahren), um weitere Erkenntnisse darüber zu erlangen, welche Reichweite der Begriff ›Nationalismus‹ im 19. Jahrhundert tatsächlich hatte und in welchen Kontexten er wie verwendet und wahrgenommen wurde.

63 Dazu grundlegend DÜDING, Nationalismus, 1984.

64 JANSEN/BORGGRÄFE, Nation, 2007, S. 75–77.

65 Der lateinische Begriff *natio* leitet sich wiederum von *nasci* (»geboren werden«) ab. Zum begrifflichen Hintergrund DIERSE/RATH, Art. »Nation, Nationalismus, Nationalität«, 1984,

auf einer nationalen Vergangenheit, unabhängig von dem Merkmal, das für die Nationszugehörigkeit als entscheidend gesehen wird. Denn sowohl subjektive als auch objektive Kriterien der Nationszugehörigkeit – oder eine Mischung aus beiden – können sich logisch nur auf eine bestehende und somit geschichtliche Nation beziehen. Nationalismus beruht insofern auf spezifischen Mechanismen des Erinnerns und Vergessens. Der Prozess der ideellen Nationsbildung war dabei eng verknüpft mit einer allgemeinen Historisierung des Denkens und der Verwissenschaftlichung der Geschichtsschreibung. Diese Prozesse hatten namentlich für die Vertreter eines essentialistischen Nationsbegriffes eine herausragende Bedeutung, denn versteht man die Nation als notwendige und primordiale Einheit, so wird die Vergangenheit zum entscheidenden Prüfstein für deren überzeitliche Existenz.

Wenngleich die Geschichte für die Entstehung aller Nationen eine zentrale Rolle spielte, erfolgte die nationalistische Inanspruchnahme der Vergangenheit auf durchaus unterschiedliche Weise. Dies betraf zum einen den historischen Bezugsrahmen: Nationen, die sich in bestehenden Staaten ausgebildet haben, setzten ihre Geschichte meist mit der des Staates gleich (z.B. Frankreich). Nationen ohne Staat hingegen deuteten entweder vergangene politische Gebilde national um (z.B. Deutschland) oder bezogen sich vornehmlich auf ihre kulturelle Tradition (z.B. Finnland). In letzterem Fall war die Bedeutung der Geschichte für den Nationalismus grundsätzlich geringer.[66] Zum anderen sind zwei Typen der historischen Bezugsform zu unterscheiden, die sich beide stets relational zur Gegenwart verhalten: Nationalistische Rückgriffe auf die Vergangenheit geschahen und geschehen einerseits durch *Nationalmythen*, die sich auf bestimmte Einzelereignisse oder Personen beziehen, denen eine wichtige nationale Bedeutung zugesprochen wird. Durch Beimischung fiktionaler Elemente und narrative Variation werden Mythen für die Gegenwart anschlussfähig gemacht.[67] Die andere Form stellt die *Nationalgeschichte* dar. Anders als der Nationalmythos zielt diese auf die vollständige Erfassung der nationalen Entwicklung von Anbeginn bis Gegenwart ab und versucht dadurch, nationale Vergangenheit und Ge-

Sp. 406; Stauber, Art. »Nation, Nationalismus«, 2008, Sp. 1057; zu Verbreitung und Gebrauch des Begriffs *natio* in der Antike auch Koselleck u.a., »Volk, Nation«, 1992, S. 151–171.

66 Dazu Hroch, Europa, 2005, S. 145, 152, 158f.

67 Hroch, Europa, 2005, S. 160–170; Weichlein, Nationalbewegungen, 2012, S. 124–137. Zu Nationalmythen liegt eine umfangreiche Forschungsliteratur vor. Einen breiten Überblick bietet Berding, Mythos und Nation, 1996.

genwart in eine durchgehende Kontinuitätslinie zu stellen.[68] Ungeachtet dieser Differenzen in Bezugsrahmen und -form lassen sich fünf idealtypische Grundfunktionen ausmachen, welche die Geschichte für den Nationalismus erfüllt:

1. *Identitätsstiftung.* Als Antwort auf die durch sozialen Wandel hervorgerufenen Sinnkrisen schafft der Nationalismus mit der Nation ein identitäts- und sinnstiftendes Deutungsangebot. Dies ist ohne Geschichte nicht möglich. Denn Identität ist nur in Kontinuität denkbar. Nationale Identität bedarf daher einer nationalen Geschichte, denn über eine Geschichte zu verfügen bedeutet für die Nation, in historischer Kontinuität als eine unbezweifelbare Einheit zu bestehen.[69] Insofern verbürgt erst eine gemeinsame Geschichte auch eine gegenwärtige Gemeinschaft. Durch die Konstruktion einer nationalen Vergangenheit und Kontinuität schafft die Geschichtsschreibung mithin das historische Füllmittel für das Identitätsvakuum und eröffnet auf diese Weise die Möglichkeit, eine gemeinsame Zukunft der Nation zu denken und zu gestalten – denn ohne (nationale) Herkunft keine (nationale) Zukunft.

Die Schaffung einer kollektiven – nationalen – Identität ist mit dem Problem von Inklusion und Exklusion untrennbar verbunden. Begreift man Nationalismus als neuartigen »Inklusionscode«,[70] so muss auch dieser historisch hergeleitet werden. Indem die Geschichte einer Nation deren Eigenheiten aufzeigt, definiert sie, wer der Nation zugehört und inkludiert werden soll. Zugleich wird die Nation in ihrer Geschichte von anderen Nationen und deren Geschichte abgegrenzt und erhält dadurch ihre spezifische Identität.[71] Diese identitätsstiftende Funktion der Geschichte ist für den Nationalismus umso wichtiger, wenn dieser sich nicht oder kaum auf andere Identifikationsangebote stützen kann (z.B. Staat, Religion). Dies gilt nicht zuletzt für das konfessionell gespaltene und nicht gesamtstaatlich verfasste Deutschland. Angesichts des gene-

---

68 HROCH, Europa, 2005, S. 155–160; WEICHLEIN, Nationalbewegungen, 2012, S. 113–124. Siehe zur Nationalgeschichte aus verschieden Perspektiven auch BERGER/DONOVAN/PASSMORE, National Histories, 1999; CONRAD/CONRAD, Nation, 2002; HYE/MAZOHL/NIEDERKORN, Nationalgeschichte, 2009; HIRSCHI, Nationalgeschichte, 2008; MUHLACK, History, 2000; WEBER, Geschichte, 2002; LEONHARD, Vergangenheit, 2009; LIST, Historische Theorie, 1974; VÖLKEL, Geschichtsschreibung, 2006, S. 289–293.

69 HROCH, Europa, 2005, S. 145; zum Kontinuitätsbedarf kollektiver Identität ASSMANN, Gedächtnis, 2007, S. 132f.

70 GIESEN/JUNGE, Patriotismus, 1991, S. 265 u.ö.

71 WEICHLEIN, Nationalbewegungen, 2012, S. 112; ASSMANN, Problem, 1992, S. 22–26; BERGER, Search, 2003, S. 7.

rellen Bedeutungs- und Autoritätsgewinns der Geschichte wird diese hier zum unanfechtbaren Beweis für nationale Identität und Existenz.

2. *Legitimationsressource.* Jede Form politischer oder sozialer Vergemeinschaftung bedarf einer Rechtfertigung. Dies gilt speziell für den Nationalismus, der als funktionales Äquivalent für andere aufweichende soziale Kohäsionskräfte über eine überlegene und belastbare Legitimitätsbasis verfügen muss. Demnach ist die Nation nicht nur als »gedachte Ordnung« zu verstehen, sondern auch als »legitime Ordnung« im Sinne Max Webers. Die Legitimität dieser Ordnung kann nach Weber auf verschiedene Weise gedacht und erzeugt werden, insbesondere »kraft *Tradition*«, also durch die »Geltung des immer Gewesenen«.[72] Somit legitimiert die scheinbare Geschichtlichkeit der Nation ihre eigene Existenz in der Gegenwart. Für die Nation ist dies umso wichtiger, weil sie gerade als *neuartiges* Phänomen in besonderem Maße einer legitimitätsstiftenden Rückbindung an die Geschichte bedarf. Miroslav Hroch hat das wie folgt zugespitzt: »Je ältere Ursprünge eine Nation – d.h. die Historiker in ihren Diensten – nachweisen konnte, desto höher war ihr Ansehen, desto gewichtiger ihre Ansprüche.«[73]

Die Geschichte rechtfertigt freilich nicht nur die Existenz der Nation selbst, sondern kann auch als argumentative Grundlage für nationalistische Forderungen aller Art dienen. Dies gilt vor allem für die Kernforderung nach Kongruenz von politischen und nationalen Einheiten, für Ansprüche gegenüber den anderen Nationen, aber auch für soziale oder politische Einzelfragen. Charakteristisch ist dabei die Idealisierung bestimmter historischer Zustände und Zusammenhänge (zum Beispiel in Form des Glaubens an eine ›ursprüngliche‹ Freiheit oder aber politische Ordnung, die dem ›echten‹ Volkscharakter entspricht).[74] Diese erfahren eine verhältnismäßig eingehende Betrachtung und werden oftmals zur Richtschnur für das nationalpolitische Handeln in der Gegenwart stilisiert. Dabei ist zu beachten, dass alle nationalistischen Gruppen jeweils eigene und unterschiedliche nationalpolitische Forderungen mit ihrer jeweils eigenen Auslegung der Geschichte begründen. Bei dem Streben

---

72 Weber, Soziologische Grundbegriffe, 1984, S. 54–57, 62–64 (Zitat S. 62). Ebd.: »Die Geltung von Ordnungen kraft Heilighaltung der Tradition ist die universellste und ursprünglichste.« Als weitere Geltungsgründe für die Legitimität einer Ordnung nennt Weber »*affektuellen* (insbesondere: emotionalen) Glauben«, »*wertrationalen* Glauben« sowie »positive Satzung, an deren *Legalität* geglaubt wird« (S. 62) – auch diese Punkte sind für die Nation und den Nationalismus nicht unwesentlich. Alle Hervorhebungen im Original.

73 Hroch, Europa, 2005, S. 151.

74 Weichlein, Nationalbewegungen, 2012, S. 118–120.

nach Legitimität stehen daher immer verschiedene Interpretationsmuster im Wettbewerb.

3. *Bezugspunkt für ein nationalistisches Wertesystem.* Die Geschichte dient als Basis für die Schaffung eines spezifischen und kollektiv geteilten Systems von Vorstellungen, Normen und Wertungen, das den Nationalismus als solchen auszeichnet.[75] Die als national umgedeutete Vergangenheit wird zum sinn- und orientierungsstiftenden Bezugspunkt, der selbst erst durch die Rückprojektion nationalistischer Ideen konstruiert wird, aber dabei wiederum auf die Gegenwart wirkt und festlegt, welches Denken und Handeln aus nationalistischem Blickwinkel erwünscht ist und welches nicht. Auf diese Weise werden über das Medium der Geschichtsschreibung nationalistische Botschaften transportiert, Vorbilder geschaffen und Werte vermittelt. Gerade auch in dieser Hinsicht ist Rezeptionsgeschichte immer Selektionsgeschichte und dem Kampf um die Deutungshoheit unterworfen.

4. *Überwindung individueller Sterblichkeit.* Die nationale Geschichte gewährt dem Einzelnen Gewissheit über seine individuelle Vergangenheit und Zukunft. Einer Nation anzugehören bedeutet, Teil eines größeren Ganzen sein. Indem dieses Ganze als ewig lebendes Individuum höherer Art gedacht wird, wird dem Einzelnen suggeriert, schon vor seinem eigenen Dasein in der nationalen Geschichte gelebt zu haben. Diese Identifikation mit der Nation und ihrer Geschichte vermittelt zugleich den Glauben, in der als ewig vorgestellten Zukunft der Nation fortleben zu können und somit die eigene Sterblichkeit zu überwinden.[76] Diese Funktion verweist auf die quasireligiösen Eigenschaften des Nationalismus und erklärt nicht zuletzt die Bereitschaft, für die eigene Nation zu sterben.

5. *Befriedigung nationalistischer Prestige-Interessen.* Bereits Max Weber hat darauf aufmerksam gemacht, dass eine Nation stets auf gemeinsamen »Prestige-Interessen« beruht.[77] Ein besonderes Ansehen und die Höherwertigkeit der eigenen Nation sind demnach integrale Denkfiguren eines jeden Nationalismus. Diese können aber nur imaginiert und glaubhaft gemacht werden, wenn sie sich auf vollbrachte nationale ›Leistungen‹ und ›Errungenschaften‹, also auf die Geschichte beziehen und sich hierdurch begründen. Diese Ideen können in die Zukunft ver-

---

75 Siehe dazu Hroch, Europa, 2005, S. 155, der aber das korrelative Verhältnis zwischen Geschichte und Gegenwart nicht deutlich hervorhebt.

76 Hroch, Europa, 2005, S. 155.

77 Weber, Wirtschaft und Gesellschaft, 2002, S. 530. Siehe auch ebd., S. 242–244.

längert werden, indem man der eigenen Nation eine bestimmte ›historische Mission‹ zuweist und sie dadurch von anderen Nationen abhebt. Insofern erfolgt nicht nur die identitätsstiftende Abgrenzung von anderen Nationen historisch, sondern ebenso die Herausstellung der Überlegenheit und Höherwertigkeit der eigenen Nation. Diese Funktion erscheint besonders dann wichtig, wenn die gegenwärtigen (politischen) Verhältnisse einer Nation keinen hinlänglichen Beleg für ihre Überlegenheit und Höherwertigkeit bieten. In diesem Fall kompensiert die Geschichte die Gegenwart und erhärtet dadurch das nationalistische Überlegenheitsdenken.

Diese Funktionen der Geschichte für den Nationalismus unterstreichen die Bedeutung des nationalistischen Grundaxioms, dass Nationen seit jeher bestanden hätten. Dem argumentativen Problem, dass Nationen und Nationalstaaten sich nicht zu allen Zeiten nachweisen lassen, begegnen Nationalisten mit der Behauptung, dass es zwar Zeiten gegeben habe, in denen Nationen oder deren Nationalbewusstsein unterdrückt gewesen seien. Im Verborgenen hätten sie aber weiterhin existiert und gewissermaßen darauf gewartet, wieder ans Tageslicht der Geschichte zu treten. So ist im 19. Jahrhundert häufig das Sinnbild einer ›schlummernden‹ oder ›erwachenden‹ Nation anzutreffen.[78] Diese Selbstwahrnehmung der Nationalisten steht in einem starken Kontrast zur tatsächlichen Bildung und zum Artefaktcharakter der Nation, die als Produkt einer *Invention of Tradition* (Eric Hobsbawm) gelten kann.[79] Unter diesem Begriff darf indes keine willkürliche ›Erfindung‹ aus dem Nichts verstanden werden. Denn die rückwirkende Konstruktion der Nation war nur deshalb erfolgreich, weil sie mit den zeitgenössischen Mentalitäten, aber auch mit den Vorstellungen von der Vergangenheit im Einklang stand und diese in den Konstruktionsprozess mit einband.[80] So wurden von den Vordenkern des Nationalismus keine Nationen neu ›erfunden‹, sondern vielmehr bestimmte historische Gemeinschaften (vor allem politische Verbände) national umgedeutet und in der Gegenwart konstruierte Nationsmerkmale in die Vergangenheit zurückprojiziert. Solchermaßen konnten die vermeintlich in der Vergangenheit verorteten Nationsmerkmale wieder in die Gegenwart übertragen und synkretistisch zu einem nationalen Weltbild zusammengefügt werden.

---

78 Wehler, Nationalismus, 2007, S. 7, 36; Hroch, Europa, 2005, S. 151.

79 Grundlegend dazu Hobsbawm, Inventing Traditions, 2003, S. 1–14.

80 Darauf verweisen u.a. Langewiesche, Erfindung, 2003, bes. S. 593–602, 616f.; Wehler, Nationalismus, 2007, S. 36–40; Hroch, Europa, 2005, S. 162f.; Suter, Nationalstaat, 2001, bes. S. 68–71; Stauber, Art. »Nation, Nationalismus«, 2008, Sp. 1060f.

Begünstigt wurde dies dadurch, dass der Ausdruck *natio* bereits seit der Antike (mit einem abweichenden und uneinheitlichen Bedeutungsgehalt[81]) existierte und somit in den Quellen einen begrifflichen Ankerpunkt für die rückwirkende Konstruktion der Nation bot.

Dass Historiker bei dieser Konstruktionsleistung die führende Rolle übernahmen, liegt auf der Hand. Die Nation bildete den Stoff für die Geschichtswissenschaft, die diesen Stoff wiederum selbst hervorbrachte und dadurch politisch wirkte. Ein politischer Wert wurde der Nation aber bereits durch die Beschäftigung mit ihr und ihrer Geschichte zugesprochen. Folgt man Max Weber, so ist Wissenschaft nicht in der Lage, den Sinn und Wert ihres Gegenstandes aus sich selbst heraus abzuleiten.[82] Vielmehr wird dem Untersuchungsgegenstand allein durch die Untersuchung zugeschrieben, dass er untersuchenswert ist, also einen Wert und Sinn hat. Insofern waren die Historisierung der Nation und die Nationalisierung der Historie zwei sich gegenseitig durchdringende – und dadurch sinnstiftende – Prozesse: Den Sinn der Nation voraussetzend, waren Historiker motiviert, sich mit ihrer Geschichte zu befassen. Dadurch wiederum fungierten sie als Sinnproduzenten, schufen mithin neuen nationalen Sinn und insofern neue Motivation, sich mit nationaler Geschichte auseinanderzusetzen.

Die historiographische Konstruktion der Nation erfolgte indes nicht durch die Geschichtswissenschaft allein. Neben professionellen Historikern waren auch Amateure und andere Schriftsteller an ihr beteiligt, indem sie in populären Darstellungen, Romanen und anderen Erzählungen die Existenz von Nationen in ferner Vergangenheit als selbstverständlich voraussetzten.[83] Dass aber die Geschichtswissenschaft eine führende Rolle bei diesem Konstruktionsprozess einnahm und dass dieser Prozess untrennbar mit der Verwissenschaftlichung der Historiographie selbst verflochten war,[84] erklärt sich aus mehreren Gründen: Das methodisch und zunehmend auch theoretisch fundierte Streben nach objektiver Erkenntnis verschaffte der Geschichtswissenschaft gegenüber anderen historischen Interpretationen eine einzigartige Autorität. Durch quellenbasierte Forschung und kritische Verfahrensweisen

81 Zur Polysemie des vormodernen Nationsbegriffes siehe MÜNKLER/GRÜNBERGER, Nationale Identität, 1994, S. 215–220.

82 WEBER, Wissenschaft als Beruf, 1917/1995, S. 25–28.

83 Siehe etwa WEICHLEIN, Nationalbewegungen, 2012, S. 113f.

84 Zum Zusammenhang von Verwissenschaftlichung und ideeller Nationsbildung HROCH, Europa, 2005, S. 149–160; WEBER, Geschichte, 2002; CONRAD/CONRAD, Nation, 2002, S. 19–23; MUHLACK, Einleitung, 2003, S. 10; WEICHLEIN, Nationalbewegungen, 2012, S. 112f. u.ö.

schien eine nationale Kontinuität zweifelsfrei nachweisbar. Kennzeichnend für geschichtswissenschaftliche Texte war dabei – dies gilt auch für die hier untersuchten Historiker –, dass sie nationalistische Botschaften oft nicht zu extrem und exaltiert vorbrachten, sondern subtil und begründet. Es erscheint plausibel, dass sie gerade dadurch eine umso größere Glaubwürdigkeit ausstrahlten, zumal sie so der von den Historikern beanspruchten Objektivität entsprachen. Hinzu kam, dass besonders nationalistische Interpretationen der Vergangenheit einer großen in- und ausländischen Deutungskonkurrenz ausgesetzt waren. Dies forderte von der Geschichtsschreibung, ihre Methoden und theoretischen Grundlagen immer weiter zu verfeinern, um die eigenen – nationalistischen – Ergebnisse und Schlussfolgerungen abzusichern und unanfechtbar zu machen.[85] Insofern trieben gerade die nationalistischen Historiker den Verwissenschaftlichungsprozess der Geschichtsschreibung wesentlich voran.

## *2.3 Die Verwissenschaftlichung der Geschichtsschreibung*

Die Geschichte der europäischen Geschichtsschreibung lässt sich bis in die griechische Antike zurückverfolgen. Seitdem gab und gibt es eine kontinuierliche Tradition der Überlieferung von vergangenem Geschehen.[86] Dagegen ist die Geschichtswissenschaft ein Phänomen der Neuzeit. Sie ging in einem langen Prozess aus der klassischen Historiographie hervor und etablierte sich ab der zweiten Hälfte des 18. Jahrhunderts als eigenständige Disziplin, wenngleich sie in darstellerischer Hinsicht immer Geschichtsschreibung blieb. Bereits vor ihrer Entstehung wurde verschiedentlich über grundlegende Probleme historischer Darstellungen reflektiert und über methodische Ansätze nachgedacht – Überlegungen, die sich zwar vorerst nicht als allgemeinverbindlich durchsetzten, aber einen Anknüpfungspunkt für spätere geschichtswissenschaftliche Theoreme bildeten.[87] Dabei zeichnete sich schon die klassische Historiographie durch drei grundsätzliche Merkmale aus, die von der Geschichtswissenschaft aufgegriffen und verinnerlicht wurden: (1) der

85 Weber, Geschichte, 2002, S. 347f.
86 Einen zeitlich und räumlich breiten Überblick bietet Völkel, Geschichtsschreibung, 2006.
87 Siehe etwa Völkel, Geschichtsschreibung, 2006, S. 39–42, 170–173, 204–206. Siehe zu ›protowissenschaftlichen‹ Ansätzen in der vormodernen Geschichtsschreibung auch Muhlack, Geschichtswissenschaft, 1991.

Anspruch auf Faktizität, also den Anspruch, über wirkliche Personen und tatsächlich Geschehenes authentisch zu berichten, mithin wahrhaftig zu sein; (2) die diachrone Logik, also die Deutung und Darstellung von Vergangenem als eine lineare Abfolge von Ereignissen, in der späteres Geschehen auf früheres folgt und erst durch dieses verständlich wird; (3) die Annahme intentionalen Handelns, also die Annahme, dass sich in den Taten eines Menschen dessen Absicht ausdrückt.[88]

Ungeachtet dieser (bis in die Gegenwart bestehenden) Kontinuitäten erfuhr die Beschäftigung mit der Vergangenheit im 18. Jahrhundert einen tiefgreifenden Wandel. Bis dahin hatte die Historiographie einen vorwiegend pragmatischen Charakter. An den Universitäten wurde Geschichte nicht als eigenes Fach gelehrt, sondern im Rahmen des propädeutischen Triviums zur Schulung rhetorischer Fähigkeiten.[89] Hinzu kam eine didaktisch-moralische Funktion, die man den Geschichten (der Kollektivsingular *die* Geschicht*e* war im vormodernen Geschichtsverständnis noch nicht denkbar[90]) zuschrieb. Eine Kenntnis *der* Geschicht*en* sollte nicht nur der Beredsamkeit, sondern auch als eine *magistra vitae* dienen. Dieser funktionale Zugang zur Vergangenheit wurde, ansatzweise bereits im 15. Jahrhundert, vor allem dann im 18. Jahrhundert in einem langen und vielschichtigen Prozess durch ein neues Geschichtsverständnis abgelöst. Das Vernunftpostulat der Aufklärung unterwarf jede Interpretation der Wirklichkeit – und insofern auch jede politische und gesellschaftliche Ordnung wie die Nation – dem Zwang zur rationalen Begründung. Dies historisierte das Denken dergestalt, dass alles Bestehende auf die Ursachen seiner Entstehung zurückzuführen war.[91]

Indem verschiedene Ideen der Aufklärung übernommen, andere zurückgewiesen wurden, vollzog sich seit dem ausgehenden 18. Jahrhundert auch ein grundlegender Wandel des historischen Bewusstseins, der das gedankliche Fundament für eine neue Weltanschauung und die zugleich erste, im engeren Sinne wissenschaftliche Geschichtskonzeption legte: den Historismus.[92] Einerseits die großen philosophischen System-

---

**88** Iggers, Geschichtswissenschaft, 2007, S. 12f.

**89** Hardtwig, Geschichtsstudium, 1990, S. 13–16, 22–24.

**90** Koselleck u. a., »Geschichte«, 1975, S. 647–653; Koselleck, Historia Magistra Vitae, 1989, S. 50–56.

**91** Hardtwig, Geschichtskultur, 1990, S. 7; Muhlack, Geschichtswissenschaft, 1991, S. 414–418. Zum Topos der *historia magistra vitae* siehe Koselleck, Historia Magistra Vitae, 1989.

**92** Zum Historismus Jaeger/Rüsen, Historismus, 1992, zur Bedeutung der Aufklärung hier S. 12–14. Zur Formierung des Historismus aus seinen ideellen Vorläufern vor allem Muhlack,

entwürfe und metaphysische Spekulation ablehnend, andererseits das Rationalitätsdenken aufgreifend, wurde die Beziehung zwischen Vergangenheit und Gegenwart neu interpretiert. Begriff man die Gegenwart als von der Vergangenheit verschieden, entwickelte sich zugleich die Erkenntnis, dass sie doch von ihr bedingt sei.[93] Diesen – durch die Erfahrung sozialen Wandels beschleunigten – Bewusstseinswandel illustriert das Aufkommen des Kollektivsingulars *die* Geschichte: Mit dem Bezug aller Vergangenheit auf einen gemeinsamen Punkt, die Gegenwart, wurden alle Geschichten in einen gemeinsamen Wirkungszusammenhang gestellt – *die* Geschichte als Inbegriff aller Geschichten, als vorwärtsgerichtetes Geschehen *an sich* wurde denkbar.[94] Dieses Denken korrespondierte mit der Vorstellung von *der* Nationalgeschichte, die als Biographie des ›Nationsindividuums‹ alle Geschicht*en* der Nation in sich vereinte.

Indem der Historismus die Gewordenheit aller Dinge hervorhob, führte er zu einer Historisierung allen Denkens und Handelns – eine Denkweise, die weit über die Fachgrenzen hinaus wirkte und die Geschichte zur Leitwissenschaft des 19. Jahrhunderts machte.[95] Doch im Unterschied zu den Naturwissenschaften, welche sich auf abstrakte Erklärungsmodelle stützten, negierte der Historismus eine Gesetzmäßigkeit der Geschichte. Er betonte vielmehr die Einzigartigkeit (und daher Gleichwertigkeit) allen historischen Geschehens; das Erkenntnisziel des Historismus war daher primär auf das Verstehen bestimmter geschichtlicher Zusammenhänge ausgerichtet.[96] Dies bedeutete einen wichtigen Impuls für die Verwissenschaftlichung der Disziplin Geschichte. Denn neben die *Vermittlung* bekannter historischer Inhalte trat – als Novum – die zielgerichtete *Ermittlung* bislang unbekannten geschichtlichen Geschehens.[97]

Da die historistische Wissenschaftsauffassung auf das Verstehen ausgerichtet war, setzte sie voraus, dass es einen objektiven Zusammenhang der Dinge gibt, der ihnen Sinn verleiht und der verstanden wer-

---

Geschichtswissenschaft, 1991, S. 412–435. Zum Historismus allgemein Wittkau, Historismus, 1992; Iggers, Geschichtswissenschaft, 2007, S. 22–31; Jordan, Theorien, 2009, S. 39–59.

93 Hardtwig, Geschichtsstudium, 1990, S. 25f.

94 Koselleck u.a., »Geschichte«, 1975, S. 647–653.

95 Zur Leitwissenschaft Nipperdey, Deutsche Geschichte, 1983, S. 498–533; Wittkau, Historismus, 1992, S. 13f.

96 Iggers, Geschichtswissenschaft, 2007, S. 24–26; Muhlack, Geschichtswissenschaft, 1991, S. 432; Jordan, Theorien, 2009, S. 45–48.

97 Hardtwig, Geschichtsstudium, 1990, S. 23.

den kann.[98] Doch hatte sich bereits zuvor ein Bewusstsein ausgebildet, dass jede Betrachtung der Vergangenheit, weil sie aus der Gegenwart erfolgt, an einen – wie Johann Martin Chladenius 1752 in seiner *Allgemeinen Geschichtswissenschaft* formulierte – bestimmten »Sehepunckt« gebunden, demnach subjektiv ist.[99] Diese Spannung zwischen Subjektivität und Objektivität suchte man durch die Verfahrensweise aufzulösen. Maßgeblich war dabei die Ansicht, dass wissenschaftliche Erkenntnis durch eine systematisch-kritische Methodik gewonnen werden kann. Dies setzte einerseits Sachlichkeit und Unparteilichkeit des Historikers voraus und verlangte andererseits die Offenlegung des Verfahrens und Überprüfbarkeit der Ergebnisse, um die Forschung intersubjektiv nachvollziehbar zu machen und zwischen erkennendem Subjekt und seinen (objektive Gültigkeit beanspruchenden) Aussagen zu vermitteln.[100] Zitate, Anmerkungsapparate und Literaturverweise wurden damit zu einem ebenso unabdingbaren Bestandteil historischer Forschungen wie methodische Erläuterungen.

Die Entwicklung und Anwendung kritischer Methoden und der Wandel des historischen Bewusstseins waren in vielfacher Hinsicht verflochten mit dem Professionalisierungs- und Institutionalisierungsprozess des Faches Geschichte, der im letzten Drittel des 18. Jahrhunderts einsetzte und seinen sichtbarsten Niederschlag an den Hochschulen fand. Die Vorreiterrolle übernahm dabei die 1734 gegründete Universität Göttingen, die zum »bedeutendsten Zentrum der entstehenden Geschichtswissenschaft im deutschsprachigen Raum« avancierte.[101] Auf die ersten Lehrstühle, die auf historische Forschung ausgerichtet waren, wurden fortan nur noch Gelehrte berufen, die eine einschlägige fachliche Qualifikation aufweisen konnten. Durch Quellensammlungen und Editionsvorhaben, aber auch durch die Standardisierung und Weiterentwicklung der (sich seit dem 17. Jahrhundert ausbildenden) historischen Hilfswissenschaften wurden weitere Grundlagen für die kritische Forschung geschaffen. Parallel dazu entstand ein medialer Raum, in dem einschlägige Periodika ein Forum für den fachinternen Diskurs boten.

---

**98** Iggers, Geschichtswissenschaft, 2007, S. 26.

**99** Chladenius, Allgemeine Geschichtswissenschaft, 1752, S. 91–115.

**100** Jordan, Theorien, 2009, S. 48–50.

**101** Jaeger/Rüsen, Historismus, 1992, S. 15. Zur ›Göttinger Schule‹ Hardtwig, Geschichtsstudium, 1990, S. 15f.; Jordan, Theorien, 2009, S. 32f. Zur Bedeutung der Göttinger Universität im 18. Jahrhundert Wehler, Gesellschaftsgeschichte, 1987, Bd. 1, S. 295–301; Bd. 2, S. 504f.

Wenngleich die Göttinger Universität in der Verwissenschaftlichung des Faches Geschichte weit vorauseilte, gingen von ihr doch wesentliche Impulse aus. Das Fach löste sich allmählich aus der Einbettung in die *artes liberales* und emanzipierte sich auf diese Weise von der Jurisprudenz, Philosophie und Theologie, denen es bislang untergeordnet war. Mit der Etablierung als eigenständige akademische Disziplin ging darüber hinaus die allmähliche Ausbildung eines sozialen Rahmens, einer *scientific community*,[102] einher, was dem Prozess der Verwissenschaftlichung eine eigene Dynamik verlieh. Große Bedeutung kam dabei der Ausweitung und Intensivierung eines Diskussionswesens zu, das die überregionale Vernetzung der Gelehrten förderte und dadurch zur Verdichtung von Kommunikationsstrukturen auf nationaler Ebene beitrug, zugleich aber alle Veröffentlichungen der Kritik durch Fachkollegen aussetzte – dies verlangte ein nachvollziehbares und fundiertes Arbeiten. Vor diesem Hintergrund nahm ein allgemein verbindlicher Standard wissenschaftlichen Arbeitens Gestalt an, der eine strenge Methode ebenso einforderte wie die Überprüfbarkeit der Resultate. Dem Anspruch auf systematische Methodik und kritisches Be- und Hinterfragen des Überlieferten wurde Rechnung getragen, indem zeitgenössische Quellen in den Mittelpunkt des historischen Forschens rückten. Dies erforderte profunde Kenntnisse der Sprachen und philologischer Methoden, aber auch der Hilfswissenschaften und Nachbardisziplinen. Eine entsprechende Ausbildung wurde zur unumgänglichen Voraussetzung für die wissenschaftliche Auseinandersetzung mit Geschichte. Während Amateurhistoriker sich zunehmend aus dem Fach ausgeschlossen sahen, wurden Geschichtsforschung und -deutung zur Domäne professioneller Historiker.[103]

Einen weiteren Markstein in der Verwissenschaftlichung des Faches Geschichte stellten die preußischen Reformen im Bildungswesen ab 1808 dar. Mit dem reformierten Hochschulsystem entstand ein institutioneller Rahmen, in dem das neuhumanistische Bildungsideal verwirklicht werden sollte.[104] Eines der einflussreichsten Zentren des weiteren Verwissenschaftlichungsprozesses wurde nunmehr die 1809/10 gegründete Berliner Universität. Zu den ersten Lehrenden gehörte Barthold

---

102 Grundlegend zum Begriff der *scientific community* KUHN, Struktur, 1989, bes. S. 187–193.

103 IGGERS, Geschichtswissenschaft, 2007, S. 12, 25f.

104 Siehe etwa die programmatische Schrift HUMBOLDT, Organisation, 1809/10; zur Bedeutung der preußischen Bildungs- und Universitätsreform IGGERS, Geschichtswissenschaft, 2007, S. 23, 27f.; MUHLACK, Geschichtswissenschaft, 1991, S. 418f.; HARDTWIG, Geschichtsstudium, 1990, S. 17–19; WEHLER, Gesellschaftsgeschichte, 1987, Bd. 2, S. 504–520.

Georg Niebuhr, der einen wegweisenden Beitrag zur Einführung kritisch-philologischer Methoden in historiographische Arbeiten leistete.[105] Seit 1825 wirkte an der Berliner Universität Leopold von Ranke, der als einer der »Gründerväter der deutschen Geschichtswissenschaft« und als »bedeutendster Vertreter des klassischen Historismus« gilt.[106] Rankes Einfluss ging weit über sein literarisches Schaffen und die Ausarbeitung einer umfassenden Quellenkritik hinaus, denn die von ihm abgehaltenen historischen Übungen zogen Studenten aus ganz Deutschland an und entwickelten sich zur einflussreichsten Ausbildungsstätte für Geschichtswissenschaftler. Zahlreiche prominente Historiker des 19. Jahrhunderts hatten an ihnen teilgenommen und dort die Grundlagen moderner Quellenkritik erlernt: Georg Waitz, Heinrich von Sybel, Wilhelm von Giesebrecht und Jacob Burckhardt, aber auch heute weniger bekannte, wie die späteren Paulskirchenabgeordneten Heinrich Wuttke und Wilhelm Adolph Schmidt, der 1844 mit der *Zeitschrift für Geschichtswissenschaft* das erste im engeren Sinn wissenschaftliche Publikationsorgan für Historiker gründete. Auch andernorts führten Professoren historische Übungen als Form diskursiver Wissensvermittlung ein. Ab den 1830er Jahren wurde diese Tendenz durch die Schaffung institutionalisierter Historischer Seminare bekräftigt.[107]

Der verwissenschaftlichte Zugang zur Geschichte äußerte sich auch außerhalb der Universitäten. Bibliothekars- und Archivarsstellen wurden zunehmend mit studierten Historikern besetzt, die fachliche Kenntnisse und Fertigkeiten in ihren Beruf einbrachten. Eine wichtige Rolle spielten darüber hinaus historische Gesellschaften und Altertumsvereine. Diese Sozietäten entstanden ab dem frühen 19. Jahrhundert, setzten sich vorwiegend aus Angehörigen des Bildungsbürgertums (nicht selten Personen mit historisch-akademischer Ausbildung wie Professoren, Gymnasiallehrer und Juristen) zusammen, und widmeten sich der Erforschung und Erörterung geschichtlicher Fragen sowie der Herausgabe entsprechender Publikationen.[108] Auch staatlicherseits wurde die außeruniversitäre Forschung gefördert, vor allem durch Gründung oder materielle Unterstützung von Kommissionen, Instituten und anderen For-

---

**105** Dazu Muhlack, Methode, 1988, S. 155f., 174–180; Muhlack, Verhältnis, 1979, S. 225, 236f.; Jaeger/Rüsen, Historismus, 1992, S. 81f.

**106** Hardtwig, Geschichtserfahrung, 2005, S. 35; Iggers, Geschichtswissenschaft, 2007, S. 25. Zu Ranke siehe Jaeger/Rüsen, Historismus, 1992, S. 82–86; Berding, Ranke, 1971, S. 7–24.

**107** Dazu Huttner, Historische Gesellschaften, 2001, S. 39–83.

**108** Kunz, Verortete Geschichte, 2000, S. 55–74. Zu weiteren ›Geschichtsfeldern‹ Jordan, Theorien, 2009, S. 36.

schungseinrichtungen. Von maßgeblicher Bedeutung für die deutsche Geschichtswissenschaft war die durch den Freiherrn vom Stein 1819 gegründete *Gesellschaft für ältere deutsche Geschichtskunde*, aus welcher die vom Deutschen Bund finanzierten *Monumenta Germaniae Historica* (MGH) hervorgingen.[109] Die MGH illustrieren besonders deutlich den engen Zusammenhang von Geschichts- und Nationalbewusstsein, zielten sie doch auf die Zusammenstellung und kritische Edition sämtlicher Quellen einer als deutsch verstandenen Geschichte ab. Der eigentliche Zweck der MGH sei es, so formulierte Stein 1818, »den Geschmack an deutscher Geschichte zu beleben, ihr gründliches Studium zu erleichtern und hierdurch zur Erhaltung der Liebe zum gemeinsamen Vaterland und Gedächtnis unserer großen Vorfahren beizutragen.«[110] – Auch zwei der im Folgenden im Blickpunkt stehenden Historiker haben an den MGH mitgewirkt: Georg Waitz und (in weitaus geringerem Maße) Friedrich Christoph Dahlmann.

---

**109** Bresslau, Geschichte, 1921; zur finanziellen Unterstützung durch den Deutschen Bund und die Bundesstaaten bes. S. 201–209, 284–292; Grundmann, Monumenta Germaniae Historica, 1969, S. 1–5. Als beispielhaft kann auch die preußische Subventionierung des Deutschen Archäologischen Instituts seit 1832 gelten, welches drei Jahre zuvor in Rom gegründet worden war. Dazu Vigener, kulturpolitischer Faktor, 2013, S. 6f.

**110** Stein an Franz v. Fürstenberg, Bischof von Hildesheim [19. August 1818]. In: Stein, Briefe, 1964, Nr. 715, S. 811.

# 3. AKTEURE, AKTIONSFORMEN UND HANDLUNGSEBENEN

## *3.1 Kurzbiographien*

**Friedrich Christoph Dahlmann**, der älteste der hier untersuchten Professoren, konnte bei seinem Eintritt in die Deutsche Nationalversammlung im Mai 1848 auf eine lange politische und wissenschaftliche Karriere zurückblicken.[111] Als *spiritus rector* der deutschen Nationalbewegung Schleswig-Holsteins und entschiedener Verfechter einer konstitutionellen Verfassungsordnung genoss Dahlmann in ganz Deutschland ein hohes Ansehen. Am 13. Mai 1785 im damals noch unter schwedischer Herrschaft stehenden Wismar geboren, kam er als Sohn einer bürgerlich-protestantischen Rats- und Advokatenfamilie schon früh mit den politischen Verhältnissen in Norddeutschland in Kontakt. 1802 nahm Dahlmann in Kopenhagen das Studium der Klassischen Philologie auf, wechselte zwei Jahre später an die Universität in Halle, wo er vor allem durch den dort wirkenden August Friedrich Wolf wissenschaftlich geprägt wurde. Seine Studienjahre waren bestimmt von den Napoleonischen Kriegen, die in ihm ein dezidiert deutsches Nationalbewusstsein reifen ließen und in denen er die Chance zu einer konstitutionellen Umgestaltung Deutschlands zu erkennen glaubte.

Deutlichen Ausdruck fand das nationalistische Denken Dahlmanns in einer Reise, die er 1809 gemeinsam mit Heinrich von Kleist unternahm. Nachdem Österreich Frankreich im Frühjahr den Krieg erklärt hatte, zogen beide, getragen von romantischen Ideen und der Hoffnung auf einen Sieg über Napoleon, von Sachsen aus in den Süden, um der Entscheidung auf dem Schlachtfeld aus nächster Nähe beizuwohnen. Wie Dahlmann später in einem autobiographischen Fragment schrieb, waren sie dabei von der Idee erfüllt, »von Böhmen aus nach allen Kräften dahin zu wirken, daß aus dem österreichischen Kriege ein deutscher werde«, um hiermit zur »Wiedergeburt« und »Rettung Deutschlands«

111 Zum biographischen Hintergrund siehe BLEEK, Dahlmann, 2010; LÜLFING, Dahlmann, 1985; HANSEN, Dahlmann, 1972; SPRINGER, Dahlmann, 1870/72 (in Bd. 1, S. 449–461, ist auch Dahlmanns »Fragment einer Autobiographie« enthalten); SPRINGER, Dahlmann, 1876 und BEST/WEEGE, Handbuch, 1996, S. 119.

beizutragen.[112] Diese Hoffnungen erfüllten sich allerdings nicht. Nach dem österreichischen Intermezzo kehrte Dahlmann enttäuscht in seine norddeutsche Heimat zurück und widmete sich dort wieder seiner beruflichen Laufbahn. 1810 erwarb er die Doktorwürde der Universität Wittenberg, anscheinend ohne je eine Dissertation eingereicht bzw. eine mündliche Prüfung abgelegt zu haben.[113]

Nach seiner Habilitation in Kopenhagen (1811) lehrte Dahlmann seit 1812 an der Universität Kiel als außerordentlicher Professor im Fach Geschichte. Daneben trat er auch politisch in Erscheinung, als er 1815 den Posten des Sekretärs der *Fortwährenden Deputation der schleswig-holsteinischen Prälaten und Ritterschaft* übernahm, womit er die Interessen der Landstände gegenüber der dänischen Regierung zu vertreten hatte. Symptomatisch für sein weiteres Wirken war der enge Zusammenhang von politischer und wissenschaftlicher Arbeit. So geht auf ihn die Initiative zurück, den rechtlich umstrittenen Ripener Vertrag von 1460 im Sinne deutschnationaler Ansprüche zur Geltung zu bringen. Damit war Dahlmann – überspitzt formuliert – nicht nur ein leidenschaftlicher Verfechter, sondern auch »Erfinder der Unteilbarkeit Schleswig-Holsteins«.[114] Hierdurch und durch sein Eintreten für die Interessen der Landstände politisch ins Abseits gedrängt, blieb ihm in Kiel eine ordentliche Professur versagt, weshalb er 1829 an die Universität in Göttingen wechselte.

Im Königreich Hannover führte Dahlmann die enge Verknüpfung seines politischen und wissenschaftlichen Schaffens fort. Als Professor der deutschen Geschichte und Staatswissenschaft war er an der Ausarbeitung des neuen Hannoveraner Staatsgrundgesetzes maßgeblich beteiligt, welches 1833 in Kraft trat. Hierbei stützte er sich ebenso auf seine wissenschaftlichen Grundsätze wie als Vertreter der Göttinger Universität im Hannoveraner Landtag, dessen Zweiter Kammer er von 1831 bis 1833 angehörte.[115] Deutschlandweite Popularität erlangte er schließlich 1837, als er als Kopf der ›Göttinger Sieben‹ zusammen mit sechs weiteren Professoren Protest gegen die Rücknahme des Staatsgrundgesetzes ein-

---

112 Springer, Dahlmann, 1870 (die Zitate stammen Dahlmanns »Fragment einer Autobiographie«, S. 456f.); siehe zu dieser Reise eingehend Bleek, Dahlmann, 2010, S. 33–41.

113 Bleek, Dahlmann, 2010, S. 44f.

114 Bleek, Dahlmann, 2010, S. 73 u.ö. Siehe dazu unten Kap. 5.3.

115 Einen Einblick in das politische Wirken Dahlmanns im Umfeld seiner Verfassungsarbeit in Hannover bieten seine Briefe in Grimm, Briefwechsel, 1885, Bd. 1, bes. Nr. 21, 23, 30, 32, 34.

legte, woraufhin er des Landes verwiesen wurde.[116] Nach fünfjährigem Exil in Jena erhielt er 1842 eine erneute Anstellung als Professor, diesmal in Bonn, wo er mit der preußischen Verfassungsfrage in Berührung kam. Ein politisches Amt trat er aber erst wieder im Umfeld der Revolution 1848/49 an: Dank seiner großen politischen Reputation wurde er im März 1848 als Vertrauensmann für Preußen in den 17er-Ausschuss der Bundesversammlung entsandt, in dem er nicht minder einflussreich wirkte als im Frankfurter Vorparlament. Nach seiner Wahl in die Frankfurter Nationalversammlung avancierte Dahlmann zu einem der führenden Köpfe der *Casino*-Fraktion.

**August Friedrich Gfrörer** wurde am 5. März 1803 im württembergischen Calw geboren.[117] Die Ehe seiner Eltern – seine Mutter war die Tochter des örtlichen Oberamtmannes, sein Vater Mitglied der Calwer Handelskompagnie – zerbrach früh, laut Gfrörer an dem Unvermögen des Vaters, ein ererbtes Vermögen zu erhalten.[118] Gfrörers Kindheit war mithin bestimmt durch materielle Entbehrungen, weiter verschärft durch die Pressionen der Napoleonischen Kriege. Drei seiner vier Brüder wurden zum Militärdienst eingezogen, von denen einer nicht aus dem Krieg zurückkehrte.[119] Angesichts dieser prekären Lage bestimmte seine Mutter den jungen Gfrörer zum Kirchendienst. Das Bestehen der württembergischen ›Landexamen‹ ermöglichte Gfrörer den Eintritt in den ersten Jahrgang (›Promotion‹) des 1817 wiedereröffneten Evangelischen Seminars Blaubeuren – eine jener württembergischen Klosterschulen, mit denen Staat und Kirche den Nachwuchs der geistigen und geistlichen Elite des Landes durch eine erstklassige und kostenlose Ausbildung heranzuziehen suchten.[120] Der Weg von Blaubeuren führte in

116 Dazu umfassend Bleek, Dahlmann, 2010, S. 159–201. Zu den rechtlichen Hintergründen und Folgewirkungen der Göttinger Protestation von 1837 auch Huber, Verfassungsgeschichte, 1968, Bd. 2, S. 91–115; zur Sicht Dahlmanns auf die Ereignisse siehe Dahlmann, Protestation, 1838 und Dahlmann, Zur Verständigung, 1838.

117 Zur Biographie siehe in erster Linie die nach 1850 verfasste, 34-seitige handschriftliche Autobiographie Gfrörers (= Gfrörer, Autobiographie, [ohne Jahr]). Die Schrift ist im Internet einsehbar (siehe die entsprechenden Angaben im Literaturverzeichnis). Die folgenden Ausführungen orientieren sich außerdem vor allem an Brechenmacher, Geschichtsschreibung, 1996, bes. S. 100–119; [Anonymus], Gfrörer, 1978; Hagen, Gfrörer, 1954; ferner Gmelin, Gfrörer, 1875; Gmelin, Gfrörer, 1879; Rosenthal, Gfrörer, 1866; Hansen, Gfrörer, 1906 und Best/Weege, Handbuch, 1996, S. 154.

118 Zum Familienhintergrund Gfrörer, Autobiographie, [ohne Jahr], S. 1–4; ein Stammbaum der Familie Gfrörer findet sich in [Anonymus], Gfrörer, 1978.

119 Gfrörer, Autobiographie, [ohne Jahr], S. 2f.

120 Zur Schulzeit Gfrörer, Autobiographie, [ohne Jahr], S. 3–7; zum Klosterschul- bzw. Seminarsystem in Württemberg Ehmer, Klosterschulen, 2006; Gestrich, Klosterschulen, 2006.

*Abb. 1: Friedrich Christoph Dahlmann (1785–1860)*

*Abb. 2: August Friedrich Gfrörer (1803–1861)*

der Regel an das berühmte Evangelische Stift in Tübingen, so auch bei Gfrörer, der dort ab 1821 Theologie und Philosophie studierte. Durch die Ausbildung in Blaubeuren und Tübingen machte er Bekanntschaft mit vielen intellektuellen Köpfen des Landes, etwa mit den Historikern Ferdinand Christian Baur und Ludwig Amandus Bauer.[121] Wenngleich sich Gfrörer zum erlauchten Kreis der Stiftsabsolventen zählen durfte, beurteilte er die Studiensituation in Tübingen rückblickend als wenig zufriedenstellend; sich innerlich von rationalistischen wie pietistischen Strömungen distanzierend, zeichneten sich zumindest aus der Retrospektive schon während des Studiums die ersten Risse ab, die später zum Bruch mit dem Protestantismus führen sollten.[122]

---

121 GFRÖRER, Autobiographie, [ohne Jahr], S. 5–7; siehe auch GFRÖRER an Baur [30. Dezember 1829]. In: BAUR, Briefe, 1993, Nr. 35, S. 79f. Zur Geschichte des Tübinger Stifts HAHN/MAYER, Evangelische Stift, 1985. Abgesehen von zahlreichen Geistesgrößen wie Hegel, Hölderlin und Schelling gingen auch diverse prominente Köpfe des Revolutionsgeschehens 1848/49 aus dem Stift hervor, etwa Georg Herwegh, aber auch mehrere Abgeordnete der Frankfurter Nationalversammlung (u.a. Friedrich Theodor Vischer, Wilhelm Zimmermann; siehe die Kurzbiographien in BEST/WEEGE, Handbuch, 1996).

122 Zur Tübinger Studiensituation GFRÖRER, Autobiographie, [ohne Jahr], S. 7–9. BRECHENMACHER, Geschichtsschreibung, 1996, S. 102f., hat hier mit Recht auf das Problem einer rückblickenden Verklärung durch Gfrörer hingewiesen.

Nach dem theologischen Examen[123] 1825 begab sich Gfrörer auf eine ausgedehnte Bildungsreise. Sie führte ihn über Lausanne nach Genf, wo er sich zunächst als Hauslehrer verdingte, bevor er für den Schriftsteller und Philosophen Karl Viktor von Bonstetten als Sekretär und Übersetzer tätig war.[124] Der Kontakt zu Bonstetten sollte nicht nur Gfrörers weltanschaulich-philosophischen Blick auf die Welt und die Geschichte prägen, vielmehr öffnete er ihm auch beruflich neue Türen. Ausgestattet mit einem Reisestipendium des württembergischen Königs und finanziell gefördert durch den Verleger Johann Friedrich Cotta, begab Gfrörer sich 1827 auf eine Bildungsreise nach Italien. Nachdem er den Winter in Rom verbracht hatte, kehrte er im Juni 1828 nach Tübingen zurück, wo ihn das württembergische Konsistorium als Repetent an das Evangelische Stift beschied. Im folgenden Jahr nahm er eine Stelle als Stadtvikar in Stuttgart an. Doch angesichts eigener literarischer Ambitionen und wachsender Antipathie gegen die (protestantische) Kirche gab Gfrörer die Pfarramtslaufbahn auf und bewarb sich erfolgreich auf die vakant gewordene Stelle des dritten Bibliothekars der königlichen Bibliothek in Stuttgart, die er im Januar 1830 – wie er in seiner Autobiographie betonte – »mit dem Namen u. Rang Eines Profeßors« antrat.[125] In dieser Stellung widmete er sich ausgiebigen literarischen und historischen Studien, verfasste zahlreiche Schriften, vorwiegend zur neutestamentlichen Religions- und Kirchengeschichte, aber auch zu politischen Fragen. Das rege literarische Schaffen war allerdings kein Selbstzweck. Da er als Bibliothekar nur über ein schmales Einkommen verfügte, blieb er auf die Einnahmen als Schriftsteller angewiesen, zumal er seit Juni 1830 verheiratet war und eine Familie zu ernähren hatte.[126]

---

123 Ob Gfrörer sein Studium 1825 mit einer Promotion abschloss, muss hier offenbleiben. Während Hansen, Gfrörer, 1906, S. 206; Rosenthal, Gfrörer, 1866, S. 808, eine solche erwähnen, finden sich bei Gfrörer, Autobiographie, [ohne Jahr], selbst sowie bei Brechenmacher, Geschichtsschreibung, 1996, keine derartigen Hinweise.

124 Zu Bonstetten siehe Howald, Bonstetten, 1997. Zum Einfluss Bonstettens auf Gfrörer auch Brechenmacher, Geschichtsschreibung, 1996, S. 104f.

125 Gfrörer, Autobiographie, [ohne Jahr], S. 19. Siehe auch das nach seiner Einstellung verfasste Schreiben von Gfrörer an König Wilhelm I. von Württemberg [22. Januar 1830]. In: [ohne Autor], Gfrörer, 1978, nicht paginiert.

126 Gfrörer, Autobiographie, [ohne Jahr], S. 20, beschrieb seine materielle Lage folgendermaßen: »Die Besoldung war Anfangs sehr knapp 800 f. später 1000, erst lezten Semester s[eine]s Stuttgarter Aufenthalts 1200: ein wenig zuviel um zu sterben, aber nicht genug zu leben. Die hohe Staatspolitik befolgt ihre eigenen Wege, sie geht von der Ansicht aus, daß schlecht bezahlte Beamte aus Hunger fügsam werden u. zu Allem zu brauchen sind. Gfrörer hat für gewiße Arten der Verbeßerung die man ihm nahelegte, keine Ohren gehabt, er zog es vor, die Ausfälle durch eigene Arbeit zu decken.«

In Anbetracht seiner Erfahrungen mit dem königlichen Regiment in Württemberg (und nicht zuletzt mit den sich davon stark abhebenden politischen Verhältnissen in der Schweiz) näherte sich Gfrörer in verschiedener Beziehung dem Liberalismus an – und dies in einer durchaus eigentümlichen Weise.[127] Obgleich er weiterhin liberale Ideen vertrat, war sein politisches und wissenschaftliches Wirken durch eine allmähliche Hinwendung zum Katholizismus geprägt, die er aber erst 1853 mit seiner Konversion förmlich vollzog. Der Wandel seiner religiösen Überzeugungen, der hauptsächlich aus seiner intensiven historischen Beschäftigung mit dem frühen Christentum und der Kirchengeschichte resultierte,[128] war auch für Gfrörers Karriere äußerst folgenreich, denn er bescherte ihm 1846 einen Ruf auf eine Geschichtsprofessur an der katholisch geprägten Universität Freiburg.[129] An seiner neuen Wirkungsstätte wurde er angesichts der geographischen Nähe zur Schweiz und zu Frankreich bereits im Februar 1848 mit dem Revolutionsgeschehen konfrontiert, das auch ihn zu reger politischer und journalistischer Aktivität bewegte.[130] Angesichts seines öffentlichen Auftretens wurde Gfrörer im April im Donaukreis Ehingen für die Frankfurter Nationalversammlung gewählt, in der er sich keiner Fraktion fest anschloss, aber meist mit dem rechten Zentrum stimmte.[131]

Der wohl bekannteste der hier untersuchten Historiker ist **Johann Gustav Droysen**.[132] Durch seine grundlegenden Reflexionen zur geschichtswissenschaftlichen Methodologie reicht Droysens Einfluss bis weit in die Gegenwart. Doch führte er nicht ein bloßes Gelehrtendasein, vielmehr war sein Leben durch eine »Symbiose von Wissenschaft und Politik« geprägt.[133] Droysen kam am 6. Juli 1808 in der pommerschen

---

127 Siehe dazu unten, S. 175–178.

128 Siehe BRECHENMACHER, Geschichtsschreibung, 1996, S. 114f.

129 Dazu FINKE, Geschichtswissenschaft, 1930, S. 87–91. Sie auch die Antrittsrede GFRÖRER, Wallenstein, 1847. Zuvor hatte sich eine Berufung als Professor für Kirchengeschichte an die Universität Bonn zerschlagen. GFRÖRER, Autobiographie, [ohne Jahr], S. 28.

130 Siehe die anonym veröffentlichen Artikel GFRÖRER, Volksstimmung, 1848; GFRÖRER, Bericht, 1848; GFRÖRER, Was ist zu thun?, 1848, die auch BRECHENMACHER, Geschichtsschreibung, 1996, S. 448, Anm. 74, Gfrörer zuschreibt. Die Autorschaft Gfrörers geht aus GFRÖRER, Autobiographie, [ohne Jahr], S. 31f. sowie aus entsprechenden Querverweisen in den Artikeln hervor.

131 Dazu GFRÖRER an das Kuratorium der Universität Freiburg [4. Mai 1848]. In: [ohne Autor], Gfrörer, 1978, nicht paginiert; GFRÖRER, Autobiographie, [ohne Jahr], S. 31–33.

132 Die Bedeutung Droysens schlägt sich auch im Umfang der einschlägigen Sekundärliteratur nieder. Zur Biographie siehe vor allem NIPPEL, Droysen, 2008; MUHLACK, Droysen, 1998; RÜSEN, Droysen, 1971; MEINECKE, Droysen, 1968; HINTZE, Droysen, 1904 und BEST/WEEGE, Handbuch, 1996, S. 128f.

133 MEINECKE, Droysen, 1968, S. 125.

Kleinstadt Treptow als Sohn eines Militärgeistlichen zur Welt. Herkunft und Erziehung formten einen Denkhorizont, in dem ein aufgeklärter Protestantismus mit neuhumanistischen Bildungsidealen und dem geistigen Klima der preußischen Reformzeit verschmolz. Voller Anteilnahme am politischen Zeitgeschehen verband er sein starkes deutsches Nationalbewusstsein mit einem markanten Preußentum. Der frühe Tod des Vaters (1816) konfrontierte die Familie mit großen finanziellen Problemen und gefährdete die weitere Karriere Droysens. Sein Besuch des Gymnasiums in Stettin war nur möglich durch eine Nebentätigkeit als Nachhilfelehrer.

Nach dem Abitur ging Droysen im Sommer 1826 zum Studium der Philosophie und Klassischen Philologie nach Berlin, wo er durch prominente Gelehrte wie August Boeckh, Karl Lachmann, Carl Ritter und Georg Wilhelm Friedrich Hegel nachhaltig geprägt wurde. Nachdem er 1829 die Prüfung für das höhere Schulamt bestanden hatte, promovierte Droysen im August 1831 bei Boeckh mit einer Arbeit über das Ptolemäerreich.[134] Neben seinem Studium war er seit 1827 als Hauslehrer für Felix Mendelssohn Bartholdy tätig, wodurch er Zugang zu namhaften Kreisen des Berliner Bürgertums erhielt und zahlreiche, für seinen weiteren Lebensweg wichtige Kontakte knüpfen konnte. Nach seiner Promotion unterrichtete Droysen am Berliner Gymnasium zum Grauen Kloster und übersetzte die Werke des Aischylos und Aristophanes, habilitierte sich zugleich 1833 in klassischer Philologie und setzte – neben seinem Wirken als Privatdozent – seine Tätigkeit als Gymnasiallehrer fort. Mehrere Versuche, eine besoldete Festanstellung an der Universität zu erhalten, waren nicht von Erfolg gekrönt. Zwar wurde er 1835 zum außerordentlichen Professor für Alte Geschichte und Klassische Philologie ernannt, ein Gehalt war damit jedoch nicht verbunden. Droysens materielle Situation in Berlin blieb weiterhin prekär.

1840 nahm Droysen einen Ruf an die Kieler Universität an. Der Gang nach Schleswig-Holstein bedeutete in politischer wie wissenschaftlicher Hinsicht eine tiefe Zäsur für Droysens Wirken, der sich nunmehr der Antike ab- und der neuzeitlichen Geschichte zuwandte. Mit dieser Verlagerung seines wissenschaftlichen Schwerpunktes korrelierte Droysens immer intensivere nationalpolitische Tätigkeit. Im Wesentlichen über Alte und Neuere Geschichte lesend (das Mittelalter übernahm ab 1842 Waitz), sah er die Universität als den Ort, an dem er sein wissenschaftliches und politisches Wirken zusammenzuführen gedachte. Diese Hal-

134 Droysen, De Lagidarum regno, 1831.

tung fand lebhaften Ausdruck, als sich 1843 der Vertrag von Verdun zum 1000. Mal jährte, der 843 das Frankenreich geteilt hatte und nun als Gründungsakt des deutschen Reiches umgedeutet wurde. Droysen initiierte eine große Gedenkfeier an der Universität, die von einem Volksfest begleitet wurde und auf der er sich als nationalpolitischer Agitator in Szene setzen konnte. In der akademischen Festrede, die gedruckt und veröffentlicht wurde, trat er unumwunden und mit allem Nachdruck für Deutschlands nationale Einheit ein.[135]

Als leidenschaftlichem Anhänger der Nationalstaatsidee bot sich für Droysen mit dem Schleswig-Konflikt ein Feld, auf dem er seine nationalistischen Anschauungen in die politische Tat umsetzen konnte (siehe Kap. 5.3). Neben seinem wissenschaftlichen Wirken für einen deutschen Nationalstaat leistete Droysen auch publizistischen Widerstand gegen die dänischen Ansprüche auf Schleswig und stieg dabei rasch zu einem der »maßgebenden Wortführer der deutschen Opposition gegen die dänische Politik« auf.[136] Als der Konflikt um Schleswig im März 1848 eskalierte, schloss sich Droysen der provisorischen Kieler Landesregierung an, zunächst als Schriftführer, seit Anfang April dann als Gesandter in Frankfurt und holsteinischer Vertrauensmann im 17er-Ausschuss der Bundesversammlung. Im Mai zog er schließlich als Abgeordneter für den 5. Wahlkreis in Holstein in die Nationalversammlung ein und schloss sich dort der *Casino*-Fraktion an.

**Karl Hagen** wurde am 10. Oktober 1810 im mittelfränkischen Dottenheim geboren und entstammte der Familie eines liberalen Ideen anhängenden, lutherischen Pfarrers.[137] Nach dem Abitur in Ansbach nahm Hagen 1827 auf Wunsch des Vaters an der Erlangener Universität das Studium der Klassischen Philologie und Theologie auf. In den Jahren 1830/31 ging er nach Jena, wo er sich – maßgeblich inspiriert durch den nationalistischen Historiker Heinrich Luden[138] – nun dem Geschichtsstudium zuwandte. Nach seiner Rückkehr nach Erlangen promovierte

---

135 Zur Verdun-Feier 1843 in Kiel siehe Hoffmann, Volksfest, 1994, S. 77–101; Nippel, Droysen, 2008, S. 52–55; zu Verdun-Feiern 1843 insgesamt Wehler, Gesellschaftsgeschichte, 1987, Bd. 2, S. 407; Echternkamp, Aufstieg, 1998, S. 499.

136 Rüsen, Droysen, 1971, S. 9.

137 Zu Hagens Biographie siehe Zepf, Hagen, 1998; Wolgast, Hagen, 1985, bes. S. 279–282; Klüpfel, Hagen, 1879; Dvorak, Hagen, 1999; Best/Weege, Handbuch, 1996, S. 166; [Anonymus], Hagen, 1849; Mühlpfordt, Hagen, 1980 sowie das Vorwort von Hagens Sohn Hermann in der Zweitauflage von Hagen, Verhältnisse, 1868, Bd. 1, nicht paginiert.

138 Zur Bedeutung Heinrich Ludens für den Nationalismus und die nationalistische Geschichtsschreibung in Deutschland siehe Echternkamp, Aufstieg, 1998, S. 308, 310–316 und Ries, Luden, 2001.

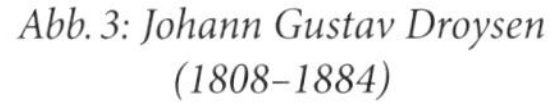

*Abb. 3: Johann Gustav Droysen (1808–1884)*

*Abb. 4: Karl Hagen (1810–1868)*

er 1833 zum Dr. phil. Schon zuvor war er politisch aufgefallen, als er 1832 auf einer parallel zum Hambacher Fest gehaltenen Volksversammlung in Vach als Redner auftrat.

Nach Abschluss des Studiums ging Hagen im Herbst 1833 nach München, wo er sich als Hauslehrer des Freiherrn von Lotzbeck verdingte. In den beiden folgenden Jahren begleitete er seinen Zögling auf mehreren Bildungsreisen durch Deutschland und Europa. Eine dieser Reisen führte ihn 1834 nach Heidelberg, wo er Bekanntschaft mit dem berühmten, demokratisch orientierten Historiker Friedrich Christoph Schlosser machte, welcher Hagen nachhaltig beeindruckte und ihn darin bestärkte, eine akademische Laufbahn einzuschlagen. Nach kurzer Lehrtätigkeit am griechischen Institut in München kehrte Hagen 1836 abermals nach Erlangen zurück, um sich noch im gleichen Jahr mit einer Arbeit *Über Wappengenossen* zu habilitieren.[139] Bereits im Juni 1837 wechselte er als Privatdozent an die Universität Heidelberg,[140] da ihm dort das personelle Umfeld und politische Klima mehr zusagte, aber auch die Ausstattung der Bibliothek vorteilhafter erschien. Prägend für seine weitere Karriere wurden die Verbindungen zu seinen Heidelberger Kollegen Schlosser und Gervinus, ferner Häusser und Kortüm (›Heidelberger

139 Hagen, De armigeris, 1836.

140 Die Thesen von Hagens Heidelberger Antrittsvorlesung am 25. November 1837 wurden unter Hagen, Theses, 1837, veröffentlicht.

Schule‹), die sich durch eine dezidiert politische Geschichtsschreibung auszeichneten und ihn nicht nur in wissenschaftlicher, sondern auch in politischer Hinsicht beeinflussten.[141]

Dass er als ein »entschiedener Demokrat und Republikaner in deutlichem Gegensatz zur Mehrheit seiner Kollegen« stand,[142] tat Hagens beruflichem Werdegang keinen Abbruch, obgleich er auf den nächsten Karriereschritt lange warten musste. Erst 1845 ernannte ihn die Philosophische Fakultät der Universität Heidelberg zum außerordentlichen Professor, aber ohne Gehalt. So blieb seine materielle Lage heikel, zumal spätere Bemühungen um eine Besoldung erfolglos waren und sich 1846 auch seine Hoffnungen auf eine ordentliche Professur in Jena zerschlugen.[143] Hagen war deshalb weiterhin auf das Schreiben angewiesen und entfaltete neben seiner Tätigkeit als Hochschullehrer auch eine rege politisch-publizistische Aktivität, bei der er in enge Verbindung zu Johann Georg August Wirth und Gustav Struve trat, aber auch zu Karl Marx und Arnold Ruge – alles beredte Beispiele für das politische Milieu, dem er sich verbunden fühlte.[144] Hagens augenfälliger Anspruch, durch seine politische und wissenschaftliche Tätigkeit auch stets erzieherisch zu wirken, stand in einem Zusammenhang mit seinem ausgeprägten Interesse für Fragen der Kindererziehung. So stand er denn auch in einem engen gedanklichen Austausch mit Friedrich Fröbel, dem ›Erfinder‹ des Kindergartens, für dessen Ideen er allenthalben warb und die er später als Parlamentarier politisch umzusetzen suchte.[145]

Infolge seiner politischen Haltung war Hagens Arbeit vielfältigen Restriktionen unterworfen. Diverse seiner Artikel fielen der Zensur zum Opfer und bei mehreren seiner Texte schreckte er davor zurück, diese mit seinem Namen kenntlich zu machen. Nichtsdestoweniger verkehrte er in Heidelberg, einem Zentrum des vormärzlichen Liberalismus, auch weiterhin mit zahlreichen prominenten Oppositionsführern, beteiligte sich an einschlägigen literarischen Unternehmungen und bemühte sich dabei um Vermittlung zwischen demokratischen und liberalen Kräften. So setzte er sich im Zuge der Heidelberger Versammlung Anfang März

141 Zur ›Heidelberger Schule‹ siehe MUHLACK, Einleitung, 2003, S. 12; zur zeitgenössischen Wahrnehmung derselben WAITZ, deutsche Historiker I, 1846, S. 523–526.

142 ZEPF, Hagen, 1998, S. 155.

143 HAGEN an Fröbel [16. Juli 1846]. In: FRÖBEL/HAGEN, Briefwechsel, 1948, Nr. 10, S. 35.

144 Dazu ZEPF, Hagen, 1998, S. 157. Siehe auch MARX an Fröbel (Julius) [21. November 1843]. In: MARX/ENGELS, Gesamtausgabe III, 1975, Bd. 1, S. 62.

145 Siehe insbesondere FRÖBEL/HAGEN, Briefwechsel, 1948; darin auch die Schrift HAGEN, nationale Erziehung, 1844; zum Verhältnis zwischen Hagen und Fröbel auch BAADER, Demokraten, 1998, S. 208f., 212.

1848 für die Schaffung eines Vorparlaments ein, das die Konstituierung einer deutschen Nationalversammlung vorbereiten sollte.[146] Hagen gehörte infolgedessen nicht nur diesem Vorparlament an, sondern wurde auch Mitglied der Frankfurter Nationalversammlung, in welcher er sich als Abgeordneter des Wahlkreises Heidelberg der radikaldemokratischen Fraktion *Donnersberg* anschloss.

Kaum ein anderer Historiker repräsentiert die kritisch-quellenbasierte Geschichtsforschung des 19. Jahrhunderts so sehr wie **Georg Waitz**. Geboren am 9. Oktober 1813 in Flensburg,[147] wuchs Waitz in einer Kaufmannsfamilie auf, die väterlicherseits aus dem hessisch-thüringischen Raum, mütterlicherseits aus Flensburg stammte. Die Erziehung in Elternhaus und Schule hatte – wie Waitz selbst unterstrich – einen »ausschließlich deutschen Charakter«.[148] Sein Interesse an der Geschichte wurde bereits in der Schulzeit geweckt. Einen nachhaltigen Einfluss auf den jungen Waitz übte dabei Niebuhrs *Römische Geschichte* aus,[149] die ihm aufgrund des kritischen Sinns imponierte und ihn darin bestärkte, seinem Landsmann nachzueifern und sich der Rechtsgeschichte zuzuwenden. Nachdem er die Schule mit Bestnote abgeschlossen hatte, schrieb sich Waitz 1832 an der juristischen Fakultät der Universität Kiel ein, um Vorlesungen in den Rechtswissenschaften und Geschichte, aber auch in Evangelischer Theologie und Philosophie zu hören. Bereits Ostern 1833 wechselte Waitz die Universität und zog nach Berlin. Durch den Gang in die preußische Hauptstadt kam er in den Genuss, Veranstaltungen bei den führenden Gelehrten seiner Zeit zu besuchen. Savigny, Boeckh und Lachmann hörte er ebenso wie die letzte Vorlesung Schleiermachers über Politik. Den überragenden Einfluss aber übte Ranke auf ihn aus, an dessen berühmten Übungen er teilnahm und der auch spä-

---

**146** Siehe dazu unten, S. 259.

**147** Siehe zur Biographie Waitz' Frensdorff, Waitz, 1896; Ermisch, Erinnerung, 1913; Waitz, Waitz, 1913; Grundmann, Waitz, 1963; Jordan, Waitz, 1964; Wölky, Politikwissenschaftler, 2006, S. 151–191; Ewald, Waitz, 2000 (hier mit Schwerpunkt nach 1849); Reither, Rechtsgeschichte, 2009, S. 81–88 und Best/Weege, Handbuch, 1996, S. 347f. Die bedeutende Stellung Waitz' in der deutschen Geschichtswissenschaft illustrieren die unzähligen, mit so mancher Anekdote versehenen Nekrologe u.a. von Sybel, Waitz, 1886; Weiland, Waitz, 1886; Monod, Waitz, 1886; Frensdorff, Waitz, 1886; Wattenbach, Gedächtnisrede, 1886/87; Grauert, Waitz, 1887; Kluckhohn, Erinnerung, 1887. Zur Bedeutung Waitz' für die Geschichtswissenschaft auch Muhlack, Stellung, 2005. Siehe ebenso die der eigentlichen Abhandlung vorangestellte Autobiographie in Waitz, Deutsche Kaiser, 1862, S. VII–XXVI.

**148** So Waitz, Deutsche Kaiser, 1862, S. VII; siehe auch Waitz, Waitz, 1913, S. 4; Frensdorff, Waitz, 1896, S. 603 und Grauert, Waitz, 1887, S. 54.

**149** Niebuhr, Römische Geschichte, 1811/12. Zu Niebuhrs Bedeutung für die Verwissenschaftlichung der Geschichtsschreibung siehe oben S. 37f.

terhin sein wichtigster Mentor blieb.[150] Jene Übungen, die den Kristallisationspunkt der ›Ranke-Schule‹ bildeten, stellten auch für Waitz einen wichtigen persönlichen Markstein dar – hier verinnerlichte er nicht nur das Rankesche Objektivitätspostulat, das neben der gründlich-gewissenhaften Quellenkritik zum Kennzeichen seines wissenschaftlichen Wirkens geworden ist. Vielmehr motivierten ihn die Übungen auch, eine akademische Karriere anzustreben und sich fortan dem Mittelalter zu widmen. Welche Bedeutung das Format der Übungen für Waitz hatte, wird nicht zuletzt daran erkennbar, dass er es später als Professor mit überaus großem Erfolg übernahm.[151]

Waitz' herausragende Fähigkeiten auf dem Feld der kritischen Quellenforschung wurden schon bald deutlich. Eine von Ranke 1834 ausgelobte Preisfrage über Leben und Taten des Sachsenkönigs Heinrich I. gewann Waitz im August 1835 vor seinen Mitbewerbern aus dem Kreis der Übungen. Waitz' preisgekrönte Abhandlung bildete den Ausgangspunkt für eine Unternehmung, für die er sich auf Anregung Rankes mit den anderen Übungsteilnehmern zusammentat: die *Jahrbücher des Deutschen Reiches unter dem sächsischen Hause* – eine kritische und nach Jahren geordnete, chronologisch-deskriptive Zusammenfassung aller bekannten Quellen zu den jeweiligen ottonischen Herrschern. Später auch auf andere Dynastien ausgeweitet, sind die *Jahrbücher der Deutschen Geschichte* bis heute ein unersetzbares Hilfsmittel für Mediävisten.[152] Im folgenden Jahr schloss Waitz sein Studium mit einer Promotion über das *Chronicon Uspergense* ab.[153] Auf Empfehlung Rankes ging er noch 1836 nach Hannover, um bei Georg Heinrich Pertz an den MGH mitzuarbeiten, deren Präsident er 1875 werden sollte. Die Verpflichtung

---

150 Zu Waitz' eigener Würdigung seiner akademischen Lehrer siehe WAITZ, Deutsche Kaiser, 1862, S. IX–XI.

151 Waitz' historische Übungen in Göttingen galten in den 1850–70er Jahren als die beste Ausbildungsstätte für angehende Historiker. So schickten nicht nur ausländische Historiker ihre Schüler nach Göttingen zu Waitz, sondern auch Historiker, die sich politisch wie wissenschaftlich in einem gegnerischen Verhältnis zu Waitz befanden (etwa Constantin Höfler, zum Verhältnis zwischen Waitz und Höfler auch S. 73). Siehe auch die Beispiele bei MUHLACK, Stellung, 2005, S. 165–169; zu den Übungen insgesamt ERMISCH, Erinnerung, 1913, S. 19–23; KLUCKHOHN, Erinnerung, 1887, S. 14–19; WAITZ, Waitz, 1913, S. 29f., 53–60, 92–100 (Liste der Übungsteilnehmer). Die große Bedeutung der historischen Übungen Waitz' für die weitere Entwicklung der Geschichtswissenschaft in Deutschland wird nicht zuletzt daran erkennbar, dass aus ihrem Kreis nicht weniger als 19 Lehrstuhlinhaber hervorgingen. Dazu WEBER, Priester, 1984, S. 222–224.

152 Zur Konzeption der *Jahrbücher* siehe die Vorrede von Ranke in WAITZ, Jahrbücher, 1837, S. V–XII; zu den *Jahrbüchern der Deutschen Geschichte* insgesamt BAETHGEN, Jahrbücher, 1958.

153 WAITZ, Commentationis, 1836.

Waitz' erwies sich für die MGH als regelrechter Glücksgriff, erhielten sie durch den neuen Mitarbeiter doch einen sichtlichen Aufschwung. Erstmals seit 1824 konnte 1838 wieder die hauseigene Zeitschrift der MGH – das *Archiv der Gesellschaft für ältere deutsche Geschichtskunde* – erscheinen. Vor allem aber legte Waitz' Editionstätigkeit den Grundstein für die Publikation der Bände drei bis acht der Abteilung *scriptores*, die so bedeutende Schriften wie Widukinds *res gestae Saxonicae* oder die Chronik des Ekkehard von Aura enthielten.[154] Der knapp fünfeinhalbjährige Aufenthalt in Hannover war auch in politischer Hinsicht prägend, knüpfte Waitz doch engen Kontakt zu Dahlmann wie den Gebrüdern Grimm und erlebte 1837 die Vorgänge um die ›Göttinger Sieben‹ aus nächster Nähe. Angesichts der großen Verdienste, die er sich bei zahlreichen, bis heute maßgebenden Quellenstudien und -editionen erworben hatte, wurde er 1842 – ohne habilitiert zu sein – an die Universität Kiel berufen, an der er als ordentlicher Professor der Geschichte bis 1848 tätig war.

Auf Rankes Rat nahm Waitz den Ruf nach Kiel zum Wintersemester 1842/43 an. Die inhaltlichen Schwerpunkte seiner Lehrtätigkeit bildeten fortan die Verfassungs-, die mittelalterliche und die schleswig-holsteinische (»vaterländische«) Geschichte.[155] Damit übernahm Waitz Gebiete, die für eine Verbindung von wissenschaftlich-akademischem Wirken und politischem Engagement geradezu prädestiniert waren. So steuerte er 1843 zur Tausendjahrfeier des Verduner Vertrag das wissenschaftliche Programm bei, welches den Ausgangspunkt seines achtbändigen Monumentalwerks *Deutsche Verfassungsgeschichte* bildete.[156] Wie Dahlmann und Droysen meldete sich auch Waitz in der Schleswig-Frage zu

154 Während Waitz' Anstellung bei den MGH in Hannover (seit 1842 in Berlin) erschienen die Bände 3 und 4 der *scriptores*. Trotz des Antritts der Professur in Kiel zum Winter 1842/43 arbeitete Waitz' an den MGH weiter und leistete bis 1848 umfangreiche Beiträge für die Bände 5 bis 8. Wohl auf Betreiben Waitz' wurde dabei eine wichtige editionstechnische Verbesserung eingeführt: das Verfahren das Petitdrucks, um Entlehnungen aus anderen Quellen kenntlich zu machen, dazu Bresslau, Geschichte, 1921, S. 265f.; Jordan, Waitz, 1964, S. 97. Nach 1848/49 folgten noch zahlreiche weitere editorische Beiträge von Waitz. Zu Waitz' Beginn bei den MGH siehe Dümmler, Waitz und Pertz, 1894.

155 Noch 1842 arbeitete Waitz gemeinsam mit Droysen eine Denkschrift über die Gestaltung des Geschichtsstudiums in Kiel aus, um den Studenten ein »vollständigen Cursus der Geschichte« zu bieten. Dieses Gutachten liegt gedruckt vor (Droysen/Waitz, historischer Cursus, 1842) und verdient nach Jordan, Waitz, 1964, S. 92, »besondere Beachtung; zeigt es doch, wie zwei Historiker, die für die Entwicklung der Geschichtswissenschaft an den deutschen Universitäten im 19. Jahrhundert so entscheidende Bedeutung gewonnen haben, damals die Durchführung des Geschichtsstudiums an einer Universität von der Größe Kiels mit 200 bis 300 Studenten für zweckmäßig hielten.«

156 Waitz, Gründung des deutschen Reiches, 1843. Siehe dazu auch Anm. 339.

*Abb. 5: Georg Waitz (1813–1886)*

*Abb. 6: Heinrich Wuttke (1818–1876)*

Wort. Bereits 1843 erschien in den *Neuen Kieler Blättern* ein Beitrag, in dem Waitz sich den deutschen Standpunkt in der Schleswig-Frage zu eigen machte und historisch begründete.[157] Anders als Droysen konnte sich Waitz hierbei darauf berufen, als ›echter‹ Schleswiger zu sprechen. Als sich der Konflikt 1846 zuspitzte (Kap. 5.3), verwahrte sich Waitz in seiner Funktion als Abgeordneter der Universität Kiel in der Holsteinischen Ständeversammlung gegen die Politik des dänischen Königs. Während Waitz daraufhin von Teilen der Kieler Studentenschaft mit einem Fackelzug geehrt wurde, handelte er sich einen Verweis der Kopenhagener Regierung ein.[158] Auf seine akademische Lehrfreiheit pochend und einer weiteren Konfrontation nicht aus dem Wege gehend, besorgte Waitz kurz darauf zusammen mit Droysen die Schlussredaktion einer Protestnote der Kieler Professorenschaft gegen die dänische Politik, die noch im selben Jahr unter dem Titel *Staats- und Erbrecht des Herzogthums Schleswig* trotz eines königlichen Verbots veröffentlicht wurde.[159]

---

157 Waitz, historisches Recht, 1843.

158 Siehe dazu Waitz an König Christian VIII. von Dänemark [12. September 1846]. In: Liepmann, Professoren, 1916, Nr. 173, S. 249–251; Konsistorium der Universität Kiel an König Christian VIII. von Dänemark [29. September 1846]. In: Liepmann, Professoren, 1916, Nr. 174, S. 251–252. Siehe ebenso unten, S. 218f.

159 Droysen/Falck/Waitz u.a., Staats- und Erbrecht, 1846.

Die vor diesem Hintergrund erfolgte Annahme eines Rufes an die Universität Göttingen zum Sommer 1848 verzögerte sich infolge des revolutionären Geschehens in Deutschland. Waitz stellte sich sogleich in den Dienst der provisorischen Kieler Landesregierung und ging als deren Bevollmächtigter nach Berlin, um Preußen zu einer militärischen Intervention gegen Dänemark zu bewegen und für die Aufnahme Schleswigs in den Deutschen Bund zu werben.[160] Noch während seines Aufenthalts in Berlin wurde Waitz im Wahlbezirk Bordesholm mit absoluter Mehrheit in die Frankfurter Nationalversammlung gewählt, in welcher er sich dem *Casino* anschloss.

**Heinrich Wuttke** kam am 12. Februar 1818 im schlesischen Brieg als Sohn des örtlichen Bürgermeisters zur Welt.[161] In einem konservativen Elternhaus aufgewachsen, gehörte Wuttke der evangelisch-lutherischen Konfession an.[162] Nach dem Besuch des Gymnasiums in Breslau studierte er ebendort ab 1835 Geschichte, Philologie und Philosophie, hörte aber auch naturwissenschaftliche und theologische Vorlesungen. Zu seinen prägendsten Lehrern zählten der Historiker Gustav Adolf Harald Stenzel (der 1848/49 als Abgeordneter im Paulskirchenparlament saß), der Archäologe und Philologe Julius Ambrosch (ebenfalls Mitglied der Frankfurter Nationalversammlung) sowie der Philosoph Christian Julius Braniß. Während seiner Zeit in Breslau machte Wuttke Bekanntschaft mit prominenten Vertretern des deutschen Nationalismus, darunter Hoffmann von Fallersleben, dem er freundschaftlich verbunden war. Nach seiner Promotion 1838 über Thukydides' Geschichte des Peloponnesischen Krieges[163] (bei Stenzel) kam es zum Bruch mit seinen akademischen Lehrern, als Wuttke die Fälschung einer frühneuzeitlichen Quelle nachweisen konnte, was von den Professoren übersehen worden war.[164] Dies verschaffte Wuttke zwar den Ruf eines hervorragenden Kri-

---

160 Waitz, Aufnahme, 1848. Siehe ebenso unten S. 225, 228–230.

161 Zu Wuttkes Biographie siehe Todte, Geschichtswerk, 2010, S. 17–42; Blecher/Todte, Wuttke, 2009; Dvorak, Wuttke, 2005; Müller-Frauenstein, Wuttke, 1898; Best/Weege, Handbuch, 1996, S. 367; ferner Engelmann, Geographie, 1965, S. 32f. Nur als Materialsammlung zu gebrauchen sind aufgrund ihres dezidiert marxistisch-ideologischen Charakters Müller, politische Wirken, 1960; Müller, Wuttke als Politiker, 1959.

162 Die in der älteren Literatur (z.B. Offermann, Arbeiterbewegung, 1979, S. 374, Anm. 216) mitunter vorzufindende Behauptung, Wuttke sei Deutschkatholik gewesen oder zum Deutschkatholizismus konvertiert, ist falsch. Dazu eingehend Todte, Geschichtswerk, 2010, S. 17f. und Blecher/Todte, Wuttke, 2009, S. 800–802.

163 Wuttke, Thucydide, 1839/41. Der erste, 1839 erschienene Teil stellt Wuttkes Dissertation dar, der zweite seine Habilitationsschrift.

164 Dabei handelt es sich um Wuttke, Haus- und Tagebuch, 1838.

tikers, erregte aber zugleich den Unmut seiner Lehrer, die er mit seiner Untersuchung desavouiert hatte.

Infolgedessen ging Wuttke, der inzwischen den Plan einer akademischen Laufbahn gefasst hatte, Ostern 1839 nach Berlin, um seine Ausbildung bei den Koryphäen der Geistes- und Geschichtswissenschaft fortzusetzen. Neben den Vorlesungen Karl Lachmanns und Carl Ritters besuchte er dort in erster Linie die historischen Übungen und Vorlesungen Rankes, von dem er sich allerdings binnen Kurzem persönlich entfremdete und fachlich distanzierte.[165] Bereits im Frühjahr 1840 wechselte er an die Leipziger Universität, an der er sich bei Wilhelm Wachsmuth habilitierte (erneut über Thukydides) und seit 1841 als Privatdozent wirkte. Neben seiner universitären Lehre, die unter den Studenten einen großen Anklang fand,[166] entfaltete Wuttke seit den 1840er Jahren eine rege Publikationstätigkeit, besonders zur schlesischen und preußischen Geschichte.

In Leipzig gewann Wuttke nicht nur als Historiker, sondern auch als Politiker ein schärferes Profil. In Sachsen, wo die Frühindustrialisierung verhältnismäßig weit vorangeschritten war, hatte sich bereits früh eine entschiedene Opposition gegen die Herrschaftsverhältnisse ausgeformt. Deren ideelles Zentrum stellte die Universitäts- und ›Buchstadt‹ Leipzig dar. Wuttkes Mitgliedschaften in der Leipziger Burschenschaft *Germania*, im *Leipziger Schriftstellerverein* und im *Schillerverein* belegen

---

165 Über Wuttkes Berlin-Aufenthalt und die Hintergründe seines Weggangs ist nur wenig bekannt. Müller, politische Wirken, 1960, S. 16, gibt einen Brief wieder, der darauf hindeutet, dass Wuttke sich mit dem politischen Klima in der preußischen Hauptstadt und der inhaltlichen Ausrichtung der Ranke-Schule nicht arrangieren konnte. Sicher ist jedenfalls, dass sich ab 1840 eine persönliche Entfremdung von Ranke abzeichnete und sich Wuttke von der Ranke-Schule distanzierte. Wuttke glaubte sich daraufhin fachinternen Marginalisierungsbestrebungen ausgesetzt, was in einem zunehmend verschärften Agieren und Anschreiben gegen jedwede ›Berliner Richtung‹ mündete und sich auch in seiner politischen Haltung niederschlug. Siehe dazu exemplarisch Wuttke, Serbien und Ranke, 1848, sowie Wuttke, Schlosser, 1844, worin sich er gegen die Mehrzahl seiner Fachkollegen wandte und ihnen neben einer »gekünstelten Objectivität« (S. 204) eine politisch motivierte Geschichtsfälschung aus aristokratischer Perspektive (S. 198f.) vorwirft. Zu Wuttkes Haltung gegenüber Ranke und seiner späteren, noch weitaus extremeren Missbilligung der kleindeutsch-großpreußischen Schule um Droysen, Treitschke und Sybel siehe Todte, Geschichtswerk, 2010, S. 25–27, 43–45, 63, 66f., 75 und Huttner, Disziplinentwicklung, 2001, S. 196–204.

166 So berichtete Karl Biedermann in einem Nekrolog in der *Deutschen Allgemeinen Zeitung*: »Wuttke's akademische Thätigkeit war anfangs eine sehr rege und vielseitige. Die sprühende Lebendigkeit seines Vortrages fesselte eine zahlreiche Zuhörerschaft an ihn, der er zum Theil auch persönlich nahe trat und auf die er einen starken Einfluß übte«. Zitiert nach Müller-Frauenstein, Wuttke, 1898, S. 570. Eine vollständige Übersicht über Wuttkes Lehrveranstaltungen findet sich bei Todte, Geschichtswerk, 2010, S. 95–99.

seinen nationalistisch-liberalen Denkhorizont und stehen beispielhaft für das politische Umfeld, in dem sich er bewegte.[167] Diese kryptopolitischen Organisationen und Foren schufen einen Rahmen, in dem diverse Formen der politischen Meinungsbildung praktiziert und in konkrete Forderungen übersetzt werden konnten. Sie boten ihm überdies die Möglichkeit, enge Kontakte zu führenden Köpfen der Opposition in Sachsen zu knüpfen, namentlich zu Robert Blum, mit dem er 1845 den *Redeübungsverein* gründete.[168] Eingebunden in ein weit verzweigtes Netz verschiedener Interessenvereinigungen und seinem politischen Standpunkt durch eine rührige Publizistik Ausdruck verleihend, avancierte Wuttke im Vormärz zu »einem der aktivsten Anführer der liberalen Opposition in Sachsen«.[169] Folgerichtig motivierten ihn die revolutionären Ereignisse im Frühjahr 1848 zu lebhaftem politischen Engagement. Während Wuttke sich zunächst in Sachsen für die Erfüllung der sog. Märzforderungen stark machte, ging er kurz darauf nach Frankfurt, um an den Verhandlungen des Vorparlamentes mitzuwirken, kehrte danach aber vorerst ins Königreich Sachsen zurück.

Das revolutionäre Geschehen war schließlich auch für seine wissenschaftliche Laufbahn entscheidend. Nachdem das alte sächsische Ministerium Könneritz durch ein liberales ›Märzkabinett‹ abgelöst worden war, erhielt Wuttke Anfang Juli 1848 den vakant gewordenen Lehrstuhl für Historische Hilfswissenschaften an der Universität Leipzig.[170] Seine wissenschaftliche und politische Tätigkeit in Sachsen wurde allerdings unterbrochen, als er nach der Erschießung Robert Blums am 9. November 1848 bei Wien als dessen Ersatzmann in die Frankfurter Nationalversammlung einzog und sich dem linksliberalen *Württemberger Hof* anschloss.

Ein Vergleich der Lebensläufe der sechs Historiker zeigt Gemeinsamkeiten und Unterschiede. Mit Blick auf ihre regionale Herkunft lassen sich zwei Gruppen bilden: die Norddeutschen, denen Dahlmann, Droysen

---

167 Zu den politischen Verhältnissen in Sachsen vor 1848 siehe WEBER, Revolution, 1970; speziell zum Leipziger Schillerverein und dessen politischer Wirkungsabsicht auch WINTERSTEIN, Schillerfeiern, 2006.

168 Zum Verhältnis zwischen Wuttke und Blum siehe ZERBACK, Blum, 2007, S. 253f.

169 BLECHER/TODTE, Wuttke, 2009, S. 799.

170 Der bisherige Inhaber des Lehrstuhls für Historische Hilfswissenschaften, Friedrich Christian August Hasse, war am 6. Februar 1848 verstorben. Durch die Einsetzung der Märzregierung gelangte 1848 mit Ludwig von der Pfordten ein Angehöriger der liberalen Bewegung Sachsens auf den Posten des Kultusministers, der mit Wuttke gut bekannt war und dessen Berufung ermöglichte. Dazu eingehender HUTTNER, Disziplinentwicklung, 2000, S. 192f.

und Waitz angehören, und die Mittel- und Süddeutschen, denen Gfrörer, Hagen und Wuttke zuzurechnen sind. In generationeller Hinsicht sticht nur Dahlmann (Jahrgang 1785) hervor; alle übrigen sind zwischen 1803 und 1818 geboren. Die politischen Sozialisationserfahrungen sind dementsprechend einzuschätzen. Während bei Dahlmann vor allem die Napoleonischen Kriege infrage kommen, dürften die übrigen in erster Linie durch die Erfahrungen der Restaurationsepoche politisch geprägt worden sein.[171] Allen gemein war jedoch die Erfahrung des repressiven Klimas, das infolge der Karlsbader Beschlüsse seit 1819 (und nach einem zeitweiligen Abflauen seit 1832) das alltägliche Leben an den deutschen Universitäten prägte und auch die politische und wissenschaftliche Haltung der Historiker in gewisser Hinsicht präfigurierte. Wesentlich war dabei, dass sich die Historiker – sowohl als Studenten als auch später als Professoren – in relativ überschaubaren wissenschaftlichen Kreisen und Netzwerken bewegten. So waren es, abgesehen von den politischen Rahmenbedingungen des akademischen Lebens, nicht selten auch die gleichen Hochschullehrer, bei denen sie studiert hatten, häufiger aber noch dieselben Denker, Ideen und Werke, mit denen sie sich auseinandersetzten – ohne freilich immer zu denselben Schlussfolgerungen zu gelangen.

Gemeinsam ist ihnen aber vor allem die Herkunft aus einem ähnlichen sozialen Umfeld. Während Dahlmann und Wuttke aus Beamten- und Ratsfamilien, Waitz und Gfrörer aus bildungsbürgerlich geprägten Kaufmannsfamilien entstammten, wuchsen Droysen und Hagen in evangelischen Pfarrhäusern auf, was für die führenden Köpfe des frühen deutschen Nationalismus nicht ungewöhnlich war. Dies verweist auf eine weitere Gemeinsamkeit: Sie alle sind von ihrem familiären und sozialen Hintergrund deutlich vom Protestantismus geprägt, auch Gfrörer, der sich erst seit Mitte der 1830er Jahre zunehmend dem Katholizismus zuwandte.[172] Insofern sind die sechs Historiker jener gesellschaftlichen Großgruppe zuzurechnen, die für den deutschen Nationalismus die wichtigste soziale Trägerschicht bildete: dem protestantischen Bildungsbürgertum. Obschon der Nationalismus keine genuin bürgerliche Ideologie und in anderen Sozialformationen ebenso anschlussfähig ist, war es in Deutschland doch eben dieses Bürgertum, aus dem sich die

---

171 Zur Bedeutung politischer Sozialisationserfahrungen für den Nationalismus siehe Gramley, Propheten, 2001, S. 25–27.

172 Siehe zum Stellenwert des Protestantismus auch Gramley, Christliches Vaterland, 2002; ferner Graf, Nation, 2000, S. 314f.

»Propheten des deutschen Nationalismus« rekrutierten.[173] Kennzeichnend für die sechs Historiker, aber auch für viele andere Vorkämpfer des Nationalismus war, dass sie zumeist über längere Zeit hinweg eine ungesicherte soziale Randexistenz als Intellektuelle führten, dass ihre materielle Lage oftmals prekär blieb. Gerade dies stärkte die grundsätzliche Motivation, sich mit den überkommenen gesellschaftlich-politischen Strukturen nicht zufriedenzugeben, sondern sie umzugestalten.[174] Erst vor dem Hintergrund auch dieses alltäglichen Erfahrungshorizontes wird die Verbindung ihres regen historiographischen Wirkens und ihres nationalpolitischen Engagements verständlich, eine Verbindung, die unter der Leitidee der Nation auf politische Partizipation wie soziale Emanzipation und Integration abzielte.

Waren die sechs Historiker in dieser Hinsicht eine relativ homogene Gruppe, so taten sich zwischen ihnen auch gravierende Differenzen auf. Dies galt insbesondere für ihre Vorstellungen, wie ein künftiger Nationalstaat konkret aufgebaut werden sollte. Ein biographischer Hinweis auf die Nähe zu demokratischen und republikanischen Ideen ist die Mitgliedschaft in Burschenschaften. Hagen und Wuttke gehörten den auf Aktionismus drängenden und republikanisch geprägten *Germania*-Burschenschaften in Erlangen bzw. Leipzig an.[175] Auch wenn diese Mitgliedschaften nicht überinterpretiert werden sollten, spiegelten sich darin ihre politische Ansichten doch wider. Hagen war entschiedener Demokrat, Wuttke schwankte zwischen demokratischen und liberalen Positionen; beide setzten sich für die Durchsetzung der Volkssouveränität ein. Vor diesem Hintergrund verwundert es nicht, dass ihre Anschauungen und Aktivitäten der Obrigkeit ebensowenig verborgen blieben wie ihre zahlreichen Kontakte zu führenden Köpfen demokratischer, liberaler und nationalistischer Kreise. Spätestens seit den frühen 1840er Jahren standen sie unter Beobachtung der politischen Geheimpolizei

---

173 Gramley, Propheten, 2001.

174 Besonders prekär war die materielle Situation bei den außerordentlichen Professoren, die kein reguläres Gehalt, sondern nur die Kollegiengelder der Studenten bezogen (Hagen; bis 1848 Wuttke). Auch Droysen und Gfrörer wurden vor ihrer Erstberufung 1840/46, Dahlmann nach seiner Entlassung 1837 mit dem Problem des finanziellen Einkommens konfrontiert. Obgleich die materielle Lage mit der Ernennung zu ordentlichen Professoren in der Regel als abgesichert gelten konnte, war sie keinesfalls vorzüglich. Hierzu Gramley, Propheten, 2001, S. 56f.; Wehler, Gesellschaftsgeschichte, 1987/1995, Bd. 2, S. 517; Bd. 3, S. 424f.

175 Zur Spaltung der Burschenschaften in die gemäßigten, politisches Handeln weitgehend ablehnenden *Arminen* und in die aktionistisch orientierten *Germanen* siehe Hardtwig, Protestformen, 1986, S. 46f. Hagen gehörte allerdings zugleich der Erlanger Burschenschaft *Arminia* an und schloss sich auch in Jena der Burschenschaft *Arminia* an. Siehe dazu Dvorak, Hagen, 1999; Dvorak, Wuttke, 2005.

Metternichs.[176] Demgegenüber waren Dahlmann, Droysen, Gfrörer und Waitz klare Gegner einer republikanischen bzw. demokratischen Ordnung. Sie suchten ihre politischen Ziele durch Reformen und im Konsens mit den Fürsten zu verwirklichen. Ungeachtet dieser politischen Differenzen hatten jedoch alle sechs ein gemeinsames Ziel vor Augen: das Ziel eines verfassungsmäßigen deutschen Nationalstaates, für das sie durch die Verbindung von Wissenschaft und Politik – als ›politischer Professor‹ – zu wirken suchten.

## *3.2 Der ›politische Professor‹ – Selbstverständnis als Wissenschaftler und Politiker*

Als »politischer Professor« wird, einer Definition Hans Fenskes folgend, ein Professor verstanden, der »die Inhalte und Methoden seiner Disziplin, seine Möglichkeiten als Hochschullehrer und das Ansehen seines Berufsstandes dazu benutzte, politischen Einfluß auszuüben und politische Ziele zu verwirklichen.«[177] Politischer Professor in diesem Sinne war mithin nicht, wer sich *neben* seinem wissenschaftlich-akademischen Wirken politisch engagierte, sondern allein, wer auch in seiner Rolle *als* Professor politisch agierte. Ulrich Muhlack hat diese Definition dahingehend präzisiert, dass »diese Professoren bei alledem eine Art von politischem Alleinvertretungsanspruch erheben und damit weithin Gehör finden.«[178] In dieser Hinsicht war das politische Professorentum, wenngleich Gelehrte und Hochschullehrer auch in anderen Ländern in

176 Parallel zur der Schaffung der Mainzer Bundes-Central-Behörde infolge des Frankfurter Wachensturms von 1833 hatte Metternich in Mainz – ohne Beteiligung der anderen Staaten – ein Informationsbüro einrichten lassen, das geheime Berichte sog. Konfidenten zentral zusammenführte und nach Wien weiterleitete. Eine Auswahl dieser Berichte findet sich in Adler, Geheimberichte, 1977/81 (zu Wuttke Bd. 1, S. 85, 131, 221; Bd. 2, S. 119, 148; zu Hagen Bd. 1, S. 155) und in Glossy, Geheimberichte, 1912, (zu Wuttke Bd. 1, S. 196, 204, 277; Bd. 2, S. 69, 77f., 258, 267; zu Hagen Bd. 1, S. 308; Bd. 2, 213).

177 Fenske, Gelehrtenpolitik, 1986, S. 39. Zum ›politischen Professor‹ auch Real, politisches Professorentum, 1974, bes. S. 7–12; Muhlack, politische Professor, 2001; Wende, politische Professor, 2003; McClelland, Hochschullehrer, 1988, bes. S. 43–53; Vierhaus, politische Gelehrte, 1995; Nipperdey, Deutsche Geschichte, 1983, S. 479–482; Ries, Luden, 2001, S. 28–30. Zur zeitgenössischen Wahrnehmung der staatlich-politischen Funktion von Universitäten und Hochschullehrern siehe neben den folgenden Ausführungen auch den Artikel im *Rotteck-Welckerschen Staatslexikon*: Scheidler, »Universitäten«, 1847, S. 499–540, bes. S. 518–540.

178 Muhlack, politische Professor, 2001, S. 186. Siehe ebenso Giesen, Intellektuellen, 1993, S. 68–73.

die Politik gingen, ein vornehmlich deutsches Phänomen des 19. Jahrhunderts.[179] Der politische Alleinvertretungsanspruch und dessen weitgehende Akzeptanz resultierten aus den politischen und gesellschaftlichen Verhältnissen, in denen sich die Professoren bewegten. Als Teil der intellektuellen und kulturellen Elite agierten sie in einem vorstaatlichen Rahmen – der Nation –, dessen staatliche Form sie selbst herbeizuführen suchten: Die Schaffung eines deutschen Nationalstaates auf verfassungsmäßiger Grundlage stellte die Kardinalfrage ihres sonach nationalistischen Wirkens dar.[180]

Dass dabei Professoren eine führende Rolle einnahmen, lag zunächst im zeitgenössischen Denkhorizont begründet. Ihre generelle Motivation, sich politisch zu engagieren, ging nicht zuletzt aus einem Welt- und Selbstbild hervor, das Gebildeten einen maßgebenden Einfluss auf die Gestaltung öffentlicher Angelegenheiten zuwies und im neuhumanistischen Bildungsideal wurzelte. In dieser philosophisch-pädagogischen Reformidee avancierte das Universitätsstudium zur höchsten Stufe der Bildung und persönlichen Formung des Menschen. Das Streben nach Erkenntnis und Wahrheit sollte nicht nur die freie geistige Entfaltung des Menschen gewährleisten, sondern zielte gleichermaßen auf dessen Rolle als staatsbürgerliches Individuum.[181] Der wissenschaftlich Gebildete verkörperte insofern den politisch mündigen Bürger, der akademische Lehrer das leuchtende Vorbild eines freien und unabhängigen Geistes. Dieses Denken korrespondierte mit einem neuen Wissenschaftsbegriff, der die Wissensmehrung und die Erlangung neuer und objektiver Erkenntnisse in den Mittelpunkt rückte, an Leistungsnormen orientiert war und Unqualifizierte von der Universitätslaufbahn ausschloss.[182] Hieraus erwuchs – für das gebildete Bürgertum im Allgemeinen und für die akademische Elite im Speziellen – der politisch-gesellschaftliche Imperativ, sich für die allgemeine und öffentliche Wohlfahrt

---

179 Muhlack, politische Professor, 2001, S. 185–187, 204; Wende, politische Professor, 2003, S. 21–24; Vierhaus, politische Gelehrte, 1995, S. 27f.; Nipperdey, Deutsche Geschichte, 1983, S. 470f. Je nach Definition können ›politische Professoren‹ freilich auch im 20. Jahrhundert verortet werden. Siehe etwa Jansen, Professoren, 1992, S. 11–16, 25–27.

180 Muhlack, politische Professor, 2001, S. 186 (dazu kritisch Wende, politische Professor, 2003, S. 22); ferner Vierhaus, politische Gelehrte, 1995, S. 17f.; Fenske, Gelehrtenpolitik, 1986, S. 48, 57f.

181 Hardtwig, Geschichtsstudium, 1990, S. 17–19; Schelsky, Einsamkeit, 1970, bes. S. 53–57, 63–87; Wehler, Gesellschaftsgeschichte, 1987, Bd. 2, S. 509f.; speziell zu Humboldt auch Menze, Bildungsreform, 1975, S. 9–58.

182 Nipperdey, Deutsche Geschichte, 1983, S. 471f.

einzusetzen und dabei nach Maßgabe der als wissenschaftlich ›wahrhaftig‹ erkannten Grundsätze zu verfahren.[183]

Abgesehen von diesem Welt- und Selbstbild waren Professoren von Berufs wegen in besonderer Weise zu politischem Engagement befähigt. Neben ihrem hohen Sozialprestige verfügten sie – zumal in den Geistes- und Rechtswissenschaften[184] – auch über die erforderliche Sachkompetenz, um in politischen Fragen und anderen öffentlichen Angelegenheiten als Autorität auftreten zu können. Sie waren beruflich damit vertraut, ihre Anschauungen öffentlich darzulegen, und in ihrer Arbeit weit weniger durch dienstliche Weisungen eingeschränkt als andere, akademisch gebildete Berufsgruppen.[185] Damit verbunden war ein vergleichsweise hohes Maß an politischer Unabhängigkeit; Professoren, die aus politischen Gründen entlassen wurden, fanden in der Regel relativ zügig eine neue Anstellung an einer anderen Universität.[186] Durch die grenzüberschreitenden Beziehungen innerhalb der *scientific community*, durch eine hohe geographische Mobilität der Studenten und Professoren, durch wissenschaftliche Diskurse, Kongresse und Berufungsverfahren, welche über die einzelnen deutschen Staaten hinausreichten, verkörperten die deutschen Universitäten die kulturelle Einheit der Nation. Die Universitäten stellten somit – durch die staatlichen Repressionen seit den Karlsbader Beschlüssen 1819 hochgradig politisiert[187] – eine Art nationaler Öffentlichkeit her; zusammen mit dem enormen Prestigegewinn durch die von Preußen ausgehende Erneuerung der Universitäten erwuchs daraus ein exklusiver und weithin anerkannter Führungsanspruch im nationalen Einigungsprojekt.[188]

---

183 MUHLACK, politische Professor, 2001, S. 186f.; VIERHAUS, politische Gelehrte, 1995, S. 18.

184 Die Dominanz von Geistes- und Rechtswissenschaftlern unter den ›politischen Professoren‹ darf allerdings nicht darüber hinwegtäuschen, dass sich auch Hochschullehrer anderer Wissenschaften politisch engagierten. Dies galt ebenso für Naturwissenschaftler (z.B. Lorenz Oken) wie für Mediziner (z.B. Rudolf Virchow), wenngleich die medizinische Wissenschaft im Ganzen durch das Vorherrschen eines pejorativen Politikverständnisses geprägt war; siehe dazu WEIDNER, unpolitische Profession, 2012.

185 FENSKE, Gelehrtenpolitik, 1986, S. 39; WENDE, politische Professor, 2003, S. 24.

186 Als Beispiel können hier die ›Göttinger Sieben‹ gelten. Alle fanden nach ihrer Entlassung bald eine neue Anstellung als Professor, bis auf Dahlmann, der fünf Jahre warten musste, in dieser Zeit aber durch Spenden, die ein eigens gegründeter Unterstützungsverein sammelte, sein volles Professorengehalt bezog. Dazu BLEEK, Dahlmann, 2010, S. 222–230, 246; sowie die Briefe Dahlmanns in GRIMM, Briefwechsel, 1885, Bd. 1, Nr. 46, 55, 63, 102, 128, 137, 156. Weitere Beispiele für entlassene und andernorts wiedereingestellte Professoren bei NIPPERDEY, Deutsche Geschichte, 1983, S. 473.

187 Dazu WEHLER, Gesellschaftsgeschichte, 1987, Bd. 2, S. 404–407.

188 So MUHLACK, politische Professor, 2001, S. 186f.; NIPPERDEY, Deutsche Geschichte, 1983, S. 479f.; ferner WENDE, politische Professor, 2003, S. 24. Die ›nationale‹ Bedeutung der Univer-

Dieser politische Führungsanspruch kam besonders deutlich im parlamentarischen Wirken der Professoren zum Ausdruck. Bereits in verschiedenen deutschen Landtagen taten sich Hochschullehrer als Wortführer der Opposition hervor.[189] Noch größere Aufmerksamkeit zogen die Professoren aber in der Frankfurter Nationalversammlung auf sich. In ihr waren insgesamt 57 Universitätsprofessoren vertreten (mit Gymnasialprofessoren und Privatdozenten 85).[190] Mit Blick auf die gesamte deutsche Professorenschaft bedeutet dies, dass mit rund 7 Prozent aller ordentlichen Professoren ein nicht unwesentlicher Anteil der ersten gesamtdeutschen Volksvertretung angehörte.[191] Dabei stachen Historiker ganz besonders heraus: Von allen Geschichtsordinarien an deutschen Universitäten waren exakt 40 Prozent in der Paulskirche vertreten. Rechnet man die Professuren für Alte Geschichte heraus, so ist der Anteil noch geringfügig höher.[192] Obgleich die Professoren in der Nationalversammlung selbst keine Mehrheit darstellten (so lässt sich mit

sitäten wurde auch von Zeitgenossen betont. So wies z.B. SCHEIDLER, »Universitäten«, 1847, S. 522 darauf hin, dass die Universitäten – »was besonders für Deutschland gilt« – »ein Gemeingut der Nation, nicht blos den einzelnen Staaten angehörig«, sondern auch »eine mächtige Stütze der Nationaleinheit sind.«

**189** Im Badischen Landtag waren z.B. Carl Mittermaier, Karl von Rotteck und Carl Theodor Welcker als führende Köpfe der Opposition vertreten, Franz List, Robert von Mohl und Ludwig Uhland in der Württembergischen Abgeordnetenkammer. Sylvester Jordan gehörte der Kurhessischen Ständeversammlung an, Carl Biedermann der Zweiten Kammer des Landtags des Königreichs Sachsen. Die große Zahl prominenter Professoren in den Parlamenten liegt zum einen darin begründet, dass sie ihre Universität in den Ständeversammlungen vertraten, darüber hinaus kandidierten aber zahlreiche Professoren als ›selbstständige‹ Abgeordnete. Mit Blick auf die Professoren in Parlamenten nach 1848 siehe BROCKE, Professoren, 1988.

**190** Diese Zählung beruht auf BEST/WEEGE, Handbuch, 1996, S. 450–453. Von den 57 Universitätsprofessoren waren 46 Ordinarien, 10 außerordentliche Professoren und 1 Honorarprofessor. Damit sind indes nur Personen erfasst, die bei ihrem Eintritt in die Frankfurter Nationalversammlung zuletzt als Professoren tätig waren. Die Anzahl erhöht sich noch, wenn auch Personen eingerechnet werden, die Professoren gewesen waren, aber bei ihrem Eintritt in die Nationalversammlung einen anderen Beruf ausgeübt haben. Dies gilt z.B. für Carl Theodor Welcker, der seit 1814 bis zu seiner Suspendierung 1841 an verschiedenen Universitäten als Professor tätig war. Hierdurch und durch das Problem, wer unter die Kategorie ›Professor‹ fällt (z.B. ›Professoren‹ an Priesterseminaren oder Realschulen?), erklären sich die abweichenden Angaben der Professorenanzahl in der Nationalversammlung. Einen Vergleich verschiedener Übersichten bietet BOTZENHART, Parlamentarismus, 1977, S. 161. Die dort aufgeführten Zahlen von 49 bzw. 52 Hochschullehrern scheinen zu niedrig (von 52 Professoren geht auch MCCLELLAND, Hochschullehrer, 1988, S. 49 aus, der aber zugleich auf die Quellenproblematik hinweist). Zu hoch gegriffen sind hingegen die 82 Hochschullehrer, von denen WENDE, politische Professor, 2003, S. 25, im Ganzen ausgeht.

**191** Bei ca. 675 Lehrstühlen zwischen 1845–1850; dazu WENDE, politische Professor, 2003, S. 25. Der von Wende angegebene Anteil von ca. 10 Prozent scheint zu hoch gegriffen, da Wende von 57 Ordinarien in Frankfurt ausgeht.

**192** Siehe Anhang 10.1 und 10.2.

Blick auf die berufliche Zusammensetzung der insgesamt 809 Abgeordneten[193] eher von einem ›Juristenparlament‹ als von einem ›Professorenparlament‹ sprechen), wird ihr Führungsanspruch auch daran deutlich, dass sie in der parlamentarischen Prominenz, aber auch in wichtigen Gremien überdurchschnittlich stark vertreten waren[194] – nicht zuletzt hierdurch erklärt sich das große Echo, das der Topos vom ›Professorenparlament‹ schon 1848 fand.

Auch die hier im Blickfeld stehenden Historiker verfochten einen Anspruch auf politische Führung und ein berufliches Selbstverständnis der Professoren, welches der Wissenschaft eine besondere Rolle für die Gestaltung öffentlicher Angelegenheiten zuwies – zumal auf nationaler Ebene. Prägend für diese Auffassung war Friedrich Christoph Dahlmann, der »dem neunzehnten Jahrhundert den Typus des politischen Professors schuf«[195] und die politische Bedeutung von Wissenschaft und Hochschulen an verschiedenen Orten hervorhob.[196] In seinem ›politikwissenschaftlichen‹ Hauptwerk *Die Politik, auf den Grund und das Maaß der gegebenen Zustände zurückgeführt* (1835) widmete er den Universitäten einen ausführlichen Abschnitt. Ihre Aufgabe sah er darin, die »höchste Bildungsanstalt für Erwachsene, die noch nicht Staatsbürger sind«,[197] zu sein; ihr Zweck war somit die Vollendung des Menschen zum Staatsbürger. Die wichtigste Voraussetzung dafür machte Dahlmann im ungestörten »Fortbetrieb der Wissenschaften« aus. Würde der Staat versuchen, »die bisherigen Sitze freier Bildung in hämmernde Werkstätten zu verwandeln,« so würde »der den Wissenschaften zugedachte Schlag [...] weniger sie, die sich auch aufs Wandern verstehen, als die Staatsjugend treffen.« Jegliche staatliche Gängelung der Universitäten hätte zur Folge, dass »deren Geschäft stille steht, sobald die Wissenschaftlichen, die vom Lehren ausgeschlossen sind, nicht mehr den Anstoß geben«. Ziel des Staates müsse es aber sein, die »Bestgebildeten« für sich zu gewinnen. Eine freie Wissenschaft und Lehre sei hierfür ebenso unum-

---

**193** Nach anderen Zählungen 812 Abgeordnete (Siemann, Revolution, 1985, S. 125). Die vorliegende Arbeit hält sich an Best/Weege, Handbuch, 1996, hier S. 18 mit Anm. 10.

**194** So waren z.B. die Hochschullehrer im 30-köpfigen Verfassungsausschuss (von der Konstituierung im Mai 1848 bis zum Herbst 1848: 11 aktive Professoren, 1 suspendierter Professor und 2 ehemalige Privatdozenten) deutlich überrepräsentiert. Eine Liste der Ausschussmitglieder findet sich bei Best/Weege, Handbuch, 1996, S. 404f.

**195** Heimpel, Dahlmann, 1957, S. 64. Zu Dahlmann als politischem Professor auch Bleek, Dahlmann, 2010, S. 247f.

**196** Dazu Bleek, Universitätslehrer, 2012, S. 15–20.

**197** So der Titel des 14. Kapitels in Dahlmann, Politik, 1835, S. 277. Zu den Universitäten siehe §§ 273–282.

gänglich wie der Umstand, dass die Universität »der gesammten Staatsjugend des Deutschen Vaterlandes offensteht.«[198] Denn gerade mit Blick auf öffentliche Angelegenheiten unterstrich Dahlmann, »daß das Wissen richtiger leite als die Unwissenheit«[199] – die an den Universitäten vermittelte Wissenschaftlichkeit erschien damit als wichtigstes Fundament für politisches Handeln.

Dahlmann, der sich über die große öffentliche Wirkung professoraler Politik im Klaren war,[200] betonte in diesem Zusammenhang die nationale Bedeutung der Universitäten, besonders ihre einheitsstiftende Funktion im »politisch zerstückelten Deutschland«.[201] Auf dieselbe Bedeutung verwies auch Johann Gustav Droysen: Die »nationale Einheit [...] ist anstaltlich ununterbrochen festgehalten in den Universitäten.« Diese seien nicht einem einzelnen Staat, »sondern dem gesammten Vaterlande angehörig, und wie sie ihre Kraft immer von Neuem aus dem gesammten Vaterlande ergänzen, so ist ihre Wirkung wieder auf das gesammte Deutschland hingewandt«. Das Wirken an einer solchen Einrichtung erschien demnach als Dienst an der Nation. Als »Träger des geistigen Lebens der Nation« hätten die Universitäten »den Beruf, die höchsten geistigen Interessen des deutschen Lebens in voller und ungehemmter Wahrhaftigkeit zu vertreten«.[202] Damit sprach auch Droysen den Universitäten und den an ihnen tätigen Professoren die Deutungshoheit in allen nationalen Angelegenheiten zu.

Noch weitaus grundsätzlicher und emphatischer hob Heinrich Wuttke den Stellenwert der Universitäten hervor. In den »höheren Bildungs-Anstalten« erkannte er nicht nur nationale Einrichtungen, sondern die »wahren Hebel des Fortschritts«.[203] Für ihn war es unverkennbar, dass der »Fortschritt der Menschheit wesentlich von dem Fortschritt der Wissenschaft« abhängt und dass von den Universitäten, »seit sie bestehen, eine tiefgreifende Wirksamkeit geübt, ja lange Zeit wohl der stärkste Anstoß zu jedem Fortschritt gegeben worden ist.«[204] Diese Ansicht illustrierte

**198** Dahlmann, Politik, 1835, §§ 279f.

**199** Dahlmann, Politik, 1835, § 281.

**200** So sprach Dahlmann an Jacob Grimm [11. November 1837]. In: Grimm, Briefwechsel, 1885, Bd. 1, Nr. 44, S. 67, kurz vor der Protestation der Göttinger Sieben seine feste Überzeugung aus, dass eine Erklärung der Göttinger Professoren gegen Rücknahme des Hannoverschen Staatsgrundgesetzes »ein großes Gewicht im ganzen Lande und in ganz Deutschland haben würde.«

**201** Dahlmann, Politik, 1835, § 275.

**202** Droysen, Vorlesungen über *Die Freiheitskriege*, 1842, S. 294.

**203** Wuttke, Versuche, 1840, S. 412.

**204** Wuttke, Jahrbuch, 1842, S. 3.

Wuttke am Beispiel der Reformation. Ihre ganze – nationale – Wirkung führte er darauf zurück, dass Martin Luther seine Lehren in seiner Rolle als »*akademischer Lehrer*« verbreitete: »Die Stimme des Mönchs wäre in den öden Gängen seines Klosters verhallt, ein Prediger hätte nur seine Gemeinde, vielleicht seine Stadt, höchstens seinen Kanton und einige Nachbarorte überzeugt, aber das Wort des *Professor* Luther wurde von seinen Zuhörern binnen wenigen Jahren in alle Gaue des deutschen Landes getragen.«[205] Diese Geltung von Wissenschaft und Universität begriff Wuttke nicht nur als ein historisches Phänomen (mit dem er sich wiederholt auseinandersetzte[206]). Vielmehr übertrug er sie auch auf die Gegenwart und leitete daraus die grundsätzliche Forderung nach der Autonomie der Universitäten ab[207] wie auch ihren Führungsanspruch in allen politischen, insbesondere nationalen Fragen. So stehe »die Leitung der Zeitbestrebungen den Universitäten zu, deren Aufgabe nicht blos ist, die Thatkraft der Jugend zu heben und auf das Richtige hinzuweisen, sondern *selbst* an den Wirren, an deren Lösung die Vaterlandsfreunde arbeiten, Theil zu nehmen«.[208] Diese Auffassung spitzte er noch dahingehend zu, dass er den Universitäten den »Beruf« zuerteilt glaubte, »die Völker zu führen«.[209]

Dieser Führungsanspruch der politischen Professoren war also Ausdruck des Bewusstseins, einer gebildeten Elite anzugehören, mithin über

205 Wuttke, Jahrbuch, 1842, S. 5. Hervorhebungen im Original. Eine ähnlich große und nationale Bedeutung sprach Wuttke ebd., S. 9 den Professoren im Kontext der ›Befreiungskriege‹ zu: »In dieser großen Noth des Vaterlandes waren es aber wieder Professoren, der greifswalder Arndt, der berliner Fichte, der breslauer Steffens, Rückert, Görres, Luden u. a., welche das Volk zur That anfeuerten und mit ihren Worten die Erfolge der Waffen vorbereiteten.«

206 Zu erwähnen ist hier Wuttkes Herausgabe des *Jahrbuchs der deutschen Universitäten*, das 1842 in zwei Teilbänden erschien und mit dem er beabsichtigte, »die Würde der Universitäten bei jeder Gelegenheit zu verfechten, sodann eine möglichst vollständige Kunde von der Beschaffenheit aller Universitäten und Hochschulen, auf denen in deutscher Zunge gelehrt wird, zu geben«. (Wuttke, Jahrbuch, 1842, S. 38f.) Warum das Projekt nicht fortgeführt wurde ist unklar. Zuvor hatte Wuttke 1840/41 bereits einen mehrteiligen Beitrag über die Gründung der Breslauer Universität publiziert (Wuttke, Versuche, 1840/41). In diesem Zusammenhang ist schließlich auch seine Herausgabe der Autobiographie des Philosophen Christian Wolff zu nennen (Wuttke, Lebensbeschreibung, 1841), wobei Wuttke den Hallenser Professor nicht nur schätzte, weil dieser trotz massiver staatlicher Repression an seiner Lehre festhielt, sondern auch, weil er als einer der ersten Professoren in Deutschland in deutscher Sprache lehrte.

207 Wuttke, Jahrbuch, 1842, S. 14: »Von oben durch Verwaltungsbehörden in ihren Rechten immer stärker beeinträchtigt, von unten durch Schöngeister und Politiker in ihrem moralischen Einflusse bedroht, müssen sie im Gegentheile die höchste Achtsamkeit anwenden, um ihren völligen Ruin aufzuhalten.«

208 Wuttke, Jahrbuch, 1842, S. 7. Hervorhebung im Original.

209 Wuttke, Jahrbuch, 1842, S. 16f. Folgerichtig lobte Wuttke, Stände, 1847, S. 162, Professoren, die sich in politisch engagieren, da diese ihre Stellung »verstehen«.

bestimmte – wissenschaftliche – Fähigkeiten zu verfügen, die als unabdingbar für das politische Handeln gesehen wurden. Daneben korrespondierte ihr Führungsanspruch aber auch mit einem exklusiven politischen Anspruch, den sie der Geschichte beimaßen. Angesichts der allgemeinen Historisierung des Denkens und den daraus resultierenden Orientierungs- und Legitimationsbedürfnissen stellte die Geschichte nicht nur die fundamentale Bezugsgröße für die eigentliche Geschichtswissenschaft dar, sondern auch für die benachbarten Geistes-, Kultur- und Rechtswissenschaften. Eingebunden in die wechselseitig verflochtenen Prozesse der »Historisierung der Politik« und »Politisierung der Historie« waren alle politischen Professoren in gewissem Maße auch politische Historiker.[210] Dass die Fachhistoriker unter ihnen die herausragende Stellung einnahmen, ergab sich insbesondere daraus, dass die für das politische Denken und Handeln zentrale Bezugsgröße der politischen Geschichte vornehmlich in ihre Domäne fiel.[211] Durch die gegenseitige Durchdringung ihres wissenschaftlichen und politischen Wirkens wurde nicht nur die historische Erkenntnis zum Ausgangspunkt politischen Handelns. In gleicher Weise wurde die Geschichte zur Projektionsfläche für politische Fragen, die die Historiker aus ihrer eigenen Gegenwart empfingen. Der Nationalstaat bildete vor diesem Hintergrund den inhaltlichen Kern ihres Wirkens, welches sich somit in einem gedanklichen Rahmen bewegte, der durch die Eckpunkte ›Geschichte‹, ›Politik‹ und ›Nation‹ abgesteckt war.

Diese nationalpolitische Aufgabe der Geschichtswissenschaft hatte Dahlmann schon 1815 postuliert, als er kurz nach seinem Antritt der Kieler Professur für Geschichte erklärte, »daß die Bewahrung des heiligen Feuers der Vaterlandsliebe niemanden so nahe stehe als den Pflegern der Wissenschaft.«[212] Dass Dahlmann der Wissenschaft die primäre Zuständigkeit für die nationalen Belange zuwies, war nicht nur Ausdruck eines Intellektuellen-Nationalismus, sondern lag mehr noch darin begründet, dass er der Geschichtswissenschaft eine konkrete politische Funktion unterstellte. Zwar verstand er Wissenschaft und Politik durchaus als eigenständige Bereiche; allerdings ließen sich beide nicht voneinander trennen.[213] Richtschnur einer nationalen Politik müsse die

---

210 Muhlack, Historie und Politik, 1999, S. 135 u.ö.

211 Muhlack, politische Professor, 2001, S. 189.

212 Dahlmann, Sieg vom 18. Junius, 1815, S. 6. Zu Dahlmanns Auffassung von der politischen Aufgabe der Wissenschaft siehe Bleek, Dahlmann, 2010, S. 69–72, 152–154, 273–275, 285; Hansen, Dahlmann als Historiker, 2012, S. 13–16.

213 Bleek, Dahlmann, 2010, S. 71; Muhlack, politische Professor, 2001, S. 200f.

nationale Geschichte sein, denn »ein größrer Menschenverein« werde »am sichersten dadurch sittlich genesen«, indem er »aus der ganzen Entwickelung des Volks von seiner Wurzel her sich ein möglichst treues Musterbild erschafft, welches immer reiner in der Zeit auszuprägen, das höchste Ziel der Gegenwart seyn muß. Denn der Muster bedarf jedes Volk«.[214] Diese Auffassung, die er in zahlreichen Arbeiten in ähnlicher Weise formulierte,[215] stellte nicht nur das Grundprinzip seines weiteren wissenschaftlichen Wirkens dar, sondern gab auch den Impuls zum politischen Engagement. In dieser Auffassung drückte sich zudem die Historisierung des politischen Denkens aus: Dahlmann verwies darauf, dass die Menschheit »kein anderes Daseyn hat« als das, »welches im steten Entwicklungskampfe räumlich und zeitlich begriffen, in unserer Geschichte vorliegt«. Deswegen »entbehrt eine Darstellung des Staates, welche sich der historischen Grundlagen entäußert, aller ernsten Belehrung, und gehört den Phantasiespielen an.«[216] Allein durch eine wissenschaftliche, nach Wahrheit strebende Betrachtung der Vergangenheit könne »die Form der Herrschaft anerkannt werden [...], in der ein Volk seinen Frieden finde« – die »Geschichte« sei daher die maßgebliche »Lehrerin der Politik«.[217]

Den Topos der *historia magistra vitae* griff ebenso Karl Hagen auf, der sich von der »Nothwendigkeit einer Verbindung der Wissenschaft mit dem Leben« überzeugt zeigte.[218] Jedweden Selbstzweck der Wissen-

214 Dahlmann, Verfassung, 1815, S. 35.

215 Dahlmann, Erster Vortrag, 1842, S. 317: »Was die Politik angeht, so verflacht sie sich gar leicht, wenn man es verabsäumt das Leben der Vergangenheit, ihre politischen Thaten und Leiden in lebendige Verbindung mit der beweglichen Gegenwart zu setzen.« Ebd., S. 311: In »friedlicher Zurückgezogenheit frei aufathmend, suchte ich in der Geschichtsschreibung eines germanischen Staates die Bedingungen auf, in welchen die neuere Menschheit ihren Frieden zu finden hoffen darf.« Dahlmann, vaterländische Preisfrage, 1821, S. 189: »Die Geschichte ist etwas Höheres als eine Beispielsammlung zum beliebigen Gebrauche für Für und Wider. Ein Geschichtswerk kann und muß nichts unmittelbar erreichen wollen [!]; glücklich, wenn es aufklärt, beschämt, unterdrückte edlere Erinnerungen zur Auferstehung bringt.«

216 Dahlmann, Politik, 1835, § 12. Diese ›Historisierung des Politik‹ spiegelte sich darin, dass Dahlmann, Verfassung, 1815, S. 25 »in der Geschichte ein gewisses Fortschreiten in politischen Wahrheiten« erkannte.

217 Dahlmann, Politik, 1835, § 27. Dahlmann, Neocorus, 1827, Bd. 1, S. XXIII: »Geschichte als Lehrerin«. Dahlmann, Geschichte der englischen Revolution, 1844, S. 1f.: »An sich selber lehrreich, fördern [historische Vorgänge] zugleich ein weiter reichendes Verständniß der Zeiten, lösen beängstigende Fragen der Gegenwart und enthüllen vielleicht einen Theil der uns schwachen Menschen sonst so unzugänglichen Zukunft.« Zum Wahrheitspostulat Dahlmann, Vorrede, ohne Jahr, S. 210: »Dem Verehrer der Geschichte ist keine Wahrheit, die sie bietet, unerwünscht, und wenn ihn der rechte Geist ergreift, zweifelt er keinen Augenblick, daß die gefundne heilsamer sei, als jedes vorgreifliche Erzeugniß der eigenen Phantasie.«

218 Hagen, Verbindung, 1838, S. 23.

schaft wies er zurück. Ein Nutzen wissenschaftlicher Arbeit konnte in seinen Augen allein in Bezug auf die Gegenwart gedacht werden. Denn die »rechte Verbindung« der Wissenschaft mit dem Leben könne »nur dadurch bewirkt [werden], daß die Wissenschaft sich selber aus dem Leben, in Beziehung aufs Leben und vom Leben bedingt, aufzubauen strebt.«[219] So bekundete er an anderer Stelle, »die Geschichte nie anders als in Beziehung zum Leben und zur Gegenwart betrachtet« zu haben. Wichtig ist dabei, dass er die Gegenwart als Ausgangspunkt für jegliche Auseinandersetzung mit der Geschichte verstand, weshalb »dem tüchtigen Historiker die Kenntnis des Lebens d.h. die seiner Zeit nicht abgehen dürfe.«[220] Dementsprechend erklärte er, durch die Gegenwart habe er »nicht selten das Verständniß für verwandte Epochen der Vergangenheit bekommen.«[221] Doch ebenso, wie er das Verständnis der Gegenwart als Voraussetzung für ein Verständnis der Geschichte betrachtete, waren für ihn gediegene Erkenntnisse über die Gegenwart nur durch eine historische Betrachtung und Einordnung möglich. Denn er betonte mit Nachdruck, »daß die Fragen der Gegenwart nur dadurch zu einer ersprießlichen Lösung gelangen können, wenn man sich über ihre historische Entwicklung klar wird. Die Geschichte vermag gar manche Aufschlüsse zu geben, welche die Bestrebungen der Zeit erst in das rechte Licht stellen und dadurch auf ihre weitere Entwicklung großen Einfluß üben.«[222] In dieser in erkenntnistheoretischer Hinsicht reziproken Wechselbeziehung zwischen Vergangenheit und Gegenwart nahm die Geschichtswissenschaft für Hagen die vermittelnde Position ein, aus der heraus die Zukunft erst gestaltet werden könne: Allein sie mache die Gegenwart angesichts ihrer Gewordenheit überhaupt erst angemessen strukturierbar, erfassbar und damit gestaltbar.

Doch in welcher Beziehung zu Leben und Gegenwart kann die Wissenschaft überhaupt stehen? Hagen verwarf in diesem Zusammenhang populärwissenschaftliche Arbeiten ebenso wie Werke, die sich auf materielle oder schöngeistige Gegenstände konzentrieren und darum nur oberflächlich sein könnten; vielmehr müsse sich die Wissenschaft nach dem Lebendigen selbst richten. Dieses sah Hagen bestimmt durch den Geist und seine Manifestationen. Eine brauchbare Wissenschaft müsse deswegen »sowohl die Erscheinung beachten, als auch den Geist zu er-

219 Hagen, Verbindung, 1838, S. 29.
220 Hagen, Vorrede, 1843, S. XI.
221 Hagen, Vorrede, 1843, S. XII.
222 Hagen, Vorrede, 1843, S. XII.

forschen suchen, der ihr zu Grunde liegt.«[223] Erst dann könne »die Wissenschaft auch ihren Einfluß üben auf das praktische Leben, auf Welt und Gesellschaft, und wird wiederum von derselben bestimmt werden.«[224] Hagens geschichtswissenschaftlicher Imperativ lautete daher, die Ideen einer Epoche (eine zentrale Idee der Menschheitsgeschichte war für ihn der »Patriotismus«[225]) und ihre konkreten Auswirkungen zu erkennen, um daraus praktische Aussagen für die Gegenwart ableiten zu können. Die Aufgabe des Historikers sei es somit, die vorherrschenden »Ideen einer Zeit« zu erfassen und »von diesen aus die Erscheinungen und die Begebenheiten zu verstehen und darzustellen« – »dann erst wird die Geschichte in Wahrheit das, womit man sie so oft bezeichnet, eine Lehrerin für das Leben.«[226]

Die nationalistische Dimension spielte dabei die entscheidende Rolle. Denn Hagen erklärte es zum Ziel seiner Geschichtsschreibung, das nationale Bewusstsein »im Volke von Neuem zu erwecken«. Dazu gelte es vor allem zu zeigen, »wie sich das deutsche Wesen in der Geschichte bewährt, wie sich unser Nationalcharakter entwickelt, wie sich unsere Zustände gestaltet haben«. Diese Aufgabe war indes kein Selbstzweck, sondern zielte, wie Hagen ausdrücklich darlegte, in zweifacher Hinsicht auf die Gegenwart: Zunächst solle eine nationale Geschichte nachweisen, »daß in unserem Volke eine Kraft und eine Stärke liege, die viel größer ist, als man vielleicht aus den gegenwärtigen Verhältnissen entnehmen möchte.« Die Geschichtswissenschaft erschien damit als Mittel zur Stärkung des Nationalgefühls, als Korrektiv zu den als unzulänglich wahrgenommenen nationalpolitischen Zuständen der Gegenwart. Darüber hinaus – und dies war für die politische Wirkungsabsicht ausschlaggebend – »soll man aus der geschichtlichen Entwicklung unseres Nationalcharakters Resultate ziehen können für die Gestaltung der Gegenwart und der Zukunft.«[227] Die Wissenschaft solle deshalb »mit-

223 HAGEN, Verbindung, 1838, S. 35.
224 HAGEN, Verbindung, 1838, S. 36.
225 HAGEN, Weltliteratur, 1838; HAGEN, Hauptrichtungen, 1843. Eine historische Kontinuität bestimmter Ideen betont HAGEN, Vorrede, 1842, S. XVI.
226 HAGEN, Verbindung, 1838, S. 39. Siehe auch HAGEN, Volkscharakter, 1840, S. 155 (»Lehren der Geschichte«); HAGEN, Hauptrichtungen, 1843, S. 81. Dieser (politisch) belehrenden Funktion der Geschichte entspricht, neben der Annahme einer Kontinuität bestimmter Ideen, auch die von Hagen angenommene ›Verwandtschaft‹ verschiedener Epochen (HAGEN, Vorrede, 1843, S. XII). Daraus folgt die genuine Aufgabe des Historikers, solche Verwandtschaften zu erkennen und daraus Aussagen für die Gegenwart ableiten zu können. So findet sich bei Hagen wiederholt die Forderung, aus bestimmten ›Fehlern‹ der (deutschen) Geschichte für die politische Gegenwart zu ›lernen‹.
227 HAGEN, Hauptrichtungen, 1843, S. 83f.

ten in die Nation, in die Weltverhältnisse sich hineinstellen, und auf gleiche Weise auf sie wirken, wie von ihnen auf sich wirken lassen.«[228] Die grundlegende »Aufgabe unserer Nation, sich ihrer selbst und ihres Charakters bewußt zu werden« war demzufolge die spezielle – und eigentliche – Aufgabe der Geschichtswissenschaft, denn: »Nichts könnte freilich besser dazu dienen, als eine Geschichte unseres Volkes vom nationalen oder patriotischen Standpunkte aus«.[229]

Ein ähnliches Berufsethos vertraten auch August Friedrich Gfrörer und Heinrich Wuttke. Letzterer erklärte einleitend in einer Arbeit zur schlesischen Geschichte, dass diese vor allem »zu einer richtigeren Auffassung der Zustände des deutschen Volkes beitragen« soll.[230] Auch Wuttke richtete seine Geschichtsschreibung mithin an der Nation aus und wies ihr – jedoch nicht so ausdrücklich wie Dahlmann und Hagen – eine belehrenden Anspruch zu, den er auf eine gewissenhafte, an den Quellen betriebene Forschung und auf eine überparteiliche Haltung zurückführte. Denn »der Geschichtsschreiber« solle, so schrieb Wuttke, »nur nach dem Einen streben, das Geschehene so zu erzählen, wie es sich zutrug«.[231] Dass mit diesem aufklärerischen Gestus eine dezidiert politische Wirkungsabsicht einherging, ist bereits oben angesprochen worden. Insoweit standen die auf Objektivation zielende historische Erkenntnis und die politische Inanspruchnahme dieser Erkenntnis bei Wuttke (wie bei den anderen fünf Historikern) nicht in einem gegensätzlichen, sondern in einem komplementären, sich wechselseitig bedingenden Verhältnis.

Ausführlicher als Wuttke äußerte sich Gfrörer zu seinem beruflichen Selbstverständnis. Als er im März 1848 seine Zuversicht aussprach, dass das »Reich deutscher Nation […] wieder auferstehen« werde, bekannte er, dass er »für dieses hohe Ziel« gerade in seiner Rolle »als Historiker zu wirken gesucht« habe.[232] Nationalpolitisches Wirken vollzog sich also

---

228 Hagen, Hauptrichtungen, 1843, S. 86.

229 Hagen, Volkscharakter, 1840, S. 155f. Die enge gedankliche Verbindung von Geschichte und Nation schlug sich auch darin nieder, dass Hagen, Vermittlung, 1839, S. 172, das Merkmal des ›Historischen‹ an die Nation (bzw. das Volk) als natürliche Einheit knüpfte: »Das eigentlich Historische ist das, was auf natürliche Weise von selbst, ohne gewaltsame oder künstliche Mittel, in dem Leben einer Nation, oder eines Staates sich gestaltet hat: Erscheinungen, Einrichtungen, Verhältnisse, welche das Resultat von der geistigen Entwicklung eines Volks, der Ausdruck seines Volksthums sind.« Alles, was nicht dem Natürlichen – und damit dem Nationalen – entsprach, war insofern »unhistorisch«. Zur ›Natürlichkeit‹ des Nationalen bei Hagen siehe Kap. 4.1.

230 Wuttke, Besitzergreifung, 1843, Bd. 2, S. V.

231 Wuttke, Besitzergreifung, 1842, Bd. 1, S. V.

232 Gfrörer, Carolinger, 1848, Bd. 2, S. IIIf.

auch bei Gfrörer durch das Mittel der Geschichtsschreibung. Anders als die anderen fünf Historiker unterschied er in diesem Zusammenhang allerdings zwischen wissenschaftlichen Arbeiten im engeren Sinne und Darstellungen, die sich an ein größeres Publikum richteten: Während er in der Einleitung zu seiner *Geschichte des Urchristenthums* (1838) die Absicht bekundete, jenen »Leuten, die gar keine gelehrte Bildung besitzen, das Lesen meines Werkes erschweren, oder vielmehr unmöglich machen« zu wollen,[233] kritisierte er in der Erstauflage seiner *Geschichte Gustav Adolphs* (1837) den Usus, »nur denjenigen Geschichtschreibern sorgfältiges Quellenstudium zuzutrauen, welche ihre Bücher mit einer Masse von Citationen und andern Anmerkungen verbrämen.« Dies sei »in vorliegendem Werke unterlassen worden, weil dasselbe nicht bloß Gelehrten, sondern auch der Nation in die Hände kommen sollte.«[234] Denn dieses Werk habe er, so Gfrörer, »für teutsche Leser und aus teutschem Gesichtspunkte« geschrieben.[235]

Obgleich Gfrörer mit diesen Werken verschiedene Adressaten ansprach, somit unterschiedliche Formen der Geschichtsschreibung konzipierte, sah er die Abfassung sowohl der ›wissenschaftlichen‹ wie auch der ›populären‹ Variante Experten vorbehalten. Denn die Geschichte glaubte er von »geheimen Triebfedern« oder »Triebkräften« geleitet,[236] denen er nachzuspüren suchte, deren Aufdeckung er aber von besonderen Fähigkeiten abhängig machte. Dabei projizierte er sein ›modernes‹ Berufsethos wie auch seine Erfahrungen mit einer repressiven Regierungspraxis offenkundig auf die Vergangenheit zurück, um daraus einen exklusiven Anspruch auf die Geschichtsdeutung herzuleiten. Bereits die Historiker des Mittelalters seien nämlich durch eine »unsichtbare, aber sehr wirksame Censur« in ihrem Wirken gehemmt worden. Da es aber für den »ächten Historiker« ein »unerträgliches Gefühl« sei, »die Wahrheit verbergen zu müssen« und »seine ganze Wirksamkeit [...] einem steten Ringen gegen Lüge und Betrug« gleiche, seien die Chronisten des Mittelalters gezwungen gewesen, »der Nachwelt auf verborgene Weise die Wahrheit mitzutheilen.«[237] Erst ein spezielles Verfahren,

233 Gfrörer, Geschichte des Urchristenthums, 1838, Bd. 1/I, S. XXV.
234 Gfrörer, Gustav Adolph, 1837, S. III.
235 Gfrörer, Gustav Adolph, 1837, S. 296.
236 Gfrörer, Carolinger, 1848, Bd. 1, S. 64 (Inhalt); Gfrörer, Gustav Adolph, 1837, S. 1000; Gfrörer, Gustav Adolph, 1845, S. 803; Gfrörer, Untersuchung, 1848, S. 111; Gfrörer, Allgemeine Kirchengeschichte, 1841/46, Bd. 2/I, S. 306, 509; Bd. 4/I, S. 211; Gfrörer, Geschichte des Urchristenthums, 1838, Bd. 1/I, S. 84, 197; Bd. 2/II, S. 105.
237 Gfrörer, Carolinger, 1848, Bd. 2, S. 247f.

die »historische *Mathematik*, eine Wissenschaft, die freilich noch wenige kennen«,[238] erlaube es, die bewusst verschlüsselten Informationen wieder zu dechiffrieren. Allein mit dieser gleichsam kriminalistischen Methode (Gfrörer sprach einmal davon, bei seinen Quellenforschungen »Zeugen verhört« zu haben[239]), eine Art Mischung aus historischem Sinn, Logik, Psychologie und Kombinationsgabe, seien die »geheimen Triebkräfte« der Geschichte freizulegen. Mit diesem Konzept glaubte sich Gfrörer in die exklusive Lage versetzt, insbesondere bei einer spärlichen Überlieferungslage wie auch bei uneindeutigen Quellenaussagen quasi mathematisch exakte Aussagen über vergangene Zusammenhänge, über die eigentlichen Triebkräfte der Geschichte zu treffen. Eine dieser Triebkräfte – dies sei hier bereits vorweggenommen – erkannte Gfrörer im Nationalitätsprinzip.

Mit seiner »historischen Mathematik«, die des Öfteren in ein buchstäbliches Fabulieren abglitt, galt Gfrörer in gewissem Maße als Exzentriker, auch unter Kollegen, die ihm politisch nahestanden.[240] Seine politische Haltung spiegelte sich in seinem wissenschaftlichen Standpunkt, den Gfrörer als »ghibellinisch« (d.h. kaisertreu; dazu Kap. 4.4.) bezeichnete. Dadurch setzte er sich einer massiven Kritik aus, unter anderem von Georg Waitz, der 1846 in dem Aufsatz *Deutsche Historiker der Gegenwart* eine Art Bestandsaufnahme der deutschen Geschichtswissenschaft zu geben bezweckte. Waitz' Einwände gegen die »ghibellinischen« Historiker (von denen er Gfrörer als einzigen namentlich erwähnte) zielten darauf ab, dass ihre Schriften »einen einseitigen Charakter« trügen, da sie stets für die kaiserliche Seite Partei ergriffen, den Stämmen und Fürstentümern indes »nur Ungunst und hartes Urtheil« entgegenbrächten und überdies »mehr für das grosse Publicum als für die Wissenschaft« geschrieben seien. Trotz dieser Vorbehalte lobte Waitz jedoch die grundsätzlich »patriotische deutsche Gesinnung«[241] dieser Richtung wie er auch insgesamt seine Zufriedenheit aussprach, »bei die-

238 Gfrörer, Geschichte des Urchristenthums, 1838, Bd. 2/II, S. 336 (Hervorhebung im Original); Bd. 3/I, S. 25; Gfrörer, Carolinger, 1848, Bd. 2, S. 247: »die Kunst historischer Mathematik, auf welche sich jedoch sehr wenige Gelehrte verstehen«. Seine Methode skizzierte Gfrörer, Geschichte des Urchristenthums, 1838, Bd. 1/I, S. XX–XXIV. Zu Gfrörers »historischer Mathematik« siehe – mit einigen ›Rechenbeispielen‹ – ausführlich Brechenmacher, Geschichtsschreibung, 1996, S. 264–272.

239 Gfrörer, Allgemeine Kirchengeschichte, 1843, Bd. 3/I, S. VII (Vorrede von 1844).

240 Dazu Brechenmacher, Geschichtsschreibung, 1996, S. 268. Zu Gfrörers Reaktion auf die Kritik an seiner »historischen Mathematik« siehe Gfrörer, Carolinger, 1848, Bd. 1, S. IV.

241 Alle Zitate Waitz, deutsche Historiker I, 1846, S. 526–528.

ser Rundschau überall fast vaterländischer Gesinnung zu begegnen.«[242] Die »patriotische deutsche Gesinnung« erschien damit als eine Art Gütesiegel historiographischer Arbeiten. Umkehrt verurteilte Waitz mit aller Schärfe jede Geschichtsschreibung, die er als undeutsch verstand. Dies galt besonders für die »ultramontane« Richtung, deren Kopf er in Constantin Höfler erkannte.[243] Man dürfe keinesfalls zulassen, so warnte er am Ende seiner Ausführungen, »dass unser schönes Mittelalter von einer Gesinnung in Beschlag genommen und entstellt werde, die alles eher als eine deutsche ist, und die sich nicht breit machen soll wo es gilt Deutschlands Vergangenheit zu feiern, seine Gegenwart zu berathen.«[244] Die Beratungsfunktion der Geschichtswissenschaft und ihre nationalpolitische Ausrichtung fielen also auch nach Waitz zusammen.

Ausführlicher noch skizzierte er diesen politischen Beruf des Historikers in einer Besprechung von Karl Hagens Reformationsdarstellung. Neben dem eigentlichen Vorwurf, dass dieser die Reformation als eine vornehmlich politische Bewegung missinterpretiere, beschrieb es Waitz als wesentlichste Aufgabe der Geschichtswissenschaft, nach einer »klaren Einsicht in die vergangenen Dinge« zu streben, um damit »zur Belehrung und zum Frommen der Gegenwart« beizutragen. Dies könne jedoch nur geschehen »ohne Rücksicht auf Stimmungen und Strebungen des Augenblicks, der wissenschaftlichen oder politisch-religiösen Partei.«[245] Objektivitätsanspruch und handlungsleitende Funktion waren demnach kein Gegensatz, sondern vielmehr beides elementare Bestandteile der Geschichtswissenschaft. So sprach Waitz seine Überzeugung aus, dass der »Historiker« besonders mit Blick auf die »Fragen der Zeit [...] vor allen [!] ein Wort der Mahnung und Belehrung, und wenn es sein muss der Warnung, zu sprechen berufen ist«. Dies dürfe und könne der Historiker jedoch nicht, wenn er – wie er es Hagen im Speziellen und den süddeutschen Historikern im Allgemeinen vorwarf – seiner Arbeit »ein höchst subjectives Meinen und Gutdünken« zugrundelege.[246] Den politischen Beruf des Historikers machte Waitz damit von dem Kriterium der Wissenschaftlichkeit abhängig.

242 Waitz, deutsche Historiker I, 1846, S. 529.
243 Waitz, deutsche Historiker I, 1846, S. 533–535, Zitat S. 533. Zu Höfler siehe Brechenmacher, Geschichtsschreibung, 1996, S. 132–145 u.ö.
244 Waitz, deutsche Historiker I, 1846, S. 534f.
245 Waitz, deutsche Historiker II, 1846, S. 15.
246 Waitz, deutsche Historiker II, 1846, S. 17. Zu den verschiedenen Historikergruppen in Deutschland Waitz, deutsche Historiker I, 1846, S. 522f.: »Die norddeutschen Historiker sind gelehrter, objectiver, durchgängig von dem Streben nach einer unbefangenen Auffassung der historischen Wahrheit erfüllt, während die Geschichtsschreiber des Südens mehr die Gegen-

Von seiner eigenen Wissenschaftlichkeit fest überzeugt, glaubte sich Waitz zu politischem Engagement berufen. Dies umso mehr, da er in nationalpolitischen Fragen einen regen Gebrauch historischer Argumente konstatierte, weshalb er sich als Fachmann veranlasst sah, dem »Mißbrauch« der Geschichte wissenschaftlich entgegenzutreten.[247] Dabei beschränkte er sich nicht darauf, bestimmte politische Argumente mit geschichtlichen Fakten zu verwerfen oder zu untermauern. Vielmehr operierte Waitz mit dem Begriff des »historischen Rechts«, worunter er nicht nur historisch verbriefte Rechtstitel verstand, sondern vor allem Prinzipien und Entwicklungslinien, die sich als geschichtlich überlegen erwiesen hätten.[248] Die Geschichtswissenschaft stellte insofern nicht nur rein faktenbezogene politische Argumentationsstrategien bereit, sondern ließ in epistemischer Hinsicht überhaupt erst eine historisch gesättigte Welterkenntnis zu, die wiederum den maßgebenden Ausgangspunkt für politisches Denken und Handeln schuf. Diesen Anspruch, die Gebote der Geschichte erkennen und daraus politische Forderungen ableiten zu können, vertrat in ähnlicher Weise Droysen. Obwohl auch Droysen die Geltung von Rechtsurkunden nicht durchweg ablehnte, war für ihn nicht das aus der Vergangenheit überlieferte und sonach legitime Recht entscheidend, sondern das »Recht der Geschichte«, das er dem »historischen Recht« der »vergilbten Pergamente« entgegensetzte. Unter diesem Recht der Geschichte verstand Droysen das Recht der Gegenwart auf die Verwirklichung zeitgemäßer Ideen (z.B. Nationalstaat), aus welcher neues historisches Recht hervorgehe: »Die Gegenwart ist das lebendige Resultat der großen Kritik, welche die Geschichte geübt hat; sie steht auf dem Recht der Geschichte; nur was in ihr lebendig, lebenskräftig, der Zukunft fähig, ist historisches Recht«.[249] Eben dieses Geschichtsverständnis impliziert die politische Aufgabe der Geschichtswissenschaft, deren alleinige Kompetenz es ist, »die Ge-

---

wart im Auge haben und sich ihrer Einwirkung auf die Auffassung und Beurtheilung der historischen Entwickelung nicht entschlagen können.«

247 Waitz, historisches Recht, 1843, S. 107f.

248 Waitz, historisches Recht, 1843, S. 108: Dazu zählte insbesondere die nationale Entwicklung eines Volkes. Denn es sei »vermessen«, den Gang der Geschichte, d.h. »die Entwickelung eines Volks hemmen, zurückdrängen zu wollen.« Ebd.: Nicht das ist »historisches Recht, was einmal gegolten und dagewesen, wenn die Geschichte selbst es gerichtet und vernichtet hat. Aber daß man sich nicht täusche, und nur dem Augenblick, nur der Gegenwart ein Recht zuschreibe; daß man nicht meine, die nächste Vergangenheit sey nur die maaßgebende, bestimmende, und es sey verwehrt, über sie hinaus zu greifen nach dem was hinter ihr, in der Geschichte Größeres, Besseres liegt.«

249 Droysen, Verdun, 1843, S. 6, 19.

genwart über ihr Werden aufzuklären und damit über den historischen Moment, dem sie zugehört und dem sie gerecht werden muß.«[250]

Droysen, der offen bekundete, dass seine Arbeiten von der Liebe zum Vaterland geleitet seien,[251] wies der Geschichtswissenschaft damit eine doppelte Funktion zu, vor allem für die Nation. Sie war zum einen »Spiegel« und »Interpretation« der Gegenwart;[252] sie erklärte die Gegenwart aus der Vergangenheit und fungierte damit als identitätsstiftender (und durch nationalistische Überhöhungen als prestigeträchtiger) Bezugspunkt, der zugleich meinungsbildend wirken sollte.[253] Zum anderen war die Geschichtswissenschaft auf die Gestaltung der Zukunft ausgerichtet. Sie besaß eine politische Dimension, weil sie nicht nur gegenwärtige Probleme aufzeigte, sondern auch Handlungsanleitungen vorgab und diese mit ihrem exklusiven wissenschaftlichen Anspruch auf Wahrheitsfindung fundierte.[254] So äußerte Droysen, die Aufgabe der Gegenwart, dem »gerechten Verlangen der Völker« Geltung zu verschaffen, verbinde »die höchsten geschichtlichen Interessen mit den höchsten politischen; es ist nicht bloß eine Sache der politischen Parteien, es ist ein Recht der Wissenschaft, diese Aufgabe zu behandeln.« Erst durch eine »eindringliche geschichtliche Forschung erhält politische Betrachtung ein Fundament.«[255] Dieser politische Beruf der Geschichte war ein

---

250 Muhlack, Droysen, 1998, S. 276.

251 Droysen, Freiheitskriege, 1846, Bd. 1, Vorrede, nicht paginiert.

252 Droysen, Vorlesungen über *Neuere Geschichte*, 1847, S. 181; Droysen, Vorlesungen *Ueber den öffentlichen Zustand Deutschlands*, 1845, S. 314.

253 Droysen, Vorlesungen über *Neuere Geschichte*, 1847, S. 180f.: »Wir werden unserer selbst gewiß, wenn wir unser edelstes Können und Streben [...] anzureihen wissen an die großen Erscheinungen der Vergangenheit. [...] Erst dann wird sich die Gegenwart in Kraft und Fülle erfassen, wenn sie den lebendigen historischen Zusammenhang ihres Werdens begreift; erst dann kann die Betrachtung der Geschichte selbst lebendig und tief wirksam sein, wenn sie sich als die Werkstätte der Gegenwart, als deren Gründerin und Deuterin fühlt.« Droysen, Stellung Preußens, 1845, S. 33: »Das Volk hat ein Recht auf seine Geschichte, sie ist ihm ein Schlüssel zum Verständnis seiner Gegenwart.« Zur Meinungsbildung Droysen, Vorlesungen über die *Geschichte der neuesten Zeit seit 1815*, 1843, S. 194–196.

254 Der Umstand, dass Droysen sich scharf gegen die von der Ranke-Schule eingeforderte Objektivität wandte und erklärte, dass der Historiker »nirgends ohne Partheiinteresse schreiben« könne und die Parteizugehörigkeit sogar zur Frage der Ehre stilisierte (Droysen, Vorlesungen über die *Geschichte der neuesten Zeit seit 1815*, 1843, S. 194, 196), ändert nichts daran, dass auch er die Wahrheit als Ziel der Wissenschaft sah. Denn laut Droysen, Vorlesungen über *Neuere Geschichte*, 1847, S. 179, 182 habe diese »keine andere Rücksicht als die erforschte Wahrheit«.

255 Droysen, Vorlesungen über die *Geschichte der neuesten Zeit seit 1815*, 1843, S. 193f. Umgekehrt erschien die Geschichte auch als Mittel zur Durchsetzung politischer Ziele. Siehe Droysen an Albert Schwegler [21. Februar 1844]. In: Droysen, Briefwechsel, 1929, Bd. 1, Nr. 157, S. 269: Politische Überzeugungen lassen »sich nie besser durchsetzen, als wenn wir auf dem festen Boden historischer Begebenheiten unser *hormeterion* [gr. Stützpunkt] suchen.«

wesentlicher Grund, warum sich Droysen seit seiner Kieler Zeit fast ausschließlich der Neuzeit zuwandte,[256] und galt, wie er selbst betonte, besonders für die Frage der deutschen Einheit: »Denn allein eine *wahrhaft historische Ansicht* der Gegenwart, ihrer Aufgabe, ihrer Mittel, ihrer Schranken wird im Stande sein, die traurige Zerrüttung unserer staatlichen und socialen Verhältnisse auszuheilen und die rechten Wege zu einer froheren Zukunft anzubahnen.«[257]

Diese gestaltende Kraft der Geschichte ging aber laut Droysen über die Sphäre der eigentlichen Politik hinaus. Ganz im Sinne einer monumentalischen Historie, wie sie Nietzsche später in *Vom Nutzen und Nachtheil der Historie für das Leben* beschrieb, sah er in der Erinnerung an nationale Größe und Überlegenheit eine vitalisierende, zum Handeln antreibende Macht. Fehle es an nationaler Geschichte, so fehlten der Nation die Vorbilder: »Wahrlich es ist nicht gut, daß unsere Geschichte stumm ist. Schon glaubt unsere Jugend nicht mehr an die Thaten, den Zorn, die Begeisterung der Väter; die großen Tage unserer Siege [...] sind vergessen«.[258] Die angebliche Geschichtslosigkeit der Deutschen verurteilte er daher scharf: »Dieß sind Uebel, an denen das deutsche Gemeinwesen auf das gefährlichste krankt. Nur eine tiefere Sättigung der nationalen Einsicht, nur eine ernste und aufrichtige Erkenntniß dessen, was wir sind und haben, kann auf erspriesliche Weise weiterhelfen; nur so ist es möglich, die Aufgabe zu erkennen, die unserem Volk und unserer Zeit geworden ist, Aufgaben, die nicht unver-

---

256 Droysen, Vorlesungen über die *Deutsche Geschichte seit 1786*, 1845, S. 302: »Je länger je mehr wird es erkannt, daß zum richtigen Verständniß wie zur richtigen Weiterlenkung der Gegenwart nicht etwa bloß die Geschichte vergangener Jahrhunderte erforderlich ist, sondern daß die wahre historische Betrachtung der Gegenwart sich eben auf die unmittelbare Vergangenheit zu stützen habe.« Siehe auch Droysen an Friedrich Ritschl [18. Dezember 1842]. In: Droysen, Briefwechsel, 1929, Bd. 1, Nr. 132, S. 224f. Gemeinsam mit Waitz hatte Droysen 1842 eine Denkschrift verfasst, die eine stärkere Berücksichtigung der neueren Geschichte im Lehrangebot der Universität Kiel forderte. Siehe Droysen/Waitz, historischer Cursus, 1842, bes. S. 109. Dazu auch Jordan, Waitz, 1964, S. 92f.

257 Droysen, Privatvorrede, 1843, S. 242. Hervorhebung im Original. Droysen, Vorlesungen über *Die Freiheitskriege*, 1842, S. 294: Die Geschichte »kann uns zunächst lehren, daß Deutschland einen Weg gewonnen hat, der keine Art ersprießlicher Weiterbildung unmöglich macht, sie wird uns zugleich zeigen, was geschehen, was noch zu thun ist.«

258 Droysen, Freiheitskriege, 1846, Bd. 1, Vorrede, nicht paginiert. Die Rolle der Geschichte für den Nationalismus sprach Droysen ebd., Bd. 2, S. 465f., auch direkt an: »Mit wahrer Inbrunst wandten wir uns zurück zu den Bildern unserer großen Vergangenheiten, unserer mittelalterlichen und urdeutschen Herrlichkeit; wie ein Mahnruf war die ›Hermannsschlacht‹. Wie waren wir uns selber untreu geworden; und Alles um uns her mahnte uns doch an das stolzere Ehedem. [...] man begann, deutsche Geschichte im deutschen Sinne und für das deutsche Volk zu schreiben. Es erwachte der Glaube an deutsches Vaterland wieder.«

standen und ungelöst bleiben dürfen, oder es ist das deutsche Vaterland ohne Rettung verloren.«[259] Dass sich Droysen hier als ›Aufklärer‹ der Nation verstand, der die Deutschen über ihre Geschichte und ihren historischen Beruf wieder in Kenntnis setze, ist offensichtlich. Er und die anderen fünf politischen Historiker wiesen sich damit eine öffentliche Funktion zu, die auf der Verbindung von wissenschaftlichem und politischem Wirken gründete und die durch verschiedene Aktionsformen und Handlungsebenen geprägt war.

## *3.3 Aktionsformen und Handlungsebenen*

Die Formen und Felder des Wirkens der politischen Professoren waren vielseitig. Zunächst war ihre eigentliche Wirkungsstätte – die Universität – der Ort, an dem sie ihre sich selbst zugedachte »nationale Erziehungsaufgabe des Historikers« in die Tat umsetzen konnten.[260] Dies betraf in erster Linie die regulären Lehrveranstaltungen, mit denen sich die Historiker auf verschiedene Weise und in unterschiedlicher Intensität an der Tradierung nationalistischer Wert- und Normvorstellungen beteiligten – sowohl bewusst als auch unbewusst. Neben dem verdeckten oder offenen Eintreten für bestimmte politische Ansichten, war dies ein Rahmen, in dem sie zur Konstruktion einer *nationalen* Geschichte beitrugen und damit eine wesentliche Grundlage für die nationalistische Weltanschauung schufen. Hierbei kam in langfristiger Hinsicht ein Multiplikatoreffekt zum Tragen, da an den Universitäten die künftigen intellektuellen Eliten wie die künftigen politischen Entscheidungsträger ausgebildet wurden, welche ihrerseits nationalistische Denkmuster weiterverbreiteten oder in die politische Tat umsetzen.[261] Das Wirken an der Hochschule war umso wirkungsvoller, weil die Studenten ihren Professoren nicht selten eine regelrechte Verehrung entgegenbrachten und – angesichts des Wirkens der politischen Professoren insgesamt –

---

259 Droysen, Vorlesungen über die *Deutsche Geschichte seit 1786*, 1845, S. 304.

260 Nippel, Droysen, 2008, S. 43.

261 Dieser Multiplikatoreffekt kam nicht nur bei der Ausbildung von künftigen Berufspolitikern, Ministerial- oder Justizbeamten zum Tragen, sondern auch bei der Ausbildung künftiger Oberhäupter. So studierte z.B. der bayerische Kronprinz Maximilian (seit 1848 König Maximilian II. von Bayern) bei Dahlmann in Göttingen, wobei laut Bleek, Dahlmann, 2010, S. 147, ein Vertrauensverhältnis zwischen Dahlmann und dem späteren König entstand (weitere Beispiele für fürstliche Studenten ebd., S. 259–261).

ebenso ein Grund, warum die Universitäten überall in Deutschland bedeutende »Stützpunkte und organisatorische Keimzellen« des Nationalismus darstellten.[262] Die universitäre Tätigkeit ging aber oftmals über den Bereich der ordentlichen Lehre hinaus, wodurch sich auch das für politische Botschaften empfängliche Publikum ausweitete; so vor allem bei Universitätsfeiern, die meist von Volksfesten und weithin beachteten Reden begleitet waren, wie sie etwa Dahlmann 1815 anlässlich der Schlacht bei Waterloo oder Droysen 1843 am 1000. Jahrestages des Verduner Vertrages hielten.[263]

Mit ihrem Wirken an den Universitäten zielten die sechs Historiker zugleich auf eine bürgerliche Öffentlichkeit, die sich bis zum Ende des 18. Jahrhunderts durch eine Verdichtung der Kommunikationsstrukturen (wachsendes Lesepublikum, Aufkommen moderner Massenmedien, Zunahme des Briefverkehrs usw.), aber auch durch die Etablierung eines bürgerlichen Vereinswesens ausgebildet und zunehmend politisiert hatte.[264] Stärker noch rückte diese Öffentlichkeit in den Fokus ihres außeruniversitären Handelns. Als politische Professoren beabsichtigten sie, auf die öffentliche Meinung in ihrem Sinne einzuwirken. Wie wichtig diese sei, gerade für den Bereich des Politischen, hatte Dahlmann bereits 1835 in seiner *Politik* betont: »Wo der Geist der Nation einen hohen Schwung nimmt, da allein ist öffentliche Meinung und diese ist dann eine Macht, ununterbrochen und mehr aus der Tiefe wirkend als alle politischen Institutionen.«[265] Ähnlich äußerte sich Karl Hagen 1842: Man dürfe »nicht vergessen, daß die Diplomatie nur *einer* der Faktoren ist, aus denen die Bewegungen der Zeit entspringen. Eine ebenso große Bedeutung, wenn nicht eine größere, hat die öffentliche Meinung.«[266] Neben den eigentlichen politischen Einrichtungen wurde also die Öffentlichkeit als das entscheidende Feld der politischen Auseinanderset-

262 Wehler, Nationalismus, 2007, S. 72.

263 Dazu Bleek, Dahlmann, 2010, S. 82–85 bzw. Hoffmann, Volksfest, 1994.

264 Wehler, Gesellschaftsgeschichte, 1987, Bd. 1, S. 303–331; siehe auch Bd. 2, S. 520–546.

265 Dahlmann, Politik, 1835, § 259. Die Behauptung von Bleek, Dahlmann, 2010, S. 203, 265, dies sei die einzige Stelle in Dahlmanns *Politik*, an der dieser den Begriff »Nation« verwende, ist unzutreffend. Siehe nur §§ 197, 205.

266 Hagen, Vorrede, 1842, S. XIV. Hervorhebung im Original. So erklärte Hagen, Nationale Erziehung, 1845, S. 98, »daß die öffentliche Meinung, offenbar die bedeutendste Macht, die es gibt, nicht etwa durch künstliche Mittel, durch Zufälligkeit der Mitteilungen hervorgebracht wird, sondern daß sie das Resultat einer natürlichen Entfaltung des Geistes der Menschheit ist.« Gerade diese Auffassung erklärt auch seine intensive historiographische Auseinandersetzung mit der öffentlichen Meinung, vor allem in Hagen, öffentliche Meinung I, II, 1846/47; siehe auch Hagen, Hutten, 1838, S. 167–187 und (sehr anachronistisch) Hagen, Reichsverfassung, 1839, S. 41, 43 u.ö.

zung verstanden, ein Feld, auf dem politische Argumente und Botschaften vorgetragen, begründet und verteidigt werden mussten.

Die wichtigsten Medien für den öffentlichen und überregionalen politischen Diskurs waren Zeitungen und Zeitschriften, die im Vormärz die wesentlichen »Kristallisationspunkte des politischen Lebens« darstellten.[267] Alle sechs Historiker steuerten regelmäßig Aufsätze und Artikel sowohl für die politische Tagespresse als auch für fachwissenschaftliche Blätter bei, wobei sich der politische, wissenschaftliche und nationalistische Inhalt oftmals überschnitt. Das publizistische Engagement ging allerdings über das bloße Verfassen von Artikeln, Flugschriften und anderen Texten hinaus und fand auch in eigenen Zeitungsprojekten seinen Niederschlag. Friedrich Christoph Dahlmann gab (mit Carl Theodor Welcker und anderen) von 1815 bis 1819 die *Kieler Blätter* heraus; Karl Hagen gründete gemeinsam mit Johann Georg August Wirth, einem der Initiatoren des Hambacher Festes, die Zeitschrift *Braga. Vaterländische Blätter für Kunst und Wissenschaft*, die in zwei Jahrgängen (1838/39) erschien. Auch August Friedrich Gfrörer versuchte sich als Zeitungsbesitzer und Redakteur, kaufte 1831 die *Neckar-Zeitung* auf, scheiterte jedoch mit diesem Projekt und geriet hierdurch in langfristige finanzielle Schwierigkeiten.[268] Wenngleich diese Vorhaben letztlich wenig erfolgreich oder zumindest nur von kurzer Dauer waren, zeigen sie doch, wie die Historiker versuchten, zur Schaffung eines medialen Raumes beizutragen, in dem wissenschaftliche wie politische Inhalte vermittelt werden sollten. Einen Höhepunkt fand dieses publizistische Wirken in den Jahren 1848/49. Die zeitweilige Abschaffung der Zensur ermöglichte politischen Strömungen jeglicher Couleur eine massive journalistische Einflussnahme. Das daraus resultierende, nahezu explosionsartige Anwachsen der politischen Tendenzpresse hatte nicht nur erheblichen Anteil an der Fundamentalpolitisierung 1848/49,[269] sondern verleitete die Historiker zum unermüdlichen Verfassen von Artikeln. So kündigte beispielsweise Droysen im April 1848 an, »so gut er könne und wisse, in Zeitungen usw. zu wirken«.[270]

Einen wichtigen institutionellen Rahmen für das politische und wissenschaftliche Wirken der sechs Historiker bildete das Vereinswesen,

**267** Langewiesche, Europa, 2007, S. 68.

**268** Zu Gfrörers Zeitungsprojekt Brechenmacher, Geschichtsschreibung, 1996, S. 112, 442f.

**269** Zur Presse und ›Fundamentalpolitisierung‹ 1848/49 Siemann, Revolution, 1985, S. 114–124, 175–192, 225; Siemann, Kommunikation, 2006, S. 119–128; Engehausen, Revolution, 2007, S. 175–204; Hein, Revolution, 2007, S. 88f.

**270** Protokoll Droysen [22. April 1848]. In: Hübner, Aktenstücke, 1924, S. 88.

welches im Vormärz die bedeutendste bürgerliche Organisationsform darstellte.[271] Dazu zählten verschiedene Formen kryptopolitischer Vereinigungen, also Vereine, die nach außen einen unpolitischen Charakter vorgaben, im Kern aber durchaus politisch waren und auf die öffentliche Meinung und Willensbildung zielten. In solchen Vereinen nahmen etwa Droysen und Wuttke führende Positionen ein: Droysen als Direktor des Kieler *Allgemeinen Gesangvereins*, Wuttke als Mitbegründer des *Redeübungsvereins* in Leipzig.[272] Wichtig waren diese Vereine nicht nur, weil sie politisch gleichgesinnte Personen zusammenbrachten, sondern auch, weil durch die Vereinsorganisation (Mitgliederversammlungen, interne Debatten, Beschlussfassungen usw.) bestimmte Formen politischen Handelns eingeübt wurden.[273] Neben diesen kryptopolitischen Zirkeln gehörten auch wissenschaftliche, vor allen Dingen historische Vereine zu wichtigen Betätigungsfeldern. Obwohl in ihnen meist regionalgeschichtliche und fachspezifische Fragestellungen im Vordergrund standen, boten auch diese Vereine ein Forum für direkte oder indirekte, bewusste oder unbewusste politische Einflussnahme. Durch die Auseinandersetzung mit einer als ›national‹, ›deutsch‹ oder ›vaterländisch‹ interpretierten Geschichte trugen die historischen Vereine außerdem zum Denken in nationalen Kategorien bei.[274]

Dies galt in besonderem Maße auch für wissenschaftliche Kongresse auf nationaler Ebene, die zugleich als überregionale politische Plattform fungierten. Hervorzuheben sind hier die Germanistentage 1846 in Frankfurt am Main und 1847 in Lübeck, auf denen das Gros der renommierten Geisteswissenschaftler zusammentraf, um sich mit *deutscher* Sprache, *deutschem* Recht und *deutscher* Geschichte zu befassen und sich grenzübergreifend zu vernetzen, aber ebenso, um politischen Einfluss zu nehmen, besonders in der Schleswig-Frage.[275] Diesen Versammlungen wohnten auch Dahlmann, Hagen und Waitz bei, die mit ihrer Teilnahme einen weiteren bedeutenden Beitrag zur ideellen Nationsbildung leisteten; denn zusammen mit anderen wissenschaftlichen Kory-

---

271 Dazu HARDTWIG, Strukturmerkmale, 1984, S. 19 u.ö.; KUNZ, Verortete Geschichte, 2000, S. 49–52; WEHLER, Gesellschaftsgeschichte, 1987, Bd. 1, S. 317–325; NIPPERDEY, Deutsche Geschichte, 1983, S. 267–271.

272 Siehe die in Anm. 132 und 161 angegebene biographische Literatur.

273 HARDTWIG, Strukturmerkmale, 1984, S. 39; WEHLER, Gesellschaftsgeschichte, 1987, Bd. 2, S. 428.

274 Der nationalistische Impetus des historischen Vereinswesens darf aber nicht überbewertet werden, so KUNZ, Verortete Geschichte, 2000, S. 56–58.

275 Dazu ausführlich NETZER, Wissenschaft, 2006, zur Schleswig-Frage bes. S. 115–133. Siehe auch WEHLER, Gesellschaftsgeschichte, 1987, Bd. 2, S. 407.

phäen konnten sie ihre nationalistischen Deutungen und Forderungen hier publikumswirksam bündeln.[276] Ein weiterer Germanistentag war für 1848 in Nürnberg anberaumt, der Ausbruch der Revolution hat diese Zusammenkunft jedoch verhindert. Viele der ›Germanisten‹ zogen stattdessen als Abgeordnete in die Frankfurter Nationalversammlung ein, wo sie sich als politische Mandatsträger mit der Frage der nationalstaatlichen Einheit Deutschlands auseinanderzusetzen hatten.[277]

In der Revolution 1848/49 konnten Dahlmann, Droysen, Gfrörer, Hagen, Waitz und Wuttke an diese Aktionsformen anknüpfen. Sie suchten nun verstärkt – freilich in unterschiedlichem Ausmaß – Kontakt zu anderen Honoratioren, zu Diplomaten und zur Ministerialbürokratie, um auf das politische Geschehen in ihrem Sinne einzuwirken und wandten sich dabei zum Teil auch an die Fürsten selbst.[278] Sie traten auf örtlichen wie überregionalen Volks-, Vereins- und Honoratiorenversammlungen auf, bemühten sich dort um Unterstützung für ihre politischen Ansichten und Vorhaben und konnten dabei zumindest eine so große Aufmerksamkeit auf sich ziehen, dass sie in die Nationalversammlung gewählt wurden.[279] Spätestens aber mit ihrem Einzug in die Paulskirche standen sie im Zentrum des Revolutionsgeschehens. Für sie eröffneten sich damit völlig neue und vielfältige Möglichkeiten des politischen Handelns. Neben dem eigentlichen Stimmrecht im Parlament konnten sie in informellen Netzwerken Gleichgesinnter sowie in ihren Fraktionen Überzeugungsarbeit leisten, wichtige politische Initiativen ansto-

---

276 Dahlmann und Hagen nahmen an der Versammlung 1846 in Frankfurt teil, zur Lübecker Versammlung 1847 erschienen Dahlmann und Waitz. Siehe die Teilnehmerverzeichnisse in: Verhandlungen der Germanisten, 1847, S. 135–140; Verhandlungen der Germanisten, 1848, S. 243–247. Die bisweilen vorzufindende Annahme, auch Droysen habe an der Lübecker Versammlung 1847 teilgenommen (etwa bei Best/Weege, Handbuch, 1996, S. 128) ist unzutreffend. Zur Reichweite und Bedeutung der Germanistentage siehe Netzer, Wissenschaft, 2006, S. 273–279; Wehler, Gesellschaftsgeschichte, 1987, Bd. 2, S. 407; Nipperdey, Deutsche Geschichte, 1983, S. 312.

277 28 Teilnehmer der Germanistentage wurden 1848 als Abgeordnete in die Frankfurter Nationalversammlung gewählt. Siehe die Auflistung bei Netzer, Wissenschaft, 2006, S. 102, Anm. 339.

278 Dies gilt vor allem für Dahlmann, der im Frühjahr 1848 in brieflichem Kontakt zu verschiedenen Fürsten stand, u.a. zum preußischen König. Siehe dazu unten S. 273.

279 Ein Blick auf die Wahlen zur Nationalversammlung zeigt die unterschiedliche Bekanntheit und Popularität der sechs Historiker. Während Dahlmann etwa in gleich sechs Wahlkreisen die Mehrheit der Stimmen gewinnen konnte, setzte sich Karl Hagen im Wahlkreis Heidelberg erst in der Nachwahl durch (der dortige Wahlsieger Alexander v. Soiron hatte die Wahl in einem anderen Bezirk angenommen). Auch Heinrich Wuttke rückte erst als Ersatzmann für Robert Blum in die Nationalversammlung ein, nachdem dieser am 9. November 1848 bei Wien hingerichtet worden war.

ßen, für richtungsweisende Entscheidungen werben und dadurch Unterstützung für ihre politischen Vorhaben gewinnen.[280] Gleiches galt für verschiedene Gremien, insbesondere für die Ausschüsse der Nationalversammlung. Der wichtigste war der 30-köpfige Verfassungsausschuss, dem Dahlmann, Droysen und Waitz angehörten und der die Verhandlungen in der Paulskirche maßgeblich prägte (siehe Kap. 6.3).[281] Neben dieser Tätigkeit in Fraktionen und Ausschüssen konnten sie durch ihr Handeln in und vor dem Plenum politisch wirken, etwa in Form von Reden (zwar hat Droysen nie eine Rede in der Paulskirche gehalten, doch hat er sich umso eindringlicher als »Akteur hinter den Kulissen« eingebracht[282]). Gerade diese Formen öffentlicher Parlamentsarbeit entfalteten nach außen eine starke Wirkung, denn durch eine regelmäßige, zeitnahe und nahezu vollständige stenographische Berichterstattung wurde eine breite und aufmerksame Leserschaft über die Verhandlungen in der Paulskirche unterrichtet.[283] So konnten, wie im Folgenden noch zu zeigen sein wird, bestimmte Reden oder Beschlüsse zu folgenreichen Umschwüngen im Revolutionsverlauf führen.

Dass die sechs Historiker 1848 in die Frankfurter Nationalversammlung gewählt wurden, hing – neben den hier umrissenen Formen ihres öffentlichen Wirkens – auch mit ihrer Geschichtsschreibung zusammen, durch die sie sich im Vormärz als nationalpolitische Autoritäten empfohlen hatten. Mit ihr hatten sie zur ideellen Konstruktion der Nation beigetragen und historisch begründete Denkmuster, Argumente und Standpunkte in der Frage der nationalen Einheit entwickelt und formuliert, die nicht nur mit ihrem eigenen politischen Handeln untrennbar verbunden waren. Sie prägten auch das politische Handeln anderer maßgeblich – direkt und indirekt. Dieser nationalpolitische Gehalt ihrer Geschichtsschreibung soll im Folgenden genauer in den Blick genommen werden.

280 Ein plastisches Bild über die Formen und Möglichkeiten des politischen Wirkens »hinter den Kulissen« und innerhalb der Fraktion vermittelt Nippel, Droysen, 2008, S. 112–120.

281 Dazu Engehausen, Revolution, 2007, S. 113f.; siehe zur Geschäftsordnung der Nationalversammlung und der Rolle der Ausschüsse auch Eyck, Hoffnung, 1973, S. 182–189.

282 Nippel, Droysen, 2008, S. 112.

283 Dazu Stoll, Einführung, 1979, S. XXIIIf.

# 4. DIE HISTORIOGRAPHISCHE KONSTRUKTION DER NATION

## *4.1 Die Nation als überzeitliches Kollektivsubjekt der Geschichte*

Die Frage, was eine Nation ausmacht und welche historische Rolle Nationen spielen, beschäftigte alle hier untersuchten Historiker. Kennzeichnend war dabei ein durchweg essentialistisches Nationsverständnis; also ein Verständnis, nach dem es sich bei Nationen um notwendige gesellschaftliche Einheiten handelt, die durch die Natur vorgegeben sind, sich durch ein Bündel gemeinsamer Eigenschaften (Sprache, Abstammung, Sitten usw.) auszeichnen und unabhängig davon existieren, ob sie bedacht oder beschrieben werden, ob man sich ihnen zugehörig fühlt oder nicht. Insofern imaginierten alle sechs Historiker die ›Nation‹ oder das ›Volk‹ – beide Begriffe verwendeten sie grundsätzlich synonym – nicht als epochengebundene Erscheinung, sondern unterstellten ihr vielmehr eine zeitlose und objektive Existenz. Angesichts ihrer vermeintlich natürlichen Einheit individualisierten sie diese Nation, die in ihren Schriften somit als überzeitliches Kollektivsubjekt der Geschichte in Erscheinung trat. Auf diese Weise beteiligten sich die Professoren nicht nur an der historiographischen Konstruktion des Nationalen. Denn die konstruierte Geschichte vor allem der deutschen Nation wurde, wie im Folgenden zu zeigen ist, zugleich identitätsstiftender und argumentativer Bezugspunkt für politisches Denken und Handeln.

Den verhältnismäßig geringsten Raum nahm der Begriff ›Nation‹ in den wissenschaftlichen Werken Friedrich Christoph Dahlmanns ein.[284] Gleichwohl kam auch er in verschiedenen Schriften auf Nationen und ihre historische wie politische Bedeutung zu sprechen. Dabei wandte sich Dahlmann von einem voluntaristischen Nationsbegriff ausdrücklich ab. So behauptete er 1814 mit Blick auf die deutschsprachigen Einwohner Schleswigs: »Nur Deutsche wünschen sie zu sein; denn so ist ihr

---

284 Dies ist weniger mit der Generationszugehörigkeit Dahlmanns zu erklären. Denn gerade seine frühen Schriften sind durch die Beschäftigung mit dem Themenfeld ›Nationen‹ geprägt. Schlüssiger ist, dass das Zurücktreten dieses Themas in seinen späteren Arbeiten mit der inhaltlichen Ausrichtung seiner Professuren zusammenhing.

Charakter, ihre unfreiwillige Bestimmung.«[285] Abgesehen davon, dass er mit dem angeblich alleinigen Wunsch der Schleswiger, deutsch zu sein, einen wichtigen Rechtfertigungsgrund für die Bestrebungen der deutschen Nationalbewegung im Konflikt um das Herzogtum Schleswig lieferte (Kap. 5.3), verstand er die Nationszugehörigkeit also als eine natürliche Eigenschaft, im Sinne eines nicht willentlich veränderbaren »Volkscharakters«.[286]

Dem entsprach, dass Dahlmann das Merkmal der Nationszugehörigkeit nicht an politische Herrschaftsverhältnisse knüpfte. Vielmehr sei die Nation eine davon unabhängige und objektive Entität, die auf natürlicher und kultureller Verwandtschaft fuße. Ein »Volk« sei, so erläuterte Dahlmann 1829 in seiner letzten Kieler Vorlesung über Politik, »gerade das, was das Gepräge körperlich und geistiger Gleichartigkeit an sich trägt.« Zur körperlichen Gleichartigkeit zählte er »Leibesbeschaffenheit, Gestalt, endlich auch Haut und Farbe«, zur geistigen vor allem »Sprache, Erziehung [und] Grundansichten der Religion«.[287] Die Auffassung, dass Völker auf einer Koinzidenz von körperlicher und geistiger Gleichartigkeit beruhen, stellt eine Konstante in Dahlmanns Schriften dar. In seiner *Politik* von 1835 etwa beschrieb er diese Koinzidenz mit dem Begriff der »blutsverwandten Volksnatur«.[288] Ein Volk in diesem Sinne war ein »mit Nothwendigkeit zusammengehöriges Menschenwesen«.[289]

Dieses Denkmuster bestimmte auch Dahlmanns Wahrnehmung der deutschen Nation. Die Frage, was die deutsche Nation als solche ausmache, hatte er bereits 1814 gleichlautend beantwortet: »Alle Deutsche[n] sind einander blutsverwandt«.[290] Aus dieser natürlichen Verwandtschaft sah er ihre gemeinsame Sprache und »Volksthümlichkeit« hervorgehen, ebenso ein gemeinsames Recht und ein sakrosanktes Gefühl nationalbrüderlicher Verbundenheit, das jeder staatlichen Grenzziehung vorausgehe: »*Deutschland ist da durch sein Volk*, das sich mit jedem Tage mehr verbrüdert, Deutschland ist da, bevor noch jene Bundesakte ausgefertigt wird; wehe dem, der was das heiligste Gefühl vereinigt hat, frevelnd von einander reißen wollte.«[291] Aus der hier vorausgesetzten or-

---

285 Dahlmann, Schicksale, 1814, S. 57.

286 Dahlmann, Schicksale, 1814, S. 52; ähnlich Dahlmann, Verfassung, 1815, S. 30.

287 Dahlmann, Politik-Vorlesung, 1829, S. 110f.; siehe auch Dahlmann, Politik, 1835, § 7.

288 Dahlmann, Politik, 1835, § 6.

289 Dahlmann, Politik, 1835, § 66.

290 Dahlmann, Schicksale, 1814, S. 47.

291 Dahlmann, Sieg vom 18. Junius, 1815, S. 6. Hervorhebung im Original. Diese Aussage stammt aus einer Rede Dahlmanns anlässlich des Sieges über Napoleon bei Waterloo. Dass er mit solchen nationalistischen Äußerungen nicht nur auf Ablehnung der Zuhörer stieß, son-

ganischen Zusammengehörigkeit aller Deutschen leitete Dahlmann die Kernforderung des Nationalismus ab: Es müsse auch in politischer Hinsicht »ein Ganzes werden aus dem vielgliedrigen Deutschland, oder das Blut so vieler Edeln ist umsonst geflossen.«[292]

Dahlmanns Auffassung, Nationen seien natürliche Ganzheiten, äußerte sich darin, dass er in seinen Schriften Nationen als historisch handelnde Subjekte in Erscheinung treten ließ und ihnen einen charakteristischen »Volksgeist« zuschrieb.[293] Von ähnlichen Deutungsmustern war sein Staatsbegriff geprägt. In verschiedenen ›politikwissenschaftlichen‹ Arbeiten erörterte Dahlmann das Wesen des Staates. Dieser sei nicht nur »eine ursprüngliche Ordnung, ein nothwendiger Zustand, ein Vermögen der Menschheit und eines von den die Gattung zur Vollendung führenden Vermögen«, sondern auch »eine leiblich und geistig geeinigte Persönlichkeit.«[294]

Ein Grundgedanke von Dahlmanns Arbeiten war, dass die nationale und die staatliche Einheit der gegenseitigen Harmonie bedürfen. Denn wie der »Verein eines Mischvolks [...] stets eine untergeordnete und [...] gefährdete Stellung unter den Staaten einnehmen« werde, sei auch die staatliche Zersplitterung eines (geschlossen siedelnden) Volkes unheilvoll. »Am glücklichsten steht die Sache, wenn sich alles so gestaltet, dass Ein Volk auch Eine Staatseinheit bildet, nicht drunter oder drüber.«[295] Die nationale Einheit Deutschlands in einer staatlichen aufgehen zu lassen, war vor diesem Hintergrund ein Kernanliegen Dahlmanns. Andere politische Gebilde, insbesondere das Heilige Römische Reich Deutscher Nation, hätten sich als defizitär erwiesen.[296] Aus dieser historischen Einsicht müsse mit Blick auf die gegenwärtige Politik gelernt werden. Die Eingliederung von Deutschen in einen nichtdeutschen Nationalstaat

---

dern sich auch ein Monitum der Regierung einhandelte, unterstreicht die Ernsthaftigkeit, mit der Dahlmann diese Ansichten vertrat. Siehe zu den Hintergründen und den Reaktionen auf die Rede SPRINGER, Dahlmann, 1870, Bd. 1, S. 77–83; BLEEK, Dahlmann, 2010, S. 82–85.

**292** DAHLMANN, Schicksale, 1814, S. 10; ebenso DAHLMANN, Verfassung, 1815, S. 30. Siehe dagegen LÜLFING, Dahlmann, 1985, S. 9.

**293** DAHLMANN, Sieg vom 18. Junius, 1815, S. 9.

**294** DAHLMANN, Politik, 1835, §§ 2, 6. Siehe dazu auch DAHLMANN, Politik-Vorlesung, 1829, S. 110f.: Der »Staat ist ein unabhängiger Verein von körperlich und geistig gleichartigen Menschen zum Zwecke des besten Lebens [...]. Dass es aber überhaupt Völker gibt, dieses zeigt schon, dass die Menschheit nicht sowohl zu einem einzigen Menschheitsstaate hinneige, sondern zu mehreren Staaten, gleichsam größeren Individuen.«

**295** DAHLMANN, Politik-Vorlesung, 1829, S. 111.

**296** DAHLMANN, Verfassung, 1815, S. 41, 54; DAHLMANN, Politik, 1835, § 194. Wie sehr diese Haltung Dahlmanns konkretes politisches Wirken prägte, illustriert die von ihm verfasste Vorrede zum Verfassungsentwurf der 17 Vertrauensmänner. Siehe unten, S. 270.

erschien danach genauso verwerflich wie der Einfluss fremder Mächte auf die Belange der deutschen Nation. So bezeichnete es Dahlmann als ein »gefährliche[s] Verhältniß, daß fremde Mächte Theile des deutschen Bodens inne haben und als Theile ihres Reichs behandeln dürfen. Dieses droht von Innen mehr zu vernichten, als jede äußere Gefahr. Denn es lähmt, es verfälscht durch fremdartige Einmischung den Geist, der in seiner ächten Stärke jeder Gefahr gewachsen ist.«[297]

In diesem Deutungsmuster, welches das Alte Reich als unzulängliche politische Organisationsform der deutschen Nation erscheinen ließ, stimmte Dahlmann mit zahlreichen seiner Historiker-Kollegen überein.[298] Derart negative Zuschreibungen galten besonders für den Westfälischen Frieden, der weniger als Lösung eines langwierigen Konflikts wahrgenommen wurde, sondern vielmehr als rechtliche Sanktionierung der unumschränkten Fürstenherrschaft und politischen ›Zerstückelung‹ Deutschlands.[299] Doch waren ebendiese Kritikpunkte durchaus unterschiedlich gewichtet. Während viele nationalistische Historiker das Reich vor allem aufgrund der anationalen Struktur missbilligten, stieß sich Dahlmann in erster Linie an der absolutistischen Herrschaftspraxis. Obschon auch er die fundamentale Bedeutung der nationalen Einheit immer wieder betonte und unterstrich, dass sich diese Einheit und eine konstitutionelle Verfassungsordnung nicht voneinander trennen lassen, trat in seinen Schriften das Nationale oft hinter Fragen der konkreten Verfassungsordnung und Herrschaftspraxis zurück.[300]

---

297 Dahlmann, Schicksale, 1814, S. 12.

298 Dies gilt ausdrücklich auch für die Zeit vor 1848. Siehe dazu (unten) etwa die Deutungen des frühneuzeitlichen Reiches von Droysen, Waitz, Gfrörer und Hagen. Zum Bild des Reiches in der Geschichtsschreibung Thamer, Heilige Römische Reich, 2006, S. 383–392; Stollberg-Rilinger, Heilige Römische Reich, 2006, S. 8f. Es darf jedoch nicht übersehen werden, dass es eine ausgeprägte historiographische Tradition gab, die das Alte Reich durchaus wohlwollend beurteilte und die erst mit der Reichsgründung 1871 zusehends an den Rand gedrängt wurde. Siehe dazu Clemens, Deutungsmuster, 2009, S. 78–85; zu den ›klein-‹ und ›großdeutschen‹ Sichtweisen auf das Alte Reich auch Gräf, Reich, 1996.

299 Zur geschichtspolitischen Instrumentalisierung des Dreißigjährigen Krieges und des Westfälischen Friedens im 19. Jahrhundert siehe ausführlich Sack, Krieg, 2008; zur Rezeption des Westfälischen Friedens auch Schönemann, Rezeption, 1998, bes. S. 811–817. Zu Dahlmanns Wahrnehmung siehe Dahlmann, Verfassung, 1815, S. 54.

300 Diese Schwerpunktsetzung kommt z.B. auch in Dahlmanns Deutung der ottonischen Königsherrschaft zum Ausdruck, die von zahlreichen Zeitgenossen als Gründung oder politische Konsolidierung eines deutschen Reiches interpretiert wurde. Für Dahlmann war dieser Aspekt offenbar nur zweitrangig, ging er doch darauf in der Vorrede zu seiner unvollendeten *Geschichte der deutschen Könige aus sächsischem Hause* nicht ein. Bei seinen durchaus glorifizierenden Ausführungen hob er vielmehr hervor, »daß Germanen nie gerechter als unter den Sachsen beherrscht worden« seien und sich ihre Herrschaft durch die besondere »Achtung des

Eingehender mit der historischen Rolle der Nationen befasste sich Johann Gustav Droysen. Nationsverständnis und Geschichtsbild waren dabei unmittelbar miteinander verknüpft. Als Inhalt der Geschichte begriff Droysen, eng an Denkfiguren Hegels angelehnt, »das Ringen des Geistes nach dem Bewußtsein seiner ihm angeborenen Freiheit und damit die Bethätigung und Verwirklichung der Freiheit selbst.«[301] Hiernach erstreckte sich die Geschichte nicht in eine unendlich zurückreichende Vergangenheit, in der »der Mensch noch wie Thier und Pflanze Erzeugniß des Bodens ist«. Vielmehr begann sie »erst mit dem Erwachen jenes Bewußtseins des Gegensatzes gegen die äußere Welt«.[302] Alles, was vor dieser Bewusstwerdung lag, war demnach kein Gegenstand der Geschichte, sondern gehörte einem Naturzustand an. Entscheidend für das Nationsverständnis Droysens war, dass sich die menschliche Vergemeinschaftung zu Nationen schon innerhalb dieses vorgeschichtlichen Naturzustandes vollzog. Das Zusammenwirken der nationsbildenden Momente, und zwar »Rasse, Sprache, staatliche Gemeinschaft, Religion, hat noch seinen Boden in der Natur, liegt zunächst noch außer und vor aller Geschichte. Geschichte ist wesentlich die Entwickelung aus dem so Natürlichen und Gegebenen heraus«.[303] Dies bedeutete einerseits, dass Nationen einen objektiven Charakter besaßen, und andererseits, dass sie älter waren als die Geschichte; die Geschichte begann erst mit dem Sich-Selbst-Bewusstwerden der Nationen – die Geschichte war mithin seit ihrem Beginn durch das immerwährende Vorhandensein von Nationen geprägt.

Das Vorhandensein von Nationen interpretierte Droysen als Voraussetzung für den Übergang des vorgeschichtlichen Zustandes in einen geschichtlichen. Denn in Völkern und Nationen sah er bestimmte geistige Prinzipien verkörpert – und damit die eigentlichen Triebkräfte des vernunftgeleiteten Fortschritts der Weltgeschichte.[304] In dieser Hinsicht

---

verfassungsmäßigen Rechts« ausgezeichnet habe. So stünden die »beiden Häupter des sächsischen Stammes Heinrich und Otto, die Ersten, [...] als Retter des Vaterlandes, Erhalter, Bilder, Mehrer unter den gefeiertsten Helden; ihr kräftiges Reichsschwert war den Empörern verderblich, der Freiheit günstig.« (Dahlmann, Vorrede, [ohne Jahr], S. 209).

301 Droysen, Vorlesung über *Alte Geschichte*, 1838, S. 99. Siehe auch Droysen, Vorlesungen über *Alte Geschichte*, 1843, S. 142; Droysen, Vorlesungen über *Alte Geschichte*, 1846, S. 146f. Der (anhaltende) Einfluss der Geschichtsphilosophie Hegels auf Droysen ist des Öfteren thematisiert worden. Siehe dazu vor allem Bauer, Geheimnis, 2001, bes. S. 95–134.

302 Droysen, Vorlesung über *Alte Geschichte*, 1838, S. 97.

303 Droysen, Vorlesung über *Alte Geschichte*, 1838, S. 99. Siehe auch Droysen, Hellenismus, 1843, Bd. 2, S. 6f., 582–584. Droysen, Vorlesungen über *Alte Geschichte*, 1846, S. 148–153.

304 Droysen, Hellenismus, 1843, Bd. 2, S. 8. Siehe auch Droysen, Vorlesungen über *Alte Geschichte*, 1843, S. 142: »Jedes Zeitalter, jedes geschichtliche Volk hat ein solches neues Princip

griff Droysen nicht nur elementare Gedanken Hegels auf, sondern orientierte sich auch an den Begriffen seines ehemaligen Lehrers: Droysen beschrieb Nationen als eigentümliche, gleichsam individuelle Wesen (»Volksindividualitäten«[305]), die durch einen spezifischen »Volksgeist« gekennzeichnet seien. Dieser manifestiere sich zum Beispiel in der politischen Verfassung, der Kultur oder der Sprache, dem »lebendigste[n] und unmittelbarste[n] Abdruck des Volksgeistes«.[306] Nationen, Nationalität und »nationale Eigenthümlichkeit« nahmen daher als zentrale Phänomene der gesamthistorischen Entwicklung in allen historiographischen Arbeiten Droysens eine wichtige Rolle ein. Diese Rückprojektion des Nationalen auf die gesamte geschichtliche Vergangenheit ließ die Nation als eine natürliche und notwendige Form der politischen Vergemeinschaftung erscheinen.

Dies galt auch für Droysens Arbeiten zur Antike, namentlich für die *Geschichte Alexanders des Großen* (1833) und die zweibändige *Geschichte des Hellenismus* (1836/43).[307] Obzwar sie stark universalhistorisch-religiöse Züge aufwiesen (so interpretierte Droysen den ›Hellenismus‹ als eine Art kulturelle Vorbereitung des Christentums),[308] standen sie keineswegs im Gegensatz zur nationalistischen Kernmaxime, dass staatliche und nationale Einheiten kongruent sein sollen. Wenn Droysen etwa die »spröde concentrische Sonderung jedes einzelnen Volkes« als bloßes

zu seinem Inhalt und gleichsam zu seiner Seele.« Ebenso Droysen, Vorlesungen über *Alte Geschichte*, 1846, S. 147; Droysen, Privatvorrede, 1843, S. 237; Droysen, Vorlesungen über die *Geschichte des Mittelalters*, 1840, S. 168f.; Droysen, Verdun, 1843, S. 6–15; Droysen, Vorlesungen über *Neuere Geschichte*, 1847, S. 183f.; Droysen, Freiheitskriege, 1846, Bd. 1, S. 3–17; mit Blick auf Preußen auch Droysen, Stellung Preußens, 1845, S. 39, 54, 60.

305 Droysen, Freiheitskriege, 1846, Bd. 2, S. 644.

306 Droysen, Vorlesungen über *Alte Geschichte*, 1846, S. 166. Der Begriff »Volksgeist« ist in Droysens Schriften öfters anzutreffen. Siehe nur Droysen, Freiheitskriege, 1846, Bd. 1, S. 14; Bd. 2, S. 447; Droysen, Alexander, 1833, S. 274; Droysen, gemeinsame Verfassung, 1848, S. 12. Begrifflich abgewandelt erschien der »Volksgeist« bisweilen auch als »Nationalgeist«, etwa in Droysen, Freiheitskriege, 1846, Bd. 1, S. 332. Die »Volksgeister« traten in Droysens Arbeiten auch als handelnde Subjekte in Erscheinung; siehe etwa Droysen, Vorlesungen über *Die Freiheitskriege*, 1842, S. 286: »Da empörten sich diese Volksgeister, errangen den Sieg und mit dem Siege ihre Selbstständigkeit«. Zum Begriff des ›Volksgeistes‹ bei Hegel siehe Mährlein, Volksgeist, 2000.

307 Droysen, Alexander, 1833; Droysen, Hellenismus, 1836/43. Siehe außerdem Droysen, Aischylos, 1842, S. 12; Droysen, Antrittsvorlesung, 1833, S. 36; Droysen, Vorlesungen über *Alte Geschichte*, 1846, S. 164. Zum Nationalstaatsideal in Droysens veröffentlichten Schriften zur Antike auch Birtsch, Nation, 1964, S. 229–233.

308 Zur universalhistorischen Dimension in Droysens Schriften siehe Birtsch, Nation, 1964, S. 227–230; Wiemer, Quellenkritik, 2012, S. 113–124; zu Droysens *Hellenismus* Bichler, Hellenismus-Konzept, 2012; Nippel, Droysens »Hellenismus«, 2010; zu diesen Zusammenhängen insgesamt auch Nippel, Droysen, 2008, S. 25–40.

Übergangsstadium beschrieb und die Idee der *einen* Menschheit »an die Stelle der nationalen Entwickelung« treten sah,[309] dann bezog sich dies auf die »ethnischen« oder »alt-nationalen [...] Zustände« eines vorgeschichtlichen Naturzustandes, der durch die Selbstbewusstwerdung in einen geschichtlichen übergehe.[310] Als treibende Kraft dieses Übergangs bewertete Droysen die Griechen, die damit ihre weltgeschichtliche Aufgabe der Überwindung des Heidentums vollführten, die zugleich das Signum des ›Hellenismus‹ darstellte.[311]

Daneben stellte aber das Nationale ein ebenso zentrales Erkenntnisinteresse dar. Als Ziel des 1843 erschienenen zweiten Bandes seiner *Geschichte des Hellenismus* nannte Droysen, die »Entwickelung politischer und nationaler Beziehungen« der Epoche zu erforschen und darzustellen.[312] Leitende Annahme war dabei, dass politische Gemeinschaften nur dann überlebensfähig sind, wenn sie nationalen entsprechen. Bereits im ersten Band hatte Droysen den Untergang des Reiches Alexanders des Großen solchermaßen erklärt: Es sei geradezu zum Scheitern verurteilt gewesen, weil sich die verschiedenen »Volksthümlichkeiten« nicht zu einer nationalen Einheit verschmelzen ließen. Das Fazit des ersten Bandes der *Geschichte des Hellenismus* fiel entsprechend aus: In Droysens Augen wurde »die Unmöglichkeit, alle Völker des Ostens und Westens zu einem Reiche vereinigt zusammen zu halten, durch die Geschichte selbst in jeder denkbaren Weise dargethan.«[313] Auch der zweite Band folgte diesem Denkmuster. Ausdrückliche Parallelen zwischen griechischer ›Staatenwelt‹ und deutscher ›Kleinstaaterei‹ ziehend, wies Droysen darauf hin, dass »ohne eine starke Vertretung nationaler Einheitlichkeit« Zustände einträten, die »nach Außen den äußersten Gefahren

---

309 Droysen, Hellenismus, 1843, Bd. 2, S. 7.

310 Droysen, Hellenismus, 1843, Bd. 1, S. V; Droysen, Hellenismus, 1843, Bd. 2, S. 6f.

311 Droysen, Alexander, 1833, S. 549: »Die Völker Asiens aufzuklären, ihnen die Fesseln der Superstition, der unfreien Frömmigkeit, zu zerreißen, ihnen das Wollen und Können selbstischer Verständigkeit zu erwecken und zu allen guten und bösen Consequenzen zu steigern, kurz, sie für das geschichtliche Leben zu emancipiren, das war die Arbeit, welche der Hellenismus in Asien zu vollbringen versucht und zum Theil, wenn auch erst spät, vollbracht hat.« Siehe ebenso Droysen, Hellenismus, 1836/46, Bd. 1, S. Vf., 663f.; Bd. 2, S. 6–9, 572f., 582–584; Droysen, Vorlesungen über *Alte Geschichte*, 1846, S. 158f., 163.

312 Droysen, Hellenismus, 1843, Bd. 2, Vorrede, nicht paginiert.

313 Droysen, Hellenismus, 1836, Bd. 1, S. 664. Ebd., S. 6: »Das Reich Alexanders mußte zerfallen [...]. Wenn die ausgelebten, unter persischem Despotismus erstorbenen Volksthümlichkeiten des Ostens durch abendländischen Geist, der sich mit ihnen vermischte, von Neuem belebt wurden, so erwachte mit dieser Wiederbelebung in jedem Volke die gesammte Eigenthümlichkeit der ihm eigenen natürlichen und geschichtlichen, staatlichen und religiösen Verhältnisse wieder«. Ebenso S. 462f. Zum Nationalstaatsdogma in Droysens *Geschichte Alexanders des Großen* siehe mit zahlreichen Quellenbelegen Birtsch, Nation, 1964, S. 232f.

den Zugang öffnen«. So habe Griechenland zwar als kulturelle Einheit existiert und damit einen »Hort edelster, idealster Volkseinheit« besessen, doch dieser Hort allein »rettete nicht«.[314] Mangels politischer Einheit sei es untergegangen. Solch nationalistische Deutungen des antiken Griechenlandes ließen sich spiegelbildlich zu der eigenen Gegenwart lesen, auch mit Blick auf die Frage einer künftigen deutschen Vormacht. Die Ansicht, Athen hätte durch die Siege über die Perser das legitime Recht zur Führung Griechenlands erlangt, ließ sich auch auf Preußen und die ›Befreiungskriege‹ übertragen.[315] Ebenso konnte Griechenland mit Deutschland und Makedonien mit Preußen assoziiert werden. Folgt man Droysen, so gingen die makedonischen Herrscher Philipp II. und Alexander der Große daran, »das große Nationalwerk der Griechen zu vollenden.«[316]

Mit Droysens Hinwendung zur neueren Geschichte rückte auch die deutsche Nation in den Vordergrund seines wissenschaftlichen Wirkens. Auch ihre Existenz reichte nach Droysen von der vorgeschichtlichen Zeit bis in die Gegenwart; auch sie besaß insofern eine universalhistorische Qualität. Die Frage nach dem Anfang der deutschen Geschichte thematisierte Droysen in seiner im August 1843 an der Universität Kiel gehaltenen Rede anlässlich des 1000. Jahrestages des Vertrags von Verdun. Droysen beurteilte diesen als Beginn der deutschen Ge-

314 Dazu DROYSEN, Hellenismus, 1843, Bd. 2, S. 554–558, Zitate S. 555f.; ferner S. 494.

315 So DROYSEN, Aischylos, 1842, S. 12–16, 562f. Dazu auch NIPPEL, Droysen, 2008, S. 23.

316 DROYSEN, Alexander, 1833, S. 33; siehe auch S. 16f. Analogiebildungen zwischen Makedonien und Preußen nahm DROYSEN, Hellenismus, 1843, Bd. 2, S. 554 auch explizit vor: »Es wäre für Griechenland ein Glück gewesen, wenn Philipp und Alexander es völlig zu einem Staate mit Makedonien zu verschmelzen vermocht hätten. Freilich Demosthenes nannte Philipp und seine Makedonier Barbaren, ähnlich wie in den kleinen deutschen Staaten wohl Friedrich des Großen Volk noch undeutsch genannt wird, weil der größte Theil seiner Völker vor Jahrhunderten ihre wendische Sprache und Sitte hingegeben für die deutsche, die doch seitdem keinen treueren Vorkämpfer gehabt hat. Wahrlich wie das zerrissene Deutschland zwischen Frankreich und Rußland steht, so stand zu Antigonos Zeit das zerrissene Griechenthum zwischen Aegypten und Rom; und Antigonos ahndte dieselbe drohende Gefahr, vor der unser Vaterland sich ohne Schutz und Halt fühlt, so lange es nicht aus einer nur diplomatischen Einigung zu einer wahrhaften nationalen gelangt.« Insofern ist die These von WIEMER, Quellenkritik, 2012, S. 113f., es handele sich bei solchen Analogien um eine »anachronistische Projektion« aus der Zeit nach 1871, unzutreffend. Zur Gegenwartsbezogenheit von Droysens Darstellungen zur griechischen Antike siehe FUNKE, Griechenland, 1998, bes. S. 27f. Inwieweit solche Analogien vom Publikum wahrgenommen wurden, lässt sich aber kaum eruieren. Die Behauptung von SCHULZE, deutsche Geschichte, 1998, S. 32: »Droysens Alexanderbuch stand in fast jeder bürgerlichen Bibliothek, und jedermann verstand: Mazedonien war Preußen, Griechenland Deutschland, Asien Europa« bleibt jedenfalls völlig haltlos, zumal sich Schulze ausdrücklich auf die Erstausgabe der Alexanderbiographie von 1833 bezieht! Ähnlich dazu NIPPEL, Droysen, 2008, S. 29, der allerdings auf ein anderes Buch Schulzes abhebt.

schichte, da dieser die deutsche Nation aus ihrem vorgeschichtlichen Naturzustand erlöst habe.[317] Entscheidend war für ihn dabei die Annahme des Christentums und Lehnswesens. Denn dadurch sei die »ganze altgermanische Volksweise, die Naturwüchsigkeit des noch ethnischen deutschen Wesens […] erschüttert und gelöst« worden. »Aber so wie nur dieser Saame des neuen, des geschichtlichen Lebens eingestreut ist und sich festgewurzelt hat in dem deutschen Boden, beginnt auch die Lösung von dem romanischen Reich.«[318] Diese Loslösung, forciert durch das heftige Drängen des deutschen Volkes auf nationale Einheit, wurde schließlich mit dem Vertrag von Verdun 843 besiegelt: »Das nationale Princip hat gesiegt über das kirchlich-politische. Brachten auch erst spätere Verträge die noch übrigen deutschredenden Stämme an das neu geeinte Germanien, so beginnt doch mit dem Tage von Verdun die nationale Entwickelung des deutschen Staats. Nicht mehr national in dem Sinn der alten ethnischen Weise; der Lehnsstaat, das Christenthum ist hinzugekommen; unendlich bereichert beginnt die deutsche Nation ihr geschichtliches Leben.«[319]

So wie die (deutsche) Nation eines natürlichen, nicht geschichtlichen Ursprungs war, so schien für Droysen nichts »natürlicher zu sein, als daß ein jedes Volk, wie seine Sprache, seine Sitte, seine Bildung, so auch seine staatliche Ordnung habe.«[320] Andere anationale politische Organisationsformen bezeichnete er als »Mißbildungen«, die nichts anderes als »irrational« seien.[321] In Anbetracht dessen interpretierte Droysen, wie er verschiedentlich darlegte, die deutsche, aber auch die europäische Geschichte als Kampf des nationalen mit anderen politisch-gesellschaftlichen Prinzipien. Hierzu zählte er vor allem das römisch-hierarchische und das dynastisch-absolutistische Prinzip. Diese Frontstellung erklärt sich neben Droysens Geschichtsbild durch die Eckpfeiler seines weltanschaulichen Gedankengebäudes, das durch die Fusion von nationalistischen Ideen mit einem borussophilen Protestantismus und einem ›organischen‹ Liberalismus geprägt war.

Das Mittelalter sah Droysen durch den Widerstreit zwischen der Nationalidee und der römischen Kirche geprägt. So sei auf die Herrschaft der Ottonen und die »leuchtende Herrlichkeit der Hohenstaufen«, mit der das »nationale Princip« seinen ersten geschichtlichen Höhepunkt

317 Siehe dazu auch oben, S. 47.
318 Droysen, Verdun, 1843, S. 8f.
319 Droysen, Verdun, 1843, S. 10.
320 Droysen, Freiheitskriege, 1846, Bd. 1, S. 179.
321 Droysen, Freiheitskriege, 1846, Bd. 1, S. 188, 190.

erreicht habe, eine »furchtbare Entartung« des »Volkslebens« gefolgt, nämlich in Form der päpstlichen Vorherrschaft.[322] Aus dieser »Zerstörung des Nationalen erwuchs das Mittelalter; die Hierarchie und der Feudalismus, die beiden Hebel des mittelalterlichen Lebens, waren der vollste Gegensatz des volksthümlichen Wesens. Und doch war es nicht vertilgt; es wuchs in verwandelter Gestalt heran«. Denn »aus dem innersten Kern des germanischen Volkslebens, wie es die Jahrhunderte begeistigt und erhöht hatten, erhob sich die wundervolle Bewegung«.[323] Damit gemeint war die Reformation, die als Ausdruck einer nationalen Emanzipation von der »romanischen Hierarchie« umgedeutet wurde.[324] Erst sie habe die Lösung für den Widerspruch zwischen nationalem Dasein und römischer Suprematie bereitgestellt, mithin das geschichtliche Leben auf eine neue Stufe gehoben und damit die Basis für eine neue Einigung Deutschlands geschaffen: »auf Grund des Nationalen auferbaut sich der neue Staat.«[325]

Hatte sich in Droysens Sicht das »nationale Princip« gegenüber dem hierarchischen durchgesetzt und damit die Epoche des Mittelalters geschlossen, sah er mit dem Beginn der Neuzeit einen anderen welthistorischen Konflikt aufziehen: den »Conflict zwischen den dynastischen und nationalen Interessen«, also zwischen »dem Staatensystem mit seinen territorialen Mißbildungen und den Forderungen nationaler Selbstbestimmung und Geschlossenheit«.[326] Die »Irrationalitäten« des dynastischen Prinzips, dessen »Verworrenheit und Unerträglichkeit« erkannte er darin, dass »im dynastischen Interesse Volkseinheiten zerrissen [und] verschiedene Völker zusammengeballt« waren.[327] Als Inbegriff jener po-

322 Droysen, Verdun, 1843, S. 3, 12. Zur Deutung der ottonischen und staufischen Herrschaftspolitik als deutschnational siehe auch Droysen, Deutsche Briefe, 1844, S. 6.

323 Droysen, Freiheitskriege, 1846, Bd. 1, S. 7. So auch Droysens These, dass »das Mittelalter alle diese Natürlichkeiten [Nationen] durchriß und zerstörte, in welchen Formen sich dann die abendländische Christenheit von Neuem zu nationalen Sonderungen klärte« (ebd., S. 179). Siehe ebenso Droysen, Vorlesungen über *Die Freiheitskriege*, 1842, S. 93; Droysen, Vorlesungen über die *Geschichte der neuesten Zeit seit 1815*, 1843, S. 197.

324 Droysen, Verdun, 1843, S. 3.

325 Droysen, Verdun, 1843, S. 16; zu Droysens nationaler wie weltgeschichtlicher Deutung der Reformation auch S. 12–17. Ebenso Droysen, Vorlesungen über die *Geschichte der neuesten Zeit seit 1815*, 1843, S. 198: »Indem die Reformation dem christlichen Princip seinen rechten Bereich, in der Brust des einzelnen lebendig und unablässig wirksam zu sein, angewiesen, gab sie die weltliche Ordnung frei [...]. Nun begann die weltlich Ordnung, auf ihren rechten Bereich gestellt, sich zu entwickeln; die Nationalität ward ihr Ausgangspunkt«. Siehe auch Droysen, Freiheitskriege, 1846, Bd. 1, S. 7–9, 110–113; Droysen, Vorlesungen über die *Geschichte des Mittelalters*, 1840, S. 172; Droysen, Vorlesungen über *Neuere Geschichte*, 1847, S. 186–192.

326 Droysen, Freiheitskriege, 1846, Bd. 1, S. 190.

327 Alle Zitate Droysen, Freiheitskriege, 1846, Bd. 1, S. 191.

litischen Verwerfungen erschien auch in seinen Werken das Heilige Römische Reich Deutscher Nation. An dessen territorialer Zersplitterung wie an dem Einfluss fremder Herrscher sei, so wurde Droysen nicht müde zu betonen, das politische Leben der deutschen Nation zugrunde gegangen.[328] War diese staatliche Entwicklung Deutschlands »dem ureignen Geiste der Nation fremd«,[329] so sei die Nation doch bestehen geblieben in ihrer Kultur. Diese gab »dem gesammten deutschen Wesen eine Art gemeinsamer Basis zu weiteren Bestrebungen und Verständigungen, und diese in einer Gediegenheit und Hoheit, daß die bald erfolgende tiefste Erniedrigung des Vaterlandes [frz. Besatzung] sie nicht zu erreichen und zu zerstören vermochte.« Mehr noch: Es waren die kulturellen Gemeinsamkeiten, »die wir retteten und die dann uns retteten; in ihnen blieb uns, da alles Nationale sonst uns zerstört ward, eine ideale Einheit, aber keine abstracte, sondern die der innersten, wahrhaftesten, lebendigsten Volksthümlichkeit, mächtig genug, die zerstreuten und verstörten Glieder wieder zu sammeln, zu lebendiger, practischer Gemeinsamkeit wieder zu beleben.«[330]

Bevor aber diese »Sammlung« und »Wiederbelebung« erreicht werden konnte, musste – ganz nach Droysens dialektischem Geschichtsverständnis – das absolutistische Prinzip erst seinen Höhepunkt finden.[331] Diesen glaubte er in Napoleon verkörpert, der als eine Art ›Werkzeug der Geschichte‹[332] fungiert und durch seine kriegerische Expansion das

328 Die Sicht von Droysen, Verdun, 1843, auf das Alte Reich stellte sich, auf das Wesentliche reduziert, wie folgt dar: Das »Kaiserthum mißkannte die Bewegung der Nation [Reformation], die Confessionen zerrissen sie« (S. 3). »In dem Maaße endlich, als Deutschland durch den Kampf der Bekenntnisse zerrissen wurde, gelang es der reichsständischen Aristokratie, der Einheit des Reichs und der Majestät des Reichsoberhaupts gegenüber sich zur Territorialhoheit, zur Souverainität empor zu arbeiten, in gleichen Pulsen die Rechte der eigenen Landstände niederringend« (S. 17). Als »sich Sonderherrschaften zu gründen, Einzelfreiheiten aufzurichten begannen, als jedes kleine und kleinste Territorium, ein Staat für sich, seinen Vortheil verfolgte, da fanden die Feinde im Reiche selbst Bundesgenossen wider das Reich, erkauften den Nachbar wider den Nachbarn, zerrissen endlich die mächtigste Nation in jammervolle Fetzen« (S. 30). Ähnlich Droysen, Deutsche Briefe, 1844, S. 5: »An der Entwicklung der Territorialgewalt erstarb das politische Leben unsrer Nation; die Zersplitterung des Vaterlandes trotz Kaiser und Reich hieß deutsche Freiheit.« Siehe auch Droysen, Vorlesungen über die *Geschichte des Deutschen Bundes*, 1843, S. 296f.; Droysen, Freiheitskriege, 1846, Bd. 1 u. 2, passim (bes. Bd. 1, S. 179–196, 329–331).

329 Droysen, Deutsche Briefe, 1844, S. 13.

330 Droysen, Freiheitskriege, 1846, Bd. 1, S. 172; zur *deutschen* Kultur und Bildung auch S. 150–177; Droysen, deutsche Geistesgeschichte, 1842, S. 203–224; eher kultur(geschichts)theoretisch Droysen, Vorlesungen über *Deutsche Culturgeschichte*, 1841, S. 276–280.

331 Droysen, Verdun, 1843, S. 20.

332 Dieser Gedanke kommt indirekt zum Ausdruck in Droysen, Freiheitskriege, 1846, Bd. 2, S. 125–127, 139, 193. Zu solchen Analogien in Droysens Werken Nippel, Droysen, 2008, S. 29, 48.

nationale Prinzip soweit misshandelt habe, dass es wieder »erwachen« und sich umso stärker habe geltend machen müssen. Mit der französischen Fremdherrschaft sei dann in Deutschland »das Bewußtsein nationaler Einheit nach zweihundertjährigem Schlaf« erwacht. Erst »als Gewalt, Entrechtung, Entehrung, höhnische Mißhandlung auf uns lastete, da endlich brach der mächtige Zorn deutscher Völker hervor; [...] sie zerrissen die Bande frecher Gewalt und feiler Diplomatie, in heiligem Kampfe stürzten sie auf den Feind, befreiten das Vaterland.«[333] Diese Wirkungen der ›Befreiungskriege‹ sah Droysen bis in die Gegenwart wirksam, wie er 1846 in der Vorrede seiner *Freiheitskriege* konstatierte: »Wieder erwacht trotz aller Zersplitterung und Verwitterung ist den deutschen Völkern das tiefe Gefühl der alten Gemeinsamkeit zu Einem Reich und Einem Recht; wieder erwacht ist ihnen die Einsicht, daß nur das treue Zueinanderhalten sie vor neuen Schäden wahren, die alten ausheilen, uns eine Zukunft bereiten kann, wie sie der deutschen Art gerecht ist«.[334]

Die Metapher einer schlafenden Nation enthielt eine wichtige politische Aussage: Das nationale Prinzip könne zwar zeitweilig unterdrückt, jedoch nicht grundsätzlich zerstört werden. Vielmehr habe es sich gegenüber konkurrierenden Prinzipien durchgesetzt und werde dies auch künftig tun. In der eigenen Gegenwart sah Droysen nun den historischen Moment für das nationale Prinzip gekommen: »wir erwachen wie aus tiefen Träumen; wir fühlen, dass sich hier eine deutsche Macht, eine nationale Bedeutung entwickelt, die durch die Riesenkraft ihres stillen Wachsens uns hinausführt aus unsern eng umschlossenen Verhältnissen, aus unsrer politisch gebundenen Kleinstaaterei, und uns eine Stellung in der Welt bereitet, welche der Grösse, der Bildung, der Tüchtigkeit des deutschen Volkes entsprechend ist.«[335]

In ähnlicher Weise fügte Georg Waitz diesen nationalistischen Regenerationsmythos in seine Interpretation der deutschen Geschichte ein. Die Gegenwart, so schrieb er 1843, sei dadurch geprägt, dass das deutsche Volk »aus seinem Schlaf erwacht ist, nicht mehr sich einengen läßt von den zufälligen Formen in denen es sich findet, sondern den Blick weiter

---

333 Droysen, Verdun, 1843, S. 30. Der Topos der schlafenden Nation findet sich auch in Droysen, Deutsche Briefe, 1844, S. 3; Droysen, Freiheitskriege, 1846, Bd. 1, S. 14 (»die Volksgeister wurden wach«); Bd. 2, S. 495. Zur Bedeutung der Napoleonischen Herrschaft für die deutsche Nationsbildung ausführlich ebd., Bd. 2. Dazu auch die »Uebersicht« in Bd. 1, S. 3–17; Droysen, Verdun, 1843; Droysen, Vorlesungen über *Die Freiheitskriege*, 1842, S. 280–291.

334 Droysen, Freiheitskriege, 1846, Bd. 1, Vorrede, nicht paginiert.

335 Droysen, Stellung Preußens, 1845, S. 55f.

trägt und alle sich zuzählt, mit denen es durch Sprache, Sitte, Abstammung und Geschichte verbunden ist. Eine Nation die also aufsteht von langem Schlafe«.[336] Die essentialistische Denkfigur, bei Nationen handele es sich um soziale Einheiten, die unabhängig von ihrer Wahrnehmung oder Beschreibung existieren (und die, wenn sie nicht sichtbar sind oder nicht handeln, lediglich ›schlafen‹), knüpfte er also an Merkmale, die jeden Menschen einer bestimmten Nation exklusiv zuwiesen. Indem er dabei politische Gesichtspunkte außen vor ließ, erschien die Nation als eine vorpolitische Form der Vergemeinschaftung.

Dieser Nationsbegriff kam überaus deutlich in Waitz' wissenschaftlichem Hauptwerk, der *Deutschen Verfassungsgeschichte,* zum Ausdruck. Mit diesem achtbändigen, nationalgeschichtlich angelegten Werk beabsichtigte Waitz, »die Verfassung des deutschen Volks und des deutschen Staats, so bald ein solcher besteht, in den verschiedenen Zeiten der Geschichte [...] zu ergründen und darzustellen.«[337] Der 1844 erschienene erste Band behandelte dementsprechend die Ursprünge und »volksthümlichen« Grundlagen der deutschen Verfassung. Bezeichnend für Waitz' Nationsbegriff war dabei, dass er eine deutschnationale Traditionslinie konstruierte, die die Germanen mit den Deutschen gleichsetzte und das Dasein der deutschen Nation bis in die vorgeschichtliche Zeit verlängerte. Die Geschichte des deutschen Volks begann laut Waitz erst mit den ersten Berichten römischer Autoren, wobei er Tacitus' *Germania* als Hauptquelle seines ersten Bandes heranzog und damit das römische Konstrukt eines einheitlichen Germanenvolkes aufgriff.[338] Zwar sei, so leitete Waitz die *Deutsche Verfassungsgeschichte* ein, das »deutsche Volk [...], da wir zuerst Kunde von ihm haben, [...] durch kein politisches Band zusammen gehalten« gewesen, doch war es für ihn eindeutig, dass die Deutschen in »Sprache, Rechtsgewohnheit und Götterglauben« eine Einheit bildeten: »den Nachbarn war es deutlich, dass sie

336 WAITZ, historisches Recht, 1843, S. 109. Ebd., S. 110: Ein »freudiges, stolzes Gefühl Deutscher Nationalität erwacht«.

337 WAITZ, Deutsche Verfassungsgeschichte, 1844, Bd. 1, S. XXVII. Zur Stellung der *Deutschen Verfassungsgeschichte* in Waitz' Œuvre siehe vor allem GRAUERT, Waitz, 1887, S. 63–77; ferner JORDAN, Waitz, 1964, S. 95.

338 Eine Vorlesung über Tacitus' *Germania* bildete, neben dem wissenschaftlichen Programm zur Tausendjahrfeier des Vertrags von Verdun 1843, einen wichtigen Anstoß für Waitz, die *Deutsche Verfassungsgeschichte* zu verfassen, so WAITZ, Deutsche Kaiser, 1862, S. XVI. Zur Bedeutung von Tacitus' *Germania* siehe WAITZ, Deutsche Verfassungsgeschichte, 1844, Bd. 1, S. 3–5. Waitz bescheinigte Tacitus nicht nur, »voll Mitgefühl und tiefer Wahrheit« zu berichten, sondern auch, »den Charakter der Deutschen, ihr Leben, ihre Institutionen, ich möchte hinzusetzen ihre Zukunft, [...] richtig aufgefasst« zu haben. Zum Konstruktcharakter des germanischen Volkes siehe POHL, Germanen, 2000, S. 1–7, 51–59; LUND, Erfindung, 1995.

zusammen gehörten und ein einiges, ungemischtes Volk waren; auch ihnen selbst konnte das Bewusstsein davon nicht fehlen.«[339] Die Auffassung, dieses »Gefühl der Einheit« habe die Deutschen »bei aller Zersplitterung« zusammen gehalten, rahmte Waitz' *Deutsche Verfassungsgeschichte* gewissermaßen ein – denn mit diesem Zustand beschrieb er nicht nur die Ausgangslage einer deutschen Geschichte, sondern auch die eigene Gegenwart.[340]

In höherem Maße als die anderen hier vorgestellten Historiker führte Waitz diese Annahmen auf die Quellenüberlieferung zurück. »Diese Überlieferung lässt uns«, so legte Waitz an immer wieder eingeschobenen, gründlichen Quellendiskussionen dar,[341] »einen Blick thun in das Bewusstsein des deutschen Volks in jener frühesten Zeit, und zwar des deutschen Volks im engern Sinn, die nördlichen Nachbarn ausgeschlossen.« Damit grenzte Waitz nicht nur die deutschen Germanen klar von den skandinavischen Germanen ab (ohne aber enge Verbindungen zwischen ihnen zu bestreiten[342]); vielmehr sprach er der deutschen Nation auch ein eigenes, kollektives Bewusstsein zu. Dieses sei jedoch zunächst noch »ohne alle politische Bedeutung« gewesen. Erst im Gegensatz nach außen, im Kampf gegen die Römer habe sich »ein höheres politisches Bewusstsein unter den Deutschen« ausgebildet und die deutschen Stämme der Franken, Sachsen, Schwaben und Bayern bewegt, sich auch *politisch* zusammenzuschließen. »Und es sind diese vier Stämme, die

---

339 Waitz, Deutsche Verfassungsgeschichte, 1844, Bd. 1, S. XIf. Der Großteil der Einleitung der *Deutschen Verfassungsgeschichte* ist, von kleineren Abweichungen abgesehen, identisch mit dem 1843 von Waitz verfassten wissenschaftlichen Programm zur Gedächtnisfeier des Vertrags von Verdun an der Kieler Universität (= Waitz, Gründung des deutschen Reiches, 1843), auf der Droysen die Festrede (siehe oben, S. 47, 90f.) gehalten hat. Da Waitz' *Deutsche Verfassungsgeschichte* ein größeres Publikum erreicht hat und auch leichter zugänglich ist, wird nur dann aus dem Programm zitiert, wenn die entsprechenden Passagen nicht in der *Deutschen Verfassungsgeschichte* enthalten sind.

340 Waitz, Deutsche Verfassungsgeschichte, 1844, Bd. 1, S. XIII. Die Gegenwartsbezogenheit hob Waitz, Gründung des deutschen Reiches, 1843, S. 25, hervor: »Wieder wie zu des Tacitus Zeiten ist dies [Deutschland] in vielerlei Herrschaften zersplittert, manches Gebiet ist an die Nachbarn verloren, und an mehr als einer Grenze hat die deutsche Volksthümlichkeit einen schweren Kampf zu bestehen. Doch haben wir nicht nöthig mühsam nach dem Gefühl der Gemeinsamkeit unter den verschiedenen Stämmen zu suchen. Sie wissen sich als Brüder, sie reichen sich die Hand nun da es gilt, dass alle Trennung und Spaltung überwunden und ein einiges starkes Deutschland begründet werde, das im Stande sei zu behaupten was gefährdet, wiederzugewinnen was verloren ist.«

341 So widmete sich Waitz in ausführlichen Quellendiskussionen etwa Übersetzungsfragen, der Überlieferungsproblematik, gab die angeführten Quellen in ihrem originalen Wortlaut wieder und wies im stets umfangreichen Anmerkungsapparat auf abweichende Forschungspositionen hin.

342 Waitz, Deutsche Verfassungsgeschichte, 1844, Bd. 1, S. XIVf.

fortan das deutsche Volk ausmachen, erst getrennt und in gesonderter Entwickelung, dann verbunden in einem deutschen Reiche, das eben auf ihrer Vereinigung beruht.«[343] Die föderale Struktur des *politischen* Deutschlands sah Waitz somit als ursprünglichen Wesenszug der deutschen Einheit – ein Wesenszug, den Waitz bei Ausgestaltung einer deutschen Verfassungsordnung beachtet wissen wollte.

Neben der traditionsstiftenden Annahme, das deutsche Volk sei eine gleichsam überzeitlich existierende Einheit, formulierte Waitz in seinen wissenschaftlichen Beiträgen einen weiteren Kerngedanken des Nationalismus – die Behauptung, Nationen seien durch bestimmte Volkscharaktere geprägt. In Waitz' Augen zeichnete sich das deutsche Volk durch ein eigentümlich »deutsches Wesen« aus, durch einen »deutschen Geist«.[344] In Anlehnung an seinen ›Kronzeugen‹ Tacitus beschrieb Waitz die »Natur« der Deutschen als »kräftig, hart, ans Rohe grenzend, der Charakter [sei] aber edel, rein; die Zustände lebendig hervorgewachsen, in naturgemässer Entwickelung begriffen und reichster Entwickelung fähig.«[345] Wichtig war dabei, dass Waitz aus diesem deutschen Charakter eine genuin deutsch-germanische Verfassungsordnung hervorgehen sah, eine Verfassungsordnung, der er eine geradezu welthistorische Bedeutung beimaß. Denn während der ›Völkerwanderung‹ habe sich dieses »deutsche Wesen« (an anderer Stelle hieß es das »germanische Element«[346]) in ganz Europa verbreitet und sich in fast allen Regionen festgesetzt: »kein Land des südlichen und westlichen Europas, wohin [die Deutschen] nicht damals gelangten, wo nicht neue Herrschaften von ihnen gegründet, deutsches Wesen und deutsche Institutionen von ihnen hingebracht worden sind.«[347] Dass Waitz den »deutschen Institutionen« und dem »deutschen Wesen« die maßgebende Bedeutung für die Entwicklung Europas zusprach, bedeutete zugleich die Annahme der Überlegenheit des deutschen Volkes.

Auch für den politischen Gehalt von Waitz' Nationalismus war entscheidend, dass er im »deutschen Wesen« den Grund einer spezifisch deutschen Verfassung erkannte.[348] Denn dieser Nexus zwischen politi-

---

343 WAITZ, Deutsche Verfassungsgeschichte, 1844, Bd. 1, S. XIX.

344 WAITZ, Deutsche Verfassungsgeschichte, 1844, Bd. 1, S. XIX, 141 u.ö.

345 WAITZ, Deutsche Verfassungsgeschichte, 1844, Bd. 1, S. 4.

346 WAITZ, germanisches Element, 1848.

347 WAITZ, Deutsche Verfassungsgeschichte, 1844, Bd. 1, S. XIX. Siehe auch WAITZ, germanisches Element, 1848, passim.

348 WAITZ, Deutsche Verfassungsgeschichte, 1844, Bd. 1, S. XXVf., 5, 31, 141, 159, 223. Dieser Deutung entspricht, dass Waitz der Erörterung der ursprünglich deutschen Verfassung eine

scher Ordnung und ›Volkscharakter‹ bildete mehr als den Ausgangspunkt einer deutschen Kontinuitätslinie vom Altertum bis zur Gegenwart. Er bot auch einen Maßstab, mit dem die politische Verfassung der deutschen Nation über die verschiedenen Epochen hinweg bewertet werden konnte.

Als Markstein erschien Waitz in diesem Zusammenhang das fränkische Reich. Denn an »eine Vereinigung der einzelnen Stämme zu grösserer politischer Einheit war [zuvor] noch nicht zu denken. [...] Dass es gleichwohl geschah, ist das Werk des fränkischen Stammes, insonderheit das seiner Könige.«[349] Die Bedeutung der Franken und ihrer Herrscher für die politische Entwicklung der deutschen Nation war nach Waitz' Ansicht eine mehrfache. Dies galt zunächst für die Dynastie der Merowinger; sie hätten, so Waitz, die Anlagen der germanischen Verfassung durch die Vermittlung mit dem Christentum und der romanischen Welt erst zur vollen Entfaltung gebracht, also gewissermaßen veredelt.[350] Wenngleich er die wichtige Rolle insbesondere des Christentums wiederholt betonte, war für ihn doch unzweifelhaft, dass die Verfassung des fränkischen Reiches im Kern nicht auf romanischen Einflüssen, sondern auf einer eigentlich deutschen Grundlage beruhte.[351] So hätten die Merowingerkönige (anders als etwa die Gothen) trotz ihrer Expansion in romanisches Gebiet nicht »Römer und Franken gleichzustellen gesucht; sondern der germanische Charakter der Herrschaft und der Vorzug des deutschen Volkes behaupteten sich auch in dem fremden Lande.«[352] Doch – und dies war für Waitz' Deutung der deutschen Geschichte maßgebend, weil er damit ein an der Nation ausgerichtetes

---

Schilderung des Charakters, der Lebensweise und Sitte der Deutschen (ebd., S. 3–31) voranstellt, um sich im Folgenden immer wieder hierauf zu beziehen.

349 Waitz, Deutsche Verfassungsgeschichte, 1847, Bd. 2, S. 4.

350 Waitz, Deutsche Verfassungsgeschichte, 1847, Bd. 2, S. 69f.: »Die Aufgabe des fränkischen Reichs [...] war die Verbindung der germanischen Welt mit den Elementen der christlich-romanischen Bildung, in einer Weise dass der eigenthümlich deutsche Charakter der Verfassung und des Rechtes nicht zerstört wurde, dass vielmehr die unentwickelten Anlagen und Kräfte zur vollständigen Entfaltung kamen«. Siehe auch ebd., S. XXIf., 4, 74; Waitz, Deutsche Verfassungsgeschichte, 1844, Bd. 1, S. XX und Waitz, germanisches Element, 1848, S. 62, 70.

351 Dies ist eine der Hauptthesen in Waitz, Deutsche Verfassungsgeschichte, 1847, Bd. 2; siehe S. 27, 47, 52, 89, u.ö.; sowie Waitz, Deutsche Verfassungsgeschichte, 1844, Bd. 1, S. XX. Waitz wandte sich mit aller Schärfe gegen die Position, die ursprünglich-germanische Verfassung, vor allem das Königtum, sei zu keiner Weiterentwicklung fähig gewesen und die spätere Verfassung des deutschen Reichs beruhe auf romanischer und keltischer Grundlage. Letzteres hatte Sybel, Entstehung, 1844, vorgebracht. Die unterschiedlichen Ansichten gaben Anlass zu einer Kontroverse, die 1845 in der *Zeitschrift für Geschichtswissenschaft* ausgefochten wurde. Dazu Grauert, Waitz, 1887, S. 64–67.

352 Waitz, Deutsche Verfassungsgeschichte, 1847, Bd. 2, S. 47.

Erklärungsmodell für Erfolg und Misserfolg politischen Handelns lieferte – die Merowinger hätten sich mit der Zeit »romanisirt« und damit die Opposition der Fürsten in Deutschland genährt.[353] Das Frankenreich wäre, so lautete seine Schlussfolgerung, zusammengebrochen, »wenn nicht eben damals das östliche Frankenland sich in eigenthümlicher Kraft erhoben und ein neues hier einheimisches Geschlecht [die Karolinger] die Geschicke des ganzen Frankenreichs in seine Hand genommen hätte, in einer Weise dass noch einmal den Grundsätzen des deutschen Königthums der Sieg verschafft wurde.«[354] Hiermit war nicht nur die Überlegenheit des »deutschen Wesens« behauptet, sondern auch der Gegensatz *romanisch-germanisch* in die Geschichtskonzeption Waitz' konstitutiv eingebettet.

Dass dieser Antagonismus auch unterhalb der Ebene der politischen Herrschaftsträger zum Tragen kam, lag für Waitz auf der Hand. So konstrastierte er die »verweichlichten in Sittenlosigkeit versunkenen Romanen« mit den »harten und rohen Germanen« und vertrat die Ansicht, dass »die faulgewordene römische Welt die einziehenden Germanen mit ihrer Corruption angesteckt hat. Man wird«, so gerierte sich Waitz als objektiver Historiker, »am unbefangensten urtheilen, wenn man eben das Zusammenmischen so verschiedener Eigenschaften und Naturen und die anfangs herrschende Auflösung und Verwirrung aller Ordnungen für den Grund dieser Fäulniss erachtet.«[355] Verschiedene Völker bedürfen demnach, so lautete der Umkehrschluss, eigenständige politische Gebilde.

Eine weitere zentrale Bedeutung, die Waitz den Franken zuschrieb, war, dass sie erstmals alle deutschen Stämme in einem Reich vereinten – doch eben nicht allein, sondern nur mit anderen Völkern zusam-

---

353 WAITZ, Deutsche Verfassungsgeschichte, 1847, Bd. 2, S. 605. Bezeichnend für den Verfassungshistoriker Waitz war, dass er diesen Vorgang in juristischen Begriffen deutete. So waren es nach seiner Auffassung die »privatrechtlichen« Elemente der Königsherrschaft (also das Gründen der Königsherrschaft auf personalen Beziehungen), die zuerst und vor allem auf gallisch-romanischem Boden um sich griffen, die im Widerspruch zur alten deutschen Volksverfassung standen und die die Gefahr der Auflösung des »allgemeinen Unterthanenverbandes« in sich trugen (siehe WAITZ, Deutsche Verfassungsgeschichte, 1847, Bd. 2, S. 581–651, bes. S. 605–610, Zitate S. 610). Indem Waitz in diesem Vorgang die Aushöhlung eines festen Staatswesens und eines starken Königtums erkannte, projizierte er sein eigenes Staats- und Verfassungsideal auf das frühe Mittelalter zurück, ein Verfassungsideal, das er bereits in der urdeutschen Verfassung verwirklicht und nun Zersetzungstendenzen ausgesetzt glaubte. Siehe dazu auch BÖCKENFÖRDE, Forschung, 1995, hier S. 108–112 sowie unten, Kap. 4.5.

354 WAITZ, Deutsche Verfassungsgeschichte, 1847, Bd. 2, S. 610. Ähnlich WAITZ, Deutsche Verfassungsgeschichte, 1844, Bd. 1, S. XXI.

355 WAITZ, Deutsche Verfassungsgeschichte, 1847, Bd. 2, S. 71f.

men.[356] Während den Merowingern die Verbindung der Deutschen aber nur kurzfristig und außerdem nicht vollständig gelungen sei, sah Waitz die entscheidenden Schritte unter Karl dem Großen vollzogen. Weit davon entfernt, den Karolinger als einen deutschen König in Anspruch zu nehmen,[357] wies er ihm und seiner Eroberung Sachsens dennoch eine entscheidende Bedeutung für die weitere Geschichte Deutschlands zu. Denn »die Verbindung der Sachsen mit den übrigen deutschen Stämmen verlieh dem germanischen Element eine solche Stärke, dass es sich dem romanischen entgegensetzen und sich, abgesondert von den gallisch-fränkischen und den italisch-langobardischen Theilen des Reichs, zu einer eigenthümlichen Entwickelung erheben konnte.«[358] Mittelfristig mussten sich daher, so argumentierte Waitz, die verschiedenen Nationalitäten geltend machen und auf eine politische Sonderung drängen; so auch das deutsche Volk. Die »Theilung der karolingischen Monarchie« war demnach eine »nothwendige Reaction gegen die Politik Karls des Grossen, die bemüht gewesen war die verschiedenen Nationalitäten zu verschmelzen.«[359] Wie Droysen interpretierte auch Waitz den Vertrag von Verdun als ›Geburtsurkunde‹ des deutschen Reiches. Denn erst dieser habe es »in die Geschichte eingeführt. Nun sonderte das deutsche Volk sich ab von den übrigen Völkern Europas, die es zum Theil unterworfen und mit seinem Blute erneuert hatte, mit denen es zuletzt zu Einem Reiche vereinigt gewesen war; die Hauptstämme aber die deutsch geblieben schlossen sich zusammen [...]. Wohl ein Jahrtausend vorher kennen wir ein deutsches Volk, erforschen wir die deutsche Geschichte; erst von diesem Tage an bestand ein deutsches Reich.«[360]

Mit der Gründung eines deutschen Reichs schien der deutschen Nation die angemessene politische Form gegebenen. Für die weitere deutsche Geschichte richtete Waitz seinen Blick besonders auf die Frage, inwieweit Herrschaft und Verfassung des deutschen Reiches den nationalen Interessen und Grundlagen entsprachen. Als nationalpolitisches

---

356 Waitz, Deutsche Verfassungsgeschichte, 1844/47, Bd. 1, S. XX–XXV; Bd. 2, S. XXIf., 4f., 56–65 u.ö.

357 Waitz, Deutsche Verfassungsgeschichte, 1844, Bd. 1, S. XXIIf.: » So sehr er [Karl der Große] heimische Tracht und Sitte ehrte, deutsche Sprache liebte und begünstigte, deutsche Lieder sammelte: sein Standpunkt ist kein deutscher mehr, es ist ein europäischer, welthistorischer. [...] Kein deutsches Reich hat Karl gegründet, aber er machte hierdurch die Gründung desselben möglich.«

358 Waitz, Deutsche Verfassungsgeschichte, 1844, Bd. 1, S. XXIV.

359 Waitz, Deutsche Verfassungsgeschichte, 1844, Bd. 1, S. XXIV.

360 Waitz, Deutsche Verfassungsgeschichte, 1844, Bd. 1, S. XXIVf. Zur Bedeutung des Vertrags von Verdun auch Waitz, Jahrbücher, 1837, S. 1f.

Idealbild erschien dabei die Herrschaft der Ottonen – eine Epoche, für die er als Experte gelten konnte: Neben der Herausgabe einschlägiger Editionen für die MGH hatte er 1837 den ersten Band der *Jahrbücher der Deutschen Geschichte unter dem sächsischen Hause* vorgelegt, die das Königtum Heinrichs I. (919–936) behandelten. Obwohl die *Jahrbücher* lediglich als deskriptive Zusammenschau aller verfügbaren Quellen angelegt waren, blieben sie von politischen Wertungen nicht unberührt. So beschrieb Waitz »die Regierung Heinrichs [als] ruhmvoll und kräftig, ruhig und besonnen, für Deutschland höchst segensreich und von dem enschiedensten [!] Einfluß für die ganze Zukunft. [...] Deutschland sah selten einen gleichen, nie einen größern König.«[361]

Waitz' Bewertung gründete nicht zuletzt auf zeitgebundenen Fragen, schien die Epoche des Sachsenkönigs doch deutliche Parallelen zur eigenen Gegenwart aufzuweisen. So entsprach die ›Zersplitterung‹ der deutschen Nation vor Heinrichs I. Herrschaft in verschiedene »Nationalherzogthümer« in gewissem Sinne der ›Kleinstaaterei‹ der Gegenwart. War es zu Anfang des 9. Jahrhunderts »zweifelhaft, ob Deutschland Einem Scepter unterworfen bleiben sollte, oder jeder Stamm sich unter seinem Herzogshause zur besonderen Macht gestalten werde«, so ließ sich diese politische Kardinalfrage auch auf das 19. Jahrhundert übertragen.[362] Auch die von Waitz nachgezeichnete Bedrohung des deutschen Reiches durch feindliche Nachbarvölker und die mangelnde Fähigkeit, sich ihrer zu erwehren,[363] ließ sich mit Blick auf momentane Konfliktlagen aktualisieren. Heinrich habe nun, so lässt sich Waitz' Einschätzung zusammenfassen, angemessen auf die Herausforderungen reagiert. Indem er im Inneren eine starke, aber den alten deutschen Volksrechten gemäße Herrschaft ausgeübt habe, konnte er die gefährdete Einheit der Nation bewahren, die Feinde der Nation besiegen und schließlich auch Lothringen dem Reich angliedern.[364] Damit sah Waitz die auf der nationalistischen Agenda stehende Trias Einheit, Macht und Freiheit auf vorbildliche Weise verwirklicht. Ähnlich überhöhte er 1844 die ottonische Herrschaft. Während der Anfang des 10. Jahrhunderts noch »zu den traurigsten Zeiten der deutschen Geschichte« gehört habe und durch »Auflösung und Verwirrung«[365] geprägt gewesen sei, hätten die Ottonen

361 Waitz, Jahrbücher, 1837, S. 83.

362 Waitz, Jahrbücher, 1837, S. 1–3, Zitate S. 2.

363 Zur Bedrohung der deutschen Nation durch »Nordmannen«, »Slaven« und »Ungarn« siehe Waitz, Jahrbücher, 1837, S. 3–7.

364 Siehe vor allem Waitz, Jahrbücher, 1837, S. 40–50, 81–85, 117.

365 Waitz, deutsche Historiographie II, 1844, S. 97.

nach ihrer Machtübernahme »im Innern Ordnung und Ruhe, gesetzliche Herrschaft [...] hergestellt, nach aussen die Grenzen vertheidigt, erweitert, mit Einem Worte die Macht des Reiches neu begründet«.[366] Angesichts dieser rückblickenden Überhöhung verwundert es kaum, dass Waitz auch nach 1848/49 bei seinen Forschungen immer wieder zu dieser Epoche zurückkehrte.[367]

Hatte Waitz in der ottonischen Herrschaft einen Höhepunkt der deutschen Nation erkannt, sah er ihre weitere Geschichte als schrittweisen Verfall.[368] Vor diesem Hintergrund nahm das Heilige Römische Reich in seinen Schriften nur wenig Raum ein; im Gegensatz zu dem vermeintlich starken und einigen Staat des Hochmittelalters charakterisierte er das Reich als »morschen Bau«, der sich zunehmend von seiner nationalen Grundlage gelöst habe.[369] Die Reichsgeschichte ab dem Spätmittelalter bot daher kaum noch Anknüpfungspotenzial für die eigene Gegenwart. Hierin dürfte auch ein Grund liegen, warum Waitz sein Hauptwerk, die *Deutsche Verfassungsgeschichte*, nicht über das Hochmittelalter hinausführte und den letzten Band in der Mitte des 12. Jahrhunderts beendete. Jedenfalls warf er den »süddeutschen Historikern« vor, »mit Vorliebe bei den späteren Zeiten zu verweilen, jenen Jahren, wo das Kaiserthum schon gesunken war und das Papstthum von der Höhe seiner Macht ringshin alles beschattete«.[370]

Den unbefriedigenden Zustand eines inneren Widerspruches von Nation und Staat sah Waitz bis in die Gegenwart wirksam, namentlich in Gestalt des Deutschen Bundes: »Es giebt einen Deutschen Bund und es giebt eine Deutsche Nation. Das ist das traurige Ergebniß der neuesten Geschichte; diesen ungehobenen Gegensatz haben wir vor uns.« Als Aufgabe der Geschichtswissenschaft erschien es ihm, einen Weg aufzuzeigen, auf dem dieser Gegensatz von politischer Ordnung und nationa-

366 Waitz, deutsche Historiographie II, 1844, S. 98. Ebd., S. 99: »In Deutschland gehört aber grade die zweite Hälfte des 10ten Jahrhunderts zu den glänzendsten und glücklichsten Zeiten der Geschichte; grosse Charaktere auf dem Thron, bedeutende Männer in der Umgebung desselben«.

367 So erfuhren die *Jahrbücher des Deutschen Reiches unter König Heinrich I.* von Waitz zwei Überarbeitungen, die in Neuauflagen 1863 und 1885 erschienen. Heinrich war, wie Waitz, Jahrbücher, 1885, S. 111, 113, betonte, »im vollen Sinne Deutscher König, seine Herrschaft ein wahres Deutsches Reich. [...] So erfüllt er alle Aufgaben die ihm sein Königthum stellte, nach außen wie im Innern. Deutschland sah selten einen gleichen, nie einen würdigeren, einsichtigeren König.«

368 Waitz, Gründung des deutschen Reiches, 1843, S. 23f.

369 Waitz, Gründung des deutschen Reiches, 1843, S. 24.

370 Waitz, Deutsche Historiker, 1846, S. 529. Zu Waitz' Abwertung der süddeutschen Historiker siehe auch Anm. 246.

lem Dasein behoben werden kann. Der erste und wichtigste Schritt dazu war, dem »historischen Recht« der Deutschen Geltung zu verschaffen.[371] Das bedeutete, alle Deutschen wieder in einer festen politischen Einheit zu vereinen, denn »das hat die Deutsche Nation zu allen Zeiten gethan, wo sie groß und würdig in der Geschichte dastand«.[372]

Wie Dahlmanns, Droysens und Waitz' Schriften waren auch die Arbeiten August Friedrich Gfrörers von dem Gedanken durchdrungen, dass es sich bei Nationen um primordiale Formen menschlicher Vergemeinschaftung handelt. Eine Geschichte des Menschen ohne Nationen gab es für ihn nicht.[373] Besonders deutlich kam diese Ansicht in seiner Beschäftigung mit der Antike zum Ausdruck, die den Ausgangspunkt seiner religions- und kirchengeschichtlichen Arbeiten bildete. Dabei sprach Gfrörer ebenso selbstverständlich wie Droysen von verschiedenen »Nationen des Alterthums«[374] und von einem »Nationalstolze der alten Völker«.[375] Entscheidend war bei alledem, dass er nicht bloß bestimmte historische Gemeinschaften mit dem Rubrum ›Nation‹ belegte, sondern zentrale Axiome des nationalistischen Gedankengebäudes zur Grundlage seiner Deutungen machte. So schrieb er im Rahmen seiner *Geschichte des Urchristentums* zum Beispiel einer »jüdischen Nation«[376] die Eigenschaft zu, sich ihrer Existenz als Nation bewusst zu sein. Neben dem gemeinsamen Glauben an einen Gott und an die eigene Auserwähltheit sei diese jüdische Nation nämlich von einem kollektiven »National-Gefühl«, von »Nationalstolz« und »National-Hoffnungen« getragen worden. Auch habe bereits eine »öffentliche Meinung der Nation«

---

371 Waitz, historisches Recht, 1843, S. 110: »Es giebt einen Deutschen Bund und es giebt eine Deutsche Nation. Das ist das traurige Ergebniß der neuesten Geschichte; diesen ungehobenen Gegensatz haben wir vor uns. Es wäre ein falsches historisches Recht, wollten wir an ihm festhalten, uns starr und steif an diese Verhältnisse binden, nur innerhalb derselben thätig seyn, nicht auf eine Erweiterung, Fortbildung derselben denken. So wünschenswerth es ist, daß die Einigung des Bundes eine immer festere, engere werde, so wichtig auch, daß er immer die Grenzen erweitere, das ganze Deutsche Volk in sich aufnehme.«

372 Waitz, historisches Recht, 1843, S. 110.

373 Diese Ansicht Gfrörers veränderte sich nach 1848/49 nicht. So schrieb Gfrörer, Urgeschichte, 1855, S. 1: »Vereinzelt und in dem Zustande, in welchem sich die ersten Väter unseres Geschlechtes vor ungezählten Jahrhunderten befunden haben mögen [!], hat der Mensch keine Geschichte. [...] Die Geschichte der Menschen beginnt erst mit der Bildung größerer Vereine«.

374 Gfrörer, Allgemeine Kirchengeschichte, 1841, Bd. 1, S. 7; siehe auch S. 220.

375 Gfrörer, Geschichte des Urchristenthums, 1838, Bd. 3, S. 41.

376 Gfrörer, Kritische Geschichte des Urchristenthums, 1835, Bd. 1, S. LXV, 66–71, 471, 494 u.ö.; Bd. 2, S. 1, 5, 205, u.ö.; Gfrörer, Geschichte des Urchristenthums, 1838, Bd. 1/I, S. 6f., 11, 30, 56, 120 u.ö.; Bd. 1/II, S. 217, 439 u.ö.; Bd. 2/I, S. 38, 409; Bd. 2/II, S. 88, 118; Bd. 3, S. 4, 20, 78 u.ö.; Gfrörer, Allgemeine Kirchengeschichte, 1841, Bd. 1, S. 22, 39, 41, 50 u.ö.

existiert.[377] Ähnliche Attribute bescheinigte Gfrörer auch einer »griechischen Nation«, welcher er nicht nur ein »edle[s] Nationalgefühl« attestierte, sondern auch einen genuin griechischen »Genius«, der die Griechen zur »sinnreichste[n] Nation des Alterthums« gemacht und ihnen ein herausragendes Maß an »Nationalruhm« verschafft habe.[378] In diese Reihe der »Nationen des Alterthums« nahm Gfrörer auch die Römer, die Parther und – nicht zuletzt – die Germanen auf.[379]

Gfrörers Überzeugung, dass Nationen seit jeher existierten, war untrennbar mit seinem Nationsbegriff verknüpft, also mit der Frage, was eine Nation als solche ausmacht. Den Kern seines Nationsbegriffes bildete die Annahme eines »verwandten Bluts«, dem eine nach »Vereinigung« strebende Kraft innewohne und das eine bestimmte »Volkseigenthümlichkeit« hervorrufe. So erklärte er beispielsweise einen angeblich schon im frühen Mittelalter bestehenden »Nationalhaß zwischen Deutschen und Franzosen« als eine »Reaktion des Bluts«. Der »natürlichste und erste Abdruck aller Volkseigenthümlichkeit« war nach Gfrörer die Sprache.[380] Weil ein gesellschaftliches Dasein des Menschen ohne Blutsverwandtschaft und Sprache nicht denkbar war, lag es nahe, aus diesen beiden scheinbar nationsbildenden Komponenten die überzeitliche Existenz von Nationen abzuleiten. Gerade die Sprache war für die retrospektive Konstruktion der Nation von grundlegender Bedeutung, denn während sich eine nationale Blutsverwandtschaft für einen Historiker kaum nachweisen ließ, schuf die als »Nationalliteratur«[381] apostrophierte Sprache ein vermeintlich objektives Referenzkriterium, das sich in den Quellen niederschlug und auf das sich eine nationale Traditionsbildung mithin stützen konnte.

Weitere Merkmale, die laut Gfrörer eine Nation ausmachten, waren »politische Einrichtungen, Sitten, Charakter« sowie Recht und – für ihn

377 Gfrörer, Kritische Geschichte des Urchristenthums, 1835, Bd. 1, S. 471, 505, 527; Bd. 2, S. 7, 203, 315; Gfrörer, Geschichte des Urchristenthums, 1838, Bd. 1/I, S. 46. Zwar bezog sich Gfrörer bei einigen seiner Aussagen auf das Weltbild des jüdisch-hellenistischen Theosophen Philo, doch für Gfrörer, Kritische Geschichte des Urchristenthums, 1835, Bd. 2, S. 3 war es »unwidersprechlich, daß er [Philo] uns im Wesentlichen nur Zeitmeinungen gegeben hat.«

378 Zu Gfrörers Darstellung der Griechen siehe vor allem Gfrörer, Allgemeine Kirchengeschichte, 1841, Bd. 1, S. 5–15, Zitate S. 6–8; ferner Gfrörer, Geschichte des Urchristenthums, 1838, Bd. 1/II, S. 318.

379 Siehe Gfrörer, Allgemeine Kirchengeschichte, 1841, Bd. 1, S. 5 und Gfrörer, Geschichte des Urchristenthums, 1838, Bd. 1/II, S. 442; ferner auch, Bd. 3, S. 5.

380 Alle Zitate Gfrörer, Untersuchung, 1848, S. 17–19. Siehe auch (damit teilweise identisch) Gfrörer, Carolinger, 1848, Bd. 1, S. 64f., zum Kriterium des »Blutes« S. 4; zum Nationsbegriff Gfrörers auch Brechenmacher, Geschichtsschreibung, 1996, S. 344f.

381 Gfrörer, Untersuchung, 1848, S. 2; Gfrörer, Carolinger, 1848, Bd. 1, S. 66.

von zentraler Bedeutung – »Götterglauben« und Religion.[382] Diese Zuweisung spezifisch nationaler Merkmale korrespondierte mit Gfrörers Deutung der Nation als Kollektivsubjekt. In sämtlichen seiner Schriften agierten Nationen als selbstständige Akteure.[383] Dem entsprach, dass er Nationen mit quasipersonalen Eigenschaften ausstattete. So schrieb er Nationen einen einheitlichen »Volksgeist«[384] oder »Nationalcharakter«[385] zu und vertrat den Standpunkt, dass es einen klar erkennbaren »Willen der Nation« gebe.[386] Wenngleich Gfrörer damit Nationen als Individuen höherer Art und ihre Existenz als historische Konstante darstellte, bedeutete dies in seinen Augen nicht, dass sie zwangsläufig statisch waren. Alte Nationen konnten durchaus untergehen, neue entstehen, etwa durch Verschmelzen zweier bestehender Nationen.[387]

Diese Charakteristika von Gfrörers Nationsbegriff verdichteten sich insbesondere dann, wenn er auf die deutsche Nation zu sprechen kam. Obwohl er in seinen Werken, die die vormittelalterlichen Epochen behandelten, keine *deutsche* Geschichte im eigentlichen Sinn schrieb, ließ er die germanische Nation (nach Gfrörer identisch mit der deutschen) seit der Antike immer wieder in Erscheinung treten und verlängerte diese Kontinuitätslinie bis in die Gegenwart.[388] Vor diesem Hintergrund sah er die Germanen als »welthistorisches Volk«.[389] Während er diese Eigenschaft auch noch anderen Völkern beimaß, wies er der deutsch-germanischen Nation ein entscheidendes Alleinstellungsmerkmal zu: Er

382 Gfrörer, Allgemeine Kirchengeschichte, 1841/43, Bd. 1, S. 5. Diese Merkmale einer Nationalität erscheinen bei Gfrörer bisweilen auch in substantivierter Form, etwa als »National-Gott« (ebd., S. 521) oder »Nationalsitten« (ebd., Bd. 3/I, S. 447). Zur Bedeutung des Rechts für die Nationalität siehe Gfrörer, Carolinger, 1848, Bd. 1, S. 438f. Der große Stellenwert von Religion und Kirche für Nationen wird ausführlich erörtert bei Brechenmacher, Geschichtsschreibung, 1996, S. 162–171, 218–227, 344f.

383 Siehe etwa Gfrörer, Kritische Geschichte des Urchristenthums, 1835, Bd. 1, S. 66f., 494; Gfrörer, Geschichte des Urchristenthums, 1838, Bd. 1/I, S. 56, 114; Bd. 3, S. 405, 408; Gfrörer, Allgemeine Kirchengeschichte, 1844, Bd. 3/II, S. 636; dazu auch unten, S. 108f.

384 Gfrörer, Allgemeine Kirchengeschichte, 1843, Bd. 3/I, S. 147.

385 Gfrörer, Carolinger, 1848, Bd. 1, S. 439. Siehe auch Gfrörer, Geschichte des Urchristenthums, 1838, Bd. 3, S. 341.

386 Gfrörer, Allgemeine Kirchengeschichte, 1844, Bd. 3/III, S. 1244, 1395.

387 Siehe etwa Gfrörer, Allgemeine Kirchengeschichte, 1842, Bd. 2/II, S. 987: Bis ins 6. Jahrhundert »waren die Romanen und die Westgothen, die Eroberer und die Eroberten, zwei durch Sprache, Gesetze, Gottesdienst getrennte Völker. Seitdem verschmolzen sie zu einer Nation.«

388 Siehe Gfrörer, Geschichte des Urchristenthums, 1838, Bd. 1/I, S. 48; Bd. 1/II, S. 442; Gfrörer, Allgemeine Kirchengeschichte, 1841–1844, Bd. 1, S. 5, 56; Bd. 2/II, S. 1026; Bd. 3/I, S. 358, 483 540f. u.ö.; Bd. 3/II, S. 680, 1058f. u.ö.; Bd. 3/III, S. 1144, 1159, 1226 u.ö.

389 Gfrörer, Geschichte des Urchristenthums, 1838, Bd. 1/I, S. XXVIf.

verklärte sie zum »unverdorbenen Urvolke«.[390] Damit griff Gfrörer die essentialistische Daseinslehre des Philosophen Johann Gottlieb Fichte auf, der bereits 1807/08 in seinen *Reden an die deutsche Nation* die Deutschen als das »Urvolk, das Volk schlechtweg« bezeichnet und diese Ursprünglichkeit zum exklusiven Merkmal der deutschen Nation stilisiert hatte.[391] Wie Fichte, der das Deutsche als die einzige ursprüngliche und lebende Sprache mit den toten romanischen Sprachen kontrastierte, behauptete auch Gfrörer, dass sich die Deutschen durch eine herausragende Reinheit auszeichneten, die sich vornehmlich in der Sprache ausdrücke. Während die »romanische Sprache Galliens auf lateinischer Unterlage« beruhe, hätte sich die deutsche Nation mit einer »kraftvolle[n] Reaktion gegen die künstliche […] Aufwärmung römischer Literatur« gewehrt und damit den ursprünglichen Geist ihrer eigenen Sprache behauptet.[392] Anders aber als Fichte wendete Gfrörer diesen Unterschied »zwischen gallischen Franken und ungemischten Germanen« auch ins Biologische. Dem Idealbild der unvermischten deutschen Nation »rein germanischen« Blutes stellte er – nicht ohne unterschwellige Verachtung – die französische Nation »gemischten oder romanischen Bluts« entgegen.[393] Die Annahme von ›reinen‹ und ›unvermischten‹ Nationen implizierte, dass es uranfänglich reine und klar voneinander abgrenzbare nationale Wesenheiten gibt, die sich verunreinigen oder aber ihre Reinheit wahren können.

---

**390** Gfrörer, Geschichte des Urchristenthums, 1838, Bd. 3, S. 393.

**391** Fichte, Reden an die deutsche Nation, 1807/08, S. 123. Zur Besonderheit und »Ursprünglichkeit« der Deutschen siehe bes. Fichtes 4. und 7. Rede (ebd., S. 60–76, 108–126). Zum Verhältnis von Deutschtum und Ursprünglichkeit bei Fichte Aichele, Einleitung, 2008, S. LVIII–LXXV. Zu Fichtes Nationsbegriff Koselleck u.a., »Volk, Nation«, 1992, S. 331f. Zu Fichtes Bedeutung für den deutschen Nationalismus Echternkamp, Aufstieg, 1998, S. 293–297; Jansen, Formation, 2011, S. 245f., 249. Ungeachtet der evidenten Parallelen zwischen den Deutungsmustern Gfrörers und Fichtes ist darauf hinzuweisen, dass Gfrörer sich hier keineswegs ausdrücklich auf Fichte bezog. Vielmehr nahm er eine eher ablehnende Haltung zu Fichtes Philosophie ein. Siehe Gfrörer, Autobiographie, [ohne Jahr], S. 19; ferner Gfrörer, Geschichte des Urchristenthums, 1838, Bd. 1/I, S. VII, 275; Bd. 3, S. 249. Weitaus schärfer attackierte er indes Hegel. Während er dessen Philosophie als »*Hegel*'sche Seuche« verunglimpfte, beschrieb er Hegel selbst als Mann »von stiefmütterlicher Natur […] und noch mehr, wie die That selbst verbürgt, mit sehr zweifelhaften Geistesgaben, aber dafür mit einem unbändigen Großen-Manns-Trieb« (Gfrörer, Geschichte des Urchristenthums, 1838, Bd. 2/I, S. VII; Bd. 3, S. 406. Hervorhebung im Original). Inwieweit Gfrörer aber diese Antipathie seit frühester Zeit vertrat, wie er es in seiner Autobiographie suggeriert, ist fraglich, zumal er zeitweilig den Plan verfolgte, die Werke der späterhin angefeindeten Philosophen in einer Reihe selbst herauszugeben. Hierzu und zu Gfrörers Haltung zur idealistischen Philosophie, die eine eigene Abhandlung wert wäre, siehe Brechenmacher, Geschichtsschreibung, 1996, S. 107f.

**392** Gfrörer, Carolinger, 1848, Bd. 1, S. 67f.

**393** Gfrörer, Carolinger, 1848, Bd. 1, S. 64f.

In Anbetracht seiner essentialistischen Nationsdeutung interessierte sich Gfrörer weniger für die Entstehung der deutschen Nation (die nach seiner Auffassung ohnehin seit jeher existierte), als vielmehr für die Bildung des deutschen Reiches bzw. Staates.[394] Wie Droysen und Waitz richtete auch Gfrörer, nicht zuletzt aus kirchengeschichtlichem Interesse, sein Hauptaugenmerk dabei auf die spätkarolingische Epoche, in der sich das ost- und westfränkische Reich ausbildeten. Als »geheime Triebkräfte, welche die Auflösung der carolingischen Monarchie und den Verduner Vertrag herbeiführten« – auch für Gfrörer *der* Gründungsakt des deutschen Reiches –,[395] sah er die Anziehungskräfte innerhalb einer Nation und die Abstoßungskräfte zwischen verschiedenen Nationen. Ausgangspunkt war seine Annahme, dass die Merowinger und Karolinger »mehrere durch Sprache und Blut geschiedene Völker gewaltsam zu einem politischen Körper vereinigt« hatten. Doch schon kurz nach dem Zusammenschluss »stießen diese widerwärtigen Elemente einander ab und suchten die Bande zu zerreißen, durch welche sie zusammengekettet waren.«[396] Abgesehen davon, dass Gfrörer politische Gebilde übernationalen Zuschnitts mit Ausdrücken wie »gewaltsam« und »zusammengekettet« hier implizit verurteilte, war das nationalistische Dogma, politische und nationale Einheiten sollen deckungsgleich sein, also für ihn kein neuartiges Phänomen. Ganz im Gegenteil: »Nationalität, Vereinigung des verwandten Bluts war das Feldgeschrei in den Stürmen des 9ten Jahrhunderts.«[397]

---

394 Mit Blick auf Gfrörers Deutung der deutschen Geschichte muss genau unterschieden werden zwischen der deutschen Nation einerseits und einem deutschen Reich andererseits. Dies unterlässt Brechenmacher, Geschichtsschreibung, 1996, wenn er S. 5 (Inhaltsverzeichnis), 158, erklärt, Gfrörer behandele die »Entstehung deutscher ›Nation‹«. Gfrörer allerdings widmet sich der Entstehung des deutschen Reiches, nicht der deutschen Nation, die nach Gfrörer auf »Blut« und »Sprache« beruht und somit vorpolitisch ist. Brechenmacher unterstellt Gfrörer auch, den hl. Bonifatius zum »eigentlichen Gründer der Nation« zu stilisieren (S. 293). Gfrörer nennt diesen aber nur den »eigentlichen Gründer des deutschen Reiches«, nicht der Nation. (Gfrörer bezog sich auf die Einteilung der Kirchensprengel durch Bonifatius, welche die territoriale Grundlage für den Vertrag von Verdun 843 gelegt habe; siehe dazu Gfrörer, Carolinger, 1848, Bd. 1, S. 54; Bd. 2, S. 467 (Zitat); Gfrörer, Allgemeine Kirchengeschichte 1843/44, Bd. 3/I, S. 536f.; Bd. 3/III, S. 1551).

395 Gfrörer, Carolinger, 1848, Bd. 1, S. 64 (Inhaltsverzeichnis). Siehe ebenso Gfrörer, Allgemeine Kirchengeschichte, 1844, Bd. 3/II, S. 775: »Ein neuer Reichskörper, der teutsche, trat durch den Vertrag von Verdun in die christliche Staatenfamilie ein.« (ähnlich ebd., S. 835). Auch hier folgt Gfrörer dem Denkschema, dass die bereits bestehende deutsche Nation mit dem Verduner Vertrag in ein staatliches Gewand gekleidet wurde.

396 Gfrörer, Carolinger, 1848, Bd. 1, S. 64. Siehe auch ebd., S. 3f.

397 Gfrörer, Carolinger, 1848, Bd. 1, S. 65. Siehe auch Gfrörer, Untersuchung, 1848, der S. 19 behauptete, dass »Nationalität das große Triebrad in den Stürmen des 9ten Jahrhunderts

Besonders markant stellte Gfrörer hierbei einen Nexus zwischen der Vergangenheit und seiner eigenen Gegenwart her, indem er Karl den Großen mit Napoleon verglich und das 9. mit dem 19. Jahrhundert parallelisierte. Beide Epochen sah Gfrörer durch ein gemeinsames historisches Grundprinzip bestimmt. Denn in seinen Augen zeigten beide, dass verschiedene Nationen zwar kurzzeitig durch Gewaltherrschaft zu einer größeren politischen Einheit vereinigt werden können, dass eine solche aber grundsätzlich instabil ist und direkt wieder zerfällt, sobald der äußere Druck nachlässt: »Kaum gibt es zwei Herrscher, die solche Aehnlichkeit haben, als Carl der Große und Napoleon, nur waltet der Unterschied ob, daß in der Geschichte des Lezteren Blüthe und Verfall rasch auf einander folgt, während bei Ersterem Aufgang und Niedergang in zwei Regierungen sich vertheilte. Vielfach gleichen sich die Ursachen des Verfalls der Macht Beider. Nachdem hier die Kälte eines russischen Winters, dort die Zwistigkeiten im Innern des herrschenden Hauses dem Glücke Beider den ersten Stoß versezt hatten, wirkt sofort Anziehungs- oder Abstoßungskraft des nach Blut Gleichartigen oder Verschiedenen als Keil, welcher das stolze Gebäude Beider auseinander sprengt, und wie im 9ten schaaren sich im 19ten Jahrhundert die Völker unter dem Banner der Nationalität.«[398]

Doch Gfrörer projizierte nicht nur die Existenz einer deutschen Nation und eines deutschen Nationalbewusstseins und -strebens in frühere Zeiten zurück. Vielmehr stellte er auch die These auf, dass bestimmte Epochen noch ›nationaler‹ gewesen seien als die Gegenwart. Dies betraf namentlich das Mittelalter, welches durch ein »hohes Nationalgefühl« geprägt gewesen sei, »von dem wir späteren Deutschen keine Ahnung mehr haben.«[399]

Die Bewertung des Nationalitätsprinzips als einer zentralen historischen Konstante war gedanklich eng an die Deutung von Nationen als Kollektivsubjekten gekoppelt. Gerade die Deutschen betrachtete Gfrö-

---

gewesen« sei, sowie Gfrörer, Allgemeine Kirchengeschichte, 1844, Bd. 3/II, S. 777.

398 Gfrörer, Carolinger, 1848, Bd. 1, S. 65. Nationale Anziehungskräfte nach innen und Abstoßungskräfte nach außen betrachtete Gfrörer nicht nur als eine Erscheinung der deutschen Geschichte oder des Mittelalters und der Neuzeit. Auch in der Antike sah er dieses Prinzip wirksam. So ging Gfrörer, Allgemeine Kirchengeschichte, 1841, Bd. 1, S. 6f., davon aus, dass im Herrschaftsgebiet Alexanders des Großen »abstoßende Nationalitäten sich entgegenstanden« und Alexander durch »Ehen zwischen Macedonen und vornehmen Perserinnen [...] die Eigenthümlichkeit beider Nationen allzuschnell verschmelzen [wollte], wodurch der Stolz seiner Krieger gekränkt wurde« – auch dem Reich Alexanders konnte daher keine lange Lebensdauer beschieden sein.

399 Gfrörer, Allgemeine Kirchengeschichte, 1844, Bd. 3/II, S. 1059.

rer »nicht blos [als] eine von Beamten gegängelte, zum Dünger fürstlichen Wachsthums erniedrigte, unter der Peitsche gehaltene Menge, sondern [als] eine Nation, deren niederste wie höchste Glieder das Leben für die Gegenstände ihres Hasses und ihrer Liebe einsetzten.«[400] Diese deutsche Nation trat in Gfrörers Schriften vorzugsweise dann als ein selbstständiger Akteur in Erscheinung, wenn es um Fragen ihrer politischen Einheit und Ungebundenheit ging. So waren es etwa »an Charakter und Blut verschiedene Völker, Deutsche und Romanen«, die sich einander »abstießen« und den Streit unter den Nachfolgern Karls des Großen »benüzten [...], um selbständige Staaten zu bilden.«[401] Als dies realisiert war, König Ludwig der Deutsche jedoch auf die »Wiederherstellung carolingischer Reichseinheit« hinzuwirken suchte, »widerstrebte die deutsche Nation« diesen Plänen »aus allen Kräften«.[402] Ähnlich interpretierte Gfrörer die Reaktion der deutschen Nation auf die Versuche ihrer Herrscher, Deutschland und Italien zu einem Reich zu vereinen. Er glaubte beweisen zu können, »daß die teutsche Nation den Zug [ihrer Herrscher] nach Italien mißbilligte« und behauptete, dass die königliche Italienpolitik »*wider den Willen der Nation*« erfolgte und »die politische Entwicklung zweier großen Nationen, der Teutschen und Italiener auf[hielt]«.[403]

Bezeichnend für Gfrörers historisch-politisches Weltbild war die Rolle, die er der Kirche in diesem Widerstreit zwischen Volkswillen einerseits und Herrscherpolitik andererseits zuschrieb. In der Kirche sah er *die* Institution, die dem nationalpolitischen Willen und Streben des Volkes am ehesten entsprach, ja eine nationalpolitische Kraft *sui generis*. Für den in einem tief kirchlich geprägten Umfeld sozialisierten wie ausgebildeten Gfrörer war unzweifelhaft, dass der Kirche die entscheidende Bedeutung für die Entstehung und konkrete Form des Deutschen Reiches im 9. Jahrhundert zukam. Denn wer der Ansicht sei, so Gfrörer, »die Teutschen seyen so gut, als Franzosen oder Engländer befähigt, eine Nation zu bilden, der wird zugeben müssen, daß unsere Bischöfe sich damals ein bleibendes Verdienst um das gemeinsame Vaterland er-

---

400 Gfrörer, Gustav Adolph, 1845, S. 1019. Siehe hierzu auch die These von Gfrörer, Geschichte des Urchristenthums, 1838, Bd. 2/I, S. 46, mit Blick auf bestimmte, beispielsweise politische Errungenschaften betrachte man »ein Volk als Ein Ganzes, als eine unwandelbare Größe.«

401 Gfrörer, Carolinger, 1848, Bd. 1, S. 3f.

402 Gfrörer, Carolinger, 1848, Bd. 1, S. 173.

403 Gfrörer, Allgemeine Kirchengeschichte, 1844, Bd. 3/II, S. 680; Bd. 3/III, S. 1144, 1395. Hervorhebung im Original. Siehe auch ebd., S. 1163, 1220, ferner S. 1233, 1387.

worben haben.«[404] Doch in Kirche und Metropolitangewalt erkannte er nicht nur einen Ausgangspunkt des Deutsches Reiches, sondern – und dies war in politischer Hinsicht noch wichtiger – dann auch den Garant der nationalen Einheit: »Als die Herzoge und Markgrafen die Nation auseinander reißen wollten, standen unsere Bischöfe vor dem Riß, wagten Gut und Blut für die Einheit des Reichs und drangen durch.«[405] Die Kirche galt ihm vor diesem Hintergrund als Korrektiv gegen die in der Regel anationalen (und absolutistischen) Machtambitionen der deutschen Fürsten, als eine Art institutionelle Verkörperung der Nation und des nationalpolitischen Strebens des Volkes.

Der Annahme von Nationen als natürlichen und historisch weitgehend konstanten Gemeinschaften, die einen intrinsischen Willen zur politischen Selbstentfaltung aufweisen, entsprach die Annahme »naturgemäßer Staaten«[406] – also Staaten, die ihre politischen Grenzen an nationalen Scheidelinien ausrichteten. Während die Geschichte nach Gfrörer dokumentierte, dass übernationale Gebilde letztlich zum Scheitern verurteilt seien, verwies er zugleich auf historische Beispiele, die in seinen Augen zeigten, dass eine dem Nationalitätsprinzip – also dem Nationalismus – Rechnung tragende Politik eine dauerhafte und gedeihliche Staatenbildung ermögliche: »Die beiden Staaten Germanien und Neustrien […] ruhten auf dieser gesunden und naturgemäßen Grundlage, sie dauerten beide fort bis auf den heutigen Tag.«[407] Diese Grundlage sah Gfrörer für das Heilige Römische Reich, das durch den Westfälischen Frieden der Ohnmacht und inneren (politischen wie kirchlichen) Zersplitterung anheimgefallen sei, nach 1648 nur noch ansatzweise gegeben, denn »weil das weiland deutsche Reich die mit höchsten Lobsprüchen überschüttete Verfassung hatte, ist es von jeher ein Riese von tölpischen Gliedmassen, aber ohne alle Kraft gegen Außen gewesen, zum Gespöt-

---

**404** Gfrörer, Allgemeine Kirchengeschichte, 1844, Bd. 3/III, S. 1165. So vertrat Gfrörer, Allgemeine Kirchengeschichte, 1846, Bd. 4/I, S. VIII, den Standpunkt, dass »die Kirchengeschichte der Schlüssel zur Reichsgeschichte ist.« Siehe auch Gfrörer, Carolinger, 1848, Bd. 2, S. 488f.: »Die deutschen Stämme strebten vor tausenden Jahren, wie heute noch, ein Einzel-Leben zu führen. Nur das Band der Kirche und der Metropolitangewalt hat uns in den Jahrhunderten, da wir das große Wort im Abendlande führten und an der Spitze der Völker standen, zu einer Einheit verknüpft.« Wenngleich Gfrörers klerikalistisch-kirchengeschichtliche Perspektive von wesentlicher Bedeutung für seine Geschichtsschreibung ist, werden diese Zusammenhänge hier nicht weiter verfolgt, da dies schon bei Brechenmacher, Geschichtsschreibung, 1996, S. 162–171, eingehend geschehen ist. Siehe außerdem Kim, Reich, 2010, S. 52f., 69, 288–290.

**405** Gfrörer, Allgemeine Kirchengeschichte, 1844, Bd. 3/III, S. 1310.

**406** Gfrörer, Geschichte des Urchristenthums, 1838, Bd. 3, S. 393.

**407** Gfrörer, Untersuchung, 1848, S. 18.

te der Völker geworden und zuletzt schmälich in sich zerfallen.«[408] Im Untergang des Alten Reiches 1806 und in den Napoleonischen Kriegen glaubte er daher eine Chance zur inneren Erneuerung Deutschlands auf historischer Basis zu erkennen.[409] Politische Richtschnur konnte dabei nur die Rückführung der deutschen Nation auf die »naturgemäße« und »gesunde« Grundlage sein, also ihre Zusammenfassung zu einer festen politischen Einheit – eine Einheit für die er wissenschaftlich und politisch zu wirken suchte.

Ausführlicher noch als Gfrörer verwies Karl Hagen auf die natürlichen Grundlagen der Nation. Die Nation ebenfalls als originäres Ordnungsraster der Menschheit deutend, sah Hagen die Geschichte seit Anbeginn durch eine naturbedingte Aufteilung in Nationen geprägt: »Auf die Völker des Alterthums nämlich übte die Natur in jeder Beziehung eine überwiegende Gewalt aus, so daß man *sie* eigentlich als das Prinzip des alten Lebens betrachten kann. Die Nationen nahmen die Eindrücke auf von der sie umgebenden Natur und je nach der Beschaffenheit derselben bildete sich bei ihnen Sprache, Religion, Sitte und Weise, Wissenschaft und Kunst aus. Aber weil nun diese verschiedenen Aeusserungen des Lebens aus einer und derselben Quelle flossen, aus der eigenthümlichen Beschaffenheit der Natur, bildeten sie zusammen eine harmonische Einheit – die Volksthümlichkeit, so daß nun jedes Volk zu einem in sich abgeschlossenen Ganzen ward.«[410] Neben den konstitutiven Merkmalen einer Nation (gemeinsame Sprache, Religion, Sitte usw.) formulierte Hagen hier zwei für den Nationalismus entscheidende Denkfiguren. Indem er die Nation als ein »abgeschlossenes Ganzes« beschrieb, verstand er sie zum einen als organisch gewachsenes Kollektivsubjekt. Mit dieser, die Nation individualisierenden Interpretation musste auch jede politische Ordnung, welche die nationalen Grenzen über- oder unterschritt, als künstlich und unecht, als Störung der »harmonischen

---

408 GFRÖRER, Tiare, 1838, S. 94. Zur Interpretation des Westfälischen Friedens siehe GFRÖRER, Gustav Adolph, 1845, S. 1018f.: »Was hat uns der westphälische Friede gekostet! Macht, Ehre, Einheit, Nationalität, Selbstbewußtsein. [...] Das Reich ward vom Kaiser losgetrennt, die Wechselwirkung zwischen Haupt und Gliedern in der Art unterbunden, daß kein allgemeines teutsches, sondern nur ein provinzielles Leben übrig blieb.« Siehe auch GFRÖRER, Carolinger, 1848, Bd. 2, S. III; dazu BRECHENMACHER, Geschichtsschreibung, 1996, S. 227, 229; mit ausdrücklichem Bezug auf Gfrörer auch SCHÖNEMANN, Rezeption, 1998, S. 816f. und SACK, Krieg, 2008, S. 31f., 39.

409 GFRÖRER, Gustav Adolph, 1837, S. 345, 1042f.; GFRÖRER, Carolinger, 1848, Bd. 1, S. 68; GFRÖRER, Allgemeine Kirchengeschichte, 1846, Bd. 4/I, S. 192.

410 HAGEN, Weltliteratur, 1838, S. 9f. Hervorhebung im Original. Siehe ebenso HAGEN, Verhältnisse, 1841, Bd. 1, bes. S. 3f., 8.

Einheit« erscheinen. Zum anderen charakterisierte er die Nation als eine von der Natur geformte, daher primordiale und zeitlose Entität, die von anderen politisch-gesellschaftlichen Ordnungsmodellen (z.B. der Idee einer Universalmonarchie) allenfalls überformt, angesichts ihrer Natürlichkeit aber nicht grundsätzlich aufgelöst werden kann.[411] Insofern stilisierte Hagen die Nation zu *dem* zentralen Gegenstand und Träger der geschichtlichen Entwicklung, zum »eigentlich Historischen«.[412] Dies hieß freilich auch, dass er der Nation eine Höherwertigkeit gegenüber allen anderen politisch-gesellschaftlichen Ordnungsvorstellungen einräumte.

Neben der Existenz von Nationen ging Hagen ebenso von einem »nationalen Bewußtsein der einzelnen Völker« im Altertum aus.[413] Dieses Bewusstsein sei – wie die Nationen selbst – natürlichen Ursprungs und habe in einem »schroffen Patriotismus«[414] seinen Ausdruck gefunden – schroff, weil im Altertum die Idee einer gemeinsamen Menschheit gefehlt habe und sich deshalb alle Nationen fremd gegenübergestanden hätten. Entscheidend ist hier aber weniger die Beschaffenheit des von Hagen angenommenen antiken Patriotismus, als vielmehr die Tatsache, dass er nicht nur die Nation, sondern auch das Nationalbewusstsein als natürliches und immerwährendes Phänomen begriff, welches sich nicht auf eine Elite beschränke, sondern auf die gesamte Bevölkerung erstre-

---

**411** Siehe neben der in Anm. 410 angegebenen Literatur auch HAGEN, Hauptrichtungen, 1843, S. 78: »Wie ihr euch bemüht: ihr werdet nun und nimmermehr die Nationalitäten aufheben können: sie wurzeln zu tief und in einem zu festen Boden, als daß ihr sie ausreißen könnt. Es ist die *Natur*, welche die Volksthümlichkeiten erzeugt hat«. Hervorhebung im Original. Ähnliches Argument bei HAGEN, Vermittlung, 1839, S. 182.

**412** Dieser Gedanke kommt – abgesehen von der bereits zitierten Literatur – besonders deutlich zum Ausdruck in HAGEN, Vermittlung, 1839, S. 172: »Das eigentlich Historische ist das, was auf natürliche Weise von selbst, ohne gewaltsame oder künstliche Mittel, in dem Leben einer Nation, oder eines Staates sich gestaltet hat: Erscheinungen, Einrichtungen, Verhältnisse, welche das Resultat von der geistigen Entwicklung eines Volks, der Ausdruck seines Volksthums sind.«

**413** HAGEN, Verhältnisse, 1841, Bd. 1, S. 8.

**414** HAGEN, Weltliteratur, 1838, S. 11. Siehe auch ebd., S. 10: »Nun war aber jede Nation von einer anderen Natur umgeben, jede erhielt daher eine besondere Eigenthümlichkeit. Da nun jedes Volk, eben durch die von der besonderen Natur bedingte Eigenthümlichkeit, ein in sich vollkommen abgeschlossenes Ganzes bildete, so ist zu begreifen, wie die Nationen einander fremd gegenüberstanden, weil jede in der anderen durchaus verschiedene Elemente des Lebens wieder fand. So erzeugte denn die Natur von selbst den Patriotismus.« Siehe auch HAGEN, Verhältnisse, 1841, Bd. 1, S. 3f.: Es sei »der schroffe Patriotismus, welcher sich nicht zu der Idee der Menschheit erheben konnte, weil die alte Welt nur die natürlichen Bande anerkannte, welche gleiche Sprache, Abstammung, Sitten hervorbringen.«

cke.[415] Dem deutschen Volk attestierte Hagen dabei eine außerordentliche Selbstgewissheit, denn es habe sein Nationalbewusstsein in seiner Geschichte »nie ganz verloren, weil es fast unter allen Völkern Europas allein das Glück gehabt hatte, unvermischt seine Nationalität zu erhalten.«[416] Abgesehen von dem Glauben an die überzeitliche Existenz eines deutschen Nationalbewusstseins enthielt auch diese Aussage die zentrale normative Komponente des Nationalismus: Nationen sollen unvermischt nebeneinander existieren. Indem er dabei wie Gfrörer und Waitz die Deutschen als besonders ›reines‹ Volk darstellte, hob er sie aus der Reihe der ›gewöhnlichen‹ Nationen heraus – ein Topos, der durch den Germanenmythos auf eine lange Tradition zurückblicken konnte.[417]

Die Frage, inwieweit sich dieses Nationalbewusstsein in Deutschland in den verschiedenen Epochen entfalten konnte, inwieweit es sich in einer nationalen Einheit niederschlug, wurde zum zentralen Sujet von Hagens ideengeschichtlich geprägten Arbeiten.[418] Zeiten nationalpolitischer Einheit hob er dabei stets als vorbildhaft hervor, denn in ihnen habe die Nation ihr Wesen als individuelle Ganzheit am Weitesten verwirklichen können. Diesem Verständnis der deutschen Nation als einem kollektiven Akteur entsprach auch, dass er ihr exklusive und geschichtlich relevante Charakterzüge zuwies. So skizzierte er einen angeblich spezifisch »deutschen Volkscharakter«, den er in den beiden – etwas kryptisch umschriebenen – Merkmalen *Universalität* und *Individualität* ausmachte.[419] Hieraus leitete er eine geistig-kulturelle Überlegenheit

415 Siehe nur HAGEN, Verhältnisse, 1841–44, Bd. 1, S. 64–66 (nationale Ansichten waren »im ganzen Volke verbreitet«); Bd. 2, S. 2 (»das ganze deutsche Volk war von einem tiefen nationalen Bewußtsein durchdrungen«); Bd. 3, S. 136f.; HAGEN, Hutten, 1838, S. 175, 187; HAGEN, Flugschriften, 1842, S. 271. Auch mit Blick auf die neuere Geschichte konstatierte HAGEN, öffentliche Meinung I, 1846, S. 163, dass eine patriotische Gesinnung in Deutschland »allenthalben verbreitet [war], selbst in den untersten Klassen der Gesellschaft; ja, man kann wohl sagen, diese, namentlich der Mittelstand, war viel patriotischer gesinnt, als die höheren Stände, namentlich der Beamtenstand.« Ähnliche Aussagen finden sich in letzterem Werk und seinem Folgeaufsatz (HAGEN, öffentliche Meinung II, 1847) massenhaft. Siehe ferner HAGEN, Weltliteratur, 1838, S. 14; HAGEN, Volkscharakter, 1840, S. 153f.

416 HAGEN, Verhältnisse, 1841, Bd. 1, S. 65.

417 Der Topos eines ›unvermischten‹ Germanenvolkes findet sich bereits bei Tacitus (*Germania*, c. 4); siehe hierzu POHL, Germanen, 2000, S. 58; ferner WIWJORRA, Germanenmythos, 2004.

418 So erklärte HAGEN, Reichsverfassung, 1839, S. 17, dass »nichts Anderes als die Idee von der deutschen Einheit« den »eigentlichen Mittelpunkt in unserer Geschichte« bilde. »Daher sind auch die Momente, in welchen sich die Idee von der deutschen Einheit kräftiger und selbstbewusster zeigt, immer die interessantesten in unserer Geschichte« – denn gerade sie seien für die Gegenwart besonders »lehrreich«.

419 HAGEN, Volkscharakter, 1840, S. 136.

der Deutschen ab, wie auch ihre einzigartige Affinität zur Freiheit. Außerdem sah er durch diese beiden Merkmale die politische Geschichte Deutschlands bestimmt, denn diese hätten zum Dualismus zwischen den partikularen Interessen der deutschen Stämme einerseits und dem Streben nach enger nationaler Einheit andererseits geführt.[420]

Indem Hagen das Dasein der deutschen Nation in ferner Vergangenheit voraussetzte, schuf er den Maßstab, mit dem er historisches Geschehen unter nationalen Gesichtspunkten bewerten konnte. Dies ermöglichte es wiederum, aus der Geschichte nationalpolitische Handlungsanleitungen für die eigene Gegenwart abzuleiten. So vertrat Hagen zum Beispiel in einer Arbeit über die deutsche Reichsverfassung im Mittelalter die Ansicht, es sei den ottonischen Königen gelungen, die längst bestehende »Idee der Einheit zu beleben, zu erweitern, zu befestigen [...]. Seit sie von Neuem vereinigt war, hatte die deutsche Nation glorreiche Thaten vollbracht.«[421] Mit dieser als *national* umgedeuteten Politik des sächsischen Herrscherhauses sah Hagen »ein geistiges Band um alle deutschen Völker geschlungen. Aller Ruhm und alle Ehre, die man erworben, die hohe politische Bedeutung, die man erlangt, die imposante gewaltige Stellung, die man gegen die Nachbarreiche eingenommen: dieß alles knüpfte sich an die Einheit Deutschlands. Durch sie war alles dieß erworben: durch sie allein nur konnte es erhalten werden.«[422] Dies ließ sich freilich nicht nur als Würdigung historischer Herrscherpolitik lesen, sondern gleichermaßen als politische Botschaft an Hagens Zeitgenossen.

Auch die Politik der nachfolgenden Herrscher und Dynastien bemaß Hagen vorrangig danach, inwieweit sie die Einheit, die Macht und die Freiheit der deutschen Nation geschützt und gestärkt hätten.[423] Die überzeitliche Existenz der deutschen Nation blieb dabei ein unumstöß-

420 Siehe neben Hagen, Volkscharakter, 1840, auch Hagen, Reichsverfassung, 1839, bes. S. 17–27, 291; Hagen, öffentliche Meinung I, 1846, S. 605.

421 Hagen, Reichsverfassung, 1839, S. 23, 25.

422 Hagen, Reichsverfassung, 1839, S. 26; siehe auch S. 291.

423 Während Hagen, Reichsverfassung, 1839, S. 21–57, den ottonischen und ersten salischen Königen ein positives Zeugnis ausstellte (außer Heinrich II.), sah er in der Herrschaft Heinrichs IV. einen Einbruch der historischen Entwicklung Deutschlands, denn dieser habe durch seine auf absolutistischen Herrschaftsausbau zielende Politik einen Bürgerkrieg provoziert, hierdurch die Nation zerrüttet und damit die Tür für ein »zerstörendes und zersetzendes Element« geöffnet: den Papst (Zitat ebd., S. 337). Für weitere Beispiele der Bewertung mittelalterlicher Könige siehe unten, S. 171f. Auch die nachmittelalterlichen Herrscher und Dynastien fielen wegen ihrer anationalen und absolutistischen Politik bei Hagen in ein schlechtes Licht. Siehe nur Hagen, Hutten, 1838, S. 167–169, 266–268. Dies galt auch für die neueste Geschichte: so erschienen die deutschen Großmächte infolge der Schaffung des Deutschen Bundes »nicht

liches Axiom. Hagen zweifelte ihre Existenz auch dann nicht an, wenn sie nicht als ein einheitlich handelndes Subjekt in Erscheinung zu treten schien, etwa aufgrund innerer Zersplitterung oder infolge von Fremdherrschaft. Eine solche Phase verortete Hagen im Hoch- und Spätmittelalter. Denn »vor der christlichen Kirche verschwanden die einzelnen Völker als selbstständige Individuen [!] [...]. Sahen wir nun im Alterthum streng abgesonderte Nationalitäten, so haben wir im Mittelalter fast gar keine.«[424] Dies entsprach Hagens Deutung der Weltgeschichte und der die Epochen prägenden Elemente: Während er das Altertum durch die vorwaltende Kraft der Natur bestimmt sah (welche die Nationen erschaffen habe), glaubte er das Mittelalter der Sphäre des Geistes unterworfen (welche die Nationen transzendiere und auf die gesamte Menschheit ausgerichtet sei). Beide Epochen, so meinte Hagen, hätten letztendlich zu einer schädlichen Einseitigkeit geführt: zu dem bereits angesprochen »schroffen Patriotismus« des Altertums sowie zu dem im Mittelalter entstehenden und bis in die Gegenwart fortwirkenden Kosmopolitismus.[425]

Diese Interpretation der Weltgeschichte stand nicht nur in einem unübersehbaren Zusammenhang mit den für die deutsche Nation in Anspruch genommenen Eigenarten der *Universalität* und *Individualität*. Vielmehr formulierte Hagen aus der Spannungslage zwischen antiker und mittelalterlicher Welt heraus das Wesen der Neuzeit, ja die weltgeschichtliche Herausforderung für die Gegenwart und Zukunft. Denn der neueren Zeit – beginnend mit der Reformation, die sozusagen das Programm für die Neuzeit formuliert habe, und fortdauernd bis in die Gegenwart – sah er die Aufgabe zugefallen, »diese Gegensätze zu vermitteln, die Natur in das rechte Verhältniß zum geistigen Elemente in uns zusetzen«. Die neuere Zeit »nimmt daher beide Elemente, das antike, wie das mittelalterliche in sich auf, um sie nach und nach zu einer

---

mehr als die Beschützer der Nationalität und der politischen Freiheit, sondern vielmehr als Beschränkungen und Hemmungen derselben« (Hagen, öffentliche Meinung II, 1847, S. 543).

424 Hagen, Weltliteratur, 1838, S. 11; zur individualisierenden Volksinterpretation auch S. 5; Hagen, Geschichte der neuesten Zeit I, 1846, S. 312 (»Völkerindividuen«).

425 Siehe zu dieser Deutung vor allem Hagen, Verhältnisse, 1841, Bd. 1, S. 2–9; Hagen, Weltliteratur, 1838, S. 9–14. Hagens Deutung des Kosmopolitismus erscheint bisweilen etwas widersprüchlich: Während Hagen, Weltliteratur, 1838, S. 17, darlegte, die Idee des Kosmopolitismus sei mit der Französischen Revolution »ins Leben gerufen« worden, erklärte er ebd., S. 11, 13, das »kosmopolitische Element« sei im Mittelalter hervorgetreten. Das Mittelalter sah er demnach jedenfalls von kosmopolitischen Tendenzen geprägt. Zu Hagens Kritik am Kosmopolitismus, den er als französische Idee beschrieb, siehe auch Hagen, Hauptrichtungen, 1843, S. 77–82.

höheren Einheit zu verschmelzen.«[426] Für die Gegenwart bedeutete dies mithin auch, »den Patriotismus wieder hervorzurufen, nicht aber so schroff, wie ihn das Alterthum ausgebildet hatte, sondern gemildert und verklärt durch die Annahme der Idee der Menschlichkeit.«[427]

In Anbetracht dessen sah Hagen auch die deutsche Nation im Mittelalter keineswegs als aufgelöst oder zerstört. Vielmehr hätte sie lediglich eine Art Schattendasein geführt und darauf gewartet, sich zu gegebener Zeit wieder geltend zu machen – nämlich im Umfeld der Reformation, die er, ausdrücklicher als die anderen fünf Historiker, als eine politische Bewegung interpretierte, die auf nationale wie soziale Emanzipation abzielte. Hierbei griff auch er immer wieder den Topos einer schlafenden und wieder erwachenden Nation auf: »So erwacht in Deutschland ein wahrhaft patriotischer Sinn, welcher bis gegen Ende des 15. Jahrhunderts schon den größten Theil des Volkes durchdrungen hatte.«[428] Folgt man Hagens Interpretation, die er in seinem dreibändigen Hauptwerk *Deutschlands literarische und religiöse Verhältnisse im Reformationszeitalter* (1841–1844) ausführlich darlegte, so formierte sich in Deutschland mit jenem Erwachen ab dem Ende des 15. Jahrhunderts eine »nationale Opposition«, die danach strebte, »die deutsche Nation aus den Fesseln zu befreien, in welche sie der Despotismus und die Habgier des päpstlichen Hofes verstrickt hatte«[429] – eine Opposition, die sich gegen die kosmopolitischen Tendenzen geltend gemacht habe und aus dem innersten Wesen der deutschen »Volksthümlichkeit« hervorgegangen sei.[430] So

---

426 Hagen, Verhältnisse, 1841, Bd. 1, S. 8f. Wie Hagen in der Einleitung seiner Reformationsdarstellung (ebd., S. 1) darlegte, sah er die »Intention jener Epoche, mag sie bewußt oder unbewußt gewesen sein«, in der »Vermittlung der antiken und der mittelalterlichen Weltanschauung«. Ebenso Hagen, Weltliteratur, 1838, S. 13f.: »Es war nun die Aufgabe der neueren Zeit, Geist und Natur in harmonische Einheit zu bringen.«

427 Hagen, Weltliteratur, 1838, S. 14 (Zitat), 21; Hagen, Verhältnisse, 1841, Bd. 1, S. 10.

428 Hagen, Hutten, 1838, S. 175. Die Metapher der schlafenden bzw. erwachenden Nation findet sich – mit den entsprechenden historisch-politischen Implikationen – auch bei Hagen, Weltliteratur, 1838, S. 15f.; Hagen, Reichsverfassung, 1839, S. 22; Hagen, Vermittlung, 1839, S. 182; Hagen, Volkscharakter, 1840, S. 136; Hagen, Rußland und das Slaventhum, 1842, S. 322; Hagen, Hauptrichtungen, 1843, S. 83, 87; Hagen, öffentliche Meinung II, 1847, S. 498, 628.

429 Hagen, Verhältnisse, 1843, Bd. 2, S. 47.

430 Zur »nationalen Opposition« und nationalen Dimension der Reformation siehe Hagen, Verhältnisse, 1841/43, Bd. 1, S. 16, 33–35, 64–66 u.ö., Bd. 2, S. 2, 47–60, 150f., 228 u.ö.; Hagen, Weltliteratur, 1838, S. 14–16. Zum *deutschen* Ursprung der Reformation Hagen, Volkscharakter, 1840, S. 137f.; Hagen, Hauptrichtungen, 1843, S. 190f. So ging Hagen, Flugschriften, 1842, S. 271, auch von einer klar sichtbaren »öffentliche[n] Meinung« in der Reformationsepoche aus, die »den Ruhm des Vaterlandes, die Einheit des Reichs, erhöhte Bedeutung des Kaisers, Einschränkung der Fürstengewalt, Freiheit der niederen Menschenklassen« verlangte. Als Vorkämpfer dieser nationalen Opposition betrachtete Hagen Ulrich v. Hutten, dem er eine

habe sie sich mit einer quasi demokratischen »volksmäßigen Opposition« und einer religiösen Erneuerungsbewegung verbunden, um die bestehende Ordnung zugunsten einer neuen umzustoßen, in der Nationen wie Nationsangehörige frei und selbstständig nebeneinander bestehen.[431] Zwar sei die Reformation – in ihrem umfassenden Sinne – letztlich gescheitert an ihrer inneren Heterogenität, an dem Dogmatismus der religiösen Eiferer wie an dem Bestreben der Fürsten, die Völker ihrer unumschränkten Herrschaft zu unterwerfen.[432] Doch, so beschloss Hagen den letzten Band, ihre Ideen lebten weiter und harrten auf ihrer politischen und sozialen Verwirklichung. Die nachreformatorische Ära deutete er insoweit als Fortsetzung des Kampfes für die Durchsetzung der nationalen Einheit und Freiheit.[433]

Die Epoche nach der Reformation sah Hagen nun durch die Vorherrschaft zweier Prinzipien bestimmt, die sich durch eine »Negierung der Nationalitäten« ausgezeichnet hätten:[434] durch den Absolutismus und den Kosmopolitimus. Ersteren sah Hagen als eine direkte Folge der Reformation, da diese den unbedingten Gehorsam gegenüber der Obrigkeit weiter legitimiert und die fürstliche Territorialgewalt gestärkt habe. Das Wesen des Absolutismus erkannte Hagen darin, »die volksthümliche Entwicklung der Nationen aufzuheben, und den Staat in eine Maschine zu verwandeln. Wo das Volk sich nicht frei fühlt und seine Freiheit nicht äussern kann, da ist an keine Vaterlandsliebe zu denken.«[435]

---

große Verehrung entgegenbrachte und nicht nur längere Passagen als Protagonisten seiner Reformationsdarstellung widmete, sondern mit Hagen, Hutten, 1838, auch eine Aufsatzserie mit unverkennbar panegyrischem Charakter; war Hutten angesichts seines entschiedenen Eintretens für Deutschlands nationale Interessen in Hagens Augen doch »Ohne Zweifel einer der größten Männer, die Deutschland hervorgebracht! […] ein großes nachahmenswertes Muster der uneigennützigsten Aufopferung für Freiheit, Recht und Vaterland« (ebd., S. 257).

431 Zum Verhältnis dieser verschiedenen Richtungen siehe Hagen, Verhältnisse, 1841–1844, Bd. 1, S. 32–41, 377f. u.ö.; Bd. 2, 1–3, 161–165, 228–230 u.ö.; Bd. 3, S. 1–36; Hagen, Flugschriften, 1842, S. 271–278. Zur »volksmäßigen Opposition« auch unten, S. 172–175.

432 Zu den Gründen für das Scheitern der Reformation siehe Hagen, Verhältnisse, 1844, Bd. 3, S. 457–463; ferner Hagen, Weltliteratur, 1838, S. 16.

433 Hagen, Verhältnisse, 1844, Bd. 3, S. 460, 463: »Werfen wir nun aber einen Blick auf die folgende Zeit, so sehen wir, daß trotz der unglückseligen Verhältnisse, welche die Einführung der wahren reformatorischen Ideen hinderten, dieselben doch nicht zu Grunde gingen. Im Laufe der Jahrhunderte bildeten sie sich nach verschiedenen Richtungen hin aus […]. Man sieht: die Kämpfe der Gegenwart sind nur eine Fortsetzung jener großen Entwicklung, welche in den Zeiten der Reformation ihren Anfang genommen.« Siehe ebenso Hagen, Hutten, 1838, S. 268.

434 Hagen, Weltliteratur, 1838, S. 18.

435 Hagen, Weltliteratur, 1838, S. 16. Hagens Deutung des Absolutismus wird auch in einem längeren Aufsatz (Hagen, Absolutismus, 1842) sichtbar, den er aus der politischen Absicht heraus verfasste, zur Überwindung des Absolutismus selbst beizutragen.

Indem die absolutistische Herrschaft die Freiheit des Volkes verhindert habe, sei auch die nationale Einheit unterbunden worden – demnach erfuhr auch das Heilige Römische Reich eine abschätzige Bewertung.[436] Das Aufkommen des Kosmopolitismus verstand Hagen als Gegenbewegung zum Absolutismus, die in der Französischen Revolution den Höhepunkt gefunden habe, dabei das Nationale aber ebenso missachtet habe wie der Absolutismus.[437] Doch Hagen zufolge vermochten es beide Prinzipien nicht, das Nationalbewusstsein zu zerstören. Dies habe sich immer wieder geltend gemacht, sei aber spätestens mit den Napoleonischen Kriegen – den »Freiheitskriegen«, wie Hagen sie nannte[438] – als allgegenwärtige Anschauung hervorgebrochen: So konnte bis in die Gegenwart »das Nationalgefühl in unserem Volke nicht erstickt [werden], ja das Unglück und der Jammer zogen dasselbe, das so lange Zeit geschlummert, erst wieder an das Tageslicht.«[439]

Zwar sei es den alten Mächten Europas mit dem Sieg über Napoleon gelungen, eine Restauration des überkommenen absolutistischen Systems ins Werk zu setzen. Doch deutete er diese Reaktion nur als Zwischenspiel, als eine Art letztes Aufbäumen gegen die Verwirklichung jener freiheitlichen und national(istisch)en Ideen, die in der Reformation formuliert worden waren. Denn Hagen ließ keinerlei Zweifel daran aufkommen, dass nun die Zeit angebrochen sei für »die Wiedererweckung eines großen nationalen Sinnes unter uns Deutschen«.[440] Er machte deutlich, dass das Kollektivsubjekt der Nation auch von einem kollektiven Nationalbewusstsein beseelt sein müsse, wenn die Aufgaben der Zeit gelöst werden und Deutschland wieder eine hohe Stellung unter den Völkern einnehmen sollte. Auch diese Forderung begründete er historisch: Alle Glanzzeiten der deutschen Nation seien dadurch geprägt gewesen, »daß das Bewußtsein *einer* großen Nationalität hervortrat. Als eine, sich als solche fühlende, Nation haben wir unsere großen Dinge ausgeführt.«[441]

---

436 Siehe nur HAGEN, öffentliche Meinung I, 1846, S. 605f.: »Das deutsche Reich, ehedem die erste Macht in Europa, ging seit dem 16. Jahrhundert zusehends seiner Auflösung entgegen. Seitdem […] schwand die Einheit des Reichs immer mehr dahin, und hiermit die politische Bedeutung der Nation. […] Diese Verhältnisse wurden durch den westphälischen Frieden gewissermaßen gesetzlich. Von dieser Zeit an war das deutsche Reich in seiner innersten Kraft völlig gelähmt.«

437 HAGEN, Weltliteratur, 1838, S. 17–19.

438 So bereits im Titel von HAGEN, öffentliche Meinung I, II, 1846/47.

439 HAGEN, öffentliche Meinung I, 1846, S. 612.

440 HAGEN, öffentliche Meinung II, 1847, S. 624.

441 HAGEN, Volkscharakter, 1840, S. 153. Hervorhebung im Original.

Anders als Hagen äußerte sich Heinrich Wuttke in seinen hier untersuchten Schriften nicht explizit zum Ursprung der Nationen. Gleichwohl hat auch Wuttke die Nation offensichtlich als eine anthropologische Konstante gedacht. Schon für die frühesten Epochen, mit denen er sich bis 1848 wissenschaftlich auseinandersetzte, deutete er Nationen als entscheidende Größen der Geschichte. Als Inhalt (oder genauer: Bewegungsrichtung) der Geschichte begriff Wuttke, ähnlich wie Droysen, die Überwindung eines zunächst rein körperlich-natürlichen Daseins durch den Geist.[442] Die Geschichte war insofern ein steter Fortschrittsprozess, den Wuttke, wie noch zu zeigen ist, von Nationen und den ihnen zugeschriebenen Eigenschaften getragen sah.[443] Dabei kam ein personifiziertes Nationsverständnis wiederholt zum Ausdruck. So erschien auch in seinen Schriften die deutsche Nation als ein Kollektivakteur, als ein einheitlich handelndes Subjekt der Geschichte. Zum Beispiel erklärte er in einer Arbeit zur schlesischen Geschichte, dass im 12. Jahrhundert nicht Herrscher oder Gruppen über Schlesien geboten hätten, sondern »*Deutschland* entschied über das Geschick Schlesiens.«[444]

Dass die deutsche Nation trotz ihrer Untergliederung in verschiedene Regionen und Stämme eine in sich zusammengehörige Ganzheit bilde und dass etwa die Geschichte Schlesiens auch Rückschlüsse auf die Geschichte *der* deutschen Nation zulasse, war für Wuttke völlig selbstverständlich, auch wenn er diese Ansicht meist nur sehr blumig formulierte: »Was, wie man sagt, in *Deutschland* erglänzt, muß in Schwaben, muß in Sachsen, muß auch in Schlesien sich abspiegeln. Die Eigenschaften der Sonne trägt jeder einzelne Strahl, der zur Erde kommt, in sich und man erkennt die Sonne nur aus den Strahlen, die sie zu uns sendet. Wer es aber nicht versteht im beschränkten Raume das Allgemeine zu sehen, der wage es ja nicht, nach dem Kranze des Geschichtsschreibers zu greifen.«[445]

---

442 Siehe Wuttke, Versuche, 1840, S. 412; Wuttke, Jahrbuch, 1842, S. 1–9, 16; Wuttke, Deutschlands Einheit, 1848, S. 23f.

443 Siehe dazu vor allem unten, Kap. 5.2, sowie Wuttke, Besitzergreifung, 1842, Bd. 1, S. 1f.: »Der Wechsel des Gebieters scheint jedoch in den mehrsten Fällen *ohne* erhebliche Wichtigkeit für die Ausbildung der Kräfte des Menschen und die Veredlung seines Sinnes, für der Völker Wohl und Gedeihen: ist *nur* dann allein belangreich, wenn in Folge der Eroberung eine fremde Volksthümlichkeit in dem unterworfenen Lande zur Herrschaft gebracht wird« (Hervorhebung im Original).

444 Wuttke, Besitzergreifung, 1842, Bd. 1, S. 10. Hervorhebung im Original.

445 Wuttke, Besitzergreifung, 1842, Bd. 1, S. XIf. Hervorhebung im Original. Siehe ähnlich Bd. 2, S. V–VII.

So wie Wuttke Nationen als kollektive Individuen deutete, so wies er ihnen auch eigentümliche und exklusive Wesenszüge zu, die er meist mit dem von Friedrich Ludwig Jahn popularisierten Begriff »Volksthum«[446] umschrieb oder als »Nationalcharakter«[447] bezeichnete. Die Geschichte der deutschen Nation sah er mithin von einem genuin »deutschen Wesen« bestimmt: dem »Deutschthum«.[448] Dessen Merkmale glaubte er in typisch deutschen Charaktereigenschaften zu erkennen, etwa in einer guten Arbeitsmoral und einem großen Fleiß des »gemüthvollen, biederen, arbeitsamen *Deutschen* [...], dessen Person stets gut und trefflich ist«.[449] Typisch deutsch war nach Wuttke auch die »Ordnung und weise Sparsamkeit«[450] und der besondere »Sinn für Gemeinschaftlichkeit, der als ein Grundzug des Charakters im Deutschen lebt«.[451] Als konkrete Äußerungen dieses »Deutschthums« betrachtete er die deutsche Sprache und Poesie, deutsche Sitten und deutsches Recht wie auch künstlerische oder wissenschaftliche Errungenschaften. Insofern besaß auch Wuttke ein objektivistisches Nationsverständnis, welches ihm erlaubte, an den vermeintlichen konstitutiven Merkmalen einer Nation ihre Geschichte verfolgen zu können. Hieraus glaubte er wiederum, ihren Wert, ihre Kraft und ihre Rechte gegenüber anderen Nationen ableiten zu können. Wie sich dieses Denken von verschiedenen Volkstümern und -charakteren konkret ausprägte und wie Wuttke diese Zusammenhänge als geschichtlich und politisch relevante Faktoren ins Spiel brachte, wird in Kapitel 5.2 eingehender erörtert.

Die Geschichte der deutschen Nation war bei Wuttke jedenfalls von ähnlichen Deutungslinien geleitet, wie bei den übrigen fünf Historikern. Er ging, wie er 1848 vor seinem Einzug in die Paulskirche in der weniger wissenschaftlich, eher essayistisch gehaltenen Schrift *Deutsch-*

---

446 WUTTKE, Polen und Deutsche, 1847, S. 58, 81, 161 u.ö. Siehe auch JAHN, Volksthum, 1810; zu Jahns Bedeutung für den deutschen Nationalismus DÜDING, Nationalismus, 1984, bes. S. 22–42; JANSEN/BORGGRÄFE, Nation, 2007, S. 44–48.

447 WUTTKE, Polen und Deutsche, 1847, S. 78.

448 Die Begriffe »Deutschthum« und »deutsches Wesen« sind in den Schriften, in denen sich Wuttke zu nationalen Fragen äußert, allgegenwärtig. Siehe nur WUTTKE, Polen und Deutsche, 1847, S. 16, 21, 18, 51–53, 80 u.ö; WUTTKE, Besitzergreifung, 1842/43, Bd. 1, S. 19, 21, 29, 36 u.ö.; Bd. 2, S. 13; WUTTKE, Versuche, 1840, S. 413; WUTTKE, Sprachenkampf, 1844, S. 82f. und WUTTKE, deutsche Volkslied, 1847, S. 50, 53 u.ö.

449 WUTTKE, deutsche Volkslied, 1847, S. 91. Hervorhebung im Original. Siehe hierzu und zum Folgenden auch ebd., S. 49f., 68, 70–74. Ähnliche Annahmen eines Nexus zwischen ›deutschem‹ Volkscharakter und ›deutschen‹ Kulturfertigkeiten finden sich auch bei WUTTKE, Besitzergreifung, 1842, Bd. 1, S. 17–21.

450 WUTTKE, Polen und Deutsche, 1847, S. 60.

451 WUTTKE, Besitzergreifung, 1842, Bd. 1, S. 18.

*lands Einheit, Reform und Reichstag* darlegte, davon aus, dass die Einheit des Volkes gleichsam primordial vorliege, wobei er aber von dieser objektiven Einheit das Bewusstsein über diese Einheit unterschied: »Je unausgebildeter ein Volk noch ist, desto ärger zerstückt und zersplittert es sich in verschiedene Bruchtheile, die sämmtlich beanspruchen, für sich allein ein Ganzes zu bilden. [...] Erst wenn der geübte und geschärfte Blick eine größere Tragweite erlangt hat, erkennt er im Mannigfaltigen die Gleichheit und die trotz kleinen Verschiedenheiten vorwaltende Einheit.«[452] Das Gefühl einer nationalen Zusammengehörigkeit war insofern das Ergebnis des historischen Fortschritts, die Existenz der Nation als solche hingegen nicht. Vor diesem Hintergrund interpretierte er die deutsche Geschichte als einen Kampf »zwischen dem Streben nach *Einheit* und der Sucht zur *Vereinzelung*.«[453] So folgte auch sein anschließender Parforceritt durch die deutsche Geschichte den altbekannten Narrativen: einem politischen Zusammenschluss unter den Karolingern sei der erste Höhepunkt der Reichseinheit unter den Ottonen und den ersten Saliern gefolgt. Seit dem 11. Jahrhundert habe sich dann die politische Zersplitterung zusehends verfestigt, seit der Reformation auch die religiöse Entzweiung vollzogen, bis das Alte Reich durch den Westfälischen Frieden auch ›völkerrechtlich‹ fragmentiert worden sei.[454] Die Zeit danach beschrieb Wuttke nur noch als Schlussakt der Verfallsgeschichte des Alten Reiches, nicht ohne Lehren für die Gegenwart mit einzustreuen: »Die wechselseitige Entfremdung der deutschen Stämme, das Verlöschen des echten Nationalgefühls zerstörte die Freiheit und Macht Deutschlands und machte aus seinen Feinden glückliche Eroberer. Der Sachse betrachtete sich als Sachsen, der Hesse als Hessen und dachte wenig daran, daß er ein Deutscher sei. Die Kleinlichkeit des Lokalpatriotismus behagte. Aber die traurige Folge dieses Herabsinkens blieb nicht aus. Weil alle Herren stark und gewaltig sein wollten, waren zuletzt alle schwach. Man sprach noch von Deutschland, aber es schien keine Deutschen mehr zu geben. So stand es und nur ein Schatten von Einheit war noch übrig beim Eintritte in unser Jahrhundert.«[455] Diese

---

452 Wuttke, Deutschlands Einheit, 1848, S. 22f.

453 Wuttke, Deutschlands Einheit, 1848, S. 22.

454 Siehe Wuttke, Deutschlands Einheit, 1848, S. 24–37. Der Westfälische Frieden markiert auch in Wuttkes Arbeiten zur Geschichte Schlesiens einen negativen Einschnitt. So sah er die Epoche nach 1648 durch den »Verlust der Selbstständigkeit« Schlesiens geprägt (so der Titel des zweiten Kapitels in Wuttke, Besitzergreifung, 1843, Bd. 2, S. 79).

455 Wuttke, Deutschlands Einheit, 1848, S. 42.

Entwicklung gelte es, so das Fazit der Schrift, nun endgültig zu korrigieren.[456]

Typisch für Wuttkes Nationsverständnis war weiterhin, dass er Nationen als lebendige Organismen verstand und ihren Werdegang als natürlichen und urwüchsigen Prozess. Insbesondere, wenn es um Wachstum und Kräftigung (oder um Verfall und Schwächung) von Nationen und Volkstümern ging, bediente sich Wuttke eines Vokabulars, das aus der Tier- und Pflanzenwelt stammte. So beschrieb er zum Beispiel die »Ausbreitung des Deutschthums« gen Osten als einen gleichsam biogenetischen Prozess: »Gleich Inseln im Slawenlande sind Sitze der Deutschen die *Städte* [...]. Wie Polypen strecken sie ihre Arme aus, überallhin das Deutschthum tragend und ruhen nicht es auszubreiten, bis es in das innerste Lebensmark des Volkes eingedrungen ist.«[457] Diese biologistische Metaphorik war zudem fest mit Wuttkes Denkweise vom Recht des Stärkeren verquickt: »Wer kann das Umsichgreifen der Deutschen hindern als des Polenthums eigene Kraft? Wohnt die nöthige Stärke nicht in ihm, so können wir durch keine Stahltropfen und Chinapulver das Siechthum heben. Das ist auch nicht unsere Aufgabe und Pflicht. Unser eigenes Wachsthum zu hemmen, unserm Baume die Krone abzuhauen, weil in seinem Schatten ein anderer verkümmert, das darf uns wahrlich Niemand zumuthen.«[458] Indem Wuttke dieses Recht des Stärkeren für die Deutschen in Anspruch nahm, wird eine weitere Dimension des Nationalismus deutlich – die Überhöhung der eigenen Nation und die Nation als (politischer) Letztwert.

---

456 Es entsprach Wuttkes Fortschrittsdenken, dass er eine ›erneute‹ politische Einigung der Nation für irreversibel hielt, weil er diese aus einem Grad der Vernünftigkeit hervorgehen sah, hinter den nicht mehr zurückgefallen werden könne. Denn nun – 1848 – gelte es, »zum letztenmale und dann für alle Zeit der Einheit den Sieg zu verschaffen, welchen fortan die höher entwickelte Vernunft des Menschen festzuhalten wissen wird.« (WUTTKE, Deutschlands Einheit, 1848, S. 22).

457 WUTTKE, Besitzergreifung, 1842, Bd. 1, S. 19, 21.

458 WUTTKE, Polen und Deutsche, 1847, S. 54. Wuttke ging allerdings noch weiter und lehnte jede Nachgiebigkeit gegenüber den Polen ab: »Was in aller Welt ist nun natürlicher, als daß [die Unterdrückung des Krakauer Aufstands 1846] zum Nachtheil des Polenthums, *zu Gunsten des Deutschthumes* ausschlägt? daß die Früchte dieses Sieges *genommen* und die feindlichen Kräfte gebunden werden? Ist es nicht sonst die Folge jedes Sieges, daß der Ueberwinder den Ueberwundenen schwächt? Aus welchem Grunde, mit welchem Rechte dürfte man obigen Sieg unbenutzt lassen? *Wie es verantworten, wenn dieselben Gewalten, die heute niedergeschmettert wurden, in Zukunft abermals Anstrengungen, neue Mittel und vielleicht gar Blut kosten?* Es gilt nun sie zu binden, entschieden und laut zu erklären, daß Staat und Regierung *deutsch* sind und *deutsch* bleiben werden. [...] Die Nachgiebigkeit bleibt den Polen gegenüber wirkungslos, sie verlängert nur die Ungewißheit und Unsicherheit.« (ebd., S. 156, Hervorhebungen im Original).

### *4.2 Die Überhöhung der eigenen Nation und die Nation als Letztwert*

Die Nation stellte für Wuttke die höchste politisch-gesellschaftliche Instanz dar. In allen Fragen, die den politischen Status Deutschlands tangierten, erwies er sich als rigoroser Verfechter der deutschen Position. Diese Haltung spiegelte sich auch in seinem historiographischen Werk wider, in welchem er vergangenes ›deutsches‹ Handeln stets verteidigte, waren die Deutschen nach Wuttke doch »Europa's erstes Volk«.[459] Noch prononcierter brachte er diese Haltung im Vorwort zu seiner Arbeit *Die schlesischen Stände* zum Ausdruck, in der Wuttke eine Lagebeschreibung der deutschen Einheitsbewegung mit seinem eigenen politisch-pädagogischen Anspruch verband: »Nach der Einheit Deutschlands strebt übrigens Alles hin, und das Gefühl der Deutschheit ist mehr denn Alles zu pflegen.«[460]

Diese Überhöhung der »Deutschheit« war in ideeller Hinsicht eng verbunden mit der von Wuttke unentwegt angenommenen Überlegenheit der deutschen Nation – eine Überlegenheit, die er vorwiegend als eine geistig-kulturelle interpretierte. Denn so wie Wuttke kulturelle und geistige Errungenschaften als die wichtigsten Triebfedern des historischen Fortschritts erkannte, so machte er die »Stärke« eines jeden Volkes besonders von seinem »ganzen geistigen Gewicht« abhängig.[461] Das geistige Übergewicht der deutschen Nation war für ihn als historisches Faktum evident. Mit ihrer angeblich größeren geistigen Kraft erklärte er beispielsweise, dass »Napoleon das vielhäuptige Deutschland nicht verschlingen« konnte.[462] Noch deutlicher betonte Wuttke die geistig-kulturelle Superiorität Deutschlands in einem stets wiederkehrenden Thema seiner Schriften, dem Kampf zwischen »Deutschthum« und »Polenthum«. Die überlegene geistige Kraft der deutschen Nation führte er auf ihren kulturellen und sittlichen Wesenskern zurück, welchen er nicht

459 WUTTKE, Deutschlands Einheit, 1848, S. 6. Zu Wuttkes historiographischer Parteinahme für die deutsche Nation siehe vor allem WUTTKE, Polen und Deutsche, 1847; WUTTKE, Sprachenkampf, 1844; WUTTKE, Besitzergreifung, 1842, Bd. 1, S. 17–23 u.ö. und WUTTKE, Versuche, 1840, S. 413.

460 WUTTKE, Stände, 1847, S. 4. Das Anwachsen eines Nationalbewusstseins konstatierte auch WUTTKE, Polen und Deutsche, 1847, S. 34: »denn mächtiger regt sich ja von Tag zu Tag das Volksbewußtsein nach innen und außen«.

461 WUTTKE, Polen und Deutsche, 1847, S. 58. Dass Wuttke den Schwerpunkt auf die geistig-kulturelle Sphäre legte, bedeutete freilich nicht, dass er die deutsche Nation nicht auch in kriegerischer Hinsicht für unüberwindbar hielt. Siehe etwa ebd., S. 34f.

462 WUTTKE, Polen und Deutsche, 1847, S. 58.

nur in Werk und Wirken der künstlerisch-intellektuellen Elite Deutschlands verortete. Die eigentliche Quelle des deutschen Volksgeistes und damit der deutschen Nationalkultur sah er, wie er in einem Aufsatz über *Das deutsche Volkslied* deutlich machte, im Volk.[463] Offenkundig spiegelte sich hier der geistige Einfluss Herders, der das Volk in seinen philosophischen Entwürfen als eine mit eigener Sprache, Poesie und Seele begabte Individualität beschrieb, es dadurch aufwertete und damit eine »kopernikanische Wende in der semantischen Entwicklung des Volksbegriffs« einleitete.[464] Aber anders als bei Herder hatte die Rückführung der Nationalkultur auf das Volk bei Wuttke nicht nur einen dezidiert innenpolitischen Gehalt (Kap. 4.5), sondern ermöglichte auch, aus den kulturellen Errungenschaften einer Nation eine Wertigkeit und Hierarchie ganzer Völker abzuleiten.

Der Idealisierung einer nationalen Einheit entsprechend, wandte sich Wuttke scharf gegen die politische Zersplitterung Deutschlands. Als legitime politische Ordnung kam für ihn allein eine feste nationalstaatliche Einheit Deutschlands in Frage.[465] Obschon er sich in seinen Publikationen erst nach dem März 1848 ausführlicher zur dieser Frage äußerte, sind bereits seine früheren Schriften vom zentralen politischen Gebot des Nationalismus (politische und nationale Territorien sollen deckungsgleich sein) durchdrungen – aber gewissermaßen umgekehrt: Politische und nationale Territorien in Einklang zu bringen bedeutete für ihn nicht, eine Grenzziehung entsprechend den Siedlungsräumen der verschiedenen Nationalitäten vorzunehmen. Vielmehr waren für ihn, wie er am Beispiel des deutsch-polnischen Grenzraumes erläuterte, *zunächst* die Grenzen zu ziehen, in denen erst *anschließend* für nationale Homogenität gesorgt werden solle, nämlich in Form einer »Verdeutschung« auf Basis des Rechts des Stärkeren.[466] So erklärte er mit Blick auf die gemischten Siedlungsgebiete: Die Polen »müssen, umgeben von Deutschen und für sich zu schwach, aus wohlverstandenem eigenen In-

463 Siehe WUTTKE, deutsche Volkslied, 1847, bes., S. 49f., 68, 70–74, 91. Ähnliche Annahmen eines Nexus zwischen ›deutschem‹ Volkscharakter und ›deutschen‹ Kulturfertigkeiten finden sich bei WUTTKE, Besitzergreifung, 1842, Bd. 1, S. 17–21.

464 KOSELLECK u.a., »Volk, Nation«, 1992, S. 283 (Zitat), 316–319; JANSEN/BORGGRÄFE, Nation, 2007, S. 37–43; WUTTKE, deutsche Volkslied, 1847, S. 52f., bezog sich in diesem Zusammenhang auch selbst anerkennend auf Herder und dessen Sammlung und Herausgabe von ›völkischem‹ Kulturgut.

465 WUTTKE, Deutschlands Einheit, 1848, S. 22, 112. Damit einher ging jede Verurteilung von Tendenzen, die einer nationalstaatlichen Einheit (Groß-)Deutschlands im Wege stehen. Dies galt insbesondere für Verurteilung eines antideutschen Preußentums. Siehe unten, S. 162f.

466 WUTTKE, Besitzergreifung, 1842, Bd. 1, S. 18.

teresse deutsch werden, und wir *müssen* sie zu Deutschen umwandeln, denn jeder Körper *muß* fremdartige Stoffe, die in ihm sind, entweder ausstoßen (das heißt hier: vertreiben, verpflanzen) oder assimiliren, mit sich verschmelzen, sonst geht er selbst zu Grunde.«[467]

Dass es durchaus möglich war, die Überlegenheit der eigenen Nation zu behaupten, ohne dabei in chauvinistische Hasstiraden auf andere Völker zu verfallen, zeigen die Schriften von Karl Hagen. Für ihn lag es auf der Hand, dass Deutschland unter allen Nationen die herausragende war – sowohl in der Geschichte als auch in der Gegenwart. In historischer Hinsicht wies er vor allem auf eine politische Vorherrschaft hin, durch welche sich Deutschland bis ins Mittelalter ausgezeichnet habe. Obschon er sich dabei extremnationalistischer Ausfälle enthielt, zieht sich der Gedanke, die deutsche Nation habe an der Spitze der Völkerfamilie gestanden, wie ein roter Faden durch sein Werk. Deutschland stellte sich ihm bis ins Mittelalter hinein als »Mittelpunkt der europäischen Menschheit«, als »erste Nation«[468] und »erste Macht in Europa«[469] dar; die »edle Germania« beschrieb er als »Königin der Völker«.[470] Hagen pries den »Ruhm und die politische Bedeutung der deutschen Nation, durch welche sie sich während des ganzen Mittelalters so großartig vor den übrigen Reichen Europa's auszeichnet.«[471] Bisweilen kleidete er diese Ansicht auch in eine rhetorische Frage: »War nicht das deutsche Volk einst das größte und mächtigste in ganz Europa gewesen?«[472]

In Hinblick auf die jüngere Geschichte und seine eigene Gegenwart fehlte für eine derart machtpolitische Verherrlichung Deutschlands die Grundlage. Denn das Reich eignete sich angesichts seiner übernationa-

---

467 WUTTKE, Polen und Deutsche, 1847, S. 80f. Alle Hervorhebungen im Original. Siehe auch ebd., S. 156f.

468 HAGEN, Verhältnisse, 1841, Bd. 1, S. 64.

469 HAGEN, öffentliche Meinung I, 1846, S. 605.

470 HAGEN, öffentliche Meinung II, 1847, S. 666.

471 HAGEN, Reichsverfassung, 1839, S. 23. Hagens Einschätzung des Mittelalters war jedoch überaus ambivalent. Während HAGEN, Hauptrichtungen, 1843, S. 84, bekannte, »keinen Geschmack an den mittelalterlichen Tendenzen« zu haben, die er anderen unterstellte, konnte er sich andererseits von dieser Mittelalterbegeisterung selbst nicht freimachen, (ohne aber mittelalterliche Verhältnisse exakt auf die Gegenwart übertragen zu wollen). Siehe nur HAGEN, Vermittlung, 1839, S. 180: »Unser Kaiserthum zur Zeit seiner schönsten Blüthe war gewiß etwas sehr Erhebendes. Mit Stolz blicken wir auf jene Jahrhunderte zurück, wo es in seiner vollen Kraft da gestanden: damals war das Heroenalter unserer Nation: es war das erste Volk von Europa, und nicht minder lebendig waren die inneren politischen Verhältnisse, als die äußeren großartig und gewaltig.«

472 HAGEN, öffentliche Meinung I, 1846, S. 631. Ähnliche Überhöhungen der deutschen Nation bei HAGEN, Weltliteratur, 1838, S. 14f.; HAGEN, Hutten, 1838, S. 173–175; HAGEN, Hauptrichtungen, 1843, S. 83f. und HAGEN, Katechismus, 1848, S. 5.

len Struktur, angesichts seiner – von Hagen scharf verurteilten – inneren Zersplitterung und Ohnmacht gegenüber fremden Mächten nicht mehr als Ausweis deutscher Größe. In dem Maße, in dem politische Macht nicht mehr als Zeichen deutscher Superiorität herhalten konnte, rückte die Kultur zum entscheidenden Merkmal auf. So sprach er – wie Wuttke – den Deutschen eine geistige und kulturelle Übermacht zu. Auch er führte dies auf einen beispiellos ingeniösen Volkscharakter der Deutschen zurück, der sie von allen anderen Nationen abhebe. »Kein anderes Volk«, so erklärte Hagen in seinem Aufsatz *Gedanken über den deutschen Volkscharakter*, »versteht es so sehr, den Geist und den Charakter fremder Nationen zu erkennen, in seinem innersten Wesen aufzufassen und hiernach gerecht zu beurtheilen.« Dieser einzigartige Charakter der Deutschen sei gerade in der Geschichte deutlich zu erkennen, denn sämtliche Gedanken und Bewegungen, »welche neue Weltverhältnisse und eine neue Weltanschauung herbeigeführt haben, gingen von uns aus.«[473] Die Einleitung jeder welthistorischen Epoche war demnach allein den Deutschen vorbehalten, hätten diese doch schon »das Alterthum zerstört, eine neue Ordnung der Dinge gegründet durch die Völkerwanderung.« Auch die Überwindung der mittelalterlichen Welt sei von den Deutschen inauguriert worden. Denn »die Reformation, welche eine ganz neue Weltanschauung hervorrief, welche das ganze neuere Europa in seinem innersten aufrüttelte, umgestaltete, ging ebenfalls von uns aus.«[474] Die Deutschen seien also, so resümierte Hagen, »dem Gemeinen, Gewöhnlichen entrückt: wir sind immer geistig erhoben«.[475] Und an anderer Stelle hieß es, das »germanische Element« sei in historischer Hinsicht »dasjenige, welches in geistiger Bildung alle andern übertraf«.[476]

Hagen definierte die deutsche Nation in erster Linie als kulturelle Gemeinschaft und grenzte sich von der Vorstellung ab, dass Nationen

473 HAGEN, Volkscharakter, 1840, S. 137.
474 HAGEN, Volkscharakter, 1840, S. 137f.
475 HAGEN, Volkscharakter, 1840, S. 145.
476 HAGEN, öffentliche Meinung I, 1846, S. 631. Die Behauptung, die deutsche Nation sei anderen Nationen geistig und zivilisatorisch überlegen, findet sich bei Hagen des Öfteren. Siehe nur HAGEN, Hutten, 1838, S. 174f.; HAGEN, Weltliteratur, 1838, S. 11; HAGEN, Vermittlung, 1839, S. 190f.; HAGEN, Volkscharakter, 1840, passim. Vor dem Hintergrund dieses Überlegenheitsdenkens zeigte sich HAGEN, Volkscharakter, 1840, S. 138, beispielsweise überzeugt, dass die neuere *deutsche* »wissenschaftliche Bildung ebenfalls universell werden wird«, wie er auch insgesamt annahm, dass der historische Fortschritt in erster Linie durch die deutsche Nation vorangetrieben werde. Siehe dazu auch HAGEN, Hauptrichtungen, 1843, S. 84.

vorrangig auf staatlichen Ordnungen beruhten.[477] Insofern vertrat er ein Nationsverständnis, welches später mit dem Begriff ›Kulturnation‹ (in Abgrenzung zur rein politischen ›Staatsnation‹) umschrieben wurde.[478] Entscheidend bei diesem Denken ist, dass der Kultur eine Höherwertigkeit gegenüber dem Staatlichen oder Politischen eingeräumt wird, was auch für Hagens Schriften gilt. Besonders wertvolle kulturelle Äußerungen von »Nationalität« und »Volksthümlichkeit« sah er vornehmlich in den Schöpfungen einer *nationalen* Literatur, der er sich immer wieder widmete, die er zur einzig wahren Literatur stilisierte und von einer unzulänglichen »Weltliteratur« abgrenzte.[479] Ein kulturelles Moment erkannte Hagen aber ebenso in gesellschaftlichen Wertvorstellungen und Wesenszügen, etwa in dem Hang zum Idealen und einer hervorragenden Sittlichkeit, die er den Deutschen und ihrem Volkscharakter zusprach.[480] Politische Organisation war in dieser Hinsicht nur eine Folge oder Nebenerscheinung einer bereits bestehenden und in der Natur wurzelnden Nationalität, die sich nur dann als tragfähig erweist, wenn sie mit eben dieser Nationalität und ihren Eigenheiten in Einklang steht.

Doch im Gegensatz zu anderen Zeitgenossen, die die deutsche Nation ebenso als kulturelle Gemeinschaft sahen, sich aber gegen eine staatliche Verschmelzung Deutschlands wandten,[481] leitete Hagen aus dieser historisch-kulturellen Dimension das politische Kernziel des Nationalismus ab – das Ziel eines Nationalstaats: »Bei dieser intensiven Kraft der [deutschen] Nation, bei dieser geistigen und sittlichen Höhe, die sie

---

477 Siehe Hagen, Volkscharakter, 1840, S. 147: »Nicht äußere Dinge sind es, nicht Staatseinrichtungen [...], welche das Bestehen der Nationen verbürgen, sondern die Unverdorbenheit, die Sittlichkeit der Bürger.«

478 Zur Unterscheidung ›Kulturnation‹ und ›Staatsnation‹, die vor allem auf Friedrich Meinecke zurückgeht, siehe Jansen/Borggräfe, Nation, 2007, S. 13f.; Kunze, Nation, 2005, S. 27–29; Alter, Nationalismus, 1985, S. 19–24.

479 Hagen, Weltliteratur, 1838, S. 3–9; ferner Hagen, Hauptrichtungen, 1843, S. 80. Zum Stellenwert der Literatur bei Hagen siehe auch Hagen, Volkscharakter, 1840, S. 139, 142, 153f.; Hagen, Vermittlung, 1839, S. 172; Hagen, Absolutismus, 1842, S. 234 (»Die Literatur ist der Ausdruck vom Geiste der Nation«). Dass die Literatur auch im Fokus von Hagens Hauptwerk stand, macht auch dessen Titel *Deutschlands literarische und religiöse Verhältnisse im Reformationszeitalter* deutlich.

480 Hagen, Volkscharakter, 1840, S. 145–147.

481 Dies gilt etwa für Wilhelm v. Humboldt. Siehe Schulze, deutsche Geschichte, 1998, S. 38. Die Grenze zwischen der Ablehnung einer nationalstaatlichen Einheit Deutschlands und dem (unter den Wortführern des Nationalismus) weitverbreiteten Votum für eine föderative Grundordnung der deutschen ›Kulturnation‹ war fließend. Zur Geltung derart ›kulturnationaler‹ Denkmuster um 1800 siehe mit einigen Beispielen Schmidt, Kulturnation, 2007; zur föderativen Prägung des deutschen Nationalismus auch Langewiesche, Föderativer Nationalismus, 2000, mit weiteren Hinweisen.

über den übrigen Völkern Europas eingenommen – wie sollte da nicht der Wunsch entstehen, dem Vaterlande auch die Geltung gegen Außen wiederum zu verschaffen, die es früher besessen – die Kraft der Nation zu concentriren, damit sie auch in politischer Beziehung dieselbe Stellung einnehme, welche sie geistig behauptete!«[482]

In politischer Hinsicht betrachtete Hagen die Nation als Letztwert. Allein sie könne, so der durchgängige Tenor seiner Schriften, den legitimen Rahmen für eine politische Ordnung bilden. Andere Modelle als der Nationalstaat kamen für ihn nicht in Frage. Neben der Idealisierung von Epochen vermeintlich starker politischer Einheit und der Abwertung von Zeiten innerer Zersplitterung meinte der Historiker Hagen, die Zeichen der Zeit erkannt zu haben: »Gerade unsere Zeit hat die Aufgabe, den *Patriotismus* wieder zu Ehren zu bringen«.[483] Dass die Erfüllung dieses nationalpolitischen Ziels nur auf dem Boden einer angemessenen Geschichtsschreibung gelingen könne, war für Hagen selbstverständlich. Denn der »patriotische« Historiker sei am besten dazu befähigt, »einen deutsch patriotischen Sinn wieder zu erwecken«. Er könne am ehesten die »Aufgabe unserer Nation, sich ihrer selbst und ihres Charakters bewußt zu werden«, bewältigen: »Nichts könnte freilich besser dazu dienen, als eine Geschichte unseres Volkes vom nationalen oder patriotischen Standpunkte aus«.[484]

Die eigene Nation stellte für Hagen daher die ethische Richtschnur für politisches und soziales Handeln dar. Folgerichtig prangerte er alle Ideen und Verhaltensweisen an, die sich gegen die eigene Nation richteten oder Wesenszüge anderer Nationen voranstellten. So bezeichnete er es als »alten Fehler« der Deutschen, »daß uns das Ausländische schöner und anziehender erscheint, als was sich bei uns zu Hause findet. Es ist vielmehr die Pflicht, [...] unsere Landsleute von der Fremde zurückzuziehen, wo sie sich schon zu verlieren scheinen: sie wieder auf ihre Heimath, auf ihre vaterländischen Zustände zurückzuführen.«[485] Demgemäß missbilligte Hagen übernationale politische Strukturen ebenso wie das Gedankengebäude des Kosmopolitismus, habe dieser doch »zur nächsten und gewissesten Folge nicht anderes, als daß wir uns selbst vergessen, und dafür die Ausländerei einführen.«[486] Der Begriff der »Aus-

482 HAGEN, Hutten, 1838, S. 175.

483 HAGEN, Weltliteratur, 1838, S. 9. Hervorhebung im Original.

484 HAGEN, Volkscharakter, 1840, S. 136, 155f.

485 HAGEN, Hauptrichtungen, 1843, S. 81.

486 HAGEN, Volkscharakter, 1840, S. 143. Zur Kritik am Kosmopolitismus siehe auch HAGEN, öffentliche Meinung II, 1847, S. 665; zum Kosmopolitismus insgesamt oben, S. 115–118.

länderei« – für Hagen identisch mit der »Negierung der Nationalitäten« – wurde damit zum Schlagwort für ein Verhalten, das es unbedingt zu vermeiden galt.[487] Denn die »Ausländerei« war, indem sie wider die Nation war, zugleich wider die Natur und stand insofern jedem wünschenswerten und dauerhaften politischen Zustand entgegen. So resultierte aus diesem Denken auch die umgekehrte Forderung, die deutsche Kultur von fremden – und das hieß vor allem französischen – Elementen zu »reinigen«.[488]

Obzwar die Stärkung des Nationalbewusstseins für Hagen oberste Priorität genoss, stellte die Nation in seinen Schriften keinen ausschließlichen Letztwert dar. Vielmehr war die Idee der Nation mit den Vorstellungen von ›Freiheit‹ und ›Menschheit‹ unmittelbar verbunden. Insofern wäre es treffender, von einem Bündel sich wechselseitig bedingender Letztwerte zu sprechen, das seinen geschichtlichen und politischen Deutungshorizont bestimmte: So erklärte Hagen es zwar zur Aufgabe der Gegenwart, »den Patriotismus wieder hervorzurufen«, aber nicht »so schroff, wie ihn das Alterthum ausgebildet hatte, sondern gemildert und verklärt durch die Annahme der Idee der Menschheit.«[489] Auch die Freiheit und der Grad ihrer Verwirklichung wurden zu einem zentralen Gegenstand von Hagens wissenschaftlichen und politischen Reflexionen. Echte Freiheit war für Hagen jedoch nur auf nationaler Basis denkbar (Kap. 4.5). Dies zeigt, dass die Nation die oberste gesellschaftliche, politische und kulturelle Größe darstellte, auf die sich Hagens andere Leitwerte stets bezogen. Unzweifelhaft bleibt daher, dass für ihn die Nation die hierarchisch höchste Instanz hinsichtlich politischer Organisation war.

Während Hagen und Wuttke die deutsche Nation vor allem als eine kulturell überlegene Gemeinschaft präsentierten, rückte August Fried-

---

487 Zum Begriff der ›Ausländerei‹ siehe Hagen, Hauptrichtungen, 1843, S. 77–82, Zitat S. 79; Hagen, Volkscharakter, 1840, S. 141–145, 154f.

488 Hagen, öffentliche Meinung I, 1846, S. 623: »Es war charakteristisch für die deutsche Nation, daß sie in den letzten drei Jahrhunderten ihre Sprache – man verzeihe mir den Ausdruck – so verhunzt hatte: fast die Hälfte der Ausdrücke, namentlich der gesellschaftlichen, war fremdländisch, meistens französisch. Auf die Ausmerzung dieser Elemente war nun das Streben unserer Patrioten gerichtet.« Siehe ebenso S. 625 (»Versuche, die deutsche Sprache zu reinigen«); Hagen, Vermittlung, 1839, S. 172 (die französische Kultur sein in Deutschland »ein unnatürliches Gewächs und mußte wieder ausgestoßen werden«); ferner Hagen, Hauptrichtungen, 1843, S. 79–83.

489 Hagen, Weltliteratur, 1838, S. 14. Siehe auch Hagen, Verhältnisse, 1841, Bd. 1, S. 10: Die neuere Zeit »ruft endlich die Nationalitäten wieder hervor mit dem Patriotismus, aber ohne diesen zu der Schroffheit des Alterthums auszubilden, sondern sie verklärt und vergeistigt ihn durch die Idee der Menschheit.«

rich Gfrörer einen anderen Aspekt in den Mittelpunkt. In seinen Schriften erschienen die Deutschen als eine sonderlich wehrhafte, in Stärke und Kampfkraft überlegene Nation. Dieser Erzählstrang reichte zurück bis in die Antike. Mit ihm erklärte er nicht nur den erfolgreichen Widerstand der ›deutschen‹ Germanen gegen römische Eroberungsversuche, sondern auch, dass König Herodes I. »neben andern Leibwächtern auch Germanen in seinem Dienste gehabt« habe. »Warum wohl Mitglieder dieser fernen Nation? ohne Zweifel darum, weil man sie für die besten Soldaten hielt! Also muß man damals in Palästina wohl etwas von der Geschichte Germaniens zu erzählen gewußt haben.«[490] Diese kriegerische Überlegenheit der germanisch-deutschen Nation führte Gfrörer auf ihren besonderen Charakter zurück: Es »fehlt dem Teutschen weniger als vielleicht andern Nationen Europas an dem Soldatengeiste«,[491] der die deutsche Nation befähige, eine hegemoniale Stellung über den anderen Nationen Europas einzunehmen. Es war nach dieser Lesart nur folgerichtig, dass die Deutschen nach ihrer staatlichen Vereinigung, die Gfrörer in eine Beziehung zu ihrer Christianisierung setzte, »das große Wort im Abendlande führten und an der Spitze der Völker standen« und dass das deutsche Reich »die erste Rolle in Europa« spielte.[492]

Den wesentlichen Bruch in Gfrörers Darstellung der deutschen Geschichte markiert die Epoche zwischen Reformation und Westfälischem Frieden. Die reformatorische Bewegung, so die Grundaussage, habe, spätestens nach ihrem Bündnis mit den Reichsfürsten gegen den Kaiser, den Interessen der deutschen Nation geschadet und zur ihrer inneren Spaltung geführt, die mit dem Westfälischen Frieden 1648 besiegelt worden sei.[493] Das Ergebnis dieser Entwicklung sah Gfrörer im Verfall

---

**490** Gfrörer, Geschichte des Urchristenthums, 1838, Bd. 1/I, S. 48. Siehe auch Gfrörer, Allgemeine Kirchengeschichte, 1841, Bd. 1, S. 5; zur überlegenen Wehrhaftigkeit der deutschen Nation Gfrörer, Gustav Adolph, 1837, S. 1041; Gfrörer, Gustav Adolph, 1845, S. 1021; Gfrörer, Carolinger, 1848, Bd. 2, S. 64.

**491** Gfrörer, Gustav Adolph, 1837, S. 299.

**492** Gfrörer, Carolinger, 1848, Bd. 2, S. 489; Gfrörer, Gustav Adolph, 1845, S. 1019.

**493** Gfrörers Deutung der Reformation wandelte sich in den 1830er und 1840er Jahren tiefgreifend, was eng mit seiner allmählichen Abwendung vom Protestantismus und Zuwendung zum Katholizismus zusammenhing. Während Gfrörer der Reformation 1837 noch eine ursprünglich »ganz *nationale, teutsche* Richtung« (Gustav Adolph, 1837, S. 304, Hervorhebung im Original) unterstellte, die erst durch ihre Anlehnung an die Reichsaristokratie korrumpiert worden sei, hatte sich sein Standpunkt bis 1845 grundlegend verändert. Grundtenor war nun, dass die Reformation »zum Umsturze der Reichseinheit, und zum politischen Verderben der Nation ausschlagen mußte.« (Gustav Adolph, 1845, S. 235). Siehe hierzu ausführlich Brechenmacher, Geschichtsschreibung, 1996, S. 219–227; zur inneren Spaltung Deutschlands infolge der Reformation auch S. 229–236.

des deutschen »*Herrenvolks*« zu einem »*Bedientenvolk*«.[494] Von nun an waren es vornehmlich kontrafaktische Überlegungen, mit denen er die deutsche Überlegenheit zu untermauern suchte: Wäre es beispielsweise einem »tüchtige[n] Haupt« gelungen, die Nation politisch zu einen und die »germanische Sturmfluth« während des Dreißigjährigen Krieges »auf ein Ziel hinzulenken: wie, frage ich, wäre es dann den andern Nationen Europas ergangen? Die Antwort kann kaum zweifelhaft seyn: die aufkeimende teutsche Militärmacht hätte Alle unterdrückt und mit Füßen getreten.«[495] Und: »Was wäre aus Teutschland geworden, wenn die getrennten Glieder zu Einem Leibe zusammen[ge]schmolzen« wären? Auch hier war seine Antwort eindeutig: »Statt daß wir selbst anderthalb Jahrhunderte lang durch Fremde litten, hätten wir andere Nationen unterjocht.«[496] Die implizite Botschaft solcher Aussagen war offenkundig. Nur eine feste politische Einheit verschaffe der Nation die nötige Macht, um ihre Interessen durchsetzen und sich ihrer Feinde erwehren zu können – die nationalstaatliche Einheit avancierte somit zur wichtigsten und höchsten politischen Zielvorgabe.[497]

Die Stilisierung der Nation zu einem Letztwert und die Überhöhung der deutschen Nation waren bei Gfrörer nicht kritisch-reflektiert, wiesen aber stets eine historische Dimension auf. So zeigte er sich sicher, mit Quellen belegen zu können, dass sich die Deutschen »vor andern Völkern durch unbändigen Nationalstolz aus[zeichneten]« und »auf die übrigen Nationen, wie auf Geschöpfe niederer Art herab[sahen]« – nicht ohne dabei ausdrücklich zu unterstreichen, dass dieser Stolz keinesfalls verwerflich sei.[498] Dass die Nation nicht nur einen hohen, sondern den ultimativen Wert darstellt, für den die Nationsangehörigen sogar zu sterben bereit sind, war für Gfrörer kein Phänomen der Neuzeit oder Gegenwart. Vielmehr bildeten die Deutschen seit Jahrhunderten »eine

---

**494** Gfrörer, Gustav Adolph, 1845, S. 1020. Hervorhebung im Original.

**495** Gfrörer, Gustav Adolph, 1845, S. 1021.

**496** Gfrörer, Gustav Adolph, 1837, S. 1041. Siehe auch ebd., S. 300: Ein »vereintes Teutschland hätte Kraft genug gehabt, ganz Europa Gesetze vorzuschreiben.«

**497** Gfrörer, Carolinger, 1848, Bd. 2, S. IIIf. Siehe auch Gfrörer, Gustav Adolph, 1837, S. XX: »Dieß ist auch jezt noch meine Ansicht, die ich nicht verläugne. Einheit und Kraft der Staatsgewalt oder der Krone […] ist das nothwendigste und nützlichste Ding.« Siehe ferner ebd., S. 295f., 478. Um Deutschlands nationale Einheit zu verwirklichen, schien Gfrörer sogar bereit, eine Fremdherrschaft zu akzeptieren: Gfrörer, Gustav Adolph, 1845, S. 1016: »Niemand hat Gustav nach Teutschland gerufen. Wie ein Räuber ist er in unser Reich eingebrochen. Nur durch eine große politische Wohltat, nur dadurch, daß er unserer Nation ihre Einheit zurückgab, konnte er das schreiende an Teutschland verübte Unrecht gut machen. Um einen solchen Preis hätten wir uns die Herrschaft des Fremdlings gefallen lassen können.«

**498** Gfrörer, Gustav Adolph, 1845, S. 1019.

Nation, deren niederste wie höchste Glieder das Leben für die Gegenstände ihres Hasses und ihrer Liebe einsetzten.«[499] Deshalb hätten sich unter den Deutschen auch immer Männer gefunden, »welche die Lanze und die Pickelhaube von der Wand herunterreißen, um in ihres Kaisers oder Königs Kämpfen freudig ihr Blut zu verspritzen, wenn diese die Sprache des Volks, von Haß gegen fremde Unterdrücker, von Ruhm des Reichs und Freiheit zu ihnen reden.«[500]

Doch bei aller Überhöhung der deutschen Nation blieb Gfrörer dem Nationalitätsprinzip insofern treu, als dass er politische Gebilde, die über nationale Grenzen hinausreichten, strikt ablehnte. Eine »Universalmonarchie« war in Gfrörers Augen ein politisches Gebilde auf unnatürlicher Grundlage, also ein Gebilde, dass letztlich zum Scheitern verurteilt sei, dass aber schon deshalb abzulehnen sei, weil hierdurch die innere und äußere Machtbalance nicht mehr gegeben war. Damit war auch – anders als bei Wuttke – allen deutsch-imperialen Plänen eine klare Absage erteilt.[501]

Als höchster Wert erschien die Nation in verschiedenen Schriften Johann Gustav Droysens. Zwar sah auch er die Nation nicht losgelöst von anderen sozialen Bezugsgrößen, doch war das Nationale gegenüber anderen Loyalitätsbindungen privilegiert. Der aus seinen *Freiheitskriegen* stammende Satz, »das nationale Dasein [ist] das Höchste und Letzte, das Einzige; ihm opfert man Alles, aus ihm wird Alles geprägt«, bezog sich zwar auf die jakobinische Terrorherrschaft; doch spiegelte sich in seiner Darstellung eine gewisse Bewunderung für dieses »grausig großartige System des Schreckens«.[502] Besonders drastisch gab Droysen seine nationalistischen Überzeugungen in der schon erwähnten Verdun-Rede von 1843 zu erkennen. In ihr visierte er »*eine feste unauflösliche,*

---

**499** Gfrörer, Gustav Adolph, 1845, S. 1019.

**500** Gfrörer, Gustav Adolph, 1837, S. 308.

**501** So vertrat Gfrörer, Gustav Adolph, 1837, S. 301, die Ansicht, dass »jeder Staat, der nach Unterjochung aller andern, und somit nach einer Universal-Monarchie strebt, als der Todfeind des menschlichen Geschlechts, gleichsam als der politische Teufel angesehen und verfolgt werden muß«. Dieser Standpunkt ließ Gfrörer etwa den Untergang der (von vielen seiner Zeitgenossen idealisierten) ottonischen Königsherrschaft als eine glückliche Fügung erscheinen: Gfrörer, Geschichte des Urchristenthums, 1838, Bd. 3, S. 395: »Die *Ottonen* arbeiteten kräftig an einer Universalmonarchie – von welcher andern Nation konnte dieselbe auch ausgehen, als von uns? – Hätten vier, fünf Herrscher in gleichem Sinne gehandelt, wie Otto I, das furchtbare Ziel wäre erreicht worden. Zum Glück für Europa gingen sie unter.« Hervorhebung im Original. Ähnlich bewertete Gfrörer ebd. die Staufer-Dynastie. Siehe zu dieser Anschauung Gfrörers Haltung auch unten, S. 142f.

**502** Droysen, Freiheitskriege, 1846, Bd. 1, S. 458. Droysens positive Darstellung der jakobinischen Terrorherrschaft hebt auch Kraus, Entfaltung der Freiheit, 2010, S. 88f. hervor.

*nicht bloß diplomatische, sondern nationale Einheit*« Deutschlands als unbedingtes Kernziel an. Den Standpunkt, dass »Deutschland um jeden Preis einig sein muß«, verband er mit dem ausdrücklichen Aufruf an alle Deutschen, die nationale Einheit obenan zu stellen und für ihre Vollendung das Liebste und Teuerste zu opfern.[503] Andersdenkende verunglimpfte er als »verkrüppelt und verstümmelt«; es sei die Pflicht jedes Deutschen, »die Sache des großen Vaterlandes zu vertreten, dessen Einheit unsere Freiheit, dessen Ehre unsere Ehre, dessen Zukunft unsere Zukunft ist.«[504] Auf die nationale Einheit solle sich »alle Hoffnung, alles Dichten und Trachten deutscher Männer« wenden, sie solle – als höchster Wert und oberstes Ziel – »Allen über Alles« stehen. Nichts anderes mehr solle man wissen, »als daß Deutschland weiter muß, sich stärker einen, sich freier entfalten, die ganze Fülle gesunden frischen Lebens im Volk hinausarbeiten an das helle Tageslicht der Geschichte. Das ganze große Volk lebe und webe in diesen Gedanken, sie seien die Luft, die es athmet.«[505]

Diese Überhöhung des Nationalen hatte eine historische Dimension, denn in der nationalstaatlichen Einheit sah Droysen das zeitgemäße und sonach überlegene politische Prinzip verwirklicht. So erläuterte er, dass die militärischen Erfolge der »nationalen Macht« Frankreich in den Revolutionskriegen »um so größer werden« mussten, »je weiter die Mächte, gegen die man kämpfte, davon entfernt waren, nationale Staaten zu sein.«[506] Erst nachdem auch die anderen Mächte selbst als Nationen aufgetreten waren, sei es möglich gewesen, Frankreich zu besiegen.[507]

Diese Überlegenheit des nationalen Prinzips verband Droysen mit einer angeblichen Überlegenheit des deutschen Wesens. Schlössen sich, so stellte er in verschiedenen Texten in Aussicht, die Deutschen zu einer festen nationalen Einheit zusammen, wie es ihrer »edlen, kraftvol-

---

**503** Droysen, Verdun, 1843, S. 32. Hervorhebung im Original.

**504** Droysen, Verdun, 1843, S. 34f. Droysen erklärte ebd. die nationale Einheit zur Frage des gesamten (männlichen) Volkes: Auch »der schlichte Bürger und Bauer, an seiner Sprache soll er's hören und in seinem Herzen empfinden, daß er ein deutscher Mann ist«.

**505** Droysen, Verdun, 1843, S. 35.

**506** Droysen, Freiheitskriege, 1846, Bd. 2, S. 5.

**507** Droysen, Stellung Preußens, 1845, S. 52: »Gemeinsam trat das alte Europa gegen die nationalen Bewegungen von 1789 auf. Aber als sie sich siegreich kämpfend zum Napoleonischen Kaiserthum gipfelte, war es doch wieder nur die nationale Bewegung, mit der man solche Macht zu brechen vermochte.« Siehe auch Droysen, Freiheitskriege, 1846, Bd. 1, S. 11–16; Bd. 2, S. 492–498 sowie die in Anm. 333 angegebene Literatur.

len, bewährten Nationalität« gebühre,[508] wäre Deutschland, so die Folgerung, die zentrale und unbezwingbare Kraft in Europa.[509] Diese herausgehobene Stellung der deutschen Nation führte Droysen (ähnlich wie Heinrich Wuttke und Karl Hagen) auf eine kulturelle Überlegenheit zurück. Eine 1841 gehaltene Vorlesung über *Deutsche Culturgeschichte* leitete er mit der Behauptung ein, »daß unser Vaterland der Träger der geistigen Entwickelung, Geburtsstätte alles Größten und Herrlichsten in Kunst und Wissenschaft ist.«[510] Zu dieser geistig-kulturellen Sphäre zählte Droysen insbesondere die Reformation, die nach seiner Auffassung aus »dem eigensten Wesen des deutschen Gemüths erwachsen« war und in der er mehr als nur eine religiöse Erneuerung erkannte, sondern zugleich die Durchsetzung eines überlegenen weltanschaulichen Prinzips und insofern den Anbruch eines neuen Weltzeitalters.[511] Dieses einzuleiten und zu gestalten wurde somit zur exklusiven Aufgabe der deutschen Nation stilisiert. Abgesehen von dieser geschichtsteleologischen Aufwertung der deutschen Nation lässt sich in Droysens Arbeiten außerdem die (für August Friedrich Gfrörer charakteristische) Annahme einer überlegenen Wehrhaftigkeit und Kraft der deutschen Nation ausmachen, zum Beispiel wenn Droysen die deutschen Soldaten als die eigentlichen Bezwinger Napoleons überhöhte oder erklärte, die Deutschen waren bisher »jedem Feinde zur Vertheidigung gewachsen«[512] – freilich nur, solange sie als Nation zusammengestanden hätten.[513] Inso-

---

**508** Droysen, Deutsche Briefe, 1844, S. 22.

**509** Droysen, Stellung Preußens, 1845, S. 61–64. Siehe auch Droysen, Verdun, 1843, S. 36, wo Droysen die Utopie eines staatlich geeinten Deutschlands ausmalt. Dieses werde »groß, stark, frei [sein], in der Einheit seiner Völker blühend, weiterstrebend in der treubewahrten Mannigfaltigkeit seiner Stämme, mächtig zu Schutz und Trutz, unauflöslich in gerechter Eintracht, ein unbezwinglicher Damm gegen den Eisgang vom Osten, gegen den Vulkan im Westen.«

**510** Droysen, Vorlesungen über *Deutsche Culturgeschichte*, 1841, S. 276.

**511** Droysen, Verdun, 1843, S. 12, zur historischen Mission der Deutschen auch S. 7. Siehe ebenso Droysen, Vorlesungen über die *Geschichte der neuesten Zeit seit 1815*, 1843, S. 197: »nur die Mehrzahl germanischer Völker errang diesen unerschöpflichen Born geistigen Lebens.« Zu Droysen Reformationsdeutung siehe auch oben, Anm. 325.

**512** Droysen, Freiheitskriege, 1846, Bd. 2, S. 189. Zur Rolle der *deutschen* Soldaten im Kampf gegen Napoleon Droysen, Stellung Preußens, 1845, S. 33: »von den Truppen, die ihn erkämpft, und zwar bei Belle Alliance, nicht bei Waterloo, dem Hauptquartier Wellingtons, waren vier Fünftel Deutsche«.

**513** Droysen, Deutsche Briefe, 1844, S. 6: »Aber groß und mächtig war [Deutschland], so lange es in seinem Kaiserthum einheitlicher war als irgend eines der Nachbarländer; es sank in dem Maaße, als es rings umher von nationalen Einigungen überflügelt ward.« Die gleiche Deutung bei Droysen, Verdun, 1843, S. 30. Droysen, Deutsche Briefe, 1844, S. 22, behauptete auch, es bestehe ein allgemeines Bewusstsein über diese negativen Folgen der Zersplitterung Deutschlands: »Das fühlen die deutschen Völker; sie haben das Recht, von dem Staat, dem sie angehören, dem sie ihr Hab und Gut, ihr Leib und Leben zu opfern bereit sein sollen, den

fern war auch hier der vermeintlich historische Nachweis der deutschen Überlegenheit mit dem Appell an eine feste nationale Einheit verbunden.

Auch für Georg Waitz waren die Deutschen zweifellos »ein starkes, edles Volk«.[514] Jedoch äußerte sich Waitz in Bezug auf eine Überhöhung der deutschen gegenüber anderen Nationen durchaus ambivalent. Einerseits sprach er sich dagegen aus, »in den Germanen ein Volk [zu] erkennen, das besser, vollkommener, reiner gewesen als irgend ein anderes der Geschichte.«[515] Andererseits ist kaum zu übersehen, dass die Überlegenheit des »deutschen Wesens« oder des »germanischen Elements« einen Leitgedanken seiner Arbeiten darstellte.[516] So beschäftigte sich Waitz in einem 1848 in der *Allgemeinen Zeitschrift für Geschichte* veröffentlichten Aufsatz mit der Frage, »welchen Einfluss das germanische Element auf die Entwicklung, die politische, sociale, literarische, des neueren Europa gehabt hat«.[517] In diesem Zusammenhang sprach er anderen Völkern, vor allem den Kelten und Slawen, die Fähigkeit ab, zum Fortschritt der Menschheit beizutragen – sie könnten allenfalls auf primitivere Völker positiv einwirken.[518] Für das Altertum gestand Waitz auch der römischen Welt einen fruchtbaren Einfluss auf Recht und Verfassung anderer Völker zu. »Aber das bildende Element in der späteren Geschichte gewesen zu sein und das welches wahrhaft neues Leben und kräftigen Fortschritt den Verhältnissen Europas gegeben hat, nehme ich für die Germanen in Anspruch«.[519] Denn alles das, »was wahrhaft stark und lebensfähig war«, werde man »nur auf germanischer Seite finden.«[520]

Im Niedergang des römischen Reichs sah Waitz eine tiefe Zäsur der europäischen Geschichte, vor allem weil dadurch der Weg für die Ver-

---

Schutz, die Würde, die Macht zu fordern, auf welche ihnen das Bewußtsein einer edlen, kraftvollen, bewährten Nationalität Anspruch giebt. Für die deutschen Völker ist der Name des Staates, der allein ihnen gerecht zu werden vermag, das gesammte Deutschland.«

514 Waitz, Deutsche Verfassungsgeschichte, 1844, Bd. 1, S. XIf.

515 Waitz, Deutsche Verfassungsgeschichte, 1844, Bd. 1, S. 6.

516 Siehe etwa Waitz, deutsche Historiographie II, 1844, S. 113, wo er den Deutschen einen besonderen Sinn für Geschichte zuschreibt; ebenso Waitz, Jahrbücher, 1837, S. 1, wo er einen historischen »Vorrang« des deutschen Reichs gegenüber anderen Monarchien behauptet, und ebd., S. 36: »wenn sich aber alle [deutschen Stämme] vereinigten, vermochte nicht leicht ein Volk der Deutschen Macht zu widerstehen.«

517 Waitz, germanisches Element, 1848, S. 59. Diese Frage gehörte für Waitz zu »den wichtigsten Gegenständen, welchen die historische Wissenschaft unserer Tage sich zuwendet«.

518 Waitz, germanisches Element, 1848, S. 60–62, 67f., 70.

519 Waitz, germanisches Element, 1848, S. 62.

520 Waitz, germanisches Element, 1848, S. 64.

breitung des »germanischen Elements« gebahnt wurde: »die römische Welt musste verfaulen, um den Boden zu düngen, auf dem die neuen, wesentlich germanischen Institutionen erwachsen sollten.«[521] Zugleich hätten sich die Germanen dadurch ausgezeichnet, wertvolle fremde Einflüsse aufzunehmen und zu veredeln. So habe das Christentum zuerst unter den Germanen »eine Stätte zur vollen und freien Entwicklung seiner ewigen Bedeutung« gefunden.[522] Das germanische Volk erschien damit als Schrittmacher der europäischen Geschichte. Regionen, denen die »Verjüngung durch germanisches Blut und germanische Kraft«[523] versagt blieb – Waitz nannte hier die Balkanhalbinsel –, fielen dauerhaft der Rückständigkeit anheim. Das »germanische Element« war demnach die überlegene Kraft, die von anderen Völkern Europas verinnerlicht wurde und damit den historischen Fortschritt vorantrieb. Dementsprechend formulierte Waitz auch die Aufgabe für die Geschichtswissenschaft. Es komme für die Spätantike weniger darauf an, den Untergang des römischen Reichs darzustellen; vielmehr gehe es darum, »nachzuweisen, wie auf den Trümmern des gefallenen Römerreichs das neue germanische Europa sich auferbaute.«[524]

Ähnliche Gedanken finden sich auch in anderen Texten Waitz', etwa in der *Deutschen Verfassungsgeschichte*, in der er ebenfalls die Ansicht vertrat, dass sich der »Vorzug des deutschen Volkes« gegenüber dem als amoralisch stigmatisierten, romanisch-gallischen Volk durchsetzen musste.[525] So führte Waitz auch jegliche Tendenzen von »Verwilderung und Entsittlichung« des germanisch-deutschen Volkes auf einen schädlichen Einfluss der »verweichlichten in Sittenlosigkeit versunkenen Romanen« zurück.[526] In diesem historiographischen Deutungsschema war es nur logisch, dass dem deutschen Volk nach seiner politischen Loslösung von den Romanen der »Vorrang« unter allen Völkern zufallen musste.[527]

Die Überhöhung der Geschichtsmächtigkeit eines »germanischen Elements« korrelierte mit dem Stellenwert, den Waitz dem Nationalen für das politische Zeitgeschehen zuschrieb. Vor dem Hintergrund des Schleswig-Konflikts forderte er 1843 in dem Aufsatz *Ueber unser histori-*

521 Waitz, germanisches Element, 1848, S. 64.
522 Waitz, germanisches Element, 1848, S. 70.
523 Waitz, germanisches Element, 1848, S. 67.
524 Waitz, germanisches Element, 1848, S. 71.
525 Waitz, Deutsche Verfassungsgeschichte, 1847, Bd. 2, S. 47.
526 Waitz, Deutsche Verfassungsgeschichte, 1847, Bd. 2, S. 71–73.
527 Waitz, Jahrbücher, 1837, S. 1.

*sches Recht* für ganz Deutschland eine Rückbesinnung auf das eigentlich Deutsche, damit »Alles geschehe, daß die Einheit der Deutschen lebendiger, kräftiger, ausgesprochener werde, daß Völker und Regierungen zu demselben Zweck zusammen wirken, damit man in den einzelnen Staaten jederzeit die Theile des großen Ganzen erkenne, und [...] es ein wahres Deutschland gebe.« Dazu müsse man »Alles Fremde abthun, im Großen und im Kleinen, alles Heimische, Vaterländische fördern«.[528] Es gelte, »Deutsches Wesen, wo es sich findet, zu schützen, zu fördern, Deutsche Ehre zu bewahren«. Das Ziel einer Rückführung der Gegenwart auf ihr geschichtliches Fundament war also verbunden mit der Verklärung der Nation zum absoluten und obersten politisch-gesellschaftlichen Wert. Dementsprechend verlangte Waitz, dass die »Angelegenheiten des Deutschen gemeinsamen Vaterlandes« einem jeden Deutschen nicht nur »heilig«, sondern auch »die höchsten seyn« sollen.[529]

Während die Nation in den Werken Wuttkes, Hagens, Gfrörers, Droysens und Waitz' in deutlicher Weise als politischer Letztwert erschien, waren die Äußerungen Dahlmanns in dieser Hinsicht durchaus widersprüchlich. Angesichts der sich abzeichnenden Niederlage Napoleons stellte er im März 1814 die Überlegung an, dass die supranationalen Herrschaftsverhältnisse in Mitteleuropa »die Veranlassung zu einem ächt-europäischen Verein geben [könnten], der, befreit von einer zu starren und engbrüstigen Nationalität, auf der gegenseitigen Achtung und Anerkennung sich gründete.«[530] Schien Dahlmann das Merkmal der Nationalität hier eher negativ zu konnotieren (jedenfalls nicht als Letztwert zu verstehen) und eine politische Neuordnung Europas im Sinne eines ›Völkerfrühlings‹ zu favorisieren, enthielten seine frühen Arbeiten aber zugleich xenophobe Bemerkungen, die eine krasse Geringschätzung anderer Völker zum Ausdruck brachten (Kap. 5.1). Mit dieser Herabsetzung anderer Nationen ging die Überhöhung der deutschen Nation einher, der Dahlmann einen höheren kulturellen Rang zusprach. So erkannte er in Deutschland nicht nur das geographische, sondern auch das kulturelle Zentrum Europas, in dem »der geistige Ertrag der verschiedenen Europäischen Völkerschaften zusammenfließen muß, wie alles Geäder des menschlichen Körpers seinen heilsamen Saft zum Herzen schickt, das ihn veredelt wieder zurück giebt.«[531] Neben ei-

528 Waitz, historisches Recht, 1843, S. 111f.
529 Waitz, historisches Recht, 1843, S. 115.
530 Dahlmann, Schicksale, 1814, S. 52.
531 Dahlmann, Schicksale, 1814, S. 50.

ner Höherwertigkeit der deutschen Kultur propagierte er auch den von Gfrörer wiederholt formulierten Gedanken, bei den Deutschen handele es sich um ein besonders kampfkräftiges und tapferes Volk.[532]

Wenngleich Dahlmann die Nation nicht ausdrücklich zum ultimativen Wert verklärte, kam die ideelle Überhöhung Deutschlands in derartigen Äußerungen doch zumindest indirekt zum Ausdruck. Diese Haltung spiegelte sich auch in der religiösen Aufladung seiner nationalistischen Rhetorik wider. Deutlicher als bei den anderen fünf Historikern war Dahlmanns Nationalismus von sakralen Leitbildern gekennzeichnet – etwa wenn er die emotionale Verbundenheit mit der eigenen Nation als »das heiligste Gefühl« beschrieb, die nationalen Grenzen zu »heiligen Landmarken« stilisierte oder »dem Himmel« dankte, »daß er mich als Deutschen hat geboren werden lassen«.[533] In solchen Bemerkungen offenbarte sich die quasireligiöse Dimension nationalistischer Denkfiguren, namentlich der für den Nationalismus typische Glauben an die Auserwähltheit des eigenen Volkes.

## *4.3 Die Nation als auserwähltes Volk*

Die Überzeugung, dass es sich bei der deutschen Nation um ein auserwähltes Volk handelt, brachte Friedrich Christoph Dahlmann im Juli 1815 auf den Punkt. Anlässlich des Sieges über Napoleon bei Waterloo erklärte er in einer von pathetisch-religiösen Wendungen durchdrungenen Rede: »*Ein großes Heil ist uns wiederfahren*«. In diesen Ausführungen erschien die deutsche Nation als Heilsgemeinschaft, die ihre »Erlösung« und »glorreiche Auferstehung« einem Akt göttlicher Gnade verdanke: »Eine höhere Hand [...] hat uns den Sieg geschenkt«. Ganz im Sinne einer nationalistisch-eschatologischen Prädestinationslehre prophezeite Dahlmann: »sie führt uns einer glücklicheren Zukunft entgegen. *Darum dürfen wir uns freuen.*«[534] Waren diese Äußerungen aus dem Kontext der ›Befreiungskriege‹ noch von einem nationalistischen Optimismus getragen, schlug sich die im Vormärz enttäuschte Hoff-

532 Dahlmann, Wort über Verfassung, 1815, S. 33: »der Deutsche darf sich jetzt wieder wie vor Alters in kriegerischer Tugend mit jedem Volk auf Erden messen.«

533 Dahlmann, Sieg vom 18. Junius, 1815, S. 3, 6; Dahlmann, Erster Vortrag, 1842, S. 311.

534 Alle Zitate Dahlmann, Sieg vom 18. Junius, 1815, S. 2–6. Hervorhebungen im Original. Ebd., S. 11: »*Heil den Deutschen*, welche aus tiefer Noth Errettung gefunden haben, und noch der späte Enkel rufe dankbar: *Heil Blüchern und den Streitern für das deutsche Vaterland.*«

nung auf eine nationale Einheit auch in der Rolle nieder, die Dahlmann einer höheren Macht im Nationsbildungsprozess zudachte. Seine 1845 veröffentlichte *Geschichte der französischen Revolution*, mit der er ein Negativbeispiel für politisches Handeln zu liefern beabsichtigte, schloss er mit der Bemerkung, dass es »Weisungen von oben giebt, welche die irren Bahnen der schwachen Sterblichen erleuchten, [...] unverrückt weist der große Zuchtmeister der Welt immerfort auf dieselbe Aufgabe hin, sucht seine störig-trägen Schüler mit unsäglichen Leiden heim.«[535] Politische Erlösung in Form eines Verfassungsstaates erschien nun nicht mehr als etwas der Nation Zufallendes, sondern als etwas, das erarbeitet werden muss, indem man aus der Geschichte die richtigen Lehren zieht und sie zur Grundlage politischen Handelns macht.

Ebenso deutlich verband Droysen seine Deutung der Geschichte mit seinem Glauben. Nach seiner Vorstellung folgte der Gang der Geschichte einem göttlichen Weltplan.[536] Diese Vorsehung zu ergründen und zu rechtfertigen betrachtete er als eigentliche Aufgabe der Geschichtswissenschaft. So setzte er voraus, »daß eine Gotteshand uns trägt, daß sie die Geschicke leitet, große wie kleine. Und die Wissenschaft der Geschichte hat keine höhere Aufgabe, als diesen Glauben zu rechtfertigen, darum ist sie Wissenschaft.«[537] Wenngleich Droysen die Erkenntnismöglichkeiten des Historikers mit Blick auf die »göttliche Weltordnung« für eingeschränkt hielt (dies betraf namentlich Beginn und Ende der Geschichte), meinte er jedoch, die Bewegung in der Geschichte erkennen zu können: den vernunftgeleiteten Fortschritt im Sinne einer schrittweisen Verwirklichung der Freiheit.[538] Da Droysen den Nationen eine wesentliche Rolle in diesem Fortschrittsprozess attestierte, erfüllten sie seiner Ansicht nach bestimmte weltgeschichtliche Berufe, die ihnen von der Vorsehung zugewiesen waren.

Den Glauben an eine nationale Prädestination brachte Droysen besonders mit Blick auf die deutsche Nation zum Ausdruck. So habe die Vorsehung sie auserkoren, mit der Reformation ein neues weltgeschicht-

535 Dahlmann, Geschichte der französischen Revolution, 1845, S. 475f.

536 Fleischer, Geschichtserkenntnis, 2009, S. 77–88.

537 Droysen, Freiheitskriege, 1846, Bd. 1, S. 5. Ebenso Droysen, Privatvorrede, 1843, S. 228: »Die höchste Aufgabe unserer Wissenschaft ist ja die Theodicee«; Droysen, Vorlesungen über die *Geschichte des Mittelalters*, 1840, S. 168: »So gewiß wir an die Vorsehung glauben, so gewiß ist Fortschreiten da, und die Wissenschaft hat keine höhere Aufgabe, als diesen Glauben zu rechtfertigen.« Siehe auch Droysen, Vorlesungen über *Alte Geschichte*, 1843, S. 143; ferner Droysen, Preußische Verfassung, 1847, S. 70; Droysen an Friedrich Perthes [30. Oktober 1836, 8. Februar 1837]. In: Droysen, Briefwechsel, 1929, Bd. 1, Nr. 52, 60; S. 103–105, 117–119.

538 Fleischer, Geschichtserkenntnis, 2009, S. 88. Siehe auch oben, S. 87.

liches Zeitalter einzuleiten. Dies sei der deutschen Nation vorbehalten gewesen, denn Droysen sprach anderen Nationen die Fähigkeit ab, die geistigen Prinzipien der Reformation zu realisieren, also die ›deutsche‹ Aufgabe zu erfüllen.[539] Auch mit Blick auf die eigene Gegenwart sprach Droysen wiederholt von einem »Beruf« Deutschlands – zum Beispiel, wenn er erklärte, das deutsche Volk sei »von Gottes Gnade *ein* Volk« und dazu »berufen [...], den Segen und die Würde solcher Einheit zu erringen«;[540] oder er für sich in Anspruch nahm, »mit dem Bewußtsein eines hohen Berufes« Deutschlands ausgestattet zu sein.[541] Doch blieb er mit solchen Aussagen zur künftigen weltgeschichtlichen Stellung der deutschen Nation im Vagen. Programmatische Bedeutung für Droysens Geschichtsschreibung bekam die Annahme eines (preußisch-)deutschen Weltberufes erst nach 1849.[542]

Auch Hagen äußerte die Überzeugung, dass »eine Vorsehung in der Entwicklung der Menschheit« waltet: »*sie* leitet unsere Geschichte, und nur zu unserem Heile.«[543] Dieses Denkmuster, das augenscheinlich von theologischen Prämissen getragen war,[544] verhieß eine Erlösung der Menschheit – eine Erlösung, die aber erst durch die politische Autonomie aller Nationen möglich würde. Laut Hagen wies die Vorsehung den verschiedenen Nationen in diesem heilsgeschichtlichen Prozess bestimmte historische Aufgaben zu. Daraus leitete er das – letztlich politische – Gebot ab, dass »jener Patriotismus« erstrebt werden solle, der sein Volk »zu der Vollkommenheit zu erheben strebt, die es nach seiner volksthümlichen Entwicklung zu erreichen im Stande ist, so daß es die Aufgabe, welche ihm die Vorsehung gesteckt, auf eine würdige Weise löst und vollführt.«[545] Mit Blick auf die eigene Gegenwart glaubte Hagen zu erkennen, dass sich auch die deutsche Nation ihrer welthistorischen Aufgabe wieder bewusst werde. Denn das deutsche Volk, so schrieb er, erhebe sich »nach langer Zeit wieder zu dem Gefühle seiner politischen

539 Siehe Anm. 325 sowie S. 134.

540 Droysen, Preußische Verfassung, 1847, S. 77. Hervorhebung im Original.

541 Droysen, Verdun, 1843, S. 36.

542 Dazu Hardtwig, Preußens Aufgabe, 1990, bes. S. 133–146. Siehe aber Droysen, Verdun, 1843, S. 23: »Es ist keine patriotische Verblendung, wenn wir Deutschen die Idee des neuen Staates zu gestalten unsere Aufgabe nennen.«

543 Hagen, Hutten, 1838, S. 267. Hervorhebung im Original.

544 Hagen, öffentliche Meinung II, 1847, S. 666: »In der Menschheit waltet eine Kraft [...]; hundertmal zu Boden geschlagen, wird sie sich dennoch immer wieder erheben, mit neuer Stärke zu neuen Siegen: denn sie hat noch einen höhern Ursprung, als der Tellus Sohn Antäus – den Geist Gottes!«

545 Hagen, Weltliteratur, 1838, S. 22.

Bedeutung, zu der Ahnung der großen Rolle, die es unter den Nationen Europas einzunehmen berufen ist.«[546]

Worin diese »große Rolle« besteht, hatte Hagen in einem anderen Aufsatz dargelegt. Ausgehend von der These, dass alle weltgeschichtlichen Wenden von Deutschland aus eingeleitet worden seien,[547] hatte er der deutschen Nation eine historisch-politische Führungsmission für die gesamte Menschheit zugesprochen: Keine Nation sei »so sehr dazu berufen, eine Regeneration der gegenwärtigen Menschheit ins Werk zu setzen, als die deutsche.« Da schon in der Vergangenheit alle großen Bewegungen von Deutschland ausgegangen seien, werde »die zukünftige neue Ordnung der Dinge, [werde] die rettende Idee der neuen Entwicklung auch nur von der deutschen Nation ausgehen können.«[548] Bei dieser Ordnung bzw. Idee handelte es sich um eine positive politische Freiheit – und das hieß: eine politische Freiheit auf nationaler Grundlage.[549] Dies war nicht nur Hagens eigene politische Zielstellung, sondern auch nicht weniger als die Verwirklichung des welthistorischen Programms, das Hagen der Neuzeit zugewiesen hatte.[550]

In August Friedrich Gfrörers Schriften erschien der Auserwähltheitsglaube zunächst als ein historisches Phänomen, ein Phänomen, das er, vor allem in seiner *Kritischen Geschichte des Urchristenthums*, dem jüdischen Volk zuschrieb. Diese Zuschreibung hatte neben einer religionsgeschichtlichen immer auch eine nationalgeschichtliche Dimension, denn sie bezog sich ausdrücklich auf die Juden als Nation.[551] Während die Idee einer nationalen Prädestination hier nur einen historischen Unter-

---

546 Hagen, öffentliche Meinung II, 1847, S. 665.

547 Hagen, Vermittlung, 1839, S. 190f. Ebenso Hagen, Volkscharakter, 1840, S. 137f.

548 Hagen, Vermittlung, 1839, S. 190f. Diese historische Notwendigkeit findet sich auch bei Hagen, Volkscharakter, 1840, S. 151: »wenn Deutschland eine neue Richtung ergreift und ins Leben einführt, muß [!] sie die allgemeine der Menschheit sein und werden.«

549 Hagen, Vermittlung, 1839, S. 191f.: »Und dieß positive Element [der politischen Freiheit] ist unser Vaterland, unser Volksthum, der Geist unseres germanischen Rechts, die Freiheit unserer Ahnen: Alles das, was unser früheres großartiges Volksleben erzeugt hat, was es auch jetzt wieder zu erzeugen vermag. Denn nur in einem wahrhaften Volksleben ist Heil und Rettung zu suchen: nur durch ein Volksleben, welches die edelsten, die schönsten, die gewaltigsten Kräfte der Nation zum Bewußtsein bringt, zur Thätigkeit kommen läßt, wird die Entsittlichung, die allgemeine Auflösung, die Zerissenheit unserer Verhältnisse gehemmt werden: nur durch ein solches wird eine schöne Harmonie aller Richtungen, aller Bestrebungen, wird eine großartige Vermittlung eintreten können!«

550 Siehe oben, S. 115–118.

551 Gfrörer, Kritische Geschichte des Urchristenthums, 1835, Bd. 1, S. LXV: »Sofort schließt Jehova mit Abraham einen Bund, und verspricht ihm eidlich, das Volk Israel als Liebling anzunehmen, und es zur glücklichsten Nation auf Erden zu machen.« Siehe auch S. 291f., 324f., 472, u.ö.; Bd. 2, S. 120, 142, 159 u.ö.

suchungsgegenstand darstellte, flocht Gfrörer sie auch in seine eigenen Interpretations- und Argumentationsgänge ein. Die Vorstellung, Nationen seien von einer höheren Macht zu bestimmten Aufgaben berufen oder würden in ihrer Entwicklung durch eine numinose Kraft geleitet, prägte nämlich auch seine eigene Lesart der deutschen Geschichte. Am Häufigsten machte er dabei vom Begriff der »Vorsehung« Gebrauch. So behauptete er nicht nur, dass die deutsch-germanische Nation ein »welthistorisches Volk« sei, sondern auch, dass ihr die »Vorsehung« eine »wichtige Sendung anvertraute«[552] – ohne jedoch weiter auszuführen, was genau unter dieser »Sendung« zu verstehen sei.

Die »Vorsehung« kam in Gfrörers Arbeiten vornehmlich dann zum Zuge,[553] wenn er bestimmte Ereignisse und Entwicklungen nicht mit seinen eigenen Deutungsschemata vereinen konnte und sich in den Erklärungsansatz eines höheren Willens flüchtete. Dies galt zum Beispiel für den Umstand, dass sich die angeblich übermächtigen Deutschen trotz eines ausgeprägten Nationalgefühls nicht zu einer festen politischen Einheit verbinden konnten. So erschien es ihm 1837 in seiner *Geschichte Gustav Adolphs*, »als habe die *Vorsehung* die Erreichung jenes Zieles vereitelt [...], weil ein kräftiger teutscher Reichskörper unaufhaltsam zu einer Universalmonarchie angeschwollen wäre.«[554] Diese Ansicht behielt er auch in seiner umgearbeiteten, mit gänzlich anderen Akzenten versehenen Neuauflage seines *Gustav Adolph* bei. Noch 1845 behauptete er: »daß Teutschland zerrissen blieb, ist nicht *unsere* Schuld. Ein höherer Wille, die Vorsehung hat es so geordnet.«[555] So überwog am Ende des Buches ein entmutigter Tenor – blieb doch bloß die »Hoffnung«, dass es »in den Absichten der Vorsehung« liege, »daß die teutsche Nation wieder zur Einheit gelange« und, »wenn die anderen Nationen ihr Ziel

552 Gfrörer, Allgemeine Kirchengeschichte, 1842, Bd. 2/II, S. 920. Zum »welthistorischen Volk« siehe oben, S. 105.

553 Typisch für Gfrörer war die Annahme, dass die Vorsehung vermittelst großer Persönlichkeiten in den Gang der Geschichte eingreift. Siehe etwa Gfrörer, Gustav Adolph, 1837, S. 228: »Die Vorsehung hat es nicht gewollt! Gustav sollte, wie Napoleon einem Meteore gleich, eine Weile am europäischen Himmel glänzen und dann erlöschen, zwar große Nachwirkungen hinter sich lassend, aber doch nur solche, die nicht dem äussern Auge, sondern nur dem geistigen des aufmerksamen Beobachters sichtbar sind.« Siehe ebd., S. 304 (Luther), 1041 (Prinz Eugen).

554 Gfrörer, Gustav Adolph, 1837, S. 300. Hervorhebung im Original. Siehe auch S. 1041: »Aber dieses höchst wahrscheinliche Resultat [einer deutschen Hegemonie] war sicherlich der Grund, warum die Vorsehung, deren Beschlüssen wir uns ohne Murren unterwerfen sollen, unsere Vereinigung zu einem geschlossenen Ganzen hinderte.«

555 Gfrörer, Gustav Adolph, 1845, S. 1021. Hervorhebung im Original.

erreicht haben, auch wieder *germanische* Zeiten kommen«.[556] Diese Resignation sollte erst im Frühjahr 1848 weichen, als Gfrörer »mehrere von den sieben Siegeln, welche das Buch unserer Nationalschicksale schlossen, [...] gelöst« zu haben erklärte und unter dem Eindruck der Märzereignisse selbstsicher prophezeite: »Das Reich deutscher Nation wird wieder auferstehen.«[557]

Eine ähnlich optimistische Auffassung äußerte 1843 Georg Waitz. Er zeigte sich überzeugt, dass bald »alle Trennung und Spaltung überwunden und ein einiges starkes Deutschland begründet werde«.[558] Waitz führte diese zuversichtliche Haltung auch auf den Glauben zurück, dass eine höhere Hand das Schicksal der deutschen Nation vorherbestimmt habe und zu gegebener Zeit in ihre Entwicklung eingreife. Dies galt zum Beispiel für die – in Waitz' Augen – im Spätmittelalter einsetzende Verfallsgeschichte des Heiligen Römischen Reichs, die nach seiner Ansicht ihr Ende fand, als »Gottes Hand den starken Sturmwind sandte, der den morschen Bau einstürzte«,[559] um damit das Fundament für die Auferstehung der deutschen Nation zu legen. Obwohl Waitz sich ansonsten mit solchen Aussagen zurückhielt, sah er die Deutschen doch als »starkes, edles Volk«, das dazu »berufen« sei, »mehr als einmal in die Weltgeschichte bestimmend einzugreifen.«[560] So stellte er mit Blick auf das Altertum fest, dass das »deutsche Volk [...] damals weder die Grenzen die ihm bestimmt waren noch das Ziel seiner Entwickelung erreicht« hatte.[561] Auch wenn derartige Äußerungen bei Waitz sehr rar gesät waren und auch einen unverkennbar rhetorischen Charakter hatten,[562] schien er doch zumindest implizit von einem deutschen Beruf auszugehen, von einer historischen Entwicklungsstruktur, die der deutschen Nation eine eigene epochemachende Aufgabe zuwies – und zwar ein »befreiendes, fortführendes, erhebendes Element den Geschicken Europas zuzuführen und einzupflanzen«, ein Element, das Waitz zufolge »die Basis

---

556 GFRÖRER, Gustav Adolph, 1845, S. 1022. Hervorhebung im Original.
557 GFRÖRER, Carolinger, 1848, Bd. 2, S. III.
558 WAITZ, Gründung des deutschen Reiches, 1843, S. 25.
559 WAITZ, Gründung des deutschen Reiches, 1843, S. 24.
560 WAITZ, Deutsche Verfassungsgeschichte, 1844, Bd. 1, S. XIf.
561 WAITZ, Deutsche Verfassungsgeschichte, 1847, Bd. 2, S. XII.
562 Die rhetorische Bedeutung derartiger Äußerungen bei Waitz wird daran erkennbar, dass sie fast ausschließlich in den Einleitungen und Schlussbemerkungen seiner Arbeiten vorkommen, für die eigentliche Analyse historischen Geschehens aber nur eine geringe Rolle spielten. Doch zeigt allein die ›einrahmende‹ Verwendung dieser Denkmuster, dass sich Waitz mit ihnen zumindest in gewissem Maße identifizierte.

aller historischen Bildungen zunächst im Mittelalter, in gewissem Sinne bis zur Gegenwart geblieben ist.«[563]

Keinerlei Aussagen zu einer Auserwähltheit der deutschen Nation finden sich dagegen in den bis 1848 publizierten Arbeiten Heinrich Wuttkes. Zwar erklärte auch er, die »Deutschen müssen die Richtung befolgen, welche die Entwickelung nicht eines, sondern vieler Jahre gegeben hat, welche das Geschick gebieterisch vorzeichnet.«[564] Doch abgesehen von dieser vagen Bemerkung spielte ein etwaiger Prädestinationsglaube keine Rolle, weder inhaltlich noch konzeptionell. In dieser Hinsicht war das Werk Wuttkes das ›säkularste‹ der hier untersuchten Historiker.[565]

## *4.4 Preußens deutscher Beruf oder habsburgisches Kaisertum?*

Ähnlich wie der deutschen Nation eine welthistorische Mission zugewiesen wurde, beschäftigten sich die nationalistischen Historiker mit der Frage, ob ein deutscher Staat zur Führung des nationalen Einigungsprojektes ›berufen‹ sei. In dieser Frage, die unübersehbar mit konkreten politischen Zielsetzungen und konfessionellen Standpunkten verbunden war, kollidierten im Wesentlichen drei verschiedene Standpunkte, die – wie im Folgenden zu zeigen ist – schon *vor* 1848 entwickelt worden waren und das Denken und Handeln nicht nur der Frankfurter Nationalversammlung prägen sollten, sondern auch das der Nationalbewegung und Geschichtswissenschaft nach 1849: Eine vornehmlich von Demokraten getragene Strömung lehnte die bestehende Staatenordnung prinzipiell ab und vertrat die Ansicht, dass die Schaffung eines deutschen Nationalstaates nur durch die Auflösung der bestehenden Mächte möglich sei, insbesondere der Großmächte. Ein weiteres Lager plädierte für die Bildung eines deutschen Nationalstaates unter österreichischer Ägide, was zumeist mit dem Wunsch nach einem habsburgischen Kaisertum verbunden war. Diese Richtung beschrieb sich selbst

563 WAITZ, germanisches Element, 1848, S. 70f. Siehe hierzu auch oben, S. 135–136.
564 WUTTKE, Polen und Deutsche, 1847, S. 159.
565 Dem entspricht auch, dass Wuttke sich in seinen Schriften immer wieder antiklerikal äußerte und die Institution ›Kirche‹ als Gegenteil von Bildung und Freiheit darstellte; siehe etwa WUTTKE, belgische Revolution, 1847, S. 432; WUTTKE, Besitzergreifung, 1842/43, Bd. 1, S. 81–83, 161; Bd. 2, S. 434; WUTTKE, Jahrbuch, 1842, S. 3–6; ferner WUTTKE, Lebensbeschreibung, 1841, S. 3–5. Zu Wuttkes Abneigung gegen Jesuiten siehe Anm. 621.

vorwiegend als ›reichsbürgerlich‹, ›kaiserlich‹ oder ›ghibellinisch‹ und war in politisch-konfessioneller Hinsicht tendenziell konservativ-katholisch.[566] Eine dritte und für die deutsche Geschichtswissenschaft einflussreichste Richtung sah in Preußen die kommende Vormacht eines deutschen Nationalstaates. Die Wortführer dieser Richtung kamen mit großer Mehrheit aus dem protestantischen und liberalen Wirtschafts- und Bildungsbürgertum.[567]

Fraglos gab es zwischen diesen Positionen – je nach akutem nationalpolitischem Problemherd – immer wieder Überschneidungen und Verschiebungen. Das Begriffspaar *großdeutsch-kleindeutsch*, welches im Umfeld der Revolution 1848/49 aufkam und von den nationalpolitisch aktiven Historikern auch selbst benutzt wurde, ist deshalb nur bedingt hilfreich.[568] Namentlich unter dem Rubrum ›großdeutsch‹ sammelten sich verschiedene und zum Teil völlig widersprüchliche Strömungen, die sich allein darin einig waren, dass die deutschsprachigen Lande der Habsburgermonarchie in einen künftigen deutschen Nationalstaat mit einzubeziehen seien – eine Forderung, die alles andere war als eine Außenseiterposition. Einheitlicher, aber auch nicht wirklich homogen in ihren politischen Ansichten war jene ›kleindeutsche‹ Strömung, die ihre nationalpolitischen Aspirationen an den preußischen Staat knüpfte.

Die hier im Blickfeld stehenden Professoren hatten an der Ausformung und historischen Begründung dieser nationalpolitischen Leitvorstellungen maßgeblich Anteil. Als energischster Vorkämpfer eines von Preußen geführten deutschen Nationalstaates erwies sich dabei Johann Gustav Droysen, dessen politisches wie wissenschaftliches Wirken in einem buchstäblichen ›Borussismus‹ kulminierte. Wenngleich Droysen erst nach der Revolution von 1848/49 mit seiner 14-bändigen *Geschichte der preußischen Politik* das »Hauptwerk des borussianischen Geschichtsbildes« vorlegen sollte,[569] war bereits sein vormärzliches Wirken

---

566 Brechenmacher, Geschichtsschreibung, 1996, S. 20–35.

567 Die bei Gramley, Propheten, 2001, behandelten Historiker bilden (außer Arndt und Ficker) den Kern dieser ›kleindeutschen Schule‹. Siehe zu dieser Schule Hardtwig, Preußens Aufgabe, 1990; Jaeger/Rüsen, Historismus, 1992, S. 86–92.

568 Dennoch wird dieses Begriffspaar immer wieder benutzt, um die Geschichtsschreibung in eine ›katholisch-österreichische‹ und ›preußisch-protestantische‹ Strömung zu unterscheiden, siehe nur Brechenmacher, Geschichtsschreibung, 1996; Gräf, Reich, 1996. Diese Begriffsverwendung erscheint zumindest für die Zeit bis 1848 als durchaus problematisch. Zu den Begriffen ›großdeutsch‹ und ›kleindeutsch‹ Wandruszka, Ideologie, 1980; Ritter, Großdeutsch, 1950; Lill, Großdeutsch, 1984; Dankworth, Großdeutschtum, 1925; Möller, Großdeutsch, 1937; eine Quellensammlung samt Einführung bietet Rapp, Großdeutsch, 1922. Weitere Literatur bei Brechenmacher, Geschichtsschreibung, 1996, S. 24f., Anm. 23.

569 Hardtwig, Preußens Aufgabe, 1990, S. 107.

durch die entschiedene Parteinahme für eine preußische Lösung der deutschen Frage geprägt. In seiner privaten Korrespondenz sprach er immer wieder von seinem »starken preußischen Patriotismus«[570] oder seiner »unglückliche[n] Liebe«[571] zu Preußen – ein Standpunkt, der auf seine Geschichtsschreibung und sein politisches Engagement gleichermaßen abfärbte. Die Anzahl an Äußerungen, in denen er seiner preußischen Gesinnung und teleologischen Annahme einer deutschen Mission Preußens Ausdruck verlieh, ist kaum zu überblicken. Am prägnantesten formulierte er diese Ansicht wohl 1843 in seiner Verdun-Rede, in welcher er erklärte, dass Preußen derjenige Staat sei, »der an der Spitze des Fortschreitens in Deutschland zu stehen den Beruf hat«.[572]

Doch wie leitete Droysen diesen deutschen »Beruf« Preußens her? Er ging davon aus, dass Preußen als »der jüngste Staat Europas« dank seiner kaum vorhandenen natürlichen Machtgrundlagen dazu gezwungen war, der historischen Entwicklung voranzuschreiten, wenn es nicht untergehen wollte.[573] Dies bedeutete, die innere Staatsbildung zu forcieren und auf eine Einheit der deutschen Nation hinzuwirken. Schon die Regentschaft Friedrichs des Großen sei von diesen Zwängen bestimmt gewesen, hätte dieser doch eine ansatzweise nationale Politik betrieben und als erster Monarch den Staat »als eine Alles durchdringende, Alles umschließende, Alles verantwortende Gewalt« geordnet.[574] Doch sei der Staat Friedrichs kein »lebendiger, einheitlicher Organismus« gewesen, in dem das Volk politisch mit eingebunden gewesen wäre, sondern »nur ein mechanisches Kunstwerk« der Fürstenherrschaft, welches die Freiheit nur unzureichend verwirklicht habe.[575]

---

570 Droysen an Friedrich Perthes [5. April 1840]. In: Droysen, Briefwechsel, 1929, Bd. 1, Nr. 96, S. 170.

571 Droysen an Felix Mendelssohn-Bartholdy [8. Januar 1844]. In: Droysen, Briefwechsel, 1929, Bd. 1, Nr. 152, S. 261.

572 Droysen, Verdun, 1843, S. 29. Ähnliche Annahmen eines ›deutschen‹ Berufes Preußens finden sich u.a. in Droysen, Stellung Preußens, 1845, S. 60, 64 u.ö.; Droysen, Preußische Verfassung, 1847, S. 74 u.ö.; Droysen, Preußen und Deutschland, 1847, passim. Die Annahme von Bauer, Geheimnis, 2001, S. 122, dass Droysen Preußen »erst nach dem Scheitern der Revolution von 1848/49 die Führungsrolle im nationalen Einigungsprozeß zusprechen sollte«, erweist sich hiernach als unzutreffend.

573 Droysen, Freiheitskriege, 1846, Bd. 1, S. 55–61, 183–188, Zitat S. 57; Droysen, Stellung Preußens, 1845, S. 56–64; Droysen, Preußen und Deutschland, 1847, S. 106f.

574 Droysen, Freiheitskriege, 1846, Bd. 1, S. 58. Zur nationalen Politik Friedrichs II. auch Droysen, Stellung Preußens, 1845, S. 57.

575 Droysen, Freiheitskriege, 1846, Bd. 1, S. 61.

Das »heftige Vorwärts« als »Lebensprinzip Preußens« offenbarte sich nach Droysen deutlicher in der neueren Geschichte.[576] Im Preußen des 19. Jahrhunderts sah er die sittliche Idee der Freiheit in seiner höchsten Stufe verkörpert, nämlich als Verbindung von Nation und legitimer Staatlichkeit. Den Ausgangspunkt dieser Verbindung erkannte er in den preußischen Reformen. »Kein deutsches Land«, so führte er 1844 aus, »hat großartigere Grundlagen, ein Staat im vollen und ganzen Sinn des Wortes zu sein, als Preußen deren durch den unvergeßlichen Stein erhalten hat.«[577] Die nationale Tragweite der Reformen erörterte Droysen in seinen *Freiheitskriegen*. Folgt man seiner Argumentation, so zielte Stein darauf ab, »durch Preußen Deutschland zu retten. Mit ihm zum ersten Male erhob Preußen, eben da es am tiefsten erniedrigt war, den Blick weit hinaus über die alte dynastische und Cabinetspolitik zu einer nationalen, deutschen; als Macht vernichtet, begann es sich als Staat neu zu gründen. Mit ihm begann das Volk Preußens sich als Volk zu fühlen und sich deutsch zu fühlen.«[578] Entscheidend sei dabei gewesen, die *politische* Idee der Nation (wie sie sich in der Französischen Revolution geltend gemacht hätte) mit der historisch legitimen Staatlichkeit zu versöhnen und zu einem höheren Ganzen, dem »wahrhafte[n] Staat« zu verbinden: »Indem in Preußen der Monarch dem Volke freiwillig darbot, was in der Revolution das Volk der Krone und den Privilegien nur entrissen hatte, und indem sich somit die Idee der Einheit nicht erst aus der krampfigen Zusammenfassung der Nation und der Hinwegtilgung ihrer natürlichen und geschichtlichen Besonderheiten neu zu erzeugen hatte, sondern eben diese in der umschirmenden Einheitlichkeit der Monarchie bewahren und ihrer froh sein durfte, hatte diese Reform nicht nöthig, von der Staatsidee aus alle andern Kreise des sittlichen Lebens zu stören und zu verschlingen, um sie dann automatisch und scheinhaft aus derselben wieder zu setzen, sondern sie konnte dieselben bewahren, ihnen freie Bewegung und die Autonomie, die ihnen zukommt, gewähren und eben in dieser sittlichen Lebendigkeit ihren tiefsten Halt finden.«[579]

576 So Droysen an Ludwig Moser [28. Mai 1831]. In: Droysen, Briefwechsel, 1929, Bd. 1, Nr. 14, S. 34.

577 Droysen, Deutsche Briefe, 1844, S. 24.

578 Droysen, Freiheitskriege, 1846, Bd. 2, S. 404.

579 Droysen, Freiheitskriege, 1846, Bd. 2, S. 409, 679; Droysen, Vorlesungen über die *Geschichte der neuesten Zeit seit 1815*, 1843, S. 200. Zur Sicht auf die preußischen Reformen auch Droysen, Vorlesungen über die *Deutsche Geschichte seit 1786*, 1845, S. 306; Droysen, Verdun, 1843, S. 269f. Auch in Fragen der Schulpolitik, zu denen sich Droysen publizistisch äußerte, fungierte Preußen als Vorbild; siehe Droysen, Gelehrtenschulwesen, 1846, bes. S. 20f.

Den preußischen Reformen sprach Droysen zugleich eine weltgeschichtliche und nationale Bedeutung zu; weltgeschichtlich, weil Preußen durch die Verbindung von Staat und Nation eine neue Stufe im Fortschrittsprozess eingeleitet und damit die Überwindung der Napoleonischen Herrschaft erst ermöglicht habe (Droysen verzichtete in diesem Zusammenhang freilich nicht darauf, die Rolle Preußens in den ›Befreiungskriegen‹ zu glorifizieren);[580] national, weil die Reformen den Ausgangspunkt für die Wiederauferstehung Preußens und Deutschlands gebildet hätten, die nun zum »ersten Mal völlig eins« erschienen.[581] In Anbetracht dessen war es für Droysen nur folgerichtig, dass Preußen mit der Annahme der »zerrissenen Ländergebiete« im Zuge der territorialen Neuordnung Europas 1815 »seinen Beruf für Deutschland erkannte und annahm, den Beruf, [...] nicht eine Macht, sondern ein Princip für Deutschland zu seyn.« Während die Habsburgermonarchie notfalls auf ihre deutschen Gebiete verzichten könne, sei Preußen »nichts ohne Deutschland, ohne ein positives Verhältniss zu der Gesammtheit deutscher Entwickelungen.« So habe Preußen »kein andres Interesse als sich mit Deutschland völlig zu identificiren. [...] nur als Deutsche werden sich die Ostpreussen und Rheinländer und Sachsen einander verwandt und vereint fühlen; und wenn je eine erneute Abkehr des übrigen Deutschlands oder Preussens von demselben dieses wieder sinken machte, so würde es sich wieder nur durch den Sieg des deutschen Principes in ihm selber erheben können.«[582] Vor diesem Hintergrund erschien es Droysen als eine historische Notwendigkeit, dass Preußen als »das Vorwärts der nationalen Entwickelung [...] das Banner trägt, tragen muss«, dass Preußen die neue nationale Einigung Deutschlands »zu entwickeln begonnen hat, zu deren verfassungsmäs-

---

580 Droysen, Freiheitskriege, 1846, Bd. 1, S. 14f.: Napoleon »besiegen konnte das vereinte Europa nur unter dem Vorkampf Preußens«. Zur Rolle Preußens in den ›Befreiungskriegen‹ siehe vor allem Bd. 2, S. 580–728. Droysen bezeichnete es hier als »wundervoll, wie die Preußen kämpfen« (S. 604) und betonte, dass es »das gewaltige Vorwärts an der Spitze des endlich stolz sich aufrichtenden deutschen Geistes« war, »was dem kleinen Preußen [...] in diesem Kriege eine kaum möglich geglaubte Bedeutung gegeben hatte. Ueberall voran, durch keine Gefahr zu schrecken, selbst geschlagen schnell und kühn zu neuem Kampf da, nach heißester Schlacht noch heißer den geschlagenen Feind zu verfolgen – so hatte Preußen gekämpft« (S. 646f.). Unzählige weitere Zitate dieser Art ließen sich hier noch anführen.

581 Droysen, Freiheitskriege, 1846, Bd. 2, S. 592. Ebd.: Der »sonst so spröde Stolz des preußischen Namens ging völlig unter in dem Hochgefühl des ganzen großen Vaterlandes, man hatte die Empfindung, in völlig neuen Anfängen zu sein, alle alten Schlacken und Schäden hinwegzuthun; es galt ein neues Leben«.

582 Droysen, Stellung Preußens, 1845, S. 60f.; siehe auch S. 39; Droysen, Freiheitskriege, 1846, Bd. 2, S. 680.

siger Gestaltung den Weg zu bahnen seine eigenste Aufgabe ist« und dass sich die staatliche Einheit der deutschen Nation allein unter der Führung Preußen vollziehen werde.[583]

Während Droysen in der Geschichte Preußens eine auf die nationalstaatliche Einheit Deutschlands ausgerichtete Entwicklungslogik erkannte, sah er in der Habsburgermonarchie das gegenteilige Prinzip am Werke.[584] Nach dem Zenit des mittelalterlichen Deutschlands unter den Staufern[585] sei mit den Habsburgern der Verfall des Reiches eingetreten. Ihre Politik sei – bereits im Mittelalter – im Kern anational gewesen, weil »ihr Verhältniss zum Reich nur zur Mehrung oder Sicherung ihrer Hausinteressen« diente[586] – keine Spur eines deutsch-nationalen »Berufes« des österreichischen Staates. Ganz im Gegenteil: Die Macht des Hauses Habsburg, hieß es an anderer Stelle, »bestand von Anfang her aus einer Vereinigung der mannigfaltigsten Völker und Länder; nach vielfachen Wechseln war endlich noch ein Länderverein bei einander, der an Irrationalität Alles übertraf, was das Abendland Aehnliches aufzuweisen hatte.«[587] Angesichts dieser dem »östreichische[n] Princip«[588] innewohnenden übernationalen Ausrichtung war für Droysen die nationalstaatliche Einheit Deutschlands unter österreichischer Führung weder wünschenswert noch möglich.

Diese ›borussistische‹ Weltanschauung prägte Droysens weiteren Lebensweg und verband ihn in ideologischer Hinsicht eng mit Friedrich Christoph Dahlmann, der ebenfalls schon in seinen frühen Schriften eine große Verehrung Preußens erkennen ließ.[589] Noch unter dem Eindruck des alliierten Sieges über Napoleon bei Waterloo verherrlich-

583 Droysen, Stellung Preußens, 1845, S. 64. Siehe auch Droysen, Preußische Verfassung, 1847, S. 74: »Nicht stark genug kann es hervorgehoben werden, daß die Entwickelung Preußens – und darin wie in allem Edelsten und Besten sey es Deutschlands Leiter – zu einem anderen Verhältniß muß und will, daß sich das deutsche Volk den Weg dahin mit unendlichen Opfern, Entbehrungen, Demüthigungen selbst, offen gehalten hat. Eben darum ist aller Blick auf Preußen gewandt, nur unter Preußens Vortritt kann jenes herrlichere Neue errungen werden.«

584 Droysen stilisierte die Habsburgermonarchie bisweilen gar zum Gegenteil Deutschlands. So bestehe dort »eine bunte Mannigfaltigkeit von Sprachen, Völkern, Verfassungen, aber dynastisch geeint, in Deutschland die Einheit der Sprache, der Bildung, des Volksthums, aber dynastisch zertheilt.« (Droysen, Stellung Preußens, 1845, S. 53f.).

585 Droysen, Verdun, 1843, S. 3; ferner Droysen, Deutsche Briefe, 1844, S. 6.

586 Droysen, Stellung Preußens, 1845, S. 57.

587 Droysen, Freiheitskriege, 1846, Bd. 1, S. 194.

588 Droysen, Stellung Preußens, 1845, S. 54. Zum Folgenden auch ebd., S. 53f., 63f.

589 Zu Dahlmanns Haltung gegenüber Preußen siehe Bleek, Dahlmann, 2010, S. 40f., 132–134, 254–256; Payk, Konstitutionalisierung, 2012, S. 113; Hansen, Dahlmann, 1972, S. 49f. Siehe ferner Droysen an Friedrich Christoph Dahlmann [26. April 1844]. In: Droysen, Briefwechsel, 1929, Bd. 1, Nr. 164, S. 278–281, hier S. 279.

te Dahlmann 1815 die Preußen als »die deutschen Spartaner«, die um Deutschlands Freiheit willen voranschritten, »wohl wissend, daß ihrer viele nicht wiederkehren würden, aber bereit das Recht mit dem Tode zu besiegeln.« In Dahlmanns Äußerungen, in denen er Feldmarschall Blücher als »ächte[n] Held der Deutschen« und »Mann des Volks« besonders hervorhob,[590] spiegelte sich ein Idealbild des Königreiches, das sich am preußischen Staat der Reformzeit und der ›Befreiungskriege‹ anlehnte. In ihm schien die Hohenzollernmonarchie eine opferbereite und machtvolle Einheit von Volk und Königtum zu verkörpern, die sich nicht nur aller äußeren Feinde erwehren kann, sondern auch die Fähigkeit zu inneren Reformen unter Beweis gestellt hatte. Dieses Idealbild, welches die nationalpolitischen Hoffnungen an Preußen knüpfte, beeinflusste Dahlmanns politisches Denken und Handeln bis zur Revolution von 1848/49.

In einem 1832 in der *Hannoverschen Zeitung* veröffentlichten Aufsatz erörterte Dahlmann die Bedeutung der beiden deutschen Großmächte Preußen und Österreich für die nationale Einheits- und Verfassungsbewegung. Es gebe, so lautete seine Kernthese, lediglich »einen Staat in Deutschland«, der an ihrer Spitze stehen könne – Preußen. Österreich sei hierzu nicht in der Lage. Es habe zwar »viel deutsches Blut in sich, aber es wird beherrscht von den Bestimmungen seines wunderbar zusammengesetzten Staates, es muß fortan seinen eignen Sternen folgen, es kann fortan nicht schöpferisch für Deutschland wirken.« Preußen hingegen könne dies, jedoch nur unter der Voraussetzung, dass König Friedrich Wilhelm III. sein Verfassungsversprechen in die Tat umsetze. Denn erst an »dem Tage, da der König von Preußen in seinem Staate die Reichsstandschaft begründet, wird der gesetzliche Deutsche wieder aufathmen«.[591] Die Preußen zugedachte Führungsrolle im deutschen Einigungsprozess knüpfte Dahlmann also unmittelbar an die Forderung nach konstitutionellen und parlamentarischen Reformen.[592] Von ähnli-

---

590 Dahlmann, Sieg vom 18. Junius, 1815, S. 3f.

591 Dahlmann, Rede eines Fürchtenden, 1832, S. 224. Hervorhebung im Original. Zur ablehnenden Haltung gegenüber Österreich siehe auch Dahlmann, Politik-Vorlesung, 1829, S. 111, wo Dahlmann den österreichischen Untertanen abspricht, ein Volk zu sein.

592 Bleek, Dahlmann, 2010, S. 132f., 255–257; Hansen, Dahlmann, 1972, S. 49f.; Dahlmann an Margarete L. Niebuhr [1. Oktober 1830]. In: Springer, Dahlmann, 1870, Bd. 1, S. 294: »Erläßt der [preußische] König dagegen gleich beim Eintritte in diese ernste Zeit ein Reichsgrundgesetz, ruft er zur Verwaltung entschieden ausgesprochener Rechte die Reichsstände ohne Zeitverlust zusammen, so hat er nicht nur sein Volk, sondern alle Norddeutschen sich gewonnen. […] Es liegt in der Preußen Händen, Deutschland zu retten und ihm eine rühmlichere Zukunft zu schaffen.«

chem Tenor war 1842 seine Antrittsvorlesung an der Bonner Universität geprägt. In ihr bekannte er sich einerseits ausdrücklich zum preußischen Staat und betonte die maßgebliche Bedeutung Preußens für die Schaffung eines deutschen Nationalstaates, mahnte andererseits aber zugleich die Durchführung politischer Reformen an.[593]

Dass Dahlmann seine politischen Hoffnungen in Preußen legte und Österreich als künftige Vormacht eines deutschen Verfassungs- und Nationalstaates ausschloss, dass er Preußen Reformen in Richtung dieses politischen Kernziels zutraute, Österreich jedoch nicht, beruhte nicht nur auf der nationalen Struktur beider Staaten, sondern auch auf ihrem konfessionellen Gepräge. Das katholische Österreich sei, wie er 1845 in seiner *Geschichte der französischen Revolution* schrieb, durch eine übernationale Dimension bestimmt, mithin »auf der alten Ordnung gebaut, beides in Staat und Kirche; jeder Versuch hier umzuwandeln bedroht den wunderlich zusammengesetzten Staatskörper mit Auflösung.« Bei dem »Preußischen Staate« verhalte sich dies völlig anders. Denn dessen »Basis ruht auf der größten Abweichung vom Herkommen, welche jemals geschehen, auf der Martin Luthers.«[594] Die protestantische Ordnung Preußens war für Dahlmann einerseits wichtig, weil sie eine Emanzipation des ›deutschen Geistes‹ von der römischen Hierarchie zu verkörpern schien.[595] Andererseits sah er aus ihr eine prinzipielle Reformfähigkeit hervorgehen. So beschrieb Dahlmann den ›großen Kur-

593 Dahlmann, Erster Vortrag, 1842, S. 311.

594 Dahlmann, Geschichte der französischen Revolution, 1845, S. 419. So auch Dahlmann, Politik, 1835, § 275: »Preußen ist durch die Reformation Alles geworden was es ist; Österreich wäre durch sie zu verschiedenen Mahlen beinahe untergegangen.«

595 Die herausragende Bedeutung, die Dahlmann der Reformation für den ›deutschen Geist‹ beimaß, wird an seinen Ausführungen in Dahlmann, Politik, 1835, § 275, zum deutschen Universitätswesen deutlich. Danach gründe der »eigenthümliche Charakter« der »vaterländischen Universitäten« in erster Linie auf der Reformation, denn »allein sie gab den Deutschen eine allgemeine Büchersprache und brachte die geistige Wärme dieser Muttersprache auf die von Alters her Lateinisch lehrenden Katheder.« Dem durch die Reformation »neuerwachten Leben des Geistes schlossen sich alle glücklichen Talente an; wie öde ward es da, wo man es ausschloß!« Siehe auch ebd., §§ 276–279. Zum Verhältnis zum Katholizismus auch Dahlmann, Drangsalen, 1821, S. 171: »Wir Protestanten Deutschlands sind und bleiben mit denen, die den Katholicismus bekennen und dem Protestantismus, als einem Bekenntnisse von Abtrünnigen, entgegensetzen, in einem ernstlichen Zwiste der Grundsätze und Meinungen, ein Kampf, der [...] immer wieder hervortritt, wenn man nur irgend einem Hauptanliegen Deutschlands auf den Grund geht. [...] Der Protestant beklagt Deutschlands Spaltung und daß sie Zuwachs bekam durch die Reformation; allein uns ist der Geist, aus dem die Kirchenverbesserung hervorging, mehr werth und theurer, als schmerzlich selbst das Uebel dieser Spaltung.« Siehe auch Dahlmann an Gervinus [13. Dezember 1845]. In: Grimm, Briefwechsel, 1886, Bd. 2, S. 281, worin er es als wünschenswert beschrieb, »wenn wir den Pabst aus Deutschland los würden.« Zu Dahlmanns Protestantismus siehe Bleek, Dahlmann, 2010, S. 375–380.

fürsten‹ Friedrich Wilhelm von Brandenburg als »Gründer der preußischen Staatseinheit« – nicht nur, weil dieser als »Stütze des deutschen Protestantismus« aufgetreten sei, sondern auch, weil »er alle landständischen Schranken gewaltsam niederbrach.« Der ›Soldatenkönig‹ Friedrich Wilhelm I. habe dann nicht nur die militärische Macht Preußens gestärkt, sondern auch »mit unablässigem Bemühen die wirtschaftliche Einheit« des Königreiches begründet. Friedrich II. schließlich habe mit den schlesischen Kriegen nicht nur Preußen als eine Österreich »ebenbürtig[e]« Macht etabliert, sondern er »schuf zugleich das preußische Nationalgefühl, auch durch sein Landrecht das provinziale Trachten dem staatischen unterordnend.«[596]

Diese vermeintlich historisch evidente innere Reformtendenz Preußens, die Dahlmann weder so streng systematisch noch so ausführlich wie Droysen diskutierte, bot gerade für sein politisches Handeln in der Gegenwart einen wichtigen ideellen Ausgangspunkt – zumal vor dem Erfahrungshintergrund der preußischen Reformen. Doch im Gegensatz zu Droysen hielt ihn dieses Denkmuster nicht vor einer teilweise scharfen Kritik an Preußen ab. Vielmehr klangen kritische Stimmen, ja Zweifel an Preußen immer wieder durch.[597] In dieser Hinsicht war und blieb Dahlmann ambivalent.

Anders als Dahlmann und Droysen äußerte sich Georg Waitz in seinen bis 1848 publizierten wissenschaftlichen Arbeiten nicht zum preußischen Staat und seiner Bedeutung für die deutsche Nation.[598] Der Grund dafür ist weniger in einem mangelnden Interesse am politischen Zeitgeschehen zu suchen, sondern vielmehr darin begründet, dass sich Waitz als Mediävist mit einer Epoche beschäftigte, in der es noch keinen preußischen Staat gab. Da er sich vorzugsweise dem Früh- und Hochmittel-

---

596 Dahlmann, Geschichte der französischen Revolution, 1845, S. 420.

597 So erinnerte Dahlmann in zwei 1832 in der *Hannoverschen Zeitung* (anonym) veröffentlichten Artikeln (Dahlmann, Rede eines Fürchtenden, 1832; Dahlmann, Gegen den Fürchtenden, 1832) an das uneingelöste Verfassungsversprechen des preußischen Königs Friedrich Wilhelm III., mahnte die Einführung einer Verfassung an bzw. forderte von Preußen, die Einführung von Verfassungen in anderen Staaten des Deutschen Bundes nicht zu hindern. Beide Artikel stießen auf eine große Resonanz, sodass die preußischen Regierung beim hannoverschen Ministerium intervenierte, das wiederum Georg Heinrich Pertz, den Präsidenten der MGH und Herausgeber der *Hannoverschen Zeitung*, anwies, keine weiteren Artikel zur preußischen Verfassungsfrage zu veröffentlichen. Siehe zu Dahlmanns Reserviertheit gegenüber Preußen auch Dahlmanns »Fragment einer Autobiographie « in Springer, Dahlmann, 1870, S. 450, 457 sowie Bleek, Dahlmann, 2010, S. 41, 254–257 mit weiteren Hinweisen.

598 In keinem der hier untersuchten Texte äußerte sich Waitz zu Preußen. Auch die bibliographische Übersicht (Steindorff, Uebersicht, 1886) listet keine Titel auf, die auf eine historiographische Auseinandersetzung vor 1848 mit Preußen schließen lassen.

alter widmete, fielen auch seine Äußerungen zu habsburgischen Dynastie spärlich aus. Auffallend war indes eine äußerst negative Charakterisierung der Habsburger, mit der sich Waitz 1846 in einem Aufsatz über *Deutsche Historiker der Gegenwart* ausdrücklich von jenen Geschichtsschreibern abgrenzte, die den Habsburgern einen positiven Einfluss auf Deutschland zuerkannten. Schon der erste gesamtdeutsche Herrscher dieser Dynastie, Rudolf von Habsburg, habe, so bemerkte Waitz, »kein deutsches Königthum begründet, sondern nur für die Grösse seines Hauses Sorge getragen. [...] Die späteren Ordnungen, Formen, aber auch die Schwäche und Auflösung des Reichs beruhten wesentlich auf der Art und Weise, wie Rudolf sein Königthum auffasste«.[599] Diese Einschätzung übertrug Waitz auch auf das gesamte Herrscherhaus. Denn »seit die Habsburger die Krone tragen, haben sie [...] kaiserliches Recht immer nur zu ihrem Nutzen in Anspruch genommen, ohne irgendwo des Reichs Vortheil ernstlich zu bedenken.«[600]

Während Waitz also wie Droysen und Dahlmann die habsburgische Politik als anational beschrieb, sah er den Hort des Nationalen bei den Partikulargewalten: »seit dem 18ten Jahrhundert zieht sich das Leben der Nation in die Territorien der Fürsten und in die Städte zurück, jede wahrhaft grosse deutsche Bewegung findet nur hier, nicht bei dem Kaiser, Förderung und Stütze«.[601] Obwohl Waitz – anders als Droysen – keinen ›deutschen Beruf‹ Preußens als Entwicklungsrichtung der Geschichte formulierte, spiegelte sich in seiner Abwertung der Habsburger und seiner nationalistischen Aufwertung der Territorialgewalten eine Grundhaltung, die in Verbindung mit seiner protestantischen Prägung eine Parteinahme für die deutsche Einheit unter preußischer Führung als wahrscheinlich erscheinen ließ.

Zu den Historikern, von denen sich Waitz namentlich abgrenzte,[602] zählte August Friedrich Gfrörer. Von den hier beleuchteten Professoren war Gfrörer derjenige, dessen vor 1848 publiziertes historiographisches Werk am stärksten von einer ›habsburgischen‹ Haltung geleitet war. Zur Beschreibung seines wissenschaftlichen Standpunktes bediente er sich eines Begriffspaares, das aus dem mittelalterlichen Konflikt zwischen Papst- und Kaisertum stammte und die italienischen Stadtkommunen

---

599 Waitz, deutsche Historiker I, 1846, S. 532.
600 Waitz, deutsche Historiker I, 1846, S. 528.
601 Waitz, deutsche Historiker I, 1846, S. 528.
602 Waitz, deutsche Historiker I, 1846, S. 528. Zu Waitz' Abwertung der süddeutschen Historiker siehe auch Anm. 246.

in papsttreue ›Guelfen‹ und kaisertreue ›Ghibellinen‹ unterschied.[603] Diese eigentlich historischen Bezeichnungen bargen eine dezidiert politische Aussage, denn sie bezogen sich zugleich auf die Gegenwart. So bekannte er 1837 im Vorwort seiner *Geschichte Gustav Adolphs*, er vertrete eine »scharf ausgesprochene ghibellinische Meinung«, mit der vorgeblich wissenschaftlichen Begründung, dass ihn die »Urkunden dazu zwangen«.[604] Sein Ideal einer starken Zentralgewalt, verkörpert durch einen mächtigen, aber nicht absolutistischen Kaiser, färbte deutlich auf seine Geschichtsschreibung ab. In Bezug auf die Reformation etwa suchte er seine ghibellinische mit seiner (noch) protestantischen Einstellung zu vereinbaren und plädierte für ein protestantisches Kaisertum – eine Idee von der er angesichts seiner Hinwendung zum Katholizismus aber bald wieder abwich.[605] Ungeachtet seines religiös-weltanschaulichen Wandels hielt er an einem Punkt fest: am Eintreten für die kaiserliche Partei, die für ihn identisch war mit der österreichisch-habsburgischen. Die Betonung der traditionalen Erhabenheit des Hauses Habsburg verband Gfrörer wiederholt mit Rückgriffen auf die jüngere Vergangenheit oder Gegenwart: »Als das einzige von allen kaiserlichen Geschlechtern, das sich hielt, blüht dieses Haus bis auf diesen Tag, und von allen Mächten des Kontinents darf es sich allein rühmen, dem großen Eroberer der neuesten Zeit [Napoleon], mit dem Degen in der Faust und nach langem Kampfe, ohne Schmach unterlegen zu seyn.«[606] Größe und Befähigung, vor allem aber Würde, Recht und Tradition ließen hiernach nur die Folgerung zu, dass »Oestreich« der »Hauptstaat Teutschlands« ist.[607]

Gegenüber der altehrwürdigen kaiserlichen Dignität des habsburgischen Hauses charakterisierte Gfrörer die Hohenzollern als dynastischen Parvenü, der sein Emporkommen allein einer rechtswidrigen Expansionspolitik verdanke. Sah Gfrörer die Hohenzollern schon während der Reformation »getrieben von der Lust zum Erwerb«,[608] so spitzte er

603 Cardini, »Ghibellinen«, 2003; Cardini, »Guelfen«, 2003. Zum großdeutschen ›Ghibellinismus‹ vor 1848 siehe Brechenmacher, Geschichtsschreibung, 1996, S. 25, 36f. (Anm. 47), 140, 183–185, 501f.; zum ›Ghibellinismus‹ Gfrörers ebd., S. 112f., 219–227; zum großdeutschen Impetus seiner Historiographie ebd., passim sowie Srbik, Geist, 1951, S. 54f.

604 Gfrörer, Gustav Adolph, 1837, S. XVIIf.

605 Dazu eingehender Brechenmacher, Geschichtsschreibung, 1996, S. 220–227, ferner S. 112–114. Während Gfrörer die Reformation 1837 noch als »*nationale, teutsche* Richtung« beschreibt (Gfrörer, Gustav Adolph, 1837, S. 304, Hervorhebung im Original), ist von dieser Deutung in Gfrörer, Gustav Adolph, 1845, nichts mehr zu finden.

606 Gfrörer, Gustav Adolph, 1837, S. 302.

607 Gfrörer, Gustav Adolph, 1837, S. 1043.

608 Gfrörer, Gustav Adolph, 1837, S. 317. Gfrörer bezeichnet die Hohenzollern ebd. als »Haus Brandenburg«. Insofern hat Brechenmacher, Geschichtsschreibung, 1996, S. 236, Unrecht,

diese Charakterisierung für das 18. Jahrhundert zu. Vor allem die Annexion Schlesiens durch Friedrich II. bewertete er als verbrecherischen Akt und verteidigte die habsburgische Seite mit Nachdruck. Friedrich habe, so klagte Gfrörer an, »in der Kaiserin Maria Theresia's höchster Noth ungerechte Waffen gegen sie« erhoben. »So etwas hatte man bisher in christlichen Ländern noch nicht gesehen, daß ein Krieg, ganz ohne allen Vorwand des Rechts, aus bloßem Appetit geführt ward. *Leider* gewann er sein Spiel das erste und auch das zweitemal.« Preußens Sieg habe, so Gfrörer weiter, eine innerdeutsche Rivalität entfacht, die das Reich dauerhaft entkräften musste. In Deutschland gab es nun »zwei Kaiser, den alten und wahren, und den neuen, der es jedoch nur durch seine Persönlichkeit war, nicht durch die Größe des Erbes, welches er hinterließ. Diese Erscheinung betrachten wir als die herbste Frucht des westphälischen Friedens. Denn von nun an war die Macht des teutschen Reiches durch ein inneres militärisches Gleichgewicht vollends ganz in sich geknebelt, gegen Aussen gelähmt. [...] So erhielt das Ausland Gelegenheit, den völligen Ruin des Reichs zu bewerkstelligen.«[609]

Die Unwürdigkeit Preußens als deutsche Führungsmacht suchte Gfrörer durch die Behauptung zu bekräftigen, dass Friedrich II. »durch seine blutigen Thaten von weitem her die französische Revolution groß gefüttert hat. Denn ohne die Verluste im siebenjährigen Krieg, ohne die lezte Auflockerung der Bande des veralteten Reichskörpers, von dessen kleineren Gliedern jezt sehr viele dem preußischen Antrieb folgten, wäre der Kaiser wohl Herr über die fremde Umwälzung geworden, statt daß er jezt in dem langen und rühmlichen Kampfe immer fürchten mußte, von Preußen in die Flanke genommen zu werden.«[610] Wie konnte – mit Blick auf die Gegenwart – ein solches Preußen, das die nationalen Belange Deutschlands den eigenen machtpolitischen Ambitionen hintanstellte, einem deutschen Nationalstaat vorstehen?

---

wenn er sagt, Gfrörer klammere die brandenburgischen Ursprünge Preußens bewusst aus.

**609** Gfrörer, Gustav Adolph, 1837, S. 1042. Hervorhebung im Original. Obwohl bisweilen eine gewisse Anerkennung für Friedrich II. durchscheint (Gfrörer, Tiare, 1838, S. 14), kommt dieser in Gfrörers Schriften doch insgesamt eher schlecht weg. So mokierte sich Gfrörer, Geschichte des Urchristenthums, 1838, Bd. 1/II, S. 319, denn auch über den Kult um Friedrich II. von Preußen: »Wie viele, die Etwas seyn wollten, haben Friedrich II. von Preußen nachgeäfft, sind, wie er, zu Pferde gesessen, haben, wie er, Tabak aus der Westentasche geschnupft; der Begriff von menschlicher Größe war so verengt, daß er nur für Friedrich Raum hatte! Bald verdrängte ihn jedoch ein höheres und edleres Gestirn, der Hauptmann des Geschützes, der Konsul, der Kaiser Napoleon.« Inwieweit sich dieses Friedrich- und das damit verbundene Preußen-Bild nach 1848/49 wandelte, wäre eine untersuchenswerte Frage.

**610** Gfrörer, Gustav Adolph, 1837, S. 1042.

Wenngleich Gfrörer die Politik oder bestimmte Institutionen des preußischen Königreiches (z.B. die Rolle Preußens in den ›Befreiungskriegen‹ bzw. die Landwehr) bisweilen guthieß, interpretierte er den Aufstieg Preußens zur Großmacht als Anomalie der deutschen Geschichte.[611] Denn hätte diese ihren ›normalen‹ Gang genommen, hätte »irgend einer unserer ältern deutschen Kaiser den Muth gehabt, in dem Geiste Ludwigs XI. von Frankreich, des wahren Gründers von Frankreichs Größe und Ruhm, zu handeln, den höchst nachtheiligen Vorrechten des hohen Reichsadels, der Alles verwirrte, durch jegliches Mittel [...] ein Ende zu machen, so wären wir Deutsche eine gewaltige Nation, und die Krone Preußens würde dann nicht die Rolle spielen, die sie jezt zu spielen berufen ist.«[612] Sein Fazit war unmissverständlich: »Preußen ist bloß durch die Fehler des alten heiligen römischen Reiches, namentlich durch die heillose Aristokratie dieses unförmlichen Körpers, groß geworden.«[613]

In Anbetracht dieser »fehlerhaften« und »verkehrten« Entwicklung Deutschlands gestand Gfrörer der preußischen Krone allenfalls den Rang einer »übermächtigen Nebenbuhlerin« neben der »apostolischen Majestät von Oestreich« zu.[614] Seine historische Herabsetzung Preußens spitzte er dahingehend zu, dass er die Hohenzollernmonarchie als eine »slavische« Macht verunglimpfte und ihren Aufstieg in direkte Beziehung mit dem Verfall der eigentlichen deutschen Vormacht – Österreich – setzte. Das Eindringen Preußens in Deutschland habe schließlich nicht nur die Nation innerlich zerrüttet und lahmgelegt, sondern auch zur Entartung des deutschen Charakters geführt: Während »Oestreich aus Teutschland hinausgedrängt« wurde und deshalb »nothgedrungen eine slavische, ungarische, oder wälsche Richtung« annehmen musste, »entstand im Norden jene slavisch-teutsche Gewalt, welche die innerliche Zerspaltung Germaniens vollenden half. Auf den Charak-

---

**611** Dennoch konnte sich er einer gewissen Bewunderung des preußischen Aufstiegs nicht enthalten. So erklärte Gfrörer, Tiare, 1838, S. 131: Die Geschichte Preußens »ist glänzender als irgend welche eines andern deutschen, ja europäischen Staates, ausgenommen England und Frankreich.« Zur Gfrörers Einschätzung der Rolle Preußens in den ›Befreiungskriegen‹ und zur Landwehr siehe ebd., S. 28f., 131f. Positiv bewertete er auch das geistige Klima in Preußen unter Friedrich II. (S. 14), sowie die preußische Verwaltung und Wirtschaftspolitik der Gegenwart (S. 31).

**612** Gfrörer, Tiare, 1838, S. 94.

**613** Gfrörer, Tiare, 1838, S. 94.

**614** Gfrörer, Tiare, 1838, S. 5. Zur »verkehrten« Geschichte Gfrörer, Gustav Adolph, 1837, S. 315: »Müssen wir nicht selbst noch heute ausrufen: o deutsches Vaterland, wie verkehrt ist deine Geschichte!«

ter unseres Volks haben diese Verhältnisse fast noch einen schlimmern Einfluß geübt, als auf seine Macht.«[615] Bezeichnenderweise bediente sich Gfrörer dabei in zunehmendem Maße des ›konfessionellen Arguments‹: Die Protestanten wurden von ihm immer schärfer mit dem Stigma des Anationalen belegt, hätten sie doch mit den äußeren Reichsfeinden gegen den Kaiser paktiert und auf diese Weise zum Niedergang der deutschen Machtstellung entscheidend beigetragen.[616]

Deutlich anders akzentuierte Heinrich Wuttke, der nach 1849 durch seinen »ausgesprochenen Preußenhass« von sich reden machte,[617] die Rolle Preußens in der deutschen Geschichte. Entgegen seiner späteren Haltung sind seine frühen Schriften, vor allem seine Arbeiten zur schlesischen Geschichte, durch eine offensichtlich preußenfreundliche und antihabsburgische Ausrichtung geprägt.[618] Inwieweit hier konfessionelle Gesichtspunkte eine Rolle spielten, ist schwer zu beurteilen. Zweifellos hegte Wuttke eine starke Sympathie für die Reformation, nicht zuletzt aufgrund ihrer politischen Folgen.[619] Auch tritt eine scharfe Ablehnung jedweder »ultramontanen« Richtung und ganz besonders der Jesuiten

---

615 Alle Zitate Gfrörer, Gustav Adolph, 1845, S. 1019.

616 Gfrörer, Gustav Adolph, 1845, S. 946f.: »Und ich fürchte, die Katholiken hatten damals mehr Grund, den Gegnern zu zürnen, als umgekehrt die Protestanten. Denn wer war es, der angeblich zum Schutze der Gewissen und der Freiheit, in der That aber um des Kaisers rechtlicher Obergewalt zu trotzen, den Fremden, den Dänen, den Engländern, den Schweden, den Franzosen ins Reich rief – die Evangelischen oder die Katholiken? Mußte nicht ein guter teutscher Katholike einer Parthei fluchen, die das Erbtheil der Ahnen den alten Feinden des Reichs Preis gab!« Ein ähnliches Verdikt bei Gfrörer, Gustav Adolph, 1845, S. 235.

617 Blecher/Todte, Wuttke, 2009, S. 800. Zu Wuttkes Haltung gegenüber Preußen siehe auch S. 803; Todte, Geschichtswerk, 2010, bes. S. 19–21, 63; Müller-Frauenstein, Wuttke, 1898, ferner Müller, Wuttke als Politiker, 1959. Zu den Folgen von Wuttkes Preußenfeindschaft für dessen Stellung innerhalb der deutschen Geschichtswissenschaft auch Huttner, Disziplinentwicklung, 2001, S. 196–204.

618 So auch Todte, Geschichtswerk, 2010, S. 48.

619 Wuttke, Besitzergreifung, 1842, Bd. 1, S. 222: »Ein nicht geringes Glück war es daher wahrlich für die Entwicklung des deutschen Volkes, daß auch die Fürsten von ihren Ideen [der Reformation] ergriffen wurden und daß des Kaisers Politik ihrer Ausbildung lange Raum gestattete.« Diese Bewertung von Reformation und Protestantismus fußte auf Wuttkes Fortschrittsdenken, entsprach doch in seinen Augen die evangelische Kirche »den herrschenden Ansichten und den Forderungen der Gegenwart um vieles mehr als die römische und gewährte die Bahn, auf welcher der weitere Fortschritt erfolgen mußte.« (ebd., S. 161). So interpretierte Wuttke die Reformation als Errungenschaft der Bildungselite – Professoren – (ebd., S. 85–86), die nicht zuletzt aufgrund der »Allgewalt der Muttersprache« in eine allgemeine Volksbewegung übergegangen sei und in Gestalt des Protestantismus »tiefe Wurzeln in allen Klassen des Volkes« geschlagen habe (ebd., S. 228, siehe auch S. 104–111, 197, 222–242). Mit dieser Deutung einher ging seine große Bewunderung Martin Luthers (siehe ebd., S. 104, 223, 227 sowie oben, S. 65).

(was mit einigen Abstrichen auch für Gfrörer galt[620]) in seinen Schriften immer wieder und deutlich hervor.[621] Wenngleich konfessionelle Fragen seine Deutungen und Darstellungen somit nicht unberührt ließen, waren sie jedoch keineswegs der primäre Maßstab. Ausschlaggebend für seine historiographische Bewertung der Großmächte war vielmehr, inwieweit ihre Politik dem historischen Fortschritt – und das hieß vor allem: Wuttkes eigenen liberaldemokratischen Idealen – zu entsprechen schien.

Überaus augenfällig erhellt dieser Zusammenhang am Beispiel von Wuttkes zweibändiger, 1842/43 veröffentlichter Geschichte über die öffentlichen Verhältnisse Schlesiens bis 1740. Im Vorwort des ersten Bandes hatte er die Absicht bekundet, »darzuthun, welche Güter das schlesische Volk dem preussischen Staate verdankt.« Hierbei glorifizierte er Friedrich II. zu einem regelrechten Erlöser vom habsburgischen Joch, dem Schlesien »zum innigsten Danke [...] verpflichtet« sei. Er hoffe, so Wuttke, mit seiner Abhandlung das Verdienst herausstellen zu können, »welches um dieses Land der große Preussenkönig sich erwarb.«[622]

620 So forderte Gfrörer, Carolinger, 1848, S. V, in seiner Ende März 1848 verfassten Vorrede von Papst Pius IX. die »bündige Zusicherung, daß nie Jesuiten [...] sich auf deutschem Boden niederlassen werden.« In einigen Schriften unterstellte Gfrörer den Jesuiten bisweilen einen unheilvollen Einfluss, in anderen wiederum äußerte er sich apologetisch bis bewundernd. Zu Gfrörers ambivalenter Haltung gegenüber den Jesuiten siehe Brechenmacher, Geschichtsschreibung, 1996, S. 231, Anm. 282.

621 In Wuttkes Schriften erschienen die Jesuiten als ein von außen nach Deutschland eindringender Schädling, der das Volk rigoros unterdrückt und damit den Fortschritt nachhaltig hemmt, wie Wuttke, Besitzergreifung, 1842, Bd. 1, S. 210f., am Beispiel seiner schlesischen Geschichte erläuterte. So besaßen die Jesuiten »in Schlesien nichts, was sie das Ihre nennen konnten und nisteten sich dennoch ein« und »säeten die Keime der Zerwürfniß.« Siehe zur Ausbreitung der Jesuiten auch ebd., S. 209–212, 217. Dieser Ansicht entsprach, dass Wuttke, Besitzergreifung, 1843, Bd. 2, S. 229–239, 283–302, das weitere Wirken der Jesuiten nach dem Dreißigjährigen Krieg als Katholisierung durch gnadenlose Gewalt beschrieb. Unverblümter noch kam diese Abneigung gegenüber ›Ultramontanen‹ und Jesuiten in Wuttke, Polen und Deutsche, 1847, S. 42, zum Ausdruck: »Unser Feind in Deutschland selbst, mit dem wir in fortwährendem Kampf ringen, ist nicht die römisch-katholische Kirche an sich, aber ein ultramontaner Auswuchs derselben. Wir dürfen nicht dulden daß die Geistlichen einen Staat im Staate, ein Volk im Volke bilden«. Bezeichnend für Wuttke war, dass er ebd., S. 42–44, seine Perhorreszierung der Jesuiten mit seiner polenfeindlichen Haltung verband und die Gefahr einer Allianz der Polen mit dem Jesuitenorden ausmalte, »weil sie von ihnen sich eine recht wirksame Beihülfe in der Bekämpfung des gehaßten Deutschthumes versprachen.«

622 Wuttke, Besitzergreifung, 1842, Bd. 1, S. 2–4. Siehe auch Wuttke, Persönliche Gefahren, 1841, wo Wuttke erklärte, einen »Beitrag zur Charakteristik des großen Königs der Preußen« (S. 2) liefern zu wollen. So wies er auf die »Menschlichkeit« (S. 6) Friedrichs II. hin und hob seinen »hohen Heldenmuthe« und »seine unbezweifelbare Tapferkeit« (S. 33) hervor. Den Einmarsch Friedrichs II. rechtfertigte er überdies mit dem entsprechenden Willen der Bevölkerung: »Das Landvolk in Mittel- und Niederschlesien war *ganz und gar* für den König von

Ausgangspunkt dieses Buches war das vorhabsburgische Schlesien, das in Wuttkes Augen eine Verfassungsordnung auf »rein demokratischer Grundlage« besaß.[623] Das Wirken der seit 1526 in Schlesien herrschenden Habsburger habe dann, so die Kernthese des Werks, auf die planmäßige Zerstörung dieser Verfassung und den Aufbau einer unumschränkten Gewaltherrschaft über das selbstständige Land abgezielt. Bereits der erste habsburgische Landesherr Schlesiens, der böhmische König und spätere Kaiser Ferdinand I., sei bestrebt gewesen, das bislang selbstständige Schlesien »in die Stellung einer Provinz herabzudrücken«.[624] Während fast ganz Schlesien in dieser Epoche protestantisch wurde, trachtete Ferdinand danach, »die Reformation in Schlesien zu ersticken, als der Versuch einer Gegenreformation von ihm und dem Papste ausging.«[625] Eine neue Qualität habe diese Politik nach dem Sieg der kaiserlichen Partei im Schmalkaldischen Krieg 1547 gewonnen, denn danach erlangten die Habsburger ein Übergewicht an Macht und nach »allen Beziehungen dehnte Ferdinand in diesem günstigen Zeitpunkte seine Gewalt aus. [...] Schon band er sich nicht mehr an die Gerechtsame der Stände.«[626] Auch unter den folgenden Herrschern sei diese Politik fortgesetzt worden. »So blieb also trotz aller Versicherungen Rudolfs und seines Nachfolgers Matthias (1611–1619) der alte Druck, ja nahm an Härte zu«.[627] Matthias habe gleichsam ein »Attentat auf die Landesfreiheit« begangen und danach gestrebt, »seine Herrschaft zur Unumschränktheit auszudehnen«.[628] Aggressiver noch sei schließlich Ferdinand II. vorge-

Preußen eingenommen und unterstützte seine Sache, so gut es konnte« (S. 21, Hervorhebung im Original).

623 Wuttke, Besitzergreifung, 1842, Bd. 1, S. 49f.: »Bei diesen Fürstenthumsständen, von denen auch die Stände des *gesammten* Landes Schlesiens großentheils ausgingen, war die gesetzgebende Gewalt lediglich und allein. Landesverordnungen durften daher nicht einseitig von dem Fürsten erlassen werden, sondern wurden von ihnen entworfen, von ihm zum Gesetz erklärt. [...] Die Zusammensetzung dieser Stände war die allereinfachste, welche möglich war, denn sie ruhte auf rein demokratischer Grundlage.« Ebd., S. 58: »Jene ›modernen Ansichten‹ und ›neuen Theorien‹, gegen welche man eifert, finden sich hier, wie sie im Naturrechte, dem einzig ächten Rechte, wurzeln, in der historischen Entwicklung des Volkes begründet. Die Grundidee unserer Stände war ersichtlich die der Vertretung des ganzen Landes, aller Einwohner, nicht einzelner bevorzugter Klassen« (Hervorhebung im Original). Zur alten Verfassung Schlesiens siehe S. 47–78.

624 Wuttke, Besitzergreifung, 1842, Bd. 1, S. 78.

625 Wuttke, Besitzergreifung, 1842, Bd. 1, S. 169. Zur repressiven Politik Ferdinands I. siehe vor allem ebd., S. 166–200.

626 Wuttke, Besitzergreifung, 1842, Bd. 1, S. 193. Wuttke stützt sich hier auf seinen Aufsatz Wuttke, Mühlberger Schlacht, 1840.

627 Wuttke, Besitzergreifung, 1842, Bd. 1, S. 271.

628 Wuttke, Besitzergreifung, 1842, Bd. 1, S. 318, 319.

gangen, der mit aller List und Rücksichtslosigkeit darauf hingewirkt habe, »den Böhmen (und Schlesiern) ihre Vorrechte zu entreißen und sich und sein Haus auf einmal von dem Joche der Unterthanen zu entledigen und seine landesfürstliche Autorität zu erweitern.«[629]

Die entscheidende Zäsur erkannte Wuttke schließlich im Dreißigjährigen Krieg. Schlesien, das sich wegen der repressiven Politik des Herrscherhauses zunächst den aufständischen, aber sieglosen Böhmen angeschlossen habe, musste sich, um Schlimmeres zu verhindern, Kaiser Ferdinand II. unterwerfen. Zwar habe dieser die Rechte Schlesiens 1621 bestätigt, doch sei mit dem Ausgang des Krieges die Machtposition des kaiserlichen Geschlechts entscheidend gestärkt worden. Nun »erweiterten denn von Jahr zu Jahr die Habsburger ihre Gewalt über die inneren Angelegenheiten des besiegten Landes«[630] und Schlesien wurde »aus einem selbstständigem Herzogthum zu einer Provinz des östreichischen Staatenverbandes, zu einem fast unbeschränkten Eigenthume des habsburgischen Geschlechtes«.[631] Als Folge dessen sah Wuttke die »Knechtung des niederen Volkes«, die »Unterdrückung des Rechtes« und die gewaltsame Katholisierung der protestantischen Bevölkerungsmehrheit in Schlesien.[632] Wuttke setzte diese Entwicklung mit einer Kriegführung gegen das schlesische Volk gleich – »ein Krieg gegen Wehrlose *nach dem Frieden*.«[633] Durch die ausführliche Wiedergabe von Quellenmaterial versuchte er nachzuweisen, dass »im Sinne des Kaisers geschah, was von den Obrigkeiten Frevelhaftes vollbracht wurde«.[634] Vor diesem Hintergrund dürfe, so unterstrich Wuttke, »der Geschichtschreiber nicht verkennen, daß die österreichische Herrschaft dem schlesischen Volke im *höchsten* Maaßen *nachtheilig* gewesen ist und daß sie es im Aufstre-

---

629 WUTTKE, Besitzergreifung, 1842, Bd. 1, S. 288. Zur weiteren Herrschafts- und Katholisierungspolitik bis zum Dreißigjährigen Krieg siehe vor allem ebd., S. 243–275 u.ö.

630 WUTTKE, Besitzergreifung, 1843, Bd. 2, S. 103. Die Unterwerfung der Schlesier unter Ferdinand II. und dessen Bestätigung der Freiheiten Schlesiens im *Dresdener Akkord* von 1621 bildet den Abschluss des ersten Bandes (siehe dazu Bd. 1, S. 356–370). Zum Fortgang des Dreißigjährigen Krieges siehe Bd. 2, S. 1–78.

631 WUTTKE, Besitzergreifung, 1843, Bd. 2, S. 146f.

632 WUTTKE, Besitzergreifung, 1843, Bd. 2, S. 142f., 303. Ebd., S. 79: »Das Königthum hat den Versuch seine Erhöhung zu hemmen, rasch und vollständig vereitelt und steigt zu voller Unumschränktheit. [...] Der Wille des Volkes ward unter dem Gebote des Herrschers gebeugt, die ständische Gegenwehr im siebzehnten und achtzehnten Jahrhundert endlich völlig überwunden.« Zum »Verlust der Selbstständigkeit« Schlesiens ebd., S. 79–165; die »Katholisirung Schlesiens« nach dem Dreißigjährigen Krieg ist das bei Weitem umfangreichste Kapitel in Wuttkes Werk (Bd. 2, S. 166–435), siehe hier vor allem S. 249–302.

633 WUTTKE, Besitzergreifung, 1843, Bd. 2, S. 317. Hervorhebung im Original.

634 WUTTKE, Besitzergreifung, 1843, Bd. 2, S. 259.

ben an seiner Wurzel geschädigt hat.«[635] So beendete er das Schlusskapitel mit einer Skizze der öffentlichen Verhältnisse Schlesiens im Jahre 1740, als Friedrich sich anschickte, das unter habsburgischer Herrschaft stehende Land zu erobern: »Das Herrscherhaus und das Kirchenthum standen zusammen, Hierarchie und Despotismus wirkten vereint auf ein entwaffnetes, erniedrigtes Volk. [...] Die Hülfe mußte *von außen* kommen.«[636] Indem er hier den preußischen Einmarsch als einen Akt der Hilfe interpretierte, vertrat er also eine Position, die der Gfrörers diametral entgegenstand.

Auch in anderen Schriften Wuttkes sind Verdikte über habsburgische Politik und borussophile Tendenzen zu finden.[637] Doch unter die anhaltende Kritik an der habsburgischen Herrschaft[638] und das Lob auf das friderizianische Preußen mischte sich zusehends antipreußische Polemik. Über die Ursachen seiner ab Mitte der 1840er Jahre immer offensiver vorgebrachten Aversionen gegenüber dem Königreich kann letztlich nur gemutmaßt werden. Nichtsdestotrotz sind zwei Faktoren kaum zu übersehen. Neben der persönlichen Entfremdung von der preußisch geprägten Ranke-Schule einerseits,[639] hat andererseits das politische Zeitgeschehen einen nicht unerheblichen Einfluss auf Wuttkes Preußenbild ausgeübt. Vor dem Hintergrund des aufkeimenden Nationalismus infolge der Rheinkrise 1840 und der enttäuschten Hoffnung auf politische Reformen nach dem preußischen Thronwechsel im selben Jahr sah

---

635 WUTTKE, Besitzergreifung, 1843, Bd. 2, S. 379. Hervorhebung im Original.

636 WUTTKE, Besitzergreifung, 1843, Bd. 2, S. 434. Hervorhebung im Original.

637 Eine scharfe Kritik an der habsburgischen Herrschaftspraxis findet sich auch in dem Aufsatz WUTTKE, Mühlberger Schlacht, 1840, der teilweise identisch ist mit WUTTKE, Besitzergreifung, 1842, Bd. 1, S. 163–202. Wuttke verwarf hier die gegen die Haltung des Volkes gerichtete Herrschaft des Habsburgers Ferdinand I., der infolge des Schmalkaldischen Kriegs von den Böhmen »die Auslieferung der Freibriefe und die hinterlistige Entwaffnung« erpresst habe (S. 540), und brandmarkte dessen Strafgericht als despotische Willkür, die »in Schlesien alle Protestanten mit Schrecken« erfüllt habe (S. 542). Auch missbilligte WUTTKE, Versuche, 1840, die den schlesischen Interessen zuwiderlaufende Politik des Wiener Hofes bei der Gründung der Universität Breslau. Von einer eher positiven Darstellung des friderizianischen Preußens und seines Königs ist (neben den bereits angeführten Schriften) dagegen WUTTKE, Lebensbeschreibung, 1841, geprägt.

638 Wuttkes antihabsburgische Haltung änderte sich bis 1848/49 nicht, wie aus WUTTKE, Deutschlands Einheit, 1848, S. 35f., deutlich wird: »Im Laufe mehrerer Jahrhunderte hatte die Familie Habsburg sich eine große Hausmacht erworben und war auf dem Kaiserthrone beinahe erblich gemacht. Ihr Ziel war, das Reich zu einem ihnen angehörigen Staat herabzudrücken. Sie suchte Deutschland zusammenzuhalten, indem sie es sich unterwarf und mit ihrem Despotismus umfing. [...] Die Habsburger scheiterten an der Reformation, die ihnen das Volk abwendig und die Fürsten widerspenstiger machte. Die habsburgische Gewaltherrschaft wurde gebrochen.«

639 Siehe dazu oben, Anm. 165.

Wuttke die nationale Einheit Deutschlands offenbar durch einen preußischen Eigenweg gefährdet.[640] Dies ist jedenfalls der Tenor der Vorrede seines 1847 erschienenen Buches über *Die schlesischen Stände*, in der er sich mit Nachdruck gegen die politische Konsolidierung gesamtpreußischer Institutionen wandte. So sprach er sich insbesondere gegen die Einberufung des Vereinigten Landtags aus und äußerte seine Befürchtung, dass dieses gesamtpreußische Abgeordnetenhaus »das selbstständige Leben der einzelnen Provinzen, welches ohnehin schon zum großen Nachtheil ihrer eigenthümlichen und kräftigen Entwickelung vom Märkerthume überwuchert ist, noch stärker beeinträchtigen dürfte und jenes künstliche Gewächs, welches ›Preussenthum‹ heißt, auf Kosten Deutschlands noch höher auftreiben kann.«[641]

Die Ächtung des »Preussenthums« als künstliche und den nationalen Interessen Deutschlands zuwiderlaufende Strömung fand ihren Niederschlag in der veränderten politischen Ausrichtung von Wuttkes Schriften. Auch dies betraf zunächst seine Arbeiten zur schlesischen Geschichte. Hatte er die preußische Annexion noch 1843 als eine Befreiung von habsburgischer Despotie geschildert, stellte er bereits 1844 heraus, dass Preußen »dem schlesischen Volke seine Verfassung genommen« habe.[642] In Anbetracht dessen sah er sich – gewissermaßen als historiographischer Anwalt Schlesiens – berufen, die Erinnerung an dieses alte Herkommen und an die alten ständischen Freiheiten wachzuhalten: »Auch Schlesien hatte seine ständischen Freiheiten bevor es preussisch wurde und verlor sie – und was verloren war, wurde vergessen.«[643] Mit der Vergegenwärtigung der von Preußen beseitigten traditionellen Freiheiten und Verfassung wurden die preußische Schlesien-Politik nach 1740 und der anhaltende Reformstau im Königreich nach 1815 (fehlende Verfassung, Volksvertretung, Pressefreiheit) in eine historische Kontinuitäts-

---

**640** Zu Wuttkes Wahrnehmung des Regentenwechsels in Preußen 1840 siehe WUTTKE, Stände, 1847, S. 152–157 u.ö.

**641** WUTTKE, Stände, 1847, S. 3f. Zu Wuttkes Kritik am Vereinigten Landtag, dem er einen »aristokratischen Grundcharakter« attestierte siehe auch ebd., S. 208f.

**642** WUTTKE, Untergang, 1844, S. 560. Siehe ebenso WUTTKE, Stände, 1847, S. 35–45. Auch die Darstellung Friedrichs II. blieb von Wuttkes gewandeltem Preußenbild nicht unberührt. Wenngleich er den Preußenkönig nicht durchweg negativ beurteilte, erschien dieser in WUTTKE, Untergang, 1844, S. 556–559 und (damit teilweise identisch) WUTTKE, Stände, 1847, S. 35–45 nunmehr vorrangig als geldbegieriger und wortbrüchiger Eroberer. Angesichts des gewandelten Friedrich-Bildes bleibt die von TODTE, Geschichtswerk, 2010, S. 49, 92, 113 vorgebrachte Erklärung, Wuttke habe Friedrich II. deshalb positiv charakterisiert, weil er in ihm den Toleranzgedanken verkörpert sah, unzureichend.

**643** WUTTKE, Stände, 1847, S. 4. Ähnlich dazu WUTTKE, Untergang, 1844, S. 542–544.

linie gebracht.[644] Preußische Herrschaft erschien damit als Hemmschuh des politischen Fortschritts. Dies ließ aus liberal-demokratischer Sicht nur die Schlussfolgerung zu, dass eine politische Führungsrolle der Hohenzollernmonarchie mit Blick auf die angestrebte nationale Einheit Deutschlands zurückzuweisen ist.

Auch wenn Wuttke sich bis 1848 in seinen historiographischen Arbeiten nicht dazu äußerte, ob ein bestimmter deutscher Staat dem nationalen Einigungsprojekt vorstehen soll, zeigten seine Schriften, dass für ihn am Vorabend der Revolution ein preußisch dominiertes Deutschland keineswegs infrage kam. Diese sich zusehends verschärfende antipreußische Haltung beschränkte sich aber zunächst noch auf Fragen der innenpolitischen Gestaltung Deutschlands. In außenpolitischen Angelegenheiten, welche die Integrität der deutschen Nation berührten, machte Wuttke bis zur Revolution seinen persönlichen ›Burgfrieden‹ mit Preußen.[645] Dies galt namentlich mit Blick auf den Konflikt zwischen deutschen und polnischen Nationalisten, in dem er Preußen zum Sachwalter des Deutschtums erhob. »Wer«, fragte Wuttke 1847, »hatte das Beste der Einwohner mehr im Auge, die preussische Regierung oder die polnische Nationalpartei? [...] Wohlfahrt, Gesittung, Bildung wofür die preussische Herrschaft arbeitete, wiegen, denken wir, mehr.«[646] Aus den Annahmen, dass diese zivilisatorischen Fortschritte eine Folge der Verdeutschung seien und der preußische Staat den Motor dieser Germanisierung dargestellt habe, folgerte Wuttke, dass Preußen ein »natürliches Recht hat, über Gebiete zu herrschen auf denen Deutsche und Polen untereinander sitzen«.[647] Wuttkes extremer Preußenhass sollte erst durch die Erfahrungen der Revolution von 1848/49 aufbrechen.

Ähnlich wie Wuttkes Schriften war auch das historiographische Werk Karl Hagens, der sich in der Paulskirche 1849 gegen einen von der Hohenzollernmonarchie dominierten deutschen Nationalstaat aussprach, im Vormärz keineswegs von einer apodiktischen Ablehnung Preußens

---

644 So erörterte Wuttke, Stände, 1847, nach der Beseitigung der alten Verfassung Schlesiens durch Preußen 1740/41 (Kap. 3) die Bildung der preußischen Provinzialstände 1815–1823 (Kap. 4), um anschließend die Entwicklung und Unzulänglichkeiten dieses politischen Systems bis in die Gegenwart aufzuzeigen (Kap. 5, 6).

645 Dies ist insofern erwähnenswert, als dass Wuttkes radikaler Preußenhass ihn nach der kleindeutsch-großpreußischen Reichsgründung 1870/71 so weit führen sollte, dass er seinem Sohn nahelegte, die deutsche Staatsbürgerschaft abzulegen und stattdessen die englische oder schweizerische anzunehmen. Siehe dazu Todte, Geschichtswerk, 2010, S. 20f.; Huttner, Disziplinentwicklung, 2001, S. 196.

646 Wuttke, Polen und Deutsche, 1847, S. 56.

647 Wuttke, Polen und Deutsche, 1847, S. 33.

geprägt. Entscheidend für Hagen war vielmehr der innere Zusammenhalt der deutschen Nation. Geschichte und Charakter der Deutschen seien, so betonte er in mehreren Arbeiten, durch den Antagonismus zwischen nationaler Einheit und partikularen Bestrebungen bestimmt.[648] Gerade in den partikularen Gegensätzen, die er aus dem individuellen Zug des deutschen Volkscharakters hervorgehen sah,[649] erkannte er ein großes Problem. Er lehnte alle innerdeutschen Ressentiments und Eigeninteressen ab, die einer nationalen Einheit im Wege standen. Hierunter fielen ausdrücklich auch antipreußische Tendenzen. Wenn er darauf hinwies, dass »die rheinischen Völker« einen »unverkennbaren Widerwillen gegen die Preußen haben«, dann verstand er diesen Widerwillen alles andere als positiv. Denn eben »diese volksthümlichen Gegensätze haben immer die vollkommene äußere Einheit bei uns gehindert.«[650] Jede grundsätzliche Abwertung Preußens als undeutsch – wie zum Beispiel durch Gfrörer – bewertete er insofern als Ausdruck des deutschen »Erbfehler[s]«, womit er den Mangel an Einheit und Geschlossenheit der deutschen Nation meinte.[651]

Doch wies Hagen nicht nur prinzipielle Aversionen gegen Preußen zurück. Vielmehr zeichnete er in den wenigen Schriften, in denen er auf Preußen zu sprechen kam, ein relativ wohlwollendes Bild des Königreiches. So würdigte er in einem zeitgeschichtlichen[652] Beitrag die preußische Rolle in den ›Befreiungskriegen‹ und in den anschließenden Friedensverhandlungen. Preußen sei, so unterstrich er mehrfach, die wichtigste und richtungsweisende deutsche Macht gewesen, denn von ihr war »die Befreiung zunächst ausgegangen«.[653] So sei auch der entscheidende Sieg bei Waterloo »lediglich durch die Preußen bewirkt worden«.[654] Ebenso waren in seinen Äußerungen zum preußisch-österreichischen Dualismus nach 1815, den er als Zeichen innerer Spaltung

648 HAGEN, Volkscharakter, 1840, S. 143–145; HAGEN, Reichsverfassung, 1839, S. 17, 19f. u.ö.

649 Siehe oben, S. 113f.

650 HAGEN, Volkscharakter, 1840, S. 144.

651 HAGEN, Volkscharakter, 1840, S. 145. Siehe auch HAGEN, Verhältnisse, 1844, Bd. 3, S. 138: »der Erbfehler der Deutschen, der Mangel an Einheit«.

652 Der Begriff »Zeitgeschichte« ist in diesem Zusammenhang durchaus nicht anachronistisch, weil HAGEN, Geschichte der neuesten Zeit I, 1846, S. 298, ihn als Ausdruck für die historiographische Auseinandersetzung mit der jüngeren Vergangenheit verwendete. Hagen bildete in dieser Hinsicht keine Ausnahme. Denn der Begriff ist mit gleicher Bedeutung des Öfteren bei Waitz (z.B. WAITZ, deutsche Historiographie I, 1844, S. 50, 54, 56, 58; WAITZ, deutsche Historiographie II, 1844, S. 100, 106, 113f.; WAITZ, deutsche Historiographie III, 1845, S. 110f.) sowie bei DAHLMANN, Gegen den Fürchtenden, 1832, S. 228, vorzufinden.

653 HAGEN, öffentliche Meinung I, 1846, S. 672f. Siehe auch S. 615.

654 HAGEN, öffentliche Meinung II, 1847, S. 498f.

scharf tadelte,[655] die Rollen eindeutig verteilt. Während er Österreich die »Schuld« gab, dass nach dem Sieg über Napoleon der »Friede so wenig ehrenvoll für die deutsche Nation ausgefallen« war, sah er in Preußen »die nationale Richtung am meisten gepflegt, und nicht blos von dem Volke, wie anderwärts, sondern auch von der Regierung«. Preußen habe auf dem Wiener Kongress »offenbar die freisinnigsten Vorschläge gemacht, namentlich was eine dauerhafte Begründung und Pflegung des neuerwachten Volksgefühles betrifft«. So erschien ihm Preußen »als derjenige Staat, welcher den Geist der Zeit und die Wünsche der deutschen Nation am besten repräsentirte«.[656] Die Ursachen des restaurativen Kurses Preußens nach 1815 sah er denn auch weniger im Hohenzollernstaat selbst. Stattdessen erklärte er, dass es Österreich und Russland mit der Heiligen Allianz »gelungen war, die preußische Regierung in das reactionäre System hineinzutreiben«.[657]

In Anbetracht dessen kann Hagen keineswegs als ein grundsätzlicher Feind Preußens oder Parteigänger Österreichs gelten. Obschon er die preußische Restaurationspolitik entschieden zurückwies, machte er die Schaffung einer nationalen Einheit Deutschlands doch abhängig von der preußischen Haltung. Mehr noch: Er schien auch seine eigenen politischen Hoffnungen auf Preußen zu setzen. Denn nach seiner Ansicht hatte »die Reactionspartei bedeutend an Stärke verloren, seitdem mit dem Regierungswechsel in Preußen [1840] diesen Staat eine neue Bewegung ergriffen hat. Man muß wenigstens zugestehen, daß der jetzige König den freien Tendenzen große Aufmerksamkeit schenkt und ihnen schon manche wichtige Concessionen gemacht hat, die eher darauf schließen lassen, daß er ihnen noch mehr einräumt, als daß er sich feindselig gegen sie zeigen sollte.«[658]

---

655 HAGEN, öffentliche Meinung I, 1846, S. 672–687.

656 Alle Zitate HAGEN, öffentliche Meinung II, 1847, S. 497–499. Gleiches galt laut Hagen für den Pariser Frieden; siehe ebd.

657 HAGEN, öffentliche Meinung II, 1847, S. 537. Dem entsprach auch Hagens Einschätzung, »daß der Einfluß von Oestreich und Rußland auf des Königs von Preußen politische Gesinnung kein kleiner gewesen sei« (ebd., S. 512).

658 HAGEN, Hauptrichtungen, 1843, S. 108. Siehe ebenso HAGEN, Absolutismus, 1842, S. 263f.: »Doch wir wollen hoffen […], daß unsere politische Zukunft auf friedlichem Wege herannahen wird. Einen gewichtigen Grund zu dieser Hoffnung bietet uns wenigstens Preußen, ein Staat, der vor nicht gar langer Zeit noch zur Reactionspartei gehörte, jetzt aber am Klarsten und Entschiedensten die Bedürfnisse und die Hoffnungen der Zeit erkannt zu haben, und nicht bloß erkannt zu haben, sondern sie auch befriedigen zu wollen scheint.« Eine positives Urteil erfuhr auch die preußische Außenpolitik in Richtung Russland, so bei HAGEN, Slaventhum, 1842, S. 318: »Diese Zeiten [des massiven russischen Einflusses in Deutschland] sind jedoch Gottlob! vorüber. Und wir verdanken eine Aenderung in dieser Beziehung vorzugsweise Preußen, das

Die Geschichtsschreibung von Hagen und Wuttke ließ – stärker noch als diejenige Droysens, Dahlmanns, Gfrörers und Waitz' – deutlich erkennen, dass die Frage, welche Rolle Preußen und Österreich für die angestrebte nationalstaatliche Einigung Deutschlands spielen sollen, nicht nur aus der Geschichte hergeleitet wurde. Denn neben der Frage, inwieweit die beiden deutschen Großmächte in der Vergangenheit das Nationale verkörpert hatten, hingen Wuttkes und Hagens Bewertung beider Staaten stark von deren gegenwärtiger Politik ab. Die politischen und historischen Argumentationsstränge waren insoweit besonders eng miteinander verwoben. Indem die Verwirklichung gewisser politischer (etwa liberaler oder demokratischer) Ideen als historisch fortschrittlich galt, war die Frage, ob eine der beiden Großmächte dem nationalstaatlichen Einigungsprojekt vorstehen soll, primär davon abhängig, ob eine der beiden diesem historischen Fortschritt zu entsprechen schien. Dies ließ für Wuttke und Hagen auch die Möglichkeit zu, dass weder Preußen noch Österreich an der Spitze eines deutschen Nationalstaates stehen sollen – nämlich dann, wenn beide den liberalen oder demokratischen Zielen im Wege ständen.

## *4.5 Nation und Volk – Liberalismus und Demokratie*

Der Nationalismus war eng mit liberalen und demokratischen Anschauungen verwandt. Dieser Gedankenkomplex zielte auf die Überwindung gegenwärtiger Zustände ab, die als krisenhaft wahrgenommen wurden, als Zustände des Zwanges, der Unfreiheit und der Zersplitterung in politischer wie sozialer Hinsicht. Dem wurde der Zukunftsentwurf einer nationalen Einheit entgegengestellt, der die Integration aller Nationsangehörigen in das politisch-soziale Gemeinwesen verhieß. Auf diese Weise sollte die Emanzipation der Nation nach außen wie der Nationsangehörigen nach innen erreicht und die Erlösung von der bedrückenden Gegenwart bewirkt werden. Obgleich diese Zukunftsentwürfe unterschiedlichste Konzepte umfassten, von behutsamen Reformen bis hin zu revolutionären Utopien, waren sie doch alle stark von dem romantischen Volksideal geprägt, in dem das Volk als organische, natür-

---

durch seine kräftige Stellung, die es neuerdings gegen Rußland eingenommen, die Losung gegeben zu haben scheint, daß wir auch gegen das slavische Reich hin unsere Nationalität wahren dürfen.«

liche und reine Einheit erschien und durch das das Volk aufgewertet, politisiert und ideologisiert wurde.[659]

Diese Aufwertung, Politisierung und Ideologisierung des Volksbegriffes schlug sich besonders in den Schriften Heinrich Wuttkes nieder. In seinem Aufsatz *Das deutsche Volkslied* wandte er sich der geistig-sittlichen Kernsubstanz der deutschen Nation zu, die er im Volk ausmachte. Wir lassen, so leitete Wuttke seine Ausführungen ein, »*eine ganze Nation* […] zu uns sprechen, sobald wir uns in das *Volkslied* versenken. Die Dichtung eines Volkes ist das Sichaussprechen seines Geistes«.[660] Während er die politischen und kulturellen Eliten Deutschlands als mehrheitlich von Selbstsucht und fremden Einflüssen korrumpiert beschrieb, sah er den Geist und das moralische Wesen der deutschen Nation im Volk unverfälscht verkörpert: »Das Sittliche fühlt das Volk richtiger als seine Gesetzgeber.«[661] Dies komme im Volkslied zum Ausdruck, das durch die generationsübergreifende Weitergabe mit der Zeit von allen verwerflichen Elementen gereinigt werde und »von einem höheren Geiste durchdrungen ist und einen tieferen moralischen Gehalt besitzt, als sich bei den allermeisten zeigt, die als Dichter vor das Volk hinzutreten wagten. […] So sind auch die Empfindungen *rein*.«[662] Diese sittlich-kulturelle Nobilitierung des Volkes ließ sich sogleich ins Politische wenden. Eine dem »deutschen Wesen« entsprechende Politik war somit nur denkbar, wenn das Volk in die politische Gestaltung eingebunden werde. Solange dies nicht der Fall sei, fehle es Deutschland an Kraft, wie Wuttke in der Geschichte zu erkennen meinte: »Von früher Zeit her war die Haltung seiner Herrscher ritterlich aber nicht volksthümlich: was

---

659 Siehe die in Anm. 56 angegebene Literatur. Zur Aufwertung des Volksbegriffes auch Koselleck u.a., »Volk, Nation«, 1992, bes. S. 142–151, 281–284; zur romantischen Grundierung des liberalen bzw. demokratischen Nationalismus Ries, Romantischer Nationalismus, S. 233–246.

660 Wuttke, deutsche Volkslied, 1847, S. 49. Hervorhebungen im Original.

661 Wuttke, deutsche Volkslied, 1847, S. 68.

662 Wuttke, deutsche Volkslied, 1847, S. 70f. Nach seiner Auffassung wurde aus einem Volkslied »vom gesunden Gefühle des einen oder des andern Empfängers das Unwahre, Unlautere, Unächte abgestoßen, einmal herausgelassen, kam es nicht so leicht wieder herein; hinzugefügter Schmutz aber konnte sich nicht erhalten. Jeder reine Mund, aus dem das Lied schallte, veredelte auch das Lied.« (S. 73) In Anbetracht dessen erschien Wuttke das Volk als ein »*sittlicher Adel*« (S. 70). Obwohl das Volk somit zur Quelle einer moralisch-kulturellen Hygiene stilisiert wurde, bedeutete dies nicht, dass Wuttke nicht auch gewissen ›Meisterdichtern‹ eine große Verehrung entgegenbrachte. Dies galt namentlich für Schiller, den Wuttke, Schillers Weltanschauung, 1844, S. 389 als »feurige[n] Sänger der Freiheit« bezeichnete und in dessen Werk er auch Gedanken seiner eigenen Weltanschauung, ja des ganzen deutschen Volkes zu erkennen glaubte. So sei Schiller »selbst der schöne Ausdruck einer schönen und großen Gesammtheit, der des deutschen Volkes. […] Darum ist er *der deutsche Dichter*, darum leben seine Werke so tief im Volke« (S. 390). Alle Hervorhebungen im Original.

seine Kaiser vollführten, das blieb vom Volksbewußtsein losgelöst und aus diesem Grunde fehlte selbst den stärksten Kaisern trotz aller ihrer Machtfülle die ausharrende Kraft, die Werke glücklich vollführt. Dieß haben die Schreiber der deutschen Geschichten bis jetzt übersehen.«[663] Der Umkehrschluss für die Gegenwart war eine Absage an jeglichen Absolutismus[664] und konnte nur lauten: Allein eine politische Partizipation des Volkes schaffe das notwendige Maß an nationaler Einigkeit, mit der die Herausforderungen der Zeit gelöst werden können.

Diese liberal-demokratische Grundhaltung Wuttkes wurde noch dadurch verstärkt, dass er die Verwirklichung von Freiheit auch zur Frage des nationalen Prestiges erhob. Konnte er für die Epoche des Mittelalters noch eine besondere »deutsche Freiheit«[665] im Vergleich zu anderen Nationen herausstellen, seien »*wir Deutschen*« heutzutage »*vor dem Auslande schon bloßgestellt*, der Franzose und Engländer ist schon gewöhnt, uns als Unfreie über die Achseln anzusehen«.[666] Vor diesem Hintergrund unterzog Wuttke die politische Entwicklung der jüngsten Geschichte einer scharfen Kritik. Großen Anstoß nahm er an den 1823 eingerichteten preußischen Provinzialständen, deren Struktur seinem geschichtsphilosophischen Leitgedanken diametral widersprach. Während Wuttke den Fortschrittsprozess der Menschheit als geistig-kulturelle Überwindung rein materieller Verhältnisse deutete, sah er in den Provinzialständen (in welchen die Standschaft an Grundbesitz geknüpft war) das genaue Gegenteil realisiert: »Den Boden also, die todte Natur will man vertreten statt des Menschen, statt des Volkes.«[667] Mit dieser ständischen Einrichtung würden, so Wuttke, nicht nur die gebildeten Schichten – für ihn die Impulsgeber des historischen Fortschrittes – aus

663 Wuttke, deutsche Volkslied, 1847, S. 82f.

664 Siehe mit Blick auf die außerdeutschen Verhältnisse auch Wuttke, dänische Revolution, 1847, bes. S. 108–115; Wuttke, belgische Revolution, 1847.

665 Wuttke, Besitzergreifung, 1842, Bd. 1, S. 18. Mit dem Interpretationssmuster eines vormals idealen Zustandes korrespondierte auch Wuttkes Annahme einer ursprünglich »rein demokratischen« Verfassung Schlesiens. Siehe dazu oben, Anm. 623.

666 Wuttke, Stände, 1847, S. 201. Hervorhebung im Original.

667 Wuttke, Stände, 1847, S. 112. So seien die Provinzialstände bloß ein *Schein* von Vertretung [...], zu dem das Volk seinen Namen mit seiner Hoheit leihen muß.« (ebd., S. 209, Hervorhebung im Original). Neben der politischen Ungerechtigkeit sah er in den Provinzialständen auch ein materielles Ungleichgewicht, denn »Ungleichheit im politischen Rechte verhängte die ständische Verfassung über das Volk. Vollbürger sollen nach ihr einzig die Besitzer von Grundstücken sein [...], obgleich das Grundeigenthum nur ein Fünftheil der Staatslasten trägt« (ebd., S. 139).

der Politik ausgeschlossen, sondern auch die Spaltung und Ungleichheit der Nation weiter zementiert.[668]

In Wuttkes politisch-historischer Weltanschauung fiel dem Adel die Rolle des gesellschaftlichen Schädlings zu. Die Geschichte, insbesondere die neuere, dokumentierte nach seiner Auffassung, dass der Adel »im Kerne faul und verdorben« sei und das Volk politisch geknechtet, materiell ausgebeutet und dadurch auch den nationalen Interessen geschadet habe.[669] Aus historischer Perspektive beurteilte er eine aristokratisch-ständische Gesellschaftsordnung daher als antiquiert und verriss Friedrich Wilhelms IV. Politik, an einer landständischen Einrichtung festzuhalten, welche »*ihrer Grundlagen wegen*, keiner gedeihlichen Weiterbildung fähig ist« und »nur noch tiefer in ausgelebte mittelalterliche Zustände zurückführen« kann.[670] Als zeitgemäßes politisches System erkannte Wuttke lediglich eine dem nationalliberalen Gedankenkomplex verpflichtete und vom Bürgertum getragene Ordnung an. So vertrat er die Ansicht, dass jeder, der »es gut mit dem Vaterlande meint, [...] die Entwickelung des Liberalismus und seine Versuche, sich zu bethätigen und zu gestalten, *unterstützen* solle«.[671] Wuttkes liberaldemokratisches Plädoyer für eine Gesellschaft gleichberechtigter Individuen war verschränkt mit der nationalistischen Forderung nach dem Zusammenschluss aller Volksangehörigen zu einer monolithischen Einheit, und von der Annahme eines universellen und unumkehrbaren Fortschrittsprozesses historisch untermauert: »Die europäische Civilisation arbeitet seit mehreren Menschenaltern ununterbrochen an der Vernichtung aller Scheidewände, die das Volk in Stände *zerrissen*, und bildet, Alles verschmelzend, aus ihm eine gleiche Masse«. Jedes Gegensteuern hieße,

---

**668** Wuttke, Stände, 1847, S. 112–115.

**669** Wuttke, Stände, 1847, S. 217. Zur moralischen Verworfenheit des Adels auch Wuttke, Besitzergreifung, 1843, Bd. 2, S. 137–140, 422f. Wuttke schrieb diese negativen Attribute keineswegs nur dem deutschen Adel zu, sondern dem Adel insgesamt. Dabei schreckte er auch vor derben Ausdrücken nicht zurück, wie seine Beschreibung des dänischen Adels zeigt: Wuttke, dänische Revolution, 1847, S. 52: »So fraß sich der Adel vom Fette des Landes einen Schmerbauch und sog als ein verderbliches Schmarotzergewächs sein Mark aus. Natürlich richtete dieses Geschmeiß Dänemark zu Grunde, das sittlich verfiel.« Derartige Ächtungen des Adels übertrug Wuttke auch in seine polenfeindliche Agitation (Kap. 5.2), indem er Polens angebliche Rückständigkeit auf die besonders einflussreiche politisch-soziale Stellung des polnischen Adels zurückführte. Wuttke, Polen und Deutsche, 1847, S. 66: Es gebe »bei den Polen stets Aristokratie, starre Aristokratie und noch heute neigt alles zu ihr hin, während die Bedingungen eines demokratischen Staatslebens, nämlich die Eigenschaften, welche wir ihnen absprechen mußten, gänzlich fehlen, vor allem die Selbstbezwingung. Gesetzlosigkeit ist noch lange nicht Freiheit.«

**670** Wuttke, Stände, 1847, S. 156. Hervorhebung im Original.

**671** Wuttke, Stände, 1847, S. 178. Hervorhebung im Original.

»dem rollenden Rade der Zeiten in die Speichen greifen, […] der Gesellschaft Wunden schlagen, Uebel und Leiden zufügen, um doch nur aufzuhalten, was zuletzt unabwendbar ist.«[672]

Die Verwandtschaft von nationalistischen, demokratischen und liberalen Ideen bestimmte auch den Denkhorizont Karl Hagens. Für ihn war dabei die Annahme leitend, dass das Streben nach politischer und sozialer Freiheit im individuellen Element des »deutschen Volkscharakters« begründet liegt. Dies suchte er am »alten deutschen Rechte« zu zeigen, dessen eigentliches Prinzip er in der »Sicherstellung der Freiheit des Individuums« erkannte. In dieser Sicherstellung machte Hagen den alleinigen »Zweck des Staats« aus.[673] Da sowohl ganze Nationen als auch die Nationsangehörigen als Individuen gedeutet wurden, wendete sich dieses im »deutschen Volkscharakter« wurzelnde Freiheitsstreben in Hagens Augen nach innen und außen. Das politische Deutschland dem deutschen Wesen gemäß zu organisieren bedeutete demnach, die Nation von fremder Herrschaft zu befreien wie auch der individuellen Freiheit der Nationsangehörigen Geltung zu verschaffen.

In diesem Sinne war die Verwirklichung der Freiheit auch konstitutiv in die von Hagen präsumierte Entwicklungslogik der Weltgeschichte eingebunden. In konzeptioneller Hinsicht dem dreistufigen Modell Altertum-Mittelalter-Neuzeit folgend, wies Hagen jeder Epoche ein je spezifisches Verhältnis nicht nur zum Nationalen, sondern auch zur Freiheit zu: Während das Altertum aufgrund der Allgewalt des Staates und das Mittelalter aufgrund der Allgewalt der Kirche die Freiheit nur unzureichend realisiert hätten,[674] sah er der Neuzeit – und in ihr der deutschen Nation – die historische Aufgabe zugefallen, die politische und

---

672 Wuttke, Stände, 1847, S. 211f. Hervorhebung im Original. Dem entsprach, dass er den Adel als abgelebtes Relikt betrachtete. Denn nach Wuttke, Besitzergreifung, 1843, Bd. 2, S. 138f., wäre der Adel bereits im frühen 18. Jahrhundert »mit dem Aufhören der Feudalzustände nach dem natürlichen Laufe der Dinge untergegangen, wenn er nicht durch *künstliche* Abschließung sich erhalten hätte: durch unnatürliches Thun, welches nicht nur ihm in's eigne Fleisch Wunden schlug […] sondern auch in die Gesammtentwicklung überaus störend eingriff, ja unsägliches Unheil verschuldete. Und dennoch geht der Adel jetzt unrettbar, unaufhaltsam, bei lebendigem Leibe verwesend zu Grunde und wir dürfen nicht rufen, Friede sei seiner Asche!«

673 Hagen, Volkscharakter, 1840, S. 139. So zeigte er sich ebd., S. 141, überzeugt, dass die ursprüngliche »Volksverfassung« der Deutschen von »alten freien demokratischen Institutionen« bestimmt gewesen sei. Ähnliche Annahmen einer ursprünglich demokratisch-freiheitlichen Ordnung finden sich auch bei Hagen, Epochen, 1842, S. 199f.

674 Hagen, Verhältnisse 1841, Bd. 1, S. 10.

soziale Freiheit sowohl der Nationen als auch der Nationsangehörigen dauerhaft zu verwirklichen.[675]

Hagen ließ keinen Zweifel daran, dass er die Errichtung einer freiheitlichen Ordnung nur auf ihrer natürlichen Grundlage für umsetzbar hielt: der Nation. Freiheit und Nation waren in dieser Hinsicht untrennbar miteinander verbunden, gewissermaßen zwei Seiten ein und derselben Medaille: Auf der einen hatte Freiheit eine vitale Bedeutung für echten Patriotismus.[676] Auf der anderen war Freiheit allein im politischen Rahmen der Nation zu verwirklichen. Denn die Nation bildete aufgrund ihres natürlichen Ursprungs *den* letztlich unüberwindbaren politischen Ordnungsrahmen und insofern den einzig belastbaren Anknüpfungspunkt für die Schaffung von politischer Freiheit. Folgt man Hagen, so konnten auch alle übrigen Formen politischer Vergemeinschaftung ›echte‹ Freiheit nicht gewährleisten. Hierunter fasste er insbesondere den Kosmopolitismus und den Absolutismus. Beide hätten sich in der Geschichte ausgezeichnet durch die »Negierung der Nationalitäten: nur hatte dieser die Unumschränktheit der Herrschaft im Auge gehabt, während jener die allgemeine politische Freiheit erstrebte.«[677] Gerade deshalb seien beide keine belastbare Grundlage für Freiheit gewesen, denn dieses »Fundament kann nichts anderes sein, als das Vaterland. So lange die Freiheit nicht auf das Vaterland basirt ist, wird sie haltungslos in der Luft schweben, und niemals zu wahrem Leben gelangen können.«[678] Zwar habe auch der Kosmopolitismus eine politische Freiheit angestrebt. Doch bildete er nur »die erste Stufe zur Freiheit. Bei ihm«, so lautete die politische Schlussfolgerung, »ist also nicht stehen zu bleiben: erst im Patriotismus wird die Freiheit eine sichere Bürgschaft finden.«[679]

Dass die Freiheit nur in der Nation ein solides Fundament finden würde, war für Hagen eine Tatsache, die er an verschiedenen historischen Fallbeispielen zu demonstrieren suchte. Besonders offensichtlich schien ihm die Verknüpfung von nationaler Einheit und Freiheit in bestimmten Abschnitten der frühmittelalterlichen Reichsgeschichte zu sein, be-

675 Hagen, Vermittlung, 1839, S. 190f.

676 Hagen, Weltliteratur, 1838, S. 16: »Wo das Volk sich nicht frei fühlt und seine Freiheit sich nicht äussern kann, da ist an keine Vaterlandsliebe zu denken.«

677 Hagen, Weltliteratur, 1838, S. 18.

678 Hagen, Weltliteratur, 1838, S. 19.

679 Hagen, Weltliteratur, 1838, S. 21. Siehe auch Hagen, öffentliche Meinung I, 1846, S. 606: Es sei die »großartige vaterländische Richtung, durch welche allein ein Volk sich in seiner Freiheit und Unabhängigkeit behaupten kann.«

vor die römische »Hierarchie« ihren unheilvollen Einfluss auszuüben begonnen habe.[680] Dabei lenkte er seinen Blick vor allem auf Heinrich III., den er als einen idealen Herrscher geradezu mythenhaft überhöhte. In Hagens Augen führte dieser die deutsche Nation zu ihrem außen- wie innenpolitischen Zenit, was er damit erklärte, dass der Salierkönig »die Erhaltung der alten Volksfreiheit« zur hauptsächlichen »Basis seiner Handlungen« gemacht habe.[681] Somit interpretierte Hagen die Herrschaft Heinrichs III. von einem gleichsam liberalen Prinzip (Volks*freiheit*) geleitet, das sich auf Charakter und Tradition der Deutschen (*alte* Volksfreiheit) gestützt und damit das nationalpolitische Optimum überhaupt erst möglich gemacht habe. Dergestalt sah er unter Heinrich III. den »Höhepunkt der königlichen Macht und der Einheit des Reichs erreicht. Er war aber erreicht durch Heinrichs Prinzip, die alte Freiheit des Volks zur Basis seiner Politik zu machen.«[682]

Völlig entgegengesetzt beurteilte Hagen die Herrschaft des Nachfolgers Heinrich IV. Denn dieser habe nicht mehr die »alte Freiheit des Volks« berücksichtigt, sondern auf die »*Unumschränktheit* der königlichen Gewalt« abgezielt – ein absolutistischer Machtanspruch, der sich nicht nur gegen die Fürsten richtete, »sondern auch gegen das Volk«.[683] In dieser antifreiheitlichen Politik machte Hagen die zentrale Ursache der instabilen und kriegsgeprägten Herrschaftsverhältnisse unter Heinrich IV. aus, die er in einem breiten Panorama darstellte. Die »unabwendbare Folge« dieser Politik sei der »Sieg der Zersplitterung über die Einheit« gewesen.[684] Dieses Auseinanderbrechen einer vermeintlich nationalen Einheit Deutschlands stilisierte Hagen zum »Wendepunkt der deutschen Reichsverfassung«, durch welchen die deutsche Nation ihre politische Führungsrolle in Europa verloren habe und die Tür für den schädlichen Einfluss fremder Mächte (vor allem dem Papst und seiner Kurie) geöffnet worden sei.[685]

Der Zusammenhang von innerer und äußerer Freiheit der Nation spielte ebenso in Hagens Deutung der Reformation die entscheidende Rolle. So beschrieb er die Reformation einerseits als ein Streben nach

---

**680** Siehe vor allem HAGEN, Reichsverfassung, 1839, S. 336–339. Negative Bemerkungen zur Herrschaft der »Hierarchie« sind bei Hagen Legion; siehe nur HAGEN, Verhältnisse, 1841/43, Bd. 1, S. 16, 22 u.ö.; Bd. 2, S. 26, 34 u.ö.

**681** HAGEN, Reichsverfassung, 1839, S. 45. Ebenso S. 47f.

**682** HAGEN, Reichsverfassung, 1839, S. 292.

**683** HAGEN, Reichsverfassung, 1839, S. 140f. Hervorhebung im Original.

**684** HAGEN, Reichsverfassung, 1839, S. 330; siehe auch S. 144.

**685** So der Titel des Aufsatzes HAGEN, Reichsverfassung, 1839.

nationaler Befreiung von religiöser und politischer Fremdherrschaft. Diese Strömung habe sich andererseits mit einer sozialemanzipatorischen innerdeutschen, von unteren Gesellschaftsschichten getragenen Freiheitsbewegung verbunden, die er als eine demokratische deutete und mit dem Begriff »volksmäßig« umschrieb. In diesem Punkt unterschied sich Hagen von vielen anderen Historikern, weil er auch die »niederen Volksklassen« in seine Betrachtung mit einbezog und ihnen einen maßgeblichen Einfluss auf das reformatorische Geschehen zuschrieb. So sah Hagen in ihnen »ein bedeutendes oppositionelles Element, welches sich theils gegen die Gewalt richtete, die durch ihre Ansprüche und Privilegien die niederen Volksklassen drückten oder wenigstens beschränkten, wie Adel und Clerus, theils gegen diejenigen Institute, die mit dem gesunden Menschenverstande oder mit der Natur im Widerspruch standen.«[686] Prägend für Hagens Deutung der Reformation war allerdings nicht nur, dass er die »volksmäßige Richtung« in Opposition zu den »herrschenden Gewalten« sah, sondern auch, dass er sie weitgehend mit der nationalen Richtung identifizierte.[687] Indem er also die nationale Opposition auf das Volk zurückführte, wurde die Geschichte der deutschen Nation auch – oder gerade – zu einer Geschichte des ›einfachen Volkes‹, zur ›Volksgeschichte‹.

Allerdings verengte Hagen die Reformation mitnichten auf eben diese »volksmäßige Richtung«. Vielmehr legte er ausführlich dar, dass erst das Ineinandergreifen dreier verschiedener Richtungen – er unterschied zwischen einer religiösen, humanistischen und volksmäßigen[688] – die Reformation zu einer umfassenden Erneuerungsbewegung gemacht habe. Doch vor dem Hintergrund, dass sich zwischen diesen reforma-

---

686 Hagen, Verhältnisse, 1841, Bd. 1, S. 34f. Siehe zur »volksmäßigen Richtung« insbesondere S. 33–36, 77–79, 113–115, 331–334; Bd. 2, S. 161–227; Bd. 3, S. 13–21, 33, 457–463 (siehe dazu die Kritik von Waitz, deutsche Historiker II, 1846, S. 16–25). Diese ›freiheitliche‹ Deutung der Reformation wird außerdem deutlich bei Hagen, Weltliteratur, 1838, S. 14–16, 21; Hagen, Flugschriften, 1842, S. 271–273; hierzu umfassender auch Hagen, Hutten, 1838. Hagens Reformationsauffassung ist als bislang einziger Gegenstand seiner Geschichtsschreibung untersucht worden – dies aber nur unter marxistischen Vorzeichen. Zu nennen ist hier die Arbeit Mühlpfordt, Karl Hagen, 1980, die nicht nur wegen ihrer unverkennbar ideologischen Ausrichtung als problematisch zu betrachten ist, sondern auch aufgrund zahlreicher falscher bzw. nicht aufschlüsselbarer Zitate.

687 So war Hagen, Verhältnisse, 1843, Bd. 2, S. 150, der Auffassung, dass »die Opposition, von welcher die Masse des Volks ergriffen war, die eigentliche nationale Richtung« der Reformation darstellte. Dem entsprach auch, dass Hagen des Öfteren von der »nationalen und volksmäßigen Richtung« sprach (ebd., Bd. 1, S. 35; Bd. 3, S. 151, 461).

688 Zu diesen Richtungen und ihrem Verhältnis zueinander siehe Hagen, Verhältnisse, 1841–1844, Bd. 1, S. 32–36, 377f.; Bd. 2, S. 3, 161; Bd. 3, S. 13, 457.

torischen Strömungen immer größere Gegensätze ausgebildet und sich die gemäßigten Kräfte zunehmend von den ursprünglichen Zielen der Reformation abgewendet hätten, habe die Opposition zusehends »einen demokratischen, durchaus volksmäßigen Charakter« angenommen.[689] Hierdurch seien die herrschenden Gewalten motiviert und mobilisiert worden, gegen die »volksmäßige Richtung« vorzugehen, die sich zwar im Bauernkrieg noch einmal gegen die soziale Unterdrückung aufgelehnt habe und auch für eine nationale Einheit eingetreten sei, letztlich aber unterlag.[690]

Weil es mit der Reformation nicht gelungen sei, eine demokratische und nationale Freiheit in eine politische Verfassung zu überführen, sah Hagen die Neuzeit durch den Kampf um die Durchsetzung eben jener Prinzipien bestimmt.[691] Dass auch durch die Französische Revolution Freiheit und Demokratie nicht dauerhaft errungen werden konnten, war für Hagen nicht weiter verwunderlich, denn in seinen Augen war die Französische Revolution durch ihren übernationalen Anspruch im Grunde zum Scheitern verurteilt.[692] In Anbetracht dessen falle, so konstatierte Hagen, der Gegenwart die Aufgabe zu, das Werk der Reformation zu vollenden. Zahlreiche Kontinuitätslinien und Analogien bildend (so verstand er etwa die ›Freiheitskriege‹ als eine Art Wiederauferstehung reformatorischer Ideen[693]), stellte Hagen Reformation und Gegenwart in ein und denselben historischen Zusammenhang. Die Reformation diente somit nicht nur als gedankenstrukturierendes, legitimitätsstiftendes und handlungsleitendes Exempel, sondern gewissermaßen

---

**689** HAGEN, Verhältnisse, 1843, Bd. 2, S. 165.

**690** Zur national-demokratischen Deutung des Bauernkrieges siehe HAGEN, Verhältnisse, 1844, Bd. 3, S. 135–141; HAGEN, Hutten, 1838, S. 260–268.

**691** HAGEN, Verhältnisse, 1844, Bd. 3, S. 460–463. Zur welthistorischen Bedeutung der Reformation siehe auch oben, S.115–118.

**692** HAGEN, Weltliteratur, 1838, S. 17f. Zu Hagens negativer Bewertung der Französischen Revolution HAGEN, Vermittlung, 1839, S. 175f., 188; HAGEN, Epochen, 1842, S. 251–255.

**693** So der durchgängige Tenor bei HAGEN, öffentliche Meinung I, II, 1846/47. Siehe ebenso HAGEN, Weltliteratur, 1838, S. 19–22; HAGEN, Volkscharakter, 1840, S. 153f. Ähnlich auch HAGEN, Geschichte der neuesten Zeit II, 1848, S. 73: »Die Elemente, welche in dem Kampfe [gegen Napoleon] am meisten ausgerichtet, sind nationaler Natur gewesen: das erneuerte Bewusstsein der Volksthümlichkeit hat den Streit aufgegriffen und glücklich zu Ende geführt. Dieses Bewusstsein ist geblieben, und durch dieses Element ist die Idee der politischen Freiheit in ein neues Stadium ihrer Entwicklung getreten. Ohne eine nationale Grundlage konnte und wollte man sich dieselbe nicht mehr denken: das Vaterland war unzertrennlich mit der Freiheit verbunden; beide zusammen machen die eigentlichen Factoren eines wahrhaft schönen politischen Zustandes aus.«

auch als geschichtliches Orakel – bereits 1844 glaubte er, Anzeichen für eine nahende Revolution zu erkennen.[694]

Auch in den Schriften August Friedrich Gfrörers waren nationalistische und liberale Ideen miteinander verbunden, allerdings mit deutlich anderer politischer Stoßrichtung. Im Gegensatz zu Hagen und Wuttke war Gfrörer kein Demokrat. Sein Standpunkt war vielmehr geprägt durch eine Mischung aus liberalen und konservativen Leitvorstellungen, die sich nicht zu einem kohärenten ›konstitutionellen‹ Standpunkt vereinen ließen und durch die sich Gfrörer wiederholt in Widersprüche verstrickte.[695] Wenngleich die charakteristische Verschränkung von liberalen und nationalistischen Leitgedanken daher schwächer ausfiel, hielt er seine politischen Forderungen grundsätzlich allein in einem nationalstaatlichen Rahmen für realisierbar. Umgekehrt betrachtete er liberale Reformen als unumgänglich, um sein politisches Kernziel – die nationalstaatliche Einheit – verwirklichen zu können.

Die Annahme, Nation und Freiheit ließen sich nicht trennen, sah Gfrörer in der Geschichte bestätigt. Als Negativbeispiel diente ihm das antike Rom. Wie den Zusammenbruch der Imperien Karls des Großen und Napoleons, führte er auch den Untergang des römischen Reiches auf dessen übernationale Struktur zurück. Die Vereinigung zahlreicher Völker zu einem politischen Körper habe nicht nur das Nationalgefühl der Römer ausgehöhlt, sondern ihnen auch ihre Freiheit genommen und damit eine tragende Säule ihres Staates untergraben. Denn gerade »durch die unnatürliche [!] Ausdehnung des Reichs zerstörte ihr Patriotismus sich selbst. Eine so ungeheure Macht konnte kein Freistaat mehr bleiben, mußte die Beute des Ehrgeizes einzelner Bürger werden. […] Die Freiheit ging zu Grabe, mit ihr die Liebe zum Vaterland.«[696] Eine den nationalen Verhältnissen folgende Staatenbildung war demzufolge mehr als die Basis für Nationalgefühl und stabile politische Vergemein-

---

694 Hagen, Verhältnisse, 1844, Bd. 3, S. 462f.

695 Die politische Position Gfrörers darzustellen wird dadurch erschwert, dass diese einem deutlichen Wandel unterlag, was unmittelbar mit seiner sich ändernden religiösen Anschauung zusammenhing. Insgesamt ist seine politische Grundeinstellung mit Brechenmacher, Geschichtsschreibung, 1996, S. 111, als ein mit »Liberalismen durchsetzter Konservativismus« zu beschreiben, wobei die liberalen Ansichten bis 1848/49 ab-, die konservativen zunahmen. Dessen ungeachtet blieben zentrale, im Folgenden angerissene politische Zielvorstellungen Gfrörers weitgehend bestehen. Zum Wandel seiner politischen Anschauungen siehe ebd., bes. S. 110f., 158–161, 295–301.

696 Gfrörer, Allgemeine Kirchengeschichte, 1841, Bd. 1, S. 16; siehe auch S. 20: Das römische Reich »war durch den Verlust der Freiheit vermodert, mit ihm die Haupttriebfeder antiker Tugend, die Vaterlandsliebe«.

schaftung. Sie war zugleich eine elementare Voraussetzung für die Verwirklichung von Freiheit – sowohl der äußeren Freiheit der Nationen als auch der inneren Freiheit der Nationsangehörigen.

Die nationale Freiheit nach innen und außen sah Gfrörer in erster Linie durch absolutistische Herrschaft gefährdet, schon aus anthropologischen Gründen: War es für ihn doch »ausgemachte Thatsache«, dass nichts »das menschliche Herz so sicher und so vollkommen« verderbe, »als der Genuß schrankenloser Macht. Kein einzelner Herrscher soll daher so stark seyn, daß ihn nicht Andere im Zaum halten, in gehörige Schranken zurücktreiben könnten«. In außenpolitischer Hinsicht hieß dies: »nur durch das Nebeneinanderbestehen vieler unabhängiger Staaten ist das Heil der Menschheit gesichert.«[697] Dass es sich dabei um *National*staaten handeln müsse, war für Gfrörer selbstverständlich. »Denn«, so führt er an anderer Stelle aus, »die europäische Kultur beruht auf dem Nebeneinander-Bestehen mit einander verkehrender Nationen, deren Unabhängigkeit das unübersteigliche Bollwerk ist gegen das Wiederauftauchen des altrömischen Despotismus.«[698]

In diesem Sinne erschienen in Gfrörers Arbeiten gerade jene Epochen vorbildlich, in denen sich ein politisches Gleichgewicht zwischen den verschiedenen Machtträgern (König, Adel, Kirche und Volk) ausgebildet habe.[699] Dieses Narrativ war geprägt durch die gedankliche Anbindung historischen Geschehens an die Gegenwart. Wieder parallelisierte er das 9. und 19. Jahrhundert und sah die europäische Geschichte neben der Nationalität durch ein weiteres, mit der Nationalität aber stets zusammengedachtes historisches Prinzip überwölbt: das nationale Streben nach »politischer Freiheit« und Partizipation: »Weil nach dem Sturze Napoleonischer Gewaltherrschaft die Völker Bürgschaften gegen die Wiederkehr ähnlicher Unterdrückung verlangten, ist seit dem Jahre 1814 das Ringen um ständische Rechte Losungswort durch ganz Europa geworden. Dasselbe geschah 1000 Jahre früher.«[700] Erschienen ständi-

697 Gfrörer, Geschichte des Urchristenthums, 1838, Bd. 3, S. 394f.

698 Gfrörer, Gustav Adolph, 1837, S. 1043.

699 In diesem Machtfeld wies Gfrörer, Geschichte des Urchristenthums, 1838, Bd. 3, S. 396, der Kirche eine entscheidende Schutzfunktion gegen jeglichen Despotismus zu, denn durch »ihren Einfluß hat das Christenthum alle öffentlichen und besonderen Verhältnisse durchdrungen, sie haben einen Damm gegen die Willkür der Herrscher aufgeführt, welcher am Meisten dazu beitrug, den neueren Thronen eine früher unerhörte Lebensdauer zu geben. Sind nicht die meisten Dynastien 800–1000jährig, und hat diese zähe Kraft nicht ihre Wurzel in dem Christenthum, welches die Könige hindert, Dinge zu wagen, die man sonst überall wagte«.

700 Gfrörer, Carolinger, 1848, Bd. 1, S. 68, 70, 71.

sche Rechte hier als machtpolitisches Regulativ gegen Herrscherwillkür, wandelte sich diese Deutung in dem Maße, in dem Gfrörer die Stände die politische Oberhand gewinnen sah. Den Einfluss des Reichsadels deutete er nun als Schieflage der Herrschaftsgewalt, die das Reich in zahlreiche souveräne Fürstentümer atomisiert und dadurch Einheit und Macht der Nation von innen zersetzt habe.[701]

Zur Wiedergewinnung der nationalen Einheit wie des politischen Gleichgewichtes sah Gfrörer eine politische Ordnung vor, die durch ein starkes Nationalkönigtum getragen war, »weil jegliche Nation nur durch eine feste Verfassung, d.h. durch Obrigkeiten und Häupter etwas werden kann.«[702] Die wichtigsten Gegengewichte zu dieser Zentralmacht waren für Gfrörer eine öffentliche Rechtspflege und ein Milizsystem nach dem Muster der preußischen Landwehr. Dagegen sprach er den liberalen und konstitutionellen Kernforderungen nach Pressefreiheit, Parlamenten und Verfassungen nur eine nachgeordnete Bedeutung zu.[703] Mit Blick auf ein gesamtdeutsches Parlament kam für den auf politisches Gleichgewicht bedachten Gfrörer allein ein Zweikammersystem in Frage. Sein Vorbild war das britische Regierungssystem. Dieses sei, so resümierte er 1845 in der Neuauflage der *Geschichte Gustav Adolphs*, »für alle Nationen ein Segen, ist in Bezug ein *geeintes* Teutschland *europäisches* Bedürfniß. Die große kriegerische Macht, welche das teutsche Volk in sich trägt, darf nicht dem Ehrgeize eines einzigen Hauses überlassen werden, vielmehr fordert das Wohl Europas, daß im bezeichneten Falle die gesetzliche Mitwirkung Vieler ungeordnete Kriegslüste eines Einzigen zügle.«[704] Insofern bildete die gedankliche Verbindung des Nationa-

---

701 Siehe etwa Gfrörer, Carolinger, 1848, Bd. 2, S. 160f., 430; Gfrörer, Tiare, 1838, S. 94. Dazu eingehend Brechenmacher, Geschichtsschreibung, 1996, S. 158–161.

702 Gfrörer, Geschichte des Urchristenthums, 1838, Bd. 2/I, S. 406. Zu Gfrörers Ablehnung der Republik auch Brechenmacher, Geschichtsschreibung, 1996, S. 296, 443.

703 Gfrörer, Tiare, 1838, S. 28f.: Die Preußische Landwehr sei »eine volksthümliche Bürgschaft gerechter Staatsverwaltung, die […] wir höher anschlagen, als alle süddeutschen Konstitutionen.« Zur Jurisdiktion ebd., S. 90: »Gewiß ist das öffentliche Gerichtsverfahren mehr werth, als jene liberalen Verfassungen, mit welchen die kleineren süddeutschen Staaten beschenkt worden sind.« Dazu weiterführend Brechenmacher, Geschichtsschreibung, 1996, S. 295–297. Trotz des schwindenden liberalen Anteils in Gfrörers Weltbild behielt er die Forderungen nach einer Verfassung bis 1848/49 aufrecht. Anderenfalls wäre kaum zu erklären, warum sich Gfrörer 1848 in die verfassunggebende Nationalversammlung wählen ließ!

704 Gfrörer, Gustav Adolph, 1845, S. 1023. Hervorhebung im Original. Von ähnlichen Deutungsmustern war Gfrörers Schilderung des Kampfes zwischen Papst- und Königtum geleitet: Dem Ideal zweier sich gegenseitig eindämmender Gewalten stand die Ablehnung einer geistlichen oder weltlichen Suprematie gegenüber. Gfrörer, Carolinger, 1848, Bd. 1, S. 504: »Königthum und Pabstthum sind ihrer Natur nach unvereinbare Gewalten, keines darf das andere aufsaugen und die Päbste müssen sich begnügen, dem Königthum das Gleichgewicht

litätsprinzips mit dem Ideal einer Machtbalance sowohl innerhalb einer Nation als auch zwischen den Nationen den Dreh- und Angelpunkt von Gfrörers politischer Programmatik.

Ähnliche politische Schlussfolgerungen aus der Geschichte zog auch Friedrich Christoph Dahlmann, der profilierteste Verfassungspolitiker der hier betrachteten Professoren. Fast alle seiner Schriften sind durch ein nachdrückliches Eintreten für eine konstitutionelle Monarchie gekennzeichnet.[705] Seine Auffassung, dass die monarchische Staatsgewalt durch eine »volksmäßige« Verfassung und die Einrichtung eines Parlamentes eingeschränkt werden müsse, gründete aber weniger auf einem liberalen Weltbild. Denn obwohl Dahlmann mit der Pressefreiheit und Freiheit von Forschung und Lehre wesentliche Forderungen des Liberalismus aufgriff, wies er die Zugehörigkeit zu einer liberalen Partei zurück.[706] Seine politischen Ansichten fußten vielmehr auf dem aristotelischen Verfassungsideal, nach welchem allein eine Mischverfassung aus monarchischen, aristokratischen und demokratischen Elementen die Basis für einen »guten Staat« biete.[707] Dieses Ideal der Mischverfassung, sich auszeichnend durch eine innere Balance der verschiedenen Machtträger, sah Dahlmann in der konstitutionellen Monarchie bestmöglich

---

zu halten. Gehen sie weiter, so arbeiten sie am eigenen Untergange.« Siehe ebenso GFRÖRER, Tiare, 1838, S. 2–5; GFRÖRER, Gustav Adolph, 1845, S. 250; dazu auch BRECHENMACHER, Geschichtsschreibung, 1996, S. 162–171, 226.

705 Etwa DAHLMANN, Verfassung, 1815, S. 16–34, 64–67; DAHLMANN, Einleitung, 1818, S. 458f.; DAHLMANN, Drangsalen, 1821, S. 178–184; DAHLMANN, Politik-Vorlesung, 1829; DAHLMANN, Rede eines Fürchtenden, 1832; DAHLMANN, Gegen den Fürchtenden, 1832; DAHLMANN, Politik, 1835, §§ 19–24, 100–137; DAHLMANN, Geschichte der französischen Revolution, 1845, S. 476. Vom konstitutionellen Standpunkt zeugen auch die Publikationen zur Entlassung der ›Göttingen Sieben‹ (DAHLMANN, Protestation, 1838; DAHLMANN, Zur Verständigung, 1838). Dahlmanns politischer Standpunkt ist hinlänglich erforscht. Siehe vor allem BLEEK, »gute« Verfassung, 2007, S. 32–41; BLEEK, Dahlmann, 2010, S. 138–140, 149–156 u.ö.; HANSEN, Beruf, 2012, S. 34–36; HANSEN, Dahlmann, 1972, S. 32–35, 41–43; ANTER, Politikwissenschaft, 2012; PAYK, Konstitutionalisierung, 2012; BOTZENHART, Parlamentarismus, 1977, S. 36–41. Wie sehr Dahlmanns politischer Standpunkt für politisch-ideologische Zwecke vereinnahmt werden kann, wird beispielhaft deutlich bei HUBER, Dahlmann, 1937; LÜLFING, Dahlmann, 1985.

706 Zu Dahlmanns Verhältnis zum Liberalismus siehe BLEEK, Dahlmann, 2010, S. 123f., 216, 373f.

707 DAHLMANN, Politik, 1835, § 23: »Dergestalt ergiebt sich, daß Demokratie, Monarchie und Aristokratie, jede für sich allein genommen, keine gute Verfassung versprechen, vielmehr eine um so schlechtere, je mehr jede ganz ungemischt sie selber seyn will.« Siehe auch DAHLMANN, Politik-Vorlesung, 1829, S. 129f., 133. Die Forderung nach einer »volksmäßigen« Verfassung findet sich u.a. bei DAHLMANN, Sieg vom 18. Junius, 1815, S. 10. Zu den bei Dahlmann häufig vorkommenden Begriffen der »guten Verfassung« und des »guten Staates« siehe BLEEK, »gute« Verfassung, 2007, S. 33, ferner HANSEN, Beruf, 2012, S. 34. Zur aristotelischen Grundierung siehe insbesondere DAHLMANN, Politik, 1835, §§ 3, 195, 210, 217–220; HORN, politische Aristotelismus, 2012, S. 51–60; BLEEK, Dahlmann, 2010, S. 88, 149–152.

realisiert.[708] Indes fragte das normative Leitbild des »guten Staates« nicht nur nach der konkreten Gestaltung einer »guten Verfassung«, sondern gleichermaßen nach dem Weg und dem Rahmen, auf bzw. in dem eine solche verwirklicht werden kann.

Als wichtigster Bezugspunkt diente Dahlmann in diesem Zusammenhang die Geschichte, aus der er in unzähligen Exkursen (etwa zur antiken athenischen Demokratie, zum venezianischen Herrschaftssystem oder zur dänischen Regierungsform) Belegfälle für das Gelingen oder das Scheitern bestimmter Verfassungsstrukturen anführte. Mit der Frage, wie Staaten zusammengesetzt sein sollen, setzte er sich besonders eingehend in seiner stark historisch fundierten Schrift *Die Politik* auseinander.[709] Staaten mit mehreren Völkern hielt Dahlmann durchaus für möglich, allerdings schränkte er dies weitgehend ein. Die »Ausführbarkeit« einer »guten Verfassung« sei nämlich kaum möglich für »Länder mit verschiedenartigen Bevölkerungen, groß genug jede um selber ein Reich für sich zu bilden«. Gleiches gelte auch für »eine große Nation, die ein Jahrtausend hindurch ein Reich bildete«, die aber nur noch durch »einen unauflöslichen Bundesverein« zusammengehalten werde.[710] Wie unschwer zu erkennen ist, zielte diese Aussage auf den Deutschen Bund ab. In ihm sei, wie Dahlmann auf mehreren Seiten historisch und theoretisch begründete, eine zielführende und gemeinnützige Politik kaum zu realisieren.[711] Dies beinhaltete auch die indirekte Forderung, mit einem einheitlichen deutschen Nationalstaat den notwendigen Rahmen für eine »gute Verfassung« und eine »gute Politik« zu schaffen. Die Verwirklichung eines konstitutionellen Zustandes und eines deutschen Nationalstaats waren in dieser Hinsicht zwei unauflöslich miteinander verbundene Anliegen.[712]

Entscheidend war für Dahlmann, dass diese Anliegen keinesfalls auf einem revolutionären Wege, sondern allein auf einem evolutionären zustandekommen. Dieser Standpunkt, der Dahlmann insbesondere in der marxistischen Geschichtsschreibung zum Vorwurf gemacht wurde,[713] war Ausdruck seiner ›organischen‹ Politikauffassung, nach der tragfähige politische Ordnungen historisch gewachsen sein müssen, die aber

---

708 Bleek, Dahlmann, 2010, S. 138f.

709 Zur historischen Fundierung von Dahlmanns *Die Politik* siehe Bleek, Dahlmann, 2010, S. 152–154. Zu den historischen Exkursen auch Dahlmann, Politik-Vorlesung, 1829, S. 115–136.

710 Dahlmann, Politik, 1835, §§ 6, 195–197, Zitate § 197.

711 Dahlmann, Politik, 1835, §§ 198–199.

712 So auch Payk, Konstitutionalisierung, 2012, bes. S. 105.

713 Lülfing, Dahlmann, 1985, S. 18f., 99–106, 137f. u.ö.

auch partitive Ideen wie Gewaltenteilung oder politische Parteien verwarf.[714]

Ebenso wie Dahlmann wies auch Georg Waitz die Zugehörigkeit zu einer bestimmten politischen Partei oder Strömung von sich.[715] Grundlegend für Waitz' politischen Standpunkt war die von nationalistischen Denkfiguren durchdrungene Annahme, dass die Verfassung eines Volkes seinem ›Charakter‹ entsprechen solle. Demnach konnte die optimale Verfassungsform einer Nation nicht theoretisch am ›Reißbrett‹ entworfen, sondern nur aus ihrer Geschichte abgeleitet werden. Dieses Ineinandergreifen von nationalem ›Wesen‹ und politischer Ordnung bildete das Leitmotiv der *Deutschen Verfassungsgeschichte*, mit der Waitz die ›deutsche‹ Verfassung und das ›deutsche‹ Recht weitestmöglich zurückzuverfolgen suchte.[716]

Waitz' Bild der ursprünglich deutsch-germanischen Verfassung, das er im ersten Band eingehend dargestellt hatte, diente ihm gewissermaßen als Blaupause für seine eigenen politischen Zielvorstellungen. Denn dieses Bild schien einerseits mit dem ›deutschen Wesen‹ und andererseits mit seinem Ideal eines freiheitlichen Verfassungsstaates zu harmonieren.[717] Dies betraf vor allem die Machtverteilung in der altgermanischen Verfassung, die Waitz von einer grundsätzlichen »Volksfreiheit« bestimmt sah. Zwar habe sich in einigen germanischen Stämmen ein Königtum ausgebildet. Doch entscheidend war hierbei, dass Waitz von einem ursprünglichen Zustand der »Volksfreiheit« ausging, in dem das Königtum noch nicht existierte.[718] Dieses sei – »als ein Erzeugniss echt germanischen Lebens« – erst entstanden, als das Volk sich selbst und

---

714 Zum ›organischen‹ Staatsbegriff Böckenförde, Forschung, 1995, S. 92–99.

715 Waitz, Sendschreiben, 1844, S. 58: »Wenn ich aber bisher niemals Gewicht darauf gelegt habe, für liberal oder für conservativ zu gelten, […] so bin ich doch in keiner Weise geneigt, den ›Illiberalen‹ mich zuzuzählen oder von andern zugerechnet zu werden.« Zur im Liberalismus weitverbreiteten Ablehnung einer Parteizugehörigkeit siehe auch Vierhaus, politische Gelehrte, 1995, S. 19.

716 Waitz, Deutsche Verfassungsgeschichte, 1844, Bd. 1, S. XXV–XXVII. Streng systematisch entwickelte Waitz die These, Charakter und Verfassung der Nation sollen übereinstimmen, erst in Waitz, Grundzüge, 1862, S. 10f. Siehe auch Reither, Rechtsgeschichte, 2009, S. 86, 93.

717 Dazu grundlegend Böckenförde, Forschung, 1995, S. 102, 130f. Siehe ebenso Reither, Rechtsgeschichte, 2009, S. 93–103; Jordan, Waitz, 1964, S. 96; ferner Kleinknecht, Mittelalterauffassung, 1982, S. 277f.

718 Waitz, Deutsche Verfassungsgeschichte, 1844, Bd. 1, S. 156: »Nichts berechtigt uns, das Königthum für das ursprünglichste, dem germanischen Volk, um so zu sagen, von Natur eigene zu halten; […] doch mögen wir eher einen andern Zustand, den der Volksfreiheit, vor der Herrschaft des einzelnen denken«.

aus eigenem Entschluss einen König wählte.[719] Mit der Zeit sei die Königswürde in eine erbliche Form übergegangen, wobei aber das Volk das Recht auf die Königswahl nicht verlor (so trat Waitz 1848/49 in der Frankfurter Nationalversammlung bezeichnenderweise auch zunächst für eine Wahlmonarchie ein[720]). Königtum und Volksfreiheit waren insofern keine konkurrierenden Formen politischer Herrschaft, sondern standen in einem kooperativen und organischen Verhältnis: So wie das Volk einen Teil seiner Macht an den König übertragen hatte, so war auch dessen Macht begrenzt, weil Gemeinden und Volksversammlungen an der Herrschaftsausübung beteiligt blieben. Eine reine Volkssouveränität war damit ebenso wenig gegeben wie eine absolutistische Königsherrschaft, denn: »Keine ungebundene, freie Gewalt steht den Königen zu.«[721] Diese quasikonstitutionelle Grundordnung stimmte in wesentlichen Zügen mit Waitz' eigenen politischen Zielen überein, zumal er sie im Charakter des deutschen Volkes verankert sah: »Grade die Verbindung von Volksfreiheit und Königthum ist ächt germanisch«.[722]

Kennzeichnend für Waitz' Interpretation der germanischen Urverfassung war weiterhin, dass er im Volk eine Gemeinschaft von gleichberechtigten Freien erkannte. Zwar hielt er es für unwiderlegbar, dass es

719 Waitz, Deutsche Verfassungsgeschichte, 1844, Bd. 1, S. 159; siehe auch S. 160: »Wir finden wohl kaum ein Beispiel dass der Versuch König zu werden von dem Fürsten gemacht worden sei; in der Regel ist es das Volk selbst, das den König erhebt, wählt«. Zum Königtum insgesamt S. 155–177. Dazu auch Böckenförde, Forschung, 1995, S. 105f.; Reither, Rechtsgeschichte, 2009, S. 97f.

720 Siehe dazu unten, S. 301; ferner Anm. 1065.

721 Waitz, Deutsche Verfassungsgeschichte, 1844, Bd. 1, S. 170; siehe auch S. 71: »nirgends zeigt sich eine demokratische Opposition dem Königthum gegenüber«.

722 Waitz, Zur Deutschen Verfassungsgeschichte, 1845, S. 39. Siehe ebenso S. 32: »Das Wesentliche ist: die Deutschen kannten auch in ältester Zeit ein Königthum«; S. 159: »Im ganzen erscheint das Königthum in der bestimmten Form in der es auftritt als ein Erzeugniss echt germanischen Lebens, nicht von aussenher zugebracht, anderen Zuständen, etwa den Monarchien des Alterthums nachgebildet, sondern in ursprünglicher Eigenthümlichkeit unter den Germanen hervorgewachsen, gewissermassen durch sie in die Geschichte eingeführt.« Die ›Deutschheit‹ des Königtums war für Waitz von entscheidender Bedeutung, weil sie ein wichtiges Element in seiner nationalpolitischen Argumentationskette darstellte. Denn nur ein ursprünglich deutsches Königtum bot die Grundlage für eine Legitimationsstrategie, die eine konstitutionelle Verfassung auf die deutschen Ursprünge und das »deutsche Wesen« zurückzuführen suchte. So erklärt sich auch die harsche Kritik, die Waitz an Heinrich v. Sybels These, die Deutschen hätten das Königtum bloß adaptiert, übte. Siehe dazu ebd., S. 13–41 sowie oben, Anm. 351. Dies war für Waitz schließlich nicht nur eine Frage der historischen Wahrheit, sondern auch – wie er ausdrücklich erklärte – der nationalen Ehre: Die Grundlagen der deutschen Verfassung auf fremde Einflüsse zurückzuführen bedeutete nach Waitz, ebd., S. 18 »die Deutschen den Schwarzen« und den »Neger- und Mulattenstaaten Amerika's« gleichzustellen, »die jeder eigenthümlichen Entwicklung unfähig erscheinen«.

unter den Deutschen schon seit frühester Zeit einen Adel gegeben hat,[723] jedoch habe sich die Sonderstellung der Adligen auf ein höheres Ansehen und Wergeld beschränkt; »ein höheres Recht im Staate hatten sie nicht; der Edle war auch ein Freier, und nur das gleiche Recht wie dieser übte er aus.«[724] Alle Freien hätten also dasselbe Recht auf politische Teilhabe gehabt und in politische Ämter gewählt werden können; indes seien nur diejenigen frei gewesen, die über eigenen Grundbesitz verfügten – demzufolge waren Besitz und politische Rechte in der germanischen Urverfassung aneinander gekoppelt.[725]

In dieser Deutung spiegelte sich ein staatsbürgerlich-konstitutionelles Denken ebenso wider wie in der Annahme, dass die altgermanische Verfassung sich gleichsam staatsrechtlich aus den Gemeinden (die wiederum aus den Familien erwuchsen) herleitete. Denn nach Waitz war es »die Genossenschaft der durch Grundbesitz vollberechtigten Freien die die Gemeinde bildete, bei der alle politische Gewalt ihren Ausgang und Mittelpunkt hatte.«[726] Auf diesen Gemeinden beruhe der Staat, der »selbst entsteht wenn die einzelnen Gemeinden des Volkes sich zur politischen Einheit verbinden.«[727] Damit entwarf Waitz ein Bild der altgermanischen Verfassung, das dem Modell organischer Staatsentwicklung und stringenter Staatsorganisation verpflichtet war. Als Orte politischer Mitwirkung und Entscheidungsfindung hätten in diesem Rahmen, so Waitz, die Volksversammlungen auf Gemeinde- und Landesebene fungiert, in deren Hand die Gesetzgebung und damit die »eigentlich poli-

723 Waitz, Deutsche Verfassungsgeschichte, 1844, Bd. 1, S. 66, 178; zum Adel insgesamt siehe S. 65–85.

724 Waitz, Deutsche Verfassungsgeschichte, 1844, Bd. 1, S. 178. Zur rechtlichen Bedeutung des Adels siehe S. 78–89. Waitz unterschied in diesem Zusammenhang (in Anlehnung an die von Tacitus verwendeten Begriffe *principes* und *nobiles,* dazu S. 88f., und den Exkurs S. 149–152) scharf zwischen Fürsten und Adel. Unter Fürsten (*principes*) verstand Waitz öffentliche Beamte, die in Volksversammlungen gewählt worden seien (S. 86). Auf diese Ämter hätten Adlige (*nobiles*) keine Vorrechte gehabt, im Gegenteil: »Beamte und Adel fielen so wenig damals wie heute zusammen« (S. 91). Zu den Fürsten insbesondere S. 86–96. Siehe insgesamt auch Böckenförde, Forschung, 1995, S. 102–105.

725 Waitz, Deutsche Verfassungsgeschichte, 1844, Bd. 1, S. 31, 38f., 64 u.ö. Ebenso Reither, Rechtsgeschichte, 2009, S. 94f.

726 Waitz, Deutsche Verfassungsgeschichte, 1844, Bd. 1, S. 178. Ebd., S. 223: »Alle Verhältnisse des deutschen Lebens beruhen auf den zwei Grundlagen, der Familie und der Gemeinde. Wir fragen nicht wie diese geworden ist, die Geschichte beginnt erst da sie besteht. […] aus dem Wesen der Gemeinde gehen alle Zustände des öffentlichen Lebens und Rechtes hervor«. Siehe auch ebd., S. 44; ebenso Böckenförde, Forschung, 1995, S. 106–108; Reither, Rechtsgeschichte, 2009, S. 95.

727 Waitz, Deutsche Verfassungsgeschichte, 1844, Bd. 1, S. 185.

tische Macht lag«; auf den größeren Landesversammlungen seien die Gemeinden durch »Abgeordnete« vertreten gewesen.[728]

Dieser Anlage der altgermanischen Verfassung Rechnung zu tragen, war nationalpolitisches wie historisches Gebot, nicht zuletzt mit Blick auf eine föderale Struktur Deutschlands: »Ein lebendiges Ineinandergreifen des Allgemeinen und Provinziellen, so daß eins von dem andern getragen und gehoben werde, scheint mir das wahrhaft Ersprießliche zu seyn; darauf sind wir, und alle Deutschen Länder sind es, durch die Geschichte gewiesen. In beiden wurzelt unser historisches Recht«[729]

Besonders deutlich standen hier Geschichte, Nationalismus und Politik in einer wechselseitigen Beziehung. So wie Waitz' Auslegung der alten germanischen Verfassung von den politischen Ideen der Gegenwart nicht unberührt blieb, so diente ihm der geschichtswissenschaftlich untermauerte Rekurs auf diese Verfassung als Legitimationsmittel für seinen eigenen nationalpolitischen Standpunkt. Wesentliche Ziele, für die er sich als Politiker engagierte (konstitutionelles Königtum, wirtschaftliche Selbständigkeit als Voraussetzung für politische Partizipation, keine politischen Privilegien des Adels usw.), sah er zumindest ansatzweise in einer genuin ›deutschen‹ Urverfassung realisiert.[730]

Während Waitz von einer originären Freiheit ausging, deutete Droysen die Geschichte als Prozess ihrer stufenweisen Verwirklichung.[731] Grundlegend war dabei die Annahme, dass sich diese Verwirklichung in dialektischer Weise vollziehe. Mit Blick auf die neuere Geschichte sah Droysen im Absolutismus ein notwendiges Stadium dieses Prozesses – eine Verirrung, gegen die sich die konträre Verirrung, nämlich die Volkssouveränität antithetisch geltend machen musste. Die Volkssouveränität sei, weil sie alle historischen Prinzipien verwerfe, dazu bestimmt, in absolutistische Zustände zurückzufallen, wie Droysen am Beispiel der Französischen Revolution und der Napoleonischen Diktatur zu erkennen glaubte. Nach seiner Auffassung mussten die beiden sich widersprechenden Prinzipien der Fürsten- und der Volkssouveränität in der Synthese zu einer höheren Einheit, dem sittlichen Nationalstaat vereint

---

728 Waitz, Deutsche Verfassungsgeschichte, 1844, Bd. 1, S. 54; zu den Volksversammlungen S. 53–64, zu den Abgeordneten S. 60–64. Siehe auch Reither, Rechtsgeschichte, 2009, S. 95. Die allgemeine politische Bedeutung von Versammlungen hob Waitz, Sendschreiben, 1844, S. 56, hervor.

729 Waitz, historisches Recht, 1843, S. 116.

730 Weitere, bei Waitz auszumachende Analogien betreffen das staatliche Gewaltmonopol, die Rechts- und Friedensordnung und die Heeresverfassung. Dazu Böckenförde, Forschung, 1995, S. 104, 108 u.ö.; Reither, Rechtsgeschichte, 2009, S. 99–103.

731 Siehe oben, S. 87.

werden.[732] Sittlichkeit hieß in diesem Kontext ›Gewordenheit‹ oder ›Geschichtlichkeit‹; sie war für Droysen die Folge der Zusammenführung von historisch fundiertem, also monarchischem Staat und Nation bzw. Volk: »Der Staat fand seinen sittlichen Inhalt, indem er des Volkes ward, und das Volk begann ein neues erhöhtes Leben, indem es den Staat, den es äußerlich empfangen, aus seinem eigenen Wesen wiedergebar.«[733] Aus dieser Zusammenführung, welche die Einseitigkeiten von Fürstensouveränität und Volkssouveränität überwinde, gehe die einzig wahre Freiheit hervor, nämlich die »gewordene Freiheit, gegründet auf die sittliche Natur des Staates und die natürliche Sittlichkeit der Volkseinheiten«.[734]

Freiheit, Nation und sittlicher Staat standen demnach in einem unauflöslichen ideellen Zusammenhang. Diesen Zusammenhang politisch zu verwirklichen verstand Droysen als historische Aufgabe seiner Gegenwart.[735] Einen richtungsweisenden Schritt erkannte er in den preußischen Reformen, die durch die Einbindung des Bürgers in staatliche Funktionen (kommunale Selbstverwaltung, Wehrpflicht usw.) eine Versöhnung des Gegensatzes von Volk und monarchischem Staat herbeigeführt hätten.[736] Entscheidend war dabei, dass dies auf friedlichem und gesetzmäßigem Wege geschah, nämlich durch das Zusammenwirken von Monarchie und Volk. Dies entsprach dem aus der Geschichte abgeleiteten Ideal einer organischen Einheit aus Volk und Staat: »der Staat ist des Volkes, das Volk des Staates in wesentlichster Gegenseitigkeit, wie Leib und Seele des Menschen«.[737] In Anbetracht dieses Einheitsideals strebte Droysen – gewissermaßen als Vollendung des preußischen

---

732 Diese Deutung findet sich u.a. bei DROYSEN, Freiheitskriege, 1846, Bd. 1, S. 7–15; DROYSEN, Verdun, 1843, bes. S. 18–25; DROYSEN, Deutsche Briefe, 1844, S. 16f.; DROYSEN, Stellung Preußens, 1845, S. 47; DROYSEN, Preußen und Deutschland, 1847, S. 114f.; DROYSEN, Vorlesungen *Ueber den öffentlichen Zustand Deutschlands*, 1845, S. 311–314; DROYSEN, Vorlesungen über *Die Freiheitskriege*, 1842, S. 280–291.

733 DROYSEN, Freiheitskriege, 1846, Bd. 1, S. 9.

734 DROYSEN, Freiheitskriege, 1846, Bd. 2, S. 640.

735 DROYSEN, Freiheitskriege, 1846, Bd. 1, S. 16; DROYSEN, Vorlesungen über die *Geschichte der neuesten Zeit seit 1815*, 1843, S. 200. Aus dieser Aufgabe folgerte Droysen ebd., S. 202, der Staat habe »zeitgemäß und volksgemäß zu sein, er steht auf der Bildung der Zeit, die nichts anderes ist als das Resultat der weiten geschichtlichen Entwickelung bis zur Gegenwart her, er steht auf der Nationalität des Volks, dem er angehört«.

736 DROYSEN, Preußen und Deutschland, 1847, S. 112. Mit den Reformen gab die preußische »Krone einen Theil ihrer Machtvollkommenheit dahin, eben den, der ihr selber hemmend und belastend gewesen war; sie warf das Gängelband hinweg, mit dem sie bis dahin das Volk geleitet hatte, und siehe da, es begann auf eigenen Füßen zu stehen, lernte rasch gehen, ging glorreich über Leipzig bis Paris.« Zu Droysens Deutung der preußischen Reformen siehe oben, S. 147–149; ferner HARDTWIG, Preußens Aufgabe, 1990, S. 116.

737 DROYSEN, Freiheitskriege, 1846, Bd. 2, S. 411.

Reformwerkes – ein Staatsbürgertum an, welches – ähnlich wie die Reformation ein »allgemeines Priesterthum aller Christenmenschen« geschaffen habe – mit »dem Staatsbürgerthum Alle gleichsam zu Priestern an den Heiligthümern des öffentlichen Wohles mache«.[738] Dazu müsse sich der Staat verselbstständigen und einen konstitutionellen Rechtszustand garantieren, der einer absoluten Fürstenherrschaft ebenso die Grundlage entziehe wie auch einer absoluten Volksherrschaft; königliche Prärogativen standen infolgedessen ebenso auf Droysens politischem Programm wie die klassisch-liberalen Forderungen nach Pressefreiheit und Verfassung.[739]

Wenngleich Droysens politische Zielvorstellungen viele Kernpunkte beinhalteten, grenzte er sich von der besonders im südwestdeutschen Liberalismus verbreiteten Idee eines Gesellschaftsvertrages ab. Ebenfalls wies er das Konzept einer Gewaltenteilung zurück. Diese Lehren widersprachen seiner Vorstellung einer organischen, nicht trennbaren Ganzheit von Volk und Staat. Die »Wahrheit des constitutionellen Wesens«, erklärte er 1847, sei »nicht, eine Defensive des Volkes gegen die Krone zu sein«. Diese Wahrheit bestünde vielmehr darin, »daß der Staat, aus seiner Befugniß ausscheidend, was ihm nicht zukommt, die Freiheit und Selbstbestimmung jener sittlichen Kreise anerkennt und garantirt, daß er zugleich, ihre Bewegung und deren dynamische Wechselwirkung mit seinen eigenen Functionen wissend und umfassend, der Träger und Vertreter der geschichtlichen Entwickelung wird, die der einzige gemeinschaftliche Factor *aller* menschlichen Beziehungen ist.«[740] Wenn Droysen sich hier gegen die antimonarchische Haltung aussprach, so verband er dies mit der Forderung an den König, den Geist der Zeit zu erkennen und die Verwirklichung liberaler Freiheitsrechte anzubahnen. Denn der »wahre Geist historischer Entwickelung fordert von der Krone, daß sie diesen Wandel begreife und zuvorkommend würdige, ihm

---

738 Droysen, Preußische Verfassung, 1847, S. 85. Zur Idee des Staatsbürgertums siehe auch Droysen, Verdun, 1843, S. 24–30; Droysen, Deutsche Briefe, 1844, S. 22–28; Droysen, Vorlesungen über die *Geschichte der neuesten Zeit seit 1815*, 1843, S. 199f.

739 Droysen, Freiheitskriege, 1846, Bd. 2, S. 642 (»Das Verlangen der Beherrschten nach Verfassungen ist nichts Anderes, als daß sie ihres Rechtes leben wollen.«), 727f. Siehe auch Droysen, Vorlesungen *Ueber den öffentlichen Zustand Deutschlands*, 1845, S. 316f.

740 Droysen, Preußen und Deutschland, 1847, S. 114. Hervorhebung im Original. Zur Rolle des Staates in der Geschichte auch Droysen, Vorlesungen über die *Geschichte der neuesten Zeit seit 1815*, 1843, S. 199: Der Staat ist »Träger und Vermittler der vernünftig fortschreitenden Entwickelung, d.h. der Geschichte«.

rechte Form schaffe und gebahnte Wege biete, damit er sich nicht […] ungestüm und zerstörend selbst sein Bette wühle.«[741]

Auch Droysen votierte somit für einen evolutionären Wandel, für eine Umgestaltung der politischen Verhältnisse in Kooperation mit den Fürsten, was ihn grundsätzlich mit Dahlmann und Gfrörer, in gewissem Maße auch mit Waitz verband, jedoch von Wuttke und Hagen unterschied. Gemeinsam war zwar allen sechs die Ablehnung eines kollektiven Staatsoberhauptes (etwa in Form eines Triumvirats), welches ihnen als Sinnbild der Zersplitterung, nicht der Einheit erschien. Völlig unterschiedlich war indes die Antwort auf die Frage, wer an die Spitze eines deutschen Nationalstaates treten solle – und auf welche Weise. Ganz abgesehen von den Meinungen über die konkrete Staatsorganisation und Partizipationsmöglichkeiten lagen hier republikanische wie royalistische Anschauungen quer zu regionalen, konfessionellen und anderen Dimensionen. Daraus ergab sich eine komplexe Gemengelage aus unterschiedlichen Standpunkten, die nicht zuletzt tagespolitischen Schwankungen unterworfen war.

Obgleich die politischen Standpunkte der sechs Historiker zum Teil deutlich voneinander abwichen, sie jeweils verschiedene Ziele in den Vordergrund stellten und unterschiedliche Mittel und Wege zur Durchsetzung dieser Ziele befürworteten, folgte ihr nationalpolitisches Wirken als Geschichtsschreiber dem gleichen Grundmuster: Sie alle projizierten ihre eigenen Gegenwartserfahrungen und politischen Zielvorstellungen auf die Geschichte. Hierdurch wurde es wiederum möglich, aus der Geschichte konkrete Handlungsoptionen abzuleiten, die besonders im Hinblick auf die gegenwärtigen politischen Fragen kompatibel und ›lehrreich‹ schienen. Als die Historiker dann 1848/49 für eine kurze Zeit zu Parlamentariern wurden, schien sich ihnen der Rahmen zu bieten, diese ›Lehren der Geschichte‹ in die Tat umzusetzen. Insofern bildete die Geschichte den ideellen Leitfaden ihres Handelns. Sie behielt jedoch immer auch einen instrumentellen Charakter, denn das historische Argument erwies sich, gerade wenn es ein Professor der Geschichte vorbrachte, als außerordentlich zugkräftig und überzeugend.

Darüber hinaus basierten aber auch ihre Standpunkte auf einem gemeinsamen politischen Nenner. Sie alle traten für Pressefreiheit und für eine Volksvertretung ein, die durch eine Verfassung abgesichert werden sollten. Damit zielten sie alle – in unterschiedlicher Gewichtung – auf politische Partizipation und auf Integration sämtlicher Nationsangehö-

---

741 Droysen, Preußen und Deutschland, 1847, S. 113.

rigen ab. Dieses sich nach innen richtende, integrierende Moment des Nationalismus wurde stets von einem anderen integrierenden Moment begleitet, das genauso grundsätzlich im Nationalismus wurzelt und sich nach außen richtet – die Abgrenzung von anderen Nationen, den auswärtigen Feinden, die die eigene Nation latent oder in einem Konflikt offen bedrohen.

# 5. NATIONALFEINDE UND -KONFLIKTE

## *5.1 Nationalfeinde*

Bereits oben ist darauf hingewiesen worden, dass der Nationalismus stets zwischen Inklusion und Exklusion changiert und dass integrierende wie aggressive Elemente grundsätzlich und gleichermaßen in ihm angelegt sind. Diese »Janusköpfigkeit«[742] des Nationalismus kam überaus deutlich in mehreren Äußerungen Karl Hagens zum Ausdruck. Hagen, der die Notwendigkeit einer »nationalen« Grundhaltung immer wieder betonte, erklärte, dass kein »Patriotismus« erstrebt werden solle, »der kein anderes Volk neben sich gelten läßt, nichts von ihm lernen zu kennen wähnt, sondern sich in grimmigem Hasse von ihm wegwendet«. Hiermit wandte er sich namentlich gegen den »manierirten bramarbasirenden Franzosenhaß«, welchen er als »undeutsch« abqualifizierte.[743] Diese Haltung hinderte Hagen allerdings nicht, selbst zu der Verbreitung eines pejorativen Frankreichbildes aktiv beizutragen. Denn die französische Nation diente ihm als Negativfolie, von welcher er eine Überlegenheit des deutschen Volkscharakters abhob. So behauptete er beispielsweise, die Franzosen seien schlechthin gekennzeichnet durch »eine ungeheure Immoralität, welche selbst diejenigen zugestehen, die sonst Frankreich mit günstigem Vorurtheil zu betrachten pflegten.«[744] An einer anderen Stelle charakterisierte er die Franzosen als raubgierig und bezog sich hierbei zustimmend auf Ernst Moritz Arndts frankophobe Schrift *Der Rhein, Teutschlands Strom, aber nicht Teutschlands Gränze*, in welcher dieser »historisch nachweist, daß die überrheinischen Länder von jeher zu Deutschland gehört« haben.[745] Hagen konstruierte auf diese Weise, wie viele seiner Kollegen auch, eine nationale Bedrohungssituation, die zugleich als Legitimationsgrundlage für machtpolitische Forderungen

---

742 Hardtwig, Nationalismus, 1994, S. 12; Jansen/Borggräfe, Nation, 2007, S. 8, 18, 86 u.ö.; Planert, Wann beginnt, 2002, S. 31; Echternkamp, Aufstieg, 1998, S. 255: »Januskopf des Nationalismus«.

743 Hagen, Weltliteratur, 1838, S. 20, 22.

744 Hagen, Volkscharakter, 1840, S. 146.

745 Hagen, öffentliche Meinung I, 1846, S. 635 (siehe ebenso S. 634: »was Deutschland im Laufe der Jahrhunderte an das Ausland verloren, was es namentlich von Frankreich sich hatte rauben lassen«); Arndt, Rhein, 1813. Zu Ernst Moritz Arndt (1769–1860) und seiner Wirkung allgemein Schäfer, Arndt, 1974.

diente. Folgt man Hagen, dann hätten die Erfahrungen der Napoleonischen Kriege, vor allem die Rückkehr Napoleons, »auf das Klarste nachgewiesen, daß wir Elsaß und Lothringen wieder bekommen müßten, daß der Anschluß der Schweiz, wie Belgiens und Hollands für unsere Sicherheit nothwendig sei.«[746]

Ähnlich ambivalent war Dahlmanns Standpunkt. Während er im März 1814 – also unter dem Eindruck der ›Befreiungskriege‹ – noch forderte, sich von einer »zu starren und engbrüstigen Nationalität« freizumachen und nach der Möglichkeit eines »ächt-europäischen Verein[s]« fragte, der auf einer »gegenseitigen Achtung und Anerkennung« fuße,[747] sind in seinen frühen Schriften zugleich auch xenophobe Äußerungen enthalten. So brandmarkte er 1815 in seiner Rede anlässlich des Sieges bei Waterloo nicht nur den abgedankten Napoleon als »Tyrannen« und »Weltbedrücker«, als »allgemeine[n] Feind« und »Erzverräther«.[748] Vielmehr würdigte er gleich sämtliche Franzosen herab: »Wer unter uns in Zukunft noch Franzosen und Deutsche bloß als zwey feindliche Partheien betrachtet, die mit gleichem Rechte hadern, wer noch vernünftelt, daß, wenn er als Franzose geboren wäre, er es eben so machen würde, wer noch dieses von einer besseren Vorzeit so schmählich entartete, dieses meineidige, gottesläugnerische, raubgierige Volk dem edeln aufopfernden Sinne der Deutschen vergleicht, der ist ein Franzose neuester Art«. Der Annahme von Nationalfeinden entsprechend, sah auch Dahlmann die »heiligen Landmarken« Deutschlands in Gefahr.[749] So wies er auf die »verwundbaren Grenzen Deutschlands, nach Westen und zum Theil nach Norden« hin und zeigte sich besorgt, dass diese Grenzen nur »von kleinen zerstückelten Staaten« gehalten würden, »deren Regierun-

---

746 Hagen, öffentliche Meinung I, 1846, S. 698. Hagen machte Frankreich außerdem für innenpolitische Missstände verantwortlich. So sah Hagen, öffentliche Meinung II, 1847, S. 510, in der »Bureaukratie [...] schon als französische Erfindung, ein Gräuel« und einen »nicht zu verachtenden Gegner« der »nationalen Richtung« in Deutschland.

747 Dahlmann, Schicksale, 1814, S. 52. Diese Stelle wird oft herangezogen, um zu belegen, dass Dahlmann kein Nationalist, sondern ein ›Europäer‹ gewesen sei (etwa Hansen, Dahlmann, 1972, S. 35; ferner Bleek, Dahlmann, 2010, S. 81f.). Doch dabei wird der folgende Satz, der den ›europäischen Gedanken‹ relativiert, meist ausgeblendet: »So viel aber ist klar, daß, wenn es fortan deutsche Länder unter auswärtigen Fürsten geben soll, die deutsche Verfassung denselben *vorzugsweise* gesichert werden müsse« (Hervorhebung im Original).

748 Dahlmann, Sieg vom 18. Junius, 1815, S. 2f. Zum deutschen Napoleonbild, das sich zwischen Abscheu und Bewunderung bewegte, siehe Pelzer, Wiedergeburt, 2000; Wülfing, Heiland, 1996.

749 Alle Zitate Dahlmann, Sieg vom 18. Junius, 1815, S. 3–5. Dahlmann erklärte ebd. ausdrücklich, dass das französische Volk noch schlimmer als Napoleon sei, da es ihm nach dessen Niederlage bei Waterloo in den Rücken gefallen sei.

gen auf die Dauer weder genügende Kräfte noch Standhaftigkeit gegen die Gewalt oder die Verführungskünste eines herrschbegierigen und verschlagenen Feindes besitzen werden.«[750] In dieser Beziehung war die Behauptung einer nationalen Bedrohungslage verbunden mit dem Appell an einen politischen Zusammenschluss der Nation zu einer machtvollen Einheit.[751]

Unter jene Stimmen, die von einer geradezu grundsätzlichen Feindschaft zu Frankreich ausgingen und vor einer Bedrohung durch den westlichen Nachbarn warnten, mischten sich auch die anderen Historiker. Waitz etwa identifizierte in den Franzosen den Nachfolger des alten Nationalfeindes der Germanen – die Römer –, leitete hieraus einen grundlegenden Antagonismus zwischen »romanische[m] und germanische[m] Wesen« ab und machte diesen zu einem zentralen Interpretationsschema seiner Arbeiten.[752] Dies war mit einer klaren Wertung und Parteinahme eng verbunden – stellte Waitz doch die »verweichlichten in Sittenlosigkeit versunkenen Romanen« den »harten und rohen Germanen« gegenüber, freilich nicht, ohne dabei den »Vorzug des deutschen Volkes« vorauszusetzen.[753]

Auch Gfrörer, der schon die Geschichte des Altertums durch die Existenz von »Nationalfeinden« geprägt sah,[754] konstatierte bereits für das frühe Mittelalter einen ausgeprägten »Nationalhaß zwischen Deutschen und Franzosen«,[755] der das Verhältnis beider Völker seitdem wesentlich mitbestimmt habe, zumal im Dreißigjährigen Krieg. »Denn die Geschichte Teutschlands beweist es mit blutigen Zügen«, dass Frankreich eine auf »Demüthigung Teutschlands« zielende Politik verfolgt habe – eine Politik, die angesichts der inneren Zersplitterung Deutschlands dazu geführt habe, dass »das Elsaß und bald noch mehr Provin-

750 Dahlmann, Schicksale, 1814, S. 12.

751 Dies war verbunden mit handfesten militärpolitischen Gedanken. Dahlmann, Schicksale, 1814, S. 47: »Denn je gewisser Deutschland wesentlich ein Bundesstaat ist, um so nöthiger wird es den Sinn des Eingebornen über die Grenzen seiner besondern Landesherrschaft zu erweitern, zu gemeinsamen Waffenübungen die Stämme jeder Völkerschaft zusammenzuführen, damit durch ein erhöhtes Selbstgefühl der Volkscharakter allmählig zu einem Gefühl für das Ganze dieser redlichen Reichsgenossenschaft gesteigert werde.«

752 Waitz, Deutsche Verfassungsgeschichte, 1844, Bd. 1, S. XX.

753 Waitz, Deutsche Verfassungsgeschichte, 1847, Bd. 2, S. 47, 71f.

754 Gfrörer, Geschichte des Urchristenthums, 1838, Bd. 1/II, S. 320, 442.

755 Gfrörer, Untersuchung, 1848, S. 17. Siehe dazu auch S. 17–19 und (damit teilweise identisch) Gfrörer, Carolinger, 1848, Bd. 1, S. 65: »gründlichen Nationalhaß zwischen […] gallischen Franken und ungemischten Germanen«.

zen von Frankreich abgerissen« wurden und es hiermit den »Ruin des Reichs« vollführt habe.[756]

Droysen dagegen akzentuierte in seinen Werken stärker die Bedeutung der Expansion der »räuberischen Franzosen« infolge der Revolution von 1789.[757] Doch auch er konstruierte eine darüber zurückreichende historische Feindschaft zum westlichen Nachbarn. Wie Gfrörer behauptete er, dass Frankreich bereits in der Frühen Neuzeit bestrebt gewesen sei, »den Hader in Deutschland zu nähren« und »uns in schimpflichster Gewaltthat den Elsass entrissen, mit listiger Grossmuth Lothringen an sich gebracht« habe. Deutlicher noch als Gfrörer übertrug er dieses feindschaftliche Verhältnis in die Zukunft und prophezeite 1845, dass Frankreich »nie aufhören wird, das linke Rheinufer in Anspruch zu nehmen«.[758]

Gleichermaßen bekräftigte Wuttke die von Frankreich ausgehende Gefahr. »Denn wer da meint daß den Franzosen nicht mehr nach dem Rheingebiet gelüste, der kennt sie schlecht«. Die Franzosen, so schilderte Wuttke ihren Volkscharakter, seien ein »eroberndes Volk«, welches danach trachte, andere Völker unter seine Zwingherrschaft zu bringen. Diese Warnung ging einher mit der Diffamierung des Französischen an sich; so mokierte sich Wuttke beispielsweise über die »Franzosenthümelei polnischer Gutsherren« und verband damit seine antifranzösischen und antipolnischen Ressentiments.[759]

Schon diese Zitate zeigen, dass sich die sechs Historiker der gängigen Abwertungs- und Inkriminationsmuster bedienten,[760] um den Nationalfeind gerade auch aus historischer Perspektive zu typisieren und

---

756 Gfrörer, Gustav Adolph, 1837, S. 610, 1040, 1042. Ebenso Gfrörer, Gustav Adolph, 1845, S. 245 (Franzosen als »furchtbare auswärtige Gegner«), 478–482, 1020 (Franzosen als »Unterdrücker«).

757 Droysen, Freiheitskriege, 1846, Bd. 2, S. 30. Derartige Vorwürfe richteten sich ausdrücklich an die Franzosen als Volk, denn, wie Droysen, Stellung Preußens, 1845, S. 38, mit Bezug auf eine Denkschrift Humboldts schrieb, hatte »nicht etwa Napoleon allein, sondern das französische Volk [...] den Krieg geführt.«

758 Droysen, Stellung Preußens, 1845, S. 46, 57; siehe auch S. 38, 64.

759 Wuttke, Polen und Deutsche, 1847, S. 41f., 67, 79; zur »Franzosenthümelei« auch S. 27.

760 Siehe vor allem Jeismann, Vaterland, 1992, S. 86–95; ferner Jeismann, Feind, 1996, S. 287–290; Schneider, Erfindung, 2000, S. 41–44. Diese Abwertungs- und Inkriminationsmuster knüpften an bestehende Völkerstereotype an (wie sie etwa in den populären Völkertafeln dargestellt wurden, dazu Stanzel, Europäer, 1997), veränderten diese aber auch. Zur Ausprägung nationaler Stereotype siehe Schulze, Entstehung, 1998; zur sozialintegrativen, nationsbildenden Funktion von Stereotypen Hahn/Hahn, Nationale Stereotypen, 2002, S. 27–36, 41f. u.ö.; zur Entwicklung deutsch-französischer Heterostereotype in der zweiten Hälfte des 18. Jahrhunderts Fink, Bild, 1991; zur Konstruktion deutsch-französischer Alterität auch Pelzer, Wiedergeburt, 2000, S. 141–147.

die Feindschaft zu ihm zu rechtfertigen. Dazu zählte zunächst die *Konstruktion einer Erbfeindschaft*, wie sie etwa Waitz durch die Überhöhung des Gegensatzes romanisch-germanisch zumindest für das Frühmittelalter geradezu idealtypisch betrieb. Auch die Überzeugung Gfrörers, ein »Nationalhaß zwischen Deutschen und Franzosen« habe das Verhältnis beider Nationen bereits im Mittelalter – und bis in die Gegenwart – bestimmt oder auch die ähnlichen Thesen Droysens und Wuttkes ließen das Bild einer kontinuierlichen Erbfeindschaft als schlüssig erscheinen. Dieser Gedanke bildete ein wesentliches Element bei der Entwicklung des nationalen Feindbildes, stellte er doch die Gegenwartserfahrung in einen größeren, historischen Zusammenhang und ließ die Feindschaft als äußerlich vorgegeben und sinnhaft erscheinen. Mehr noch: Durch die Loslösung von konkreten historischen Sachverhalten und die Annahme einer generationsübergreifenden Feindschaft erschien diese, wie die Nation selbst, als notwendig und überzeitlich.[761]

Dieses Bild einer Erbfeindschaft korrespondierte mit einem Bündel an verschiedenen Topoi, die aus unterschiedlichen Vorstellungswelten herrührten, die aber ebenso an historischen Beispielen plausibilisiert wurden. Weit verbreitet war der *Vorwurf des Amoralischen*.[762] Wenn Waitz die »Sittenlosigkeit« und Hagen die »Immoralität« der Franzosen hervorhob, wenn Dahlmann vor dem »meineidigen« und »verschlagenen Feind« jenseits des Rheins warnte, dann waren diese Zuschreibungen nicht auf einzelne Personen bezogen, sondern auf *den* Franzosen an sich. Indem man das Amoralische als Ausdruck des französischen Volkscharakters interpretierte, wurden die Franzosen mit diesen negati-

---

761 Siehe oben, Anm. 742–759. Zur deutsch-französischen Erbfeindschaft siehe neben JEISMANN, Vaterland, 1992, S. 86–95, auch SCHNEIDER, Erfindung, 2000, S. 48f. und KITTEL, Erbfeindmythos, 1995. SIEBURG, Erbfeindlegende, 1972, betont den legendenhaften Charakter der deutsch-französischen Erbfeindschaft, ist aber selbst von geschichtsteleologischen Annahmen und einem essentialistischen Nationsverständnis geleitet. So geht Sieburg davon aus, dass die deutsche wie die französische Nation »dazu ausersehen [!] waren, wesentliche Träger der kontinentaleuropäischen Geschichte zu werden. Jede dieser beiden Nationen, die französische wie die deutsche, folgte dabei einer ihr eigentümlichen Veranlagung und einem inneren Wesensgesetz, das von dem der anderen scharf unterschieden war« (S. 325). Die Legendenhaftigkeit der deutsch-französischen Erbfeindschaft unterstreicht auch WERNER, Erbfeindschaft, 1983; zur Entstehung des Erbfeind-Topos und zum Rückgriff auf antitürkische Feindbilder siehe BOSBACH, Erbfeind, 1992. Die emotive Valenz des französischen Feindbildes hebt HAGEMANN, Vaterland, 2005, hier S. 114–121, hervor. Siehe darüber hinaus auch den instruktiven Sammelband HÖPEL, Deutschlandbilder, 2001. Eine Gesamtdarstellung, die auf Grundlage der neueren Nationalismusforschung die deutsch-französische Erbfeindschaftstopik und ihre historischen Grundlagen eingehend untersucht, fehlt allerdings nach wie vor.

762 JEISMANN, Vaterland, 1992, S. 87 u.ö.; FINK, Bild, 1991, S. 456; KITTEL, Erbfeindmythos, 1995, S. 52–54, 64; SCHNEIDER, Erfindung, 2000, S. 48.

ven Merkmalen nicht nur versehen, sondern zugleich identifiziert: Der Franzose war amoralisch – aber wer amoralisch war, der war auch Franzose.[763]

Solche Deutungs- und Zuschreibungsmuster spiegelten sich auch in anderen Topoi, etwa indem man die Franzosen als »ehrsüchtig« (Gfrörer) beschrieb oder als »Peiniger«, die im besetzten Land »wild verheerend« gewütet hätten (Droysen); oder indem man ihnen eine geradezu angeborene Bösartigkeit oder Gottlosigkeit unterstellte.[764] Wenn Dahlmann die Franzosen als »gottesläugnerisches« Volk herabsetzte, so knüpfte er damit an eine ideelle Traditionslinie an, die für die Gedankenwelt des Nationalismus von erheblicher Bedeutung war. Speiste sich dieser doch zu großen Teilen aus dem christlich-jüdischen Ideenhaushalt, in welchem nicht nur die Denkfiguren vom ›auserwählten Volk‹ und ›gelobten Land‹ virulent waren, sondern auch manichäische Deutungsschemata, die die Welt rigoros in gut und böse einteilten. Übertragen auf Nationalkonflikte und untermauert durch vermeintlich sichere historische Belege – mit Blick auf Frankreich bot sich nicht zuletzt die Französische Revolution als Ausdruck des blasphemischen Charakters der Franzosen an – wurde die gegenüberstehende Nation zum absoluten Feind überhöht; sie wurde mit biblischen Bildern und Topoi, aber auch mit profanen Stereotypen regelrecht dämonisiert, was in letzter Konsequenz auch die Gewaltanwendung gegen sie rechtfertigen konnte.[765]

Gedanklich eng verbunden mit derartigen Stigmatisierungen war die *Kriminalisierung des Feindes*, die sich ebensowenig an konkrete Handlungen oder Personen band. Auch hier wurden die Franzosen insgesamt durch historische Rekurse als durch und durch »meineidiges« und »räuberisches« Volk (Dahlmann, Hagen, Droysen) stilisiert, das sich durch »Unrecht« und »Verrath« einen Namen gemacht habe (Dahlmann).[766] Neben den Napoleonischen Kriegen bot sich in diesem Zusammenhang

763 Zitate oben, Anm. 744, 749f., 753.

764 Gfrörer, Gustav Adolph, 1837, S. 460 (ähnliche Zuschreibungen ebd.); Droysen, Freiheitskriege, 1846, Bd. 2, S. 24, 582. Siehe auch Dahlmann, Sieg vom 18. Junius, 1815, S. 5, der im Hinblick auf das deutsch-französische Verhältnis ausführte, »daß sich das Gute immer bestimmter von dem Bösen und Argen scheidet« und dadurch die Franzosen mit Letzterem, die Deutschen mit Ersterem gleichsetzte.

765 Jeismann, Vaterland, 1992, S. 90–92; Schneider, Erfindung, 2000, S. 43f.; Wehler, Nationalismus, 2007, S. 27f. Zu älteren Traditionslinien des Blasphemie-Vorwurfs siehe auch Bosbach, Erbfeind, 1992, bes. S. 129–131. Der religiöse Deutungshintergrund des Feinddenkens wird nicht zuletzt am Begriff des ›Erbfeindes‹ erkennbar, welcher sich vom mittelhochdeutschen *erbevint* ableitet, womit ursprünglich der Teufel bezeichnet war. Siehe dazu Werner, Erbfeindschaft, 1983, S. 27; Jeismann, Feind, 1996, S. 289.

766 Dahlmann, Sieg vom 18. Junius, 1815, S. 5. Weitere Zitate oben, Anm. 745, 749f., 757.

der habsburgisch-bourbonische Dualismus im frühneuzeitlichen Europa an, der als mannigfacher Rechtsbruch des französischen Volkes an der deutschen Nation gewertet wurde.[767] Dass sie »uns in schimpflichster Gewaltthat den Elsass entrissen« (Droysen) und »bald noch mehr Provinzen [...] abgerissen« (Gfrörer) hatten, diente nur noch als Beleg für die bereits vorausgesetzte kriminelle Energie des feindlichen Nachbarvolkes im Westen. Bezeichnend für diese nationalistische Sichtweise war, dass entsprechende Epitheta bei der Schilderung deutscher Expansionsbestrebungen nicht fielen. Erschienen die Franzosen als »Unterdrücker« (Gfrörer) und »eroberndes Volk« (Wuttke), so wurden die Deutschen als eine Art Weltbeglücker gewürdigt, welcher das zukunftsträchtige und lebendige »germanische Element« in die »die faulgewordene römische Welt« (Waitz) hineingetragen habe.[768]

Nicht minder folgenreich war der Topos der *Vermischtheit und Unnatürlichkeit*. In den historiographischen Deutungen der Professoren traten die Deutschen als ein Volk von besonderer Natürlichkeit, Reinheit und Unvermischtheit hervor. So unterstrich Waitz, dass die deutschen Germanen fraglos ein »ungemischtes Volk waren«; auch Hagen sah dem deutschen Volk das Glück zuteil geworden, »unvermischt seine Nationalität zu erhalten.«[769] Den Kontrapunkt zu dieser als das Signum der Deutschen apostrophierten Reinheit verkörperten die Franzosen. So hielt denn auch Gfrörer dem Ideal der unvermischten deutschen Nation »rein germanischen« Blutes das französische Volk »gemischten oder romanischen Bluts« entgegen.[770] Die Franzosen erschienen demnach als degeneriert oder – in den Worten Dahlmanns – als »schmählich entartet«.[771] Auch wenn sich dieser Reinheitstopos nicht zwangsläufig auf das Biologische, sondern meist auf das Kulturelle und Sprachliche bezog, war hiermit doch ein Anknüpfungspunkt für völkische Weltbilder gegeben.

In diesen Abwertungs- und Inkriminationsmustern konvergierten Feind- und Fremdstereotype aus verschiedenen, vorwiegend geschichts-

---

767 Jeismann, Vaterland, 1992, S. 86f. Zur Traditionsstiftung eines französischen Reichsfeindes siehe auch Bosbach, Erbfeind, 1992, der mit dem Zeitalter Ludwigs XIV. die sozusagen formative Phase für den Topos des französischen Aggressors in den Blick nimmt. Siehe ferner Kittel, Erbfeindmythos, 1995, S. 49–51.

768 Waitz, Deutsche Verfassungsgeschichte, 1847, Bd. 2, S. 72. Weitere Zitate oben, Anm. 756, 758f.

769 Waitz, Deutsche Verfassungsgeschichte, 1844, Bd. 1, S. XIf.; Hagen, Verhältnisse, 1841, Bd. 1, S. 65.

770 Gfrörer, Carolinger, 1848, Bd. 1, S. 64f.

771 Dahlmann, Sieg vom 18. Junius, 1815, S. 5.

und moralphilosophischen, theologischen und rechtlichen Kontexten, die gerade durch ihre Verbindung eine bedeutende Wirkung freisetzen konnten. Sie dienten der Strukturierung des nationalen Weltbildes und grenzten hierbei die eigene Nation positiv vom Feind ab. Wurden die Franzosen als amoralisch und hinterhältig, als ungläubig, kriminell und ›verbastardet‹ stilisiert, so erschien das deutsche Volk demgegenüber als umso ungemischter und reiner, als sittsamer, rechtschaffener und gottesfürchtiger.[772] Indem die bipolare Denkweise auf die anthropologische Grunddisposition der beiden Völker zurückgeführt wurde, erhielten die Gegenbegriffe eine irreversible Qualität. Sie konnten mithin in die Zukunft prolongiert werden und legitimierten die Feindschaft, indem sie dem Nationalfeind den Bruch einer übergeordneten Rechts- oder Gottesordnung usw. zum Vorwurf machten. Dies war nicht zuletzt auch in nationalpolitischer Beziehung wirksam. So wiesen die diffamierenden Fremdstereotype eine appellative Funktion auf, denn der durch die Geschichte offenbar werdende Charakter des Feindes ließ bevorstehende Ein- und Überfälle als wahrscheinlich und einen festen nationalen Zusammenhalt daher als notwendig erscheinen. Umgekehrt konnte eine moralische, rechtliche oder theologische Argumentationsweise stets nationalpolitisch aktualisiert und zur Rechtfertigung eigenen Handelns und eigener Ansprüche aufgegriffen werden. Territoriale Forderungen etwa waren demnach nichts anderes als die Rückforderung widerrechtlich geraubten, ursprünglich deutschen Landes.

Diese Merkmale bezogen sich freilich nicht allein auf die französische Nation. Wenngleich die weitverbreitete Franzosenfeindschaft, die einen wichtigen Katalysator für den aufkeimenden deutschen Nationalismus im frühen 19. Jahrhundert darstellte,[773] fraglos auch für den nationalistischen Denkhorizont der hier beleuchteten Historiker eine nicht unwesentliche Bedeutung hatte, spielten andere Feindbilder eine genauso große, wenn nicht noch größere Rolle. So erklärte Droysen 1843, »daß Deutschland von mehr als einer Seite gefährdet ist; es ist nicht mehr allein am Rhein, wo ein schlauer Feind auf neuen Hader zwischen den

---

772 Dazu JEISMANN, Vaterland, 1992, S. 76–95; auch HROCH, Europa, 2005, S. 209–211; FINK, Bild, 1991, S. 454f. Zum integrativen Moment dieser Feindbilder siehe HAHN/HAHN, Nationale Stereotypen, 2002, bes. S. 27–36; zur historisch-semantischen Struktur und Geltung von fremd- und selbstbeschreibenden Gegenbegriffen nach wie vor KOSELLECK, Gegenbegriffe, 1989. Weitere, eindrucksvolle Beispiele für die Anwendung antifranzösischer Abwertungs- und Inkriminationsmuster finden sich u.a. bei WEHLER, Nationalismus, 2007, S. 68–70.

773 Dazu grundlegend JEISMANN, Vaterland, 1992, bes. S. 27–102. Siehe auch WEHLER, Nationalismus, 2007, S. 68–70; JANSEN/BORGGRÄFE, Nation, 2007, S. 36f.

Bundesfürsten oder zwischen Fürsten und Völker lauert; mit List und Gewalt sind wir da und dort umstellt«.[774] Neben dieser Bedrohung des deutschen Kernlandes beklagte Droysen weiterhin, dass der Deutsche Bund nicht die ganze Nation einschließe und dass Deutsche außerhalb des Bundes, etwa »unsre Brüder im deutschen Ordensland«, »in dem Kern ihres volksthümlichen Lebens gefährdet« seien.[775] Die Nation erschien demnach von Feinden umzingelt, was die identitätsstiftende und integrative Kraft der nationalen Feindbilder stärkte, denn eine Krisensituation und Allgegenwart von Feinden ließ das Bekenntnis zur Nation und ihren inneren Zusammenhalt umso gebotener erscheinen.[776]

Auch Karl Hagen nannte weitere Nationalfeinde und wies auf »Englands und Rußlands Gefährlichkeit für Deutschland« hin.[777] Dabei erkannte er in Russland den größten Feind der deutschen Nation, wie er in seinem Aufsatz *Rußland und das Slaventhum* (1842) darlegte. Seine Ausführungen leitete er mit einer scharfen Kritik am russischen Einfluss in Deutschland ein, der zur Unterdrückung aller nationalen Bestrebungen beigetragen habe.[778] Angesichts des »nationalen Aufschwung[s]« (Hagen sprach damit die Rheinkrise an), sei es »sehr an der Zeit, daß unsere volksthümlichen Seelen auch gegen den Osten hin gewendet werden. Denn das neu erwachte Nationalgefühl hatte doch wohl nicht *den* Sinn, daß wir unsere Freiheit und Unabhängigkeit bloß gegen den Westen hin zu vertheidigen hätten, nicht aber gegen den Osten?« Hagen schilderte es als absolutes Schreckensszenario, wenn die deutsche Nation »slavische Elemente in sich aufnähme oder sich diesen gar unterwürfe« – das sei schlimmer noch als eine erneute französische Besatzung.[779] Dies zielte nicht nur auf den russischen Zaren, seine Regierung oder Politik ab.

---

774 Droysen, Verdun, 1843, S. 31. Ebenso Droysen, Vorlesungen *Ueber den öffentlichen Zustand Deutschlands*, 1845, S. 317: »Wenig deutsche Staaten sind in dem Zustand, sich auch nur einiger Maaßen selbst zu schützen; in Mitten des Friedens sind mehrere derselben im hohen Maaße durch das Ausland gefährdet, so Luxemburg, Holstein usw.«

775 Droysen, Verdun, 1843, S. 5.

776 Zur Korrelation zwischen ›Krisensituation‹ und ›Nationalismus‹ siehe Jeismann, Vaterland, 1992, S. 13f., ferner Hahn/Hahn, Nationale Stereotypen, 2002, S. 36.

777 Hagen, öffentliche Meinung I, 1846, S. 638.

778 Diese Aussage verband Hagen, Slaventhum, 1842, S. 318, mit einer propreußischen Erklärung: »Und wir verdanken eine Aenderung in dieser Beziehung vorzugsweise Preußen, das durch seine kräftige Stellung, die es neuerdings gegen Rußland eingenommen, die Losung gegeben zu haben scheint, daß wir auch gegen das große slavische Reich hin unsere Nationalität wahren dürfen.« Dies unterstreicht, dass Hagen kein kategorischer Preußenfeind war, sondern dass sich seine ablehnende Haltung gegenüber Preußen (Kap. 6.3) auf konkrete politische Situationen bezog.

779 Hagen, Slaventhum, 1842, S. 322. Hervorhebung im Original.

Im Visier Hagens standen vielmehr die Russen als Volk und ihr »Nationalcharakter«, den er in einer Reihe negativer Eigenschaften ausmachte. So »reducirt sich die geistige Bedeutung der russischen Nation, den abendländischen wenigstens gegenüber, beinahe auf Null. [...] es fehlt ihnen die eigentliche schöpferische Kraft, die Gründlichkeit, die Ausdauer und Beharrlichkeit. Alles geht bei ihnen auf den bloßen äusseren Schein, auf eine glänzende Oberfläche hinaus: in die Tiefe zu steigen fällt ihnen nicht ein. [...] Was sie beim ersten Anlaufe nicht erreichen, lassen sie liegen, weil sie die Kraftanstrengung scheuen.« Hagen – der selbst die Herabwürdigung anderer Nationen verurteilt hatte – charakterisierte die Russen als eine »Nation, die weder Energie noch erfinderische Kraft, weder Tüchtigkeit noch Ausdauer besitzt, eine Nation ohne alle Tiefe des Gemüths und des Geistes, eine Nation von geborenen Sklaven«, wobei er das Sklavische als das eigentliche Merkmal ›des‹ Russen ausgab.[780] Hagens Russophobie führt vor Augen, dass xenophobe Elemente ganz grundsätzlich in die Gedankenwelt des Nationalismus eingebettet sind (auch wenn er als »Patriotismus« etikettiert wird) und dass auch der Nationalismus gemäßigter Nationalisten schnell in eine chauvinistische Form umschlagen kann, wenn die eigene Nation einer tatsächlichen oder vermeintlichen Bedrohung ausgesetzt ist.

Obwohl Hagen die Russen also als primitives und minderwertiges Volk beschrieb, sah er von ihnen eine nicht zu unterschätzende Gefahr ausgehen. Denn die Geschichte bezeuge es, »daß es Epochen gegeben, wo ein roher geistig niedrigstehender Volksstamm den Sieg über einen in Bildung weit vorangeschrittenen davon getragen und wohl eine Zeit lang behauptet habe.«[781] Die ›russische Gefahr‹ schien für Hagen umso

780 Alle Zitate HAGEN, Slaventhum, 1842, S. 350–352: »Zu allem diesem kommt noch der unbegränzteste Sklavensinn, [...] der so innig mit ihrer ganzen Natur verwachsen ist, daß sie für die Freiheit niemals fähig wären. Eben darum mangelt ihnen auch jene Mannigfaltigkeit innerhalb des Nationalcharakters, wie sie sich bei uns findet, welche in sich den beständigen Keim einer fortwährenden Entwicklung birgt: die 35 Millionen Groß-Russen sind Einer, wie der Andere: kein Hervortreten besonderer Stämme oder Völkerschaften, Alles so zu sagen über einen Kamm geschoren, über den der Sklaverei.« Siehe auch ebd., S. 360: »Die Sucht, zu uniformiren, macht sich überall bei den Russen geltend: sie tödten das Leben, die Selbstständigkeit, Eigenthümlichkeit, und machen dann aus den Menschen Automaten, Maschinen.« Ebd., S. 361, vertrat Hagen auch die These, »daß der slavische Volkscharakter bei weitem biegsamerer und weicherer Natur ist, als z.B. der germanische«. Diese Äußerungen Hagens waren alles andere als ein Einzelfall. Wie am Beispiel West- und Ostpreußens gezeigt worden ist, formte sich zwischen 1830 und 1847 eine vor allem gegen Russland gerichtete Slawophobie aus, die »das ›Barbarische‹ an Rußland nicht nur auf die Regierungsweise, sondern auch auf die Bevölkerung zurückführte.« (PLETZING, Völkerfrühling, 2003, S. 105; zum Russenbild insgesamt S. 99–106).

781 HAGEN, Slaventhum, 1842, S. 354.

bedrohlicher, als er im Panslawismus eine Bewegung erkannte, die zu einem erheblichen Machtzuwachs des »Slaventhums« und damit zu einer slawischen Hegemonie über Europa führen könne.[782] Gelänge es Russland, so warnte Hagen eindringlich, alle slawischen Nationen unter seiner Führung zu vereinen, sei das deutsche Volk einer großen Gefahr ausgesetzt. Dann »ständе uns ein furchtbarer Kampf mit unseren alten Nationalfeinden, mit den Slaven, bevor, ein Kampf, von dem es sich sehr fragen würde, ob wir ihn mit denselben Erfolgen, wie ehedem, bestehen würden«. Hagen formulierte eine Antwort, die das deutsche Überlegenheitsdenken mit den nationalistischen Kernforderungen nach Einheit, Macht und Freiheit vereinte. Allein die Verwirklichung dieser Forderungen könne einen hinreichenden Schutz gegen alle Feinde der Nation bieten: »wären wir eine einige freie kräftige Nation, so unterläge die Sache keinem Zweifel: wir würden der ganzen slavischen Macht, und wenn sie auch mit Frankreich verbunden wäre, die Spitze bieten können und als Sieger aus dem Kampfe hervorgehen. Aber leider! haben wir durch die lange innere Unterdrückung unseren Nationalstolz, unsere Nationalkraft verloren!«[783] Entscheidend war, dass Hagen hier nicht nur die Einheit, sondern auch die *innere* Freiheit zur Vorbedingung für die »Nationalkraft« erklärte. Die Bedrohungskulisse diente damit ebenso als Integrationsmittel wie auch zur Rechtfertigung sozialer und politischer Emanzipationsansprüche.

Abgesehen von diesen innenpolitischen Implikationen enthielten Hagens Ausführungen zwei weitere Forderungen: Dem panslawistischen Gedanken entsprechend, trat er zum einen dafür ein, dass sich »sämmtliche germanische Elemente« verbinden sollen, um ein Gegengewicht zu einem slawischen Machtblock zu bilden, zumal dies ohnehin »durch die Natur selbst geboten« sei.[784] Zum anderen verlangte er, dass die »deutschen Regierungen, unter denen die slavischen Völkerschaften stehen, ihre Nationalität anerkennen und schützen sollen«,[785] um deren Annäherung an Russland aus eigenem Interesse vorzubeugen. Damit war nicht zuletzt die polnische Nation gemeint, deren Nationalität unter deutschen Schutz fallen sollte. Dass eine nationalistisch motivierte Haltung gegenüber Polen auch durchaus anders ausfallen konnte, wird im Folgenden gezeigt.

782 Dazu HAGEN, Slaventhum, 1842, S. 355–359.

783 HAGEN, Slaventhum, 1842, S. 358.

784 HAGEN, Slaventhum, 1842, S. 364f.

785 HAGEN, Slaventhum, 1842, S. 360f. Zu Hagens Sicht auf das russisch-polnische Verhältnis siehe auch HAGEN, Vermittlung, 1839, S. 170f.

## *5.2 Die Polen-Frage*

Die Frage eines polnischen Nationalstaates hatte das Denken und Handeln der deutschen Nationalbewegung im Vormärz nachhaltig geprägt. Vorherrschend war dabei – zunächst – eine breite Sympathie für die polnische Nationalbewegung, die, ähnlich der philhellenischen Bewegung in den 1820er Jahren, sich infolge des polnischen Novemberaufstandes von 1830 in verschiedenen Regionen Deutschlands, vor allem im liberalen Südwesten, zu einer Welle regelrechter ›Polenbegeisterung‹ ausweitete. Führende Köpfe der liberalen deutschen Nationalbewegung sahen Polen als Projektionsfläche für die eigenen nationalen Aspirationen. Das Schicksal beider Nationen sei eng miteinander verbunden und der Kampf für Freiheit und Einheit könne, so der Glauben, nur gemeinsam bestanden werden. Das Verhältnis zwischen den beiden Nationalbewegungen war daher durch enge Kontakte, zahlreiche Solidaritätsbekundungen und materielle Hilfsleistungen geprägt.[786] Das ideelle Fundament dieser gleichsam nationalistischen Internationale bildete die Vorstellung eines ›Völkerfrühlings‹ – eine fortschrittsorientierte Aufbruchsstimmung, die eine friedlich-freundschaftliche Verständigung aller Völker auf Basis ihrer freiheitlich-nationalen Selbstbestimmung, Einheit und Unabhängigkeit verhieß.[787]

Die bis ins Revolutionsjahr 1848 anhaltende Sympathie für die polnische Nationalbewegung darf jedoch nicht darüber hinwegtäuschen, dass sich bereits im Vormärz polenkritische und -feindliche Stimmen mehrten. Neben den ohnehin vorhandenen Ressentiments, wie sie etwa von Ernst Moritz Arndt geschürt wurden,[788] wuchs in Deutschland das Bewusstsein, dass die Bildung eines polnischen Nationalstaates nicht

786 Zur Haltung der deutschen gegenüber der polnischen Nationalbewegung STROBEL, Polenfreundschaft, 1982, S. 31–47; die innenpolitischen Implikationen der deutschen Polenfreundschaft akzentuiert KOLB, Polenbild, 1975, S. 111–127; die national- und liberalpolitische Dimension der ›Polenbegeisterung‹ beleuchtet LANGEWIESCHE, Massenbewegung, 1999, S. 11–37; den Schwerpunkt auf Baden legt DÜCKER, Polenbegeisterung, 2010, S. 705–733; zu Ost- und Westpreußen siehe PLETZING, Völkerfrühling, 2003, bes. S. 106–108.

787 Zum politischen Erwartungsbegriff ›Völkerfrühling‹, der sich erstmals 1818 bei Ludwig Börne nachweisen lässt und vor allem für die nationalen Einigungsbewegungen in Ostmitteleuropa eine besondere Bedeutung besaß, siehe JAWORSKI, Völkerfrühling, 1998, S. 36–39; RHODE, Völkerfrühling, 1979, S. 22–25.

788 Etwa ARNDT, Versuch, 1843, S. 316f: »Polens Geschichte heißt Leichtsinn Leichtfertigkeit Wildheit und Unordnung von Anfang bis zu Ende; der Pole ist ewig ein großer wilder Junge geblieben«, ein »*Taugenichts und Narr*« (Hervorhebung im Original). Auf diese Schrift bezog sich auch WUTTKE, Polen und Deutsche, 1847, S. 62f. Weitere Beispiele für antipolnische Publizistik vor 1848 bei WIPPERMANN, Drang, 1981, S. 31, Anm. 66.

ohne territoriale Einbußen auf deutscher Seite zu realisieren sei. In dem Maße, wie den Anhängern der deutschen Nationalbewegung diese Tatsache gewahr wurde, verlor die polnische Sache an Unterstützung. Vor diesem Hintergrund wandelte sich, wie am Fall West- und Ostpreußens gezeigt worden ist, die propolnische Haltung zunehmend in eine »rein funktionale Polenfreundschaft«,[789] die sich in erster Linie gegen das als Bedrohung wahrgenommene russische Zarenreich richtete und wie sie auch für Karl Hagen zu konstatieren ist.

Auch im historisch eng mit Polen verbundenen Königreich Sachsen, einem wichtigen Sammelpunkt polnischer Exilanten und traditionelle Hochburg der deutschen Polenfreunde,[790] formierte sich seit den 1840er Jahren eine antipolnische Strömung. Als ein Wegbereiter fungierte dabei Heinrich Wuttke, der seit 1846 verstärkt auf die nationalpolitische Bühne trat und sich dabei als energischer Verfechter deutscher Ansprüche gegenüber der polnischen Nationalbewegung erwies. Den konkreten politischen Hintergrund seines Engagements bildete der Krakauer Aufstand 1846. In der Freien Stadt Krakau, ein während des Wiener Kongresses 1815 geschaffenes und nur dem Namen nach unabhängiges Kondominium Österreichs, Preußens und Russlands, waren im Februar revolutionäre Unruhen ausgebrochen, die polnische Nationalisten als Ausgangspunkt für die Schaffung eines polnischen Staates zu nutzen suchten. Nachdem die österreichischen Truppen von den Aufständischen zeitweilig vertrieben werden konnten, wurde der Aufstand bereits Anfang März durch eine massive österreichische Militärintervention niedergeschlagen, was auch das Ende der Freien Stadt Krakau bedeutete.[791] Der fehlgeschlagene Aufstand führte zu einer weiteren Entfremdung zwischen polnischer und deutscher Nationalbewegung, zumal im gleichen Jahr in Posen und Westpreußen eine weitverzweigte nationalpolitisch motivierte Verschwörung aufgedeckt wurde und auch in Gallizien gewaltsame Unruhen ausbrachen.[792]

---

**789** Pletzing, Völkerfrühling, 2003, S. 111. Indes plädiert Kolb, Polenbild, 1975, S. 124, dafür, schon für die Zeit 1830–32 »den Hauptakzent auf die funktionale Rolle dieser Polenfreundschaft« zu legen.

**790** Siehe Schmidt, Blum, 1962, S. 1897; ferner Langewiesche, Massenbewegung, 1999, S. 15.

**791** Zum Krakauer Aufstand von 1846 siehe Buszko, polnischer Aufstand, 1998; Hahn, polnische Nation, 1998, S. 233–237.

**792** Zu den Folgen des Krakauer Aufstandes für das deutsch-polnische Verhältnis siehe neben Anm. 791 auch Pletzing, Völkerfrühling, 2003, S. 114–117, 159; Kolb, Polenbild, 1975, S. 125.

Vor diesem Hintergrund trat Wuttke 1846 mit seiner Schrift *Polen und Deutsche* an die Öffentlichkeit.[793] Mit dem Ziel, »das Nationalgefühl zu beleben«, und die »nationale Betrachtungsart« für sich in Anspruch nehmend, glaubte Wuttke, dem propolnischen »Schwindel« entschieden entgegentreten zu müssen. Er warf den Polenfreunden vor: »Habt ihr Schwärmer für die polnische Sache denn gar kein Gefühl für die eigene?« Nach dieser Denkart war ein Eintreten sowohl für die deutsche als auch für die polnische Sache nicht möglich. Wuttke wandte sich damit ausdrücklich vom Gedanken eines ›Völkerfrühlings‹ ab. Sein Standpunkt war vielmehr von einem nationalistischen Konkurrenzdenken geprägt, einem Denken, in dem die Völker aufgrund ihrer vorgeblich unvereinbaren Interessen ein antagonistisches Verhältnis zueinander einnehmen. Diese Auffassung korrespondierte mit seiner Vorstellung von der Nation als Letztwert, welche die eigene Nation überhöhte und anderen Nationen nur einen untergeordneten Status einräumte. Dementsprechend sprach Wuttke den »Polenschwärmern« nicht nur jegliche Form von »Nationalehre« ab, sondern bezichtigte sie zudem, der eigenen Nation in den Rücken zu fallen: »Offen klagen wir die Vertheidiger der Polen in unserer Mitte des *Verraths am Deutschen* an.«[794]

Wuttke sah die Beziehung zwischen Deutschen und Polen durch eine gleichsam natürliche Feindschaft bestimmt und erklärte, »daß der Stockpole den Deutschen von Grund seines Herzens *haßt*.« Dieser Einschätzung des gegenwärtigen Verhältnisses, das durch polnische »Mordanschläge« und »Raubplane« gegen die Deutschen geprägt sei,[795] folgte sein vermeintlich historischer Beleg für die fortwährende Feindseligkeit der Polen gegenüber den Deutschen: Auch wenn »manche es läugnen, daß der Pole eine tiefe Abneigung wider den Deutschen hegt«, war für ihn klar: »die Geschichte und das Schriftthum bezeugen doch diese Entfremdung und diesen Haß« – von einem Hass der Deutschen auf die Polen war freilich nicht die Rede. Die Geschichte diente Wuttke somit als beispielgebende Instanz, um die angeblich von Polen ausgehen-

793 Bei dieser Schrift handelt es sich um eine Zusammenstellung mehrerer Artikel, die Wuttke 1846 in der Augsburger *Allgemeinen Zeitung* veröffentlicht und um weitere Ausführungen vermehrt hatte. Eine zweite, umfangreich ergänzte Auflage erschien 1847, die im Folgenden überwiegend zitiert wird. Die wichtige Bedeutung dieser Schrift für die Ausbreitung eines polenfeindlichen Denkens betont u.a. Kolb, Polenbild, 1975, S. 125, Anm. 61.

794 Alle Zitate Wuttke, Polen und Deutsche, 1848, S. VIII, 11f., 73f.

795 Wuttke, Polen und Deutsche, 1847, S. 12 (Hervorhebung im Original); siehe auch S. 55: »Die Polen hingegen kehren den Deutschen in Posen den Rücken und verkehren mit ihnen nur da, wo sie ihres nächsten Vortheils willen sich ihnen nähern müssen und verhehlen ihren Groll gegen das Deutsche nicht.«

de feindliche Gesinnung als historische Konstante nachzuweisen, durch die das »Nachbarverhältniß zwischen Deutschland und Polen [...] immerfort gestört« gewesen sei.[796]

Wichtiger aber war, dass die Geschichte als Arsenal nationalistischer Argumentationsstrategien fungierte. Zunächst wandte sich Wuttke gegen die »Polenfreunde«, die eine Abtretung von Gebieten an einen zu schaffenden polnischen Nationalstaat als Sühne forderten – für die von preußischer Seite vollzogenen Annexionen polnischer Gebiete im Zuge der polnischen Teilungen von 1772, 1793 und 1795 (zu denjenigen, die Wuttkes beißende Kritik auf sich zogen, gehörte u.a. Arnold Ruge, den Wuttke 1848/49 in der Frankfurter Nationalversammlung wiedersehen sollte und der sich auch in der Paulskirche für einen polnischen Nationalstaat stark machte).[797] Zwar räumte Wuttke ein, dass die Deutschen den Polen Boden »geraubt« und »den Slawen sogar mehr entrissen [hätten,] als sie jetzt fordern«. Doch er machte sogleich deutlich, dass sie den Polen das Land »genau mit demselben Recht weggenommen [haben], nach dem [diese] die Gegenden bis an die Saale und Strecken über der Saale besetzten [...]. Das erstemal, wo sichere Berichterstattung uns die Slawen und die Deutschen in einer Wechselseitigkeit vorführt, zeigt sie uns – im ersten Drittel des siebenten Jahrhunderts – deutsche Völkerschaften beunruhigt von Slawen. Die Slawen erscheinen als Angreifer.«[798] Die energische Durchsetzung der deutschen Position sei daher – historisch gesehen – nicht mehr als eine rechtmäßige Zurwehrsetzung gegen den slawischen Aggressor.

Eine weitere und nachhaltiger wirkende These war Wuttkes Argument, dass die Expansion nach Osten in der Natur des Deutschen liege: »Die Geschichte des deutschen Volkes zeigt uns nämlich seine langsame Ausbreitung nach dem Osten. Seit dem zwölften Jahrhundert wurden theils durch kriegerische Gewalt, theils durch friedliche Kolonisationen Mecklenburg, Pommern, Brandenburg, Sachsen, Schlesien allmählich deutsch gemacht und längs der Ostseeküste bis gegen die Newa hin

---

796 Wuttke, Polen und Deutsche, 1847, S. 31, 35. Mit Blick auf die schlesische Geschichte etwa behauptete Wuttke, Besitzergreifung, 1842/43, Bd. 1, S. 30, 340–342, Bd. 2, S. 148, ferner 32, 69f., dass die Polen immer wieder innere Krisen in Schlesien zum Anlass genommen hätten, um »Fehden« und »Grenzstreite« (Bd. 1, S. 30) anzuzetteln oder um in das Land einzufallen und dort mit »unmenschlicher Wuth« zu hausen (Bd. 1, S. 341).

797 Wuttke, Polen und Deutsche, 1847, S. 29–34. Ruge hatte sich in der Augsburger *Allgemeinen Zeitung* mit einem Gedicht gegen Wuttkes Thesen verwahrt. Das Gedicht ist wiedergegeben bei Wuttke, Polen und Deutsche, 1847, S. 30 und Ruge, Werke, 1848, S. 94f. Siehe auch unten, Anm. 1002; zu Ruge allgemein Wende, Ruge, 1998.

798 Wuttke, Polen und Deutsche, 1847, S. 14f.

und in der ganzen Querlinie des polnischen Grenzstrichs das deutsche Wesen verbreitet.«[799] Damit setzte Wuttke nicht nur die Existenz eines spezifisch »deutschen Wesens« bereits im Mittelalter voraus. Vielmehr glaubte er in der »Ausbreitung des Deutschthums«[800] nach Osten einen umfassenden und naturwüchsigen, nicht umkehrbaren geschichtlichen Prozess zu erkennen, der in einem genuin deutschen Volkscharakter wurzele. Hierdurch entwarf Wuttke eine historische Kontinuitätslinie eines Germanisierungsprozesses, die nun in die Zukunft verlängert werden konnte, um die eigenen nationalpolitischen Zielvorstellungen zu legitimieren.

Die Germanisierung des Ostens hatte Wuttke bereits in seiner 1842/43 erschienenen Schrift *König Friedrichs des Großen Besitzergreifung von Schlesien und die Entwicklung der öffentlichen Verhältnisse in diesem Lande bis zum Jahre 1740* am Beispiel Schlesiens genauer zu umreißen versucht. Entgegen der Annahme, dass allein die ›großen Männer‹ Geschichte machten, hatte er dabei unterstrichen, dass die treibende Kraft zur Germanisierung des Ostens vom Volk ausgehe. Denn während »die Kaiser die Unterwerfung und Behauptung Italiens zu ihrer Hauptaufgabe machten und dorthin die Kraft und die Blüthe Deutschlands einem frühen Grabe entgegenführten, drängte das Volk in einer andern, entgegengesetzten Richtung – *nach Osten*.«[801] Dieses Geschichtsbild trug in zweifacher Hinsicht ein großes Legitimationspotenzial in sich; zum einen, weil die Expansion nach Osten als natürlicher und sonach berechtigter Prozess erschien. Zum anderen trat hier das Volk als handelnd in Erscheinung, was die nationalistisch-historische Argumentationsstrategie angesichts des romantisierten und zunehmend politisierten Volksbegriffes stärkte. Den von Eigeninteresse korrumpierten, anational handelnden Herrschern wurde das Volk als unverdorbener, sittsamer und vitaler Akteur entgegengestellt. Dies korrespondierte mit Wuttkes liberaldemokratischer Anschauung und bot darüber hinaus einen Anknüpfungspunkt für völkische Leitbilder. Auf diese Weise trug Wuttke nicht nur zur Verbreitung des Topos vom ›deutschen Drang nach Osten‹ we-

**799** Wuttke, Polen und Deutsche, 1847, S. 16.

**800** Wuttke, Polen und Deutsche, 1847, S. 18 u.ö.

**801** Wuttke, Besitzergreifung, 1842, Bd. 1, S. 14. Hervorhebung im Original. Wuttke vertrat damit eine Ansicht, die später in ähnlicher Form von Heinrich von Sybel in der ›Sybel-Ficker-Kontroverse‹ (1859–1862) vorgebracht wurde. Diese Kontroverse, in der es um die Bewertung der mittelalterlichen Kaiserpolitik ging, kann als eine Art Musterbeispiel für den Nexus zwischen politischen Fragen der Gegenwart und historiographischen Deutungsmustern gelten. Siehe zur Kontroverse Brechenmacher, Gegenwart, 2003.

sentlich bei, sondern antizipierte bereits Denkfiguren, die im Kaiserreich (zum Beispiel im Ostmarkenverein) und später dann vor allem im Nationalsozialismus virulent werden sollten.[802]

Die »Ausbreitung des Deutschthums« rechtfertigte Wuttke überdies mit der Verschiedenheit des polnischen und deutschen Volkscharakters. Dieser Argumentationsstrang verdient besondere Beachtung, weil sich in ihm nicht nur xenophobe Fremd- und verherrlichende Selbstwahrnehmungen, sondern auch Geschichtsdenken und daraus folgende politische Handlungsanleitungen überaus stark verknüpften. In geschichtstheoretischer Hinsicht war Wuttkes Argumentation hierbei durch mehrere Versatzstücke aus Hegels idealistischer Geschichtsphilosophie geprägt, die er mit seinen eigenen antipolnischen Vorurteilen verband. Zu diesen Versatzstücken zählte die Vorstellung von der Geschichte als ein stufenweiser Fortschrittsprozess des Geistes, der zu bestimmten Epochen von bestimmten Völkern getragen werde, welche die jeweils zeitgemäßen Vernunftprinzipien (»Volksgeister«) verkörpern. Hegel, der die Begriffe ›Nation‹ und ›Volk‹ weitgehend synonym verwandte, hatte dabei die Ansicht vertreten, es sei der »substantielle Zweck« eines jeden Volkes, »ein Staat zu seyn und als solcher sich zu erhalten«. Jene Völker, die hierzu nicht in der Lage seien, hätten »eigentlich keine Geschichte«. Sie trügen nicht zum historischen Fortschritt bei und stünden deswegen den welthistorischen Völkern »rechtlos« gegenüber.[803] Obgleich Wuttke erklärte, dass »die meisten Hegelianer mit Geschichte wenig vertraut« seien,[804] und seine Geschichtsauffassung keineswegs strikt Hegel folgte, griff er zentrale Denkmuster der hegelianischen Philosophie fortgesetzt auf: Völker als Träger eines geistig-geschichtlichen Fortschritts; Völker, die bestimmten Zeitaltern zugehören oder verhaftet bleiben; und Völ-

---

802 Dazu ausführlich Wippermann, Drang, 1981, zu Wuttke S. 39, 136. Wuttkes Bedeutung für die Genese des Topos vom ›Drang nach Osten‹ betont auch Tkaczynski, Drang, 1997, S. 7. Wippermann und Tkaczynski zitieren beide aus Wuttkes *Polen und Deutsche*, in dem von einem Drang nicht die Rede ist, übersehen aber die 4 Jahre ältere Äußerung Wuttkes (Wuttke, Besitzergreifung, 1842, Bd. 1, S. 14), in der dieser explizit von einem Drang (in verbalisierter Form) spricht. Die Denkfigur eines Germanisierungsdranges der deutschen Nation in östliche Richtung wurde übrigens 1860 auch von Georg Waitz aufgegriffen, der in einem Aufsatz die Ansicht vertrat, dass die »deutsche Cultur, deutsche Bevölkerung den Beruf haben, sich gegen den Osten hin auszubreiten« (Waitz, Preußen, 1860, S. 14).

803 Hegel, Encyclopädie, 1830, §§ 548–552, Zitate §§ 549f. Zum Aspekt der Rechtlosigkeit siehe außerdem Hegel, Grundlinien, 1821, § 347. Zu den ›geschichtslosen‹ Völkern siehe ferner Hegel, Vorlesungen, 1970, S. 82–86. Zu Hegels Begriffen von ›Volk‹ und ›Nation‹ Koselleck u.a., »Volk, Nation«, 1992, S. 362f., mit weiteren Hinweisen. Zur Geschichtsphilosophie Hegels insgesamt siehe Hübner, Geschichtsphilosophie, 2011, S. 141–200.

804 Wuttke, Jahrbuch, 1842, S. 36.

ker, die nicht zur Staatsbildung fähig, daher geschichts- und gegenüber den welthistorisch dominierenden Völkern rechtlos sind.[805]

Diesem Geschichtsbild folgend bemühte sich Wuttke zu zeigen, dass Schlesien erst »mit der *Verdeutschung des Landes* seine selbstständige Entwicklung«,[806] sein eigentliches geschichtliches Dasein begonnen hat. Die Erklärung für diese unaufhaltsame »Verdeutschung« des Ostens sah Wuttke in der Unterlegenheit des »Polenthums«. Verschiedene Vorurteile und Ressentiments aufgreifend, stigmatisierte er die Polen als arbeitsscheu und geistig zurückgeblieben. Man suche, so versicherte er, die »Ausdauer, die Anstrengung, die Selbstüberwindung in den kleinen Mühen die der tägliche Beruf unausgesetzt fordert, [...] vergebens beim Polen«.[807] Ohnehin entschlössen sich »nur wenige Polen zu lernen, zu studiren, regelmäßig und anhaltend zu arbeiten.«[808] Diese Vorstellung eines spezifischen Volkscharakters kam sprachlich in der Verwendung des Kollektivsingulars zum Ausdruck, wodurch allen Polen gemeinsame negative Attribute zugewiesen wurden: »Der Pole schwebt gewöhnlich nur auf der Oberfläche, ist oft ein Träumer und handelt meist mit Aufregung in ruckweiser Anstrengung. Außer der lebhaften Liebe zum schönen Geschlecht und zur lärmenden Freude springt an ihm [...] eine gewisse Unruhe hervor, etwas Unstätes, das in der Abenteuersucht, und in der Neigung zu Händeln, zum Krakeliren, sich äußert«.[809] Die einzigen Fähigkeiten »des« Polen, zu denen Wuttke neben dem Draufgängertum und Machogehabe auch die Trinkfestigkeit zählte, galten ihm zufolge nur »herzlich wenig vor dem Kennerblick des Geschichtschreibers«.[810]

---

**805** Auch Hegel, Vorlesungen, 1970, S. 422 hatte in seinen Vorlesungen zur Geschichtsphilosophie die slawischen Völker aufgrund ihrer vermeintlichen Geschichtslosigkeit »aus unserer Betrachtung ausgeschlossen, weil sie bisher nicht als ein selbständiges Moment in der Reihe der Gestaltungen der Vernunft in der Welt aufgetreten« sind.

**806** Wuttke, Besitzergreifung, 1842, Bd. 1, S. 18. Hervorhebung im Original. Ähnlich Wuttke, Versuche, 1840, S. 413.

**807** Wuttke, Polen und Deutsche, 1847, S. 59f.; zur Charakterisierung der Polen bes. S. 57–73.

**808** Wuttke, Polen und Deutsche, 1847, S. 49.

**809** Wuttke, Polen und Deutsche, 1847, S. 61.

**810** Wuttke, Polen und Deutsche, 1847, S. 59: »Den Polen fehlen gerade diese Eigenschaften zu ihrem Unglück. Die gewandten Masurkatänzer, die so leicht und so nervig auftreten, die ihre Dame, den Arm um die geschmeidige Hüfte gefaßt, rasch herumdrehen, feurige Blicke ihr zuschießend, diese schlanken schwarzbärtigen Matadore der Bälle, sie entzünden das schneller pochende Herz der Weiber, und aus dem Munde der Frauen ertönt ihr Lob in jeder Gesellschaft – aber all diese Liebenswürdigkeit, dieser ganze romantisch ritterliche Anflug, dieses schnell auflodernde Kriegsfeuer gegen den feindlichen Mann und das freundliche Mädchen – es gilt herzlich wenig vor dem Kennerblick des Geschichtschreibers«. Auch Wuttke, Besitzergreifung, 1843, Bd. 2, S. 422: Der polnische Adel »verharrte in alter Rohheit und erlernte nur größere Schmiegsamkeit gegen seinen Herren. Auch er liebte, nach polnischer Art, den

Sich auf seine eigene Expertise als Historiker berufend, wies Wuttke die Polen in geistiger Hinsicht dem Mittelalter zu und kam zu dem Schluss, dass der »Charakter der Polen [...] keine hinlängliche Bürgschaft für das Bestehen einer guten Staatsbildung [gewähre]. Das Mittelalter verträgt sich nicht mit der modernen Civilisation«.[811] Ein polnischer Nationalstaat sei, so folgerte Wuttke, aus diesem Grunde unbedingt zu verhindern. [812]

Als positives Gegenbild zu der »Unbändigkeit der Polacken«[813] hob Wuttke das »deutsche Wesen« hervor, an dessen Überlegenheit er keinen Zweifel ließ. In der deutschen Bevölkerung der gemischten Gebiete erkannte er den Hort der Zivilisation, den es unbedingt zu schützen gelte, und in der – individualisierten – deutschen Nation »den gebildeteren und fleißigeren Nachbar[n]«.[814] Dass mit der quasi universalhistorischen »Ausbreitung des Deutschthums [...] die Unterdrückung des Slawenthums« einhergehe,[815] begrüßte Wuttke als notwendigen und natürlichen Prozess, weil die Polen »einer deutschen Macht gegenüber nichts Wesentliches zu Stande bringen« können. So konnten und können die Polen »das stille Vordringen des Deutschthums doch nicht hindern! Der Grund davon liegt einfach darin, daß sie nicht *Kraft* genug besitzen, während das Deutsche die unüberwindliche Stärke in sich trägt.«[816]

Aus der historischen Erörterung leitete Wuttke seine Schlussfolgerungen für seinen politischen Standpunkt ab. Die entscheidende Frage lautete für ihn hierbei: »*sollen Deutsche unter polnischer Herrschaft oder*

Trunk.« Ähnliche Negativ-Stereotype schrieb Wuttke, Aufschlüsse, 1844, S. 29, im Übrigen den Türken zu: »Der Türke versteht sich nicht wohl auf Gewerbfleiß; auf Schlemmerei versteht er sich gut. Umgeben von vielen Nichttürken praßt er in Müßiggang auf deren Kosten und tyrannisirt sie nach seiner Laune.«

**811** Wuttke, Polen und Deutsche, 1847, S. 66.

**812** Wuttke, Polen und Deutsche, 1847, S. 58: »Ein Volksthum darf noch nicht aus seinem bloßen *Vorhandensein* das Recht herleiten als seinen Körper ein Reich aufzustellen. Erst die Möglichkeit daß ein solcher Körper unter den anderen schon vorhandenen leben, bestehen und dauern kann, erst der Nachweis [...], daß Sinn und Charakter dafür eine Bürgschaft gewähren, erst dieses verleiht darauf Anspruch. Also [...] haben die Polen kein Recht ein eigenes polnisches Reich blos darum zu fordern, weil sie Polen sind« (Hervorhebung im Original).

**813** Wuttke, Versuche, 1840, S. 503.

**814** Wuttke, Polen und Deutsche, 1847, S. 12. Die Idee von der Überlegenheit des »Deutschthums« findet sich auch in Wuttke, Besitzergreifung, 1842, Bd. 1, S. 18 (»Zwischen slawischer Gedrücktheit und deutscher Freiheit war ein gar großer Abstand.«), 19 (»Das einheimische Volk gewinnt das bessere deutsche Recht und eignet sich allmählig deutsche Sitte und Sprache an«).

**815** Wuttke, Besitzergreifung, 1842, Bd. 1, S. 19.

**816** Wuttke, Polen und Deutsche, 1847, S. 26, 53. Hervorhebung im Original.

*Polen unter deutscher stehen?*«[817] Seine Antwort war ebenso unmissverständlich wie drastisch: »in solchem Fall soll der Pole nicht über uns stehen, nicht uns befehlen, sondern uns gehorchen – und wenn er nicht will, so mag er auswandern [...], aber wir geben von unserm Gebiete, auf dem Deutsche wohnen, nicht einen Fußbreit weg, so lange Schwerter in Deutschland geschliffen werden.« Der Bevölkerungsanteil der Deutschen in den fraglichen Gebieten spielte für Wuttke dabei keine Rolle. Denn die Ansicht, Gebiete mit mehrheitlich polnischer Bevölkerung »dem« Polen zu überlassen, degradierte er zur »allerrohsten, materialistischen Auffassung«, welche »die Menschen für Thiere ansehen« würde. Vielmehr seien allein die »*geistigen* Mächte [...] das Maßgebende [...]. Wo Bildung und Fleiß, wo Einsicht und Kraft ist, da ist es das Recht zur Herrschaft.« Dieses Recht leitete Wuttke schließlich auch aus dem fortschrittsgeleiteten Verlauf der Weltgeschichte ab, denn es liege »im Interesse des *Fortschritts der Menschheit*, welches der oberste Maßstab alles Urtheilens ist [...], daß noch lange Zeit deutschem Gesetze der Pole gehorche.«[818]

Wuttkes Schrift rief ein lautstarkes Echo hervor. 1847 erschien sie in einer zweiten, vermehrten Auflage, schon 1848 in einer dritten. Die Reaktionen waren zwiespältig. Während es von der einen Seite Kritik hagelte und Wuttke »Slawenfresserei« vorgeworfen wurde,[819] erfuhr er auch viel Zuspruch. So konnte er im Vorwort der dritten Auflage mit sichtlicher Genugtuung feststellen, dass seit der Erstveröffentlichung 1846 »ein Umschlag der öffentlichen Meinung zum Besseren stattgefunden hat.«[820] Bemerkenswert ist, dass Wuttke mit seinem populärwissenschaftlich gehaltenen Pamphlet auch in fachinternen Kreisen einige Anerkennung fand. So schrieb ihm ein gewisser ›Dr. Wolff‹ in einer 1848 in der *Allgemeinen Zeitschrift für Geschichte* erschienenen Rezension das Verdienst zu, zur »Berichtigung der Ansichten« über die Polen-Frage »nicht wenig beigetragen zu haben.« Wenngleich er dabei die »einseitig-nationale« Stoßrichtung Wuttkes bisweilen kritisierte, stritt der Rezensent den grundsätzlichen Wert der Ausführungen jedoch nicht ab. Im Gegen-

---

**817** Wuttke, Polen und Deutsche, 1847, S. 23. Hervorhebung im Original. Wuttke fügte hinzu: »Kein Deutscher sollte bei der Beantwortung schwanken.«

**818** Wuttke, Polen und Deutsche, 1847, S. 24, 28. Hervorhebungen im Original.

**819** Siehe die Kritik von Cyz, Slawenfresserei, 1847. Die *Jahrbücher für slawische Literatur, Kunst und Wissenschaft,* in denen dieser Artikel erschien, wurden von dem Slawisten Jan Pětr Jordan herausgegeben, der wie Wuttke an der Universität Leipzig tätig war und gegen den Wuttke heftige polemische Attacken richtete; siehe nur Wuttke, Polen und Deutsche, 1847, S. 104–107. Eine ausführliche Kritik an Wuttke auch bei Moraczewski, Sendschreiben, 1846.

**820** Wuttke, Polen und Deutsche, 1848, S. V.

teil: »Unternimmt es in Zukunft Jemand, die Geschichte unserer Zeit zu schreiben, so wird ihm Wuttke's Buch mindestens von ebenso grossem Werthe sein, als alle Actenstücke über die zwischen den Grossmächten in der polnischen Angelegenheit gepflogenen Verhandlungen.«[821]

Insofern hatte Wuttke mit seiner Schrift mehrere Ansichten vorgebracht, die im Vormärz zwar nur von einer Minderheit der deutschen Nationalbewegung geteilt und in gleicher Weise geäußert wurden. Dennoch fanden sie ab 1846 zunehmend Fürsprecher und wurden während der Revolution 1848/49, als die Frage der Nationalstaatsbildung und das damit verbundene Problem der Grenzziehung akut wurden, vielerorts aufgegriffen, auch in der Frankfurter Nationalversammlung. In dieser Hinsicht hat Wuttke durch seine Schriften und die darin enthaltenen Argumente das Handeln in der Polen-Frage 1848/49 in gewissem Maße vorgeprägt. In ähnlicher Form hat bereits vor 1848 der Konflikt um die nationale Zugehörigkeit Schleswigs das Denken und Handeln der deutschen Nationalbewegung mitbestimmt, wenngleich die Breitenwirkung und Mobilisierungskraft der Schleswig-Frage weitaus höher war, zumal sich hier – anders als in der Polen-Frage – eine nahezu einhellige Ablehnung der dänischen Position ergab. Aber auch hier wurden die maßgeblichen Argumente vor 1848 entwickelt und auch hier haben Historiker eine zentrale Rolle gespielt.

## *5.3 Die Schleswig-Frage*

Die historischen Wurzeln des Schleswig-Konflikts reichen zurück bis ins Mittelalter. Die Herzogtümer Schleswig und Holstein waren über mehrere Jahrhunderte in ein komplexes Geflecht verschiedener herrschaftlicher Rechtsordnungen hineingewachsen, die mit dem Phänomen des modernen Nationalstaats kaum vereinbar waren.[822] Beide Herzogtümer waren seit dem 15. Jahrhundert in Personalunion mit dem Königreich

821 Wolff, Rez. Wuttke, 1848, S. 456f. Siehe ähnlich Marquard, Tagesliteratur, 1847, S. 23; weitere Reaktionen auch im Vorwort von Wuttke, Polen und Deutsche, 1848.

822 Zu historischen und staatsrechtlichen Hintergründen Carr, Schleswig-Holstein, 1963, S. 21–38; Huber, Verfassungsgeschichte, 1988, S. 661–664; ferner Siemann, Revolution, 1985, S. 50f. Neben Schleswig und Holstein unterstand auch das dem Deutschen Bund zugehörige Herzogtum Lauenburg seit 1815 dem dänischen König. Aufgrund seiner Lage und seiner sehr geringen Größe spielte dieses Fürstentum in der Schleswig-Frage aber nur eine untergeordnete Rolle und wird auch im Folgenden außen vor gelassen.

Dänemark verbunden, selbst aber nicht Teil des Königreiches. Die dänische Krone sicherte Schleswig und Holstein mit dem Ripener Vertrag von 1460 zu, sie »bliven ewich tosamende ungedelt«.[823] Trotz der politischen Verbindung beider Gebiete – die in der gemeinsamen ›Deutschen Kanzlei‹ (seit 1806 ›Schleswig-Holsteinische Kanzlei‹) in Kopenhagen ihren institutionellen Ausdruck fand, aber verschieden ausgelegt wurde – hatte nur Holstein, nicht jedoch Schleswig dem Heiligen Römischen Reich Deutscher Nation angehört. Nach der Auflösung des Reiches 1806 gliederte die dänische Regierung, die sich mit Napoleon verbündet hatte, Holstein dem dänischen Staatsverband an, was allerdings durch den Wiener Kongress 1815 rückgängig gemacht wurde. Infolgedessen wurde nur Holstein Mitgliedsstaat des Deutschen Bundes, wodurch der dänische König als Herzog von Holstein über die holsteinische Bundesstimme verfügte. Die nationale Zugehörigkeit Schleswigs blieb hingegen umstritten, was auch in der Bevölkerungsstruktur des Herzogtums begründet lag. Der Norden war mehrheitlich von Dänischsprachigen bewohnt, der Süden hingegen überwiegend deutschsprachig. Welche der beiden Sprachgruppen den größeren Anteil an der Gesamtbevölkerung ausmachte, ist nicht eindeutig;[824] hinzu kamen außerdem Gebiete, in denen vornehmlich friesisch gesprochen wurde.

Der Konflikt zwischen den Herzogtümern und der dänischen Regierung hatte sich aber bereits 1812/13 entzündet, zunächst an finanzpolitischen Fragen. Schleswig und Holstein besaßen traditionell eine eigene Bank in Altona und eine eigene Silberwährung. Die dänische Regierung hatte, da infolge der Allianz mit Frankreich im Januar 1813 der Staatsbankrott drohte, eine einheitliche Reichsbank gegründet und Papiergeld eingeführt, welches durch das schleswig-holsteinische Silber gedeckt werden sollte. Diese finanzpolitischen Maßnahmen bedeuteten einen tiefen Eingriff in das bislang eigenständige Finanzsystem der Herzogtümer und führten zu einer massiven Entwertung ihrer Währung.[825] Friedrich Christoph Dahlmann, der als Sekretär der *Fortwährenden Deputation der schleswig-holsteinischen Prälaten und Ritterschaft* die Inter-

---

823 Zum Ripener Vertrag von 1460 siehe Riis, ungedeelt, 2003, S. 158–163; Jahnke, ungedelt, 2003, S. 45–47; Hansen, Privileg, 2000.

824 Dies liegt vor allem an den unterschiedlichen Kriterien, die den Schätzungen zugrunde liegen (Kirchensprache, Schulsprache, Umgangssprache usw.). Dazu eingehend Carr, Schleswig-Holstein, 1963, S. 61–73, der auch verschiedene Schätzungen tabellarisch aufführt (S. 318). Siehe außerdem Wollstein, Großdeutschland, 1977, S. 29f., der in Anm. 19 auf die Quellenproblematik hinsichtlich der Bevölkerungsstruktur hinweist.

825 Dazu Carr, Schleswig-Holstein, 1963, S. 39–42; Bleek, Dahlmann, 2010, S. 78f.

essen der schleswig-holsteinischen Stände zu vertreten hatte, verurteilte die dänische Finanzpolitik mit aller Schärfe.[826] Sie erschien ihm umso verwerflicher, weil die Finanzkrise eine Folge des dänischen Bündnisses mit Napoleon war. Das Streben nach Unabhängigkeit durchdrang sich insofern wechselseitig mit dem allmählich einsetzenden Nationalisierungsprozess in den Herzogtümern, der zwar vorerst ein Elitenphänomen blieb, aber gerade von Dahlmann und anderen Kieler Professoren maßgebend vorangetrieben wurde.[827]

Durch die Haltung der dänischen Regierung sah sich Dahlmann veranlasst, den politischen Status der beiden Herzogtümer und Dänemarks genauer zu umreißen. In einer unveröffentlichten Denkschrift (aus der er später Teile für andere Publikationen entnahm) formulierte er im März 1814 erstmals Gedanken, die er in der Folge immer wieder aufgriff und die für das Denken und Handeln der deutschen Nationalbewegung in Schleswig und Holstein maßgebend wurden: Während Holstein fraglos »deutsches Reichsland« sei, sei Schleswig, »wiewohl mehrentheils von Deutschredenden bewohnt, […] ohne Streit der dänischen Oberherrschaft alleinig unterworfen.« Wichtiger war jedoch für Dahlmann, dass Schleswig »von Altersher in einer Union mit Holstein« stehe, »die unzählige Mahle von den Königen anerkannt ist. Es hat ein Recht auf dieselbe Verfassung, dieselben Freiheiten.«[828] In diesem Zusammenhang bezog er sich auf König Christian I. von Dänemark (1448–1481), der 1460 von den Ständen zum Graf von Holstein (seit 1474 Herzog) und Herzog von Schleswig gewählt wurde und dabei versprochen habe, *»beide Herzogthümer unzertrennlich auf immer zu verknüpfen.«*[829]

Neben der Unzertrennlichkeit von Schleswig und Holstein bekräftigte Dahlmann, dass beide Herzogtümer und ihre Bewohner deutsch seien: »Nur Deutsche wünschen sie zu sein; denn so ist ihr Charakter, ihre unfreiwillige Bestimmung.«[830] Dieser Charakter war nach Dahlmann der Grund, warum »die Stärke der Volksthümlichkeit« während des dänisch-französischen Bündnisses »über politische Rücksichten siegte« und die Bevölkerung beider Lande einen Anschluss an Deutschland ersehnt habe – eine »schöne Regung«, die »dem seit lange gehegten Plane, die Herzogthümer zu danisieren« entgegengetreten sei.[831] Die

826 Dahlmann, Schicksale, 1814, S. 21–44.
827 Carr, Schleswig-Holstein, 1963, bes. S. 42f., 55.
828 Dahlmann, Schicksale, 1814, S. 51.
829 Dahlmann, Schicksale, 1814, S. 15. Hervorhebung im Original.
830 Dahlmann, Schicksale, 1814, S. 57.
831 Dahlmann, Schicksale, 1814, S. 44.

nationale Zugehörigkeit Schleswigs zu Deutschland suchte Dahlmann mit weiteren, teils historischen ›Nachweisen‹ zu belegen. So erklärte er, Schleswig sei »ein ursprünglich deutsches Land, ein altes Eigenthum der Sachsen und vornehmlich der Angeln«.[832] Hiermit entwarf der nationalpolitisch aktive Historiker Dahlmann eine deutsche Ahnenreihe ›des‹ Schleswigers bis in die Völkerwanderungszeit, aus der er weitere, überpositive Rechte auf das umstrittene Herzogtum ableitete. Das an sich deutsche Land verstand er als quasinatürliches Eigentum der deutschen Nation. Die Herrschaft des – aus Deutschland stammenden – dänischen Königshauses lehnte er zwar keineswegs ab,[833] eine Inkorporation Schleswigs in einen dänischen *National*staat verwarf er jedoch als unrechtmäßig und widernatürlich.[834]

Diese historisch begründeten, nationalistischen Argumentationsmuster prägten das weitere öffentliche Wirken Dahlmanns.[835] Das xenophobe Moment trat dabei – zunächst – weit zurück; nicht nur, weil er als Sekretär der Ritterschaft stets in politischen Aushandlungsprozessen mit der dänischen Regierung stand und daher politische Contenance wahren musste, sondern vor allem, weil er offenbar keine grundsätzlichen Aversionen gegen die ›stammverwandten‹ Dänen hegte.[836] Wenn-

832 Dahlmann, Schicksale, 1814, S. 13.

833 Siehe etwa Dahlmann, Schicksale, 1814, S. 38: »Wie könnte doch der deutsche Unterthan gleichgültig gegen ein Fürstenhaus sein, welches, aus seinem Volk entsprossen, ihn seit Jahrhunderten beherrscht? gleichgültig gegen den Enkel so vieler Könige? Aber der deutsche Unterthan liebt auch seine Rechte, die theuren Unterpfänder seiner Eigenthümlichkeit, und nie würde er es verschmerzen, sich dem dänischen Königsgesetz, welches weder er noch seine Vorfahren genehmigt oder unterzeichnet haben, unterworfen zu sehen.« Siehe auch S. 51.

834 Dahlmann, vaterländische Preisfrage, 1821, S. 189: »Königreich und Herzogthümer, können niemals eine Einheit werden, aber sie können sich einander tragen, schützen, ergänzen, Vieles in brüderlicher Achtung mit einander theilen; sie haben das ehedem gethan und werden es am kenntlichsten wieder thun von dem Tage an, da alle irrig gewählten Einrichtungen, die auf *Verschmelzung* zielen, aufgegeben seyn werden.« Hervorhebung im Original.

835 Siehe neben den im Folgenden zitierten Schriften auch den im Januar 1844 in der *Kölnischen Zeitung* veröffentlichten Artikel *Noch ein Wort über Schleswig-Holstein* (= Dahlmann, Wort, 1844): »Es ist kaum zu sagen, wie weit die Dänen abirren, wenn sie die Einverleibung Schleswigs in ihr Königreich mit so brennendem Eifer begehren. Denn nicht blos etwas Unrechtliches verlangen sie, es ist ein Widersinn, zu hoffen, daß es ihnen damit gelinge. […] Was die Dänen eigentlich wollen, ist Verschmelzung […]. Aber die große Mehrzahl der Schleswiger hat seit Jahrhunderten ihr Gesicht vom dänischen Volk abgekehrt, dem Deutschen zugewendet, alle Bildung kommt ihr von letzterem, welches von so vielen verlorenen Kronen doch die der innerlichen Bildung bewahrt hat« (Zitat S. 334).

836 Rede Dahlmann [24. September 1846]. In: Verhandlungen der Germanisten, 1847, S. 42f: »[…] daß der skandinavische Stamm dem germanischen angehört, daß der Deutsche ihnen natürlich verbündet ist. Sie bedürfen der Deutschen, und die Deutschen bedürfen ihrer. […] Es lag mir am Herzen, diesen innigen Wunsch der Eintracht unter den germanischen Stämmen […] hier öffentlich auszusprechen.«

gleich die für den Nationalismus typische Denkfigur einer nationalen Heimstätte (›deutsches Schleswig‹) auch in Dahlmanns weiterem Handeln wiederholt zum Vorschein kam, fokussierte er sich in der Folgezeit vorzugsweise auf die historischen Rechtstitel. So leitete er aus der vermeintlich geschichtlich unangreifbaren, unauflösbaren staatsrechtlichen Verbindung der Herzogtümer die Zugehörigkeit Schleswigs zum Deutschen Bund her, beispielsweise in seiner bereits mehrfach zitierten Waterloo-Rede von 1815: »Wenn auch der Schleswiger nie im deutschen Bunde gewesen ist, er gehörte ihm und gehört ihm noch durch den verbrüderten Holsteiner an, dem er seit Jahrhunderten die treue Hand gereicht hat, mit dem er in Verfassung, Freiheiten und Gerechtsamen innigst verschmolzen ist.«[837] Ebenso deutlich betonte Dahlmann den Stellenwert der schleswig-holsteinischen Verbindung in dem 1815 veröffentlichten Aufsatz *Ein Wort über Verfassung*, in welchem er behauptete, »daß gerade dieser alte Verein das erste aller ihrer Vorrechte und Freiheiten sey.«[838]

Im Mittelpunkt dieser Argumentation stand eine Urkunde, mit deren Interpretation Dahlmann eine überaus nachhaltige Wirkung erzielte: der Ripener Vertrag von 1460. Dieser setzte, so Dahlmann, die Personalunion des dänischen Königs fest und garantiere, »daß beide Lande, Schleswig und Holstein ewig zusammen ungetheilt bleiben«.[839] Bemerkenswert bei diesem legitimatorischen Rekurs auf das mittelalterliche Dokument war, dass der sonst mit der kritisch-philologischen Methode arbeitende Dahlmann den Ripener Vertrag keiner Quellenkritik unterzog[840] – ob absichtlich oder nicht, sei dahingestellt. So wurden weder der eigentliche Inhalt noch der Entstehungskontext noch die Rechtsform der Urkunde untersucht – ein aus wissenschaftlicher Sicht fragwürdiges Vorgehen. Vielmehr übernahm er kritiklos eine wörtliche Bestimmung des Vertrages und legte diese gemäß seiner eigenen nationalpolitischen Zielvorstellung aus. Seine eingängige Interpretation wurde von zahlreichen anderen Gelehrten übernommen und galt zur Mitte des 19. Jahrhundert als unanfechtbar. Damit hatte Dahlmann als politischer Histo-

**837** Dahlmann, Sieg vom 18. Junius, 1815, S. 6f.
**838** Dahlmann, Verfassung, 1815, S. 59f.
**839** Dahlmann, Verfassung, 1815, S. 44. Ebenso Dahlmann, Dännemark, 1843, Bd. 3, S. 211: »*Die Lande sollen ewig beisammen ungetheilt bleiben.*« Hervorhebung im Original.
**840** Jahnke, ungedelt, 2003, S. 47–49, 52f., 57.

riker und historisierender Politiker das schlagende Argument für den deutschen Standpunkt in Schleswig geliefert.[841]

Mit dieser Verbindung seines politischen Amtes und seines wissenschaftlichen Wirkens setzte sich Dahlmann an die Spitze der schleswig-holsteinischen Bewegung, die sich seit Mitte der 1810er Jahre allmählich formierte und politische Partizipationsansprüche mit nationalen Forderungen verknüpfte. Als zentrales Anliegen formulierte Dahlmann die Wiedereinrichtung eines ständischen Landtags, der die Verbindung der Herzogtümer institutionell sicherstellen und dem das Steuerbewilligungsrecht zustehen sollte – nicht zuletzt eine Reaktion auf die dänische Fiskalpolitik.[842] Diese Forderung war verbunden mit dem Wunsch nach einer Verfassung, welche die Bundesakte in Art. 13 in Aussicht gestellt hatte.[843] Als die dänische Regierung zu erkennen gab, eine separate Verfassung nur für das dem Deutschen Bund angehörige Holstein einführen zu wollen, rief dies den Widerspruch der schleswig-holsteinischen Stände hervor, die darin einen Verstoß gegen den Untrennbarkeitsgrundsatz der Herzogtümer sahen und einen Versuch, die Eingliederung des ›deutschen‹ Schleswigs in den dänischen Staat anzubahnen. Unter Führung Dahlmanns richtete die holsteinische Ritterschaft im März 1822 eine Verfassungsbeschwerde an die Bundesversammlung, die jedoch im November 1823 abgewiesen wurde.[844]

Die fortdauernden Konflikte zwischen der Kopenhagener Regierung und der Verfassungsbewegung in den Herzogtümern führten zu einer zunehmend nationalistischen Aufladung der Schleswig-Frage. Neben den forcierten Verfassungsbestrebungen nach der Julirevolution 1830[845]

---

841 Bleek, Dahlmann, 2010, S. 94–98; Wollstein, Großdeutschland, 1977, S. 27f. Dahlmanns Interpretation gilt inzwischen als überholt. Siehe dazu Jahnke, ungedelt, 2003; Riis, ungedeelt, 2003, S. 166f.

842 Dahlmann, Verfassung, 1815, S. 57. Dabei erklärte Dahlmann, an bestehendes Recht anzuknüpfen, denn »die lebendige Vertretung unsrer Landesrechte« habe zwar »einstweilen aufgehört, aber die rechtliche Grundlage, der Anspruch auf Wiederherstellung ist geblieben, ist bestätigt worden, hat sich erhalten.«

843 Deutsche Bundesakte [8. Juni 1815], Art. 13: »In allen Bundesstaaten wird eine Landständische Verfassung statt finden.« Dazu weiterführend Huber, Verfassungsgeschichte, 1975, Bd. 1, S. 640–651.

844 Dazu Huber, Verfassungsgeschichte, 1975/88, Bd. 1, S. 648f.; Bd. 2, S. 662; Bleek, Dahlmann, 2010, S. 99–101. Die hierfür maßgebliche Denkschrift wurde von Dahlmann verfasst.

845 Dazu Huber, Verfassungsgeschichte, 1988, Bd. 2, S. 663f.; Wollstein, Großdeutschland, 1977, S. 28. Als Vorkämpfer trat dabei der Jurist Uwe Jens Lornsen in Erscheinung, der in seiner im November 1830 erschienenen Schrift *Ueber das Verfassungswerk in Schleswigholstein* (= Lornsen, Verfassungswerk, 1830) die Schaffung einer gemeinsamen Verfassung für Schleswig und Holstein einforderte und durch die konsequente Zusammenschreibung ›Schleswigholstein‹ die Untrennbarkeit beider Herzogtümer auch sprachlich etablieren wollte.

trug dazu auch die Entwicklung in Dänemark bei. Dort hatte sich, ähnlich wie in Deutschland, im Vormärz eine durch das liberale Bürgertum getragene Nationalbewegung ausgebildet, welche einerseits die Reform des politischen Systems anstrebte und andererseits die Bildung eines dänischen Nationalstaats zu forcieren suchte.[846] Ab den 1840er Jahren rückte die Frage der nationalen Zugehörigkeit Schleswigs immer deutlicher in das Blickfeld breiterer Bevölkerungskreise – und damit auf die Agenda sowohl der dänischen als auch der deutschen Nationalisten inner- und außerhalb des Herzogtums.[847] Während die ›Eiderdänen‹ den Anschluss Schleswigs an Dänemark ins Auge fassten, erhob eine prodeutsche Partei den Anspruch, ganz Schleswig in den zu schaffenden deutschen Nationalstaat zu integrieren. Eine Trennung des Herzogtums entlang der deutsch-dänischen Sprachgrenze wurde zwar vereinzelt vorgeschlagen, war aber nicht durchzusetzen, denn dies lehnte nicht nur die Mehrheit der Schleswiger ab, sondern widersprach auch der schleswig-holsteinischen Untrennbarkeitsmaxime. Der unüberbrückbare Gegensatz zwischen modernem Nationalstaatsgedanken und alteuropäisch-dynastischer Herrschaftsbildung blockierte somit jeden tragfähigen Ausgleich. Diese politische Aporie vereinfachte sich in der Agitation beider Nationalbewegungen auf die simple Alternative, ob Schleswig zu Deutschland oder zu Dänemark gehöre.[848]

In diesen Konflikt schalteten sich ab den 1840er Jahren auch Droysen und Waitz ein, die seit 1840 bzw. 1842 an der Kieler Universität lehrten, dem geistigen Zentrum der antidänischen Opposition in den Herzogtümern. Waitz trat 1843 mit seinem Aufsatz *Ueber unser historisches Recht* hervor, in dem er seinen nationalpolitischen Standpunkt darlegte und diesen – wie bereits der Titel erkennen ließ – historisch begründete.[849] Für den gebürtigen Schleswiger war völlig klar, »daß wir Deutsch sind und zu Deutschland gehören.« Gerade in dieser Zugehörigkeit zur Deutschland sah Waitz das Recht der Schleswiger; denn als »geschicht-

846 Frandsen, Dänemark, 1998, S. 390–395.

847 Dass die Schleswig-Frage erst ab den 1840er Jahren von weiteren Teilen der Bevölkerung als nationaler Konflikt wahrgenommen wurde, hängt mit der allgemeinen Entwicklung des deutschen Nationalismus zusammen, der sich erst ab den 1840er Jahren als Massenphänomen bemerkbar machte. Hinzu kam, dass in Schleswig auch eine genuin schleswigsche Identität weitverbreitet war, die kaum mit nationalen Weltbildern zu vereinen war und deswegen von der deutschen und dänischen Nationalbewegung zurückgedrängt wurde. Siehe dazu Frandsen, Dänemark, 1998, S. 396f. Zur Nationalisierung des Konfliktes auch Carr, Schleswig-Holstein, 1963, S. 153–180.

848 Siemann, Revolution, 1985, S. 51.

849 Waitz, historisches Recht, 1843.

liches Recht« definierte er nicht das, »was vor Jahrhunderten galt, wenn die Zeit es getilgt und aus dem Bewußtseyn der Gegenwart gelöscht hat; aber eben so wenig das, was die Gewohnheit, die Verkehrtheit neuester Vergangenheit begründet und befestigt zu haben scheint« – womit sich Waitz sowohl gegen das dynastisch-absolutistische Prinzip richtete, welches er als nicht mehr zeitgemäß beschrieb, als auch gegen die staatliche Zersplitterung der deutschen Nation in Gestalt des Deutschen Bundes. Historisch gesehen sei allein das rechtmäßig, »was lebenskräftig und zu wahrer Entwickelung bestimmt ist« – die Nation und ihre Nationalität.[850]

Dass diese Nationalität im Falle Schleswigs nur die deutsche sein konnte, stand für Waitz völlig außer Frage: dass »Schleswig nicht mehr zu Dänemark gehöre, scheint mir, braucht nicht erst erwiesen zu werden; nur höhnendes Verkennen und Verachten aller Geschichte kann das behaupten wollen«. Dahlmanns Argument aufgreifend erklärte er, dass Schleswig »seit Jahrhunderten in engster, rechtlich begründeter, historisch befestigter, niemals gelöster Verbindung mit Holstein steht« und über dieses indirekt dem Reich angehört habe. Wichtiger aber war für Waitz, dass »das Deutsche Element« in Schleswig durch die historisch gewachsenen Verhältnisse das vorherrschende sei. Daher bedürfe es – hierin unterschied er sich von Dahlmann – auch keiner Urkunden, um die Zusammengehörigkeit zu beweisen. So sei es »wider die Geschichte, wider alles historische Recht, das Band zu zerreißen, das die Vorfahren geknüpft haben und das bis auf den heutigen Tag nicht gelöst worden ist.«[851]

Ähnlich argumentierte Droysen. Noch 1843 hatte sich dieser in seiner Verdun-Rede für die Geltung eines »Rechts der Geschichte« gegenüber dem »historischen Recht« der »vergilbten Pergamente« ausgesprochen.[852] Er übertrug nun dieses Denken auf die Schleswig-Frage und sah ihre nachhaltige Lösung nicht durch historisch verbriefte Rechte möglich, sondern allein durch das geschichtlich gewachsene Recht der Gegenwart. Denn »eine staatsrechtliche Einheit« von Schleswig und Holstein sei »nicht um der alten Rechte willen noch Kraft deren« zu erreichen. Vielmehr »ist es das lebendige, gegenwärtige, wiedererwachte Gefühl dieser Zusammengehörigkeit, das dieselbe durchsetzen wird, und

850 Alle Zitate Waitz, historisches Recht, 1843, S. 109.

851 Alle Zitate Waitz, historisches Recht, 1843, S. 113f.; siehe ebd.: »Was braucht es da noch der Urkunden, um zu beweisen, daß die beiden Länder zusammen gehören!«

852 Siehe oben, S. 74f.

statt des Vorwandes alter Rechte, an denen man ja doch beliebig modeln muß, da man sie nimmermehr in ihrem ganzen Umfang zurückwünschen kann, thäte man besser, sich auf die lebendige Ueberzeugung der Gegenwart zu berufen, die doch allein dem Wunsche eine Wirkung gewähren kann.«[853]

Diese Begründungen der Zugehörigkeit Schleswigs zu Deutschland waren an andere nationalistische Leitgedanken gekoppelt. In deutlichem Kontrast zu Dahlmanns Auffassung stand hierbei die Aggressivität von Waitz' und Droysens Haltung. Droysen ging es nicht nur darum, mögliche rechtliche Ansprüche der Schleswiger gegen unrechtmäßige Eingriffe der dänischen Regierung zu verteidigen. Vielmehr bewertete er den Konflikt als »Kampf des deutschen gegen das dänische Wesen«,[854] auf dessen Eskalation er wiederholt hinzuwirken strebte. So beschrieb er es als »Glück, des dänischen Königs und Volkes Mißfallen im hohen Grade zu besitzen« und sprach die Hoffnung aus, sich »noch desselben würdig zu machen.«[855] Ebenso schilderte Waitz die Auseinandersetzung mit den Dänen als einen »schweren Kampf«, welchen »die deutsche Volksthümlichkeit« gegen »die feindlichen Nachbarn im Norden« zu führen habe.[856] Dieses Feindbild, das auch in anderen Arbeiten Waitz' zum Ausdruck kam (in denen er eine historische Feindschaft zu den Dänen unterstellte),[857] war verbunden mit der Behauptung, dass die Schleswig-Frage untrennbar mit der Frage nach einem gesamtdeutschen Nationalstaat verknüpft sei: »Wird Deutschland wieder stark und groß, so wird es auch der vorgeschobenen Posten nicht vergessen, nicht aufgeben was die Kraft seiner Nationalität gewonnen« habe. »Aber es gilt auch das andere: sind nur die Glieder stark und kräftig, so wird es dem Ganzen an Gedeihen und Leben nicht fehlen.« Die »Vereinigung der Herzogthümer mit einander und mit dem übrigen Deutschland« sollten deshalb

---

853 Droysen, Vorlesungen über *Die Freiheitskriege*, 1842, S. 290. So ließ Droysen, Vorlesungen *Ueber den öffentlichen Zustand Deutschlands*, 1845, S. 313, keinen Zweifel daran, dass das Recht der Geschichte auf dem Grund der Nation beruhe, und kritisierte vor diesem Hintergrund die landläufige Berufung auf historische Rechtstitel: »wir berufen uns auf unser historisches Recht, während doch der ganze Inhalt unserer Ueberzeugungen und unserer Hoffnungen wesentlich nationaler Art ist.«

854 Droysen an Wilhelm Arendt [18. November 1844]. In: Droysen, Briefwechsel, 1929, Bd. 1, Nr. 178, S. 298.

855 Droysen an Wilhelm Arendt [15. August 1846]. In: Droysen, Briefwechsel, 1929, Bd. 1, Nr. 204, S. 336.

856 Waitz, Gründung des deutschen Reiches, 1843, S. 24f.

857 Dass von Dänemark Feindseligkeiten gegen Deutschland ausgegangen seien, wird (wenn auch eher beiläufig) u.a. erwähnt in Waitz, Jahrbücher, 1837, S. 117; ferner Waitz, historisches Recht, 1843, S. 115.

nicht als zwei verschiedene Fragen betrachtet werden, »sondern so daß es Eins wird und zur Grundlage dient zum Weiterstreben für Deutschlands Einigung und Erhebung.«[858]

Die sich zuspitzende Tonart, für die Droysen und Waitz beispielhaft standen, war die Folge einer Verschärfung des Schleswig-Konflikts seit 1844. Diese hing in erster Linie mit dem abweichenden Erbfolgerecht in Dänemark und den Herzogtümern zusammen, was die Lösung der ohnehin verwickelten Schleswig-Frage zusätzlich erschwerte. Während die dänische Krone auch in weiblicher Linie vererbt werden konnte, galt in Holstein ausschließlich die männliche Thronfolge. In Schleswig war das Sukzessionsrecht umstritten. Die bestehende Personalunion war damit prinzipiell gefährdet, zumal der dänische Thronfolger kinderlos war. Großes Aufsehen erregte diese Problematik 1844, als die Nationalisten in der dänischen Ständeversammlung in Roskilde beantragten, König Christian VIII. solle den Gesamtbesitz seines Hauses für unteilbar erklären und das dänische Erbrecht auf alle Gebiete ausdehnen.[859] Infolgedessen richtete Droysen eine Petition an die holsteinischen Stände. Mit der Mahnung, dass »unsre nationale und staatsrechtliche Entwickelung in ihren Grundlagen bedroht« sei, charakterisierte er die Vorhaben der Eiderdänen in der Roskilder Ständeversammlung als »Staatsstreich«, welcher »nichts Geringeres als den Umsturz des bestehenden Rechtes« bedeute.[860] Trotz seiner skeptischen Haltung gegenüber älteren Gesetzestexten, ging Droysen auf das historisch verbriefte Staatsrecht der Herzogtümer ein, welches »unzweifelhaft und unantastbar« sei. Denn für das »Heil der Fürsten und Völker« sei es, so schloss Droysen, notwendig und unerlässlich, dieses »vorhandene Recht nicht zu verrücken, die Ordnung des bestehenden Erbrechtes nicht anzutasten.« Alles andere käme einem Angriff auf die rechtmäßige politische Grundordnung Europas gleich.[861]

Eine weitere Eskalationsstufe erreichte der Konflikt 1846. Im Juli konkretisierte der dänische König mit dem *Offenen Brief* seine machtpolitischen Ambitionen und erklärte, dass das dänische Erbrecht auch »im

---

**858** Waitz, historisches Recht, 1843, S. 115f.

**859** Huber, Verfassungsgeschichte, 1988, Bd. 2, S. 664; Siemann, Revolution, 1985, S. 51.

**860** Droysen, Kieler Petition, 1844, S. 48–51.

**861** Droysen, Kieler Petition, 1844, S. 59–63. Ebd., S. 59: »das Recht schützt die Herzogthümer in dem, […] was ihren nationalen Neigungen und Hoffnungen entsprechend ist«. Auf Droysens Petition hin erfolgte die Rechtsverwahrung der holsteinischen Ständeversammlung [21. Dezember 1844]. In: Protokolle der Deutschen Bundesversammlung [17. September 1846], Beilage 1 zu § 264, S. 727–734.

Herzogthum Schleswig […] in voller Kraft und Gültigkeit besteht.«[862] Die Stoßrichtung der dänischen Politik, die offensichtlich auf die Inkorporation Schleswigs in den dänischen Kernstaat zielte, elektrisierte die gesamte deutsche Nationalbewegung. Diese bestand darauf, dass kein Stück deutscher Erde an Dänemark verloren gehen dürfe und machte die Schleswig-Frage mit aller Leidenschaft zu ›ihrer‹ Sache.[863] Als nationales Problem wahrgenommen, entfaltete der Konflikt in ganz Deutschland ein gewaltiges Mobilisierungspotenzial. Ein emotionalisierender Sog erfasste auch weite Teile der Gesellschaft, die bislang nicht zur Trägerschaft des Nationalismus gehört hatten. Auf unzähligen Massenveranstaltungen, vor allem der Turner- und Sängervereine, beschwor man die nationale Verbundenheit mit den ›Schleswig-Holsteinern‹.[864] Patriotische Schriften und vaterländische Kampflieder wie *Schleswig-Holstein meerumschlungen* erfreuten sich einer großen, landesweiten Beliebtheit, während die pseudohistorische Losung *up ewig ungedeelt* zum zugkräftigen Schlagwort der deutschen Nationalbewegung avancierte.[865]

Auch Waitz, der außer seinem Artikel *Ueber unser historisches Recht* in der Schleswig-Frage bislang kaum öffentlich Stellung bezogen hatte, verschärfte seinen Widerspruch. Nachdem sich die Holsteinische Ständeversammlung in Itzehoe aus Protest gegen den *Offenen Brief* des Königs selbst aufgelöst hatte, ernannte dessen Regierung Waitz zum neuen Deputierten der Kieler Universität, offenbar weil sie von ihm keinen Widerstand erwartete.[866] Anders als viele andere Stellvertreter erschien Waitz in Itzehoe – doch nur, um dort eine Rechtsverwahrung zu Protokoll zu geben. Als er am 18. August nach Kiel zurückkehrte, empfingen ihn die Studenten mit einem Fackelzug und ehrten ihn als Forscher der

**862** Offener Brief König Christians VIII. [8. Juli 1846], In: Huber, Dokumente, 1978, Bd. 1, S. 589. Dazu auch Carr, Schleswig-Holstein, 1963, S. 244–264; Huber, Verfassungsgeschichte, 1988, Bd. 2, S. 665; Wollstein, Großdeutschland, 1977, S. 31f.

**863** Zur »diskursive[n] Expansion« des Schleswig-Konflikts »nach Süden« siehe umfassend Geisthövel, Eigenthümlichkeit, 2003, S. 83–158; zu dessen Bedeutung für den deutschen Nationalismus Nipperdey, Deutsche Geschichte, 1983, S. 311f.; Wehler, Gesellschaftsgeschichte, 1987, Bd. 2, S. 399–402; Wehler, Nationalismus, 2007, S. 73; Dann, Nation, 1993, S. 109f., 120f.; für den organisierten Nationalismus Düding, Nationalismus, 1984, S. 143, 191, 272f.

**864** Beispiele bei Düding, Nationalismus, 1984, S. 272f.

**865** Bei der bekannten Sentenz *up ewig ungedeelt* handelt es sich um eine von August Wilhelm Neuber 1841 geschaffene Popularisierung der originalen Vertragsformel des Ripener Privilegs von 1460. Dazu Hansen, Privileg, 2000, S. 77f.; Bleek, Dahlmann, 2010, S. 96; Wollstein, Großdeutschland, 1977, S. 27, Anm. 11; ferner Jahnke, ungedelt, 2003, S. 57.

**866** Hagenah, Waitz, 1931, S. 140; Frensdorff, Waitz, 1896.

Wahrheit.[867] Dies rief den massiven Unmut der dänischen Regierung hervor. Wollte es die Schleswig-Holsteinische Kanzlei noch bei einem Verweis belassen, so zog der dänische König in Betracht, an dem Professor ein Exempel zu statuieren und ihn zu entlassen, sollte er sich in einer dem *Offenen Brief* zuwiderlaufender Weise über die staatsrechtlichen Verhältnisse der dänischen Monarchie und besonders Schleswigs und Holsteins äußern.[868]

In ebenso ehrerbietiger wie bestimmter Form wies Waitz die Vorwürfe zurück und erklärte, gegen kein Gesetz verstoßen zu haben. Dem Geheiß des Königs, dem Inhalt des *Offenen Briefes* nicht zu widersprechen, hielt er entgegen, dass dieser »sich namentlich auf historische Ereignisse bezieht, die zum Theil über ein Jahrhundert zurückliegen«. Daher »glaube ich allerdings nicht bloß ein Recht, sondern die Pflicht zu haben, ihn nicht von dem Kreis wissenschaftlicher Prüfung auszuschließen, und ich darf nicht verhehlen, daß meine Überzeugungen mit seinem Inhalt nicht in Übereinstimmung sind.« Indem er die akademische Lehrfreiheit als das »heiligste Gut aller deutschen Universitäten« herausstrich und auf das wissenschaftliche Renommee der Universität Kiel verwies, ließ er dem König kaum Raum zum Widerspruch.[869]

Waitz' entschlossene Stellungnahme verfehlte ihre Wirkung nicht. Nachdem sich auch das akademische Konsistorium der Universität Kiel seinen Ausführungen angeschlossen hatte, ließ es die Regierung bei einem Verweis bewenden und sicherte die freie akademische Lehre zu.[870] Vor diesem Hintergrund beantworteten kurz darauf neun Kieler Professoren, unter ihnen Waitz und Droysen, den *Offenen Brief* mit einem Gutachten, das die Erklärung Christians VIII. als unrechtmäßig verwarf und im Oktober 1846 (trotz eines königlichen Verbotes) unter dem Titel *Staats- und Erbrecht des Herzogthums Schleswig* veröffentlicht wurde.[871] Diese Schrift richtete sich in der Hauptsache gegen das Gutachten einer Kommission, die der König zur Untersuchung der Erbrechtsfrage eingesetzt hatte. Die Professoren legten nun ausführlich dar, dass die von dieser Kommission aufgeführten Gründe, »nach denen das Herzogthum

867 So Waitz an König Christian VIII. von Dänemark [12. September 1846]. In: Liepmann, Professoren, 1916, Nr. 173, S. 250. Siehe auch die Beschreibung der Vorgänge in Waitz, Deutsche Kaiser, 1862, S. XX; ferner Hagenah, Waitz, 1931, S. 140.

868 Hagenah, Waitz, 1931, S. 140.

869 Alle Zitate Waitz an König Christian VIII. von Dänemark [12. September 1846]. In: Liepmann, Professoren, 1916, Nr. 173, S. 249–251.

870 Konsistorium der Universität Kiel an König Christian VIII. von Dänemark [29. September 1846]. In: Liepmann, Professoren, 1916, Nr. 174, S. 251–252; Hagenah, Waitz, 1931, S. 141f.

871 Droysen/Falck/Waitz u.a., Staats- und Erbrecht, 1846.

Schleswig dem Königreich Dänemark incorporirt oder doch dem Erbrecht des Königsgesetzes unterworfen sein soll, unhaltbar sind.«[872] Vielmehr sei es, so lautete das Fazit der Schrift, eine ausgemachte Tatsache, »daß weder bestimmte geschichtliche Vorgänge, noch positive völkerrechtliche Festsetzungen eine wahre staatliche Einheit der von dem Könige von Dänemark beherrschten Lande begründet haben, und daß weder die Vereinbarungen des Jahres 1815 noch die Wissenschaft des Staatsrechts den Ausdrücken Gesammtstaat, Gesammtmonarchie eine solche Bedeutung zuerkennen, daß irgendwie durch die Geltung derselben oder durch Folgerungen aus denselben, bestehende Erbrechte verletzt werden könnten.«[873] Sämtlichen Ansprüchen des dänischen Königshauses, die über eine reine Personalunion hinausgingen, war damit eine unmissverständliche Absage erteilt.

Auch auf der Germanistenversammlung 1846 in Frankfurt am Main stand die Schleswig-Frage im Brennpunkt.[874] Als eine der zentralen Figuren trat hier abermals Dahlmann in Erscheinung, der in seiner Rede auf das »natürlichste Band der Landsmannschaft um beide Lande« verwies, die beide ein »deutsches Dasein« führten.[875] Wie sehr sich insbesondere die auf Dahlmann zurückgehende Deutung der Frage im Denken der deutschen Nationalbewegung verfestigt hatte, illustriert die Geschichtsschreibung von Karl Hagen, der keinen persönlichen Bezug zu den Herzogtümern hatte und in Süddeutschland weit weniger von der Schleswig-Frage tangiert wurde. Auch nach seiner Interpretation fühl-

---

872 Droysen/Falck/Waitz u.a., Staats- und Erbrecht, 1846 S. 94. Bei dieser Argumentation bezogen sich die Professoren auch auf den Ripener Vertrag von 1460: »In ganz anderer Weise war Schleswig mit Holstein verbunden. Denn es hatte mit Holstein einen gemeinschaftlichen Landtag, gemeinschaftliche Regierung, zum Theil die gleichen Gesetze und, was die Hauptsache ist, seit 1460 haben die Herzöge immer durch *einen* Rechtstitel und *einen* Act die Herrschaft in beiden Landen zugleich erlangt. Es waren ihrer sodann regelmäßig zwei, die nur gemeinschaftlich die eigentliche Regierung führten, und es war schon deshalb unmöglich, daß irgend welche wahre politische Verbindung mit dem Königreich eintrat, wo der König allein und zugleich völlig unumschränkt regierte« (S. 98, Hervorhebungen im Original).

873 Droysen/Falck/Waitz u.a., Staats- und Erbrecht, 1846 S. 106f.

874 Dazu Netzer, Wissenschaft, 2006, S. 115–133.

875 Rede Dahlmann [24. September 1846]. In: Verhandlungen der Germanisten, 1847, S. 41. Ebd.: »Wer auch noch dänisch in Schleswig redet, und mehrentheils ein sehr verdorbenes, er will doch seine deutsche Bibel lesen, und die Mehrzahl wünscht nur deutsch predigen zu hören und die ganze wissenschaftliche Strömung geht abwärts von Dänemark nach Deutschland hin. [...] Es besteht hier also ein Verhältniß, welches sich in Jahrhunderten auf natürlichem Wege ausgebildet hat, welches aber allerdings kräftiger, verstandener und bewußter geworden ist seit der Zeit, da das Herzogthum Schleswig von störenden Eingriffen und namentlich dadurch, daß man ihm eine fremdartig gewordenen Sprache, die dänische, aufzudringen trachtet, betroffen worden ist.«

ten sich die Holsteiner »dem Könige von Dänemark gegenüber als Deutsche und wünschten ihre nationale Selbständigkeit, welche von den Dänen vielfach bedroht war, kräftig zu behaupten. Insbesondere gab ein Punkt Anlaß zur Eifersucht und zum Mistrauen, daß nämlich Schleswig, das von jeher vertragsmäßig mit Holstein verbunden gewesen war, jetzt von ihm getrennt und als rein dänische Provinz angesehen werden sollte«.[876] Der Standpunkt, dass Schleswig ein deutsches Land sei und zusammen mit Holstein eine untrennbare staatsrechtliche Einheit bilde, hatte sich damit in weiten Teilen Deutschlands als selbstverständlich durchgesetzt und wurde zu einem Kernproblem im Denken und Handeln der deutschen Nationalbewegung.

Dem entsprach, dass sich die Schleswig-Frage zunehmend von ihrer regionalen Bedeutung ablöste und immer mehr als Mittel für Deutschlands nationalstaatliche Einigung gesehen wurde – so auch von Droysen, der die Schleswig-Frage zur »Lebensfrage für Deutschlands Selbstständigkeit« stilisierte.[877] In historischer wie politischer Hinsicht negierte er einen Sonderstatus der ›Schleswig-Holsteiner‹. So monierte er wiederholt den »unseligen Lokaleifer«[878] und beklage, dass er in Kiel »zu einseitig auf den an sich sehr interessanten Kampf gegen die Dänen hingetrieben« werde.[879] Sein dennoch starkes Engagement in dem Konflikt erklärt sich dadurch, dass er ihn als Vehikel für die nationale Einigung Deutschlands insgesamt verstand: »Mich natürlich interessiert die Frage mehr noch aus dem deutschen als aus dem schleswig-holsteinschen Gesichtspunkt, und ich glaube meinerseits mit dazu wirksam zu sein, daß man die Frage aus der provinziellen Fassung zu der allgemein deutschen erhebt«.[880] Diese Hoffnung schien sich dann 1848/49 zu erfüllen, als sich die Schleswig-Frage zum Krieg ausweitete, in den Fokus des nationalpolitischen Geschehens rückte und dieses tiefgreifend beeinflusste – nicht nur in Deutschland.

---

**876** Hagen, öffentliche Meinung II, 1847, S. 571.
**877** Droysen, Preußische Verfassung, 1847, S. 100f.
**878** Droysen an Justus Olshausen [26. Juli 1843]. In: Droysen, Briefwechsel, 1929, Bd. 1, Nr. 143, S. 244.
**879** Droysen an Max Duncker [undatiert, Januar 1845]. In: Droysen, Briefwechsel, 1929, Bd. 1, Nr. 183, S. 305.
**880** Droysen an Wilhelm Arendt [6. September 1846]. In: Droysen, Briefwechsel, 1929, Bd. 1, Nr. 204, S. 337. Dazu auch Nippel, Droysen, 2008, S. 42, 57, 59.

# 6. DIE HISTORIKER ALS NATIONALISTISCHE POLITIKER IN DER REVOLUTION 1848/49

Es war ein Bündel unterschiedlichster Faktoren, das die Revolution von 1848/49 – und damit das politische Handeln der sechs Professoren – bedingte und beeinflusste. Ungelöste nationale Konflikte, ein schier allgegenwärtiger Unmut über die politischen, oft absolutistischen Verhältnisse und eine tiefgreifende sozialökonomische Krise, die durch das Aufeinandertreffen einer klassisch-›vormodernen‹ Agrar- und Teuerungskrise und einer ›modernen‹ zyklischen Konjunkturkrise gekennzeichnet war, vermengten sich zu einem brisanten Gemisch, das den politischen Flächenbrand in halb Europa nährte.[881] Als Zündfunke, der die revolutionäre »Kettenreaktion« in Deutschland und Europa in Gang setzte, gilt (und galt auch in der Wahrnehmung der Zeitgenossen) die französische Februarrevolution, obgleich nicht übersehen werden darf, dass ihr Erhebungen in der Schweiz und Italien vorausgingen.[882]

Auch für die sechs Historiker, die zum Teil schon vor 1848 politische Ämter bekleidet hatten, war die Revolution ein tiefer Einschnitt: 1848/49 wurden sie für knapp ein Jahr Vollzeitpolitiker. Hatten sie in der Frühphase der Revolution noch versucht, durch den publizistischen Meinungskampf auf die Öffentlichkeit einzuwirken und das politische Geschehen dadurch in ihrem Sinne zu kanalisieren, agierten sie bald in verschiedenen Gremien und Organisationen, die zum Teil selbst aus der Revolution hervorgingen, die sich aber rasch in ein komplexes Geflecht aus unterschiedlichen Akteuren, Interessen und Institutionen einfügten. Es war insgesamt ein vielschichtiges, keineswegs statisches Verhältnis von Konkurrenz und Kooperation, das die Beziehungen zwischen Bund und Ländern, Stadt und Land, In- und Ausland, zwischen verschiedenen politischen Richtungen, sozialen Gruppen und konfessionellen Strömun-

---

**881** Zu den Ursachen des Revolutionsgeschehens in Europa 1848/49 ist viel geschrieben worden. Siehe einführend SIEMANN, Revolution, 1985, S. 17–57; WEHLER, Gesellschaftsgeschichte, 1987, Bd. 2, S. 660–702; HACHTMANN, Epochenschwelle, 2002, S. 25–42; ENGEHAUSEN, Revolution, 2007, S. 11–23; MÜLLER, Revolution, 2009, S. 1–39; weiterführend auch LANGEWIESCHE, Europa, 2007, S. 164–167.

**882** Zur europäischen Dimension siehe den vorzüglichen Sammelband DOWE/HAUPT/LANGEWIESCHE, Europa, 1998; ferner SIEMANN, Revolution, 1985, S. 49–57; RAPPORT, 1848, 2012. Zitat bei HACHTMANN, Epochenschwelle, 2002, S. 46.

gen prägte, ein Verhältnis, das sich in etablierten wie neuen Formen von politischer Kommunikation und Aktion artikulierte.

Im Zentrum der Nationalpolitik und der Nationalkonflikte stand seit Mai 1848 freilich die Frankfurter Nationalversammlung und die von ihr ins Leben gerufene provisorische Zentralgewalt. Die Frankfurter Institutionen wurden nicht nur zur Projektionsfläche für nationale Hoffnungen, sondern auch zu politischen Handlungsräumen, die sich durch eine große innere Heterogenität auszeichneten und die unter intensiver Beobachtung der Öffentlichkeit standen. Insofern wurde besonders die Frankfurter Nationalversammlung zum »Kristallisationspunkt nationalistischer Gefühlsaufwallungen«[883] – liefen in der Paulskirche doch verschiedene Konfliktlinien und politische Fragen zusammen, die auf das Revolutionsgeschehen in erheblichem Maße zurückwirkten. Die Polen-Frage, der Konflikt um Schleswig und die Debatte über eine zukünftige deutsche Verfassungsordnung wurden nun, stärker als zuvor, aufs Engste miteinander verwoben, zu einem Problemzusammenhang verdichtet. Wenngleich die verschiedenen Problemkreise somit nur in ihrer zeitlichen und räumlichen Überlappung, in ihrer inhaltlichen, personellen und sachlogischen Verknüpfung und Wechselbeziehung vollends zu erfassen sind, werden sie zur besseren Verständlichkeit im Folgenden einzeln behandelt.

## *6.1 Die Schleswig-Frage in der Revolution 1848/49*

Im Revolutionsjahr 1848 erfuhr der Konflikt um Schleswig eine drastische Zuspitzung. Als treibende Kräfte erwiesen sich hier die von Grund auf veränderten innenpolitischen Konstellationen in Deutschland und Dänemark. Am 20. Januar war der dänische König Christian VIII. verstorben. Sein Nachfolger Friedrich VII. sah sich bald dem wachsenden Druck der dänischen Nationalisten ausgesetzt, die durch das revolutionäre Geschehen in Europa politischen Auftrieb erhielten und an Einfluss in Kopenhagen gewannen. Im Zentrum ihrer Forderungen stand die Einführung einer gesamtdänischen Verfassung, in deren Geltungsbereich auch das umstrittene Herzogtum Schleswig fallen sollte.[884] Zur

883 Hachtmann, Epochenschwelle, 2002, S. 142.

884 Siehe dazu Vammen, Casino-»Revolution«, 1998; Bregnsbo, Dänemark, 1999, S. 153–161; Frandsen, Dänemark, 1998, S. 390–404.

gleichen Zeit forcierten auch die deutschen Nationalisten in den Herzogtümern ihre Bemühungen, eine gemeinsame Verfassung für Schleswig und Holstein durchzusetzen und die Aufnahme Schleswigs in den Deutschen Bund zu bewirken.[885]

Das sich in den beiden unvereinbaren Positionen aufstauende Konfliktpotenzial entlud sich schlagartig, als der dänische König am 21. März dem Drängen der dänischen Nationalisten nachgab, sie in eine neue Regierung berief und hierbei die Inkorporation Schleswigs in den dänischen Staat verfügte.[886] In den mehrheitlich von Deutschen bewohnten Gebieten formierte sich umgehend Widerstand. Mit dem Vorwurf, dass »deutsches Land dem Raube der Dänen preisgegeben werde«,[887] bildete sich am 24. März in Kiel eine provisorische Landesregierung, der sich auch Droysen anschloss, der den Posten des Schriftführers übernahm. Die provisorische Landesregierung in Kiel verstand sich allerdings mitnichten als eine revolutionäre. Vielmehr berief sie sich darauf, dass der Landesherr in Kopenhagen in den Händen der dänischen »Volksbewegung« sei und rechtfertigte ihre Erhebung mit der Rechtsfiktion, diesen nur zu vertreten, bis er wieder »frei« sei. Insofern waren ihre weiteren Schritte von dem politischen Spagat geprägt, einerseits die fortdauernde Loyalität zum Landesherrn in Kopenhagen zu bekunden, andererseits aber auch für die Verwirklichung der eigenen (national-)politischen Ziele einzutreten. Dass die Kieler Regierung Letzteres tat, ist nicht zuletzt Droysen anzurechnen, ging doch folgende Formulierung der Proklamation der provisorischen Regierung vom 24. März mit ziemlicher Sicherheit auf sein Konto: »Wir werden uns mit aller Kraft der Einheits- und Freiheits-Bestrebungen Deutschlands anschließen.«[888] Konsequen-

---

885 STOLZ, Erhebung, 1996, S. 38–51; ferner FRANDSEN, Dänemark, 1998, S. 397–404.

886 WOLLSTEIN, Großdeutschland, 1977, S. 34; FRANDSEN, Dänemark, 1998, S. 405–409; VAMMEN, Casino-»Revolution«, 1998, S. 71; HUBER, Verfassungsgeschichte, 1988, Bd. 2, S. 666f. Einer schleswig-holsteinischen Deputation, die am 22. März in Kopenhagen eingetroffen war und die Schaffung einer freien Verfassung sowie die Aufnahme Schleswigs in den Deutschen Bund forderte, erklärte der König am 24. März, »daß Wir Unser Herzogthum Schleswig dem Deutschen Bund einzuverleiben weder das Recht, noch die Macht, noch den Willen haben; dagegen die unzertrennliche Verbindung Schleswigs mit Dänemark durch eine gemeinsame freie Verfassung kräftigen wollen« (Antwort König Friedrichs VII. an die schleswig-holsteinische Deputation [24. März 1848]. In: HUBER, Dokumente, 1978, Bd. 1, S. 592).

887 Aufruf über die Bildung einer provisorischen Regierung für die Herzogtümer [24. März 1848]. In: HUBER, Dokumente, 1978, Bd. 1, S. 592f. Dazu HUBER, Verfassungsgeschichte, 1988, Bd. 2, S. 666–668; STOLZ, Erhebung, 1996, S. 44–51; FRANDSEN, Dänemark, 1998, S. 408f.

888 Aufruf über die Bildung einer provisorischen Regierung für die Herzogtümer [24. März 1848]. In: HUBER, Dokumente, 1978, Bd. 1, S. 592f. Zur Autorenschaft Droysens siehe NIPPEL, Droysen, 2008, S. 60.

terweise wandte sich die Kieler Regierung bereits am 26. und 28. März an die Bundesversammlung, um ihre eigene Anerkennung und die Aufnahme Schleswigs in den Deutschen Bund zu erwirken.[889]

Bereits nach einer Woche zog Droysen nach Frankfurt am Main, um sich dort als Vertreter der provisorischen Kieler Regierung (formal jedoch nur Holsteins) dem Vertrauensmänner-Ausschuss der Bundesversammlung anzuschließen. Während Droysen nach seiner Ankunft dort zunächst mit seiner Anerkennung als Vertrauensmann für Holstein zu kämpfen hatte und vorläufig nur als ›halboffizielles‹ Mitglied den Beratungen beiwohnen konnte,[890] ging Waitz als Gesandter der Kieler Regierung nach Berlin, um dort eine Unterstützung durch Preußen zu erwirken.[891] Nach Eintreffen in Berlin suchte Waitz vor allem den Kontakt zum preußischen Außenministerium. Im Fokus stand hierbei zunächst die Frage einer militärischen Intervention Preußens in Schleswig, wobei Waitz die preußischen Behörden von der Ansicht zu überzeugen versuchte, dass man die Dänen »erst besiegen und aus Schleswig entfernen müsse, ehe an Frieden zu denken« sei.[892]

Auch im Vorparlament, das zur Vorbereitung der Wahl einer verfassungsgebenden Nationalversammlung vom 31. März bis zum 3. April in der Frankfurter Paulskirche tagte und an dem Dahlmann (als Vizepräsident), Hagen und Wuttke teilnahmen, wurde die Schleswig-Frage diskutiert, obwohl sie hier alles andere als umstritten war. Schon am ersten Sitzungstag hatte der holsteinische Delegierte Rudolf Schleiden vor dem Plenum die Zustimmung zu der Resolution beantragt, »daß Schleswig,

---

**889** Schreiben der Provisorischen Landesregierung in Kiel an die Deutsche Bundesversammlung [26./28. März 1848]. In: Protokolle der Deutschen Bundesversammlung [7. April 1848], § 211, hier S. 323–325.

**890** Droysens Anerkennung als Mitglied scheiterte zunächst daran, dass der diplomatische Vertreter Holsteins, Graf Pechlin, die Rechtmäßigkeit der provisorischen Landesregierung in Kiel bestritt und Droysen die offizielle Legitimation für sein Mandat verweigerte. Siehe dazu NIPPEL, Droysen, 2008, S. 65–69.

**891** Siehe den von Friedrich Graf von Reventlou (Mitglied der provisorischen Landesregierung in Kiel) ausgefertigten »Auftrag für den Herrn Professor Waitz in Kiel« [4. April 1848]. In: HAGENAH, Waitz, 1931, Nr. 1, S. 186: »Der Herr Professor Waitz wird hierdurch von der Provisorischen Regierung beauftragt, sich sofort nach Berlin zu begeben, sich dorten mit dem Ministerium der Auswärtigen Angelegenheiten Sr. Majestät des Königs von Preußen in Relation zu setzen, die zur Förderung der schleswig-holsteinischen Angelegenheiten erforderlichen Schritte zu tun, und uns fortwährend über den dortigen Stand der Sache in Kunde zu erhalten.« Der Schriftwechsel zwischen Waitz und der provisorischen Regierung ist abgedruckt in HAGENAH, Waitz, 1931, S. 186–216.

**892** WAITZ an die provisorische Regierung [10. April 1848]. In: HAGENAH, Waitz, 1931, Nr. 2, S. 186–188. Zu Waitz' diplomatischer Mission in Berlin im April 1848 siehe unten, S. 228–230 sowie HAGENAH, Waitz, 1931, S. 143–152.

als staatsrechtlich und national unzertrennlich mit Holstein verbunden, unverzüglich in den deutschen Bund aufzunehmen, und in der constituirenden Versammlung durch freigewählte Abgeordnete zu vertreten sei.« Die Reaktion des Plenums fiel so eindeutig aus, dass der Präsident den Antrag als einstimmig angenommen wertete.[893]

Derweil bemühte sich Droysen im Vertrauensmänner-Ausschuss um die Anerkennung der Kieler Regierung und die Aufnahme Schleswigs in den Deutschen Bund.[894] Obwohl er sich mit seinen Zielen nicht gänzlich durchsetzte, konnte er, nicht zuletzt unterstützt durch Dahlmann, doch zumindest einen Teilerfolg erzielen. Nach einigen Verhandlungen erkannte die Bundesversammlung die Kieler Regierung am 12. April an (und damit auch Droysen als ihren offiziellen Vertrauensmann), allerdings nur in jener juristischen Konstruktion als Stellvertreter des holsteinischen Landesherren. Auch beauftragte sie Preußen mit einer Vermittlungsmission, um auf eine Aufnahme Schleswigs in den Deutschen Bund hinzuwirken. Indessen scheute die Bundesversammlung die formelle Aufnahme Schleswigs – nicht nur, weil dies einen offenkundigen und massiven Eingriff in die einzelstaatliche Souveränität und eine Revision der Wiener Ordnung von 1815 bedeutet hätte, sondern auch, weil dies den geostrategischen Interessen der europäischen Großmächte zuwiderlief.[895]

Gleichwohl schienen damit die ersten Weichen für eine Aufnahme Schleswigs in den Bund gestellt. Ein weiteres Präjudiz hierfür war die Übernahme der Wahlrechtsbeschlüsse des Vorparlamentes durch die Bundesversammlung am 7. April, zumal dies letztlich bedeutete, auch Schleswig in die Wahl einer deutschen Nationalversammlung einzu-

---

**893** Antrag Schleiden [31. März 1848]. In: Verhandlungen des deutschen Parlaments, 1848, Bd. 1, S. 30f. Tatsächlich gab es eine Gegenstimme, die man aber geflissentlich überging. Siehe auch den Beschluss ebd., S. 172.

**894** Mit der Eingabe der Vertrauensmänner an die Bundesversammlung vom 10. April 1848 (in: Protokolle der Deutschen Bundesversammlung [12. April 1848], Beilage zu § 268, S. 388) beantragte der Vertrauensmänner-Ausschuss von der Bundesversammlung die Anerkennung der provisorischen Landesregierung in Kiel und die Aufnahme Schleswigs in den Deutschen Bund. Dabei wurde Droysens Forderung, dies solle »sofort« erfolgen, durch den Ausschuss entschärft. Siehe dazu Droysen an die provisorische Regierung [10. April 1848]: In: Hübner, Aktenstücke, 1924, Nr. 11, S. 21f. sowie Nippel, Droysen, 2008, S. 68.

**895** Angelow, Wien, 1996, S. 137–148; ferner Botzenhart, Europa, 1998, S. 107; Huber, Verfassungsgeschichte, 1988, Bd. 2, S. 672; Wollstein, Großdeutschland, 1977, S. 39f. Auch Waitz machte bei seiner diplomatischen Mission in Berlin die Erfahrung, dass die preußische Regierung sich aufgrund der Haltung der Großmächte in dieser Frage abwartend verhielt; siehe nur Waitz an die provisorische Regierung [12. April 1848]. In: Hagenah, Waitz, 1931, Nr. 4, S. 191f.

beziehen.[896] Damit wurde deutlich, dass die Bundesversammlung eine Kompetenz, über Schleswigs territorialen Status zu entscheiden, zurückwies und die Entscheidungen in dieser Angelegenheit der künftigen Nationalversammlung und den Einzelstaaten überantwortete. Dies widersprach vor allem den Intentionen Droysens, der durch den Vertrauensmänner-Ausschuss möglichst viele verfassungspolitische Grundsatzentscheidungen vorwegzunehmen und zu zementieren suchte.[897] Angesichts der zurückhaltenden Haltung der Bundesversammlung rückte das Problem des territorialen Status Schleswigs in den Hintergrund. Zwar wurde es im Verfassungsentwurf der Vertrauensmänner vom 26. April, der hauptsächlich aus Dahlmanns Feder stammte, noch einmal aufgegriffen (§ 1 des Entwurfes zählte Schleswig zum Territorium eines künftigen deutschen Nationalstaates).[898] Doch Ende April war absehbar, dass dieser Entwurf allenfalls als Arbeitsgrundlage für die Verhandlungen der Nationalversammlung dienen würde, denn ein bloßes Abnicken des Entwurfs durch das Parlament war kaum anzunehmen.[899]

Die Bundesversammlung blieb in der Phase bis zum Zusammentritt der Nationalversammlung am 18. Mai weiterhin mit der Schleswig-Frage befasst, wobei sich die Aktivitäten von der politischen zusehends auf die militärische Ebene verlagerten – denn in der Zwischenzeit hatte sich der Konflikt um Schleswig zu einer kriegerischen Konfrontation ausgeweitet. Bereits am Morgen des 24. März hatten ›schleswig-holsteinische‹ Kräfte im Handstreich die Festung Rendsburg eingenommen, um den Zugang nach Schleswig zu sichern, und waren weiter in Richtung Norden vorgestoßen. Zugleich marschierten dänische Militärverbände seit Ende März nach Schleswig ein. Die erste Schlacht des schleswig-holsteinischen Krieges bei Bau nahe Flensburg konnte die dänische Armee am 9. April für sich entscheiden. Unterdessen hatte die Bundesversammlung am 4. April Preußen beauftragt, neben diplomatischen Vermittlun-

---

**896** Protokolle der Deutschen Bundesversammlung [7. April 1848], § 238, S. 348–353. Siehe ebenso die Wahlbeschlüsse des Vorparlaments in: Verhandlungen des deutschen Parlaments, 1848, Bd. 1, S. 37–58 (Debatte), S. 172f. (Beschlüsse). Zu den Wahlen in Schleswig und Holstein STEINHÄUSER, Wahlen, 1950; zur Wahl Droysens, Waitz' und Dahlmanns ebd., S. 201–208.
**897** Dazu umfassend NIPPEL, Droysen, 2008, S. 69–89. Siehe auch Kap. 6.3.1.
**898** Entwurf des deutschen Reichsgrundgesetzes. Der hohen deutschen Bundesversammlung als Gutachten der siebenzehn Männer des öffentlichen Vertrauens überreicht am 26. April 1848. In: Protokolle der Deutschen Bundesversammlung [27. April 1848], S. 485–493, hier § 1 des Entwurfs: »Die zum bisherigen Deutschen gehörigen Lande, mit Einschluß der neuerdings aufgenommenen Preussischen Provinzen und des Herzogthums Schleswig, bilden fortan ein *Reich* (Bundesstaat).« Hervorhebung im Original. Zum Entwurf selbst siehe unten, S. 270f.
**899** Siehe unten, S. 271–274.

gen auch militärische Vorkehrungen für einen eventuell bevorstehenden dänischen Angriff einzuleiten, um Holstein in seinem »unverkürzten Rechte [...] namentlich auch auf die staatsrechtliche Verbindung mit Schleswig« zu schützen.[900] Am 12. April beschloss die Bundesversammlung schließlich die Bundesexekution gegen Holstein, »um das durch den Bund zu schützende Recht Holsteins auf die Union mit Schleswig zu wahren«[901] – die von Dahlmann geprägte Untrennbarkeitsmaxime war somit auch zur unhinterfragten Standardbegründung für das Handeln des Deutschen Bundes geworden. Die unter preußischem Oberbefehl stehenden Bundestruppen eröffneten die Kampfhandlungen am 18. April und rückten nach mehreren gewonnenen Gefechten bis nach Jütland vor, während die dänische Marine den Schiffsverkehr in der Ostsee zum Erliegen brachte.[902]

Nachdem mit den Bundesbeschlüssen vom 4. und 12. April die weiteren militärischen Maßregeln in die Wege geleitet worden waren, versuchte Waitz in Berlin auf die Aufnahme Schleswigs in den Deutschen Bund hinzuwirken, die er in seinen Gesprächen mit den preußischen Behörden zur »Hauptsache« und »conditio sine qua non« für eine Beilegung des Konfliktes erklärte.[903] Den Einwänden des preußischen Staatsministeriums, dass hiermit die Interessen der europäischen Großmächte verletzt werden könnten, hielt Waitz entgegen, »daß dies doch kaum maßgebend sein könne, sondern die Sache nun so sei, daß sie auf jeden Fall durchgeführt und vollständig erledigt werden müsse.«[904] Für eine dauerhafte und tragfähige Lösung hielt Waitz allerdings – anders als seine Regierung in Kiel – eine Abtrennung der dänischen Gebiete Schles-

---

**900** Protokolle der Deutschen Bundesversammlung [4. April 1848], § 228, S. 341f.

**901** Protokolle der Deutschen Bundesversammlung [12. April 1848], § 267, S. 387. Siehe dazu Huber, Verfassungsgeschichte, 1988, S. 668–671; Angelow, Wien, 1996, S. 139f.

**902** Zum Kriegsverlauf ausführlich Stolz, Erhebung, 1996, S. 66–90.

**903** Waitz an die provisorische Regierung [10. April 1848]. In: Hagenah, Waitz, 1931, Nr. 2, S. 186–188; Waitz an die provisorische Regierung [15. April 1848]. In: Hagenah, Waitz, 1931, Nr. 7, S. 194f. Zu Waitz' diplomatischer Mission in Berlin siehe ausführlich Hagenah, Waitz, 1931, S. 143–152.

**904** Waitz an die provisorische Regierung [12. April 1848]. In: Hagenah, Waitz, 1931, Nr. 4, S. 191f. Von besonderem Interesse war für Waitz bei seinen Gesprächen mit dem preußischen Außenministerium, die Haltung Englands in der Schleswig-Frage auszuloten. Wie bereits Hagenah, Waitz, 1931, S. 146, betont hat, erkannte Waitz die Bedeutung Englands für den Fortgang des Konfliktes, was ihn allerdings nicht davon abgehalten hat, die Aufnahme Schleswigs in den Deutschen Bund vehement einzufordern. Zwar bekam Waitz Gelegenheit zur Unterredung mit dem englischen Sondergesandten Sir Stratford Canning; nennenswerten Einfluss auf die englische Position konnte er damit jedoch nicht ausüben.

wigs für letztlich unumgänglich.[905] Wenngleich Waitz sich über die nur begrenzten Möglichkeiten seiner Mission im Klaren war, erwies sich die Zeit in Berlin für ihn als prägend, stärkten seine Kontakte mit der preußischen Ministerialbürokratie doch sein grundsätzliches Zutrauen in den preußischen Staat und seine Regierung.[906]

Im Rahmen seiner Verhandlungen mit den preußischen Behörden verfasste Waitz eine Denkschrift, die eigentlich an das Auswärtige Amt gerichtet war, die er aber auf Wunsch desselben am 26. April in der *Allgemeinen Preußischen Zeitung* veröffentlichte. Unter dem Titel *Die Aufnahme Schleswigs in den deutschen Bund* rechtfertigte er dieses nationale Kernziel historisch-politisch.[907] Das Herzogtum sei, so leitete Waitz den Aufsatz ein, »seiner Volksthümlichkeit und seiner geschichtlichen Entwickelung nach, jetzt wesentlich ein deutsches Land.« Schon in älterer Zeit habe »das jetzige Herzogthum Schleswig eine ausschließlich deutsche Bevölkerung gehabt.« Hieran habe sich bis in die Gegenwart kaum etwas geändert, selbst »in den nördlicheren Gegenden ist das Deutsche im Uebergewicht«. Aufgrund seiner »Volksthümlichkeit« sei es nur folgerichtig, dass »der größere Theil des Landes nicht blos die alte grundgesetzliche Verbindung mit Holstein zu bewahren und zu verstärken, sondern auch eine unmittelbare und enge Vereinigung mit dem gesammten Deutschland herbeizuführen dringend wünscht.«[908] Dieses Verlangen habe sich solange nicht geltend gemacht, wie die dänische Krone die nationalen und staatlichen Rechte geachtet hätte. Doch mit dem Bemühen der Dänen, Schleswig in ihren Staat zu inkorporieren, sei eine andere Lage eingetreten. Denn die »gehässigen und ungerechten Maßregeln« der dänischen Monarchie »haben den lebhaftesten Widerstand und die größte Erbitterung in allen Theilen der deutschen Lande hervorgerufen und die Ueberzeugung von der Nothwendigkeit politischer Garantien gegen die Uebergriffe eines fremden Volks und gegen die Kränkung an-

---

**905** Waitz an die provisorische Regierung [16. April 1848]. In: Hagenah, Waitz, 1931, Nr. 9, S. 197–199, hier S. 198, vertrat die Ansicht, »daß man niemals den kleinen Teil der dänischen Bevölkerung, der uns entschieden feindlich sei, werde zwingen wollen, dem deutschen Reich anzugehören.« Dazu auch Hagenah, Waitz, 1931, S. 148f.

**906** Hagenah, Waitz, 1931, S. 150f.

**907** Waitz, Aufnahme, 1848. Waitz' Autorenschaft dieses anonym veröffentlichten Artikels ist belegt durch Waitz, Deutsche Kaiser, 1862, S. XXI. Waitz gibt hier allerdings fälschlicherweise an, der Aufsatz sei in der Beilage zu Nr. 118 der *Allgemeinen Preußischen Zeitung* erschienen. Der Artikel erschien in der Beilage zu Nr. 115; er ist ferner abgedruckt bei Schleiden, Aktenstücke, 1852, S. 596–605, und wird auch erwähnt in Waitz' Brief in Hagenah, Waitz, 1931, Nr. 8, S. 196; Nr. 10, S. 200; Nr. 15, S. 204.

**908** Alle Zitate Waitz, Aufnahme, 1848, S. 976.

gestammter Rechte durch eine nicht im Lande einheimische Regierung nur stärker und stärker werden lassen.«[909]

Vor diesem Hintergrund reichen, so Waitz, Zusicherungen über die staatsrechtliche Verbindung beider Herzogtümer und deren Unabhängigkeit von Dänemark nicht aus. Vielmehr seien »noch stärkere Garantieen nöthig; Schleswigs Stellung muß noch vollständiger bestimmt, das Land muß Holstein vollkommen gleichgestellt werden.« Gerade in Anbetracht der Rechtsverletzungen und Aggressionen Dänemarks »führt jetzt die ganze Entwickelung sowohl der Herzogthümer für sich als der deutschen Lande überhaupt mit Nothwendigkeit dahin, daß Schleswig als ein deutsches Land auch ein Glied des deutschen Staatenbundes oder Bundesstaates werden muß.«[910] Insofern sei auch Schleswig in die Verhandlungen der Nationalversammlung mit einzubeziehen – sowohl durch Abgeordnete als auch inhaltlich im Rahmen der Nationalstaatsgründung.[911]

Das Plenum der Frankfurter Nationalversammlung setzte sich erstmals am 9. Juni 1848 mit der Schleswig-Frage auseinander. Hintergrund der Debatte waren die neuesten militärischen und politischen Entwicklungen im Norden. Nachdem die preußische Armee Ende Mai auf internationalen Druck die Kampfhandlungen vorläufig eingestellt und alle unter ihrem Kommando stehenden Truppen bis zur deutsch-dänischen Sprachgrenze zurückgezogen hatte, bildete sich in Schleswig ein nationalpolitisches Machtvakuum.[912] Ein englischer Kompromissvorschlag, der die Teilung Schleswigs entlang der Sprachgrenze vorsah, wurde von den emotional aufgeladenen nationalistischen Kräften in Deutschland und Dänemark zurückgewiesen. Damit lag eine Lösung des Konflikts zunächst in weiter Ferne. Für die Nationalversammlung stellte sich nun die Frage, wie sie ihre Ansprüche im Konzert der europäischen Großmächte durchsetzen konnte. Des Weiteren besaß der Konflikt auch eine komplexe innenpolitische Dimension, denn die Frage, wie in Schleswig weiter zu verfahren sei, warf zugleich das Problem des staatsrechtlichen

---

**909** Waitz, Aufnahme, 1848, S. 977.

**910** Alle Zitate Waitz, Aufnahme, 1848, S. 976f.

**911** Waitz, Aufnahme, 1848, S. 977; ferner Waitz an die provisorische Regierung [10. April 1848]. In: Hagenah, Waitz, 1931, Nr. 2, S. 186–188, hier S. 188.

**912** Zur politischen und militärischen Entwicklung in Schleswig-Holstein im Mai und Juni 1848 siehe Stolz, Erhebung, 1996, S. 82–88, 91f.; Valentin, Revolution, 1931, Bd. 2, S. 137–149; zur internationalen Dimension des Konfliktes Huber, Verfassungsgeschichte, 1988, Bd. 2, S. 672; Angelow, Wien, 1996, S. 141f.

Verhältnisses zwischen allen beteiligten Institutionen auf: der Nationalversammlung, der Bundesversammlung und den Einzelstaaten.[913]

Als sich die Nationalversammlung am 9. Juni der Schleswig-Frage widmete, befand sie sich noch im politischen Ausdifferenzierungsprozess. Obwohl viele grundlegende Fragen noch nicht geklärt waren (etwa die Schaffung einer provisorischen Zentralgewalt), rückte der Konflikt angesichts des Truppenrückzugs und der darin erkannten Schwächung der deutschen Position unversehens zu einem vordringlichen Tagesordnungspunkt auf. Die Initiative ging von den in den Herzogtümern gewählten Abgeordneten, also auch Dahlmann, Droysen und Waitz, aus, die den Antrag einreichten, die Nationalversammlung möge erklären, »daß die schleswig'sche Sache, als eine Angelegenheit der deutschen Nation, zu dem Bereich ihrer Wirksamkeit gehört«. Weiterhin verlangten sie, »daß bei dem Abschlusse des Friedens mit der Krone Dänemark das Recht der Herzogthümer Schleswig und Holstein und die Ehre Deutschlands gewahrt werde.«[914] Insoweit forderten auch Dahlmann, Droysen und Waitz eine Entscheidungskompetenz des Paulskirchenparlaments in der Schleswig-Frage. Sie rechtfertigten diesen Anspruch mit den gängigen Argumentationsmustern: Der nationale Status Schleswigs sei eine gesamtdeutsche Angelegenheit und die Zusammengehörigkeit beider Herzogtümer historisch wie rechtlich unanfechtbar.

Der Antrag bildete den Auftakt zu einer ausführlichen Debatte, in der sich die nationalpolitischen Konturen des Parlaments abzeichneten. Als erster Redner bestieg Dahlmann das Podium. Nachdem er sich Gehör verschafft hatte, erklärte er sogleich, warum er sich berufen fühle, als Erster zu sprechen. Er habe nicht nur »die besten Kräfte seiner Jugend«, sondern »die Treue eines Menschenalters der schleswig-holstein'schen Sache gewidmet«, womit er seine eigene Autorität in der Angelegenheit unterstrich. Dieser ruhmredigen Einleitung folgte seine emphatische Behauptung, dass es in der Schleswig-Frage um »die Ehre von Deutschland« gehe. Damit brachte er eine nationalistische Kategorie ins Spiel, welche die gesamte Debatte prägte. Dahlmann erhob die nationale Ehre

---

913 Die verschiedenen Konfliktdimensionen der Schleswig-Frage sind vorzüglich herausgearbeitet bei SIEMANN, Revolution, 1985, S. 154–157.

914 Antrag die schleswig-holstein'sche Sache betreffend [9. Juni 1848]. In: WIGARD, Steno. Bericht NV, 1848, Bd. 1, S. 272. Der Antrag wurde bereits am 2. Juni im gleichen Wortlaut bei dem Ausschuss für völkerrechtliche und internationale Fragen eingereicht, aber erst am 9. Juni im Plenum der Nationalversammlung zur Abstimmung gestellt. Konzipiert wurde der Antrag offenbar gemeinsam von Droysen, Waitz und dem im 3. schleswigschen Wahlkreis (Flensburg) gewählten Carl Philipp Francke. Siehe HÜBNER, Aktenstücke, 1924, S. 812.

zu einem moralischen und schützenswerten Gut, das in der Vergangenheit aber durch ein »schweres altes Unrecht« entweiht worden sei, nämlich durch die deutsche Duldung der faktischen Trennung Schleswigs und Holsteins. Nun sei es geboten, den historischen Rechten der beiden Herzogtümer wieder Geltung zu verschaffen – auch um Deutschlands Ehre wiederherzustellen. Dahlmann bekräftigte seinen Standpunkt mit der Beteuerung, noch keinen Bewohner Schleswigs »gesehen« zu haben, »der den Wunsch gehegt hätte, sich abzutrennen von der ihm heiligen Gesammtheit von Schleswig-Holstein« – auch dies ein beliebter Rechtfertigungsgrund der deutschen Nationalbewegung in Schleswig.[915]

Seinem Argumentationsgang entsprechend, appellierte Dahlmann an die Delegierten, für die Annahme der Anträge zu stimmen, die »ganz in dem Sinne alter deutscher Bescheidenheit gestellt« seien. Ganz im Gegensatz zu dieser hier apostrophierten Bescheidenheit kamen in seinen Äußerungen weitreichende machtpolitische Ambitionen zum Ausdruck, die hegemoniale Züge trugen. So lautete seine nationalpolitische Zielvorgabe, dass Deutschland »aus einem schwachen, versunkenen Gemeinwesen, aus einer im Ausland geringgeschätzten Genossenschaft zur Würde, Ehre und Größe hinaufsteigt.« Einwänden, dass hierdurch das Gleichgewicht des europäischen Staatensystems gefährdet werde, schmetterte er voll nationalem Pathos entgegen: »auf dieser Verrückung des Gleichgewichts von Europa wollen wir bestehen, bis der letzte Tropfen Blutes uns entströmt ist.« Eine machtpolitische Renaissance und konstitutionelle Einheit Deutschlands verband er unmittelbar mit der Schleswig-Frage: »Wenn Sie in dieser Sache thun, was gut und recht ist, [...] so thun Sie hiermit keineswegs allein an Schleswig-Holstein, was gut und recht ist, Sie verkünden zugleich damit, daß, was gut und recht ist, gelingen werde in der ganzen deutschen Sache, in unserer heiligen Aufgabe«. Unter Zuhilfenahme sakraler Leitbilder stilisierte er die Frage zum Symbol und richtungsweisenden Exempel der deutschen Einheit, zur Schicksalsfrage der deutschen Nation: »Wenn Sie in der schleswig-holstein'schen Sache versäumen, was gut und recht ist, so wird damit auch der *deutschen* Sache das Haupt abgeschlagen. Sie werden thun, was die Ehre Deutschlands fordert, und mögen die Plane aller Derjenigen zu Schanden werden, welche ihre Rechnung stellen auf die Unsterblichkeit der Schwäche und Versunkenheit unsres deutschen Vaterlandes!«[916]

---

**915** Rede Dahlmann [9. Juni 1848]. In: Wigard, Steno. Bericht NV, 1848, Bd. 1, S. 273f.
**916** Rede Dahlmann [9. Juni 1848]. In: Wigard, Steno. Bericht NV, 1848, Bd. 1, S. 274. Hervorhebungen im Original.

Die stenographischen Berichte verzeichnen nach Dahlmanns Rede einen äußerst lebhaften und langanhaltenden Beifall.[917] Die folgenden Redner schlossen sich mehrheitlich – teils explizit, teils implizit – seinen Ansichten an; nur wenige wiesen auf mögliche diplomatische Verwicklungen hin und ließen sich nicht von der nationalistischen Euphorie anstecken.[918] Viele Abgeordnete gingen indes noch weit über Dahlmanns Forderungen hinaus und plädierten für eine unnachgiebige Weiterführung des Krieges gegen Dänemark. So verlangte der dem Württemberger Hof angehörende Carl Giskra, dass die »Presserei des deutschen Volks durch die Dänen« durch die »deutsche Waffenehre« beendet werden müsse. Das »kleine Dänemark« sei aus Schleswig »fortzujagen« und das »schwarz-roth-goldene Banner […] am Belt oder im Norden Jütlands« aufzupflanzen. Carl Vogt, Mitglied der Deutschen Hofes, verwarf den Antrag als nicht weitgehend genug und erklärte selbstbewusst: das »Recht der Pergamente liegt unter unsern Füßen, und dasjenige, was wir uns nehmen, ist das einzige, welches gilt.«[919]

Als einer der letzten Redner ergriff Waitz das Wort, der sich um Vermittlung zwischen den gemäßigten Antragsbefürwortern und den national-offensiven Positionen bemühte. Nach seinem einleitenden Befund, dass Sympathien für Schleswig »in jeder deutschen Brust wohnen«,[920] wies er darauf hin, dass in der Frage neben den historischen Rechtszusammenhängen auch die »politische Lage« zu berücksichtigen sei. Wie Dahlmann setzte Waitz das Schicksal Schleswigs mit jenem Deutschlands gleich, denn als »eng verbundener Theil Deutschlands« sei die politische Lage Schleswigs »nicht bloß die Lage des Landes, sondern die Lage von Deutschland«. Außenpolitischen Vorbehalten entgegnete er seine feste Überzeugung, »daß die Sympathien Englands für die deutsche Sache von Tag zu Tag gewachsen sind, und noch wachsen werden«. Eine Gefahr sah er dagegen in Russland, weshalb er den Truppenrückzug Preußens als deeskalierende Maßnahme verteidigte. Um einen Brückenschlag zwischen den beiden Positionen zu ermöglichen, schlug er vor, den bisherigen Antrag um zwei, wie er glaubte, konsensfähige Pas-

---

917 Zur Problematik der aufgezeichneten Publikumsreaktionen in den stenographischen Berichten siehe Stoll, Einführung, 1979, S. XXIV.

918 Siehe die nachfolgenden Reden in Wigard, Steno. Bericht NV, 1848, Bd. 1, S. 274–294. Zu dieser Debatte auch Wollstein, Großdeutschland, 1977, S. 46–52.

919 Rede Giskra und Rede Vogt [9. Juni 1848]. In: Wigard, Steno. Bericht NV, 1848, Bd. 1, S. 280f., 288; zu diesen beiden Abgeordneten Best/Weege, Handbuch, 1996, S. 155, 345f.

920 Rede Waitz [9. Juni 1848]. In: Wigard, Steno. Bericht NV, 1848, Bd. 1, S. 290f. Alle folgenden Zitate ebd.

sagen zu erweitern. Zum einen sollen »energische Maßregeln getroffen werden, um den Krieg zu Ende zu führen«, zum anderen solle der Friedensvertrag »der Nationalversammlung zur Genehmigung vorgelegt« werden. Damit forderte er nicht bloß ein Mitspracherecht der Nationalversammlung in der Schleswig-Frage ein; vielmehr untermauerte er den Anspruch des Parlaments, die höchste politische Instanz in Deutschland zu sein.

Waitz' Amendement wurde in namentlicher Abstimmung mit 275 zu 200 Stimmen abgelehnt. Grund hierfür war die innenpolitische Implikation, die den politischen Vorrang der Nationalversammlung explizit beanspruchte. Die ursprüngliche Fassung des Antrags, die dies nicht tat, wurde hingegen mit so großer Mehrheit angenommen, dass die Stimmen nicht einzeln ausgezählt wurden.[921] Der Beschluss hatte keine unmittelbaren Folgen für den Revolutionsverlauf. Die Bedeutung des Antrags und der anschließenden Kontroverse lag vielmehr in der Klärung der nationalpolitischen Fronten des Parlamentes.[922] Dabei hinterließ Dahlmanns Rede den bleibendsten Eindruck, weil sie einerseits den Nationalisten durch ihre Argumentation und ihre pathetischen Wendungen imponierte, andererseits aber keine Extremposition enthielt, welche die Einzelstaaten, namentlich Preußen, desavouiert hätte. Insofern war Dahlmann auch durch sein parlamentarisches Wirken maßgeblich dafür verantwortlich, dass der Schleswig-Konflikt als nationales Kernproblem wahrgenommen wurde.[923] Dass Dahlmann mit seinem Engagement in dieser Frage auch weite Teile der politischen Öffentlichkeit Deutschlands erreichte, belegen besonders sinnfällig die unzähligen Karikaturen, in denen er als Symbolfigur in dem Konflikt um das Herzogtum darstellt wird.[924]

---

921 Siehe WIGARD, Steno. Bericht NV, 1848, Bd. 1, S. 299–303.

922 Zu den nationalpolitischen Positionen in der Paulskirche WOLLSTEIN, Großdeutschland, 1977; SIEMANN, Revolution, 1985, S. 146–57; SIEMANN, Einheit, 2006, S. 105–109.

923 Auch Aussagen anderer Politiker bezeugen die große Wirkung Dahlmanns. So erklärte etwa Gottlieb Schüler, Mitglied des Deutschen Hofes und eigentlich sein politischer Gegner, das Abstimmungsergebnis vom 5. September 1848 damit, »daß namentlich Dahlmann wahrhaft hinreißend sprach«. (SCHÜLER an seine Frau [6. September 1848]. In: SCHÜLER, Demokrat, 2007, Nr. 46, S. 111). Dahlmann bekam nach dem 16. September auch öffentliches Lob aus den Reihen der politischen Linken, von dem er sich aber ausdrücklich distanzierte (WIGARD, Steno. Bericht NV, 1848, Bd. 3, S. 2202). Dahlmanns zentrale Rolle in der Schleswig-Frage wird auch in der Literatur betont, siehe nur ENGEHAUSEN, Revolution, 2007, S. 108, 111; WOLLSTEIN, Großdeutschland, 1977, S. 44, 51f., 65; BLEEK, Dahlmann, 2010, S. 316–335.

924 Siehe dazu (mit mehreren Beispielen) BLEEK, Karikatur, 2012; RACKWITZ, Herausforderungen, 2012.

Auch auf europäischer Ebene nahm man die Debatte vom 9. Juni wahr. Die mitunter sehr aggressiven Töne, die von vielen Rednern angeschlagen worden waren, riefen in der internationalen Öffentlichkeit großen Argwohn hervor und schmälerten so die Chancen auf eine Lösung des Konflikts in deutschem Sinne. Ähnlich wirkten sich die Pläne zur Schaffung einer deutschen Kriegsmarine aus, die durch die Erfahrungen der dänischen Seeblockade verstärkt wurden.[925] Nachdem die Nationalversammlung ihre politischen Absichten in der Schleswig-Frage am 9. Juni bekundet hatte, verlagerte sie ihre Aktivität in dieser Angelegenheit vor allem auf das Flottenprogramm, das als genuin nationales Projekt in ganz Deutschland ein besonders großes Integrations- und Mobilisierungspotenzial entfalten konnte und zu einer regelrechten Flottenhysterie führte.[926] Für den schnellen Aufbau einer deutschen Kriegsmarine warb namentlich Droysen, der der Bundesversammlung bereits im April ein Memorandum zu militär- und bündnispolitischen Fragen vorgelegt hatte. Darin beklagte Droysen, »daß Deutschland den höhnischen Verheerungen der armseligen Dänischen Marine sich wehrlos gegenüber glaubt« und forderte die Bundesversammlung dazu auf, umgehend Schritte zur Schaffung einer deutschen Kriegsflotte einzuleiten. Bezeichnenderweise stützte sich der Historiker bei seinen nationalistischen Vorstößen auf geschichtliche Anleihen. So wies er darauf hin, dass die USA während des Unabhängigkeitskrieges »im Stande [waren], plötzlich, gleichsam aus dem Nichts, die Anfänge einer Marine zu gründen, die sich sofort als höchst wirkungsreich bewährte.« Daraus folgerte er, dass auch Deutschland in der Lage sei, den »Danebrog in vierzehn Tagen von der Ostsee zu treiben.« So würde eine »kühne Landung in Seeland und Fünen […] das ganze Gespenst einer für Deutschland unerreichbaren Dänenmacht« verscheuchen.[927]

In diesem Zusammenhang warb Droysen auch für eine »Volksbewaffnung« nach dem Muster der preußischen Landwehr und artikulier-

---

925 BUSCH, Marine, 2004, S. 92–113; MOLTMANN, Flotte, 2005; WOLLSTEIN, Großdeutschland, 1977, S. 255–265; HUBER, Verfassungsgeschichte, 1988, Bd. 2, S. 655–660.

926 MOLTMANN, Flotte, 2005, S. 65–68; SIEMANN, Revolution, 1985, S. 153.

927 Droysens Denkschrift ist unter dem Titel *Promemoria* [10. April 1848] abgedruckt in: Protokolle der Deutschen Bundesversammlung [18. April 1848], Beilage 1 zu § 299, S. 425–428 (Zitate S. 425f.) = DROYSEN, Promemoria, 1848, S. 300–306 (Zitate S. 301f.). Droysen veröffentlichte die Denkschrift 1849 erneut in seinen *Beiträgen zur neusten deutschen Geschichte* (DROYSEN, Beiträge, 1849, S. 8–13), nahm allerdings zahlreiche Änderungen am Text vor. Hierzu und zu Droysens militär- und marinepolitischen Konzeptionen siehe NIPPEL, Droysen, 2008, S. 70, 72, 77–80 (mit Blick auf die historischen Rekurse sind Droysens Änderungen jedoch nicht so groß, wie Nippel unterstellt).

te seine Auffassung, dass »vierzig Millionen Menschen im Herzschilde Europa's eine Weltmacht seyn müssen«.[928] Nötigenfalls müsse diese Stellung gewaltsam errungen werden. Diese Haltung gab er auch in der Folgezeit – auch hier unter Verweis auf historische Beispiele – nicht auf. In der *Frankfurter Oberpostamts-Zeitung* erschien am 13. Juli 1848 ein Artikel Droysens, in dem er das Vorhaben der Nationalversammlung lobte, die Stärke des gesamten deutschen Militärs um 340.000 auf 900.000 Mann zu vergrößern.[929] Bedenken wegen ausufernder Kosten wischte Droysen mit dem Hinweis auf eine Bedrohung Deutschlands beiseite: »man vergesse nicht, daß eine russische Invasion in das reiche Schlesien, eine französische in die schönen Rheinlande, abgesehen von der Schande, die wir nicht mehr zu ertragen gemeint seyn werden, unendlich viel größere Verluste an Werthen nach sich ziehen würde, als eine doppelt und dreifach größere Rüstung, wie die beantragte«. Droysen zeigte sich dabei überzeugt, dass diese Aufrüstung dem Willen und Charakter des deutschen Volkes entspreche. »Noch lebt in unserm Volk die Lust an den Waffen, der stolze Kriegsmuth, der Furor Teutonicus. Das deutsche Volk wird den Beschluß, daß es eine Million Bewaffneter dem Feind, woher er auch drohe, gegenüberstelle, mit Jubel begrüßen«[930] – die Verherrlichung eines Nationalkrieges wird hier klar erkennbar. Auch später brachte er wiederholt bellizistische Ansichten vor und verknüpfte sie mit sakramentalen Kategorien nationaler Erlösung.[931]

Abgesehen von einer kurzen Debatte zur Schleswig-Frage am 10. Juli 1848, in der weder neue Ansichten vorgetragen noch neue Beschlüsse gefasst wurden, wandte sich die Nationalversammlung vorerst anderen

---

**928** Droysen, Promemoria, 1848 S. 427 = Droysen, Promemoria, 1848, S. 306.

**929** Droysen, deutsche Heer, 1848. Der Militärausschuss der Nationalversammlung hatte am 7. Juli 1848 beantragt, die gesamte Wehrmacht Deutschlands um 340.000 Mann auf 900.000 Mann zu erhöhen; siehe Wigard, Steno. Bericht NV, 1848, Bd. 2, S. 792–806. Die Abstimmung, die dem Antrag stattgab, erfolgte erst acht Tage später am 15. Juli; siehe die Abstimmung in Wigard, Steno. Bericht NV, 1848, Bd. 2, S. 940–945.

**930** Alle Zitate Droysen, deutsche Heer, 1848, S. 158, 160.

**931** So behauptete Droysen im Frühjahr 1849, als sich die Spannungen mit Dänemark und vor allem Österreich zuzuspitzen schienen, dass das »Gottesgericht eines Krieges« (Droysen an Wilhelm Arendt [21. Februar 1849]. In: Droysen, Briefwechsel, 1929, Bd. 1, Nr. 327, S. 524) zur Wahrung nationaler Interessen beitrage und ein »gesunder Krieg allein die Moralität der Nation aufrichten« könne, da man ohne »Bluttaufe« wohl nicht davon käme (Droysen an Wilhelm Arendt [10. März 1849]. In: Droysen, Briefwechsel, 1929, Bd. 1, Nr. 332, S. 527); siehe dazu Nippel, Droysen, 2008, S. 130. Ähnlich hatte sich auch Dahlmann 1849 in der *Deutschen Zeitung* geäußert: »Des deutschen Charakters würdig ist, den Feind weder zu reizen noch ihn zu vermeiden. Muß die deutsche Selbstständigkeit durch die Bluttaufe errungen werden, so wird es an Winkelrieden nicht fehlen.« (= Dahlmann, Was ist zu thun?, 1849, S. 396; Dahlmann bezog sich hier auf den Schweizer Nationalheld Arnold Winkelried).

Themen zu.[932] Im Vordergrund stand hierbei das Vorhaben, eine provisorische Zentralgewalt einzurichten, welches nicht zuletzt durch die lagerübergreifend vertretende Auffassung motiviert war, dass man eine gesamtdeutsche Exekutivinstanz brauche, um die nationalen Interessen Deutschlands in außenpolitischen Fragen geschlossen vertreten und durchsetzen zu können.[933] Per Reichsgesetz beschloss die Nationalversammlung am 28. Juni 1848 die Einführung einer provisorischen Zentralgewalt für Deutschland. Zu deren außenpolitischer Kompetenz zählte es, »im Einverständniß mit der Nationalversammlung« über »Krieg und Frieden und über Verträge mit auswärtigen Mächten« zu beschließen.[934] Auch der Schleswig-Konflikt war damit der neuen Zentralgewalt anheimgestellt. Das Parlament wählte am 29. Juni den österreichischen Erzherzog Johann zum Reichsverweser, der Mitte Juli in Frankfurt eintraf und das erste gesamtdeutsche Reichskabinett bildete.[935] Neben dem Bemühen um eine völkerrechtliche Anerkennung der Zentralgewalt gehörte die Schleswig-Frage zu den wichtigsten Betätigungsfeldern des neuen Reichsaußenministeriums. Die preußischen Diplomaten, die seit der Waffenruhe in Verhandlungen mit den dänischen Behörden standen, erhielten am 7. August das Mandat zur Aushandlung eines Waffenstillstandsvertrages. Die Vollmacht war jedoch an mehrere Bedingungen geknüpft. So bestand die Zentralgewalt auf der Stationierung deutscher Truppen in den Herzogtümern und forderte eine Anerkennung der durch die provisorische Landesregierung erlassenen Gesetze durch die Dänen.[936]

In der Zwischenzeit trat Droysen wieder publizistisch hervor und erörterte in einem Anfang August erschienenen Artikel seine Sicht auf die jüngste Entwicklung des Konfliktes. Bezeichnenderweise lobte er hierbei die Rolle Preußens, das sich »mit voller Brust gegen die Dänen« geworfen habe; »seine eigenen Küsten bloßgebend, kämpfte es für jene deutschen Lande«.[937] Droysen glaubte in der preußischen Intervention Be-

932 Siehe die Schleswig-Debatte vom 10. Juli 1848 in WIGARD, Steno. Bericht NV, 1848, Bd. 2, S. 817–828. Dazu auch WOLLSTEIN, Großdeutschland, 1977, S. 54–56.

933 Zu den verschiedenen Beweggründen, eine provisorische Zentralgewalt zu schaffen, siehe MOMMSEN, Revolution, 1998, S. 186–191; SIEMANN, Revolution, 1985, S. 131; BOTZENHART, Parlamentarismus, 1977, S. 164f.

934 Gesetz über Einführung einer provisorischen Centralgewalt für Deutschland [28. Juni 1848]. In: Reichs-Gesetz-Blatt 1848, S. 3f., hier § 4.

935 Zur Bildung der Zentralgewalt und ihrer Regierungspolitik umfassend HEIKAUS, Zentralgewalt, 1997, S. 21–115.

936 WOLLSTEIN, Großdeutschland, 1977, S. 61–63; BOTZENHART, Europa, 1998, S. 110.

937 DROYSEN, Rückschau II, 1848, S. 163.

stätigung zu finden für die auch in seinen historiographischen Arbeiten wiederholt vorgebrachte Behauptung, dass Preußens eigenste Interessen zugleich deutsche Interessen seien, ja dass Preußen dazu bestimmt sei, in der nationalen Einheit Deutschlands aufzugehen.[938] Dies sei, so Droysen, gerade jetzt von entscheidender Bedeutung, da mit der Schaffung der Zentralgewalt und eines Reichsministeriums nun die Zeit für eine einheitliche Außenpolitik gekommen sei: »Zum ersten Male empfanden wir die stolze Wucht einer deutschen Centralgewalt: wird der dänische Waffenstillstand nicht so abgeschlossen, wie Deutschland ihn fordert, so wird alles Erforderliche geschehen, um den Krieg auf das Entschiedenste und mit einem Schlage zu Ende zu bringen.« Die Schleswig-Frage sei demnach kein partikularer Konflikt mehr, sondern »jetzt hat Deutschland gesprochen, und Preußen, das zunächst betheiligte, wird Deutschlands Ehre mit jedem Opfer, um jeden Preis einlösen, es wird Deutschland die Opfer mittragen, die die preußischen Brüder an der Ostsee jetzt mit der frohen Zuversicht des Gelingens der vaterländischen Sache bringen werden.«[939]

Wie sich bald herausstellen sollte, hatte sich Droysen mit dieser Einschätzung schwer getäuscht.[940] Zwar fand das militärische Einschreiten Preußens in der Tat großen Anklang und große Unterstützung unter den Anhängern der deutschen Nationalbewegung. Die preußische Politik aber folgte anderen Intentionen: Am 26. August hatte Preußen, teils auf internationalen Druck, teils aus eigenen Interessen, in Malmö einen siebenmonatigen Waffenstillstand mit Dänemark geschlossen. Dieser sah einen umfassenden Rückzug der deutschen Streitkräfte vor, die Auflösung der provisorischen Kieler Landesregierung sowie die An-

---

938 Droysen, Rückschau II, 1848, S. 161: »Erkennen wir es, daß Preußens Bedeutung eben darin gegründet und erwachsen ist, daß es wenigstens in entscheidenden Momenten sein Interesse in dem Deutschlands erkannte, die Richtungen einer deutschen Politik fand und vertrat«; ebenso S. 167. Siehe dazu oben, S. 145–149; ferner unten, Anm. 1063.

939 Droysen, Rückschau II, 1848, S. 165f.

940 Am 29. August 1848, als man in Frankfurt bereits über Waffenstillstandsverhandlungen zwischen Preußen und Dänemark unterrichtet, das Ergebnis derselben aber noch unbekannt war, publizierte Droysen (anonym) in der Frankfurter *Oberpostamts-Zeitung* den Artikel *Die schleswig-holsteinische Frage*, in dem er seine Sicht auf neueste Entwicklungen darlegte. Während er auch hier das dänische Vorgehen als einen »Act der Eroberungssucht, der völligsten Willkür« verwarf und die schleswig-holsteinische Position verteidigte, widmete er sich aber vornehmlich der europäischen Dimension des Konfliktes. Zentrale Aussage war dabei, dass die europäischen Großmächte kein Interesse haben könnten, sich zuungunsten Deutschlands in den Konflikt einzumischen, sondern es vielmehr im »Interesse aller civilisirten Staaten« liege, »die innere Umbildung Deutschlands, die Verwandlung aus einem preußisch-österreichischen in ein deutsches Deutschland nicht zu verhindern« (Droysen, schleswig-holsteinische Frage, 1848, S. 168–171).

nullierung aller von ihr erlassenen Gesetze und Verordnungen.[941] Der Vertrag missachtete die Vorgaben von Nationalversammlung und Zentralgewalt in eklatanter Weise. Sein Bekanntwerden rief nicht nur unter zahlreichen Abgeordneten, sondern auch in der breiten Öffentlichkeit einen stürmischen Protest hervor. Das eigenmächtige Vorgehen Preußens wurde als skandalöser Verrat an der ›nationalen Sache‹ wahrgenommen und bedeutete eine (von Preußen gewollte) Brüskierung der Zentralgewalt und Nationalversammlung, deren Ratifizierungsvorbehalt schlichtweg übergangen wurde.[942] Nachdem Reichsaußenminister Johann Gustav Heckscher am 4. September die Vertragsbedingungen in der Paulskirche vorgetragen hatte, rief ein völlig empörter Dahlmann die Parlamentserklärung vom 9. Juni in Erinnerung, nach welcher »in der schleswig-holstein'schen Sache die Ehre Deutschland's gewahrt werden solle, die Ehre Deutschland's!«[943] Unter Berufung auf diese Erklärung und das Reichsgesetz vom 28. Juni, wurde in der Paulskirche binnen kürzester Zeit die Forderung nach einer einstweiligen Außerkraftsetzung des Vertrags (»Sistierung«) laut.

Die Debatte über den Malmöer Waffenstillstand wurde am 5. September wiederaufgenommen.[944] Abermals agierte Dahlmann als Hauptakteur in der Schleswig-Frage und hielt als Berichterstatter des völkerrechtlichen Ausschusses eine flammende Rede über die Frage, »ob eine Sistirung des dänischen Waffenstillstandes der hohen Versammlung zu empfehlen sei«. Zuerst ging er ausführlich auf das Zustandekommen des Vertrags ein und führte dem Plenum vor Augen, wie sehr Preußen die Nationalversammlung und Zentralgewalt düpiert habe. Sodann prangerte er in aller Schärfe den Inhalt des Abkommens an, das »Deutschland die Möglichkeit entreißt, sich der Vortheile der winterlichen Jahreszeit im Kriege gegen Dänemark zu bedienen«. In rechtlicher Hinsicht wies der streng legalistisch denkende Dahlmann die »Auflösung der provisorischen Regierung« als »ungesetzlich« zurück und prokla-

---

941 Waffenstillstand von Malmö [26. August 1848]. In: WIGARD, Steno. Bericht NV, 1848, Bd. 3, S. 1877–1879 (auch in HUBER, Dokumente, 1978, Bd. 1, S. 597f.). Neben außenpolitischem Druck und dem vorsätzlichen innenpolitischen Hieb gegen das Nationalparlament war ein weiteres Motiv für den Waffenstillstand, Truppen für eine Gegenrevolution disponibel zu bekommen. Siehe dazu FRIEDRICH WILHELM IV. an Alexandra Feodorowna (Charlotte), Kaiserin von Rußland [22. Juni 1848]. In: HAENCHEN, Revolutionsbriefe, 1930, Nr. 64, S. 112–115.

942 Die Ratifikation des Malmöer Vertrags durch Preußen erfolgte bereits am 30. August, der Austausch der Urkunden zwei Tage später. Dazu WOLLSTEIN, Großdeutschland, 1977, S. 63.

943 Rede DAHLMANN [4. September 1848]. In: WIGARD, Steno. Bericht NV, 1848, Bd. 3, S. 1861f.

944 Siehe Debatte vom 5. September 1848 in WIGARD, Steno. Bericht NV, 1848, Bd. 3, S. 1880–1917. Dazu WOLLSTEIN, Großdeutschland, 1977, S. 66–76; EYCK, Hoffnung, 1973, S. 347–353.

mierte – entgegen seiner sonst antirevolutionären Haltung – ein Widerstandsrecht gegen die »Trennung der beiden Herzogthümer Schleswig und Holstein«, die mit dem Vertrag vollzogen werde. Stellvertretend für die Ausschussmehrheit empfahl er der Versammlung die »Sistirung der zur Ausführung des Waffenstillstandes ergriffenen militärischen und sonstigen Maßregeln«.[945]

Um seinen Ausführungen Nachdruck zu verleihen, bot Dahlmann erneut die einschlägige Palette nationalistischer Schlagwörter und Argumentationsstrategien auf. So legte er seine vormals besonnene Haltung gegenüber den Dänen ab und malte düstere Zukunftsvisionen einer »Knechtschaft der Dänen« aus, die die Herzogtümer »in eine sichere Anarchie« stürzen ließe. Mit dem »Bruche der heiligsten Zusagen« würde man die »Helden des Vaterlandes«, die eigenen »Landsleute, unser eigenes deutsches Fleisch und Blut dem sicheren Verderben überliefern« und »der Rachsucht ihrer haßerfüllten dänischen Feinde« preisgeben. An die nationalistische Diffamierung der Dänen knüpfte Dahlmann den Hinweis auf die existenzielle Gefährdung des Großmachtstatus eines künftigen deutschen Nationalstaats, denn die »neue deutsche Macht [...] soll von Anfang her in ihrem Aufkeimen beschnitten, sie soll, wenn es möglich wäre, nach allen Seiten hin zerfetzt und endlich zerbrochen werden!« Gebe man in Schleswig nach und beginne man das Werk der nationalen Einigung »kleinmüthig«, so werde man sein »ehemals stolzes Haupt *nie* wieder erheben« können – »Denken Sie an diese meine Worte: *Nie!*« Mit einer gleichsam national-liturgischen Beschwörung beschloss Dahlmann seine Rede: »Ich habe gesprochen. Möge die Hand dessen walten, der die Beschlüsse der Menschen zu gerechten Entscheidungen zu leiten weiß!«[946]

Wieder hinterließ Dahlmanns Rede einen nachhaltigen Eindruck. In der folgenden, mit aller Leidenschaft geführten Debatte kamen nun vor allem die Gegner des Waffenstillstandes zu Wort. Eine entschiedene Befürwortung des Abkommens wurde nicht vorgebracht, was wohl auch der Wirkung Dahlmanns geschuldet war.[947] Nichtsdestotrotz erklärte Reichsinnenminister Schmerling kurz vor Ende der Debatte, dass die Reichsregierung bei einer Ablehnung des Vertrages sofort zurück-

---

945 Rede DAHLMANN [5. September 1848]. In: WIGARD, Steno. Bericht NV, 1848, Bd. 3, S. 1880f.

946 Rede DAHLMANN [5. September 1848]. In: WIGARD, Steno. Bericht NV, 1848, Bd. 3, S. 1881f. Alle Hervorhebungen im Original.

947 So BLEEK, Dahlmann, 2010, S. 323; WOLLSTEIN, Großdeutschland, 1977, S. 72.

treten werde.[948] Folgerichtig demissionierte das Kabinett, als der Antrag auf Sistierung des Waffenstillstandes in namentlicher Abstimmung mit einer knappen Mehrheit angenommen wurde (238 zu 221). Die Stimmen verteilten sich wie folgt: Während die politische Linke fast geschlossen für und die politische Rechte größtenteils gegen die Sistierung stimmte, splitterte sich das rechte Zentrum in einzelne Gruppen auf, die je nach politischer Interessenlage für oder gegen den Antrag votiert hatten. Wie alle anderen anwesenden Volksvertreter aus Schleswig und Holstein hatten Dahlmann, Waitz und Droysen, aber auch Gfrörer und Hagen für die Sistierung gestimmt.[949] Dieser Beschluss wurde in der politisch vorwiegend linksorientierten Gästegalerie mit regelrechten Jubelstürmen aufgenommen.

Das nationale Hochgefühl wich aber bald einer politischen Ernüchterung. Zum einen war völlig unklar, wie die Resolution vom 5. September überhaupt durchgesetzt werden sollte, denn die Nationalversammlung entbehrte aller eigenen Machtmittel und war in der Schleswig-Frage bislang auf eine Kooperation mit Preußen angewiesen. Mit der Zurückweisung des Waffenstillstands hatte man sich nun in eine Lage manövriert, in der sich nicht nur die politischen Handlungsspielräume zusehends verengten, sondern in der man auch Gefahr lief, in eine ernsthafte Konfrontation mit der Hohenzollernmonarchie zu geraten. Zum anderen führte der Sistierungsbeschluss zu einer gravierenden Regierungskrise. Nachdem das Reichskabinett zurückgetreten war, wurde Dahlmann wegen seiner führenden Rolle in der Schleswig-Debatte vom Reichsverweser mit einer Regierungsneubildung beauftragt. Konnte Dahlmann in der Sistierungsfrage noch eine negative Mehrheit hinter sich vereinen, zeichnete sich schnell ab, dass mit jenen Blöcken des Parlaments, die für die Sistierung gestimmt hatten, keine konstruktive Mehrheit hergestellt werden konnte, denn in nahezu allen wesentlichen Grundsatzfragen erwiesen sich die politischen Differenzen als unüberbrückbar.[950]

---

**948** Regierungserklärung SCHMERLING [5. September 1848]. In: WIGARD, Steno. Bericht NV, 1848, Bd. 3, S. 1905. Zur Politik der Reichsregierung in der Waffenstillstandsfrage siehe insbesondere HEIKAUS, Zentralgewalt, 1997, S. 204–225; ferner WOLLSTEIN, Großdeutschland, 1977, S. 67–69, 74f.; HUBER, Verfassungsgeschichte, 1988, Bd. 2, S. 674–676.

**949** Siehe das Abstimmungsergebnis vom 5. September 1848 in WIGARD, Steno. Bericht NV, 1848, Bd. 3, S. 1912–1917 (Wuttke war zu diesem Zeitpunkt noch nicht Mitglied der Frankfurter Nationalversammlung). Eine fraktionelle und regionale Aufschlüsselung des Ergebnisses bietet EYCK, Hoffnung, 1973, S. 354–356.

**950** Zur Regierungskrise und zum erfolglosen Versuch einer Regierungsbildung unter Dahlmann HEIKAUS, Zentralgewalt, 1997, S. 226–229; HUBER, Verfassungsgeschichte, 1988, Bd. 2, S. 677–679; BLEEK, Dahlmann, 2010, S. 326f.

Als sich nach dem endgültigen Scheitern der Regierungsneubildung am 8. September auch keine anderen Alternativen andeuteten, wie sich der Sistierungsbeschluss gegenüber der preußischen Regierung notifizieren, geschweige denn durchsetzen ließ, wurde deutlich, dass man in eine politische Sackgasse geraten war. Infolgedessen wurden auf verschiedenen Ebenen und in mehreren Gremien Wege und Möglichkeiten ausgelotet, wie man der verfahrenen Lage wieder entkommen könne. Bei diesen Überlegungen tat sich besonders Droysen hervor, dessen Gedanken in erster Linie von dem Verhältnis der Frankfurter Institutionen zu Preußen geleitet waren. Bereits im April 1848 hatte Droysen ganz im Sinne seiner teleologischen Geschichtsauffassung erklärt: »Den Hohenzollern gebührt die Stelle, die seit den Hohenstaufen leer geblieben.«[951] Dieser Zielvorstellung fühlte er sich offenbar auch in der Folgezeit verpflichtet, weswegen er nun eine mögliche Reaktion Preußens auf den Sistierungsbeschluss mit ins Kalkül einbezog. Keinesfalls dürfe man, so glaubte Droysen, die künftige deutsche Kernmacht gegen sich aufbringen, vielmehr sei ein Ausgleich mit Berlin zu suchen.[952] Beharre man aber auf der Ablehnung des Waffenstillstandes, so »bricht Preußen mit uns«[953] – ein Schreckensszenario für den geradezu fanatischen Preußen. Vor diesem Hintergrund beantragte Droysen am 14. September mit drei anderen schleswig-holsteinischen Abgeordneten, die »Vollziehung des Waffenstillstandes […] nicht länger zu hindern«.[954] Zwar forderten die Antragsteller zugleich eine Modifikation der Vertragsbestimmungen, für die sich die Zentralgewalt einsetzen solle, doch signalisierten sie mit diesem Ansinnen ihre prinzipielle Bereitschaft zum Einlenken.

Dieser Vorschlag gab den Anstoß zu einer erneuten, dreitägigen Debatte. Abgesehen von einzelnen Parlamentariern, die ebenfalls ihre Meinung geändert hatten, wurden in den Diskussionsbeiträgen kaum neue Argumente vorgebracht.[955] Während Dahlmann sich in dieser Fra-

---

951 Droysen, deutschen Angelegenheiten, 1848, S. 136. Diese Denkschrift hat Droysen 1849 in seinen *Beiträgen zur neusten deutschen Geschichte* erneut veröffentlicht (Droysen, Beiträge, 1849, S. 41–56). Zu Droysens Beurteilung der historischen Aufgabe Preußens während der Revolution 1848/49 siehe auch unten, Anm. 1063.

952 Zu Droysens propreußischer Haltung in der Sistierungsfrage siehe mit weiteren Quellenbelegen Nippel, Droysen, 2008, S. 104–109; ferner Muhlack, Droysen, 1998, S. 269.

953 Droysen an Wilhelm Behn [15. September 1848]. In: Droysen, Briefwechsel, 1929, Bd. 1, Nr. 289, S. 466.

954 Antrag Droysen, Francke, Michelsen, Neergard [14. September 1848]. In: Wigard, Steno. Bericht NV, 1848, Bd. 3, S. 2030.

955 Siehe die zweite Debatte um den Malmöer Vertrag vom 14.–16. September in Wigard, Steno. Bericht NV, 1848, Bd. 3, S. 2029–2159; hierzu Wollstein, Großdeutschland, 1977, S. 77–86; Eyck, Hoffnung, 1973, S. 358–365; Ribhegge, Parlament, 1998, S. 86–92.

ge nicht mehr zu Wort meldete, fasste Waitz am 15. September, als sich die Rücknahme des Sistierungsbeschlusses bereits abzeichnete, in einer Art Schlussplädoyer seinen Standpunkt zusammen. Nachdem er seine grundsätzliche Haltung zu Preußen mit der Devise »kein Deutschland ohne Preußen [...] kein Preußen ohne Deutschland« plakativ zum Ausdruck gebracht hatte, kritisierte er eindringlich die Rolle der preußischen Regierung beim Zustandekommen des Vertrags. Auch der Inhalt sei keinesfalls zu tolerieren, denn »kein Deutscher kann solche Bedingungen gut heißen«. Diese rhetorische Figur, mit der er die Befürworter des Waffenstillstandes als ›undeutsch‹ zu stigmatisieren versuchte, stieß auf ein ebenso lebhaftes Echo wie seine Behauptung, die politische Lage sei zwar prekär, erfordere aber keine Anerkennung des Malmöer Vertrags. Gerade im Hinblick auf eine mögliche Kriegsgefahr bezog sich Waitz explizit auf seine geschichtswissenschaftliche Expertise und führte »als Historiker bloß die Thatsache an, daß Dänemark fast immer auf der Halbinsel besiegt worden ist, und hier niemals einem Feinde nachhaltig hat Widerstand leisten können, daß auch alle seine Gegner in früherer Zeit den Frieden in den Herzogthümern oder in Jütland erzwungen haben, so daß ich meine, es wäre auch uns wohl gelungen, Das zu erreichen, was kleinere Mächte erreichten.« Auch in Bezug auf die Bevölkerungsstruktur argumentierte er geschichtlich. So verwies er zwar – deutlich wie nie zuvor – auf die dänische Minderheit in Schleswig, die sich gegen die Integration des Herzogtums in einen deutschen Nationalstaat wehre, hielt dem aber eine Art historisch-evolutionäres Recht des Stärkeren entgegen: »Wenn eine große Bewegung sich endlich vollziehen will, wenn etwas, was lange vorbereitet ist, nun ins Leben treten soll, dann fehlt es nie, daß auch widerstrebende Elemente dagegen hervortreten.« Als ein solches widerstrebendes Element seien die Dänen »untergeordnet, sie verschwinden und können nie dahin führen, daß Deutschland die hochherzigen Sympathien für mein Vaterland preisgibt, oder etwa bedauert, daß edles deutsches Blut dort für deutsche Brüder geflossen ist.« Seine langen Erörterungen führten Waitz zu der Schlussfolgerung, »daß es ganz unmöglich ist, daß der Vertrag jetzt noch genehmigt werde, daß Das, was hinfällig ist, was gar nicht mehr existirt, von uns hier nachträglich sanctionirt werde.« So betonte er »daß der Vertrag bereits verworfen und vernichtet ist, und daß es deßhalb auch nicht mehr unsere Aufgabe ist, ihn zu verwerfen.«[956]

956 Alle Zitate Rede Waitz [15. September 1848]. In: Wigard, Steno. Bericht NV, 1848, Bd. 3, S. 2066–2072.

Diese Argumentation Waitz' stand in einem diametralen Gegensatz zu seinem Handeln am folgenden Tag. Am 16. September stimmte die Nationalversammlung erneut über den Waffenstillstand ab. Nachdem die Majorität die Ablehnung des Malmöer Vertrags zunächst mit 258 zu 237 Stimmen verworfen hatte, wurde in einem zweiten Urnengang über den von Droysen miteingebrachten Antrag entschieden, den das Parlament mit 257 zu 236 Stimmen annahm. Damit hatte die Nationalversammlung eine Kehrtwende vollzogen. Der Beschluss vom 5. September war revidiert und der Waffenstillstand akzeptiert. Auch Waitz, der noch am Vortag so entschieden gegen die Annahme gesprochen hatte, stimmte nun für die Annahme des Vertrages.[957] Dahlmann dagegen behielt trotz seiner grundsätzlich propreußischen politischen Orientierung seinen ursprünglichen Standpunkt bei.[958] Gleiches galt für Gfrörer und Hagen, die damit für eine Fortsetzung des Nationalkrieges gegen Dänemark votierten.

Auf den ersten Blick war mit dem Beschluss vom 16. September die Gefahr eines gesamteuropäischen Krieges gebannt, auch eine Konfrontation mit Preußen schien vorerst abgewendet. Schon bald offenbarten sich jedoch die gravierenden Konsequenzen des Entscheids. Die Rücknahme des Sistierungsbeschlusses wurde von den revolutionär gesinnten Teilen der Bevölkerung mit immenser Empörung aufgenommen, die sich umgehend in einer »unkontrollierten Eruption nationalistischer Leidenschaften« entlud.[959] Nachdem es bereits am 16. September zu ersten Tumulten im Frankfurter Stadtgebiet gekommen war, erklärte eine über 10.000 Teilnehmer zählende Massenversammlung auf der Frankfurter Pfingstweide am folgenden Tag die Abgeordneten, die für die Annahme des Waffenstillstandes gestimmt hatten, »für Verräther des deut-

957 Siehe das Abstimmungsergebnis vom 16. September 1848 in Wigard, Steno. Bericht NV, 1848, Bd. 3, S. 2145–2159. Wollstein, Mitteleuropa, 1983, S. 241f., äußert, dass Waitz sogar als Anführer derjenigen fungiert habe, die den Waffenstillstand zunächst verworfen, dann aber doch akzeptiert haben. Dies ist allerdings mehr als unplausibel, da Waitz bis zur Abstimmung scharf gegen die Anerkennung argumentiert hatte. So nimmt Wollstein, Großdeutschland, 1977, S. 81 auch irrtümlicherweise an, Waitz habe bereits in seiner Rede vom 15. September »seine Meinung gewechselt«. Dass Waitz keineswegs als Anführer der nunmehrigen Waffenstillstands-Befürworter agierte hat, geht auch aus Droysen an Frau Olshausen [16. September 1848]. In: Droysen, Briefwechsel, 1929, Bd. 1, Nr. 290, S. 467f., hervor.

958 Siehe Wigard, Steno. Bericht NV, 1848, Bd. 3, S. 2152. Erstaunlich weit verbreitet ist die irrige Annahme, Dahlmann habe am 16. September für den Waffenstillstand gestimmt (z.B. Botzenhart, Parlamentarismus, 1977, S. 186; Ribhegge, Parlament, 1998, S. 85; zuletzt auch Rapport, Revolution, 2011, S. 237). Dieser Irrtum hat offenbar via Valentin, Revolution, 1931, Bd. 2, S. 157f., Eingang in die einschlägige Literatur gefunden.

959 Mommsen, Revolution, 1998, S. 232.

schen Volks, der deutschen Freiheit und der deutschen Ehre«.[960] Einen Aufruf zu einer bewaffneten Volksversammlung im Stadtzentrum beantwortete das noch geschäftsführende Reichskabinett mit der Anforderung preußischer Truppen aus der Bundesfestung Mainz. Dies führte geradewegs zum Frankfurter Septemberaufstand, der im Lynchmord an zwei Mitgliedern der Nationalversammlung gipfelte und am 18. September blutig niedergeschlagen wurde.[961] Auch in anderen Gebieten Deutschlands, namentlich Baden, verleiteten die Frankfurter Vorgänge zu revolutionären, aber letztlich erfolglosen Umsturzversuchen.[962]

Die Anerkennung des Malmöer Abkommens und deren Folgen erwiesen sich als Menetekel der kurz daraufhin einsetzenden Gegenrevolution. Das Nachgeben gegenüber Preußen zeigte, dass den deutschen Großmächten die Durchsetzung einer den partikularen Interessen folgenden Politik weiterhin möglich war. Dies konnte Preußen und Österreich in ihren antirevolutionären Absichten nur bestärken. Die Nationalversammlung hingegen büßte durch ihre Kehrtwende in der Öffentlichkeit massiv an Ansehen und Glaubwürdigkeit ein. Vor allem aber hatte sich die provisorische Zentralgewalt durch ihr scharfes Vorgehen gegen die ›Basisrevolution‹ in nicht wiedergutzumachender Weise diskreditiert.[963] Auch innerhalb der Paulskirche verhärteten sich die Fronten. Konnten sich die Fraktionen im Juni 1848 wie sonst selten zu einem kooperativen Wirken durchringen, führte das völlig entgegengesetzte Verhalten der demokratischen und liberalen Fraktionen im September 1848 zu einer folgenschweren und irreparablen Spaltung der auf Veränderung drängenden Kräfte, wodurch einem Erfolg des nationalen Einigungs- und Verfassungswerks eine wichtige Grundlage entzogen wurde. Angesichts dieser vielschichtigen und miteinander verflochtenen Folgewirkungen stellten die Schleswig-Frage und die aus ihr resultierenden

---

**960** Siehe die entsprechende Eingabe in WIGARD, Steno. Bericht NV, 1848, Bd. 3, S. 2184. Siehe auch die Rede des Paulskirchenabgeordneten Ludwig Simon bei der Volksversammlung auf der Frankfurter Pfingstweide [17. September 1848]. In: GRAB, Revolution, 1998, S. 119–121, der den »schmachvollen Waffenstillstand« beklagte und den befürwortenden Abgeordneten vorwarf, sich das Vertrauen der Nation »verscherzt« zu haben (Zitate S. 120).

**961** Zum Frankfurter Septemberaufstand VOGT, September, 1848; VALENTIN, Frankfurt, 1908, S. 314–354; WETTENGEL, Revolution, 1989, S. 269–274; HEIKAUS, Zentralgewalt, 1997, S. 235–247; ferner SIEMANN, Revolution, 1985, S. 162–164; BOTZENHART, Europa, 1998, S. 112–114; ENGEHAUSEN, Revolution, 2007, S. 200–204.

**962** Zum ›Septemberputsch‹ in Baden siehe HIPPEL, Revolution, 1998, S. 255–264.

**963** Zum Begriff der ›Basisrevolution‹ siehe SIEMANN, Revolution, 1985, S. 59.

Probleme und Handlungszwänge einen nicht unerheblichen Faktor für das Scheitern der Revolution dar.[964]

Die Schleswig-Frage trat nach dem September 1848 in den Hintergrund. Sie beschäftigte die Parlamentarier noch im Rahmen der Beratungen über die Verfassung und das Territorium eines deutschen Nationalstaates.[965] Als Dänemark den Waffenstillstand im März 1849 aufkündigte, wurde die Frage aber durch die Verabschiedung und die versuchte Inkraftsetzung der Reichsverfassung überschattet. Diese legte den territorialen Status Schleswigs nicht fest, sondern behielt sich eine künftige Regelung vor (§ 1).[966]

## *6.2 Die Polen-Frage in der Revolution 1848/49*

Ähnliche innen- und außenpolitische Verwicklungen wie der Konflikt um Schleswig zog 1848/49 auch die Frage nach einem polnischen Nationalstaat nach sich. Dessen ungeachtet war die Ausgangslage hier eine grundsätzlich andere. Infolge der drei polnischen Teilungen von 1772, 1793 und 1795 waren alle polnischen Gebiete an Österreich, Preußen und Russland gefallen – mit Ausnahme der Stadtrepublik Krakau, die als Kondominat der drei Großmächte bis zum Krakauer Aufstand 1846 existierte. Ein polnischer Nationalstaat konnte also nur durch eine freiwillige oder erzwungene Abtretung von Gebieten verwirklicht werden, also durch eine grundsätzliche Revision der europäischen Staatenordnung. Eine Revolution oder ein Krieg auf gesamteuropäischer Ebene war deswegen fest im Denkhorizont der polnischen Nationalbewegung verankert.[967] Die revolutionären Unruhen in den polnischen Gebieten beschränkten sich 1848/49 hauptsächlich auf das dem österreichischen Kaisertum zugehörige Königreich Galizien und das unter preußischer

---

**964** Zur Bedeutung der Schleswig-Frage für den Revolutionsverlauf siehe HEIN, Revolution, 2007, S. 79–84, der sie als »Schicksalsfrage der Revolution« (S. 81) auffasst; SIEMANN, Revolution, 1985, S. 51, 153–157; LANGEWIESCHE, Revolution, 1998, S. 181f.; HACHTMANN, Epochenschwelle, 2002, S. 87f., 140f.; MOMMSEN, Revolution, 1998, S. 230–232; BOTZENHART, Europa, 1998, S. 106–114; WOLLSTEIN, Großdeutschland, 1977, S. 17f., 23f.

**965** Zur Schleswig-Frage in der Paulskirche nach dem September 1848 WOLLSTEIN, Großdeutschland, 1977, S. 90–97. Siehe zu den Verfassungsberatungen auch Kap. 6.3.3.

**966** Verfassung des deutschen Reiches [28. März 1849]. In: Reichs-Gesetz-Blatt 1849, Nr. 16, S. 101–147, hier § 1: »Das deutsche Reich besteht aus dem Gebiete des bisherigen deutschen Bundes. Die Festsetzung der Verhältnisse des Herzogthums Schleswig bleibt vorbehalten.«

**967** HAHN, polnische Nation, 1998, S. 238f.

Herrschaft stehende Großherzogtum Posen. Für die deutsche Nationalbewegung spielte dabei nur Posen eine nennenswerte Rolle, da dort eine große deutsche Minderheit lebte. Im Gegensatz zu vielen anderen europäischen Revolutionszentren begann die Revolution in Posen jedoch nicht als gewaltsamer Aufstand. Aufgrund der zeitweiligen Ohnmacht der preußischen Regierung nach den Märzunruhen ergab sich zunächst ein breiter Handlungsspielraum für die polnische Nationalbewegung in Posen, die überwiegend vom Adel getragen war. Diese versuchte durch die Gründung eines Nationalkomitees und die Übernahme der zivilen Regierungsgewalt die Schaffung eines polnischen Nationalstaates in die Wege zu leiten, bemühte sich darüber hinaus aber auch um den Aufbau eines eigenen Heeres.[968]

Begünstigt wurde diese Entwicklung durch das neuerliche Aufkommen einer ›Polenbegeisterung‹ und einen politischen Kurswechsel des preußischen Märzkabinetts. Der neue Außenminister v. Arnim verfolgte eine antirussische Politik, die weitgehende Zugeständnisse an die polnische Nationalbewegung beinhaltete. Vor diesem Hintergrund sah sich der preußische König, der im Umfeld der Märzunruhen noch eine Aufnahme aller preußischen Gebiete in den Deutschen Bund angekündigt hatte, am 24. März genötigt, eine »nationale Reorganisation« Polens in Aussicht zu stellen.[969] Angesichts dieser (nur vordergründigen) Zugeständnisse mehrten sich nun Stimmen, die eine energischere Durchsetzung der deutschen Interessen forderten, vor allem in Posen selbst. Dort erhielt eine deutschnationale Bewegung einen rasch anwachsenden Zulauf, die in Opposition zum polnischen Nationalkomitee trat und immer vehementer auf eine Teilung des Großherzogtums und einen Anschluss an den Deutschen Bund drängte. Eine Teilung war allerdings nicht problemlos zu realisieren, da die deutsch-polnischen Siedlungsstrukturen äußerst heterogen waren und zudem militärstrategische Überlegungen eine wichtige Rolle spielten.[970] Außerdem wies die polnische National-

---

**968** Zu den Ereignissen in Polen bzw. Posen im Frühjahr 1848 siehe Makowski, Großherzogtum, 1996, S. 154–161; Wollstein, Großdeutschland, 1977, S. 104–109; ferner Hahn, polnische Nation, 1998, S. 240–246.

**969** Zur preußischen Polenpolitik im Frühjahr 1848 siehe Wollstein, Großdeutschland, 1977, S. 101–104, 115–121; Huber, Verfassungsgeschichte, 1988, Bd. 2, S. 639–642; zur ›Polenbegeisterung‹ 1848 Jaworski, Völkerfrühling, 1998, S. 40.

**970** Zu den verschiedenen Bevölkerungsgruppen in Posen und ihren politischen Zielen Makowski, Großherzogtum, 1996, S. 152–154, 161–170. Während die deutschen Einwohner im Wesentlichen der Stadtbevölkerung sowie dem mittleren Bauerntum, Beamtentum und Militär angehörten, war die polnische Bevölkerung hauptsächlich agrarisch geprägt. Die insgesamt ca. 1.300.000 Millionen zählende Bevölkerung Posens bestand aus über 800.000 polnischspra-

bewegung eine Teilung Posens zurück, da sie eine solche als unwiderruflichen Verlust polnischer Gebiete betrachtete.[971]

Die Frage des nationalen Status Posens gewann an Brisanz, als das Vorhaben einer gesamtdeutschen Volksvertretung Gestalt annahm. Im Frankfurter Vorparlament rückte auch die Posener Frage auf die Agenda.[972] Die Ansichten bewegten sich dabei zwischen den beiden Extrempositionen, dass Posen ganz bzw. gar nicht in den Bund aufzunehmen sei.[973] Zu einem endgültigen Beschluss konnte sich das Vorparlament nicht durchringen und übertrug diese Frage einer künftigen deutschen Nationalversammlung. Gleichwohl erklärte die Mehrheit »die Theilung Polens für ein schmachvolles Unrecht« und bekräftige »die heilige Pflicht des deutschen Volkes, zur Wiederherstellung Polens mitzuwirken.«[974] Diesen Beschluss versuchten mehrere Abgeordnete am letzten Sitzungstag zu ändern. Treibende Kraft war dabei Heinrich Wuttke, der die Versammlung dazu aufrief, die deutschen Regierungen aufzufordern, »alle zur Deckung der östlichen Grenzen erforderlichen Maßregeln schleunigst zu ergreifen, und sofort für allgemeine Volksbewaffnung Sorge zu tragen.«[975] Wuttke deutete damit an, dass eine Einigung in Posen nicht einvernehmlich zu erreichen sei, sondern nur gewaltsam. Die Forderungen gingen allerdings noch weiter. Mit der Begründung, »die deutsche Bevölkerung von Posen dürfe nicht geopfert, nicht einer fremden Herrschaft preisgegeben werden«, beantragte er mit zehn weiteren Parlamentariern, die Versammlung solle die deutsche Bevölkerung Posens aufrufen, »ihre Vertreter in die constituirende Nationalversammlung zu senden.«[976] Obwohl die Mehrheit eine Revision der gefassten Beschlüsse ablehnte und die Gruppe um Wuttke mit ihrem Ziel scheiterte, ein

---

chigen, rund 400.000 deutschsprachigen und 80.000 jüdischen Einwohnern. Zu den Angaben und zur allgemeinen Bevölkerungsproblematik siehe WOLLSTEIN, Großdeutschland, 1977, S. 106, Anm. 24. Von zentraler militärstrategischer Bedeutung war die seit 1828 von Preußen errichtete Festung in der Stadt Posen. Auch in der Paulskirche bestand stets ein verhältnismäßig breiter Konsens darüber, dass diese Festung zu Deutschland gehören müsse.

971 WOLLSTEIN, Großdeutschland, 1977, S. 108.

972 Zur Posen-Frage im Vorparlament siehe WOLLSTEIN, Großdeutschland, 1977, S. 109–113.

973 Siehe die Debatte im Vorparlament in: Verhandlungen des deutschen Parlaments, 1848, Bd. 1, S. 31–37.

974 Antrag STRUVE [31. März 1848]. In: Verhandlungen des deutschen Parlaments, 1848, Bd. 1, S. 37, 172.

975 Antrag WUTTKE [3. April 1848]. In: Verhandlungen des deutschen Parlaments, 1848, Bd. 1, S. 152f.

976 Antrag »mehrerer Mitglieder« [3. April 1848]. In: Verhandlungen des deutschen Parlaments, 1848, Bd. 1, S. 154. Die führende Rolle Wuttkes bei diesem Antrag betont WOLLSTEIN, Großdeutschland, 1977, S. 112f.

Präjudiz in der Posen-Frage zu schaffen, waren diese Anträge dennoch richtungsweisend – sie forderten lautstark eine Politik ein, die über eine Berücksichtigung deutscher Interessen hinausging, und rückten damit eine polenfeindliche Denkweise ins Zentrum der Nationalpolitik.[977]

Wie man auf die nationalen Bestrebungen der Polen reagieren solle, blieb gleichwohl umstritten. Auch propolnische Bekundungen wurden weiterhin und mit aller Entschiedenheit vorgebracht. Dazu trug bei, dass die Furcht vor einer militärischen Intervention des autokratischen Russlands weit verbreitet war und man in den Polen einen gleichsam natürlichen Verbündeten gegen solche Bestrebungen, ja eine Vormauer gegen das Zarenreich sah.[978] Ähnlich wie Hagen diese Gedanken bereits 1846 geäußert hatte,[979] wies auch Gfrörer in seinem Ende März 1848 verfassten Aufsatz *Was ist zu thun?* auf eine russische Bedrohung hin. So zeigte er sich völlig überzeugt, dass man, noch »ehe zwei, drei Monate verstreichen«, einen »Krieg mit den Muskowitern zu bestehen« habe, in den Polen aber einen »trefflichen Bundesgenossen gewinnen« könne.[980] Von einer Reichsversammlung forderte er deshalb die Erklärung, »daß sie Abscheu hegt vor den im Namen deutscher Herrscher an dem Volke der Polen verübten Gewaltthaten, und daß sie zur Wiederherstellung des unglücklichen Polens die Hände bietet.«[981]

Auch in der preußischen Hauptstadt wurde die Polen-Frage kontrovers diskutiert, wobei gesicherte Informationen über die neuesten Vorgänge kaum vorlagen.[982] Neben die polenfreundlichen Stimmen, die ihr Sprachrohr vor allem in den demokratischen Presseorganen fanden, traten von Beginn an auch Äußerungen, die die polnischen Forderungen rundweg ablehnten oder doch zumindest den deutschen Interessen einen klaren Vorrang zubilligten. So war etwa in der *Vossischen Zeitung* vom 4. April zu vernehmen, dass es einem »Verrath an den Deutschen« gleichkäme, wenn »Posen ohne weiteres den Polen übergeben« werde. Dieser Erklärung folgte die Forderung an die preußische Regierung, sie möge »zur Beruhigung der Deutschen« feststellen, »daß Polen frei werden soll, daß aber durch dieses Freiwerden, deutsche Interessen nicht

---

977 WOLLSTEIN, Großdeutschland, 1977, S. 114.

978 Zu solchen Denkmustern vor 1848 siehe KOLB, Polenbild, 1975, S. 120; einige Beispiele aus der Revolutionszeit 1848/49 bietet WOLLSTEIN, Großdeutschland, 1977, S. 99f., 110f. u.ö.

979 Siehe oben, S. 198.

980 GFRÖRER, Was ist zu thun?, 1848, S. 353. Zur vermeintlichen Bedrohungssituation der deutschen Nation siehe auch Anm. 1042.

981 GFRÖRER, Was ist zu thun?, 1848, S. 356.

982 Siehe dazu HACHTMANN, Berlin 1848, 1997, S. 663–667, der weiteres Quellenmaterial zur Diskussion über die Polen-Frage in Berlin 1848 liefert.

verletzt werden dürfen, daß daher der in der Mehrzahl seiner Bewohner deutsch gewordene Antheil Posens, stets zu Deutschland gehören muß und daß deutsche Provinzen nicht durch polnisches Land von einander getrennt werden können.«[983] Auch die *Spenersche Zeitung* stellte es als »über alle Zweifel erhaben« dar, »daß die *deutsche* Volksthümlichkeit von jeher zu tieferer Durchbildung und reicherer Lebensentfaltung berufen gewesen ist, als die *slavische*«. Die Abtretung der auch von Deutschen besiedelten Gebiete an einen polnischen Staat bedeute deswegen »nichts anderes, *als das höhere Lebens-Element, die gereiftere, durchgebildetere Volksthümlichkeit auf eine untergeordnete Stufe zu versetzen, sie einer unreiferen Nationalität aufopfern.*«[984]

Unterdessen zeichnete sich ab, dass auch Friedrich Wilhelm IV. keineswegs gewillt war, Hoheitsrechte über Posen abzutreten. Um das preußische Regiment wiederherzustellen, hatte er Anfang April General Peter v. Colomb angewiesen, die polnische Nationalbewegung militärisch zu unterdrücken. Zugleich griff die Berliner Regierung die Pläne wieder auf, das Großherzogtum in den Deutschen Bund einzugliedern. Nach der Teilung Posens erklärte die Bundesversammlung die westlichen Gebiete am 22. April zu Bundesterritorium; eine preußischerseits vorgenommene Gebietserweiterung wurde von der Bundesversammlung am 2. Mai bestätigt. In diesen Gebieten wurden am 1. und 19. Mai acht bzw. vier Abgeordnete für die Nationalversammlung gewählt.[985] Derweil hatten auch die preußischen Truppen ihre Operationen erfolgreich beendet. Am 9. Mai ergaben sich die letzten polnischen Verbände.[986]

In der Öffentlichkeit fanden diese Vorgänge großen Widerhall.[987] An der Spitze des antipolnischen Lagers stand abermals Wuttke, der in Leipzig seine nationalistische Agitation forcierte. Am 26. April gründete er den *Verein zur Wahrung der deutschen Sache an den östlichen Grenzen*, dessen Vorsitzender er wurde und der die deutschen Nationalisten in Posen zu unterstützen suchte, vor allem aber über die Presse, durch

---

983 *Vossische Zeitung* Nr. 80 [4. April 1848], nicht paginiert [S. 3].

984 *Spenersche Zeitung* [Nr.] [15. April 1848]. Zitiert nach HACHTMANN, Berlin 1848, 1997, S. 665. Hervorhebung im Original.

985 Protokolle der Bundesversammlung [22. April 1848], § 319, S. 447–449; Protokolle der Bundesversammlung [2. Mai 1848], § 389, S. 521f.

986 Zum Militär-Einsatz MAKOWSKI, Großherzogtum, 1996, S. 158–160; WOLLSTEIN, Großdeutschland, 1977, S. 114–121.

987 Dazu WOLLSTEIN, Großdeutschland, 1977, S. 121–128.

Adressen und Petitionen auf eine Zurückdrängung polenfreundlicher Standpunkte abzielte.[988]

Daneben trat Wuttke auch selbst als Autor hervor. Mitte 1848 veröffentlichte er (nur unter Angabe seiner Initialen) das Pamphlet *Die neueste Polnische Insurrection im Großherzogthum Posen*, dessen chauvinistischer Gehalt seinen bisherigen Schriften in nichts nachstand und den bezeichnenden Untertitel *Ein factischer Beweis des gegen das Deutschthum kämpfenden Slaventhums* trug. Seine Ausführungen leitete er mit dem Vorwurf ein, der polnische Adel habe von langer Hand einen Aufstand geplant, mit dem nicht nur ein polnischer Nationalstaat verwirklicht, sondern auch die deutsche Bevölkerung in Posen unterdrückt werden sollte. Gestützt auf verschiedene, angeblich objektive Quellen, bemühte er sich um den Nachweis, dass der polnische Adel das anfängliche Entgegenkommen der preußischen Regierung genutzt hätte, um sogleich »mit Plünderung, Mißhandlung und Unterdrückung der Deutschen zu beginnen.«[989] Dabei warf er der katholischen Geistlichkeit vor, die Polen angestachelt und fanatisiert zu haben. »Schrecklicher als Alles« sei nämlich »die mit dem religiösen Fanatismus verbundene Entmenschlichung des Herzens gegenüber den als Feinden ihrer Kirche gebrandmarkten Protestanten und Juden« gewesen. Der polnische Adel und Klerus hätten einer »glühenden Lavamasse [...] die Fessel gesprengt, um sie über das Eigenthum und die Häupter harmloser Bürger und Mitbrüder zerstörend zu leiten.«[990] Diesen Vorwürfen, denen er eine besonnene Haltung der Deutschen gegenüberstellte, ließ Wuttke

---

**988** Zum Verein siehe WEBER, Revolution, 1970, S. 137–139. Einen Eindruck über die Tätigkeit des Vereins vermittelt das von Heinrich Wuttke verfasste Flugblatt *An unsere deutschen Brüder in Posen* (= WUTTKE, Flugblatt, 1848): »Mit freudigem Stolze sahen wir Euch zur Erhaltung Eures deutschen Volksthumes aufstehen, sahen wir Euren der Ehre des deutschen Namens würdigen, ruhmvollen Kampf, den der Sieg gekrönt hat: wie Ihr schweres Drangsal überwandet, wird unvergessen bleiben in den Jahrbüchern unsrer Geschichte. Darum hat Schmerz uns erfüllt, daß Männer in der Frankfurter Nationalversammlung vergessen konnten, daß sie als Abgeordnete des deutschen Volkes zu Rathe saßen, und mit Betrübniß beklagen wir, daß sächsische Abgeordnete wider Euer gutes Recht sprachen und stimmten. Glaubet nicht, daß mit ihrem Verhalten bei dieser Frage, für die es nur Eine Antwort gab, alle Sachsen einverstanden seien. Wir mißbilligen es mit Entrüstung. Haltet Ihrer Unwissenheit zu gute, was ihr Mund sündete. Bleibt zugethan Euren Stammgenossen in Sachsen, deren Vertreter Euch wehe gethan. Leipzig, den 6. August 1848.« Wuttke wandte sich mit diesen Äußerungen gegen Robert Blum, der am 24. Juli in der ›Polendebatte‹ (siehe unten, S. 254) für eine versöhnliche Haltung gegenüber den Polen eingetreten war und das rigorose Übergehen polnischer Interessen zurückgewiesen hatte.

**989** WUTTKE, Insurrection, 1848, S. 5.

**990** WUTTKE, Insurrection, 1848, S. 23.

eine lange Aufzählung von Gräueltaten folgen, die die Polen an Deutschen und Juden begangen hätten.[991]

Seine Hauptforderung, Posen müsse Teil eines deutschen Nationalstaates werden, untermauerte Wuttke mit historischen Argumenten, die er in den bereits oben erwähnten Schriften ausführlich dargelegt hatte: Abgesehen davon, dass die Germanen »des Landes Urbesitzer« gewesen seien, gehöre das Gebiet, auf dem sich Deutsche wieder angesiedelt haben, auch aufgrund einer Kultivierungsleistung zu Deutschland. Denn dieses Gebiet sei »nicht nur ein durch blutige Kämpfe theuer errungenes; es ist ein durch Millionen und durch deutschen Fleiß rechtlich erkauftes! es ist ein durch den Geist der Humanität und Intelligenz moralisch erworbenes Eigenthum.« Besonders scharf wandte sich Wuttke gegen die Bildung eines polnischen Nationalstaates und begründete auch dies historisch: »Wer verbürgt uns Polens Treue? Die Geschichte nicht – in diesem Augenblick gar nicht.« Den Polen einen Nationalstaat zu gewähren, »hieße Preußens Existenz, Deutschlands Einheit, Europas Friede auf's Spiel setzen.«[992] Indem er die Polen als Gefahr darstellte, suchte er das Argument zu entkräften, dass ein polnischer Staat eine Vormauer gegen eine russische Bedrohung bilde. Des Weiteren griff er das bereits im Vorparlament artikulierte Denkmuster auf, die Errichtung eines polnischen Nationalstaates bedeute, deutsche »Mitbrüder« den Polen zu »opfern«.[993] Nicht die polnischen Interessen seien maßgeblich; vielmehr gelte es, zuallererst die deutschen zu berücksichtigen: »Ehe wir an Polen denken, sei Deutschlands Politik: Einigkeit, feste Einigkeit in sich selbst.« In Richtung der Polenfreunde schloss Wuttke mit den Worten: »*Vielmehr solltet Ihr die Pflicht erkennen, unter Euren Schutz, Eure In-*

---

991 Die Auflistung findet sich in WUTTKE, Insurrection, 1848, S. 24–34, die in folgendem Tenor gehalten ist: »An den Wehrlosen übten die Polen Rache: a) der Kaufmann Hirsch Strelitz, ein gelähmter 60jähriger Greis erliegt zunächst den Mißhandlungen; b) der Kaufmann Herrmann Kutnowski, 22 Jahr alt, wird auf die Straße getrieben und erschossen; c) sein Bruder gemißhandelt, genöthigt, Wein zu schaffen, und neben der Leiche seines Bruders mit den Insurgenten Brüderschaft zu trinken [...]« (S. 24). Zur Haltung der Deutschen siehe ebd., S. 19.

992 Alle Zitate WUTTKE, Insurrection, 1848, S. 40f., 43.

993 WUTTKE, Insurrection, 1848, S. 41: »Ist das Menschlichkeit, eine halbe Millionen fleißiger ruhiger [deutscher] Mitbrüder einer kleinen Parthei eines ruhelosen willkührlichen Adels opfern?« Ebd., S. 43: »Ihr aber, deutsche Mitbrüder, die Ihr aus einem warmen Gefühl für ein historisches Unrecht eine in der Totalität des Volkes noch nicht vorhandene polnische Nationalität aus dem Grabe heraufbeschwören, und die jugendliche Frische Eurer 600.000 Deutschen dahinein legen wolltet; empfindet eben so warm für eine *historische Wahrheit!*« (Hervorhebung im Original).

*telligenz, Eure freien Institutionen auch eben diese Nation zu stellen, und Gerechtigkeit zu üben gegen Euer eigenes Volk.*«[994]

Wuttke hatte damit Ansichten und Argumente aktualisiert, die nicht nur großen Widerspruch unter den Anhängern und Sympathisanten der polnischen Nationalbewegung fanden,[995] sondern die auch die Politik der Frankfurter Nationalversammlung prägten und dort in der berühmten ›Polendebatte‹ vom 24. bis zum 26. Juli 1848 von verschiedener Seite aufgegriffen wurden.[996] Die Debatte ging zurück auf einen Protest mehrerer Wortführer der polnischen Nationalbewegung, die Einspruch dagegen erhoben, dass man Abgeordnete aus Posen zur deutschen Nationalversammlung zugelassen hatte. Der völkerrechtliche Ausschuss (als dessen Berichterstatter Wuttkes Doktorvater Stenzel fungierte) empfahl dem Parlament am 24. Juli, es solle die Aufnahme der Posener Gebiete in den Deutschen Bund »wiederholt anerkennen« und die dort gewählten Abgeordneten »nun endgültig zulassen«.[997]

---

994 Wuttke, Insurrection, 1848, S. 41, 44. Hervorhebung im Original.

995 So erschienen im Sommer 1848 die *Beiträge zur factischen Widerlegung der mit H. W. bezeichneten Flugschrift »über die neueste polnische Insurrection im Großherzogthum Posen«*, die im Juni und Juli von den beiden Posener Abgeordneten der Preußischen Nationalversammlung Trampczynski und Florenty von Lisiecki sowie dem Oberlandesgerichtsassessor Emil Janecki verfasst worden war (= Trampczynski/Janecki/Lisiecki, Beiträge, 1848). Den Anlass zu der Schrift, die die Vorwürfe von Wuttke als »*zum größten Theile erdichtet*« zurückwies (S. 7, Hervorhebung im Original), gab die Verteilung von Wuttkes Pamphlet in der Preußischen Nationalversammlung durch den Abgeordneten August Geßler. Der Dringlichkeitsantrag des Abgeordneten Lisiecki, im Berliner Parlament die Verteilung von anonymen Schriften künftig nicht mehr zuzulassen, wurde vom Plenum mit »Gelächter« und »Heiterkeit« quittiert. Der Abgeordnete Geßler hingegen, der sich für die Wahrhaftigkeit von Wuttkes Schrift verbürgte (ohne aber dessen Namen zu nennen), wurde hingegen mit Beifall bedacht. Siehe Antrag Lisiecki [28. Juni 1848]. In: Stenographische Berichte über die Verhandlungen der zur Vereinbarung der preußischen Staats-Verfassung berufenen Versammlung. Berlin 1848, Bd. 1, S. 302f. Die Tatsache, dass Wuttke die Schrift in der Preußischen Nationalversammlung verteilen ließ, verdeutlicht, wie er mit gezielten Aktionen auf politische Entscheidungsträger einzuwirken suchte.

996 Die Debatte und ihre Hintergründe behandelt eingehend Wollstein, Großdeutschland, 1977, S. 135–172. Siehe zur Posen-Frage in der Nationalversammlung ebenso Eyck, Hoffnung, 1973, S. 317–337; Ribhegge, Parlament, 1998, S. 42–49; Botzenhart, Europa, 1998, S. 199–201; Siemann, Einheit, 2006, S. 106–108.

997 Antrag des Völkerrechtlichen Ausschusses in Wigard, Steno. Bericht NV, 1848, Bd. 2, S. 1128. Gustav Adolf Harald Stenzel (1792–1854), ordentlicher Professor der Geschichte, Geographie und Statistik an der Universität Breslau, wurde im 22. schlesischen Wahlbezirk für die Nationalversammlung gewählt und gehörte dort dem Württemberger Hof an. In seinem Eingangsreferat wies Stenzel auf den historischen Kontext hin und erklärte, dass Polen »seit Jahrhunderten aus zwei [...] verschiedenen Nationen oder doch wenigstens zwei Abtheilungen« bestehe: dem Adel als Träger des Nationalen einerseits und den durch die Adligen »vollkommen geknechteten« und »fast bis zum Thiere herabgewürdigten Bauern« andererseits. Die Unterdrückung der Bauern und die »vollständige Anarchie« in Polen bis 1772 erklärte Stenzel

Daraufhin entspann sich eine lange Debatte, in der über 20 Abgeordnete zu Wort kamen. Obwohl mehrere Redner vor allem der linken Fraktionen, wie Robert Blum oder Jakob Venedey, sich um eine ausgewogene Haltung bemühten,[998] zeigten die Verhandlungen, wie sehr sich die Sympathien für die polnische Nationalbewegung verflüchtigt hatten. Die bekannteste Rede der Debatte hielt Wilhelm Jordan, der die von Wuttke bereits einige Jahre zuvor dargelegten Gedankengänge fortführte. Jordan propagierte einen »gesunden Volksegoismus [...], welcher die Wohlfahrt und Ehre des Vaterlandes in allen Fragen oben anstellt.«[999] Hierbei berief sich Jordan auf »*naturhistorische* Thatsachen«, erkannte eine solche Tatsache in der »Uebermacht des deutschen Stammes gegen die meisten slavischen Stämme« und erklärte, dass Polen eine »Wüste« gewesen sei, bevor »der Deutsche die Wälder gelichtet, die Sümpfe getrocknet, den Boden urbar gemacht, Straßen und Kanäle angelegt, Dörfer gebaut und Städte gegründet« hätte. Schon im 12. Jahrhundert habe das »deutsche Wesen« angefangen, »sich nach Osten auszubreiten« und diese Gebiete durch Schwert und Pflug »verdeutscht«. Wie Wuttke führte Jordan diesen Kulturträgergedanken auf verschiedene Volkscharaktere zurück und übernahm auch hier fast wortwörtlich Wuttkes Wendungen, als er den Polen vorhielt, bei ihnen sei »der Hang zu den Freuden einer rauschenden Geselligkeit unverhältnismäßig stärker entwickelt« und ihnen fehle »jene Ausdauer in den Mühen des alltäglichen Lebens«.[1000] Ebenso knüpfte er an Wuttkes Argumentationslinien an, als er hieraus ein Recht des Stärkeren – und das hieß der deutschen Nation – ableitete. Schließlich erklärte auch Jordan jeden, der eine polnische Herrschaft über Deutsche zulasse, »mindestens für einen unbewußten Volksverräther.«[1001]

---

mit dem Fehlen eines ausgleichenden und genuin polnischen Mittelstandes und Städtewesens. Aufgrund dessen sei ein polnischer Nationalstaat zu Wohle aller Polen, insbesondere des Bauernstandes »unmöglich«. Siehe die Rede STENZEL [26. Juli 1848]. In: WIGARD, Steno. Bericht NV, 1848, Bd. 2, S. 1135–1137; zu Stenzel BEST/WEEGE, Handbuch, 1996, S. 327f.

**998** Rede BLUM [24. Juli 1848]; Rede VENEDEY [26. Juli 1848]. In: WIGARD, Steno. Bericht NV, 1848, Bd. 2, S. 1141–1143, 1206–1212. Namentlich die Rede Blums ist bemerkenswert, da er dem Parlament vor Augen führte, dass es inkonsequent agiere, wenn es sich in der Schleswig-Frage auf das territoriale, in der Posen-Frage dagegen auf das nationale Prinzip berufe (ebd., S. 1142). Da Blum auch von einer Schuld der Deutschen an den Polen ausging, wurde er von Wuttke scharf abgekanzelt. Siehe dazu oben, Anm. 988.

**999** Rede JORDAN [24. Juli 1848]. In: WIGARD, Steno. Bericht NV, 1848, Bd. 2, S. 1145f.

**1000** Rede JORDAN [24. Juli 1848]. In: WIGARD, Steno. Bericht NV, 1848, Bd. 2, S. 1147f. Vgl. damit die oben wiedergegebenen Äußerungen Wuttkes, S. 201–207.

**1001** Rede JORDAN [24. Juli 1848]. In: WIGARD, Steno. Bericht NV, 1848, Bd. 2, S. 1143.

Mit seiner wirkungsreichen Rede gelang es Jordan, einen absoluten Vorrang deutscher Interessen konsensfähig zu machen. Viele Redner schlossen sich seinen – und somit auch Wuttkes – Schlussfolgerungen an. Redner, die danach noch einen dezidiert propolnischen Standpunkt einnahmen, erlitten Schiffbruch und wurden sogar (im Fall Arnold Ruges) von Heinrich von Gagern, dem Präsidenten der Nationalversammlung, für ihren Beitrag abgekanzelt.[1002] Als am 27. Juli abgestimmt wurde, nahm das Parlament den Antrag des Ausschusses mit einer überwältigenden Mehrheit von 342 gegen 31 Stimmen an und bestätigte damit die Aufnahme der Posener Gebiete in den Deutschen Bund. Während Dahlmann, Droysen und Waitz für den Antrag votierten, stimmte Gfrörer dagegen; Hagen enthielt sich.[1003] Der Beschluss und die ihm vorausgehende Debatte markierten in verschiedener Hinsicht einen Wendepunkt in den Beziehungen zwischen der deutschen und polnischen Nationalbewegung. In der Debatte zur Sprache gekommene Schlagwörter wie »Vernichtungskampf« und »Vertilgungskrieg« deuteten nicht nur an,[1004] dass das vormals solidarische Verhältnis in ein gegnerisches umgeschlagen war, sondern bahnten zumindest begrifflich den Weg, der eine schonungslose Durchsetzung nationaler Interessen als angebracht erscheinen ließ. Derartige Ideen strahlten auch auf die Öffentlichkeit aus. Sie wurden in der Presse eingehend besprochen und verfestigten sich dadurch im politischen Denkhorizont. Droysen etwa verteidigte einen solchen Standpunkt in einem Artikel in der *Frankfurter Oberpostamts-Zeitung* vom 1. August und lehnte sich dabei an die Begrifflichkeiten Jordans an. Die Debatte habe, so schrieb Droysen, bezeugt, »daß

---

**1002** In seiner Rede vom 26. Juli erklärte Ruge in Anlehnung an den Beschluss des Vorparlaments, »daß die Theilung Polens ein schmachvolles Unrecht« sei. Deutschland, dass daran maßgeblichen Anteil habe, müsse »diese Unterjochung der Polen aufheben. Deutschland muß die Polen, die es in seiner Gewalt hat, emancipiren«. Vor diesem Hintergrund beantragte Ruge, der ähnlich wie Wilhelm Jordan, aber unter umgekehrten Vorzeichen mit dem »historischen Recht« argumentierte, »keinen Theil des Großherzogthums Posen vorläufig in den deutschen Bund aufzunehmen und die für Posen'sche Districte Gewählten zur deutschen Nationalversammlung definitiv nicht zuzulassen«. Nachdem er auch Parallelen zur Situation in Italien gezogen und dabei den Wunsch geäußert hatte, »daß die Tyrannen der Italiener, die Tilly's der neueren Zeit, die Radetzky's geschlagen werden«, kam es zu tumultuarischen Szenen in der Paulskirche. Heinrich v. Gagern erklärte daraufhin, dass Ruges Äußerung »ein halber Verrath an der Nation ist«, dass man aber »ihn seine besondere Weltanschauung hier vortragen lassen« müsse (Rede Ruge [26. Juli 1848]. In: Wigard, Steno. Bericht NV, 1848, Bd. 2, S. 1184–1188).

**1003** Siehe dazu die namentliche Abstimmung in Wigard, Steno. Bericht NV, 1848, Bd. 2, S. 1234–1238.

**1004** Diese Ausdrücke wurden verwendet von den Posener Abgeordneten Goeden [24. Juli 1848] und Kerst [25. Juli 1848]. In: Wigard, Steno. Bericht NV, 1848, Bd. 2, S. 1138, 1170. Dazu auch Wollstein, Großdeutschland, 1977, S. 170–172.

Deutschland endlich den gerechten Egoismus lernt, ohne den kein Volk staatlich zu existiren fähig oder werth ist, denn wo er fehlt, fällt es dem ungerechtesten und unerträglichsten, dem der Einzelinteressen und Sondergelüste, anheim und wird ein Raub und Spott der Nachbarn.«[1005]

Angesichts des klaren Votums des Frankfurter Parlaments verlagerte sich die Auseinandersetzung mit der Posen-Frage im Folgenden in die Preußische Nationalversammlung, wodurch das ohnehin problematische Verhältnis beider Häuser weiter belastet wurde.[1006] Im Frankfurter Parlament fand die Frage nach der Juli-Debatte nur noch geringe Aufmerksamkeit. Ein letztes Mal stand sie dort am 6. Februar 1849 im Mittelpunkt, als es darum ging, die endgültige Grenzlinie festzulegen.[1007] Eine scharfe Kritik an den Teilungsplänen wurde von mehreren linken Abgeordneten vorgebracht, die mit ihren Beiträgen aber kaum zu überzeugen vermochten.[1008] Widerspruch kam auch von katholischer Seite, namentlich von Ignaz Döllinger, der erklärte, die Teilung sei unvereinbar mit der »Ehre Deutschlands«, weil damit die »möglichste Schwächung und Verkümmerung der polnischen Nationalität« einhergehe.[1009] Gegen diesen Protest wandten sich mehrere Abgeordnete, insbesondere Wuttke, der inzwischen in die Paulskirche eingezogen war. Habe es, so fragte er zu Beginn seiner Rede, »je ein Volk gegeben, welches seine Interessen mit Füßen getreten, um die Interessen eines anderen Volkes zu

---

**1005** Droysen, Rückschau II, 1848, S. 166. Dies ist insofern bemerkenswert, da Droysen im Vormärz die polnischen Teilungen noch als unrechtmäßigen Gewaltakt verworfen hatte. So sei mit ihnen »einer der ältesten Staaten der Christenheit [...] ausgetilgt, ein Volk in seinem nationalen Dasein hingewürgt« worden. Zwar verurteilte er in erster Linie Russland als treibende Kraft hinter dieser »schauderhafte[n] Vernichtung alles Rechtes«; doch habe auch Preußen durch die Mitwirkung an den Teilungen »die Schuld eines Volksmordes«, eine »Blutschuld an Polen« auf sich geladen (alle Zitate Droysen, Freiheitskriege, 1846, Bd. 1, S. 474f.).

**1006** Dazu Wollstein, Großdeutschland, 1977, S. 173–181; Eyck, Hoffnung, 1973, S. 333f.

**1007** Bereits Ende September 1848 hatte die provisorische Zentralgewalt einen Reichskommissar eingesetzt, der mit der preußischen Regierung einen Grenzverlauf ausarbeiten sollte. Siehe dazu Wollstein, Großdeutschland, 1977, S. 176, 181–183 mit Anm. 32. Der Vorschlag des Kommissars war für die polnische Seite noch ungünstiger als die bisherige, von der preußischen Regierung festgelegte Demarkationslinie. Nachdem der Völkerrechtliche Ausschuss am 29. Januar 1849 die Annahme dieses Vorschlags empfohlen hatte, wurde die Frage am 6. Februar im Parlament verhandelt. Siehe dazu den Ausschuss-Bericht und die weiteren Beilagen in Wigard, Steno. Bericht NV, 1849, Bd. 7, S. 5045–5062.

**1008** Von den linken Fraktionen sprachen am 6. Februar 1849 Schmidt, Venedey, Rösler und Wiesner (alle Reden in Wigard, Steno. Bericht NV, 1849, Bd. 7, S. 5062f., 5072, 5074–5076, 5078–5080), die laut Wollstein, Großdeutschland, 1977, S. 184, allesamt »völlig versagten«.

**1009** Rede Döllinger [6. Februar 1849]. In: Wigard, Steno. Bericht NV, 1849, Bd. 7, S. 5066–5071, Zitate S. 5066f. Zu Ignaz Döllinger, der Gfrörer in gewissem Maße weltanschaulich nahestand, zu seiner Geschichtsschreibung und seinem Verhältnis zu Gfrörer siehe Brechenmacher, Geschichtsschreibung, 1996, S. 101, 120–132 u.ö.

fördern?« Den Fürsprechern eines polnischen Nationalstaates warf er vor, alle historischen Erwägungen außer Acht zu lassen und »für eine Nation zu kämpfen, welche sich nach dem Zeugnisse der Geschichte beinahe immer [...] unserer Nation feindselig und abhold bewies«. Bei den vorherigen Beiträgen müssten Fremde ins Zweifeln geraten, »ob deutsche Stämme« oder nicht vielmehr »Polen ihre Vertreter hierher gesendet haben.« Wuttke sprach der gegnerischen Seite eine »echte vaterländische Gesinnung« ab und bezichtigte sie, dass sie »Alles, was einen Schatten auf den deutsche Namen werfen könnte, eifrig hervorsucht, und allen Schmutz und allen Schlamm aus der Tiefe der Vergangenheit aufwühlt, und an die Oberfläche zieht, um ihn auf das deutsche Volk zu wälzen. Freie und große Völker thun das Gegentheil.« Hier nun anknüpfend an Jordan verteidigte er das Prinzip, dass ein Volk »mit einigem Egoismus handeln« müsse, »sonst geht es zu Grunde vor der Selbstsucht der übrigen Völker.«[1010]

Nach diesen allgemeinen Bemerkungen ging Wuttke auf die konkrete Frage der Grenzziehung ein und warf den Gegnern der vorgesehenen Teilung eine widersprüchliche Haltung vor. Zuerst hätten sie sich für ein selbstständiges polnisches Gebiet ausgesprochen; und jetzt, wo man einen Teil in die Selbstständigkeit entlassen wolle, sprächen sie sich gegen die Teilung aus. Ebenso wies Wuttke den Standpunkt zurück, man dürfe die Grenze nur feststellen, wenn man darüber mit einem polnischen Staat verhandeln könne. Denn Posen habe »zu einem deutschen Staat gehört, unter der Herrschaft deutscher Könige gestanden« und sei daher »ein deutsches Land. Es ist also das Land bis zur Demarcationslinie keineswegs eine neue Eroberung, die zu Deutschland geschlagen werden soll. Deutschland nimmt dieses Gebiet nicht, sondern es gibt vielmehr denjenigen Theil Posens heraus, der jenseits der Demarcationslinie liegt, zu dem Versuche einer neuen polnischen Staatsgestaltung.« Vor diesem Hintergrund plädierte Wuttke dafür, sich auf den Bericht des Ausschusses zu verlassen und auf eine weitere Prüfung der Frage zu verzichten, zumal es kaum möglich sei, »die Bevölkerung nach dem Volksthume scharf abzugrenzen und zu scheiden.« Schließlich wies er noch auf militärstrategische Gesichtspunkte hin, welche keinerlei Zugeständnisse an die polnische Seite zuließen. Wuttke bekräftigte, dass »die polnische Sache [...] endlich abgemacht und zu Ende geführt werden« müsse und schloss »mit dem Wunsche, daß nie mehr eine ähnliche

---

**1010** Rede Wuttke [6. Februar 1849]. In: Wigard, Steno. Bericht NV, 1849, Bd. 7, S. 5080.

Verhandlung geführt werde, in welcher solche Dinge zur Schmach des deutschen Namens gesagt werden von dieser Rednerbühne.«[1011]

Kurz nachdem der Berichterstatter des Völkerrechtlichen Ausschusses, der Königsberger Historiker Schubert,[1012] das Schlussplädoyer gehalten hatte, schritt die Versammlung zur Abstimmung. Für die Demarkationslinie als endgültige Grenze stimmten 280 Abgeordnete (darunter Dahlmann, Droysen, Waitz und Wuttke); dagegen 124 (so Gfrörer und Hagen).[1013] Das Stimmverhalten Gfrörers und Hagens entsprach demjenigen ihrer Fraktionen, denn die Antragsgegner setzten sich in erster Linie aus katholischen Abgeordneten und Angehörigen der linken Fraktionen zusammen.[1014] Mit dieser Abstimmung fand die Auseinandersetzung der Nationalversammlung mit der Frage eines polnischen Nationalstaates ihr Ende; sie bildete den Schlusspunkt einer Polenpolitik des Parlaments, die sich in ihren Grundzügen schon während der Juli-Debatte ausgeprägt hatte und sich dabei in vielfacher Hinsicht auf Argumente stützte, die von Wuttke bereits vor 1848 formuliert worden waren. Die Nationalversammlung wandte sich nun wieder der Verfassungsarbeit zu.

## *6.3 Die Verfassung der Nation und das Argument der Geschichte*

### 6.3.1 Der Verfassungsdiskurs des Frühjahrs 1848

Die eigentliche Aufgabe der Nationalversammlung lag in der Ausarbeitung einer gesamtdeutschen Verfassung. Doch bereits bevor das Parlament zusammengetreten war, wurden verschiedenenorts, teils aus revo-

**1011** Rede Wuttke [6. Februar 1849]. In: Wigard, Steno. Bericht NV, 1849, Bd. 7, S. 5080f.

**1012** Friedrich Wilhelm Schubert (1799–1868), ordentlicher Professor der Mittleren und Neueren Geschichte an der Universität Königsberg, wurde im 9. preußischen Wahlbezirk für die Nationalversammlung gewählt und gehörte dort dem Casino an. In seiner Rede griff auch er die militärstrategischen Argumente auf, wies aber vor allem darauf hin, dass Posen ein Teil des preußischen Staates bleibe, der somit über die Demarkationslinie zu befinden habe. Fernerhin unterstellte Schubert, dass die Polen einen »Wortbruch« begangen hätten, indem sie im Mai 1848 einen »blutigen Bürgerkriege« angezettelt hätten (Rede Schubert [6. Februar 1849]. In: Wigard, Steno. Bericht NV, 1849, Bd. 7, S. 5081–5085, Zitate S. 5084). Siehe zu Schubert auch Best/Weege, Handbuch, 1996, S. 307f.

**1013** Abstimmungsergebnis in Wigard, Steno. Bericht NV, 1849, Bd. 7, S. 5086–5089.

**1014** Wollstein, Großdeutschland, 1977, S. 186; Eyck, Hoffnung, 1973, S. 335.

lutionärer Selbstermächtigung, teils in offiziellem Auftrag, Verfassungsentwürfe und -pläne entwickelt, verbreitet und diskutiert, wodurch die Verhandlungen in der Paulskirche in gewisser Hinsicht vorgeprägt wurden. Den stärksten Impuls nicht nur für den Ausbruch der Revolution, sondern auch für diesen Verfassungsdiskurs des Frühjahrs 1848 gab die Februarrevolution in Paris. Zunächst die südwestlichen Staaten erreichend und von dort nach ganz Deutschland ausstrahlend, erwies sich die Kunde von den Vorgängen in der französischen Hauptstadt als Fanal für eine Welle revolutionärer Erhebungen, Revolten und Protestversammlungen, auf denen grundlegende politische – und je nach Region auch soziale – Reformen eingefordert wurden.[1015] Richtungsweisenden Charakter hatte dabei die Mannheimer Volksversammlung vom 27. Februar 1848. Auf ihr wurden erstmals jene vier Forderungen formuliert, die den programmatischen Fixpunkt für die revolutionären Erhebungen in ganz Deutschland bildeten und später den Namen ›Märzforderungen‹ erhielten: »1. Volksbewaffnung mit freien Wahlen der Offiziere, 2. unbedingte Preßfreiheit, 3. Schwurgerichte nach dem Vorbild Englands, 4. sofortige Herstellung eines deutschen Parlaments.«[1016]

Einen wichtigen Schritt zur Herstellung eines deutschen Parlaments stellte die Heidelberger Versammlung vom 5. März 1848 dar. Auf Initiative von südwestdeutschen Kammerabgeordneten hatten sich Wortführer der liberalen wie demokratischen Opposition zu einer politischen Lagebesprechung versammelt. Angesichts divergierender Vorstellungen über die grundsätzlichen Ziele und das weitere Vorgehen konnten sich die Teilnehmer nur mit Mühe zu einer gemeinsamen Erklärung durchringen, zu deren 51 Unterzeichnern auch Karl Hagen gehörte. Zur »Beseitigung der nächsten inneren und äußeren Gefahren, wie zur Entwickelung der Kraft und Blüthe deutschen Nationallebens« forderten die Teilnehmer die Bildung einer »Nationalvertretung«. Sie beschlossen daher, eine – später als ›Vorparlament‹ bezeichnete – Versammlung einzuberufen, welche die Wahl zu einem gesamtdeutschen Nationalparlament

**1015** Zum Ausbruch der Revolution und zur Verfassungsfrage im Frühjahr 1848 SIEMANN, Revolution, 1985, S. 58–75; BOTZENHART, Europa, 1998, S. 70–90; MOMMSEN, Revolution, 1998, S. 104–126; HACHTMANN, Epochenschwelle, 2002, S. 45–56; ENGEHAUSEN, Revolution, 2007, S. 24–69; HEIN; Revolution, 2007, S. 11–29; MÜLLER, Revolution, 2009, S. 40–68; an Detailfülle unerreicht VALENTIN, Revolution, 1930, Bd. 1, S. 338–460; HUBER, Verfassungsgeschichte, 1988, Bd. 2, S. 502–586; zu Baden HIPPEL, Revolution, 1998, S. 101–138; mit europäischer Perspektive LANGEWIESCHE, Europa, 2007, S. 72–99; RAPPORT, 1848, 2011, S. 56–124.

**1016** Adresse der Mannheimer Bürgerversammlung an die Kammer [27. Februar 1848]. In: FENSKE, Vormärz, 1976, S. 264f. Zur Mannheimer Volksversammlung siehe auch HIPPEL, Revolution, 1998, S. 103f.

vorbereiten sollte.[1017] Obschon diesem Vorhaben kein ernsthafter Widerstand geleistet wurde, waren doch nun prinzipielle Probleme aufgeworfen, die den Diskurs über Deutschlands künftige politische Gestalt bestimmen sollten. Im Fokus standen hierbei die Fragen, auf welchem Wege politische Veränderungen durchzusetzen seien und ob Deutschland eine republikanische Form annehmen oder ein monarchisches Gepräge behalten soll. In dieser Hinsicht war der Verfassungsdiskurs des Frühjahrs 1848 eine Auseinandersetzung mit der Februarrevolution – nicht zuletzt weil die Vorgänge in Paris das Schreckgespenst der Französischen Revolution in Erinnerung riefen und die Furcht vor einer kriegerischen Expansion der französischen Republik nährten.[1018]

Auch die sechs Historiker engagierten sich an verschiedenen Orten und mit unterschiedlicher Verve an diesem Verfassungsdiskurs. Nachdem in Bonn die Vorgänge in Paris und die revolutionären Unruhen in Deutschland bekannt geworden waren, wandten sich die Professoren der Universität am 8. März mit einer von Dahlmann verfassten Adresse an den preußischen König Friedrich Wilhelm IV. Dahlmann hob darin vor allem auf eine von Frankreich ausgehende Bedrohung ab.[1019] Mit aller Emphase unterstrich der Bonner Professor, dass »die großen historischen Erinnerungen der Deutschen keineswegs aufgegeben [seien], sie flammen mächtig empor, sobald ein Anstoß von Außen daran erinnert, was Deutschland ehemals war und wenn es seine Kräfte zusammenhielte, wieder werden könnte«.[1020] Dem stehe jedoch »ein tiefer politischer Riß, ein nie endender Zwist der Verfassungsgrundsätze« entgegen. Ziel müsse es daher sein, in ganz Deutschland einen konstitutionellen Zustand zu schaffen und die Pressefreiheit zu gewährleisten, auch um den

---

**1017** Heidelberger Erklärung der Einundfünfzig [5. März 1848]. In: Fenske, Vormärz, 1976, S. 271f. Karl Hagen war nicht auf der Versammlung anwesend, gehörte aber zu den 51 Unterzeichnern der Erklärung. Dazu Zepf, Hagen, 1998, S. 158. Zur Versammlung selbst und ihrer Bedeutung Engehausen/Hepp, Versammlung, 1998; Hippel, Revolution, 1998, S. 122–125.

**1018** Zur Bedeutung der Französischen Revolution für den Wahrnehmungshorizont 1848/49 Götz v. Olenhusen, Mythos, 1998. Besonders in Baden führte im Frühjahr 1848 das Gerücht von nach Deutschland eingedrungenen marodierenden französischen Arbeitern (›Franzosenlärm‹) zu Panikreaktionen in der Bevölkerung. Dazu Hippel, Revolution, 1998, S. 137f.

**1019** Dahlmann, Adresse, 1848, S. 375f.: »Der Königsstuhl im nahen Frankreich ist umgestürzt und eine schwer vermeidliche Kriegsgefahr droht von dort […]: es gilt dann einem mächtigen, kampfgeübten Feinde gegenüber einen Krieg der Begeisterung, wie er 1813 war, einen deutschen Volkskrieg zu führen.« Die Adresse war von 44 der 46 ordentlichen Professoren der Universität Bonn unterzeichnet. Dazu auch Bleek, Dahlmann, 2010, S. 290.

**1020** Dahlmann, Adresse, 1848, S. 376.

republikanischen Kräften den Boden zu entziehen.[1021] In Anbetracht seiner propreußischen Haltung und der scheinbaren Reformbereitschaft des preußischen Königs[1022] war es nur konsequent, dass Dahlmann seine politischen Hoffnungen auf »Deutschlands deutschesten Großstaat« und seinen König setzte: »Durch ganz Deutschland geht die Sehnsucht in Eurer Königlichen Majestät künftighin den höchsten Leiter und Gewährleister der deutschen Angelegenheiten zu verehren und so Preußen zu einer Höhe der Bedeutung steigen zu sehen, die selbst das Adlerauge des großen Königs Friedrich nicht erreichen konnte.«[1023]

Als Dahlmann diese Zeilen schrieb, befand sich die Revolution noch in ihrem Anfangsstadium. Erst die folgenden Wochen zeitigten jene Ereignisse, die sich als sog. ›Märzrevolution‹ im Wahrnehmungshorizont der Zeitgenossen verfestigten und den Rahmen vorgaben, in dem sich das weitere politische Geschehen bewegte: die Barrikadenaufstände in Wien am 13. und Berlin am 18. März, die die Niederlage der alten Mächte anzuzeigen schienen; die Anpassungspolitik des Deutschen Bundes, der nicht nur die Pressezensur aufhob und Schwarz-Rot-Gold zu Bundesfarben erklärte, sondern am 8. März die »Revision der Bundesverfassung auf wahrhaft zeitgemäßer und nationaler Grundlage« ankündigte und zu diesem Zweck am 10. März einen 17er-Ausschuss aus »Männern des allgemeinen Vertrauens« zur Ausarbeitung eines Verfassungsentwurfs einsetzte; die Konzessionen der Fürsten in den Einzelstaaten, darunter die Ersetzung der alten Kabinette durch ›Märzministerien‹.[1024] Das politische Geschehen in Deutschland war in der Folgezeit geprägt durch das Wirken verschiedener Akteure in verschiedenen Regionen und auf verschiedenen Ebenen, die mal mit-, mal neben- und mal gegeneinander, aber auch über- und untereinander für ihre politischen Ziele fochten. Dabei bedingten sich die Ereignisse nicht nur wechselseitig, viel-

---

**1021** DAHLMANN, Adresse, 1848, S. 376; sowie S. 377: »Widerstand von Millionen Deutschen [wird bei ausbleibenden Konzessionen] gar leicht an die nahe Schweiz sich lehnen und, aufs Aeußerste getrieben, vielleicht selbst die verderbliche Hülfe der neuen Republikaner Frankreichs nicht verschmähen; denn alle Lehren der Geschichte [!] verschwinden vor dem Streite der Meinungen.«

**1022** Siehe z.B. ENGEHAUSEN, Revolution, 2007, S. 57f. Zu Dahlmanns persönlichen Hoffnungen auf Friedrich Wilhelm IV. siehe BLEEK, Dahlmann, 2010, S. 240–245, 254–257 u.ö.

**1023** DAHLMANN, Adresse, 1848, S. 377.

**1024** Zu den Märzaufständen in Wien und Berlin siehe HÄUSLER, Massenarmut, 1979, S. 139–156 bzw. HACHTMANN, Berlin, 1998, S. 120–202. Die genannten Bundesbeschlüsse sind enthalten in: Protokolle der Deutschen Bundesversammlung [3., 8.–10. März 1848], §§ 119, 133, 137, 140, S. 201–203, 228–231, 233f., 237f. (Zitate S. 231, 238). Zum Deutschen Bund in der Revolution siehe MÜLLER, Bund, 2005, S. 41–52; zu den Kabinettsumbildungen WERNER, Märzministerien, 2009; zur ›Märzrevolution‹ insgesamt auch die in Anm. 1015 angegebene Literatur.

mehr überkreuzten und überholten sie sich. Bei alledem bildeten sich temporäre Allianzen bisheriger politischer Gegner, während vielerorts die bislang gemeinsam agierenden oppositionellen Kräfte zusehends in einen reformorientierten, liberal-gemäßigten und in einen sich radikalisierenden, demokratisch-revolutionären Flügel zerfielen.

In diesem komplexen Handlungs- und Bedingungsgefüge bemühten sich die sechs Historiker, ihre verfassungspolitischen Ziele durchzusetzen und dem widersprechende Vorentscheidungen zu verhindern. Besonders Baden kam dabei eine große Bedeutung zu, da die hier verhältnismäßig stark ausgeprägte demokratische Bewegung mit aller Energie politische Tatsachen zu schaffen suchte. Hiergegen wandte sich namentlich August Friedrich Gfrörer. Nach seiner Teilnahme an der Offenburger Versammlung vom 19. März, mit der die demokratischen Kräfte ihre Anhängerschaft mehren und ihre Machtposition ausbauen wollten,[1025] wandte er sich in einem am 26. März in der Augsburger *Allgemeinen Zeitung* (anonym) erschienenen Artikel an die Öffentlichkeit.[1026] Gfrörers Ausführungen hatten eine deutlich antirepublikanische Stoßrichtung. Neben dem Hinweis, dass sich die Freiburger Professoren gegen eine Republik ausgesprochen und daher mit einem Aufruf an das Volk gewandt hätten,[1027] erklärte Gfrörer, dass man unter den Professoren den Beschluss gefasst habe, die Offenburger Versammlung zu besuchen und »bei dieser Gelegenheit, damit ein äußeres Abzeichen die politische Gesinnung die uns belebt verkündige, ein Banner mit dem *alten deutschen Reichsadler*, Schwert und Apfel [...] vorantragen zu lassen.«[1028] Dieser Schritt, der auf Initiative Gfrörers zustande kam, war zugleich ein indirektes Eintreten für einen deutschen Nationalstaat in Form einer kons-

---

**1025** Zur Offenburger Volksversammlung Hippel, Revolution, 1998, S. 128–133.

**1026** Gfrörer, Volksstimmung, 1848. Zur Autorenschaft Gfrörers siehe oben, Anm. 130.

**1027** Der Aufruf der Freiburger Professoren ist unter dem Titel *Die Gefahren der nächsten Tage* in der Extra-Beilage zur *Freiburger Zeitung* Nr. 77 [17. März 1848], nicht paginiert, abgedruckt und endet mit dem Forderung: »*ehe das Parlament zu Frankfurt gesprochen haben wird, darf keine wichtige Aenderung eingeführt werden. Frei und ohne Zwang sollen unsere Vertreter zu Frankfurt berathen.*« (Hervorhebung im Original). Zumindest inhaltlich kommt Gfrörer als Autor dieses Aufrufs infrage, zumal er offensichtlich als eine Art Sprecher unter den konstitutionell gesinnten Freiburger Professoren fungierte.

**1028** Gfrörer, Volksstimmung, 1848, S. 1371. Hervorhebung im Original. Dazu auch Gfrörer, Autobiographie, [ohne Jahr], S. 30: »Im März wurde die erste Volksversammlung nach Offenburg ausgeschrieben, u. man erfuhr, daß die Republik dort vorgeschlagen werden würde. [...] Man mußte handeln, der Republik welche [immerhin] etwas Neues eine die Maßen ergreifende Idee war, eine andere gleich kraftige Idee, das Reich, entgegensetzen. Hauptsächlich auf Gfr. Betreiben erschien die Freiburger Universität zu Offenburg mit Adler u. Reichsfahne. Die Republik wurde zu Offenburg nicht ausgerufen«.

titutionellen Monarchie unter österreichischer Ägide.[1029] Über die Versammlung selbst ließ sich Gfrörer durchaus positiv aus, zumal man sich dort für ein deutsches Nationalparlament ausgesprochen hatte, nicht jedoch für eine deutsche Republik. So schloss Gfrörer denn auch seinen Artikel mit der Ansicht, »die ich allen Classen Deutschlands ans Herz legen möchte: es ist hohe Zeit daß Germaniens Fürsten der Eifersucht entsagen, und um das Ganze zu retten so schnell als möglich die öffentliche Gewalt in die Hände eines *Reichsoberhauptes* niederlegen.«[1030]

In einem weiteren Artikel, der am 30. März ebenfalls in der Augsburger *Allgemeinen Zeitung* erschien, berichtete Gfrörer über eine Volksversammlung in Freiburg am 26. März, an der 8.000 bis 10.000 Menschen teilgenommen hatten.[1031] Diese Versammlung bewertete er vollkommen anders als jene in Offenburg. Während einige Tage zuvor noch die »große Mehrheit der anwesenden Deputirten und Redner ihre Hinneigung zu einer constitutionellen deutschen Monarchie offen oder insgeheim zu verstehen gab, forderte heute v. Struve die Versammlung auf sich für eine deutsche Gesammtrepublik zu erklären« und dieses Votum dem Frankfurter Vorparlament vorzulegen. Aufgrund dieser Forderung hätten viele Teilnehmer die Versammlung verlassen. »Die große Mehrzahl der Versammlung entschied sich jedoch mit Wort und Hand für die Republik.« Gfrörer bemerkte, dass er auf dieser Versammlung selbst noch versucht habe, sich Gehör zu verschaffen und für eine »deutsch-monarchische« Richtung zu werben. Jedoch sei er von der Masse niedergeschrieen worden.[1032] Die »Ueberrumpelung der öffentlichen Meinung«

---

**1029** Chezy, Erinnerungen, 1864, S. 27f.: »Diese Volksversammlung war von Stimmführern der Rothen auf den 19. März ausgeschrieben und wurde von Freiburg aus zahlreich besucht. Auf Gfrörers Anlaß war ein Banner mit dem kaiserlichen Adler angefertigt worden, um es in Offenburg dem Söller des Rathhauses gegenüber aufzupflanzen. Die Kundgebung gelangte zu voller Ausführung, Dank dem wolgeordneten Zusammenhalten der ›Oesterreicher‹, wie man damals die Großdeutschen bezeichnete, für die der rechte Name noch nicht vorhanden war; derselbe tauchte ja bekanntlich erst auf, nachdem der Mann vom ›kühnen Griff‹ [Heinrich von Gagern] in Frankfurt am Main die Gothaer erfunden hatte, die man später ›Kleindeutsche‹ taufte. Gfrörer selbst bezeichnete sich auf der Flugschrift, welche er damals ausgehen ließ als einen *Reichsbürger*.« Hervorhebung im Original.

**1030** Gfrörer, Volksstimmung, 1848. Hervorhebung im Original.

**1031** Gfrörer, Bericht, 1848, S. 1427. Der Artikel ist auch auszugsweise wiedergegeben in der *Deutschen Zeitung* Nr. 94 [3. April 1848], S. 747. Siehe zur Freiburger Volksversammlung vom 26. März auch den Bericht in der *Freiburger Zeitung* Nr. 87/88 [28. März 1848], S. 621.

**1032** Über die Vorgänge in Freiburg am 26. März berichtet Gfrörer, Autobiographie, [ohne Jahr], S. 30f.: »Die Republik wurde zu Offenburg nicht ausgerufen, wohl aber 14 Tage [tatsächlich: 7 Tage] später zu Freiburg auf einer zweiten Versammlung. Das Volk jubelte, die welche es beßer wißen konten, schwiegen. Nur zwei Männer rührten sich damals Strohmeier Profeßor der Medizin, der 1848 nach Kiel berufen wurde u. Gfrörer. Lezterer brach sich mit Gewalt

durch die Wortführer der republikanischen Partei anklagend, kritisierte er, dass man die Professoren übergangen habe – also jene Gruppe, die »eine solche Stellung einnimmt daß man ihnen, wo es sich um allgemeine Berathungen über die wichtigsten Angelegenheiten des Vaterlandes handelte, immer einige Rücksicht schuldete.« Unter dem Hinweis auf seine historisch-politische Expertise protestierte er nun »gegen die gefaßten Beschlüsse in Bezug auf ihren Inhalt: 1) weil wir der Ansicht sind daß Deutschland allerdings einer Gesammtregierung bedarf, die aber nur eine monarchische mit starken constitutionellen Gewalten seyn kann (wie in England); 2) weil wir die Republik für ein gefährliches Spiel halten das Blut, Zwietracht, Trennung über unser Vaterland bringen muß; 3) weil uns die Geschichte der beiden französischen Republiken von 1792 und 1848, sowie die neuesten Schicksale der Schweiz in dieser Ueberzeugung bestärken.«[1033]

In ähnlicher Weise versuchte auch Karl Hagen, die Öffentlichkeit von seinen politischen Leitgedanken zu überzeugen, indem er – noch bevor das Vorparlament zusammentrat – seinen *Entwurf zu einem Deutschen Nationalparlament* publizierte.[1034] Inhaltlich zielte der Entwurf auf die Gründung eines Nationalstaates, der »wieder den Namen des deutschen Reiches« annehmen sollte (§ 1). Zentrale Institution des Verfassungsgefüges war der Reichstag. Dieser bestand aus einem Präsidenten mit dem eventuellen Titel »Kaiser«, einer Fürsten- und einer Volkskammer (§ 2). Der Präsident sollte »von der Volkskammer aus der Zahl der Fürsten auf je vier Jahre gewählt« werden (§ 3) und die vollziehende Gewalt wahrnehmen (§ 7). Während den Kammern die Legislative gemeinsam zufiel (§ 8), sah er ein exklusives Steuerbewilligungsrecht der Volkskammer vor. Auch konnte die Volkskammer die Fürstenkammer bei der Gesetzgebung letztlich überstimmen (§ 9). Dass das Oberhaupt aus dem Kreise der Fürsten stammen und sich die Fürstenkammer vor allem aus den

---

Bahn zur Rednerbühne, stürzte neben Struve hin u. protestirte im Namen der Universität im Namen der Stadt, des Grosherzogthums, Deutschlands gegen die Republik u. lud alles Unglük, das daraus entstehen könne, auf die Häupter der schlechten Rathgeber.« Durch seine Ablehnung der Republik zog Gfrörer den Groll der Masse auf sich, wurde mit einer Katzenmusik bedacht und sah sich zur zeitweiligen Flucht aus Freiburg genötigt, wobei er offenbar nur knapp einem Anschlag auf sein Leben entkam. Siehe dazu und zur Freiburger Versammlung Chezy, Erinnerungen, 1864, S. 28–31; Stromeyer, Erinnerungen, 1875, S. 212–214.

**1033** Gfrörer, Bericht, 1848, S. 1427.

**1034** Hagen, Entwurf, 1848. Bei dieser Schrift handelte es sich allerdings weniger um einen elaborierten Verfassungsentwurf, sondern eher um eine kurze Grundsatzerklärung. So erklärte Hagen in der kurzen Einleitung auch, dass er es für nötig halte, »vor Allem nur die Grundzüge zu entwerfen, welche nach meiner Meinung ins Auge gefaßt werden müssen.« Dem entsprach, dass der Entwurf insgesamt nur 14 Paragraphen umfasste.

»gegenwärtig regierenden deutschen Fürsten« zusammensetzen sollte (§ 4), zeigt, dass Hagens Entwurf die alten Mächte mit einbinden sollte, somit kompromisshaft angelegt und zumindest ansatzweise auf staatsrechtliche Kontinuität ausgerichtet war. Doch nicht zuletzt die anvisierte Neueinteilung Deutschlands in 25 Provinzen »zum Behufe einer vernünftigen, auf Natur und Geschichte gegründeten Volkswahl« (§ 5)[1035] und die Unterordnung der Länder unter die Beschlüsse des Reichstages (§ 14), bedeuteten eine grundlegende Neugestaltung der politischen Landkarte Deutschlands.

Mit geringen inhaltlichen Abweichungen wiederholte er diese Forderungen rund zwei Monate später in seinem *Politischen Katechismus für das freie Deutsche Volk.*[1036] In dieser an das einfache Volk gerichteten und in betont populärer Sprache gehaltenen Schrift vertiefte Hagen seine verfassungspolitischen Standpunkt noch weiter historisch. Dies galt zunächst für die prinzipielle These, ein Volk könne nur in einem einigen Staat »stark« sein, »sich gegen auswärtige Feinde vertheidigen und im Innern die nothwendigen Mittel finden, um etwas Großes zu werden.«[1037] Mit Blick auf die gegenwärtige Lage wies er darauf hin, dass die Deutschen bereits vor langer Zeit »Ein großes Reich ausgemacht« hätten. An dessen Spitze habe der »Kaiser gestanden, welchen das Volk aus den tüchtigsten Männern auf Lebenszeit ernannt« und welcher das Reich über Statthalter regiert habe: die Fürsten. Mit der Zeit – und darin erkannte er den entscheidenden Einschnitt – hätten diese ihre Macht ausbauen, ihre Ämter in die Erblichkeit überführen und als Kurfürsten den Machtverfall von Kaiser und Reich institutionalisieren können.[1038] Ohne

---

1035 Hagen wies darauf hin, dass er über diesen Punkt ausführlicher in seinem Aufsatz *Ueber die Einheit und Trennung von Deutschland* geschrieben habe, der 1846 im 2. Band von Gustav Struves *Aktenstücken der Censur erschienen* war (= Hagen, Einheit und Trennung, 1846). Dort hatte Hagen die Neueinteilung Deutschlands in 28 Staaten vorgeschlagen; dadurch sah Hagen »die Volksthümlichkeit gewahrt, die Natur berücksichtigt und ebenfalls eine der nothwendigen Bedingungen eines wahrhaften Nationallebens erfüllt.« (Zitate ebd., S. 48); ebenso schlug er die Schaffung einer Nationalrepräsentation, eines einheitlichen Gesetzbuches und Handels- und Industriesystems vor. Die Frage der Neueinteilung Deutschlands griff er auch später in der Nationalversammlung auf (nun in 26 Provinzen), siehe unten, S. 290.

1036 Hagen, Katechismus, 1848. Die Abweichungen betrafen vor allem das Recht zur Erklärung von Krieg und Frieden und die Namen der neu zu schaffenden (Wahl-)Provinzen. Siehe zu Hagens *Katechismus* ausführlich Wolgast, Hagen, 1985, S. 282–292 (zu den Abweichungen hier auch Anm. 22, 29); ferner Zepf, Hagen, 1998, S. 164f.

1037 Hagen, Katechismus, 1848, S. 3f.

1038 Hagen, Katechismus, 1848, S. 4–11, Zitate S. 4f. Hagen nannte zwei Versuche, mit denen das Volk dieser Entwicklung entgegenzusteuern gesucht habe. Zunächst »wollte das Volk« in der Reformation »ernstlich die Wiederherstellung der politischen Einheit, mit einem mächtigen Kaiser an der Spitze, welcher eben so sehr die Freiheit der Unterthanen wider die Ge-

auf die Einzelheiten von Hagens weiteren Ausführungen einzugehen, lässt sich auch hier ersehen, dass er eine direkte, historisch begründete Verbindung zwischen nationaler Einheit und Stärke und seinen verfassungspolitischen Zielen herstellte: die Wahl des Oberhauptes durch das Volk und die Machtbeschränkung der Fürsten.

Wiewohl diese Texte die politischen Erwartungen Hagens zu Beginn der Revolution illustrieren, war ihnen doch keine größere Wirkung beschieden, zumal sie in der Flut an im Frühjahr 1848 kursierenden Plänen, Entwürfen und Forderungskatalogen untergingen.[1039] Dies galt auch für einen Aufsatz Gfrörers, der unter der Überschrift *Was ist zu thun?* in der *Deutschen Vierteljahrs-Schrift* erschien. Schon im Untertitel des Textes, mit dem Gfrörer sich als »deutscher Reichsbürger« auswies, klang die politische Stoßrichtung – das Eintreten für eine deutsch-österreichische Gesamtmonarchie – an.[1040] Doch bevor er seine eigenen Zielvorstellungen ansprach, schien es ihm vordringlich, erneut vor einer Republik zu warnen; sei doch die »Nachäfferei des von den Franzosen neulich gegebenen republikanischen Vorbilds [...] die nächste und schlimmste Gefahr, die uns bedroht«. Die Schaffung einer Republik in Deutschland sei im Interesse Frankreichs, nicht aber Deutschlands, denn: »Weder unser Nationalcharakter noch unsere Schicksale machen uns für die republikanische Regierungsform tauglich.«[1041] Die republikanische Ordnung führe nur zur inneren Zersplitterung und Umwälzung der gesellschaftlichen Ordnung, wodurch die nationale Einheit unmöglich werde. Die Ablehnung der Republik begründete Gfrörer außerdem mit einer angeblichen Bedrohung durch Russland und Frankreich. Denn wie er am Beispiel des Britisch-Amerikanischen Krieges 1812–1814 zu erkennen glaubte, schwäche ein republikanischer Bundesstaat die Fähigkeit, sich gegen äußere Feinde zu verteidigen. So prophezeite Gfrörer – an die Republikaner gewandt –: »Ihr werdet den besten Theil Eurer militärischen

waltthätigkeiten der Großen, als auch das ganze Volk wider die fremden Staaten schützen sollte« (S. 7). Auch infolge der ›Befreiungskriege‹ habe das Volk nach einer Verfassung gestrebt, »wodurch wiederum die politische Einheit hergestellt, wodurch das Staatsoberhaupt wieder mächtig und kräftig, dagegen die Gewalt der Fürsten so beschränkt werde, daß sie nichts thun dürften, was dem allgemeinen Besten widerspreche.« (S. 11) – Es waren also jene beiden geschichtlichen Zusammenhänge, denen Hagen als Historiker besondere Aufmerksamkeit geschenkt hatte (siehe oben, S. 115–118, 172–175) und auf die er nun zur Begründung seiner politischen Ziele rekurrierte.

**1039** So auch Zepf, Hagen, 1998, S. 158. Von Hagens *Katechismus*, von dem eine Auflage von 5.000 Exemplaren geplant war, wurden im Dezember 1852 2.600 Stück makuliert (ebd., S. 165).

**1040** Gfrörer, Was ist zu thun?, 1848, S. 341. Siehe dazu auch Anm. 1029.

**1041** Alle Zitate Gfrörer, Was ist zu thun?, 1848, S. 342f.

Kräfte in endlosen innerlichen Kämpfen vergeuden müssen, während Euch für den Kampf gegen Außen, der unabwendbar bevorsteht, keine Wehrmacht übrig bleibt.«[1042]

Gfrörer wandte sich weiterhin gegen jegliche Form einer staatlichen Organisation der Arbeit, hob demgegenüber die zentrale Bedeutung der Kirche und des Adels hervor. Sie bürgten für gesellschaftliche Stabilität und Ordnung und gewährten Schutz gegen königliche Allgewalt einerseits und »allzugroße Beweglichkeit der Volkswünsche« andererseits.[1043] Sein Fazit lautete dementsprechend: »Die Republik taugt für uns in keiner Form, d.h. wir bedürfen einer starken monarchischen Gewalt. Um die Einheit zu erringen, muß der Kirche und dem großen ungemischten Grundbesitz ihr Recht gewährleistet werden; weiter, um die Freiheit zu behaupten, müssen wir die Monarchie durch kräftige demokratische Bollwerke beschränken. Mit andern Worten, ein starkes mächtiges Oberhaupt des gesammten deutschen Reichs ist was uns Noth thut, ein Oberhaupt, das demokratische und aristokratische Schranken neben sich habe; wir brauchen eine constitutionelle deutsche Monarchie. Damit stehen wir zugleich auf dem eigenthümlichen Boden unserer Geschichte, unserer alten Erinnerungen, unserer neuen Erlebnisse.«[1044]

Als ersten Schritt schlug Gfrörer die Einberufung einer außerordentlichen Reichsversammlung vor, die mit einem gleichsam militärischen Coup die »Wiederherstellung des Reichs« vollziehen sollte. Neben der Einsetzung eines Kriegsrates sah Gfrörer dazu die Wahl eines obersten Feldhauptmannes vor. In Betracht kamen für ihn hier vorzugsweise

---

**1042** Gfrörer, Was ist zu thun?, 1848, S. 345. Die Kriegsgefahr hob Gfrörer ebd. hervor: »Wir müssen gewiß auf einen Angriff von Nordosten her, höchst wahrscheinlich auf einen Anfall französischer Seits gefaßt seyn.« Siehe ebenso S. 353: »Wir werden, ehe zwei, drei Monate verstreichen, Krieg mit den Muskowitern zu bestehen haben. [...] Höchst wahrscheinlich werden wir in nächster Zukunft auch von der Westseite angefallen.« Dass Gfrörer hier den Krieg mit anderen Nationen als »unabwendbar« beschrieb, unterstreicht deutlich, wie tief die in Kap. 5 skizzierten Feindbilder im Nationalismus verwurzelt waren, aber auch, wie diese Feindbilder zur Rechtfertigung konkreter innenpolitischer Programme herangezogen wurden; zum historischen Beispiel des Britisch-Amerikanischen Krieges siehe S. 346.

**1043** Gfrörer, Was ist zu thun?, 1848, S. 352. Zur Frage der »Organisation der Arbeit« (Gfrörer bezog sich hier auf die Nationalwerkstätten in Frankreich) und seinen ›wirtschaftspolitischen‹ Forderungen siehe S. 346–349; zur Kirche S. 349–351 (»In der That sind seit fast einem Jahrtausend alle Staaten, welche Europäer schufen, auf das Christenthum gegründet, und die Kirche hat in Zeiten, wo alles Alte zusammenstürzte, die Keime neuer Schöpfungen ausgestreut und Ordnung geschaffen.«); zum Adel und seiner Bedeutung für das Staatswesen S. 351–353. Gfrörer betonte hier vor allem die Wichtigkeit der Ersten Kammer in einem Zweikammersystem – ein Thema, zu dem er auch weiter publizierte und in der Paulskirche sprach. Siehe dazu unten, S. 298–299; ferner auch oben, S. 177f.

**1044** Gfrörer, Was ist zu thun?, 1848, S. 354.

die Erzherzöge aus dem Hause Habsburg, »denen als Erben unserer alten Kaiser das nächste Anrecht gebührt«. Nach einigen weiteren Maßnahmen sollte die Reichsversammlung aufgelöst und die Macht an den Kriegsrat und den Feldhauptmann übertragen werden. Sobald das Reich nach außen gesichert sei, habe »der Feldhauptmann einen ordentlichen Reichstag [zu berufen], welchem es zukommen wird dem Reiche eine Verfassung zu geben [...]. Deutschland wird eine constitutionelle Monarchie in der Art seyn, daß die Staatsgewalt in den Händen eines *Erbkönigs*, eines Oberhauses und eines Unterhauses niedergelegt ist.«[1045] Aufgabe dieses Staates sei es, die Grundrechte zu garantieren, vor allem die Presse- und Religionsfreiheit (allerdings visierte er die »Verschmelzung beider kirchlicher Hauptparteien« zu *einer* deutschen Nationalkirche an[1046]), und für die Einführung von Geschworenengerichten zu sorgen, womit er die Märzforderungen in sein Konzept übernahm. Seine Ausführungen beendete Gfrörer mit einer nationalpolitischen Verheißung: »Gerade sind es zweihundert Jahre her, seit Abschluß jenes greulichen Vertrags, der Macht und Einheit der Deutschen mordete. Die Knechtschaft und Unterdrückung hat eine gemessene Zeit gedauert, die Glorie und Macht beginnt wieder! Gottes Finger ist nicht zu verkennen.«[1047]

Wie die Ausführungen Hagens und Gfrörers deutlich zeigen, knüpften sie mit ihren verfassungspolitischen Forderungen 1848 an ihre Deutungslinien an, die sie im Vormärz entwickelt und dargelegt hatten. Dies betraf – abgesehen von der historisch begründeten Notwendigkeit eines deutschen Nationalstaates und der Überhöhung der deutschen Nation – vor allem die Frage der Staatsform, des Staatsoberhauptes und der künf-

**1045** Gfrörer, Was ist zu thun?, 1848, S, 357.

**1046** Gfrörer, Was ist zu thun?, 1848, S. 358f. Vor dem Hintergrund, dass Gfrörer in seiner Geschichtsschreibung wiederholt auf die nationalpolitisch-einigende Kraft der Kirche hingewiesen hatte (siehe oben, S. 109), erschien es nur folgerichtig, die angestrebte Nationalstaatsgründung durch die Schaffung einer einigen deutschen Nationalkirche zu fundieren. In seinem Ende März 1848 verfassten Vorwort zum zweiten Band seiner *Geschichte der ost- und westfränkischen Carolinger* (Gfrörer, Carolinger, 1848, Bd. 2, S. IV–VI) erhob er die »glorreiche Wiederaufbauung der alten deutschen Kirche« zum Ziel, denn »die Fortdauer zweier herrschenden Kirchen, die seit 300 Jahren feindselig einander entgegenstanden, würde das Gemeinwesen, so gut und vollkommen auch die politische Verkittung der Nation gelingen mag, unfehlbar zerrütten.« Daher gebiete »[n]icht nur die Gerechtigkeit, sondern auch das öffentliche Wohl [...], auf Verschmelzung beider großen Religionsgemeinschaften, der deutschen Protestanten und der deutschen Katholiken, hinzuarbeiten.« Gfrörer schlug zu diesem Zweck selbst einige Punkte vor (z.B. zur Eucharistie, Bibelübersetzung und Beichte), forderte aber vor allem die Unabhängigkeit der Kirche vom Staate als grundlegende Voraussetzung für die Schaffung einer Nationalkirche. Siehe zu Gfrörers ›Einigungsplan‹ weiterführend Brechenmacher, Geschichtsschreibung, 1996, S. 442–449.

**1047** Gfrörer, Was ist zu thun?, 1848, S. 360.

tigen deutschen Vormacht. Bei allen inhaltlichen Differenzen stimmten sie darin überein, dass sie die Schaffung eines deutschen Nationalstaates als Anknüpfung an die Tradition des Alten Reiches projektierten, wenn auch diese Anknüpfung ganz unterschiedlich ausgedeutet wurde – sei es als Erinnerung an vergangene Größe, sei es als Negativbeispiel für innere Zersplitterung. Da aber alle zumindest das *frühneuzeitliche* Reich als fehlerhaft interpretierten, sahen sie sich als Historiker dazu berufen, über diese Fehler aufzuklären, um bei der nunmehrigen Nationalstaatsgründung das wiederhergestellte Reich auf eine solide verfassungsmäßige Grundlage zu stellen – freilich mit sehr unterschiedlichen Schlussfolgerungen und Ansprüchen.

Besonders deutlich sollten die grundsätzlich verschiedenen Ansichten über das weitere politische Vorgehen im Vorparlament aufbrechen. Dort hatte der Republikaner Struve einen weitreichenden Antrag eingebracht, der unter anderem auf die sofortige Aufhebung der erblichen Monarchie in Deutschland zielte. Überdies sah er vor, das Vorparlament bis zum Zusammentritt der Nationalversammlung in Permanenz tagen zu lassen und eine gesamtdeutsche Exekutive in Form eines Vollziehungsausschusses zu bilden.[1048] Das Vorparlament, in dem die liberale Mehrheit klar überwog, beschloss, hierüber nicht abzustimmen, um der Nationalversammlung nicht vorzugreifen. Nachdem die Versammlung einen weiteren Antrag der Linken auf Permanenz des Vorparlamentes mit 356 zu 142 Stimmen verworfen hatte, bildete sie stattdessen einen 50er Ausschuss zur Überwachung der Wahlvorbereitung. Als auch ein Antrag der Linken (unter den Antragstellern befand sich auch Wuttke) auf personelle Säuberung der Bundesversammlung nur in entschärfter Form angenommen wurde,[1049] versuchte eine radikaldemokratische Gruppe um Hecker und Struve erfolglos, die Versammlung durch einen

**1048** Antrag Struve [31. März 1848]. In: Verhandlungen des deutschen Parlaments, 1848, Bd. 1, S. 5–7. Dazu auch Huber, Verfassungsgeschichte, 1988, Bd. 2, S. 599–602; Valentin, Revolution, 1930, Bd. 1, S. 472–474; Engehausen, Revolution, 2007, S. 74f.

**1049** Gemeinsam mit den Abgeordneten Zitz, Strecker, Jacoby, Vogt, v. Behr, Dupré, v. Itzstein, Leisler sen. und Leisler jun. hatte Wuttke am 2. April beantragt, »die Versammlung soll erklären, bevor die Bundesversammlung die Angelegenheiten der Gründung einer constituirenden Versammlung in die Hand nimmt, möge sich dieselbe von den verfassungswidrigen Ausnahmebeschlüssen lossagen und die Männer aus ihrem Schooß entfernen, die zur Hervorrufung und Ausführung derselben mitgewirkt haben.« (in: Verhandlungen des deutschen Parlaments, 1848, Bd. 1, S. 99, zur anschließenden Debatte S. 99–115). Mit diesem Antrag versuchte Wuttke eine Forderung durchzusetzen, die er auch kurz darauf in seiner Schrift *Deutschlands Einheit, Reform und Reichstag* begründet hat (siehe unten, S. 274). Die Versammlung entschärfte diesen Antrag schließlich, indem sie auf Antrag des Abgeordneten Bassermann das Wort »bevor« durch »indem« ersetzte. Zur Abstimmung über die Permanenz siehe Verhandlungen des deut-

inszenierten Auszug zu sprengen. Karl Hagen schloss sich diesem Auszug an, hielt allerdings – anders als Hecker und Struve – weiterhin am parlamentarischen Wege fest.[1050]

Hatte das Vorparlament die Beratungen über den Antrag Struves abgebrochen, um der künftigen Nationalversammlung nicht vorzugreifen, so beschritt die Bundesversammlung einen anderen Weg. Durch die Bildung der Ausschüsse zur Revision der Bundesverfassung und der 17 Vertrauensmänner versuchte sie, das Heft des Handelns in der Hand zu behalten.[1051] Auch wenn die Vertrauensmänner in der Schleswig-Frage intervenierten, stand doch die Ausarbeitung eines Verfassungsentwurfes im Mittelpunkt, die im Wesentlichen von Dahlmann und Wilhelm Eduard Albrecht (wie Dahlmann einer der ›Göttinger Sieben‹) besorgt wurde.[1052] Der Entwurf, den die »17er« der Bundesversammlung schließlich am 27. April überreichten, entsprach in den Grundzügen einer konstitutionellen Monarchie, wie sie Dahlmann in seiner *Politik* als bestmögliche Staatsform dargelegt hatte.[1053] In dem ebenfalls von Dahlmann formulierten Vorwort des Entwurfes waren die ihm zugrunde liegenden Gedanken zusammengefasst: »Dieses Deutschland, welches die vielhundertjährigen Strafen seiner Entzweiung getragen hat, muß seine Volks- und Staatseinheit jetzt erreichen, unverzüglich, bevor noch das zweite Jahrhundert nach jenem Frieden abläuft, welcher seine Schwäche heilig spricht.« Mit Blick auf die konkreten Bestimmungen des Entwurfes hob Dahlmann die Bedeutung der Fürstenhäuser hervor. Sich an sie anzulehnen sei »die einzige Möglichkeit, dieses weitschichtige, vielgestaltige Deutschland allmählig in die Staatseinheit einzuführen, die sich

---

schen Parlaments, 1848, Bd. 1, S. 85, 166–169. Das ebd. angegebene Stimmergebnis (368 : 148) basiert auf einem Additionsfehler; siehe Huber, Verfassungsgeschichte, 1988, Bd. 2, S. 602f.

**1050** In einem Brief an den preußischen Demokraten Johann Jacoby brachte Hagen, zwei Wochen nach Ende des Vorparlaments, seine politischen Ambitionen, sein Ziel, die akademisch-wissenschaftliche Tätigkeit in ein parlamentarisches Wirken umzusetzen, auf den Punkt: »Ich brauche Ihnen nicht erst zu sagen, daß ich ebenfalls in das konstituierende Parlament gewählt zu werden wünsche. Ein großer Teil meiner Studien ist gerade den Dingen, die daselbst zur Sprache kommen, zugewendet gewesen, und nachdem ich jahrelang als Schriftsteller und als Lehrer in dem Sinne der deutschen Freiheit und Einheit gewirkt, möchte ich mein Scherflein auch zu der wirklichen Reorganisation von Deutschland beitragen« (Hagen an Johann Jacoby [17. April]. In: Jacoby, Briefwechsel, 1974: Nr. 434, S. 431).

**1051** Müller, Bund, 2005, S. 44–48.

**1052** Bleek, Dahlmann, 2010, S. 292; Spinger, Dahlmann, 1872, S. 220, 222. Über die Verhandlungen der »17er« haben Droysen und der lippische Vertrauensmann Moritz Leopold Petri Protokolle angefertigt. Diese sind abgedruckt in Hübner, Aktenstücke, 1924, S. 49–93.

**1053** Der Entwurf ist mit »überreicht am 26. April 1848« überschrieben, wurde jedoch erst am 27. April übergeben. Siehe dazu: Protokolle der Deutschen Bundesversammlung [27. April 1848], hier S. 477.

aus höheren Gründen nicht länger entbehren läßt.« So müsse Deutschland ein erbliches Oberhaupt vorstehen, da nur so eine innere Schwäche und Zwietracht zu vermeiden sei.[1054]

Inhaltlich sah der Entwurf die Vereinigung aller deutschen Staaten zu einem »Reich« vor, also den Übergang eines Staatenbundes zu einem Bundesstaat. An dessen Spitze stand ein mit weitreichenden Befugnissen ausgestatteter Erbkaiser (§ 5), der gemeinsam mit einem aus zwei Kammern bestehenden Reichstag (§ 12) die Reichsgewalt (§§ 3–4) verkörpern sollte. Während Reichstag und Reichsoberhaupt die Legislative gemeinsam ausübten und Gesetze nur bei der Zustimmung des Kaisers und beider Kammern verabschiedet werden konnten (§ 8), fiel die Exekutive allein dem Reichsoberhaupt zu (§ 7). Der Entwurf sah ferner ein Reichsgericht vor (§§ 22–24) sowie einen Grundrechtskatalog, der die klassischen Freiheitsrechte wie Versammlungs-, Meinungs- und Pressefreiheit verbriefte (§ 25).

Dass der Verfassungsentwurf nicht ohne Weiteres umzusetzen war, lag bereits bei seiner Fertigstellung auf der Hand, schnitt er doch prinzipielle Probleme an, die auch später die Beratungen in der Paulskirche bestimmten. Der Entwurf bedeutete einen tiefen Eingriff in die Souveränität der Einzelstaaten und eine grundlegende Umgestaltung der politischen Landkarte Mitteleuropas. Schon die Bestimmung, dass sich das Reich aus den Gebieten des Deutschen Bundes zusammensetzen solle, lief auf die Teilung der Habsburgermonarchie hinaus. Nicht minder gravierend war die Schaffung eines Erbkaisertums. Dies stand nicht nur den Forderungen nach einer republikanischen Grundordnung oder nach einem Wahlkaisertum entgegen, sondern warf auch die entscheidende Frage auf, wer den Erbkaiser stellen soll. Über diese Problemlage reflektierte auch Droysen, der als Vertrauensmann an der Ausarbeitung von ›Dahlmanns Verfassung‹ beteiligt gewesen war.[1055] In einer an das preu-

---

**1054** Entwurf des deutschen Reichsgrundgesetzes. Der hohen deutschen Bundesversammlung als Gutachten der siebenzehn Männer des öffentlichen Vertrauens überreicht am 26. April 1848. In: Protokolle der Deutschen Bundesversammlung [27. April 1848], S. 485–493. Die folgenden Zitate ebd. Siehe auch den davon abweichenden persönlichen Entwurf Dahlmanns (Dahlmann, Entwurf, 1848), welcher in den Beratungen des Vertrauensmänner-Ausschusses redaktionelle Änderungen erfahren hat. Die Entwurf wurde 1848 verschiedentlich publiziert, u.a. in: Verhandlungen des deutschen Parlaments, 1848, Bd. 2, S. 274–281 und als Separatdruck, verlegt bei Benjamin Krebs in Frankfurt am Main. Siehe zum Entwurf vor allem Hübner, Verfassungsentwurf, 1923; Huber, Verfassungsentwurf, 1988, Bd. 2, S. 767–773; auch Bleek, Dahlmann, 2010, S. 292–296; Spinger, Dahlmann, 1872, S. 220–224.

**1055** Zu Droysens Rolle bei der Ausarbeitung des Verfassungsentwurfes ausführlich Nippel, Droysen, 2008, S. 69–89.

ßische Außenministerium gerichteten Denkschrift ging Droysen auf die momentane politische Lage und den Verfassungsentwurf der »17er« ein. Neben dem Problem einer fehlenden handlungsfähigen Zentralgewalt wies Droysen auf die schier unüberwindliche Hürde hin, einen *ausführbaren* Verfassungsentwurf auszuarbeiten.[1056] Droysen bezog sich dabei insbesondere auf die Frage der Reichsgewalt und des Reichsoberhauptes (in dieser Beziehung hatte er auch im Vertrauensmänner-Ausschuss das größte Engagement gezeigt[1057]). Wenn er der Auffassung folgte, »daß der Inhalt des deutschen Lebens anderer Formen bedarf als der bisher gewährten oder gewährleisteten«, so bedeutete dies für ihn, dass rasch Tatsachen geschaffen werden müssen, nämlich eine kräftige Exekutivgewalt auf nationaler Ebene. So zeigte sich Droysen denn auch überzeugt, dass die Verhandlungen der in Kürze zusammentretenden Nationalversammlung bald »auf den entscheidenden Punkt drängen werden. Dieß ist die Frage über das Reichsregiment, über dessen Bedeutung und Verhältniß zu der Territorialgewalt, über das Reichsoberhaupt.«[1058]

Schon dass diese Denkschrift an das preußische Außenministerium adressiert war, zeigt, dass es der preußische Staat war, dem Droysen hier die Führungsrolle für die Verwirklichung des nationalpolitischen Ziels zudachte. »Und das Ziel ist die Einheit Deutschlands; sie muß stark sein, so stark wie die Gefahr und unsre Hoffnung. [...] Die Einheit Deutschlands schafft im Innern und nach Außen, worauf es ankommt.«[1059] Entscheidend war für ihn dabei, dass eine nationale Einheit nur mit einer einheitlichen Spitze, einem einheitlichen Oberhaupt zu erreichen sei.[1060] Österreich kam dafür nicht in Frage, bildete es doch nach Droysen »den irrationalsten Staatenkomplex«, der sich durch die »mechanische Zertheilung der europäischen Völker« auszeichne[1061] – mit ähnlichen Wor-

**1056** Droysen, deutschen Angelegenheiten, 1848, S. 131: »Es ist keine Verfassungsform denkbar – keine –, die unter den gegebenen Verhältnissen sich ausführbar zeigte.« Droysen räumte ebd., S. 127, ein, dass es den 17 Vertrauensmännern nicht gelungen sei, einen nennenswerten Einfluss auf das Handeln des Bundes zu erlangen, weshalb sie sich auf den Verfassungsentwurf konzentriert hätten.

**1057** Nippel, Droysen, 2008, S. 85f.

**1058** Droysen, deutschen Angelegenheiten, 1848, S. 124, 127–136, Zitate S. 124, 132.

**1059** Droysen, deutschen Angelegenheiten, 1848, S. 135f.

**1060** Droysen wandte sich in diesem Zusammenhang scharf gegen den Plan einer provisorischen Reichsgewalt in Form eines Triumvirats, den der badische Bundesgesandte Carl Theodor Welcker vorgebracht hatte (in: Protokolle der Bundesversammlung [18. April 1848], § 297, S. 416f.; zur Kritik Droysen, deutschen Angelegenheiten, 1848, S. 128f.). Die Idee eines kollektiven Reichsoberhauptes wurde später auch in der Paulskirche diskutiert, fand dort aber nur wenig Zustimmung. Siehe dazu unten, Kap. 6.3.4.

**1061** Droysen, deutschen Angelegenheiten, 1848, S. 122.

ten hatte er 1846 in seinen *Freiheitskriegen* den Stab über dem »dynastischen Prinzip« gebrochen.[1062] Dieses Prinzip nun endgültig zu überwinden und durch das nationale Prinzip zu ersetzen, war nach Droysens Denkart identisch mit der Parteinahme für Preußen als politische Vormacht Deutschlands: »In dem Maaße, als sich Östreich mehr und mehr trübt und Gestaltungen versucht, die das alte Kainszeichen der dynastischen Politik an sich tragen, klärt sich Preußen, ein rein deutscher Staat zu werden. […] Den Hohenzollern gebührt die Stelle, die seit den Hohenstaufen leer geblieben.«[1063]

Mochte Droysen seine Hoffnungen auch auf Preußen setzen – eine solche ›preußische Lösung‹ erwies sich als illusorisch. Ganz abgesehen von der Selbstüberschätzung, mit der Droysen das Handeln politischer Entscheidungsträger in seinem Sinne beeinflussen zu können glaubte, hatte der preußische König Dahlmann in mehreren Briefen signalisiert, dass er niemals eine Kaiserkrone unter Ausschluss Österreichs annehmen werde[1064] – eine Haltung, die mit dem Verfassungsentwurf der Vertrauensmänner nicht zu vereinen war. Auch von Seiten der Linkslibera-

---

**1062** Siehe dazu oben, S. 92f.

**1063** Droysen, deutschen Angelegenheiten, 1848, S. 136. Aus dem Revolutionsjahr 1848/49 liegen zahlreiche Texte Droysens vor, in denen er sich in ähnlicher Form über Preußens ›deutschen Beruf‹ äußerte, u.a in einem an den preußischen Bundesgesandten Usedom gerichteten Memorandum vom 14. Mai 1848. Kurz vor dem Zusammentritt der Nationalversammlung und mit Blick auf die nationalstaatliche Einigung Deutschlands bezeichnete er es als »Preußens Aufgabe, hier mit der ganzen Überlegenheit seiner Macht, seiner Einsicht und seiner aufrichtigen Politik einzutreten. […] Jetzt ist der Augenblick da, wo Preußen seine Stellung nehmen kann und muß.« (Droysen, Nationalversammlung, 1848, S. 138, siehe ebenso S. 141f.). Auch in der Folgezeit machte er sich für eine preußische Vormachtstellung in Deutschland stark und wandte sich dazu an die Öffentlichkeit. In der Frankfurter *Oberpostamts-Zeitung* unterstrich er, dass »Preußens Bedeutung eben darin gegründet und erwachsen ist, daß es wenigstens in entscheidenden Momenten sein Interesse in dem Deutschlands erkannte, die Richtungen einer deutschen Politik fand und vertrat«. Damit griff er die in seinen vor 1848 publizierten historisch-politischen Schriften (siehe oben, bes. S. 145–149) dargelegte These auf, dass die Interessen Preußens und Deutschlands »völlig eins« seien. Denn »nur in dem deutschen Namen finden sich Köln und Königsberg zusammen; nur in der Idee der deutschen Einheit kann Preußen die Vollendung seines hohen geschichtlichen Berufes suchen und finden.« (Droysen, Rückschau II, 1848, S. 161, 167).

**1064** So schrieb Friedrich Wilhelm IV. an Dahlmann [3. Mai 1848]. In: Fenske, Quellen, 1996, Nr. 34, S. 92f.: »daß ich die höchste Krone *nicht* annehmen werde, wenn sie mir überhaupt angeboten würde, wozu aber keine Gefahr von fürstlicher Seite besteht. Das Anbieten von Seite des Volks (das auch nicht stattfinden wird) wäre aber mehr als Gefahr. Es wäre der Beweis der vollendeten Auflösung Teutschlands, wenn es gegen der Fürsten Meinung und Willen geschieht und wäre wahrscheinlich mit Kanonen zu beantworten.« Der König forderte im Folgenden das »erbliche Römisch-Teutsche Kaiserthum für das jedesmalige Haupt des Erzhauses Oesterreich« und machte weitere Vorschläge zu politischen und militärischen Reformen; dazu ausführlich Springer, Dahlmann, 1872, Bd. 2, S. 238–251; Bleek, Dahlmann, 2010, S. 298–301.

len und Demokraten kam Kritik an diesem Entwurf.[1065] Zu den Kritikern gehörte Heinrich Wuttke, der seine politischen Zielvorstellungen in der Schrift *Deutschlands Einheit, Reform und Reichstag* darlegte. Er nannte zunächst drei Schritte, die er für unaufschiebbar hielt. Neben der Ablösung der bisherigen Regierungen durch »freigesinnte und volksthümliche Männer« (hier dachte er vor allem an Historiker[1066]) und einer demokratischen Wahlreform sah er als dritten Grundstein für alle weiteren Reformen »das deutsche Parlament, in dem die deutsche Einheit wiederhergestellt werden und Deutschland als Ganzes wieder auftreten soll: die Erfüllung eines langen Sehnens.«[1067] Hierzu müsse die »erbärmliche Eifersucht« im Innern überwunden werden, denn nur »wenn das gleiche Gefühl der Deutschheit alle durchdringt, kann ein einiger Nationalwille sich erheben und nur dann, […] werden die Kräfte Deutschlands ihre volle Wirksamkeit äußern.« Wuttke warnte, dass nur ein kurzes Zeitfenster bestehe, in dem ein »thatkräftiger Reichstag« geschaffen werden könne, und Eile geboten sei, handele es sich hier doch um »die Lebensfrage der deutschen Nation.«[1068]

Diese Frage erörterte er im Folgenden ausführlich, wobei er sich einmal mehr auf seine Rolle als Historiker berief: »Der sicherste Gang ist allemal der an der Hand der Geschichte. Die Entwicklung der Vergangenheit bietet die Anknüpfungspunkte für die Bildungen der Zukunft und zeigt in Warnungsbeispielen die Irrwege, vor denen man sich zu hüten

**1065** Zur Kritik am Verfassungsentwurf der 17er siehe Hagen, Rezension, 1850, S. 420; insgesamt Hübner, Verfassungsentwurf, 1923, S. 159–167; Bleek, Dahlmann, 2010, S. 306; Nippel, Droysen, 2008, S. 88, 120; ferner Engehausen, Revolution, 2007, S. 72; Huber, Verfassungsgeschichte, 1988, Bd. 2, S. 772f. Selbst Waitz erklärte, mit dem »17er Entwurf einer deutschen Verfassung […] sehr wenig einverstanden« zu sein, da er sich »mit der Idee des erblichen Kaisers durchaus nicht befreunden kann« und er »in ihm keine genügende Garantie, weder für die wahre Einheit, noch für das monarchische Prinzip erkenne« (Waitz an die Provisorische Regierung [11. Mai 1848]. In: Hagenah, Waitz, 1931, S. 216).

**1066** Wuttke, Deutschlands Einheit, 1848, S. 12. Ebd., S. 13: »Denn Männer des öffentlichen Lebens sind am ehesten im Stande, die neuen Bewegungen zu überschauen und soweit dies überhaupt noch möglich ist, zu führen und Männer, welche geschichtliche Studien (nicht in der alten Philologenweise) getrieben haben, vermögen am leichtesten und richtigsten die Beziehungen und Verhältnisse der Völker aufzufassen und die sich vorbereitenden Entwicklungen der Nachbarvölker wahrzunehmen.« Als Beispiel hob Wuttke hier Jacob Philipp Fallmerayer (1790–1861) hervor, ordentlicher Professor der Geschichte an der Universität München, Abgeordneter der Frankfurter Nationalversammlung (gewählt im 2. oberbayerischen Wahlbezirk) und Mitglied des Württemberger Hofes, später des Märzvereins. Neben Gfrörer, Hagen und Wuttke war Fallmerayer der einzige Geschichtsprofessor in der Paulskirche, welcher gegen Friedrich Wilhelm IV. als Kaiser der Deutschen stimmte.

**1067** Wuttke, Deutschlands Einheit, 1848, S. 20, zur Wahlrechtsreform S. 14–20.

**1068** Wuttke, Deutschlands Einheit, 1848, S. 20–22.

hat. Daher wollen wir die Methode des Geschichtsforschers in reiner Beschaulichkeit befolgen.«[1069] Nach einer gedrängten Skizze der deutschen Verfassungsgeschichte, auf die er sich im Folgenden immer wieder bezog, verband er eine politische Situationsanalayse mit seinem konkreten Programm und referierte dabei die Vorgänge des Jahres 1848 aus seiner Perspektive. Während er die Rolle des Vorparlaments – dem er selbst angehört hatte – positiv, ja als Wiederherstellung *eines* Deutschlands beurteilte,[1070] erkannte er in der Einberufung der 17 Vertrauensmänner durch die Bundesversammlung eine »unglückliche Maßregel«.[1071] Wuttke stieß sich insbesondere an dem Verfassungsentwurf der »17er«, die ein »so geringes Verständniß der deutschen Zustände« an den Tag gelegt hätten, vor allem weil »sie ein erbliches Kaiserthum der Nation vorschlugen. Dahlmann, ein Gelehrter, der sich doch mit der Geschichte der Völker beschäftigt hat, erklärte die Erblichkeit für nothwendig, ›um der Sicherstellung der wahren Wohlfahrt und Freiheit des deutschen Volkes willen‹!!!«[1072]

Dem hielt Wuttke seine eigenen Vorstellungen einer künftigen, gesamtdeutschen Verfassung entgegen. Der »Spiegel der Geschichte« zeige den Widerstreit der Prinzipien Einheit und Vereinzelung im »Volksleben« der Deutschen.[1073] »Die Aufgabe der Gründer des deutschen Gesammtstaates ist es demzufolge eine solche Form und Weise der Einheit zu finden, welche die Gegensätze versöhnend den alten Widerstreit beseitigt, indem sie neben der Einheit dem Einzelleben die Selbstständigkeit läßt, nach der es trachtet.« Dabei wies er auf die »Nothwendigkeit einer *Bundesregierung* für ganz Deutschland« hin, denn »die Einheit fordert sie. Daß diese Bundesregierung aus einem von allen Deutschen erwählten Reichstage mittelbar (oder auch unmittelbar) hervorgehe, welche seinen Willen vollzieht und ihm verantwortlich bleibt, gebietet das Interesse der Freiheit.« Auch mit Blick auf die Stellung und Befugnisse des Reiches suchte Wuttke »die Belehrung der Geschichte«. Als zentrale und exklusive Kompetenzen des Reiches sah er die auswärtigen

---

**1069** Wuttke, Deutschlands Einheit, 1848, S. 21.

**1070** Zu den Vorgängen des Jahres 1848 bis zum Verfassungsentwurf der 17 Vertrauensmänner Wuttke, Deutschlands Einheit, 1848, S. 87–95, hier S. 93: »Am 31. März gab es wieder nur *ein* Deutschland.« Hervorhebung im Original. In ähnlicher Weise deutete Droysen, Nationalversammlung, 1848, S. 138, bereits den Zusammentritt der Nationalversammlung als Herstellung einer staatlichen Einheit Deutschlands.

**1071** Wuttke, Deutschlands Einheit, 1848, S. 92.

**1072** Wuttke, Deutschlands Einheit, 1848, S. 96–98, Zitat 96.

**1073** Wuttke, Deutschlands Einheit, 1848, S. 98. Zum Widerstreit dieser beiden Prinzipien im deutschen »Volksleben« siehe auch ebd., S. 22.

Angelegenheiten und das Kriegswesen. Auch seien alle Staatsbürger- und Freiheitsrechte alleinige Reichssache.[1074] »Alle Sachen der inneren Regierung sind dagegen den einzelnen Staaten, ihren Obrigkeiten und Ständen getrost zu überlassen.« Denn das gesamte öffentliche und private Recht dem Reich zu überantworten, sei »zu viel; zu viel wenigstens für den Augenblick, zu viel für einen Uebergang.«[1075]

Obgleich Wuttke dafür eintrat, die Umgestaltung Deutschlands behutsam anzugehen und den Spielraum für Reformen nicht durch ausufernde Verfassungsbestimmungen einzuengen,[1076] gab er einige Grundsätze an, die bei Schaffung eines deutschen Nationalstaates zu berücksichtigen seien. Wuttke plädierte für ein Einkammersystem und wies jede Form der Staatenvertretung innerhalb der Reichsgewalt zurück, da durch eine solche ein »*zweites Reich*« entstünde: »Ein Haus der Staaten errichten, heißt die Zwietracht in's Parlament säen«.[1077] Vor allem aber betonte er die Unabdingbarkeit einer starken und einheitlichen Regierung: »Ohne eine mächtig gebietende Vollzugsgewalt wird die Einheit nimmermehr behauptet werden.« Daher soll, um Macht zu schaffen und um Machtmissbrauch vorzubeugen, ein Oberhaupt auf Zeit (10 Jahre) von der Reichsversammlung nach Befähigung, nicht nach Herkunft gewählt werden. Pläne eines Triumvirats bezeichnete Wuttke als »Schwäche« und »Unheil«; vielmehr sei die Einfachheit aller Staatsorgane das Ziel, da angesichts des bedächtigen Charakters der Deutschen nur so effizientes und schnelles Staatshandeln gewährleistet werden könne.[1078] Wuttke schloss mit dem Hinweis, dass die Nationalversammlung vielleicht nicht allen Erwartungen entsprechen werde. Aber »was morgen nicht gegeben wird, kann das Volk übermorgen mit gesetzlichen Mitteln erkämpfen. [...] wir wollen verzichten darauf, daß jetzt schon *alle* Hoffnungen und Verheißungen in Erfüllung gehen: aber mit Unnach-

---

**1074** Wuttke, Deutschlands Einheit, 1848, S. 99–101. Hervorhebung im Original.

**1075** Wuttke, Deutschlands Einheit, 1848, S. 102. Dementsprechend wies er staatliche Aufgaben wie z.B. Besteuerung, Anstellung von Beamten, Schul- und Polizeiwesen den Landesparlamenten und -regierungen zu, um dem sich historisch offenbarenden deutschen »Volksleben« gerecht zu werden (S. 103).

**1076** Wuttke, Deutschlands Einheit, 1848, S. 104. Auch dies begründete Wuttke ebd. historisch: »Das englische Parlament hat seine Rechte unbestimmt gelassen und seine Geschichte beweist, wie hoch seine Macht eben dadurch stieg: das deutsche Parlament befolge diesen Vorgang, nehme nur das Nothwendige *ausdrücklich*«. Hervorhebung im Original.

**1077** Wuttke, Deutschlands Einheit, 1848, S. 105f. Hervorhebung im Original.

**1078** Wuttke, Deutschlands Einheit, 1848, S. 108–111. Ebd.: »Die deutsche Geschichte berichtet hingegen viel von zögernder, schwerfälliger Bedenklichkeit, worüber oft die kostbare Zeit verloren ging. [...] nur aus Schlendrian fordert man ein Parlament aus zwei Häusern.«

giebigkeit und Kraft wollen wir bestehen auf der Einheit und Freiheit Deutschlands.«[1079]

Als Wuttkes Schrift erschien, war die Frankfurter Nationalversammlung bereits zusammengetreten. Aber entgegen seiner Forderung, sofort mit dem Bau der »Grundmauern« des Nationalstaates zu beginnen und sich erst später um dem »Putz der Gemächer« zu kümmern,[1080] wandte sich die Nationalversammlung nicht sogleich den Fragen der grundlegenden Staatsorganisation zu, also den Problemen der Reichsgrenzen, Reichskompetenzen und Reichsinstitutionen, der Oberhauptsfrage und nicht zuletzt dem künftigen Verhältnis zwischen Reich und Ländern. Obschon sich während der Schaffung der provisorischen Zentralgewalt Ende Juni 1848 die verfassungspolitischen Vorstellungen der Fraktionen abzeichneten, ging die Nationalversammlung vorerst ein anderes Thema an – die Grundrechte.

### 6.3.2 Die Grundrechte

Die Frankfurter Nationalversammlung begann die Verfassungsberatungen mit den Grundrechten. Dass sich das Parlament zunächst mit dieser Materie befasste, erklärt sich zum einen aus den Erfahrungen zahlreicher Abgeordneter mit der repressiven Regierungspraxis im Vormärz. Sie ließen es als vordringlich erscheinen, einen wirksamen Schutz vor staatlichen Übergriffen zu schaffen. Zum anderen erachteten es viele Parlamentarier als sinnvoll, sich als Erstes einem Thema zuzuwenden, bei dem ein weitgehender Konsens unter allen Abgeordneten zu erwarten war. Die Ausarbeitung eines Grundrechtekatalogs oblag vorab dem Verfassungsausschuss, der dem Plenum am 3. Juli 1848 seinen Entwurf *Die Grundrechte des deutschen Volkes* vorstellte. Dieser Entwurf umfasste 48 Paragraphen und wurde im Plenum in zwei Lesungen beraten; die erste Lesung zog sich bis zum 12. Oktober hin.[1081]

Dahlmann, Droysen und Waitz waren vor allem im Rahmen der Beratungen des Verfassungsausschusses an dem Grundrechts-Entwurf beteiligt. Durch die Mitgliedschaft in diesem Ausschuss bot sich ein relativ

---

**1079** WUTTKE, Deutschlands Einheit, 1848, S. 112.
**1080** WUTTKE, Deutschlands Einheit, 1848, S. 105.
**1081** Siehe den Entwurf *Die Grundrechte des deutschen Volkes* in WIGARD, Steno. Bericht NV, 1848, Bd. 1, S. 682–684. Zur Grundrechtsdebatte siehe EYCK, Hoffnung, 1973, S. 247–299; RIBHEGGE, Parlament, 1998, S. 50–53; ENGEHAUSEN, Revolution, 2007, S. 114–118.

breiter Spielraum, eigene Ansichten in den Entwurf einzubringen und dadurch die Debatte in eine bestimmte Richtung zu lenken. Dennoch zeigten alle drei ein relativ geringes Engagement in den Verhandlungen des Ausschusses zur Grundrechtsfrage.[1082] Der Grund für ihre Zurückhaltung lag nicht zuletzt in einer grundsätzlichen Skepsis gegenüber der Idee von Grundrechten, die als juristisch institutionalisierte Antagonismen zwischen Staat und Individuum gedeutet wurden und damit dem organischen Staatsideal widersprachen.[1083] Diese Skepsis konnte nur gemehrt werden durch die Befürchtung, dass man durch allzu ausgiebige Grundrechtsberatungen wertvolle Zeit für die elementaren Fragen der Staatsorganisation verstreichen lasse, also für Neugestaltung des Verhältnisses zwischen Reich und Ländern, für die Schaffung einer zentralen Reichsgewalt und eines Reichsoberhauptes.[1084]

Deutlich engagierter zeigten sich dagegen Hagen und Gfrörer in der Grundrechtsfrage, die sich beide in den Beratungen über das Verhältnis zwischen Staat und Kirche zu Wort meldeten (Art. III des Entwurfs).[1085] In der allgemeine Debatte zu diesem Artikel sprach am 24. August 1848 Karl Hagen. Wie die meisten seiner Vorredner sprach auch er sich für

---

**1082** Siehe dazu die von Droysen angefertigten Protokolle über die Verhandlungen des Verfassungsausschusses (= Droysen, Verhandlungen, 1849, hier S. 3–55). Dass Droysen nur die wesentlichen Teile der Grundrechtsberatungen wiedergab (siehe ebd., S. 3, 20f.), zeigt, dass er ihnen keine allzu große Bedeutung beimaß. Vor allem muss berücksichtigt werden, dass Droysen bei der Publikation seiner Protokolle bestimmte Absichten verfolgte und die Aufzeichnungen entsprechend redigierte. Siehe dazu die luziden Ausführungen von Nippel, Droysen, 2008, bes. S. 144–157.

**1083** So nannte Dahlmann, Politik, 1835, § 235, S. 209f., die in der Französischen Revolution 1789 proklamierten Menschenrechte »widersinnig, weil sie mit jeder Verfassung unzufrieden machen. Statt von den nothwendigen Opfern auszugehen, welche gebracht werden müssen, damit aus dem Staatsvereine die schönen Früchte des Gesammtwohls und der Einzelbildung erwachsen, führt man ein langes Gefolge von Freiheits- und Gleichheits-Rechten auf, die der Menschheit opferloses unveräußerliches Eigenthum von jeher gewesen seyn sollen und bleiben müssen«. Diese Haltung hielt Dahlmann, Entwurf, 1848, S. 389f., freilich nicht ab, in seinen Verfassungsentwurf vom April 1848 Grundrechte mit aufzunehmen. Obwohl er Grundrechte nicht generell ablehnte, distanzierte sich auch Droysen, Freiheitskriege, 1846, Bd. 2, S. 642, »von jener unsittlichen Vorstellung, als sei die Aufgabe der Verfassung, dem Volke Garantien gegen den Staat und das Staatsoberhaupt zu geben« und »von jenem falschen Liberalismus, dessen Verfassungsideal im besten Fall das ›organisirte Mißtrauen‹ ist«. Zu Droysens organischem Staatsideal siehe auch oben, S. 183–186.

**1084** Bleek, Dahlmann, 2010, S. 335f.; Nippel, Droysen, 2008, S. 122f.

**1085** Zur Diskussion um das Verhältnis zwischen Staat und Kirche in der Nationalversammlung siehe Eyck, Hoffnung, 1973, S. 271–291; Ribhegge, Parlament, 1998, S. 65–78; die aber beide nicht auf die Beiträge Hagens und Gfrörers eingehen. Art. III des Grundrechtsentwurfes enthielt sechs Paragraphen, die u.a. die Glaubens- und Gewissensfreiheit (§ 11), die freie Religionsausübung (§ 12) und die Unabhängigkeit der Kirche vom Staat (§ 14) festsetzten. Siehe die *Die Grundrechte des deutschen Volkes* in Wigard, Steno. Bericht NV, 1848, Bd. 1, hier S. 683.

die Unabhängigkeit der Kirche vom Staat aus, wobei er hinzufügte, dies »von dem Standpunkte der Demokratie aus« zu tun. Das Wesen der Demokratie machte er »in der freien Selbstbestimmung aller Sphären des Volkslebens« aus; führe man dieses Recht auf freie Selbstbestimmung ein, so könne man es der Kirche nicht vorenthalten. Gleichwohl wies Hagen auf die Sonderstellung der Kirche hin und unterstrich, »daß es keine andere Genossenschaft gibt, welche so außerordentliche Mittel besitzt, um gefährlich zu wirken, um namentlich die Freiheit des Geistes, welche wir in Anspruch nehmen, und welche wir erstreben, um diese Freiheit des Geistes wieder niederzuhalten.« Hagen ließ einen längeren historischen Abriss folgen, in welchem er einerseits auf Zeiten verwies, in dem das »Princip des Jesuitismus besonders geherrscht« habe, andererseits Zeiten herausstellte, die sich durch eine staatliche Unterdrückung des religiösen Lebens ausgezeichnet hätten. Sowohl die Dominanz der einen als auch der anderen Seite sei schädlich. Als »Heilmittel« sah Hagen das »demokratische Princip. Durch die Anwendung des demokratischen Princips in allen Sphären des Volkslebens gewinnt der Staat, die Kirche, die menschliche Gesellschaft eine ganz andere Stellung, als sie bisher inne gehabt.«[1086]

Hagen trat im Folgenden für »die Anwendung des Grundsatzes der vollkommenen Religions- und Cultusfreiheit« ein. Einwänden, dass dadurch ein gefährliches Sektenwesen entstehen könne, hielt er entgegen, »daß in Deutschland das religiöse Bewußtsein, ein viel innerlicheres, das Streben nach wahrer religiöser Freiheit viel großartiger ist, als in allen andern Völkern«.[1087] Durch die Anerkennung dieses Grundsatzes werde »die echte Freiheit und Milde, die Freiheit der religiösen Forschung, wie

---

**1086** Rede Hagen [24. August 1848]. In: Wigard, Steno. Bericht NV, 1848, Bd. 3, S. 1697. Kurz bevor die Grundrechtsdebatte in der Paulskirche begann, hatte Hagen die Frage der Grundrechte im zweiten Heft des *Politischen Katechismus für das freie deutsche Volk* aufgegriffen. Hagen forderte hier verfassungsmäßig geschützte Grundrechte und begründete diese – in populär gehaltener Frage-und-Antwort-Form – historisch. Auch hier trat er für die Religionsfreiheit ein: »Der Staat hat den Menschen nur nach seinen äußeren Handlungen zu beurtheilen […]. Aber über seinen Glauben und über seine Religion hat der Staat gar nichts zu bestimmen«. Hagen wies ferner darauf hin, dass die »Machthaber […] gar häufig die Religion zu schlechten Zwecken benutzt« hätten (Hagen, Katechismus II, 1848, S. 12). Neben der Religionsfreiheit verteidigte er weitere klassische Freiheitsrechte (z.B. Pressefreiheit), wobei die ›Märzforderungen‹ klar zum Ausdruck kamen: So legitimierte Hagen die Volksbewaffnung als überkommene Tradition der Deutschen »zum Schutze und zur Sicherheit der Verfassung und der Volksrechte« (S. 18) und machte sich für die Einrichtung von Geschworenengerichten stark – auch dies »eine alte deutsche Einrichtung« (S. 37). Außerdem – und dies war typisch für Hagen – sprach er sich auch für soziale Rechte aus, etwa für eine gerechte Verteilung der Steuerlast und für ein Recht auf Bildung (S. 38–44). Dazu auch Wolgast, Hagen, 1985, S. 286f.

**1087** Siehe dazu auch oben, S. 126f.

die Neuzeit es verlangt, sich der jetzigen Kirchen bemächtigen und sie durchdringen«. Bezeichnenderweise brachte der demokratisch gesinnte Reformationshistoriker dabei die aus seiner Geschichtsschreibung bekannte These vor, dass das »demokratische Princip« das »ursprüngliche Princip des Protestantismus« sei und mit »der Anerkennung der Freiheit der protestantischen Kirche vom Staate eine Verfassung im demokratischen Sinn zu Stande kommen werde.« Die Freiheit der Kirche, ihre freie und demokratische Selbstbestimmung zu sichern, war für Hagen insofern ein Mittel, um die historisch hergeleitete Aufgabe der Neuzeit zu erreichen: ein »Volksleben« auf demokratischer Basis.[1088]

Wenn Hagen die Unabhängigkeit von Kirche und Staat forderte, so bedeutete dies für ihn aber nicht die »Trennung« von Kirche und Staat. Vielmehr müsse der Staat, »wie über jeden andern Verein, so auch über jeden religiösen, auch über die Kirche das Oberaufsichtsrecht haben.« Denn der »Staat hat in der neueren Zeit, in der Zeit, in welcher wir jetzt stehen, eine ganz andere, eine großartigere Aufgabe, als er sie je gehabt und gelöst hat. Waren im antiken Staate die einzelnen Elemente des Volkes im Staate absorbirt, lagen dieselben im Staate des Mittelalters zerbröckelt wie Atome nebeneinander und in Feindschaft gegen einander, hatte der absolute, der Polizeistaat die verschiedenen Elemente des Volkslebens wie Sklaven an einer Kette zu einer willkürlichen Einheit an einander geschmiedet; so ist es die Aufgabe des demokratischen Staates, durch die Anerkennung der vollkommenen Freiheit seiner einzelnen Glieder die Möglichkeit eines freien, selbstbewußten, großartigen Organismus herbeizuführen.« Dem demokratischen Staat komme daher ein grundsätzlich anderes Verhältnis zu diesem Volksorganismus zu: »Indem er den einzelnen Gliedern des Staatslebens die Freiheit der Selbstbestimmung läßt, so steht er dann über allen als schützende Macht, als Hort der Freiheit und des Gesetzes, er ist dasjenige Element, von welchem der Schutz gegen etwaige Unterdrückung und Gesetzlosigkeit gefordert und gewährt wird. In diesem Verhältnisse, meine Herren, muß der Staat fortan zur Kirche stehen; die Kirche soll keineswegs von ihm getrennt sein, sondern unter dem Schutz und der Oberaufsicht desselben stehen, aber der Staat hat nicht das Recht, sie zu bevormunden und in das Einzelne einzugreifen sondern er hat nur alle Staatsgenossen zu schützen gegen etwaige Uebergriffe der Kirche nach Außen, und die Mitglieder der Kirche selber gegen die Uebergriffe im Inneren.«[1089]

---

**1088** Rede Hagen [24. August 1848]. In: Wigard, Steno. Bericht NV, 1848, Bd. 3, S. 1697f.
**1089** Rede Hagen [24. August 1848]. In: Wigard, Steno. Bericht NV, 1848, Bd. 3, S. 1698f.

Diese Grundsätze führten Hagen zu drei Forderungen: Erstens dürfe mit Blick auf die religiöse Lehre »in keiner Weise von Seite des Staates eine Bevormundung eintreten«. Zweitens müsse die Kirche in die allgemeine Besteuerung miteinbezogen und ihren Beitrag für das Gemeinwesen leisten. Drittens solle bei der Anstellung von Geistlichen fortan von dem Grundsatz ausgegangen werden, »daß die Gemeinde das Recht hat, den Pfarrer zu wählen oder vorzuschlagen« – Forderungen, die sich, wie Hagen zum Ende seiner Rede noch einmal hervorhob, ergäben aus dem »Principe der Demokratie.«[1090]

Dokumentiert Hagens Beitrag, wie sehr sich die Historiker im Rahmen der Grundrechtsdebatte an ihre wissenschaftlichen Schriften anlehnten, so gilt dies noch mehr für eine Rede August Friedrich Gfrörers. Als am 29. August die Debatte über die Einzelbestimmungen von Art. III fortgesetzt wurde und § 14 des Entwurfes (»Neue Religionsgemeinschaften dürfen sich bilden; einer Anerkennung ihres Bekenntnisses durch den Staat bedarf es nicht.«) zur Diskussion stand,[1091] ergriff der Freiburger Professor zum ersten Mal das Wort in der Paulskirche. Ähnlich wie seine historiographischen Arbeiten leitete er seine Rede mit der Bemerkung ein, die Frage »aus dem nationalen Gesichtspunkt« und »als Anhänger der Reichseinheit zu behandeln.« Gfrörer wies zunächst darauf hin, dass der Entwurf die völlige Unabhängigkeit neuer Religionsgemeinschaften vom Staat vorsehe, kritisierte aber umgehend, dass eben dieses Recht den christlichen Kirchen nicht zugutekomme, obwohl diese »eine große Geschichte aufzuweisen« hätten. Es dürfe nicht sein, erklärte der Verfasser der *Allgemeinen Kirchengeschichte*, den »umfassenden Freibrief« für »Secten« den »alten, Millionen von Bekennern zählenden, Religionsgemeinschaften zu verweigern« und diese »unter der Ruthe der Cultministerien« zu belassen.[1092]

Dieser Grundsatzforderung folgte ein längerer historischer Exkurs, mit dem Gfrörer die nationale Bedeutung der Kirchen herauszustellen suchte. Hierbei stützte er sich auf zahlreiche Argumente, die er in seiner Geschichtsschreibung nahezu gleichlautend formuliert hatte. Gfrö-

---

**1090** Rede Hagen [24. August 1848]. In: Wigard, Steno. Bericht NV, 1848, Bd. 3, S. 1699.

**1091** *Die Grundrechte des deutschen Volkes* in Wigard, Steno. Bericht NV, 1848, Bd. 1, S. 683. Über § 14 des Grundrechtsentwurfes wurde verhältnismäßig ausgiebig diskutiert, weil hier das Verhältnis zwischen Staat und Kirche »in seiner akutesten Form« (so Eyck, Hoffnung, 1973, S. 289) angesprochen wurde. Die Verhandlungen über den Malmöer Waffenstillstand unterbrachen schließlich die Debatte, die am 9. September wieder aufgenommen wurde; siehe Wigard, Steno. Bericht NV, 1848, Bd. 3, S. 1945–1958, 1985–2001.

**1092** Rede Gfrörer [29. August 1848]. In: Wigard, Steno. Bericht NV, 1848, Bd. 3, S. 1783f.

rer, der in seinen Schriften immer den »geheimen Triebkräften« oder »Triebfedern« der Geschichte auf der Spur war,[1093] forderte von der Nationalversammlung, eben diese Triebkräfte in das politischen Kalkül mit einzubeziehen. Denn »um Freiheit und Einheit Germaniens zu gründen« gelte es vor allem, »diejenigen Triebkräfte, die seit etwa 350 Jahren Schmach und Erniedrigung des deutschen Namens, und die Herrschaft fürstlicher Willkür in deutschen Ländern herbeiführten, einzudämmen oder zu zerstören.« Damit warf er sich auf, das Plenum über jene »verderblichen Mächte« aufzuklären, die eine nationale Einheit bisher verhindert hätten. Den Mittel- und Schwerpunkt dieser Mächte sah er in den »oberbischöflichen« und »landespäpstlichen Rechten, welche die deutschen Fürsten allmählich sich über die Kirche ihrer Gebiete und über die Gemüther ihrer Unterthanen anmaßten. Um dieß zu beweisen, müßte ich die Geschichte unserer Nation beinahe von Jahrzehnt zu Jahrzehnt durchgehen.«[1094]

Gfrörer beschränkte sich indes darauf, einige zentrale Entwicklungslinien zu skizzieren: Als negativen Einschnitt beschrieb er die Ausbildung der landeskirchlichen Hoheit der Fürsten im 16. Jahrhundert, die für den Dreißigjährigen Krieg mitverantwortlich gewesen und durch den Westfälischen Frieden zementiert worden sei. »Denn dort zu Münster und Osnabrück zerstörte das siegreiche Fürstenthum die Ordnungen des Reichs, errang das gemeinverderbliche Recht selbstständiger Kriegsführung und ungehinderter Bündnisse mit dem Auslande, drückte die Kaiserkrone zum Schatten herab, und vollendete vor Allem seine Herrschaft über Gewissen und Glauben.« Konfessionelle und nationale Spaltung waren nach Gfrörer direkt miteinander verbunden. Am schlimmsten sei bei alledem die »Veränderung im Geiste und Charakter unserer Nation« gewesen. Dabei bezog er sich ausdrücklich auf historische »Quellen« und griff die 1845 in seiner *Geschichte Gustav Adolphs* dargelegte These auf, »daß sämmtliche Völker Europa's bis in das erste Drittel des siebenzehnten Jahrhunderts herein uns, das heißt: das deutsche Volk, für die stolzeste Nation von Europa hielten. Wir spielten bis dahin dieselbe Rolle, welche seit etwas mehr als hundert Jahren die Engländer spielen. Dieses Laster, wenn es ein solches war, – ich beurtheile es anders – hörte jetzt gründlich auf. An die Stelle ehemaligen Selbstgefühls

**1093** Siehe dazu oben, S. 71f.

**1094** Rede Gfrörer [29. August 1848]. In: Wigard, Steno. Bericht NV, 1848, Bd. 3, S. 1784.

trat ein Servilismus der Massen«.[1095] Dass er diese These in seine Rede übernahm, unterstreicht die wechselseitige Durchdringung seines politischen und wissenschaftlichen Wirkens unter nationalistischen Vorzeichen. So wie er mit seiner Geschichtsschreibung politische Botschaften vermitteln wollte, so stützte er sich auch in seinem konkreten parlamentarischen Handeln auf seine historiographischen Arbeiten.

Weitere politische Thesen seiner Geschichtsschreibung aufgreifend, wies Gfrörer auch auf die jüngste Vergangenheit hin.[1096] Das Ausbleiben nationaler Einheit und Freiheit nach 1815 führte er auch zurück auf die »von Oben herab erzwungene Vereinigung der Kirchen mit dem Fürstenthume zu einem engen Bündnisse für Aufrechthaltung absoluter Gewalt.« Gerade die Revolutionen von 1830 und 1848 hätten bewiesen, dass die Oberhoheit der Fürsten über die Kirchen den nationalen und freiheitlichen Bewegungen im Wege gestanden hätte. Aus diesem Grundgedanken, dass es die »Verknechtung der Kirche durch den Staat, das dem Klerus von Oben herab aufgezwungene Polizeiamt war [...], was unsere Nation erniedrigt, die Einheit des Reichs gesprengt« habe, zog Gfrörer den Schluss: »Wollen Sie diesen Uebeln ernstlich abhelfen, so zerreißen Sie unwiderruflich die Kette, welche den Klerus aller Bekenntnisse unter die Willkür der Höfe fesselt.« Die Unabhängigkeit der Kirche sei umso wichtiger, da gerade der »deutsche Geist« nach freier Entfaltung verlange[1097] und die Religion ohnehin »das wichtigste und stärkste Band der Gesellschaft« sei. Daher verurteilte er atheistische Tendenzen in der

1095 Rede Gfrörer [29. August 1848]. In: Wigard, Steno. Bericht NV, 1848, Bd. 3, S. 1784. Vgl. damit die Passagen in Gfrörer, Gustav Adolph, 1845, S. 1019f.: »die Teutschen zeichnen sich vor andern durch unbändigen Nationalstolz aus, und sehen auf die übrigen Nationen, wie auf Geschöpfe niederer Art herab. Wahrlich, wenn dieser Stolz unserer Ahnen ein Laster war – ich halte es nicht dafür – so haben wir uns in Folge der unglücklichen Wendung des 30jährigen Kriegs gründlich gebessert. Das Uebermaß von Selbstgefühl eines *Herrenvolks* ist verschwunden, an seiner Statt lernten wir die Tugenden und die ganze Anstelligkeit von *Knechten*. Ein *Bedientenvolk* sind die Teutschen seit jener Zeit geworden« (Hervorhebungen im Original). Siehe dazu auch oben, S. 131.

1096 Etwa die Behauptung, das 18. Jahrhundert bilde den »traurigsten Abschnitt unserer Nationalgeschichte«. (Rede Gfrörer [29. August 1848]. In: Wigard, Steno. Bericht NV, 1848, Bd. 3, S. 1784). Diese Interpretation des 18. Jahrhunderts als dem »tiefsten Stand unserer teutschen Geschichte« findet sich bereits bei Gfrörer, Gustav Adolph, 1837, S. 1042.

1097 Rede Gfrörer [29. August 1848]. In: Wigard, Steno. Bericht NV, 1848, Bd. 3, S. 1785: »Seit dem Lenze dieses Jahres wehen nach langem Winter zum ersten Male wieder germanische Lüfte, und frei kann sich der deutsche Geist bewegen. Was ist aber diesem Geist eigenthümlicher, als der Trieb zur Bildung gesellschaftlicher Krystalle, als jener Hang zum Corporationswesen, der sich auf jedem Blatt unserer Geschichte abspiegelt? Gewähren Sie, meine Herren, Befriedigung dieses Triebs vor Allem der edelsten und einflußreichsten Corporation, der Kirche.«

deutschen Gesellschaft und führte diese – nicht ohne historische Beispiele – auf eine Instrumentalisierung der Religion durch die absolutistischen Machthaber zurück.[1098] Um die kirchliche Unabhängigkeit zu gewährleisten und auf diese Weise zu einer geistigen Einigung der Nation beizutragen, sprach sich Gfrörer für »eine bündige Unabhängigkeits-Erklärung der Kirche« aus, die »den Religionsgesellschaften die Erwählung ihrer Beamten, den Cultus, die Verwaltung des Vermögens überläßt, und diejenigen Organe, welche seitdem von den Höfen benützt wurden, um die Kirchen zu beherrschen, als da sind die geistlichen Ministerien, die Kirchenräthe, die Consistorien, beseitigt.«[1099]

Als am 11. September über § 14 abgestimmt wurde, beschloss das Parlament, dass alle Religionsgemeinschaften ihre Angelegenheiten selbstständig ordnen, sofern sie sich im Rahmen des Gesetzes bewegen. Das Staatskirchentum wurde ausdrücklich aufgehoben. – Diese Beschlüsse bildeten einen »Meilenstein auf dem Weg der Säkularisation des modernen Staats«.[1100] Bereits vor der Verabschiedung der Verfassung wurden die Grundrechte am 28. Dezember 1848 als Reichsgesetz verkündet. Obwohl sie zu diesem Zeitpunkt in den großen deutschen Staaten wie Preußen und Österreich nicht mehr durchgesetzt werden konnten – die Gegenrevolution hatte dort mittlerweile die Oberhand gewonnen –, blieben die persönlichen und politischen Freiheits- und Eigentumsrechte der Paulskirche richtungsweisend, namentlich für die Weimarer Verfassung und das Bonner Grundgesetz.[1101] Zunächst bedeuteten sie aber eine Bewährungsprobe für die Nationalversammlung. Denn indem die Grundrechte verbindliche Richtlinien für die Landesverfassungen vor-

---

**1098** Rede Gfrörer [29. August 1848]. In: Wigard, Steno. Bericht NV, 1848, Bd. 3, S. 1785f.: »Ein ähnliches Spiel hat man auch bei uns von Oben herab mit der Religion getrieben, und der Erfolg war der nämliche. Im vorigen Jahrhundert hat ein großer König französische Starkgeisterei eingeführt, weil er dadurch die Gunst der Studirten zu gewinnen hoffte, was ihm auch gelang. Seitdem werden wir von Berlin aus in die sogenannte Vernunftreligion hineinexercirt. [...] Dieser Zustand ist unerträglich, weil er die Grundlagen der Gesellschaft untergräbt.«

**1099** Rede Gfrörer [29. August 1848]. In: Wigard, Steno. Bericht NV, 1848, Bd. 3, S. 1785f.

**1100** Siemann, Revolution, 1985, S. 137. Siehe die Abstimmung zu § 14 in Wigard, Steno. Bericht NV, 1848, Bd. 3, S. 1990–2001.

**1101** Die *Grundrechte des deutschen Volkes* wurden von der Nationalversammlung nach der zweiten Lesung am 20. Dezember verabschiedet (in Wigard, Steno. Bericht NV, 1848, Bd. 6, S. 4281–4298), am 21. Dezember beschloss das Parlament, sie umgehend als Reichsgesetz in Kraft treten zu lassen (ebd., S. 4331). Am 28. Dezember wurden sie von der provisorischen Zentralgewalt verkündet im Reichs-Gesetz-Blatt 1848, Nr. 8, S. 49–57. Zu Reichweite und Bedeutung der Grundrechte siehe Siemann, Revolution, 1985, S. 135–140; ferner Huber, Verfassungsgeschichte, 1988, Bd. 2, S. 774–783.

gaben, tangierten sie das Verhältnis zwischen den Einzelstaaten und der Reichsgewalt.

### 6.3.3 Einheit und Individualität – deutsches Reich und deutscher Charakter

Nachdem die Nationalversammlung die erste Lesung der Grundrechte am 12. Oktober beendet hatte, begann sie am 19. Oktober mit der eigentlichen Beratung der Reichsverfassung. Damit rückte eine Reihe konstitutiver Fragen auf die Tagesordnung. Es war zu klären, welche Gebiete der künftige deutsche Nationalstaat umfassen sollte. Ebenso stellten sich Fragen nach den Kompetenzen dieses Staates, seinem Verhältnis zu den Einzelstaaten, seiner Herrschaftsform und seinem Regierungssystem. So grundsätzlicher Natur diese Probleme waren, so unterschiedlich waren auch die Standpunkte der Abgeordneten. Den Ausgangspunkt der Verhandlungen bildete auch hier ein Entwurf des Verfassungsausschusses, der die Beratungen maßgeblich vorprägte und die Umwandlung des bestehenden deutschen Staatenbundes in einen Bundesstaat vorsah. Vor diesem Hintergrund standen nach Vorlage des Entwurfes am 19. Oktober zunächst seine Abschnitte *Das Reich* und *Die Reichsgewalt* im Mittelpunkt der parlamentarischen Diskussion.[1102]

Bereits am ersten Tag der Debatte betrat Karl Hagen das Rednerpult. Die Frage nach dem Aufbau des Reichs und der Reichsgewalt sei, so leitete er seinen Beitrag ein, die »wichtigste und zugleich die schwierigste« der Nationalversammlung – und zwar deshalb, weil es sich bei den Deutschen um ein Volk handele, »bei welchem das Element der individuellen Selbstständigkeit entschiedener und schärfer ausgeprägt ist, wie bei irgend einem anderen Volke«. Hagen griff diese These aus seinem Aufsatz *Gedanken über den deutschen Volkscharakter* auf, in dem er die Individualität als wesentliches Merkmal des deutschen Volkscharakters ausgemacht hatte.[1103] Dementsprechend bezeichnete er es als »eine offenbare Verkennung der Natur unseres Volkes, des Geistes unserer Nation, wenn wir dieses Moment der individuellen Selbstständigkeit nicht berücksichtigen wollten bei unserer Verfassung.« Die Verfassung an die-

---

**1102** Zur Debatte um das Reichsgebiet siehe Wollstein, Oktoberdebatte, 1996; Ribhegge, Parlament, 1998, S. 97f.

**1103** Rede Hagen [19. Oktober 1848]. In: Wigard, Steno. Bericht NV, 1848, Bd. 4, S. 2754–2756. Vgl. damit Hagen, Volkscharakter, 1840, bes. S. 136–140. Siehe auch oben, S. 113.

sem Volkscharakter auszurichten, bedeute, von zentralistischen Strukturen abzusehen. Zugleich sei aber »nicht zu leugnen, daß durch unsere ganze Geschichte sich wie ein rother Faden die Idee der politischen Einheit hindurchzieht, ein deutlicher Beweis, daß das individuelle Element nicht das einzige ist, welches uns charakterisirt«. In Deutschland habe nicht nur bereits eine politische Einheit bestanden, vielmehr habe das Volk stets versucht, diese Einheit wiederherzustellen. Wenn es nun darum gehe, einen Nationalstaat zu errichten, »so haben wir dadurch keineswegs etwas unserem Charakter Widersprechendes übernommen, sondern wir folgen auch hier den tieferen Trieben dieser Nation, welche immerfort in unserer Geschichte vorhanden gewesen und nur in der letzteren Zeit kräftiger wie je zum Durchbruch gekommen sind.« Auch hier erschien die Nation als immerwährende und in der Natur wurzelnde Einheit, als essentialistische Größe.[1104]

Hagen griff damit die traditionsstiftenden Interpretationsschemata seiner Geschichtsschreibung auf und übertrug die darin entwickelten Handlungsvorgaben in die parlamentarisch-praktische Politik. So galt es laut Hagen, in der Verfassung das »einheitliche Element und das individuelle in eine schöne Harmonie« miteinander zu bringen, denn nur auf diese Weise sei eine deutsche Nationalstaatsbildung möglich – ein Werk, »an welchem sich die ganze bisherige Geschichte Deutschlands vergeblich versuchte.« Um zu wissen, wie diese beiden Elemente jenes Volkscharakters in Einklang gebracht werden können, sei ein Blick in die Geschichte nötig, um die Ursachen zu erkennen, die das Zustandekommen der politischen Einheit bisher verhindert hätten. Dabei wies Hagen auf zwei historische Gesichtspunkte hin: zum einen auf »die eigenthümliche Richtung, welche das individuelle Element bei uns eingeschlagen« hat und zum anderen auf »die Art und Weise, wie die Einheitsbestrebungen aufgetreten sind.«[1105]

Zunächst hielt Hagen fest, dass »das individuelle Element [...] keineswegs immer ein nothwendiges Hindernis für die politische Einheit« sei und verwies auf die Beispiele England und Nordamerika. Während sich dort das »individuelle Element in dem Bewußtsein der Freiheit« manifestiere, habe sich dieses in Deutschland »consolidirt in größere politische Körperschaften, mit einem Worte, in Staaten.« Das Problem in Deutschland liege darin, »daß diese Staaten keine *natürlichen* sind, daß sie nicht entsprungen sind aus einem *lebendigen Organismus*, son-

**1104** Rede Hagen [19. Oktober 1848]. In: Wigard, Steno. Bericht NV, 1848, Bd. 4, S. 2754.
**1105** Rede Hagen [19. Oktober 1848]. In: Wigard, Steno. Bericht NV, 1848, Bd. 4, S. 2754.

dern daß sie unnatürliche, willkürliche Staaten sind.« Das Denkmuster, Staaten müssen den harmonischen Ordnungen der Natur – und damit der natürlichen Einheit der Nation und ihrem Charakter[1106] – entsprechen, stellte mithin auch den Kerngedanken von Hagens parlamentarischem Wirken dar.

Als natürliche Untergliederung der deutschen Nation sah Hagen die Stämme. Doch hätten sich die deutschen Staaten nicht diesen Stämmen angepasst, sondern den künstlichen Fürstentümern. Hierin sah er die Hauptursache, warum die deutsche Nation bei aller inneren Individualität »nicht unter eine organische Einheit gebracht werden konnte«. Auf diese Weise verknüpfte Hagen seine nationalistische Interpretation der deutschen Geschichte mit seiner antifürstlichen Agenda – denn vom Fürstentum sei nicht nur »von jeher die Opposition gegen die Einheit« ausgegangen,[1107] vielmehr sei es »dem Gesetze der Natur zuwider«. Auch gegenwärtig herrsche noch dieses »Princip der Willkür« vor. Denn die Stämme seien entweder »zersplittert und zerrissen« oder »zusammengewürfelt«. Um Deutschlands politische Einheit zu realisieren, sei es unerlässlich, dass man diesen unnatürlichen Zustand behebe und »das individuelle Princip, das einmal in unserer Nation liegt, keineswegs unterdrückte, sondern förderte«; nämlich dergestalt, »wie es in England und Amerika durchgebildet worden ist. Man mußte das Bewußtsein persönlicher Freiheit heben und diese auf alle Weise unterstützen.« Es gelte daher, »das Princip der Freiheit zu gleicher Zeit mit dem Principe der Einheit hinauszuwerfen in die Nation«, weil beide nur gegenseitig »sich einen festen und sichern Boden« verschaffen können – ähnlich hatte Hagen dies schon 1838 formuliert.[1108]

In Anbetracht dessen sprach sich Hagen grundsätzlich für die §§ 1–3 des Verfassungsausschuss-Entwurfes aus. Dieser sah vor, dass alle Gebiete des Deutschen Bundes zum Reich gehören (§ 1), dass kein Teil des deutschen Reiches mit nicht-deutschen Ländern zu einem Staat verei-

---

**1106** Rede Hagen [19. Oktober 1848]. In: Wigard, Steno. Bericht NV, 1848, Bd. 4, S. 2754f. Zur Natürlichkeit des ›Volkscharakters‹ siehe oben, S. 111–114.

**1107** In ähnlicher Weise hatte Hagen schon im Sommer 1848 die These vorgebracht, »daß der Widerspruch gegen die Einheit nur von ihnen [den Fürsten] ausgeht«. Gerade die Geschichte bezeuge, dass »die deutschen Fürsten von jeher die Feinde der Einheit gewesen sind, wie durch ihre beständigen Empörungen wider den Kaiser und durch ihre selbstsüchtigen Bestrebungen das deutsche Reich untergraben, aufgelöst und Deutschland in einen erbärmlichen Staatenbund verwandelt wurde. Glaube nicht, daß das Fürstenthum diese seine Natur auf einmal abschüttelt« (Zitate in Hagen, Katechismus III, 1848, S. 13, 36).

**1108** Rede Hagen [19. Oktober 1848]. In: Wigard, Steno. Bericht NV, 1848, Bd. 4, S. 2755. Siehe dazu auch oben, S. 171.

nigt sein darf (§ 2) und dass, für den Fall, dass deutsche und nichtdeutsche Territorien dasselbe Staatsoberhaupt besitzen, diese Territorien allein durch eine reine Personalunion verbunden sein dürfen (§ 3).[1109]

Während § 1 nur ein geringes Konfliktpotenzial aufwies und in der Paulskirche gleichsam im Eilverfahren angenommen wurde,[1110] lagen die Dinge bei den §§ 2 und 3 anders. Sie stellten die staatsrechtliche Einheit aller Staaten infrage, die sich aus bundes- und nicht bundeszugehörigen Gebieten zusammensetzten. Obwohl diese Bestimmungen fraglos auch für Posen, Schleswig, Luxemburg und Limburg galten, hatten sie doch die größte Sprengkraft für die Großmacht Österreich. Denn die §§ 2 und 3 bedeuteten die Spaltung der habsburgischen Gesamtmonarchie in zwei unabhängige, allein durch Personalunion verbundene Teile. An diesem Entwurf hatten Dahlmann, Droysen und Waitz – anders als am Entwurf des Grundrechtekatalogs – entscheidenden Anteil.[1111] Dies galt namentlich für § 2, der aus der Feder Dahlmanns und Droysens stammte.[1112] Wie aus einer unveröffentlichten Denkschrift Droysens hervorgeht, zielte er mit ihnen ganz bewusst auf die Habsburgermonarchie, verstand er diese Bestimmungen doch als »Frage an Östreich, aber eine unvermeidliche.« Mit dem Diktum »jetzt oder nie« beschrieb er die Notwendigkeit, »eine deutsche Politik und Politie zu schaffen.« Dass die österreichische Monarchie dem im Wege stehe, lag für ihn auf der Hand: »Drei Jahrhunderte lang ist Deutschland um Östreichs Willen verkommen, in sich zerfallen, ohnmächtig. Jetzt will sich Deutschland einigen; es thun, heißt Östreich zersprengen.« Österreich in seiner bisherigen Form könne niemals Teil eines deutschen Staates werden, denn die »*Stagnation war der Lebensnerv Östreichs.*« Mit den §§ 2 und 3 sei Österreich, wie Droysen selbst schrieb, eine Bedingung gestellt, »nicht, damit sie erfüllt, sondern zu-

---

**1109** Ausschuss-Bericht über die deutsche Reichsverfassung [19. Oktober 1848]. In: Wigard, Steno. Bericht NV, 1848, Bd. 4, S. 2717–2722, §§ 1–3.

**1110** Die Fassung des Ausschussentwurfes von § 1 wurde noch am 19. Oktober in nicht namentlicher Abstimmung angenommen; siehe Wigard, Steno. Bericht NV, 1848, Bd. 4, S. 2767.

**1111** Zu den Verhandlungen des Verfassungsausschusses über den Entwurf einer Reichsverfassung Droysen, Verhandlungen, 1849, S. 310–358, zu den §§ 1–3 siehe S. 310–332. In der Debatte zu § 1 drangen vor allem Waitz und Dahlmann darauf, die ungelöste Schleswig-Frage im Entwurf zu berücksichtigten, womit sie auch erfolgreich waren.

**1112** Droysen, Verhandlungen, 1849, S. 313, erklärte in den vom ihm veröffentlichten Protokollen, den Entwurf zum Abschnitt *Das Reich* (§§ 1–6) selbst dem Verfassungsausschuss vorgelegt zu haben; so. Obgleich diese Äußerung erst nachträglich hinzugefügt wurde und anzunehmen ist, dass Droysen seine Rolle überhöhte (dazu Nippel, Droysen, 2008, S. 127–129), hat er jedoch wenigstens einen maßgeblichen Einfluss auf die Formulierung genommen; siehe dazu auch Droysen an Wilhelm Arendt [12. Dezember 1848]. In: Droysen, Briefwechsel, 1929, Nr. 305, S. 495; Springer, Dahlmann, 1872, Bd. 2, S. 308.

rückgewiesen werde«.[1113] Damit versuchte er, Österreich, dessen Regierung die §§ 2 und 3 niemals akzeptieren konnte – was Droysen durchaus bewusst war –, aus dem künftigen Nationalstaat hinauszudrängen und so den Weg zur preußischen Lösung zu ebnen.[1114]

Obschon dem Entwurf des Verfassungsausschusses doch zumindest durch Droysens Zutun ein antiösterreichischer Hintergedanke zugrunde lag, so ging dies aus dem Wortlaut des Entwurfes nicht hervor. Vielmehr folgte der Entwurf der nationalistischen Kernmaxime nach Kongruenz von politischen und nationalen Einheiten und war daher auch für die vielen Deutsch-Österreicher annehmbar, deren Ziel in der Integration der deutschen Gebiete der Habsburgermonarchie in einen deutschen Nationalstaat lag. Wenn die Debatte sich auch bald auf die ›österreichische Frage‹ verengte, warf der Entwurf des Verfassungsausschusses doch eine Reihe an politischen Grundsatzfragen auf. So sah er in seinen weiteren Bestimmungen eine starke Reichsgewalt vor, in deren Zuständigkeit unter anderem die auswärtigen Angelegenheiten fielen, aber auch die Militärhoheit, das Recht des Krieges und Friedens sowie die Befugnis zur Reichsexekution. Hinzu kamen exklusive Kompetenzen in der Gesetzgebung.[1115] Angesichts dieser überaus weitreichenden Vorhaben, die eine massive Beschränkung der einzelstaatlichen Souveränitätsrechte bedeuteten, bezweifelte Hagen, ob die »Grundsätze, welche in dem Entwurf des Verfassungs-Ausschusses über die Centralgewalt niedergelegt worden sind, wirklich ins Leben eintreten können, so lange unsere bisherige Staateneintheilung besteht«. Er sprach sich deshalb dafür aus,

---

**1113** Droysen, Frage an Österreich, 1848, S. 172f., 177. Hervorhebung im Original.

**1114** Der Gedanke, dass Preußen Deutschlands künftige Vormacht sein werde, findet sich, wenngleich nicht so dezidiert wie in anderen Schriften in Droysen, Frage an Österreich, 1848, S. 174. Inhaltlich ähnlich ist Droysens Einleitung zu den Verhandlungen über den Abschnitt *Das Reich*, die er den Ausschuss-Protokollen nachträglich beifügte (Droysen, Verhandlungen, 1849, S. 310–314). Laut eigener Darstellung verwies Droysen (ebd., S. 321) auch in den internen Verhandlungen des Verfassungsausschusses darauf, dass »die Arbeiten im Ausschuß erst zu zeigen begonnen [hätten], was eigentlich das Reich sein solle, aber wenn diese Formel für Österreich unmöglich sein sollte, so möge doch [von den Gegnern der §§ 2 und 3] dargethan werden, welche andere Formel zu erfinden sei, die zugleich dem gerechten Verlangen des übrigen Deutschlands entspreche«; die Rückkehr zu einem Staatenbund sei jedenfalls »unmöglich«. Mit Blick auf die Durchsetzung der §§ 2 und 3 räumte Droysen ein, Österreich sei in der Lage, »von uns nicht gezwungen werden zu können […]. Wir aber müßten, um endlich weiter schreiten zu können, wissen, ob Oesterreich mit uns gehen könne oder nicht.«

**1115** Ausschuss-Bericht über die deutsche Reichsverfassung [19. Oktober 1848]. In: Wigard, Steno. Bericht NV, 1848, Bd. 4, S. 2717–2722. Die Begründung für die §§ 21–61 (S. 2731–2738) schrieb Droysen; hierbei handelte es sich aber nicht um staatsorganisatorische Grundsatzfragen, sondern um Einzelbestimmungen u.a. zum Verkehrs-, Post- und Münzwesen, die für die vorliegende Arbeit von nicht wesentlicher Bedeutung sind.

die »unnatürlichen« Einzelstaaten in ihrer bisherigen Form aufzulösen und durch »Kreise« zu ersetzen, um einem Widerstand gegen den Entwurf des Verfassungsausschusses vorzubeugen. Da Konflikte mit den Fürsten – Hagen hielt den Abgeordneten hierbei vor, vor diesen in der Frage des Waffenstillstandes von Malmö ›eingeknickt‹ zu sein[1116] – immer wieder aufkämen, sei es nun an der Zeit, »endlich das Messer an die Wurzel zu legen.« So appellierte er an die Abgeordneten: »Sie können nun und nimmermehr zu einer wahren Einheit gelangen; Sie können nun und nimmermehr die Idee, die selbst der Verfassungsausschuß Ihnen vorgezeichnet hat, in der Wirklichkeit durchführen, wenn nicht eine vollkommene Veränderung in den ganzen Zuständen der Staaten von Deutschland vorhergeht.« Hagen empfahl daher, einem Amendement des Abgeordneten Schaffrath zuzustimmen, das die Neueinteilung Deutschlands in 21 Kreise vorsah.[1117]

Dass dieser Vorschlag nicht realistisch war, erkannte auch die Versammlung und lehnte das entsprechende Amendement ab.[1118] Im Kern der Debatte, die sich an Hagens Vortrag anschloss, stand vielmehr die Frage, ob und inwieweit Gebiete der österreichischen Monarchie in einen deutschen Nationalstaat aufzunehmen seien. Waitz, der als Mitglied des Verfassungsausschusses an dessen Entwurf wesentlich beteiligt war, plädierte am folgenden Tag energisch für die Annahme der §§ 2 und 3. Dabei rekurrierte er zunächst auf die Geschichte Deutschlands, welches das »wunderbare und traurige Schicksal gehabt« habe, »nach allen Seiten hin ringsherum an seinen Grenzen in einen unklaren, zweifelhaften,

---

**1116** Rede Hagen [19. Oktober 1848]. In: Wigard, Steno. Bericht NV, 1848, Bd. 4, S. 2756: »Sie haben neulich erst bei einer Gelegenheit gezeigt, daß Sie sich scheuen, ein von Ihnen selbst ausgesprochenes Gesetz durchzuführen, – es ist bei der dänischen Waffenstillstandsfrage gewesen – Und warum haben Sie das gethan? Weil Sie sich scheuten, in Konflikt zu treten gerade mit einem jener Fürstenthümer, weil Sie sich scheuten, das Princip der Einheit in Conflict zu bringen mit dem Princip des fürstlichen Particularismus. Meine Herren, ähnliche Verhältnisse, wie bei der Waffenstillstandsfrage, werden immer wiederkehren, immer wird die Furcht sich geltend machen vor dem Particularismus, so lange, bis Sie die ganze bisherige Eintheilung Deutschlands beseitigt haben«.

**1117** Rede Hagen [19. Oktober 1848]. In: Wigard, Steno. Bericht NV, 1848, Bd. 4, S. 2756 (das Amendement Schaffrath in ebd., S. 2747f.). Hagen erklärte, dass er nicht ganz einverstanden sei mit der Einteilung der Kreise. Entscheidend sei aber, dass man dem Prinzip zustimme. Er konkretisierte seine Vorstellungen, als er bei den Beratungen über das Staatenhaus beantragte, Deutschland in 26 Reichskreise neu einzuteilen; siehe Antrag Hagen [5. Dezember 1848]. In: Wigard, Steno. Bericht NV, 1848, Bd. 5, S. 3863. Hagen griff bei diesem Antrag die in seinem *Katechismus* vorgeschlagene Kreiseinteilung auf (dazu Wolgast, Hagen, 1985, S. 293f.), fand mit seinem Antrag allerdings keine Unterstützung in der Paulskirche.

**1118** Mit Annahme des Entwurfes des Verfassungsausschusses wurde der Antrag von »Schaffrath und Genossen« abgewiesen; siehe Wigard, Steno. Bericht NV, 1848, Bd. 4, S. 2767f.

vollkommen haltungslosen Zustand hineingerathen« zu sein. Im Ergebnis sei das »deutsche Staatsgebäude [...] ein »Monstrum geworden, wo sich nirgends scharfe Grenzen ziehen ließen«. Gerade dies sei aber für den künftigen deutschen Nationalstaat von erheblicher Bedeutung.[1119]

Nach dem Hinweis, dass die §§ 2 und 3 nicht allein für Österreich, sondern auch für Limburg, Luxemburg, vor allem aber für Schleswig-Holstein und Posen gelten würden, widmete er sich der österreichischen Frage. Dabei betonte er die Sonderstellung der Habsburgermonarchie, handele es sich hier doch um »eine der merkwürdigsten Staatenverbindungen, welche die Geschichte jemals aufgewiesen hat«. Der Göttinger Historiker räumte ein, dass die österreichische Monarchie »eine große Mission zu erfüllen gehabt« habe, eine Mission, die er offenbar in der Verbreitung »deutschen Wesens« und »deutscher Bildung« erkannte. Allerdings sei diese Epoche nun vorbei und »die Zeit herangekommen, wo die Nationalitäten sich fester und inniger an einander schließen, wo sie sich staatlich zu concentriren suchen. Es ist dieß die Aufgabe zunächst für unser deutsches Vaterland [...]; und ich meine, es kann nicht, wie früher, unsere Aufgabe sein, welthistorisch unsere Brüder überall hin zu entsenden, um daheim getrennter, schwächer, hinfälliger zu werden«. Angesichts der nationalen Unabhängigkeitsbestrebungen der Völker in der Habsburgermonarchie, die Waitz im Einzelnen erläuterte, zeigte er

---

**1119** Rede WAITZ [20. Oktober 1848]. In: WIGARD, Steno. Bericht NV, 1848, Bd. 4, S. 2786. Zu Waitz' Rede WOLLSTEIN, Oktoberdebatte, 1996, S. 283f. Waitz gab seinen Standpunkt zur Österreich-Frage in den Beratungen des Verfassungsausschusses wie folgt wieder: »*Waitz*: Mühlfeldt [= Karl *Eugen* Alexander Megerle von Mühlfeld; Abgeordneter der Nationalversammlung für den Wahlbezirk Wien (Innere Stadt)] habe mit seinen Landsleuten wohl nicht heute zum ersten Male diese Frage zu bedenken gehabt, sondern sie sei von Anfang an da gewesen; jeder Oesterreicher müsse bei seinem Eintritt in die Paulskirche sich darüber klar gewesen sein, daß diese Frage der Mittelpunkt unserer ganzen Thätigkeit sei. Er meine, es gebe nur die hier vorgeschlagene Lösung. Die Monarchie Oesterreich könne nicht fortbestehen, wenn Oesterreich zu Deutschland gehören solle. Er spreche dies mit dem größten Leidwesen; immer habe er in den unzähligen Privatbesprechungen über diese Frage gesagt, wir dürfen nicht auf Oesterreich verzichten, wir müssen es für Deutschland erhalten. Er habe sich immer gedacht, daß sich Oesterreich in gewisse große Theile zerlegen werde und könne, die in Personalunion vereint die Macht des Erzhauses ausmachen; er habe sich vorgestellt: das deutsche Bundesgebiet einerseits, das ungarische Land mit seinen Dependenzen daneben; nur Galizien sei weder zu Deutschland noch zu Ungarn gehörig, möge es so selbstständig wie Norditalien werden, mit so völlig selbstständiger Verfassung wie unter der Personalunion möglich ist. Die hybriden Verhältnisse aber, die bisher in so vielen deutschen Gebieten gewesen, Ueberreste der traurigsten Zeit des Reiches und seiner dynastischen Entartung, müßten gelöst werden, und hoffentlich würden sie nicht überall zum Nachtheil Deutschlands entschieden werden.« Zitat in DROYSEN, Verhandlungen, 1849, S. 319 (Hervorhebung im Original); zu Waitz' Beitrag in den Beratungen zu § 2 siehe ebd., S. 322, 325, 328; zu § 3 S. 332. Soweit rekonstruierbar, hat sich Waitz im Ausschuss für die §§ 2 und 3 in jener Form ausgesprochen, wie sie dem Plenum vorgelegt wurden.

sich überzeugt, »daß jene österreichische Monarchie nicht mehr, für die Länge wenigstens, nicht mehr Bestand haben wird.«[1120]

Waitz sprach nicht nur seinen entschiedenen Willen aus, »daß Das, was deutsch ist und deutsch war seit Jahrhunderten von Oesterreich, daß Das ganz deutsch bleibe, daß es ganz und völlig dem Gesammtbau angehöre, den wir nicht für einen Theil Deutschland's, sondern für das Ganze zu gründen unternommen haben.« Vielmehr ging er noch weiter und forderte ein Recht Deutschlands an den deutsch-österreichischen Gebieten ein.[1121] Gleichwohl wies er darauf hin, dass es auf verschiedenen Seiten ein Interesse und Bestrebungen gebe, die dem entgegenständen. Vor diesem Hintergrund legte Waitz seine Kernforderung dar: eine Inkorporation allein der deutschen Teilgebiete Österreichs in einen deutschen Nationalstaat. Denn der österreichische Gesamtstaat sei ein »Conglomerat von Nationalitäten« und könne als ein solches niemals Teil Deutschlands werden. Für Waitz stellte sich daher nur die »*eine* Alternative: *Die deutschen Länder Oesterreich's ganz bei Deutschland – oder ganz in der Gesammtmonarchie.*«[1122]

Unter Hinweis auf diese Alternative hob Waitz deutlich hervor, dass »Deutschland's Bau« ohne Österreich leichter sein würde, glaubte sich aber sicher, dass niemand in der Nationalversammlung sei, »der nicht den schwierigsten und müheseligsten Bau lieber will, als den leichteren *ohne* Oesterreich.« Letztlich war aber für Waitz die nationalstaatliche Einheit das übergeordnete Ziel, denn »einen einigen und festgeschlossenen Bau wollen wir und müssen wir wollen. Und auch Oesterreich muß ihn mit uns wollen; denn auch Oesterreich ist Deutschland, und soll Deutschland's Interessen theilen. […] Nur das eine Wort, nur die eine Voraussetzung: Das deutsche Oesterreich bleibt bei uns! Mögen wir die andere Alternative tief im Herzen tragen, mögen wir sie als eine traurige Aussicht still erwägen und bedenken, aber mögen wir sie nicht in unsere Verfassungsurkunde niederschreiben.« Insofern plädierte Waitz hier nicht nur für die Trennung Gesamtösterreichs, vielmehr deutete er damit den Gedanken einer Sonderung auch der deutsch-österreichischen

1120 Rede Waitz [20. Oktober 1848]. In: Wigard, Steno. Bericht NV, 1848, Bd. 4, S. 2787.

1121 Rede Waitz [20. Oktober 1848]. In: Wigard, Steno. Bericht NV, 1848, Bd. 4, S. 2787. Siehe ebd., S. 2787f.: »denn wir Deutsche haben ein Recht, festzuhalten an Dem, was deutsch ist von Oesterreich; wir haben ein Recht, festzuhalten an dem Ländergebiet, das nicht bloß zum deutschen Bunde, das von jeher zum deutschen Reichskörper gehörte. Auch Böhmen und Mähren sind früher deutsch gewesen, als österreichisch; sie sind nicht durch Oesterreich an Deutschland, sie sind durch Deutschland an Oesterreich gekommen, und wir haben sie von diesem zurückzufordern.«

1122 Rede Waitz [20. Oktober 1848]. In: Wigard, Steno. Bericht NV, 1848, Bd. 4, S. 2787f.

Länder von Deutschland an – wenngleich dies vorerst nur als eine Art Notlösung in Betracht kam.[1123]

»Lebhafter Beifall auf der Linken und im Centrum« erfüllte die Paulskirche, nachdem Waitz seine Rede mit der pathetischen Wendung »Deutschland will sich einigen, muß sich einigen, wird sich einigen!« beendet hatte.[1124] Ob Waitz tatsächlich »die größte Wirkung« unter allen Vortragenden entfalten konnte,[1125] mag dahingestellt sein. Jedenfalls knüpften mehrere Redner an die von ihm vorgebrachten Argumente an, sodass sich schnell abzeichnete, dass die Befürworter der §§ 2 und 3 in deutlicher Mehrheit sind. Während die Befürworter zumeist aus den Reihen der Linken und des Zentrums stammten, wurden Einsprüche gegen den Entwurf des Verfassungsausschusses vor allem auf Seiten der Rechten geltend gemacht, die tendenziell eine staatenbündische Lösung der ›deutschen Frage‹ favorisierten.[1126] Als Mittelweg, der einerseits eine enge nationalstaatliche Einheit gewährleisten, andererseits aber die österreichische Gesamtmonarchie nicht in ihrem Bestand gefährden sollte, wurde das Konzept eines Doppelbundes vorgestellt. Prominentester Vertreter dieses Konzepts war der Präsident der Nationalversammlung, Heinrich von Gagern. Gagern, eigentlich ein Anhänger eines preußisch-deutschen Kaisertums,[1127] wies die §§ 2 und 3 zurück, da mit ihnen »für Oesterreich ein Zwang herbeigeführt werde, von den Staaten, die bisher mit ihm zur Staatseinheit verbunden waren, sich staatlich zu trennen, dadurch die Gesammt-Monarchie aufzulösen.«[1128] Nicht zuletzt weil Gagern »den Beruf des deutschen Volkes als einen großen, weltgebietenden« auffasste,[1129] sah er in einer Teilung der Habsburgermonarchie einen unnötigen Machtverlust der deutschen Nation. Statt der §§ 2 und 3 schlug er die Schaffung eines engeren und eines weiteren Bundes vor: eines engeren deutschen Bundesstaates ohne Österreich, der aber mit der österreichischen Gesamtmonarchie »einen beständigen und unauflösli-

1123 Rede Waitz [20. Oktober 1848]. In: Wigard, Steno. Bericht NV, 1848, Bd. 4, S. 2789.
1124 Rede Waitz [20. Oktober 1848]. In: Wigard, Steno. Bericht NV, 1848, Bd. 4, S. 2789.
1125 So Wollstein, Oktoberdebatte, 1996, S. 283.
1126 Zur den folgenden Beiträgen siehe Wollstein, Oktoberdebatte, 1996, S. 283–296.
1127 Gagern war bereits während der Heidelberger Versammlung am 5. März dafür eingetreten, dass der preußische König einem deutschen Nationalstaat vorstehen solle; siehe dazu Hagen, Rezension, 1850, S. 419; Engehausen, Versammlung, 1998, S. 20, 23. Zu Gagern und seiner propreußischen Orientierung auch Klötzer, Gagern, 1998, bes. S. 128–131.
1128 Rede Gagern [26. Oktober 1848]. In: Wigard, Steno. Bericht NV, 1848, Bd. 4, S. 2896; zu Gagerns Rede siehe auch Wollstein, Oktoberdebatte, 1996, S. 292.
1129 Rede Gagern [26. Oktober 1848]. In: Wigard, Steno. Bericht NV, 1848, Bd. 4, S. 2898.

chen Bunde« bilden solle.[1130] Seinen Antrag zog Gagern bis zur zweiten Lesung freiwillig zurück, da er sich bewusst war, keine Mehrheit für ihn finden zu können.[1131] Sein Inhalt war aber insofern von größerer Bedeutung, weil er zur Grundlage des Regierungsprogrammes wurde, nachdem Gagern am 18. Dezember 1848 den Posten des Reichsministerpräsidenten übernahm.[1132]

Über die §§ 2 und 3 des Verfassungsentwurfes wurde am 27. Oktober abgestimmt; beide wurden mit breiter Mehrheit angenommen.[1133] Die Nationalversammlung votierte damit für die ›großdeutsche‹ Lösung, verlangte aber dadurch die staatsrechtliche Teilung der Habsburgermonarchie in deutsches Reichsgebiet und reichsfremdes Territorium. Von den hier untersuchten Historikern stimmte allein der habsburgisch orientierte Gfrörer für den Fortbestand der österreichischen Gesamtmonarchie. Bereits einen Tag nach der Abstimmung ließ Gfrörer die Ereignisse in dem Artikel *Herunter mit der Maske* Revue passieren, der in der *Rheinischen Volkshalle* erschien. Während Gfrörer die §§ 2 und 3 zumindest für »*theoretisch* vollkommen richtig« hielt, wertete er ihre Ausführung doch als unmöglich und optierte für Gagerns Plan eines engeren und eines weiteren Bundes. Für Gfrörer war klar: »Art. 2 u. 3 des Verfassungsentwurfs zielen auf Oesterreich.« Im Vergleich zu den anderen deutschen Staaten sei die Habsburgermonarchie in einer besonderen Lage, »ein Komplex vieler von Natur auseinander strebender, sich gegenseitig abstoßender Völkerschaften, deren Einheit nur durch das Band des regierenden Hauses zusammengehalten wird.« Jedwede Einbindung Österreichs in einen deutschen Staat könne daher nur in Verständigung mit dem österreichischen Kaiserhause geschehen, zumal die Nationalversammlung »kein Heer hat, während der Beherrscher Oesterreichs über 300.000 treffliche und […] ihrem Gebieter unerschütterlich treue Soldaten verfügt.«[1134]

---

**1130** Rede Gagern [26. Oktober 1848]. In: Wigard, Steno. Bericht NV, 1848, Bd. 4, S. 2899f.

**1131** Rede Gagern [27. Oktober 1848]. In: Wigard, Steno. Bericht NV, 1848, Bd. 4, S. 2916.

**1132** Regierungsprogramm Gagern [18. Dezember 1848] In: Wigard, Steno. Bericht NV, 1849, Bd. 6, S. 4233f. Zur Übernahme der Reichsregierung durch Gagern siehe Eyck, Hoffnung, 1973, S. 404–425, ferner Heikaus, Zentralgewalt, 1997, S. 365–367; zum Doppelbund-Konzept nach dem Oktober 1848 Engehausen, Revolution, 2007, S. 208–210; Huber, Verfassungsgeschichte, 1988, Bd. 2, S. 800–802.

**1133** Zur Abstimmung über die §§ 2 und 3 (angenommen mit 376 zu 40 bzw. 316 zu 90 Stimmen) vom 27. Oktober siehe Wigard, Steno. Bericht NV, 1848, Bd. 4, S. 2918–2936. Dazu auch Wollstein, Oktoberdebatte, 1996, S. 295–302.

**1134** Gfrörer, Maske, 1848, nicht paginiert. Hervorhebung im Original. Der Aufsatz erschien als Leitartikel der Nummern 27 und 28 der *Rheinischen Volkshalle*, einer katholisch

Die entscheidende Frage für Gfrörer war nun, ob »die in Oesterreich herrschende Dynastie vernünftiger Weise, d.h. ohne ihre eigene Vernichtung auszusprechen, die Artikel 2 u. 3 des deutschen Verfassungsentwurfs gut heißen« könne. Seine Antwort war eindeutig. Für Gfrörer bedeutete eine Anerkennung, dass »die Einheit der Staatskanzlei und des österreichischen Heerkörpers [...] vernichtet« werde; »und eine unausbleibliche Folge davon wird sein, daß in nächster Zeit Italien, Polen, Ungarn sich völlig loßreißen.« Der österreichische Kaiser könne deshalb dem Verfassungsentwurf niemals zustimmen; das Äußerste, wozu er »unter den obwaltenden Umständen sich verstehen kann, ist die Erklärung, daß ihm die eigenthümliche Lage seiner Länder nicht erlaube, Theil an dem sich bildenden deutschen Bundesstaate zu nehmen, daß er aber mit dem künftigen deutschen Reiche ein enges unauflösliches Schutz- und Trutz-Bündniß einzugehen bereit sei«. In Anbetracht dessen unterstrich Gfrörer die Vorzüge des Gagernschen Plans und sein Unverständnis, dass ihn die Nationalversammlung abgelehnt und stattdessen die §§ 2 und 3 angenommen habe. Dies galt umso mehr, weil er in ihrer Annahme den ersten Schritt zu einer »Theilung des nördlichen und südlichen Deutschlands« wähnte, »was meiner Meinung nach das Schlimmste wäre, was uns widerfahren kann, weil von einer solchen Freiheit keine Rückkehr zur Einigkeit denkbar ist.«[1135]

Insgesamt schien in dem Artikel eine gewisse Schadenfreude durch, sah Gfrörer die ungeliebten §§ 2 und 3 doch als »unausführbar« an und unterstellte der Nationalversammlung, gezeigt zu haben, »daß sie keine politische Zeugungsfähigkeit besitzt.« Bezeichnenderweise knüpfte er auch hier an ältere Deutungs- und Argumentationslinien an. Dies galt zunächst für seine Annahme, dass durch die innerdeutschen Konflikte, die in die Habsburgermonarchie hineingetragen würden, das »slawische Element [...] im Kaiserstaat ein gefährliches Uebergewicht erringen« könne (womöglich mit der Folge eines »heillosen, unübersehbaren Racenkampf[es]«) – ähnliche Thesen hatte Gfrörer 1845 in seinem *Gustav Adolph* formuliert.[1136] Auch erneuerte er seine antirepublikanischen und antipreußischen Ressentiments. So warf er den Republikanern vor, mit dem Votum für die §§ 2 und 3 die Lage in Deutschland zur Eskalation treiben zu wollen, um dadurch doch noch eine Republik durchset-

geprägten Zeitung, die seit Oktober 1848 unter der Leitung von Wilhelm von Chézy in Köln erschien und im Herbst 1849 in *Deutsche Volkshalle* umbenannt wurde.

**1135** Gfrörer, Maske, 1848, nicht paginiert.

**1136** Siehe oben, S. 156.

zen zu können.[1137] Vor allem aber hielt er den »Preußen« in der Paulskirche ihre »schwarz-weiße Berechnung« vor. Sie seien der Ansicht, »daß die deutsche Kaiserkrone Niemand anders gehöre als ihrem Könige«. Stand diesem Streben bisher die österreichische Monarchie im Wege, so hätten sie nun mit den §§ 2 und 3 versucht, Österreich als »Stein des Anstoßes weg zu schieben; also griffen sie frisch zu und schleuderten [...] den Feuerbrand in des Nachbars Haus, sicher rechnend, daß, sobald Oesterreich in sich zusammenstürzte, ihnen das Ziel heißen Strebens nicht mehr entgehen könne.« Gfrörer hielt dem zweierlei entgegen. Zum einen sei dieser Plan zum Scheitern verurteilt, denn im »südlichen und zum Theil auch im mittleren Deutschland herrscht eine tiefe Abneigung gegen Preußen, eine Abneigung, welche hell auflodern wird, sobald Preußen in Folge nahe bevorstehender Ereignisse nach der Kaiserkrone greifen sollte. Es wird dieser Abneigung auch nicht an einer bewaffneten Macht und einem Bannerherrn fehlen«. Zum anderen wies Gfrörer einmal mehr auf den angeblich bevorstehenden Einmarsch fest entschlossener Feinde aus dem Osten und Westen hin.[1138] Die Anhänger einer preußischen Lösung wurden damit zu inneren Unruhestiftern, ja zu heimtückischen Kaisermördern stilisiert.

Wenn Gfrörer sich auch in vielem irren mochte – wie sich bald zeigen sollte, hatte er in seinem Aufsatz die innerdeutschen Machtverhältnisse durchaus richtig eingeschätzt. Die österreichische Regierung erklärte (nachdem sie den Wiener Oktoberaufstand erfolgreich niedergeschlagen hatte und sich auch ein Sieg über die aufständischen Ungarn andeutete) im Bewusstsein ihrer wiedergewonnenen Stärke am 27. November die habsburgische Monarchie zur unteilbaren staatlichen Einheit.[1139] Für die Nationalversammlung hatte die österreichische Politik tiefgreifende Folgen, denn sie »erzwang die Kursnahme auf die klein-

---

**1137** Gfrörer, Maske, 1848, nicht paginiert: »Die Republikaner stimmten für die beiden Artikel, und zwar, wie ich glaube, sie allein mit vollkommenem Rechte, weil sie der Meinung sind, daß der Beschluß vom 27. Oktober die Dinge auf die Spitze treiben, einen Bruch herbeiführen und dadurch der Verwirklichung ihrer Plane von Republik und Anarchie Bahn brechen müsse.«

**1138** Gfrörer, Maske, 1848, nicht paginiert. Ebd.: »Wenn das österreichische Feuer, in welches gestern die Paulskirche Stroh hineinzuwerfen für gut fand, zum Ausbruche kommt, wenn ferner die allgemeine deutsche Katzbalgerei, welche die nächste Folge davon sein wird, losgeht, dann dürfen wir auf einen doppelten Besuch, der Kosaken im Osten und der Franzosen im Westen, uns gefaßt halten. Der Czar wird Ungarn, Galizien, Krain, Kärnthen an sich reißen, der Franzose wird sich das linke Rheinufer ausbitten und die preußisch-baierische Klugheit, welche eigene Geschäfte zu machen gedachte, wird für die Feinde gearbeitet haben.«

**1139** Kremsierer Erklärung [27. November 1848]. In: Huber, Dokumente, 1978, Bd. 1, S. 360.

deutsche Lösung und bewirkte eine verfassungsprägende Umschichtung der Fraktionen.«[1140]

Bevor das Problem der Grenzen eines deutschen Reiches wieder aufgegriffen – und mit der Frage des Reichsoberhauptes verbunden – wurde, rückte am 4. Dezember 1848 der Verfassungsabschnitt *Der Reichstag* auf die Tagesordnung des Parlaments. Im Mittelpunkt der Debatte stand dabei die Frage, ob der Reichstag, wie es vorwiegend auf Seiten der Linken gefordert wurde, aus einer einzigen Kammer bestehen soll oder aus zwei Kammern, wie es besonders vom Zentrum und der Rechten angestrebt wurde. Diskussionsgrundlage war auch hier der Entwurf des Verfassungsausschusses, der in § 1 festlegte: »Der *Reichstag* besteht aus zwei Häusern, dem Staatenhaus und dem Volkshaus.«[1141] Dahlmann fungierte als Berichterstatter des Ausschusses und übernahm als solcher die Begründung des Entwurfes. Neben der These, dass ein Zwei-Kammer-System als ausgleichendes Moment in der Gesetzgebung vorteilhaft sei, bezog auch er sich auf den allenthalben vorgebrachten Topos, dass sich der deutsche Volkscharakter durch das Widerspiel zwischen Einheit und Vielfalt auszeichne. Deshalb müsse man, wie Dahlmann in den Motiven des Entwurfes schrieb, »dem deutschen *Volkshause*, welches die vorherrschende Einheit unsers künftigen Daseins abbildet, ein *Staatenhaus* gegenüberstellen, welches eine Darstellung unseres Sonderlebens gibt, wie es im deutschen Vaterlande hier und dort, wohin wir nur blicken mögen, tiefe Wurzel geschlagen hat.«[1142]

Mit dem Entwurf stieß Dahlmann auf eine breite Zustimmung: Bereits am ersten Tag der Debatte nahm eine deutliche Mehrheit § 1 an.[1143] Neben Dahlmann votierten auch Droysen, Gfrörer und Waitz für zwei

---

**1140** Siemann, Revolution, 1985, S. 194.

**1141** Entwurf *Der Reichstag* [4. Dezember 1848]. In: Wigard, Steno. Bericht NV, 1849, Bd. 5, S. 3799–3802, hier § 1. Hervorhebung im Original.

**1142** Motive zu dem Entwurf *Der Reichstag* [4. Dezember 1848]. In: Wigard, Steno. Bericht NV, 1849, Bd. 5, S. 3803–3806, Zitat S. 3803. Siehe auch Rede Dahlmann [4. Dezember 1848]. In: Wigard, Steno. Bericht NV, 1849, Bd. 5, S. 3812: »Was nämlich Deutschland angeht, [...] ist es Jedem einleuchtend, daß vor Allem die Einheit in höherem Grade gewährt wird in *einem* Haus, das wir *Volkshaus* genannt haben, und daß von der andern Seite der Mannigfaltigkeit ihre Ehre werden muß. Diese Mannigfaltigkeit spricht sich in den verschiedenen deutschen Staaten ersichtlich aus, und ich glaube, wir haben wohlgethan, daß wir dieses Haus, welches die Mannigfaltigkeit in Ehre hält und begründet, mit dem Namen *Staatenhaus* bezeichneten.« Dazu auch Bleek, Dahlmann, 2010, S. 340–342. Alle Hervorhebungen im Original.

**1143** Nachdem am 4. Dezember eine Mehrheit von 331 zu 95 Stimmen den Antrag des Abgeordneten Vogt (»Der Reichstag besteht aus den in einem einzigen Hause vereinigten Abgeordneten des deutschen Volkes.«) verworfen hatte, wurde § 1 des Entwurfes des Verfassungsausschusses in nicht namentlicher Abstimmung angenommen (alle Abstimmungen in Wigard, Steno. Bericht NV, 1849, Bd. 4, S, 3812–3817).

Kammern; Hagen und Wuttke hingegen stimmten für ein Ein-Kammer-System. Während Wuttke schon zu Beginn der Revolution für eine einzige Kammer eingetreten war, änderte Hagen, der sich im Frühjahr 1848 noch für zwei Kammern ausgesprochen hatte, nun seine Meinung.[1144] In Anbetracht des klaren Votums verlagerte sich die Debatte aber bald auf die konkrete Ausgestaltung der Kammern, wobei vor allem die Zusammensetzung des Staatenhauses diskutiert wurde. Am 11. Dezember ergriff auch Gfrörer das Wort. Der Freiburger Professor stieß sich vor allem an § 4 des Entwurfes, wonach die Mitglieder des Staatenhauses jeweils zur Hälfte durch die Regierungen und die Volksvertretungen der Einzelstaaten ernannt werden sollen.[1145] Der Auffassung, dass es sich bei den Vertretern der Regierungen um Vertreter des Volkswillens handele, hielt Gfrörer seine Überzeugung entgegen, »daß die hier vorgeschlagene Ernennung durch die Regierungen nichts anderes heißt, als: das dynastische Interesse wird die Hälfte der Staatenhaus-Mitglieder ernennen.« Auch wenn die andere Hälfte der Mitglieder durch die Volksvertretungen ernannt werden solle, werde sich das Staatenhaus in jener Form des Entwurfes des Verfassungsausschusses »von dem alten Bundestage nur dadurch unterscheiden, daß jener eine beschränkte Anzahl Mitglieder hatte, während dem neuen eine viel größere zugetheilt ist.« Sowohl die Zahl von 176 Mitgliedern als auch deren freies Mandat bezeichnete Gfrörer als »Verhüllung«, die allein dazu diene, »den Anschein zu erkünsteln, daß dieses Staatenhaus eine wirkliche Repräsentation sei, während es nichts anderes ist, als ein Haufen von Beamten.« Insofern verwarf Gfrörer dieses Staatenhaus als ein »Product der unglücklichsten politischen Quacksalberei«.[1146]

Gleichwohl betonte er, dass »gar kein Zweifel« bestehen könne, dass dem Volkshause »etwas Festes« entgegengesetzt werden müsse; »ich will nicht *eine* Kammer, es müssen zwei Kammern sein; ich habe noch nie eine dauernde Verfassung ohne einen solchen Gegensatz gesehen, nämlich daß der wechselnden schwankenden Meinung etwas Festes entgegensteht.« Um dieses »Feste« im Staatenhaus institutionell zu verankern, schlug Gfrörer vor, dieses zu jeweils einem Drittel »durch die Provinzialstände der einzelnen Staaten«, »die höchstbesteuerten Gewerbs-

1144 Siehe oben, S. 264. Schon im ersten Heft seines *Katechismus* hatte Hagen Zweifel an einer Zweiten Kammer aus »privilegirten Ständen« geäußert, ohne jedoch das Zwei-Kammer-System in Bausch und Bogen zu verwerfen (Hagen, Katechismus I, 1848, S. 21f.).

1145 Entwurf *Der Reichstag* [4. Dezember 1848]. In: Wigard, Steno. Bericht NV, 1849, Bd. 5, S. 3799–3802, hier § 4.

1146 Rede Gfrörer [11. Dezember 1848]. In: Wigard, Steno. Bericht NV, 1849, Bd. 6, S. 4043f.

männer und Kaufleute« und »die höchstbesteuerten Grundbesitzer« zu bilden. Auf diese Weise könne eine zweite Kammer geschaffen werden, die »im nationalen Sinne ein nützliches Hemmrad für die allzugroße Beweglichkeit des Volkshauses« bilde – »gewiß wird etwas viel Besseres damit herauskommen, als mit dem Staatenhause Ihres Entwurfes.«[1147] Entgegen seines eigentlichen politischen Standpunktes erhielt Gfrörer mehr Beifall von der linken Seite des Hauses als vom Zentrum und der Rechten. Die Mehrheit stimmte indes für die Fassung des Ausschuss-Entwurfs.[1148] Die Beratungen über den Reichstag wurden allerdings bald

---

**1147** Rede Gfrörer [11. Dezember 1848]. In: Wigard, Steno. Bericht NV, 1849, Bd. 6, S. 4044. Vier Tage später, am 15. Dezember, veröffentlichte Gfrörer in der Beilage der *Neuen Münchener Zeitung* den Artikel *Das Staatenhaus und die geheimen Pläne, denen es dienen soll* (= Gfrörer, Staatenhaus, 1848, nicht paginiert), in dem er seine Kritik an dem Entwurf des Verfassungsausschusses noch einmal zuspitzte. Ihm sei, so erklärte er, nach seiner Rede vom 11. Dezember in der Nationalversammlung keine Gelegenheit zu einer weiteren Rede eingeräumt worden. Witterte er schon hier böse Machenschaften, so galt dies erst recht für den Ausschussentwurf zum Staatenhaus. Gfrörer attackierte die in ihm vorgesehene Sitzverteilung (§ 3; siehe Wigard, Steno. Bericht NV, 1849, Bd. 5, S. 3799), nach der Preußen »als *vorherrschender* Staat« die meisten der 176 Mitglieder im Staatenhause (40) ernennen würde (Österreich hingegen nur 36). Gfrörer stieß sich an dieser Verteilung, welche die kleinen Staaten übervorteilen und den entscheidenden politischen Faktor – Macht – nicht genügend berücksichtigen würde. Für Gfrörer war klar: »die von Hrn. Dahlmann und Genossen beliebten Bestimmungen über die Vertheilung der Mitglieder des Staatenhauses entbehren eines klaren gemeinverständlichen Prinzips«. Vor diesem Hintergrund wähnte er einmal mehr, dass hier andere, geheime Triebkräfte am Werke seien, denn: »sollte nicht in der scheinbar so regellosen Vertheilung ein *geheimer* Gedanke, eine *berechnende* Absicht verborgen sein?« Deutschland sei, so Gfrörer, in zwei Hälften geteilt: eine nördliche unter der Ägide Preußens und eine südliche unter der Vorherrschaft Österreichs. Mit Blick auf die Sitzverteilung im Staatenhaus konstatierte er, dass der Entwurf des Verfassungsausschusses Süddeutschland »um volle 23 Stimmen« verkürzen würde, und zwar – und darin sah er die eigentliche Absicht des Entwurfes – mit dem Ziel, »der Krone Preußen ein künstliches, widerrechtliches, durch keine natürlichen Verhältnisse begründetes Uebergewicht im Staatenhause zu verschaffen.« Diese »Ränkespiele«, für die er namentlich Dahlmann verantwortlich machte, seien »vom Standpunkte eines Bonner Professors aus begreiflich, vom deutschen aus verdammlich, im Ganzen lächerlich.« Denn »Oesterreichs Herrscher und Volk werden sich durch jene Schliche nicht beirren lassen, und Drohungen und Wünsche gewisser Herren betrachten wie etwa der Löwe das zornmüthige Anprallen einer Maus.« An Dahlmann gerichtet, sprach Gfrörer seine Zielvorstellung aus, »daß ein Habsburger zum Oberhaupte des in Geburtswehen begriffenen deutschen Reichs erwählt werde«, da der Herrscher Österreichs »ohne Frage bei Weitem der mächtigste unter allen deutschen Fürsten […] und Kraft unbestreitbarer historischer Anrechte dem Hause, das 400 Jahre Deutschland beherrschte, die erneuerte Kaiserkrone gebührt«. Außerdem öffne »der enge Anschluß an Oesterreich uns das Thor des Ostens […], wo nach unserem Gefühl die Vorsehung den Deutschen eine glorreiche Zukunft bereitet hat.« Dieser Artikel, in dem Gfrörer – deutlicher als in den meisten anderen seiner Äußerungen 1848/49 – für ein habsburgisches Kaisertum eintrat, wurde drei Tage später in leicht entschärfter Form in der Augsburger *Allgemeinen Zeitung* unter dem Titel *Das Staatenhaus* abgedruckt. Alle Hervorhebungen im Original.

**1148** Die Abstimmung über § 4 erfolgte noch am 11. Dezember 1848 (Wigard, Steno. Bericht NV, 1849, Bd. 6, S. 4055). Die erste Lesung des Abschnittes *Der Reichstag* dauerte noch bis zum

überschattet: Angesichts des Konfrontationskurses, den die österreichische Regierung seit Mitte Dezember 1848 immer deutlicher einschlug,[1149] drängte sich wieder die als entscheidend wahrgenommene Frage nach der künftigen Gestalt des deutschen Reiches auf – und damit die Frage nach dem deutschen Reichsoberhaupt.

### 6.3.4 Das deutsche Reichsoberhaupt

Ungleich größeren Konfliktstoff als die Festlegung des Reichsterritoriums und der Machtbefugnisse der Reichsgewalt barg die Frage, wer die Reichsgewalt ausüben soll. Weitgehend einig war sich die Nationalversammlung lediglich darin, die bisherigen Strukturen durch eine handlungsfähige Exekutive zu ersetzen. Bis die Frage Gegenstand der Parlamentsverhandlungen wurde, hatten sich im Wesentlichen vier Alternativen herausgeschält: (1) ein erbliches und unverantwortliches Kaisertum, das von der liberalen Mehrheit favorisiert wurde; (2) ein unverantwortliches Wahlkaisertum, das vor allem unter linksliberalen Abgeordneten Anhänger fand; (3) ein fünfköpfiges Fürstendirektorium als kollektives Reichsoberhaupt, das verschiedene föderalistisch orientierte Parlamentarier unterstützen; (4) ein verantwortlicher, periodisch gewählter Präsident, der von den linken Fraktionen bevorzugt wurde.

Nachdem der Verfassungsausschuss seinen Entwurf *Das Reichsoberhaupt* vorgelegt hatte, begann die Debatte am 15. Januar 1849.[1150] Wie um-

---

23. Dezember fort (siehe ebd., S. 4388).

**1149** Während die *Kremsierer Erklärung* der österreichischen Regierung (Anm. 1139) noch die Möglichkeit eines Doppelbundes zuließ, teilte die Wiener Regierung am 28. Dezember mit, dass Österreich »noch eine deutsche Bundesmacht« sei, diese Stellung »nicht aufzugeben« gedenke und in einem neuen deutschen »Staatskörper seine Stelle zu behaupten wissen« werde (Schreiben des österreichischen Ministerpräsidenten Schwarzenberg an den österreichischen Bevollmächtigten bei der provisorischen Zentralgewalt [28. Dezember 1848]. In: HUBER, Dokumente, 1978, Bd. 1, S. 362f.). Treibende Kraft hinter diesem Vorstoß war der österreichische Abgeordnete und ehemalige Reichsministerpräsident Anton v. Schmerling, der nach seinem Austritt aus dem Reichskabinett zunächst in Wien und seit 29. Dezember 1848 als österreichischer Gesandter bei der Zentralgewalt Gagerns Doppelbund-Plan zu obstruieren suchte. Siehe dazu HUBER, Verfassungsgeschichte, 1988, Bd. 2, S. 801–803; zu Droysens Rolle dabei NIPPEL, Droysen, 2008, S. 129f.; zu Schmerling auch BEST/WEEGE, Handbuch, 1996, S. 298.

**1150** Entwurf *Das Reichsoberhaupt* [15. Januar 1849]. In: WIGARD, Steno. Bericht NV, 1849, Bd. 6, S. 4675–4678 (der Entwurf enthielt ferner einen Abschnitt *Der Reichsrath*, der aber für die Verhandlungen in der Paulskirche von eher nebensächlicher Bedeutung blieb und im Folgenden nicht erörtert wird); die Begründung des Entwurfs ebd., S. 4678–4687. Siehe dazu auch die Verhandlungen zum Abschnitt *Das Reichsoberhaupt* in HÜBNER, Aktenstücke, 1924, S. 275–326, 335–338, 347–356. Die Verhandlungen wurden vorbereitet durch eine Vorkommission, der

stritten die Frage nach dem Charakter des künftigen Oberhauptes war, dokumentieren die zahlreichen Minoritätserachten, mit denen die Mitglieder des Verfassungsausschusses ihre unterschiedlichen Vorschläge äußerten. § 1 des Entwurfes sah vor, dass die »Würde des Reichsoberhauptes [...] einem der regierenden Fürsten Deutschlands übertragen« wird.[1151] Während Dahlmann, Droysen und acht weitere Mitglieder des Verfassungsausschusses ein Erbkaisertum befürworteten,[1152] sprach sich Waitz mit zwei anderen Mitgliedern für eine Wahlmonarchie aus, in der das Oberhaupt aus dem Kreise der Regenten von Österreich, Preußen, Bayern, Sachsen, Hannover und Württemberg vom Reichstag für zwölf Jahre gewählt werden sollte.[1153] Wie in der Debatte um das Reich und die Reichsgewalt ergriff auch hier Hagen am ersten Tag das Wort. Da sich

---

neben Alexander v. Soiron und Georg Beseler auch Dahlmann und Droysen angehörten. Aus den Entwürfen, die diese Vorkommission für die Ausschussberatungen anfertigte (als Anlagen enthalten in Hübner, Aktenstücke, 1924, S. 721–727), geht hervor, dass hier offensichtlich an den preußischen König als erblicher »Kaiser von Deutschland« gedacht war.

**1151** Entwurf *Das Reichsoberhaupt* [15. Januar 1849]. In: Wigard, Steno. Bericht NV, 1849, Bd. 6, S. 4675, § 1. Das Minoritätserachten I zu § 1 (siehe ebd.) sah vor, dass jeder Deutsche zum Reichsoberhaupt gewählt werden kann.

**1152** Minoritätserachten I zu § 1a des Entwurfes *Das Reichsoberhaupt* [15. Januar 1849]. In: Wigard, Steno. Bericht NV, 1849, Bd. 6, S. 4675.

**1153** Minoritätserachten III zu § 1a des Entwurfes *Das Reichsoberhaupt* [15. Januar 1849]. In: Wigard, Steno. Bericht NV, 1849, Bd. 6, S. 4675. In der von Waitz verfassten Begründung dieses Minoritätserachtens (ebd., S. 4683–4685) wurde die Erblichkeit des Oberhauptes zurückgewiesen, da diese »der Natur des Bundesstaats, der auf wesentlicher Gleichberechtigung seiner Glieder zu beruhen hat, entschieden widerspricht.« Denn »so weit darf in einem gemeinschaftlichen Staatenverbande das Recht desselben [Staates] nicht gehen, daß er ein Organ des staatlichen Lebens für alle Zeit allein und ausschließlich hinstellt.« Es würden daher »Zustände mittelalterlicher Vasallität« sich einstellen und der Bundesstaat sich in einen »Staatskörper verwandeln, wie ihn das römische Reich vergangener Jahrhunderte darstellte; schwerlich zum Vortheil der inneren und äußeren Entwickelung Deutschlands.« Auch bei einer Wahl auf Lebenszeit würde man »an die nicht glücklichen Zustände des alten Reichs« anknüpfen. Ein Wahl auf Zeit hingegen entspräche dem Charakter eines Bundesstaates, da so die Gleichberechtigung seiner Glieder gewährleistet sei. Waitz bekundete dabei offen, dass hier »an den Regenten Preußens als das durch die erste Wahl zu setzende Oberhaupt Deutschlands gedacht worden ist. Nur unter Preußens Vortritt [...] kann der deutsche Bundesstaat die innere Kraft und die äußere Stellung erlangen, deren er nothwendig bedarf.« Hingegen sei die Lage Österreichs der Art, »daß kein Freund einer wahrhaft deutschen Erhebung die Geschicke des Gesammtvaterlandes an die der bunt zusammengesetzten deutsch-slavisch-magyarisch-italienischen Gesammtmonarchie des Habsburg-Lothringischen Hauses wird knüpfen wollen.« Mit dem Wahlkaisertum, darauf wies Waitz hin, sei aber zumindest die Möglichkeit offen gehalten, dass Österreich auch die Oberhauptswürde übernimmt, wenn es die Forderungen erfüllt, »welche ihm der Bundesstaat stellt.« Waitz sprach sich ferner für den Namen »König der Deutschen« aus, da ihm dieser passender scheine als der »fremde Name Kaiser«, an den sich die unglücklichen Erinnerungen des Reiches bänden. Der Name »König der Deutschen« gehe hingegen »in alte Zeiten der deutschen Geschichte zurück« und an die sich »die Hoffnung einer kräftigen, selbstständigen, durch keinen fremden Einfluß gestörten Entwickelung für das

bereits andeutete, dass die Parlamentsmehrheit für einen Erbkaiser optieren würde, verwandte er den größten Teil seiner Rede darauf, darzulegen, warum ein solcher abzulehnen sei. Hagen forderte eine »kräftige Regierung«, die die Einheit der Nation verkörpere und sicherstelle, erklärte aber, dass dies nicht durch ein unverantwortliches Erbkaisertum zu realisieren sei. Dabei setzte er sich mit dem von gegnerischer Seite vorgebrachten Argument auseinander, die deutsche Geschichte zeige, dass »das gerade unsere Einheit, unsere nationale Kraft gehindert habe, daß wir keine Erblichkeit in einem unserer Kaiserhäuser hätten herstellen können.« Hagen entgegnete dem, dass es durchaus »eine Zeit gegeben hat, wo die Erblichkeit des Kaiserthums in Deutschland von Nutzen gewesen wäre, ja wenn in früheren Epochen eine Kaiser-Dynastie hätte erblich werden können, wir eine ganz andere Geschichte gehabt hätten, als wir sie bisher gehabt haben.« Doch er wies sogleich darauf hin, dass man diese Zeiten nicht mit der Gegenwart gleichsetzen könne. Denn damals habe es noch kein »freies politisch bewußtes Volk« gegeben, weshalb allein das Kaisertum fähig gewesen sei, »den particularistischen Bestrebungen der Fürsten entgegenzutreten.« Nun gebe es aber ein solches Volk und ein Parlament, »welches die Einheitsidee repräsentirt« – ein Kaisertum, das die nationale Einheit (wieder)herstellt, sei deshalb nicht mehr nötig.[1154]

Dieses negative historische Argument ergänzte Hagen durch ein positives. Der eigentliche Grund, warum es in Deutschland kein Erbkaisertum gebe, sei das »demokratische Princip« – ein Prinzip, »das durch unsere ganze Geschichte hindurchgeht.« Damit knüpfte Hagen an seine Arbeiten zur mittelalterlichen Geschichte an, in denen er die »alte Volksfreiheit« zum grundlegenden Prinzip der deutschen Reichsverfassung erhob.[1155] So sei es unbestreitbar, »daß in allen deutschen Ländern, selbst in denen, wo Fürstenthümer existirten, das Princip der Wahl stattfand, also ein rein demokratisches Princip in unserem Staatsleben war. Dieses demokratische Princip hatte sich vorzugsweise bei der Kaiserwahl herausgestellt«. Auch hätten schon im Mittelalter Kaiser abgesetzt werden können, wenn diese »die Verfassung verletzten« und »gegen die

---

deutsche Vaterland« knüpfen. In ähnlicher Weise hatte Waitz diese Position in den Beratungen des Verfassungsausschusses begründet; siehe Hübner, Aktenstücke, 1924, S. 280f., 298f.

**1154** Rede Hagen [15. Januar 1849]. In: Wigard, Steno. Bericht NV, 1849, Bd. 6, S. 4712. Die Debatte vom 15. bis 25. Januar wird in der einschlägigen Literatur meist nur am Rande behandelt; siehe nur Huber, Verfassungsgeschichte, 1988, Bd. 2, S. 810; Eyck, Hoffnung, 1973, S. 436.

**1155** Rede Hagen [15. Januar 1849]. In: Wigard, Steno. Bericht NV, 1849, Bd. 6, S. 4712. Zur Annahme einer »alten Volksfreiheit« der Deutschen siehe oben, S. 172; ferner Anm. 673.

Wohlfahrt des Reiches handelten.« Dieser »den Deutschen eingeborene Zug«, so forderte Hagen, »welcher unserer Kaiserwahl zu Grunde liegt, dieser Gedanke der Demokratie sollte doch wohl auch von denen in's Auge gefaßt werden, welche gar zu gern auf historische Erinnerungen hinweisen.« Die Rückführung seiner nationalpolitischen Forderungen auf das sich historisch offenbarende deutsche Wesen, untermauerte Hagen durch die These, dass nur von gewählten Oberhäuptern eine Politik im nationalen Sinne zu erwarten sei. Denn »die Geschichte von Deutschland zeigt es auf jedem Blatte, daß so lange der Grundsatz der Wahl des Kaisers unbestritten fest stand, […] die tüchtigsten Männer an die Spitze des öffentlichen Lebens gekommen sind.« Dagegen »sehen wir von dem Augenblicke an, wo, wenn auch keine theoretische, doch factische Erblichkeit eingetreten war, die deutschen Geschicke sich mehr und mehr verschlechtern«. Dabei bezog sich Hagen ausdrücklich auf die Herrschaft der Habsburger, die nichts anderes sei als »eine Geschichte der Schmach der Nation.«[1156]

Nach dieser grundsätzlichen Zurückweisung eines deutschen Erbkaisertums ging Hagen auf die Frage ein, welche Dynastie überhaupt an der Spitze eines deutschen Nationalstaates denkbar sei. Die künftige deutsche Vormacht könne, »nachdem Sie Oesterreich wenigstens vor der Hand, vom Verfassungswerke ausgeschlossen haben, keine andere sein, als Preußen.« Im Folgenden schilderte Hagen die politische Rolle Preußens nach 1813 und griff dabei auf seine Arbeit *Ueber die öffentliche Meinung in Deutschland von den Freiheitskriegen bis zu den Karlsbader Beschlüssen* zurück, als er die Haltung der Deutschen zu Preußen beschrieb: »Schon in den Zeiten der Freiheitskriege wie später in jeder Epoche nationaler Erhebung war es Preußen, auf welches kein geringer Theil des deutschen Volkes hoffnungsvolle Blicke wendete.«[1157] Hagen wies auch auf die Thronbesteigung Friedrich Wilhelms IV. hin, die er selbst noch 1843 als Zeichen eines politischen Aufbruches gedeutet hatte.[1158] Sein Fazit fiel ernüchternd aus. Trotz des Vertrauensvorschusses sei die preußische Monarchie »den Hoffnungen, Wünschen und Bestrebungen des deutschen Volkes […] niemals entgegengekommen.« Dies führte Hagen auf zwei Motive der preußischen Politik zurück: »das eine ist das Streben Preußens nach einer europäischen Großmacht, und das zweite ist das absolutistische Princip, was in seinem ganzen Staatswesen

**1156** Rede HAGEN [15. Januar 1849]. In: WIGARD, Steno. Bericht NV, 1849, Bd. 6, S. 4712.
**1157** Rede HAGEN [15. Januar 1849]. In: WIGARD, Steno. Bericht NV, 1849, Bd. 6, S. 4712f.
**1158** Siehe oben, S. 165

repräsentirt wird.« Die preußische Regierung habe – hier wich Hagen deutlich von seinem früheren Standpunkt ab, die preußische Politik sei von den nationalen Interessen Deutschlands geleitet gewesen[1159] – durch ihre Machtambitionen »Deutschland eine tiefe Wunde nach der anderen geschlagen« und seit Friedrich II., besonders aber seit Beginn dieses Jahrhunderts »durch ihre ganze Politik gegen Deutschland feindselig gewirkt«. Hagen hob seine »moralische Ueberzeugung« hervor, »daß in der Dynastie der Hohenzollern dieses Streben nach Absolutismus wurzelt«. Die preußischen Könige seien daher nie an einer deutschen Kaiserkrone interessiert gewesen; sie hätten es immer vorgezogen, »Herrscher zu sein in einem kleineren, beschränkteren Wirkungskreise, der ihnen aber unbedingt unterworfen war, als zu regieren über eine große Nation, welche aber frei ihnen gegenüberstand.«[1160]

Nach dem Hinweis, dass ein preußisch-deutsches Kaisertum ohnehin nur als ein konstitutionelles denkbar (und daher zu verwerfen) sei, fragte Hagen nach der Möglichkeit, ein solches Kaisertum zum gegenwärtigen Zeitpunkt durchsetzen zu können. Angesichts der Tatsache, dass der preußische König »die Nationalversammlung in Berlin auseinandergejagt« habe und damit zu einer gegenrevolutionären Politik übergegangen sei, hätten sich die Sympathien für Preußen im Volk verflüchtigt, besonders in Süddeutschland. Außerdem würden sich die größeren deutschen Staaten keinesfalls einem preußisch-deutschen Kaiser unterwerfen. So versicherte Hagen, »daß Oesterreich alle Maßregeln aufbieten wird, um ein preußisches Kaiserthum nicht aufkommen zu lassen, oder wenn es zu Stande käme, im ersten Augenblicke wieder auseinander zu reißen«. Aus diesem Grunde wären die Folgen eines solchen Erbkaisertums grauenhaft: »Es wird die Zeit des dreißigjährigen Krieges sich erneuern. An die Stelle einer wahren Freiheit wird die Gewalt treten, die Gewalt des Schwertes, die theilweise leider jetzt schon in Deutschland sich geltend gemacht hat.«[1161]

Schließlich betonte Hagen den Gegensatz von republikanischer und monarchischer Partei. Obgleich er einräumte, dass die Republikaner derzeit noch nicht in der Mehrheit seien, wies er darauf hin, »daß die von dieser Partei gewünschte Staatsform sich nach und nach bei der Mehrheit des deutschen Volkes als die allein für Deutschland angemessene

**1159** Zu Hagen vormaligem Standpunkt, Preußen sei ein Vorkämpfer der nationalen Interessen Deutschlands, siehe oben, S. 163–165.
**1160** Rede HAGEN [15. Januar 1849]. In: WIGARD, Steno. Bericht NV, 1849, Bd. 6, S. 4713f.
**1161** Rede HAGEN [15. Januar 1849]. In: WIGARD, Steno. Bericht NV, 1849, Bd. 6, S. 4714.

herausstellen kann.« Um einer erneuten Revolution vorzubeugen, müsse daher der gesetzliche Weg zu einer republikanischen Staatsform offen gehalten werden. Dies sei mit einem erblichen und unverantwortlichen Kaisertum schlechterdings nicht möglich. Der »wahre Staatsmann« charakterisiere sich aber dadurch, dass er eine dem »Volksgeiste« entsprechende Politik betreibe und die freie Entfaltung desselben gewährleiste. Auch deshalb sei das erbliche und unverantwortliche Kaisertum abzulehnen, denn es stehe »im Widerspruch mit dem ursprünglichen deutschen Geiste, es ist im Widerspruch mit den bestehenden Verhältnissen, im Widerspruch mit der möglichen Zukunft von Deutschland«.[1162]

Am Schluss seiner Rede ging Hagen noch auf die anderen Modelle eines Staatsoberhauptes ein. Die Option eines Wahlkaisertums wies Hagen zurück, denn hier sei »anzunehmen, daß ein solches Kaiserthum, statt unsere Idee der Einheit zu repräsentiren, nur die dynastischen Interessen in's Auge faßt und ihnen gemäß handelt«. Auch den Gedanken eines Direktoriums lehnte er ab, weil ein solches »nichts weiter ist, als die Fortsetzung des Bundestages, nur mit dem Unterschiede, daß im Bundestag 34 Fürsten vertreten waren, und daß da nur fünf Fürsten sitzen, welche aber doch alle anderen Fürsten vertreten sollen.« Hagen selbst plädierte für den Entwurf eines »verantwortlichen und zeitweiligen Präsidenten«. Dabei machte er geltend, dass dieser Vorschlag, »der aus dem demokratischen Princip hervorgeht, am geeignetsten ist, die verschiedenen Wirren, die diese Frage hervorrief, zu beseitigen«. Bemerkenswert klarsichtig wies Hagen dabei auf die gegenwärtige machtpolitische Konstellation in Deutschland hin und gab zu, »daß wir im Augenblick die Macht nicht mehr haben [...]. Es wird schwer sein, namentlich für diese Versammlung, die Macht wieder zu erhalten, welche sie bei ihrem Zusammentritt gehabt hat, aber unmöglich ist es nicht.« Voraussetzung hierfür sei ein fähiges Oberhaupt. Denn wenn »an der Spitze der deutschen Regierung ein Mann steht, der mit eben so viel Umsicht und Besonnenheit als Kühnheit und Kraft das Steuer des Staates in die Hand nimmt, dann werden wir die Macht bekommen, die nothwendig

---

**1162** Rede HAGEN [15. Januar 1849]. In: WIGARD, Steno. Bericht NV, 1849, Bd. 6, S. 4715. War Hagen zu Beginn der Revolution (so HAGEN, Katechismus I, 1848, S. 40) noch davon ausgegangen, dass eine Republik nicht ohne Weiteres durchzusetzen sei, so hatte er diese Ansicht mittlerweile abgelegt. Denn wie HAGEN, Katechismus III, 1848, S. 30, erklärte, »was unsern Volksstamm, nämlich den deutschen, anbetrifft, so finde ich, daß gerade dieser nach seinem ganzen Wesen und nach den verschiedenen Anlagen, womit ihn die Natur versehen, vielleicht besser für die Republik geschaffen ist, als jeder andere in Europa.« Insofern zeigte sich Hagen überzeugt, dass die Republik, die »im Blute der Nation« liege, »doch zuletzt die allgemeine Staatsform für Deutschland werden wird« (ebd., S. 34, 36).

ist, um aus Deutschland einen mächtigen, einigen und kräftigen Staat zu machen.«[1163]

In der ersten Lesung wurde das von Hagen favorisierte Modell eines Präsidenten am 19. Januar 1849 mit 339 zu 122 verworfen; auch verschiedene Modelle eines Direktoriums scheiterten.[1164] Zustimmung fand hingegen § 1 des Entwurfes des Verfassungsausschusses, welcher mit 258 zu 211 Stimmen angenommen wurde und der die Übertragung der Oberhauptswürde an einen der regierenden Fürsten Deutschlands vorsah.[1165] Damit war aber noch nicht geklärt, ob es sich bei diesem Oberhaupt um einen Erb- oder um einen Wahlkaiser handeln sollte. Eben diese Frage wurde in der Paulskirche in den folgenden Tagen in aller Ausführlichkeit diskutiert.

Die Debatte wurde am 22. Januar wieder aufgenommen. Auch Dahlmann ergriff an diesem Tag das Wort. In seinem Beitrag begrüßte er die Annahme des § 1 durch die Nationalversammlung, forderte aber, noch einen Schritt weiterzugehen und für ein erbliches Kaisertum zu votieren. Dahlmann begründete dieses Modell mit der Auffassung, »daß wir vor allen Dingen einer einheitlichen Gewalt bedürfen, einer Einheit, der das Ganze des Vaterlandes Eins und Alles ist.« Da aber bei einem Wahlkaisertum das Individuum und nicht das Ganze im Mittelpunkt stehe, sei eine einheitliche Gewalt nur mit einem Erbkaisertum zu verwirklichen. Aus diesem Grund tue Deutschland »ein Herrscherhaus noth, welches gänzlich sich unserem Deutschland widmet, gänzlich in Deutschland lebt und in nichts Anderem. Ein solches Herrscherhaus kann Oesterreich uns nicht sein, es kann es nicht, denn es hängen diesem Oesterreich, bei all seinem verdienten Ruhme, zu viele außerdeutsche Sorgen an.« Die preußischen Hohenzollern seien dagegen jenes Herrscherhaus,

---

**1163** Rede Hagen [15. Januar 1849]. In: Wigard, Steno. Bericht NV, 1849, Bd. 6, S. 4715f.

**1164** Zur Ablehnung des Minoritätserachtens I zu § 1 (Präsident als Reichsoberhaupt) mit 339 zu 112 Stimmen siehe Wigard, Steno. Bericht NV, 1849, Bd. 7, S. 4800–4802. Der Antrag des Abgeordneten Hermann v. Rotenhan (Mitglied der Fraktion Café Milani), der als Reichsoberhaupt ein Direktorium aus den Regenten von Österreich, Preußen, Bayern, Sachsen, Hannover und Württemberg und einem von den Regierungen der übrigen Einzelstaaten zu wählenden Fürsten vorsah, wurde mit 361 zu 97 Stimmen verworfen (S. 4793–4796). Weitere Modelle, die ein Reichsdirektorium aus 5 oder 6 Personen empfahlen (darunter das Minoritätserachten II zu § 1a des Verfassungsausschusses) wurden in nicht namentlicher Abstimmung verworfen (S. 4796–4797). Der Antrag von Carl Theodor Welcker, die Reichsgewalt in 6jährigem Turnus wechselweise an die beiden größten deutschen Einzelstaaten zu übertragen, wurde mit 377 zu 80 Stimmen zu Fall gebracht (S. 4797–4800). Von den sechs Historikern stimmten alle gegen ein Reichsdirektorium; für einen Präsidenten optierten Hagen und Wuttke; Dahlmann, Droysen, Gfrörer und Waitz sprachen sich dagegen aus.

**1165** Siehe Wigard, Steno. Bericht NV, 1849, Bd. 7, S. 4802–4805.

denn es »ist gar keine Zukunft für Deutschland möglich ohne Preußen.« Dahlmann wies in diesem Zusammenhang auf einen »gährenden Freiheitstrieb« hin, der sich überall in Deutschland bemerkbar mache und der nur befriedigt und gesättigt werden könne durch eine »kraftvolle Einheit«, welche »die Bahn für die deutsche Volkskraft eröffnet, die zur *Macht* führt.«[1166] Deutschland müsse deshalb »endlich in die Reihe der politischen Großmächte des Welttheils eintreten. Das kann nur durch Preußen geschehen, und weder Preußen kann ohne Deutschland, noch Deutschland ohne Preußen genesen.«[1167]

Wenngleich Dahlmann seine Rede mit viel Pathos ausstaffierte, blieb ihm doch eine größere Wirkung versagt. Als einen Tag später, am 23. Januar über das Erbkaisertum abgestimmt wurde, lehnte die Nationalversammlung es mit 263 zu 211 Stimmen ab. Eine größere Niederlage kassierte jedoch Waitz, dessen Modell eines auf 12 Jahre gewählten Kaisers zwar von Wuttke (der im Frühjahr 1848 ähnliche Vorstellungen geäußert hatte[1168]) unterstützt wurde, aber im Plenum mit 442 zu 14 Stimmen regelrecht abgeschmettert wurde. Größeren Zuspruch erhielten die Modelle eines auf 6 bzw. 3 Jahre gewählten Kaisers, weil die Unterschiede zu einem Präsidenten hier kaum noch ins Gewicht fielen und sich viele Abgeordnete der Linken zur Zustimmung durchringen konnten. Doch wurden auch diese Modelle letztlich verworfen, sodass Ende Januar für kein Modell eine Mehrheit gefunden war und die Frage nach dem Charakter des Reichsoberhauptes vorerst im Unklaren blieb.[1169]

---

**1166** Rede Dahlmann [22. Januar 1849]. In: Wigard, Steno. Bericht NV, 1849, Bd. 7, S. 4819–4822, Zitate S. 4821. Hervorhebung im Original. Dazu Bleek, Dahlmann, 2010, S. 345f., laut dem diese Rede »Dahlmanns größter parlamentarischer Auftritt nicht nur in der Paulskirche, sondern während seines ganzen politischen Lebens« war. Ähnlich beschrieb auch Droysen in einer unveröffentlichten Denkschrift die Macht als notwendige Bedingung für die Verwirklichung des Verfassungswerkes: »Mit allen unsern Grundrechten und Verfassungsformen ist es nichts, wenn wir nicht verstehen, unser ›Reich‹ zu einer Macht zu erheben. Ja, so sehr kommt es auf Macht und nur auf Macht an, daß selbst die Freiheit werthlos ist ohne sie.« (Droysen, Spitze, 1848, S. 184). Freilich war es die Macht Preußens, auf die er sich bezog.

**1167** Rede Dahlmann [22. Januar 1849]. In: Wigard, Steno. Bericht NV, 1849, Bd. 7, S. 4821.

**1168** Siehe oben, S. 276.

**1169** Zur Ablehnung des Minoritätserachtens I zu § 1a des Verfassungsausschusses (Erbkaisertum) mit 263 zu 211 Stimmen siehe Wigard, Steno. Bericht NV, 1849, Bd. 7, S. 4851–4853. Während Hagen gegen, Dahlmann und Droysen für die Erblichkeit stimmten, enthielten sich Wuttke und Waitz. Zur Ablehnung des Minoritätserachtens III zu § 1a (Wahlkaisertum auf 12 Jahre) mit 442 zu 14 Stimmen, das von Waitz und Wuttke befürwortet, von Dahlmann, Droysen und Hagen abgewiesen wurde, siehe S. 4857–4859. Darüber hinaus wurde am 23. Januar auch das Wahlkaisertum auf Lebenszeit mit 413 zu 39 Stimmen verworfen. Zu den Gegnern dieses Modells gehörten auch alle hier untersuchten und an der Abstimmung teilnehmenden Historiker (S. 4854–4857). Die Modelle eines Wahlkaisertums auf 6 bzw. 3 Jahre wurden mit

Neue Bewegung in die Oberhauptsfrage kam Anfang Februar. Hintergrund waren die neuesten Vorstöße der österreichischen Regierung. In einer Note an den österreichischen Gesandten bei der provisorischen Zentralgewalt erklärte der österreichische Ministerpräsident Felix Fürst zu Schwarzenberg, dass das von der Mehrheit der Nationalversammlung projektierte Ziel eines »unitarischen Staates [...] nicht ausführbar für Oesterreich, nicht wünschenswerth für Deutschland« sei. Den Beschlüssen der Nationalversammlung, allen voran den §§ 2 und 3, war damit eine klare Abfuhr erteilt.[1170] Die österreichische Note gab Anlass für den Verfassungsausschuss, die Frage des Reichsoberhauptes neu zu überdenken und diskutieren. In Anbetracht der jüngsten Vorgänge zog Waitz nun seinen Vorschlag eines Wahlkaisertums zurück und sprach sich jetzt auch für die Erblichkeit der Oberhauptswürde aus. Eine Mehrheit für ein bestimmtes Modell kam bei den Beratungen allerdings nicht zustande.[1171] Indessen spitzte sich die Konfrontation mit der Regierung in Wien weiter zu, nachdem Kaiser Franz Joseph I. am 7. März den österreichischen Reichstag aufgelöst und eine Verfassung oktroyiert hatte. Die kaiserliche Regierung richtete daraufhin ein Ultimatum an die Zentralgewalt in Frankfurt, die österreichische Gesamtmonarchie in einen künftigen deutschen Staat aufzunehmen, an dessen Spitze ein sieben-

264 zu 196 bzw. 305 zu 120 Stimmen abgelehnt, wobei Hagen und Wuttke jeweils dafür votierten, Dahlmann, Droysen, Waitz jeweils dagegen (S. 4859–4865). Gfrörer war am 23. Januar abwesend, sodass er an keiner dieser Abstimmungen teilnahm.

**1170** Depesche des österreichischen Ministerpräsidenten an den österreichischen Bevollmächtigten bei der provisorischen Zentralgewalt [4. Februar 1849]. In: Wigard, Steno. Bericht NV, 1849, Bd. 7, S. 5149–5151, Zitat S. 5150. Zur österreichischen Politik im Frühjahr 1849 siehe Huber, Verfassungsgeschichte, 1988, Bd. 2, S. 801–807, 813–815; Siemann, Revolution, 1985, S. 193–195; Valentin, Revolution, 1931, Bd. 2, S. 347–351, 361–370.

**1171** Zur Besprechung der österreichischen Note vom 4. Februar 1849 im Verfassungsausschuss siehe Hübner, Aktenstücke, 1924, S. 492–512, zur Beratung des Abschnittes *Das Reichsoberhaupt* ebd., S. 512–527. Dahlmann und Droysen meldeten sich in letzteren Beratungen kaum noch zu Wort. Waitz erklärte in der Ausschusssitzung am 14. Februar 1849, »daß er gerade durch die Umstände, wie sie sind, sich bewogen fühle, für die Erblichkeit zu stimmen, und er denke, es werde sich in der Nationalversammlung noch mancher in gleichem Falle befinden. [...] Die Einheit, habe er stets erklärt, gehe ihm über alles, die Fürsten aber wollen das Direktorium, und das halte er für die größte Kalamität, und dazu werde er nie seine Hand und seine Stimme leihen.« (S. 513) Waitz verurteilte (S. 515f.) die österreichische Politik als »antideutsch« und unterstrich, dass jetzt nur noch die Alternative zwischen Direktorium und Erbkaisertum bestehe und er »rein aus practischen Erwägungen« für das Erbkaisertum stimme, »und zwar mit völlig innerlicher Ruhe und gutem Gewissen, seit die österreichische Note gekommen ist.« Trotz Waitz' Meinungsänderung wurde die Erblichkeit im Verfassungsausschuss mit 15 zu 10 Stimmen abgelehnt, jedoch ohne dass man sich auf ein anderes Modell für ein Oberhaupt hätte einigen können (S. 522f.). Siehe zur Reaktion Droysens auf die österreichische Politik auch Nippel, Droysen, 2008, S. 129–131.

köpfiges Direktorium und – anstelle eines Nationalparlaments – ein beratendes Staatenhaus zu setzen. Dies bedeutete eine »generelle Kampfansage an die Nationalversammlung« und wurde in Frankfurt als endgültige Absage Österreichs an einen deutschen Nationalstaat gewertet.[1172] Carl Theodor Welcker beantragte daraufhin am 12. März, die in der ersten Lesung redigierte Verfassung *en bloc* anzunehmen und die erbliche Kaiserwürde dem König von Preußen zu übertragen.[1173]

Vor diesem Hintergrund begann in der Paulskirche am 17. März die letzte größere Debatte der Verfassungsberatungen.[1174] Am 19. März versuchte Waitz, das Plenum von der ›kleindeutschen‹ Lösung zu überzeugen und erklärte einleitend, »in der Liebe zu Deutsch-Oesterreich, zu den Deutschen in Oesterreich keinem Mitgliede dieser Versammlung nachzustehen«. Jedoch sei zwischen diesen und der habsburgischen Gesamtmonarchie zu unterscheiden. Er habe »Alles gethan, um Oesterreich an uns zu schließen« und stets dafür plädiert, »lieber den schwereren Bau mit Oesterreich [zu wagen], als den leichteren ohne dasselbe«. Doch mittlerweile sei die Lage eine andere: Denn man habe »nicht bloß die deutschen und nichtdeutschen Lande zu einer Gesammtmonarchie vereinigt, man hat auch einzelne deutsche Provinzen innerhalb derselben mit fremden zu eigenen Kronländern verbunden.« Die von einigen Parlamentariern vorgebrachte Idee eines Mehrvölkerstaates wies Waitz scharf zurück. Zwar könne er es noch verstehen, wenn »humanitarische Demokraten« oder »praktische Staatswirthschafter, die die Menschen nur nach dem schätzen, was sie an Baumwollzeug verbrauchen, auf solche Gedanken kommen, und die nationalen Unterschiede vergessen.« Dass aber auch »Männer der Geschichte und Politik« diesen Vorschlag unterstützt hätten, könne er nicht begreifen. Denn dies bedeute, sich mit »Russen und Türken« zu vereinigen, also »mit denjenigen Völkern, die auf der Stufe der Cultur am tiefsten stehen.«[1175]

Vor diesem Hintergrund konterte Waitz den Einwand, dass die Nationalversammlung nicht gewählt sei, um nur ein »Klein-Deutschland« zu schaffen, mit der Erklärung, dass es noch viel weniger ihre Aufgabe sein könne, »Deutschland an jene Völker des Ostens, an jene fremden Slaven zu schmieden. […] den kleinsten Fleck rein deutscher Erde

---

1172 Engehausen, Revolution, 2007, S. 217.

1173 Antrag Welcker [12. März 1849]. In: Wigard, Steno. Bericht NV, 1849, Bd. 8, S. 5666.

1174 Siehe die Debatte in Wigard, Steno. Bericht NV, 1849, Bd. 8, S. 5803–5918; dazu auch Ribhegge, Parlament, 1998, S. 121–141; ferner Wollstein, Großdeutschland, 1977, S. 303–306; Eyck, Hoffnung, 1973, S. 436f.

1175 Rede Waitz [19. März 1849]. In: Wigard, Steno. Bericht NV, 1849, Bd. 8, S. 5835.

schätze ich höher, als diese wüste weite Gesammtmonarchie.« Daraus folgerte Waitz, »daß Deutschland, wenn es vereinigt dasteht, hier stärker und kräftiger auftreten kann, eben weil es nur deutsch ist, als dieses gesammte Oesterreich es je thun kann.«[1176]

Die Einbeziehung der habsburgischen Gesamtmonarchie in einen deutschen Nationalstaat sei auch aufgrund der oktroyierten österreichischen Verfassung unmöglich, denn diese durchkreuze das Vorhaben, eine einheitliche deutsche Reichsgewalt zu schaffen. Er bestritt, dass die außenpolitischen Interessen Deutschlands und Österreichs sich decken und verwies dabei auf die österreichischen Bestrebungen in Italien, Ungarn und Galizien. Die deutschen Interessen lägen nicht im Südosten, sondern vielmehr im Westen. »Hier ist der Sitz der deutschen Freiheit und Entwickelung seit den ältesten Zeiten der Geschichte. Hier werden sich die Geschicke Europas, vielleicht der Welt entscheiden, hierhin und zu den transatlantischen Landen muß der Blick vor Allem gerichtet sein.« Zwar ständen auch die »Erhebungen des Habsburgischen Hauses dort im Südosten« auf dem »Blatt der deutschen Geschichte«; dies jedoch nur in negativer Hinsicht. Denn für den politischen Historiker Waitz war es unzweifelhaft, »daß je mehr sich hier die Habsburgische Macht erhob und erweiterte, je mehr das deutsche Reich, das ihrer Obhut anempfohlen war, in Schwäche und Ohnmacht versank – es beginnt schon mit den Zeiten Rudolphs von Habsburg, es zeigt sich zur Friedrich IV. und Leopold I., und fast in jeder Periode der Geschichte; und je enger Ungarn an Oesterreich angeschlossen wurde, desto mehr trennte dieses sich von Deutschland, und desto schwächer wurde Deutschland.«[1177]

Im Folgenden ging Waitz auf die §§ 2 und 3 der Reichsverfassung ein und wies den Vorwurf zurück, dass die Deutsch-Österreicher damit aus Deutschland ausgeschlossen seien. Vielmehr seien diese Bestimmungen notwendig für einen *deutschen* Nationalstaat; wenn die Verbindung mit Deutsch-Österreich jetzt nicht möglich sei, ergebe sie sich eventuell später. Zugleich räumte Waitz ein, sich in dem Glauben »getäuscht« zu haben, »daß die Mehrzahl der Deutsch-Oesterreicher die Verbindung mit Deutschland höher stelle, als die mit der Gesammtmonarchie.« Dies sei »weder hier im Saale geschehen, noch draußen. Die Mehrzahl hier hat sich gegen uns erklärt.« Dadurch »und nur dadurch« sei es dem österreichischen Ministerium möglich geworden, eine Politik zu betreiben,

1176 Rede Waitz [19. März 1849]. In: Wigard, Steno. Bericht NV, 1849, Bd. 8, S. 5835f.
1177 Rede Waitz [19. März 1849]. In: Wigard, Steno. Bericht NV, 1849, Bd. 8, S. 5836.

die sich mit den Zielen und der Verfassung der Nationalversammlung nicht vereinbaren lasse. So könne es nicht sein, dass man die österreichische »Verfassung anerkenne, vielleicht, ich sage vielleicht willkommen heißen kann, und dennoch an dem Bau der deutschen Verfassung fortarbeiten will.« Da die österreichische Regierung durch ihre Partikularinteressen offenbar darauf abziele, die deutsche Einheit zu hindern, dürften die dynastischen Interessen Österreichs in der Oberhauptsfrage nicht maßgeblich sein. Denn »das Habsburgische Haus hat den Anspruch freiwillig aufgegeben, oder es hat ihn verloren, an der Spitze von Deutschland zu stehen.«[1178]

Mit Blick auf den Verfassungsentwurf betonte Waitz die Notwendigkeit des Bundesstaates, der allein eine feste und kräftige nationalpolitische Einheit Deutschlands verbürge und »jede Art der Delegation aus[schließe], sei es in der Spitze, sei es in den andern Gliedern. Oesterreich aber will nur *Delegation*«. Demgegenüber unterstrich Waitz die Unverzichtbarkeit eines einheitlichen Oberhauptes, »welches nicht bloß die Form, welches die Bedingung des Bundesstaates ist«, vor allem aber dem »Geiste der deutschen Nation« entspreche. Da ein gewählter Präsident keine Mehrheit im Volke fände, sei das – preußische – Erbkaisertum das einzig tragfähige Modell für die Spitze einer deutschen Reichsgewalt. Anträge, weitere Verhandlungen mit Österreich zu führen, wies Waitz zurück, da sich solche bisher stets als unfruchtbar erwiesen hätten und augenscheinlich darauf abzielten, die Verabschiedung einer Reichsverfassung zu verschleppen. Es gelte nun, alles, »was gegen unser Verfassungswerk begonnen wird, soweit es in unseren Kräften liegt, von uns zu weisen.« Trotz friedlich-freundlicher Versicherungen könne Österreich wegen seiner inneren Struktur keinen deutschen Nationalstaat wollen und dulden. Daher richtete Waitz sich an die österreichischen Abgeordneten: »Sie sagen, es seien das Grundsätze des alten Systems, – zeigen Sie uns durch Ihre Abstimmung, daß dieses der Fall ist, zeigen Sie, daß es anders geworden sei in Oesterreich.« Denn erst dann sei »auch jene Verbindung mit Oesterreich möglich, die wir alle so enge, so innig, so fest geschlossen wünschen, als es nur irgend ausführbar erscheint. Dann werden wir nicht die Stunde beklagen, wo wir uns zum gemeinschaftlichen Baue zusammengefunden haben!«[1179]

Am Ende seiner Rede richtete Waitz den dringenden Appell an die Nationalversammlung, in der Frage eines deutschen Oberhauptes nicht

---

**1178** Rede Waitz [19. März 1849]. In: Wigard, Steno. Bericht NV, 1849, Bd. 8, S. 5836f.
**1179** Rede Waitz [19. März 1849]. In: Wigard, Steno. Bericht NV, 1849, Bd. 8, S. 5838.

länger zu zögern. Es gelte, innen- wie außenpolitisch zusammenzustehen und das Verfassungswerk zügig zu vollenden, denn »auf allen Seiten droht dem Vaterlande Gefahr.« Auf verschiedenen Schauplätzen im In- und Ausland befänden sich die Fürsprecher eines deutschen Nationalstaates im Rückzug. Daher dürfe man die »Entscheidung über Deutschlands Zukunft« nicht »einer langen wechselnden Berathung oder auch nur einer unsichern Abstimmung anheimgeben, einer Abstimmung, die vielleicht in den wichtigsten Fragen zu keinem Resultate führt oder widersprechende Resultate zu Tage fördert.« Die Zeit lasse kein weiteres Zaudern zu: »Sie haben vielleicht nur Tage oder Stunden Zeit. Dann ertönt auch für Sie das Wort: Zu spät!«[1180]

Trotz der von vielen Rednern hervorgehobenen Dringlichkeit lehnte eine negative Mehrheit aus Demokraten und ›Großdeutschen‹ die *en-bloc*-Verabschiedung der Verfassung am 21. März zunächst ab.[1181] Erst ein Kompromissvorschlag brachte die Lösung. Auf Betreiben des Ministerpräsidenten Heinrich von Gagern erklärte sich eine Gruppe des demokratischen Lagers um Heinrich Simon bereit, für das Erbkaisertum zu stimmen, wenn die Erbkaiserlichen im Gegenzug demokratische Zugeständnisse beim Wahlrecht und beim Vetorecht des Kaisers machten (›Simon-Gagern-Pakt‹). Am 27. März wurde das Erbkaisertum mit der knappen Mehrheit von 267 zu 263 Stimmen angenommen und die Verfassung verabschiedet. Am folgenden Tag wählte das Parlament mit 290 Stimmen bei 243 Enthaltungen den preußischen König zum »Kaiser der Deutschen«. Dahlmann, Droysen und Waitz befanden sich unter den Befürwortern des preußisch-deutschen Erbkaisertums. Damit knüpften sie an ihre wissenschaftlichen Arbeiten an, in denen sie ihre propreußische und antihabsburgische Politik gedanklich vorbereitet hatten. Demgegenüber sprachen sich Gfrörer, Hagen und Wuttke gegen einen preußisch-deutschen Kaiser aus.[1182] Während die Gründe hierfür bei Gfrörer vor allem in seiner grundsätzlichen Ablehnung Preußens, seinen Sympathien für die Habsburger und in seiner Hinwendung zum Katholizismus zu suchen sind, resultierte das Stimmverhalten von Hagen und

**1180** Rede Waitz [19. März 1849]. In: Wigard, Steno. Bericht NV, 1849, Bd. 8, S. 5838f.

**1181** Siehe Wigard, Steno. Bericht NV, 1849, Bd. 8, S. 5915–5918.

**1182** Die Abstimmungen vom 27. und 28. März finden sich in Wigard, Steno. Bericht NV, 1849, Bd. 8, S. 6061–6064 (Erbkaisertum), 6069 (Annahme der Reichsverfassung), 6084–6093 (Wahl Friedrich Wilhelms IV. zum Kaiser der Deutschen). Zum ›Simon-Gagern-Pakt‹ und zu den Abstimmungen siehe Eyck, Hoffnung, 1973, S. 437–441 (mit fraktioneller und regionaler Aufschlüsselung der Wahlstimmen); Huber, Verfassungsgeschichte, 1988, Bd. 1, S. 815–817; Botzenhart, Europa, 1998, S. 214f.

Wuttke vornehmlich aus einer demokratisch geprägten Grundhaltung, die ein unverantwortliches Erbkaisertum nicht zuließ.[1183] Die inhaltliche Verfassungsarbeit der sechs Historiker war damit beendet.[1184] Sie stützte sich somit im Wesentlichen auf historisch-nationalistische Argumente, die sie schon vor 1848 in ihrer Geschichtsschreibung entwickelt hatten. Das wissenschaftliche und nationalistische Wirken der sechs Historiker floss damit in die erste gesamtdeutsche und parlamentarisch fundierte Verfassung ein.

**1183** So stellte Wuttke in einer schriftlichen Erklärung denn auch »die Berechtigung der Nationalversammlung zur Begründung eines *Erb*kaiserthums in Abrede« und bekräftigte, dass er in dem Beschlusse »nicht bloß eine Ueberschreitung der Machtvollkommenheit der hohen Nationalversammlung, sondern in seiner Verwirklichung ein großes Unglück für das deutsche Volk erkenne« (= Erklärung WUTTKE [28. März 1849]. In: WIGARD, Steno. Bericht NV, 1849, Bd. 8, S. 6075). Hervorhebung im Original.

**1184** Das Wirken der sechs Historiker nach der Verfassungsverabschiedung wäre eine eigene Studie wert. Festhalten lässt sich hier, dass sie sich alle in gewissem Maße am Versuch beteiligten, die Verfassung durchzusetzen. Dahlmann gehörte der Kaiserdeputation an, die dem preußischen König die Kaiserkrone antrug; Droysen, Hagen und Waitz wurden am 12. April 1849 in den Ausschuss zur Durchführung der Reichsverfassung gewählt (WIGARD, Steno. Bericht NV,1849, Bd. 8, S. 6149). Nachdem Friedrich Wilhelm IV. die Kaiserkrone am 28. April endgültig abgelehnt und die preußische Regierung den Reichsverweser am 14. Mai aufgefordert hatte, die Nationalversammlung aufzulösen, unterzeichneten Dahlmann, Droysen und Waitz am 20. Mai ihre Austrittserklärung, die am Folgetag im Plenum verlesen wurde (WIGARD, Steno. Bericht NV, 1849, Bd. 9, S. 6697f.). Gfrörer hielt am 30. Mai noch einmal eine Rede in der Paulskirche und sprach sich dagegen aus, den Sitz der Nationalversammlung nach Stuttgart zu verlegen (ebd., S. 6783f.). Nachdem die Versammlung aber genau dies am selben Tag beschloss, traten auch Gfrörer und Wuttke aus. Einzig Hagen hörte der Nationalversammlung bis zum 18. Juni 1849 an, als das ›Rumpfparlament‹ durch württembergisches Militär aufgelöst wurde. Zum Zerfall der Nationalversammlung siehe ENGEHAUSEN, Revolution, 2007, S. 220–231; zu den Historikern BLEEK, Dahlmann, 2010, S. 351–356; ZEPF, Hagen, 1998, S. 169–176; NIPPEL, Droysen, 2008, S. 139f.

# 7. ZUSAMMENFASSUNG UND AUSBLICK

Mit der Verabschiedung der Verfassung hatte die Nationalversammlung ihre eigentliche Aufgabe vollbracht. Die Ablehnung der deutschen Kaiserkrone durch Friedrich Wilhelm IV. ließ das Verfassungswerk jedoch scheitern – und damit auch die Revolution von 1848/49 in Deutschland. Die Ursachen hierfür wurden schon von den Zeitgenossen überaus unterschiedlich wahrgenommen. Der Reichsverweser Erzherzog Johann sah zum Beispiel den Konflikt um Schleswig als eine ausschlaggebende Komplikation, die man allein »der Kurzsichtigkeit und dem Eigensinn einiger Professoren« zu verdanken habe.[1185] Die Behauptung, dass ›die‹ Professoren durch ein unpraktisches, ja doktrinäres Wirken den Erfolg der Revolution verschleppt und die Arbeit der Nationalversammlung damit in ein ungünstiges Fahrwasser gelenkt hätten, war ein allenthalben anzutreffendes Erklärungsmuster. Obgleich selbst Professor, griff auch Karl Hagen diesen Topos auf und bemerkte 1850 rückblickend, in der so einflussreichen Casino-Fraktion hätten »die Professoren eine fast unbeschränkte Herrschaft« ausgeübt – »die Mehrzahl fügte sich, ohne viel zu prüfen, ihrer Diktatur.«[1186]

Bereits während der Revolution wurde diese Rolle der Professoren immer wieder herausgestellt und nicht selten kritisiert. Ende November 1848, als die Revolution in Preußen durch einen Staatsstreich schon im Wesentlichen ausgeschaltet war, schrieb Karl Marx in der *Neuen Rheinischen Zeitung*, zwar hätten »die Professoren die Theorie der Geschichte« gemacht, doch »ging die Geschichte ihren stürmischen Lauf und kümmerte sich wenig um die Geschichte der Herren Professoren.«[1187] Von der entgegengesetzten Seite des politischen Spektrums erklärte Georg von Vincke, Wortführer der konservativen Abgeordneten in der Frankfurter Nationalversammlung, er sei zwar »kein specifischer Freund des Professorenthums, was Sie so oft anfechten, aber den Vorzug hat es doch unstreitig, daß es historische Anschauungen in diese Versammlung hineingebracht hat.«[1188]

---

**1185** Zitiert nach Stern, Geschichte, 1916, S. 405.

**1186** Hagen, Rezension, 1850, S. 425.

**1187** Marx, Versammlung, 1848, S. 43f.

**1188** Rede Vincke [1. Februar 1849]. In: Wigard, Steno. Bericht NV, 1849, Bd. 7, S. 5009–5011; Zitat S. 5011; ebd. weiter: »Die Herren, die sich auf die Geschichte berufen, ohne sie zu kennen, sollten von den Professoren doch das wenigstens gelernt haben.«

In diesen Äußerungen spiegeln sich Eindrücke, die auf die enge Verflechtung von Geschichte, Politik und Nationalismus verweisen: Professoren spielten in der Paulskirche eine wichtige und einflussreiche politische Rolle. Dabei wurden sie, wie die Worte Marx' und Vinckes zeigen, vornehmlich als Historiker oder zumindest als historisch argumentierend wahrgenommen. Zweifellos waren hiermit auch Dahlmann, Droysen, Gfrörer, Hagen, Waitz und Wuttke gemeint, die beispielhaft für den Sozialtypus des ›politischen Professors‹ standen und sich aufgrund ihres beruflichen Selbstverständnisses berufen glaubten, Wissenschaft und Politik zu verbinden, um dadurch nationalpolitisch zu wirken.

Als Professoren verfügten sie nicht nur über ein großes Sozialprestige, sondern auch über die nötige Kompetenz, Unabhängigkeit und Mobilität, um auf nationaler Ebene politisch in Erscheinung treten zu können. In den Universitäten sahen sie die auch politisch angestrebte Einheit Deutschlands bereits verkörpert; insofern erkannten sie sich selbst als nationale Avantgarde. Dieses Selbstverständnis resultierte vor allem aus der exklusiven Kompetenz, die sie der Wissenschaft für die Gestaltung öffentlicher Angelegenheiten zusprachen. Durch die allgemeine Historisierung des Denkens avancierte die Geschichte dabei zum wichtigsten Bezugspunkt für ihr politisches Handeln. Als Experten nahmen sie für sich das historische Deutungsmonopol in Anspruch und sahen sich vor allen anderen dazu in der Lage, aus der Geschichte die ›richtigen‹ Schlussfolgerungen für die Gestaltung der Gegenwart zu ziehen, namentlich mit Blick auf die Schaffung des deutschen Nationalstaates. Dieses Selbstverständnis suchten sie an verschiedenen Orten umzusetzen. Neben ihrem universitären Einflussbereich wirkten sie in Vereinen, in der Presse und auf Kongressen, im Parlament und – nicht zuletzt – durch ihre Geschichtsschreibung.

Die Nation bildete die zentrale Kategorie in der Geschichtsschreibung der sechs Historiker. Sie alle deuteten die Nation als eine natürliche und essentielle Form menschlicher Vergemeinschaftung, also als notwendige soziale Einheit, die sich durch bestimmte ›objektive‹ Merkmale (Sprache, Geschichte, Sitten usw.) konstituiert und als ein kollektives Subjekt über alle Zeiten hinweg in Kontinuität besteht. Indem die Historiker die Existenz der deutschen Nation in die Vergangenheit zurückprojizierten und durch eine traditionsstiftende Umdeutung historischer Gemeinschaften scheinbar wissenschaftlich nachweisen konnten, trugen sie zur ideellen Nationsbildung bei. Als Konstrukteure der Nation und ihrer Geschichte schufen sie einen historischen Bezugsrahmen, der nicht nur identitätsstiftende, sinnverheißende und prestigespendende Funktionen erfüllte. Vielmehr ließen sich aus der Geschichte der Nation auch nationalistische Werte und Normen, vor allem aber konkrete politische Handlungsvorgaben ableiten, die mit dem historischen Rekurs zugleich legitimierbar waren. Das nationalistische Weltbild bot somit nicht nur die Richtschnur, sondern auch die argumentative Verklammerung für ihr politisches und wissenschaftliches Wirken.

Die Geschichtsbilder der sechs Historiker korrelierten insoweit stark mit ihrem nationalistischen Denkhorizont. So waren ihre Schriften nicht nur von charakteristischen Deutungsmustern des Nationalismus geleitet, sondern brachten diese auch selbst hervor. Entsprechend ihrer Auffassung, Nationen seien organisch-natürliche Ganzheiten, bemühten sie sich an historischen Fallbeispielen zu zeigen, dass eine solide und erstrebenswerte staatliche Ordnung allein auf nationaler Basis möglich ist. Droysen, Gfrörer und Waitz führten etwa den Zusammenbruch der karolingischen Monarchie darauf zurück, dass sie verschiedene Nationen »zusammengekettet« (Gfrörer) habe und deswegen zerfallen musste.[1189] Zugleich wurden andere Epochen und Herrscher vorbildhaft überhöht, die ihnen als besonders ›national‹ erschienen. Ein genuin ›deutsches‹ Königtum sahen zum Beispiel Hagen und Waitz in den Ottonen verkörpert. Teils implizit, teils explizit wurden diese historischen Verhältnisse mit der Gegenwart in Beziehung gesetzt oder parallelisiert. Insofern war die nationalistische Kernforderung nach Kongruenz von politischen und nationalen Einheiten fast immer präsent. Dies galt *mutatis mutandis* auch für die Überhöhung der deutschen Nation, die stets als höherwertig erschien. In dem Denken, dass die Deutschen die »erste Nation« (Hagen) seien und »an der Spitze der Völker standen« (Gfrörer), waren sich die sechs Historiker einig.[1190] In dem Maße, wie der »morsche Bau« (Waitz) des Alten Reiches sich nicht mehr als Beweis für ihre Vorrangstellung eignete, wurden die Deutschen vor allem zu einer überlegenen Kulturnation verklärt.[1191]

Doch wichen die sechs Historiker in ihren wissenschaftlichen und politischen Ansichten zum Teil auch deutlich voneinander ab. Während Gfrörer von einem durch metaphysische Kräfte geleiteten Geschichtsverlauf ausging, zeigten sich die übrigen (außer Wuttke) zwar überzeugt, dass der deutschen Nation eine historische Mission zufalle. Doch ließen sie offen, worin diese Mission besteht. Droysen war hierbei stark

---

**1189** Gfrörer, Carolinger, 1848, Bd. 1, S. 64.

**1190** Hagen, Verhältnisse, 1841, Bd. 1, S. 64; Gfrörer, Carolinger, 1848, Bd. 2, S. 489.

**1191** Waitz, Gründung des deutschen Reiches, 1843, S. 24.

von den geschichtsphilosophischen Prämissen Hegels durchdrungen; er sah die Geschichte als eine dialektisch-teleologische Entwicklung, an deren Ziel die nationale Einheit Deutschlands unter preußischer Ägide stand. Auch Dahlmann trat für einen preußisch geprägten deutschen Nationalstaat ein, ohne dies aber wie Droysen theoretisch zu fundieren. Obschon sich auch bei Hagen und Wuttke borussophile Äußerungen finden, waren die Historiker doch eher in ihrer Ablehnung der Habsburgermonarchie vereint, die sie als anationale und die deutschen Interessen untergrabende Missbildung beschrieben. Dabei stach allein Gfrörer heraus, der mit seinem »ghibellinischen« Standpunkt den Machtanspruch der Habsburger gegenüber dem als illegitim und »slavisch« diffamierten Preußen zu verteidigen suchte. Ähnlich disparat waren die historisch hergeleiteten Haltungen in der Verfassungsfrage. Zwar plädierten alle mehr oder minder dafür, eine Verfassung dem ›deutschen Wesen‹ anzupassen; doch die politischen Schlussfolgerungen waren unterschiedlich. Während Hagen und Wuttke eine demokratische oder republikanische Ordnung als historisch notwendig erachteten, meinten die anderen, dass die geschichtlichen Erfahrungen allein eine konstitutionelle Monarchie zulassen.

Gemeinsam war den Historikern das für den Nationalismus typische Denken, dass die eigene Nation durch andere bedroht ist – nicht jedoch, wer diese Feinde der Nation sind. Gfrörer glaubte schon im Mittelalter einen »Nationalhaß« zwischen Deutschen und Franzosen ausmachen zu können; Hagen sah im russischen Volk den existenziellen Feind der deutschen Nation; Wuttke erkannte in ›dem‹ Polen einen feindlichen Nachbarn und forderte, die gemeinsamen Siedlungsgebiete durch das Recht des Stärkeren zu ›verdeutschen‹ – womit er sozialdarwinistische Ideen vorwegnahm.[1192] Die Annahme und der historische Nachweis einer nationalen Bedrohungslage dienten als Appell an die nationale Einigkeit, darüber hinaus aber auch als Legitimation für machtpolitische Zielsetzungen und territoriale Expansion. Dies unterstreicht, dass der Nationalismus immer zugleich integrierende und aggressive Elemente aufwies (und aufweist), völlig unabhängig davon, ob er eher mit demokratischen, mit liberalen oder mit konstitutionellen Zielvorstellungen einherging, ob er mit ›großdeutschen‹ oder ›kleindeutschen‹ Leitvorstellungen verbunden war.

**1192** Zitate bei WUTTKE, Besitzergreifung, 1842, Bd. 1, S. 18: »*Verdeutschung des Landes*«; GFRÖRER, Untersuchung, 1848, S. 17; GFRÖRER, Carolinger, 1848, Bd. 1, S. 65.

Die Annahme einer Bedrohungssituation wuchs sich schon vor 1848 zu entschiedener politischer Mitwirkung in Nationalkonflikten aus. Zunächst Dahlmann, später auch Droysen und Waitz engagierten sich im Konflikt um den nationalen Status Schleswigs und vertraten die deutsche Position mit allem Nachdruck – wissenschaftlich und politisch. Wuttke schaltete sich in die Frage eines polnischen Nationalstaats ein und versuchte mit allen ihm zu Gebote stehenden Mitteln, zur Verbreitung polenfeindlicher Anschauungen beizutragen. Bei ihrem Engagement in vorderster Reihe entwickelten und propagierten sie historisch begründete Standpunkte und Argumentationsmuster, die in der Revolution von 1848/49 – als die Konflikte an Brisanz zunahmen und sich zu gewaltsamen Auseinandersetzungen zuspitzten – von ihnen selbst, aber auch von anderen aufgegriffen wurden, die über die Nationalversammlung publikumswirksam und weit ausstrahlten, die zur Freisetzung nationalistischer Leidenschaften und Forderungen beitrugen und die auch über 1849 hinaus das Verhältnis zu Polen und Dänemark nicht unwesentlich beeinflussten.

Ebenso deutlich stand das Handeln der sechs Historiker in der Verfassungsfrage 1848/49 in engem Zusammenhang mit ihrer Geschichtsschreibung. Ihr Stimmverhalten und ihre Wortbeiträge orientierten sich in augenfälliger Weise – teilweise fast wortwörtlich – an ihren wissenschaftlich-historiographischen Arbeiten. Dies betraf die konkrete Gestaltung der Grundrechte, vor allem aber das Problem der Machtverteilung in dem angestrebten deutschen Nationalstaat und die Frage nach dem Oberhaupt eines wiederhergestellten Reiches. So wurde das Votum für bzw. gegen ein Erbkaisertum ebenso geschichtlich begründet wie die Frage, ob Österreich oder Preußen oder keine der beiden deutschen Großmächte einem deutschen Nationalstaat vorstehen soll. Obwohl das konkrete politische Handeln im und auch neben dem Parlament nicht allein auf ihre wissenschaftlichen Standpunkte zurückgeführt werden kann, sondern auch die Eigenlogik politisch-parlamentarischer Praxis zu berücksichtigen ist (so sah sich beispielsweise Waitz durch politische Sachzwänge dazu gezwungen, von seiner ursprünglichen, historisch begründeten Position in der Oberhauptsfrage Abstand zu nehmen), waren ihr politisches und wissenschaftliches Wirken für einen deutschen Nationalstaat vor und während der Revolution dennoch eng und untrennbar miteinander verwoben.

Wenngleich (auch) die sechs Geschichtsprofessoren 1848/49 als Konstrukteure eines nationalen Verfassungsstaates nicht erfolgreich waren, bedeutete das Scheitern der Revolution nicht das Ende ihres Wirkens, sondern nur eine Zäsur. Für Droysen und Waitz sollte der wissenschaftliche Zenit noch kommen. Aus der aktiven Politik zogen sie sich zwar zurück; nicht jedoch, ohne weiterhin auf das politische Geschehen einzuwirken. Droysen versuchte sich als »Aktenproduzent und Publizist«, um die politischen Geschicke in seinem Sinne zu beeinflussen;[1193] Waitz veröffentlichte 1862 seine *Grundzüge der Politik*, gleichsam als Epilog zu seinem parlamentarischem Wirken.[1194] Dahlmann hingegen verlagerte, nachdem er sich im Gothaer ›Nachparlament‹ und Erfurter Unionsparlament an dem letztlich erfolglosen Versuch beteiligte, doch noch eine ›kleindeutsche‹ Reichsgründung zu erreichen, den Schwerpunkt auf das universitäre Wirken und publizierte nicht mehr nennenswert.[1195]

Gfrörer hatte, wie er in seiner handschriftlichen Autobiographie berichtet, nach seiner Rückkehr nach Freiburg mit massiven Anfeindungen durch die »gothaische Parthei« zu kämpfen. Er konvertierte 1853 zum Katholizismus und sah sich nach 1849 fachinternen Marginalisierungsprozessen ausgesetzt.[1196] Letzteres galt auch für Wuttke, der nach seiner Rückkehr nach Leipzig die Tätigkeit als Professor wieder aufnahm, weiterhin zu politischen Fragen publizierte und zeitweilig der Arbeiterbewegung um Ferdinand Lassalle nahetrat. Den gravierendsten persönlichen und beruflichen Einschnitt bedeutete die Revolution allerdings für Hagen. Er wurde im September 1849 seiner Stelle als außerordentlicher Professor enthoben und durch polizeiliche Maßregeln (u.a. zeitweiliger Hausarrest) drangsaliert. 1855 ging er ins Schweizer Exil, um eine ordentliche Professur für Geschichte in Bern anzutreten, wo er noch mehrere umfangreiche Arbeiten zur politischen Geschichte Deutschlands und der Schweiz verfasste.[1197]

In Anbetracht ihrer weiteren Lebensweges wäre es lohnenswert, zu untersuchen, ob und wie sich die Deutungsmuster und Handlungsformen der Historiker nach 1849 geändert haben. Wie wirkten sich die Revolutionserfahrungen auf ihr Selbstverständnis als Professoren aus? Interpretierten und schrieben sie die Geschichte der Nation nun anders, rückten neue Themen in den Vordergrund? Inwieweit veränderte sich

---

**1193** Dazu Nippel, Droysen, 2008, S. 144–186.

**1194** Waitz, Grundzüge, 1862.

**1195** Dazu Bleek, Dahlmann, 2010, S. 357–366. Zum Gothaer ›Nachparlament‹ und Erfurter Unionsparlament sowie zur preußischen Unionspolitik 1849/50 siehe Engehausen, Revolution, 2007, S. 247–259; Huber, Verfassungsgeschichte, 1988, Bd. 2, S. 885–898.

**1196** Gfrörer, Autobiographie, [ohne Jahr], S. 34; zur Konversion Gfrörers vor allem Hagen, Gfrörer, 1954, S. 31–36.

**1197** Siehe zum politischen und wissenschaftlichen Wirken Wuttkes und Hagens nach 1849 neben der biographischen Literatur (Anm. 137, 161) auch Jansen, Einheit, 2000, passim.

der nationalistische Gehalt ihres wissenschaftlich-politischen Wirkens? Auch für die Zeit vor der Revolution bleiben wesentliche Fragen zu klären, zum Beispiel ob und inwieweit mit ihren nationalistischen Denkmustern auch antisemitische Haltungen verbunden waren. Weitere Untersuchungsmöglichkeiten stellen – um nur zwei zu nennen – das Verhältnis von Nationalismus und Geschlechtsbildern dar, aber auch von Nationalismus und Religion, das hier nur gestreift werden konnte. Ungeachtet dieser offenen und untersuchenswerten Fragen bleibt festzuhalten, dass wichtige Welt- und Geschichtsbilder, welche die Geschichte Deutschlands und Europas bis in die Gegenwart prägen, vor 1848 entwickelt und verbreitet worden waren – unter wesentlicher Beteiligung von politischen Geschichtsprofessoren.

# 8. QUELLEN- UND LITERATURVERZEICHNIS

## *8.1 Quellenverzeichnis*

### 8.1.1 Rechtstexte, Quellensammlungen, Verhandlungsprotokolle


FENSKE, HANS (Hrsg.), Vormärz und Revolution 1840–1849 (= Quellen zum politischen Denken der Deutschen im 19. und 20. Jahrhundert, 4). Darmstadt 1976.

— (Hrsg.), Quellen zur deutschen Revolution 1848–1849 (= Ausgewählte Quellen zur deutschen Geschichte der Neuzeit, 24). Darmstadt 1996.

GRAB, WALTER (Hrsg.), Die Revolution von 1848/49. Eine Dokumentation. Stuttgart 1998.

HUBER, ERNST RUDOLF (Hrsg.), Dokumente zur deutschen Verfassungsgeschichte. Bd. 1, Deutsche Verfassungsdokumente 1803–1850. Stuttgart [3]1978.

HÜBNER, RUDOLF (Hrsg.), Aktenstücke und Aufzeichnungen zur Geschichte der Frankfurter Nationalversammlung aus dem Nachlaß von Johann Gustav Droysen. Stuttgart 1924.

Protokolle der Deutschen Bundesversammlung vom Jahr 1846. Frankfurt am Main 1846.

Protokolle der Deutschen Bundesversammlung vom Jahr 1848. Frankfurt am Main 1848.

Reichs-Gesetz-Blatt 1848/49. Frankfurt am Main 1849.

ROTH, PAUL / HEINRICH MERCK (Hrsg.), Quellensammlung zum deutschen öffentlichen Recht seit 1848. 2 Bde. Erlangen 1850/52.

SCHLEIDEN, RUDOLF, Aktenstücke zur neuesten Schleswig-Holsteinischen Geschichte. Zweites und drittes Heft, Die Zeit der provisorischen Regierung von Schleswig-Holstein. Leipzig 1852.

Stenographische Berichte über die Verhandlungen der zur Vereinbarung der preußischen Staats-Verfassung berufenen Versammlung. 3 Bde. Berlin 1848/49.

Verhandlungen der Germanisten zu Frankfurt am Main am 24., 25. und 26. September 1846. Frankfurt am Main 1847.

Verhandlungen der Germanisten zu Lübeck am 27., 28. und 30. September 1847. Lübeck 1848.

Verhandlungen des deutschen Parlaments. Officielle Ausgabe. Mit einer geschichtlichen Einleitung über die Entstehung der Vertretung des deutschen Volkes. Erste Lieferung [...]. Frankfurt am Main 1848.

Verhandlungen des deutschen Parlaments. Zweite Lieferung. Enthaltend: Die Verhandlungen des Fünfziger-Ausschusses, der Bundesversammlung und der XVII Vertrauensmänner, bis zum Zusammentritt der constituirenden deutschen Nationalversammlung. Frankfurt am Main 1848.

WIGARD, FRANZ (Hrsg.), Stenographischer Bericht über die Verhandlungen der deutschen constituirenden Nationalversammlung zu Frankfurt am Main. 9 Bde. Frankfurt am Main 1848/49. Vollständige Ausgabe in IX Bänden, neu vorgelegt und mit einer Einführung versehen von Christoph Stoll. München 1979.

## 8.1.2 Briefwechsel und Polizeiberichte

ADLER, HANS (Hrsg.), Literarische Geheimberichte. Protokolle der Metternich-Agenten. 2 Bde. Köln 1977/81.

BAUR, FERDINAND CHRISTIAN, Die frühen Briefe (1814–1835). Herausgegeben von CARL E. HESTER. Sigmaringen 1993.

DROYSEN, JOHANN GUSTAV, Briefwechsel. Herausgegeben von RUDOLF HÜBNER. Bd. 1, 1829–1851. Stuttgart 1929.

FRÖBEL, FRIEDRICH / KARL HAGEN, Ein Briefwechsel aus den Jahren 1844–1848. Herausgegeben von ERIKA HOFFMANN. Weimar 1948.

GLOSSY, KARL (Hrsg.), Literarische Geheimberichte aus dem Vormärz. 2 Bde. Wien 1912.

GRIMM, JACOB / WILHELM GRIMM / FRIEDRICH CHRISTOPH DAHLMANN / GEORG GOTTFRIED GERVINUS, Briefwechsel zwischen Jacob und Wilhelm Grimm, Dahlmann und Gervinus. Herausgegeben von EDUARD IPPEL. 2 Bde. Berlin 1885/86.

HAENCHEN, KARL (Hrsg.), Revolutionsbriefe 1848. Ungedrucktes aus dem Nachlaß Königs Friedrich Wilhelms IV. von Preußen. Leipzig 1930.

JACOBY, JOHANN, Briefwechsel 1816–1849. Herausgegeben und erläutert von EDMUND SILBERNER. Hannover 1974.

LIEPMANN, MORITZ (Hrsg.), Von Kieler Professoren. Briefe aus drei Jahrhunderten zur Geschichte der Universität Kiel. Herausgegeben zur Erinnerung an das 250jährige Jubiläum der Universität. Stuttgart 1916.

MARX, KARL / FRIEDRICH ENGELS, Gesamtausgabe. Abteilung III, Briefwechsel. Bd. 1, Bis April 1846. Berlin 1975.

SCHÜLER, GOTTLIEB CHRISTIAN, Als Demokrat in der Paulskirche. Die Briefe und Berichte des Jenaer Abgeordneten Gottlieb Christian Schüler 1848/49. Herausgegeben von SYBILLE SCHÜLER / HORST MÖLLER. Köln 2007.

STEIN, FREIHERR VOM, Briefe und amtliche Schriften. Bd. 5, Der Wiener Kongress, Rücktritt ins Privatleben, Stein und die ständischen Bestrebungen des westfälischen Adels (Juni 1814–Dezember 1818). Neu bearbeitet von MANFRED BOTZENHART. Stuttgart 1964.

## 8.1.3 Zeitungen

*Allgemeine Deutsche Zeitung (Leipzig)*
*Allgemeine Zeitung (Augsburg)*
*Deutsche Zeitung*
*Die Grenzboten*
*Frankfurter Oberpostamts-Zeitung*
*Freiburger Zeitung*
*Hannoversche Zeitung*
*Kölnische Zeitung*
*Neue Münchener Zeitung*
*Neue Rheinische Zeitung*
*Rheinische Volkshalle*
*Vossische Zeitung*

## 8.1.4 Literarische Quellen

ARNDT, ERNST MORITZ, Der Rhein, Teutschlands Strom, aber nicht Teutschlands Gränze. Leipzig 1813.

— Versuch in vergleichender Völkergeschichte. Leipzig 1843.

CHEZY, WILHELM VON, Erinnerungen aus meinem Leben. Bd. 2,4, Helle und dunkle Zeitgenossen. Schaffhausen 1864.

CHLADENIUS, JOHANN MARTIN, Allgemeine Geschichtswissenschaft, worinnen der Grund zu einer neuen Einsicht in allen Arten der Gelahrheit gelegt wird. Leipzig 1752.

CYZ, MICHAL, Slawenfresserei im Leipziger Redeverein. In: Jahrbücher für slawische Literatur, Kunst und Wissenschaft 5 (1847), S. 193–197.

DAHLMANN, FRIEDRICH CHRISTOPH, Vorrede zur Geschichte der deutschen Könige aus sächsischem Haus [ohne Jahr, ca. 1811]. In: CONRAD VARRENTRAPP (Hrsg.), F. C. Dahlmann's kleine Schriften und Reden. Stuttgart 1886, S. 208–213.

— Über die letzten Schicksale der deutschen Unterthanen Dänemarks und ihre Hoffnungen von der Zukunft [März 1814]. Herausgegeben von CONRAD VARRENTRAPP. In: Zeitschrift der Gesellschaft für Schleswig-Holstein-Lauenburgische Geschichte 17 (1887), S. 1–57.

— Rede zur Feier des Siegs vom 18. Junius 1815. Gehalten am 7. Julius, im großen academischen Hörsale, bei der durch die Kieler Universität angeordneten Festlichkeit. In: CONRAD VARRENTRAPP (Hrsg.), F. C. Dahlmann's kleine Schriften und Reden. Stuttgart 1886, S. 1–11.

— Ein Wort über Verfassung [1815]. In: CONRAD VARRENTRAPP (Hrsg.), F. C. Dahlmann's kleine Schriften und Reden. Stuttgart 1886, S. 12–67.

— Einleitung und Anmerkung zu einem Auszug aus de Lolmes drei ersten Kapiteln über die Stufen der Gründung der Englischen Staatsverfassung. In: Kieler Blätter 5 (1818), S. 458f.

— Von politischen Drangsalen [1821]. In: CONRAD VARRENTRAPP (Hrsg.), F. C. Dahlmann's kleine Schriften und Reden. Stuttgart 1886, S. 133–184.

— Aufforderung zu einer vaterländischen Preisaufgabe [1821]. In: CONRAD VARRENTRAPP (Hrsg.), F. C. Dahlmann's kleine Schriften und Reden. Stuttgart 1886, S. 187–191.

— (Hrsg.), Johann Adolfi's, genannt Neocorus, Chronik des Landes Dithmarschen. Aus der Urschrift herausgegeben. 2 Bde. Kiel 1827.

— Die Einleitung zur Politik-Vorlesung vom Sommersemester 1829. In der Mitschrift von August Waltzel. In: WILHELM KNELANGEN / UTZ SCHLIESKY, Friedrich Christoph Dahlmann 1785–1860. Husum 2012. S. 106–140.

— Rede eines Fürchtenden [1832]. In: CONRAD VARRENTRAPP (Hrsg.), F. C. Dahlmann's kleine Schriften und Reden. Stuttgart 1886, S. 221–225.

— Gegen den Fürchtenden [1832]. In: CONRAD VARRENTRAPP (Hrsg.), F. C. Dahlmann's kleine Schriften und Reden. Stuttgart 1886, S. 225–230.

— Die Politik, auf den Grund und das Maaß der gegebenen Zustände zurückgeführt. Göttingen 1835.

— Die Protestation und Entlassung der sieben Göttinger Professoren. Leipzig 1838.

— Zur Verständigung. Basel 1838.

— Erster Vortrag an der rheinischen Hochschule [28. November 1842]. In: CONRAD VARRENTRAPP (Hrsg.), F. C. Dahlmann's kleine Schriften und Reden. Stuttgart 1886, S. 310–318.

— Geschichte von Dännemark. Bd. 3. Hamburg 1843.
— Geschichte der englischen Revolution. Leipzig 1844.
— Noch ein Wort über Schleswig-Holstein [1844]. In: CONRAD VARRENTRAPP (Hrsg.), F. C. Dahlmann's kleine Schriften und Reden. Stuttgart 1886, S. 331–336.
— Geschichte der französischen Revolution bis auf die Stiftung der Republik. Leipzig 1845.
— Von Dahlmann entworfene Adresse der ordentlichen Professoren der Universität Bonn an König Friedrich Wilhelm IV. [8. März 1848]. In: CONRAD VARRENTRAPP (Hrsg.), F. C. Dahlmann's kleine Schriften und Reden. Stuttgart 1886, S. 375–377.
— Entwurf des deutschen Reichsgrundgesetzes im April 1848. In: CONRAD VARRENTRAPP (Hrsg.), F. C. Dahlmann's kleine Schriften und Reden. Stuttgart 1886, S. 378–390.
— Was ist zu thun? In: Deutsche Zeitung 43 (12. Februar 1848). In: CONRAD VARRENTRAPP (Hrsg.), F. C. Dahlmann's kleine Schriften und Reden. Stuttgart 1886, S. 395–397.
DROYSEN, JOHANN GUSTAV, De Lagidarum regno Ptolemaeo VI Philometore rege [Berlin 1831]. Wieder abgedruckt in: JOHANN GUSTAV DROYSEN, Kleine Schriften zur Alten Geschichte. Bd. 2. Leipzig 1894, S. 351–432.
— Antrittsvorlesung zum Privatdozenten [1833]. In: HORST WALTER BLANKE (Hrsg.), Johann Gustav Droysen. Historik. Teilbd. 2.1, Texte im Umkreis der Historik. Stuttgart 2007, S. 31–39.
— Geschichte Alexanders des Großen. Hamburg 1833.
— Geschichte des Hellenismus. 2 Bde. Hamburg 1836/43.
— Die Einleitung in die Vorlesung über *Alte Geschichte* [1838]. In: HORST WALTER BLANKE (Hrsg.), Johann Gustav Droysen. Historik. Teilbd. 2.1, Texte im Umkreis der Historik. Stuttgart 2007, S. 96–103.
— Die Einleitung in die Vorlesungen über die *Geschichte des Mittelalters* [1840] In: HORST WALTER BLANKE (Hrsg.), Johann Gustav Droysen. Historik. Teilbd. 2.1, Texte im Umkreis der Historik. Stuttgart 2007, S. 167–174.
— Die Einleitung in die Vorlesungen über *Deutsche Culturgeschichte vom Anfang des 18. Jahrhunderts* [1841]. In: HORST WALTER BLANKE (Hrsg.), Johann Gustav Droysen. Historik. Teilbd. 2.1, Texte im Umkreis der Historik. Stuttgart 2007, S. 276–280.
— Des Aischylos Werke. Berlin $^{2}$1842.
— Die Einleitung in die Vorlesungen über *Die Freiheitskriege* [1842]. In: HORST WALTER BLANKE (Hrsg.), Johann Gustav Droysen. Historik. Teilbd. 2.1, Texte im Umkreis der Historik. Stuttgart 2007, S. 280–291.
— Über die deutsche Geistesgeschichte von Kant bis auf Schleiermacher [1842]. In: HORST WALTER BLANKE (Hrsg.), Johann Gustav Droysen. Historik. Teilbd. 2.1, Texte im Umkreis der Historik. Stuttgart 2007, S. 203–224.
— Die Einleitung in die Vorlesungen über die *Geschichte der neuesten Zeit seit 1815* [1843]. In: HORST WALTER BLANKE (Hrsg.), Johann Gustav Droysen. Historik. Teilbd. 2.1, Texte im Umkreis der Historik. Stuttgart 2007, S. 196–202.
— Die sog. ›Privatvorrede‹ zu Band 2 der Geschichte des Hellenismus [1843]. In: HORST WALTER BLANKE (Hrsg.), Johann Gustav Droysen. Historik. Teilbd. 2.1, Texte im Umkreis der Historik. Stuttgart 2007, S. 225–245.
— Die Einleitung in die Vorlesungen über die *Geschichte des Deutschen Bundes und der Bundesstaaten* [1843]. In: HORST WALTER BLANKE (Hrsg.), Johann Gustav Droysen. Historik. Teilbd. 2.1, Texte im Umkreis der Historik. Stuttgart 2007, S. 292–301.
— Rede zur tausendjährigen Gedächtnißfeier des Vertrages zu Verdun. Kiel 1843.

— Deutsche Briefe (= Politische Fragmente) [1844]. In: FELIX GILBERT (Hrsg.), Johann Gustav Droysen. Politische Schriften. München 1933, S. 3–29.
— Kieler Petition [11. November 1844]. In: JOHANN GUSTAV DROYSEN, Kleine Schriften. Heft 1, Zur Schleswig-Holsteinischen Frage. Berlin 1863, S. 48–64.
— Die politische Stellung Preußens [1845]. In: FELIX GILBERT (Hrsg.), Johann Gustav Droysen. Politische Schriften. München 1933, S. 30–64.
— Aus der Einleitung in die Vorlesungen über die *Deutsche Geschichte seit 1786* [1845]. In: HORST WALTER BLANKE (Hrsg.), Johann Gustav Droysen. Historik. Teilbd. 2.1, Texte im Umkreis der Historik. Stuttgart 2007, S. 302–308.
— Die Einleitung der Vorlesungen *Ueber den öffentlichen Zustand Deutschlands* [1845]. In: HORST WALTER BLANKE (Hrsg.), Johann Gustav Droysen. Historik. Teilbd. 2.1, Texte im Umkreis der Historik. Stuttgart 2007, S. 308–317.
— Die Einleitung in die Vorlesungen über *Alte Geschichte* [1846]. In: HORST WALTER BLANKE (Hrsg.), Johann Gustav Droysen. Historik. Teilbd. 2.1, Texte im Umkreis der Historik. Stuttgart 2007, S. 144–167.
— Ueber unser Gelehrtenschulwesen. Kiel 1846.
— Vorlesungen über die Freiheitskriege. 2 Bde. Kiel 1846.
— Die Einleitung in die Vorlesungen über *Neuere Geschichte* [1847]. In: HORST WALTER BLANKE (Hrsg.), Johann Gustav Droysen. Historik. Teilbd. 2.1, Texte im Umkreis der Historik. Stuttgart 2007, S. 179–192.
— Die Preußische Verfassung [1847]. In: FELIX GILBERT (Hrsg.), Johann Gustav Droysen. Politische Schriften. München 1933, S. 65–102.
— Preußen und Deutschland [1847]. In: FELIX GILBERT (Hrsg.), Johann Gustav Droysen. Politische Schriften. München 1933, S. 103–117.
— Promemoria [10. April 1848]. In: Protokolle der Deutschen Bundesversammlung [18. April 1848], Beilage 1 zu § 299, S. 425–428 = PAUL ROTH / HEINRICH MERCK (Hrsg.), Quellensammlung zum deutschen öffentlichen Recht seit 1848. Bd. 1. Erlangen 1850, S. 300–306.
— Denkschrift, die deutschen Angelegenheiten im Monat April 1848 betreffend [29. April 1848]. In: FELIX GILBERT (Hrsg.), Johann Gustav Droysen. Politische Schriften. München 1933, S. S. 121–136.
— Denkschrift, die Stellung der konstituierenden Nationalversammlung betreffend [14. Mai 1848]. In: FELIX GILBERT (Hrsg.), Johann Gustav Droysen. Politische Schriften. München 1933, S. 137–142.
— Das deutsche Heer. In: Frankfurter Oberpostamts-Zeitung 195 (13. Juli 1848). In: FELIX GILBERT (Hrsg.), Johann Gustav Droysen. Politische Schriften. München 1933, S. 157–160.
— Rückschau II. In: Frankfurter Oberpostamts-Zeitung [Beilage] 214 (1. August 1848). In: FELIX GILBERT (Hrsg.), Johann Gustav Droysen. Politische Schriften. München 1933, S. 161–167.
— Die schleswig-holsteinische Frage. In: Frankfurter Oberpostamts-Zeitung 239 (29. August 1848). In: FELIX GILBERT (Hrsg.), Johann Gustav Droysen. Politische Schriften. München 1933, S. 168–171.
— Die »Frage an Österreich« [25. Oktober 1848]. In: FELIX GILBERT (Hrsg.), Johann Gustav Droysen. Politische Schriften. München 1933, S. 172–177.
— Die Spitze des Reiches [Weihnachten 1848]. In: FELIX GILBERT (Hrsg.), Johann Gustav Droysen. Politische Schriften. München 1933, S. 178–175.
— Die gemeinsame Verfassung für Dänemark und Schleswig-Holstein. Eine deutsche Frage. Kiel [2]1848.
— Beiträge zur neusten deutschen Geschichte. Vier Aufsätze. Braunschweig 1849.

— Die Verhandlungen des Verfassungs-Ausschusses der deutschen Nationalversammlung. Leipzig 1849.

Droysen, Johann Gustav / Georg Waitz, Historischer Cursus [1842]. In: Horst Walter Blanke (Hrsg.), Johann Gustav Droysen. Historik. Teilbd. 2.1, Texte im Umkreis der Historik. Stuttgart 2007, S. 108–111.

Droysen, Johann Gustav / Nikolaus Falck / Georg Waitz u.a., Staats- und Erbrecht des Herzogthums Schleswig. Kritik des Commissionsbedenkens über die Successionsverhältnisse des Herzogthums Schleswig. Hamburg 1846.

Fichte, Johann Gottlieb, Reden an die deutsche Nation [1807/08]. Mit einer Einleitung herausgegeben von Alexander Aichele. Hamburg 2008.

Gfrörer, August Friedrich, Kritische Geschichte des Urchristenthums. Philo und die jüdisch-alexandrinische Theosophie. 2 Bde. Stuttgart ²1835.

— Geschichte Gustav Adolphs, König von Schweden, und seiner Zeit, für Leser aus allen Ständen. Stuttgart 1837.

— Die Tiare und die Krone oder der Kampf zwischen Rom und Berlin. Mit allen Aktenstücken, welche sich auf die Kölner Sache beziehen, urkundlich, unparteiisch, umfassend dargestellt. Stuttgart 1838.

— Geschichte des Urchristenthums. 3 Bde. Stuttgart 1838.

— Allgemeine Kirchengeschichte. 4 Bde. in 7 Abtheilungen. Stuttgart 1841–1846.

— Gustav Adolph, König von Schweden und seine Zeit. Stuttgart ²1845.

— A. Fr. Gfrörer über Wallenstein. Oeffentliche in der Aula zu Freiburg im Breisgau gehaltene Rede, mit welcher der neuernannte Professor der Geschichte A. Fr. Gfrörer Mitte November 1846 seine Vorlesungen eröffnete. In: Monatblätter zur Ergänzung der Allgemeinen Zeitung, Januar (1847), S. 34–45.

— Die Volksstimmung und die Offenburger Versammlung. In: Allgemeinen Zeitung [Beilage] 86 (26. März 1848), S. 1371f.

— [Bericht über die Volksversammlung am 26. März 1848]. In: Allgemeine Zeitung 90 (30. März 1848), S. 1427.

— Geschichte der ost- und westfränkischen Carolinger vom Tode Ludwigs des Frommen bis zum Ende Conrads I. (840–918). 2 Bde. Freiburg 1848.

— Untersuchung über Alter, Ursprung, Zweck der Dekretalen des falschen Isidorus. Freiburg 1848.

— Was ist zu thun? Vorschläge eines deutschen Reichsbürgers. In: Deutsche Vierteljahrschrift, Heft 2 (1848), S. 341–360.

— Herunter mit der Maske. In: Rheinische Volkshalle Nr. 27/28 (1. November 1848) [Der Artikel erschien auch als Sonderdruck in Köln 1848].

— Das Staatenhaus und die geheimen Pläne, denen es dienen soll. In: Neue Münchener Zeitung [Beilage] 146 (15. Dezember 1848), nicht paginiert [leicht verändert erschienen als: Das Staatenhaus. In: Allgemeine Zeitung [Beilage] 353 (18. Dezember 1848), S. 5565–5568].

— Autobiographie [ungedruckt, ohne Jahr, ca. 1850].
*Das Autograph von Gfrörers Hand befindet sich im historischen Bestand der Universitätsbibliothek Freiburg (Signatur: Autograph Nr. 1134) und kann im Internet unter folgender URL eingesehen und heruntergeladen werden:*
*http://dl.ub.uni-freiburg.de/diglit/autogr1134*

— Urgeschichte des menschlichen Geschlechts. Schaffhausen 1855.

Hagen, Karl, De armigeris, qui germanice dicuntur Wappengenossen. Dissertationem auctoritate ordinis philosophorum amplissimi pro capessendis honoribus licentiati philosophiae. Erlangen 1836.

— Theses, quas in academia ruperto-carolina sub auspiciis amplissimi ordinis philoso-

phorum pro facultate legendi publice defendet Carolus Hagen, philos. doctor. Heidelberg 1837.
— Auch ein Wort über Weltliteratur, Kosmopolitismus und Patriotismus [1838]. In: Karl Hagen, Fragen der Zeit vom historischen Standpunkte betrachtet. Stuttgart 1843, S. 1–22.
— Ueber die rechte Verbindung der Wissenschaft mit dem Leben [1838]. In: Karl Hagen, Fragen der Zeit vom historischen Standpunkte betrachtet. Stuttgart 1843, S. 23–46.
— Ulrich von Hutten und Deutschlands politische Verhältnisse im Reformationszeitalter [1838]. In: Karl Hagen, Zur politischen Geschichte Deutschlands. Stuttgart 1842, S. 165–268.
— Der Wendepunkt der deutschen Reichsverfassung unter den Kaisern Heinrich III. und Heinrich IV. In: Braga. Vaterländische Blätter für Kunst und Wissenschaft 2 (1839), S. 17–57, 131–174, 291–339.
— Zur Vermittlung des Streites zwischen dem rationalen und historischen Prinzipe in unserem Staatsleben [1839]. In: Karl Hagen, Fragen der Zeit vom historischen Standpunkte betrachtet. Stuttgart 1843, S. 157–194.
— Gedanken über den deutschen Volkscharakter [1840]: In: Karl Hagen, Fragen der Zeit vom historischen Standpunkte betrachtet. Stuttgart 1843, S. 133–156.
— Deutschlands literarische und religiöse Verhältnisse im Reformationszeitalter. 3 Bde. Erlangen 1841–1843.
— Vorrede. In: Karl Hagen, Zur politischen Geschichte Deutschlands. Stuttgart 1842, S. XI–XVI.
— Politische Flugschriften aus dem sechszehnten Jahrhundert und dem dreißigjährigen Kriege. In: Karl Hagen, Zur politische Geschichte Deutschlands. Stuttgart 1842, S. 269–339.
— Epochen des Absolutismus im neueren Europa [1842]. In: Karl Hagen, Fragen der Zeit vom historischen Standpunkte aus betrachtet. Stuttgart 1843, S. 195–264.
— Rußland und das Slaventhum [1842]. In: Karl Hagen, Fragen der Zeit vom historischen Standpunkte aus betrachtet. Stuttgart 1843, S. 315–366.
— Vorrede. In: Karl Hagen, Fragen der Zeit vom historischen Standpunkte aus betrachtet. Stuttgart 1843, S. XI–XIV.
— Ueber einzelne Hauptrichtungen der Gegenwart. In: Karl Hagen, Fragen der Zeit vom historischen Standpunkte betrachtet. Stuttgart 1843, S. 69–108. [ohne Vor- und Nachwort zuerst gedruckt unter dem Titel: Noch ein Wort über die Tendenz des ›Braga‹ in: Braga. Vaterländische Blätter für Kunst und Wissenschaft 2 (1839), S. 189–208].
— Über Nationale Erziehung. Mit besonderer Rücksicht auf das System Friedrich Fröbels [1844]. In: Friedrich Fröbel / Karl Hagen, Ein Briefwechsel aus den Jahren 1844–1848. Herausgegeben von Erika Hoffmann. Weimar 1948, S. 95–136.
— Ueber die Einheit und Trennung von Deutschland. In: Gustav von Struve (Hrsg.), Actenstücke der Mannheimer Censur und Polizei. Zweite Rekursschrift an das Publikum. Mannheim 1846, S. 36–52.
— Ueber die Geschichte der neuesten Zeit, vom Wiener Congresse bis auf unsere Tage. Mit Rücksicht auf die neuesten, insbesondere deutschen Bearbeitungen derselben. Erster Artikel. In: Allgemeine Zeitschrift für Geschichte 5 (1846), S. 297–317.
— Ueber die öffentliche Meinung in Deutschland von den Freiheitskriegen bis zu den Karlsbader Beschlüssen. Erste Abtheilung: Die Jahre 1813, 1814, 1815. In: Friedrich von Raumer (Hrsg.), Historisches Taschenbuch. N. F. Bd. 7. Leipzig 1846, S. 599–700.

— Ueber die öffentliche Meinung in Deutschland von den Freiheitskriegen bis zu den Karlsbader Beschlüssen. Zweite Abtheilung: Die Jahre 1815 bis 1819. In: FRIEDRICH VON RAUMER (Hrsg.), Historisches Taschenbuch. N. F. Bd. 8. Leipzig 1847, S. 493–666.
— Entwurf zu einem Deutschen Nationalparlament. Heidelberg 1848.
— Ueber die Geschichte der neuesten Zeit, vom Wiener Congresse bis auf unsere Tage. Zweiter Artikel. In: Allgemeine Zeitschrift für Geschichte 9 (1848), S. 71–81.
— Politischer Katechismus für das freie deutsche Volk. Erstes Heft, Das deutsche Parlament. – Monarchie und Republik. Braunschweig 1848.
— Politischer Katechismus für das freie deutsche Volk. Zweites Heft, Preßfreiheit. Religionsfreiheit. Vereinigungsrecht. Volksbewaffnung. Gleichheit vor dem Gesetz. Gerichtsverfahren. Volksthümliche Verwaltung. Unterrichtswesen. Braunschweig 1848.
— Politischer Katechismus für das freie deutsche Volk. Drittes Heft, Die Pflichten des deutschen Bürgers: Achtung vor dem Gesetze. Gemeinsinn. Gewissenhaftigkeit bei den Wahlen. Politische Bildung. Noch etwas über die Republik. Braunschweig 1848.
— Rezension zu ›KARL JÜRGENS, Zur Geschichte des deutschen Verfassungswerkes 1848–49. Erste Abtheilung, Vom Frühjahr bis Dezember 1848. Braunschweig 1850‹. In: Deutsche Monatsschrift für Politik, Wissenschaft, Kunst und Leben 1/6 (1850), S. 403–428.

HEGEL, GEORG WILHELM FRIEDRICH, Grundlinien der Philosophie des Rechts oder Naturrecht und Staatswissenschaft im Grundrisse [1821]. Herausgegeben von KLAUS GROTSCH / ELISABETH WEISSER-LOHMANN (= Georg Wilhelm Friedrich Hegel, Gesammelte Werke,14,1). Hamburg 2009.
— Encyclopädie der philosophischen Wissenschaften im Grundrisse [1830]. Herausgegeben von WOLFGANG BONSIEPEN / HANS-CHRISTIAN LUCAS (= Georg Wilhelm Friedrich Hegel, Gesammelte Werke, 20). Hamburg 1992.
— Vorlesungen über die Philosophie der Geschichte (= Georg Wilhelm Friedrich Hegel, Werke, 12). Frankfurt am Main 1970.

HUMBOLDT, WILHELM VON, Ueber die innere und äußere Organisation der höheren wissenschaftlichen Anstalten in Berlin [1809/10]. In: WILHELM VON HUMBOLDT, Werke in fünf Bänden. Herausgegeben von ANDREAS FLITNER / KLAUS GIEL. Bd. 4, Schriften zur Politik und zum Bildungswesen. Darmstadt [5]1996, S. 255–266.

JAHN, FRIEDRICH LUDWIG, Deutsches Volksthum. Lübeck 1810.

LORNSEN, UWE JENS, Ueber das Verfassungswerk in Schleswigholstein. Kiel 1830.

MARQUARD, FERDINAND, Zur Tagesliteratur. In: Blätter für literarische Unterhaltung, Nr. 6 (1847), S. 23f.

MARX, KARL, Die Frankfurter Versammlung. In: Neue Rheinische Zeitung 150 (23. November 1848). Abgedruckt in: Marx-Engels-Werke, Bd. 6. Berlin 1961, S. 43f.

MORACZEWSKI, ANDREAS, Sendschreiben an Herrn Wuttke die polnische Frage betreffend. Leipzig [2]1846.

NIEBUHR, BARTHOLD GEORG, Römische Geschichte. 2 Bde. Berlin 1811/12.

RUGE, ARNOLD, Sämmtliche Werke. Bd. 9, Polemische Briefe. Mannheim [2]1848.

SCHEIDLER, KARL HERMANN, Art. »Universitäten«, In: CARL VON ROTTECK / CARL WELCKER (Hrsg.), Staats-Lexikon oder Encyklopädie der Staatswissenschaften in Verbindung mit vielen der angesehensten Publicisten Deutschlands. Bd. 15. Altona 1847, S. 499–540.

STROMEYER, GEORG FRIEDRICH LOUIS, Erinnerungen eines deutschen Arztes. Bd. 2, Leben und Lehren. Hannover 1875.

SYBEL, HEINRICH VON, Entstehung des deutschen Königthums. Frankfurt am Main 1844.

Trampczynski, [unbekannt] von / Emil Janecki / Florenty von Lisiecki, Beiträge zur factischen Widerlegung der mit H. W. bezeichneten Flugschrift »über die neueste polnische Insurrection im Großherzogthum Posen«. Berlin 1848.
Vogt, Carl, Der achtzehnte September in Frankfurt. Im Auftrage der Clubbs der Linken vom Deutschen Hofe und vom Donnersberge, geschildert. Frankfurt am Main 1848.
Waitz, Georg, Commentationis de chronici Uspergensis prima parte, eius auctore, fontibus et apud posteros auctoritate specimen. Berlin 1836.
— Jahrbücher des Deutschen Reichs unter der Herrschaft König Heinrichs I. (= Jahrbücher des Deutschen Reichs unter dem Sächsischen Hause, 1). Berlin 1837.
— Ueber unser historisches Recht. In: Neue Kieler Blätter, Nr. 4 (1843), S. 107–116.
— Ueber die Gründung des deutschen Reichs durch den Vertrag zu Verdun. Kiel 1843.
— Sendschreiben des Herrn Professor Waitz an die Redaction. In: Neue Kieler Blätter, Nr. 2 (1844), S. 56–58.
— Ueber die Entwicklung der deutschen Historiographie im Mittelalter. In: Zeitschrift für Geschichtswissenschaft 2 (1844), S. 97–114.
— Deutsche Verfassungsgeschichte. Bd. 1. Kiel 1844.
— Zur deutschen Verfassungsgeschichte. In: Zeitschrift für Geschichtswissenschaft 3 (1845), S. 6–50.
— Deutsche Historiker der Gegenwart I. In: Allgemeine Zeitschrift für Geschichte 5 (1846), S. 520–535.
— Deutsche Historiker der Gegenwart II. In: Allgemeine Zeitschrift für Geschichte 6 (1846), S. 14–26.
— Deutsche Verfassungsgeschichte. Bd. 2. Kiel 1847.
— Ueber das germanische Element in der Geschichte des neuern Europa. In: Allgemeine Zeitschrift für Geschichte 9 (1848), S. 59–71.
— Die Aufnahme Schleswigs in den deutschen Bund. In: Allgemeine Preußische Zeitung [Beilage] 115 (26. April 1848), S. 976f.
— Preußen und die erste polnische Theilung. In: Historische Zeitschrift 3 (1860), S. 1–15.
— Deutsche Kaiser von Karl dem Großen bis Maximilian. Berlin 1862.
— Grundzüge der Politik nebst einzelnen Ausführungen. Kiel 1862.
— Jahrbücher des Deutschen Reichs unter König Heinrich I. Leipzig [3]1885.
Wolff, Dr., Rezension zu ›Polen und Deutsche. Von Heinrich Wuttke. Zweite vermehrte Auflage. Leipzig, Brauns 1847.‹ In: Allgemeine Zeitschrift für Geschichte 9 (1848), S. 456f.
Wuttke, Heinrich, Ueber das Haus- und Tagebuch Valentin Gierth's und die Herzogin Dorothea Sibylla von Liegnitz und Brieg, geborne Markgräfin zu Brandenburg. Breslau 1838.
— De Thucydide scriptore belli Peloponnesiaci. 2 Bde. Bratislava 1839/41.
— Die Versuche der Gründung einer Universität in Schlesien. In: Schlesische Provinzial-Blätter 112 (1840), S. 412–424, 501–514.
— Schlesien nach der Mühlberger Schlacht. In: Schlesische Provinzial-Blätter (1840), S. 535–546.
— (Hrsg.), Christian Wolffs eigene Lebensbeschreibung. Mit einer Abhandlung über Wolff. Leipzig 1841.
— Persönliche Gefahren Friedrichs des Großen im ersten schlesischen Kriege. Leipzig 1841.
— Jahrbuch der deutschen Universitäten. Bd. 1. Leipzig 1842.
— König Friedrichs des Großen Besitzergreifung von Schlesien und die Entwicklung

der öffentlichen Verhältnisse in diesem Lande bis zum Jahre 1740. 2 Bde. Leipzig 1842/43.
— Aufschlüsse und Enthüllungen über den serbischen Verfassungskampf. Zur Beurtheilung der orientalischen Frage im Jahre 1843. In: Konstitutionelle Jahrbücher 1 (1844), S. 26–71.
— Der Untergang der schlesischen Verfassung. In: Schlesische Provinzial-Blätter 119 (1844), S. 541–560.
— Den Sprachenkampf in Schlesien betreffend. In: Schlesische Provinzial-Blätter 122 (1844), S. 82–85.
— Schillers Weltanschauung. In: Die Grenzboten. Eine deutsche Revue für Politik, Literatur und öffentliches Leben 3 (1844), S. 385–397.
— Schlosser, der Geschichtsschreiber. In: Die Grenzboten. Eine deutsche Revue für Politik, Literatur und öffentliches Leben 3 (1844), S. 193–210.
— Das deutsche Volkslied. In: FRIEDRICH GERSTÄCKER / GUSTAV KÜHNE / HEINRICH WUTTKE (Hrsg.), Album für's Erzgebirge. Von Mitgliedern des Schriftstellervereins. Leipzig 1847, S. 49–91.
— Die dänische Revolution und das Königsgesetz. In: Monatsblätter zur Ergänzung der Allgemeinen Zeitung, Februar u. März (1847), S. 51–61, 103–115.
— Die belgische Revolution im Jahr 1830. In: Monatsblätter zur Ergänzung der Allgemeinen Zeitung, September (1847), S. 432–442.
— Die schlesischen Stände, ihr Wesen, ihr Wirken und ihr Werth in alter und neuer Zeit. Leipzig 1847.
— Polen und Deutsche. Leipzig ²1847.
— Deutschlands Einheit, Reform und Reichstag. Leipzig 1848.
— Flugblatt »An unsere deutschen Brüder in Posen«. Leipzig 1848.
— Polen und Deutsche. Leipzig ³1848.
— Serbien und Ranke. In: Allgemeine Zeitschrift für Geschichte 9 (1848), S. 228–249.

## *8.2 Literaturverzeichnis*

[Anonymus], Hagen, Karl. In: Biographische Umrisse der Mitglieder der deutschen konstituirenden Nationalversammlung zu Frankfurt a. M. Nach authentischen Quellen. Drittes Heft. Frankfurt am Main 1849, S. 190f.

[Anonymus], Zum Gedenken an August Friedrich Gfrörer (1803–1861). Eine Ausstellung des Stadtarchivs Calw aus Anlaß des 175. Geburtstags von A. Fr. Gfrörer. 16. Juni–11. August 1978 im Calwer Rathaus. Calw 1978.

AICHELE, ALEXANDER, Einleitung. In: Fichte, Johann Gottlieb, Reden an die deutsche Nation [1807/08]. Mit einer Einleitung herausgegeben von Alexander Aichele. Hamburg 2008, S. VII–LXXXIX.

ALTER, PETER, Nationalismus. Frankfurt am Main 1985.

ANDERSON, BENEDICT, Die Erfindung der Nation. Zur Karriere eines folgenreichen Konzepts. Frankfurt am Main ²2005 (engl. Original: Imagined Communities. Reflections on the Origin and Spread of Nationalism. London 1983).

ANGELOW, JÜRGEN, Von Wien nach Königgrätz. Die Sicherheitspolitik des Deutschen Bundes im europäischen Gleichgewicht 1815–1866. München 1996.

ANTER, ANDREAS, Friedrich Christoph Dahlmanns Politikwissenschaft. In: THOMAS BEcker / Wilhelm Bleek / Tilman Mayer (Hrsg.), Friedrich Christoph Dahlmann – ein politischer Professor im 19. Jahrhundert. Göttingen 2012, S. 39–50.

Assmann, Aleida, Zum Problem der Identität aus kulturwissenschaftlicher Sicht. In: Rolf Lindner (Hrsg.), Die Wiederkehr des Regionalen. Über neue Formen kultureller Identität. Frankfurt am Main 1992, S. 13–35.

Assmann, Jan, Das kulturelle Gedächtnis. Schrift, Erinnerung und politische Identität in frühen Hochkulturen. München [6]2007.

Baader, Meike Sophia, »Alle wahren Demokraten tun es«. Die Fröbelschen Kindergärten und der Zusammenhang von Erziehung, Revolution und Religion. In: Christian Jansen / Thomas Mergel (Hrsg.), Die Revolutionen von 1848/49. Erfahrung – Verarbeitung – Deutung. Göttingen 1998, S. 206–224.

Baethgen, Friedrich, Die Jahrbücher der Deutschen Geschichte. In: Die Historische Kommission bei der Bayerischen Akademie der Wissenschaften 1858–1958. Göttingen 1958, S. 70–81.

Bauer, Christoph Johannes, »Das Geheimnis aller Bewegung ist ihr Zweck«. Geschichtsphilosophie bei Hegel und Droysen. Hamburg 2001.

Becker, Thomas / Wilhelm Bleek / Tilman Mayer (Hrsg.), Friedrich Christoph Dahlmann – ein politischer Professor im 19. Jahrhundert. Göttingen 2012.

Berding, Helmut, Leopold von Ranke. In: Hans-Ulrich Wehler (Hrsg.), Deutsche Historiker. Bd. 1. Göttingen 1971, S. 7–24.

— (Hrsg.), Mythos und Nation. Frankfurt am Main 1996.

Berger, Peter / Thomas Luckmann, Die gesellschaftliche Konstruktion der Wirklichkeit. Eine Theorie der Wissenssoziologie [1969]. Frankfurt am Main [24]2012.

Berger, Stefan, Geschichten von der Nation. Einige vergleichende Thesen zur deutschen, englischen, französischen und italienischen Nationalgeschichtsschreibung seit 1800. In: Christoph Conrad / Sebastian Conrad (Hrsg.), Die Nation schreiben. Geschichtswissenschaft im internationalen Vergleich. Göttingen 2002, S. 49–77.

— The Search for Normality. National Identity and Historical Consciousness in Germany since 1800. New York [2]2003.

— Narrating the Nation: Die Macht der Vergangenheit. In: Aus Politik und Zeitgeschichte 1-2 (2008), S. 7–13.

Berger, Stefan / Mark Donovan / Kevin Passmore (Hrsg.), Writing national histories. Western Europe since 1800. London 1999.

Best, Heinrich / Wilhelm Weege, Biographisches Handbuch der Abgeordneten der Frankfurter Nationalversammlung 1848/49. Düsseldorf 1996.

Birtsch, Günter, Die Nation als sittliche Idee. Der Nationalstaatsbegriff in Geschichtsschreibung und politischer Gedankenwelt Johann Gustav Droysens. Köln 1964.

Blanke, Horst Walter (Hrsg.), Johann Gustav Droysen. Historik. Supplement: Droysen-Bibliographie. Stuttgart 2008.

— (Hrsg.), Historie und Historik. 200 Jahre Johann Gustav Droysen. Festschrift für Jörn Rüsen zum 70. Geburtstag. Köln 2009.

Blecher, Jens / Mario Todte, Johann Karl Heinrich Wuttke (1818–1876). In: Reiner Gross / Gerald Wiemers (Hrsg.), Sächsische Lebensbilder. Bd. 6. Stuttgart 2009, S. 799–830.

Bleek, Wilhelm, Friedrich Christoph Dahlmann und die »gute« Verfassung. In: Politische Vierteljahresschrift 48 (2007), S. 28–43.

— Friedrich Christoph Dahlmann. Eine Biographie. München 2010.

— Dahlmann und der Beruf des Universitätslehrers. In: Thomas Becker / Wilhelm

Bleek / Tilman Mayer (Hrsg.), Friedrich Christoph Dahlmann – ein politischer Professor im 19. Jahrhundert. Göttingen 2012, S. 15–24.

— Dahlmann in der Karikatur. In: Thomas Becker / Wilhelm Bleek / Tilman Mayer (Hrsg.), Friedrich Christoph Dahlmann – ein politischer Professor im 19. Jahrhundert. Göttingen 2012, S. 135–152.

Böckenförde, Ernst-Wolfgang, Die deutsche verfassungsgeschichtliche Forschung im 19. Jahrhundert. Zeitgebundene Fragestellungen und Leitbilder. Berlin [2]1995.

Bosbach, Franz, Der französische Erbfeind. Zu einem deutschen Feindbild im Zeitalter Ludwigs XIV. In: Franz Bosbach (Hrsg.), Feindbilder. Die Darstellung des Gegners in der politischen Publizistik des Mittelalters und der Neuzeit. Köln 1992, S. 117–139.

Botzenhart, Manfred, Deutscher Parlamentarismus 1848–1850. Düsseldorf 1977.

— 1848/49. Europa im Umbruch. Paderborn 1998.

Brechenmacher, Thomas, Großdeutsche Geschichtsschreibung im neunzehnten Jahrhundert. Die erste Generation 1830–1848. Berlin 1996.

— Wieviel Gegenwart verträgt historisches Urteilen? Die Kontroverse zwischen Heinrich von Sybel und Julius Ficker über die Bewertung der Kaiserpolitik des Mittelalter (1859–1862). In: Ulrich Muhlack (Hrsg.), Historisierung und gesellschaftlicher Wandel in Deutschland im 19. Jahrhundert. Berlin 2003, S. 87–111.

Bregnsbo, Michael, Dänemark 1848: Systemwechsel, Bürgerkrieg und Konsensus-Tradition. In: Heiner Timmermann (Hrsg.), 1848 Revolution in Europa. Verlauf, politische Programme, Folgen und Wirkungen. Berlin 1999, S. 153–164.

Bresslau, Harry, Geschichte der Monumenta Germaniae Historica im Auftrage ihre Zentraldirektion. Hannover 1921.

Breuilly, John, Nationalbewegung und Revolution. In: Christof Dipper / Ulrich Speck (Hrsg.), 1848. Revolution in Deutschland. Frankfurt am Main 1998, S. 314–337.

Brocke, Bernhard von, Professoren als Parlamentarier. In: Klaus Schwabe (Hrsg.), Deutsche Hochschullehrer als Elite 1815–1945. Boppard am Rhein 1988, S. 55–92.

Busch, Eckart, Die deutsche Marine und ihre Flotte 1848 im Spannungsfeld der deutschen Nationalversammlung und der schleswig-holsteinischen Erhebung. In: Historische Mitteilungen 17 (2004), S. 74–113.

Buszko, Józef, Ein wenig bekannter polnischer Aufstand – der Krakauer Aufstand des Jahres 1846. In: Hartmut Kircher / Maria Klanska (Hrsg.), Literatur und Politik in der Heine-Zeit. Die 48er Revolution in Texten zwischen Vormärz und Nachmärz. Köln 1998, S. 137–147.

Cardini, Franco, Art. »Ghibellinen«. In: Lexikon des Mittelalters. Bd. 4. München 2003, Sp. 1436–1438.

— Art. »Guelfen«. In: Lexikon des Mittelalters. Bd. 4. München 2003, Sp. 1763–1765.

Carr, William, Schleswig-Holstein 1815–1848. A study in national conflict. Manchester 1963.

Clemens, Gabriele, Vornationale Deutungsmuster. Universal-, Reichs- und Ländergeschichte und ihr Niedergang in Deutschland? In: Hans Peter Hye / Brigitte Mazohl / Jan Paul Niederkorn (Hrsg.), Nationalgeschichte als Artefakt. Zum Paradigma »Nationalstaat« in den Historiographien Deutschlands, Italiens und Österreichs. Wien 2009, S. 73–95.

Conrad, Christoph / Sebastian Conrad (Hrsg.), Die Nation schreiben. Geschichtswissenschaft im internationalen Vergleich. Göttingen 2002.

Dankworth, Herbert, Das alte Großdeutschtum. Versuch einer Bestimmung seiner kulturellen Grundlagen. Frankfurt am Main 1925.

DANN, OTTO, Nation und Nationalismus in Deutschland 1770–1990. München 1993.
— 1848 – ein Epochenjahr in der Entwicklung des deutschen Nationalismus? In: BERND RILL (Hrsg.), 1848 – Epochenjahr für Demokratie und Rechtsstaat in Deutschland. München 1998, S. 143–154.
DEUTSCH, KARL WOLFGANG, Nationalism und Social Communication. An Inquiry into the Foundations of Nationality. New York 1953.
DIERSE, ULRICH / HELMUT RATH, Art. »Nation, Nationalismus, Nationalität.« In: Historisches Wörterbuch der Philosophie. Bd. 6. Basel 1984, Sp. 406–414.
DOTTERWEICH, VOLKER, Heinrich von Sybel. Geschichtswissenschaft in politischer Absicht 1817–1861. Göttingen 1978.
DOWE, DIETER / HEINZ-GERHARD HAUPT / DIETER LANGEWIESCHE (Hrsg.), Europa 1848. Revolution und Reform. Bonn 1998.
DÜCKER, BURCKHARD, ›Polenbegeisterung‹ nach dem Novemberaufstand 1830. In: ACHIM AURNHAMMER / WILHELM KÜHLMANN / HANSGEORG SCHMIDT-BERGMANN (Hrsg.), Von der Spätaufklärung zur Badischen Revolution. Literarisches Leben in Baden zwischen 1800 und 1850. Freiburg 2010, S. 705–733.
DÜDING, DIETER, Organisierter gesellschaftlicher Nationalismus in Deutschland 1808–1847. Bedeutung und Funktion der Turner- und Sängervereine für die deutsche Nationalbewegung. München 1984.
DÜMMLER, ERNST, Waitz und Pertz. In: Neues Archiv der Gesellschaft für Ältere Deutsche Geschichtskunde 19/2 (1894), S. 269–282.
DVORAK, HELGE, Karl Heinrich Wilhelm. In: CHRISTIAN HÜNEMÖRDER (Hrsg.), Biographisches Lexikon der Deutschen Burschenschaft. Bd. 1, Politiker, Teilbd. 2. Heidelberg 1999, S. 222f.
— Wuttke, Johann Carl Heinrich. In: CHRISTIAN HÜNEMÖRDER (Hrsg.), Biographisches Lexikon der Deutschen Burschenschaft. Bd. 1, Politiker, Teilbd. 6. Heidelberg 2005, S. 393–396.
ECHTERNKAMP, JÖRG, Der Aufstieg des deutschen Nationalismus (1770–1840). Frankfurt am Main 1998.
ECHTERNKAMP, JÖRG / SVEN OLIVER MÜLLER (Hrsg.), Perspektiven einer politik- und kulturgeschichtlichen Nationalismusforschung. Einleitung. In: JÖRG ECHTERNKAMP / SVEN OLIVER MÜLLER (Hrsg.), Die Politik der Nation. Deutscher Nationalismus in Krieg und Krisen 1760–1960. München 2002, S. 1–24.
EHLERS, JOACHIM, Die Entstehung des deutschen Reiches. München 1994.
EHMER, HERMANN, Die evangelischen Klosterschulen und Seminare in Württemberg 1556–1928. In: HERMANN EHMER / MARTIN KLUMPP / ULRICH OTT (Hrsg.), Evangelische Klosterschulen und Seminare in Württemberg, 1556–2006. Lernen, Wachsen, Leben. Stuttgart 2006, S. 11–34.
EISENSTADT, SHMUEL NOAH, Die Konstruktion nationaler Identitäten in vergleichender Perspektive. In: BERNHARD GIESEN (Hrsg.), Nationale und kulturelle Identität. Frankfurt am Main 1991, S. 21–38.
ENGEHAUSEN, FRANK, Die Heidelberger Versammlung und der Beginn der deutschen Revolution. In: FRANK ENGEHAUSEN / FRIEDER HEPP (Hrsg.), Auf dem Weg zur Paulskirche. Die Heidelberger Versammlung vom 5. März 1848. Ubstadt-Weiher 1998, S. 11–30.
— Die Revolution von 1848/49. Paderborn 2007.
ENGEHAUSEN, FRANK / FRIEDER HEPP (Hrsg.), Auf dem Weg zur Paulskirche. Die Heidelberger Versammlung vom 5. März 1848. Ubstadt-Weiher 1998.
ENGELMANN, GERHARD, Die Geographie an der Universität Leipzig im 19. Jahrhundert. In: Petermanns Geographische Mitteilungen 109 (1965), S. 32–41.

Ermisch, Hubert, Zur Erinnerung an Georg Waitz. Dresden 1913.

Ewald, Guido, Georg Waitz. Das persönliche Umfeld eines bedeutenden Göttinger Gelehrten (= Hausarbeit im Rahmen der Ersten Staatsprüfung für das Lehramt an Gymnasien). Göttingen 2000.

Eyck, Frank, Deutschlands große Hoffnung. Die Frankfurter Nationalversammlung 1848/49. Leipzig 1973.

Faulenbach, Bernd, Ideologie des deutschen Weges. Die deutsche Geschichte in der Historiographie zwischen Kaiserreich und Nationalsozialismus. München 1980.

Fenske, Hans, Gelehrtenpolitik im liberalen Südwesten. 1830–1880. In: Gustav Schmidt / Jörn Rüsen (Hrsg.), Gelehrtenpolitik und politische Kultur in Deutschland 1830–1930. Referate und Diskussionsbeiträge. Bochum 1986, S. 39–58.

Fink, Gonthier-Louis, Das Bild des Nachbarvolkes im Spiegel der deutschen und der französischen Hochaufklärung (1750–1789). In: Bernhard Giesen (Hrsg.), Nationale und kulturelle Identität. Frankfurt am Main 1991, S. 453–492.

Finke, Heinrich, Die Geschichtswissenschaft an der Universität Freiburg und die Berufung Gfrörers. In: Historisches Jahrbuch 50 (1930), S. 70–96.

Fleischer, Dirk, Geschichtserkenntnis als Gotteserkenntnis. Das theologische Fundament der Geschichtstheorie Johann Gustav Droysens. In: Horst Walter Blanke (Hrsg.), Historie und Historik. 200 Jahre Johann Gustav Droysen. Festschrift für Jörn Rüsen zum 70. Geburtstag. Köln 2009, S. 73–89.

Fraenkel, Ernst, Georg Waitz im Frankfurter Parlament. Diss. masch. Breslau 1923.

Frandsen, Steen Bo, 1848 in Dänemark. Die Durchsetzung der Demokratie und das Zerbrechen des Gesamtstaates. In: Dieter Dowe / Heinz-Gerhard Haupt / Dieter Langewiesche (Hrsg.), Europa 1848. Revolution und Reform. Bonn 1998, S. 389–420.

Frensdorff, Ferdinand, Zur Erinnerung an Georg Waitz. Vortrag auf der Versammlung des Hansischen Geschichtsvereins zu Quedlinburg am 15. Juni 1886 gehalten. In: Hansische Geschichtsblätter 14 (1886), S. 3–10.

— Waitz, Georg. In: Allgemeine Deutsche Biographie. Bd. 40. Leipzig 1896, S. 602–629.

Fueter, Eduard, Geschichte der neueren Historiographie. München 1911.

Fulda, Daniel, Wissenschaft aus Kunst. Die Entstehung der modernen deutschen Geschichtsschreibung 1760–1860. Berlin 1996.

Funke, Peter, Das antike Griechenland: Eine gescheiterte Nation? Zur Rezeption und Deutung der antiken griechischen Geschichte in der deutschen Historiographie des 19. Jahrhunderts. In: Storia della Storiografia 33 (1998), S. 17–32.

Geisthövel, Alexa, Eigentümlichkeit und Macht. Deutscher Nationalismus 1830–1851. Der Fall Schleswig-Holstein. Stuttgart 2003.

Gellner, Ernest, Nationalismus und Moderne. Hamburg 1995 (engl. Original: Nations and Nationalism. Oxford 1983).

Gestrich, Andreas, Die Klosterschulen und ihr Anteil an der Bildungsgeschichte des Landes. Pädagogische, soziale und kulturelle Wirkungen. In: Hermann Ehmer / Martin Klumpp / Ulrich Ott (Hrsg.), Evangelische Klosterschulen und Seminare in Württemberg, 1556–2006. Lernen, Wachsen, Leben. Stuttgart 2006, S. 35–51.

Giesen, Bernhard, Die Intellektuellen und die Nation. Eine deutsche Achsenzeit. Frankfurt am Main 1993.

Giesen, Bernhard / Kay Junge, Vom Patriotismus zum Nationalismus. Zur Evolution der »Deutschen Kulturnation«. In: Bernhard Giesen (Hrsg.), Nationale und kulturelle Identität. Frankfurt am Main 1991, S. 255–303.

Gmelin, Moriz, August Friedrich Gfrörer. In: Friedrich von Weech (Hrsg.), Badische Biographien. Bd. 1. Heidelberg 1875, S. 300–304.
— Gfrörer, August Friedrich. In: Allgemeine Deutsche Biographie. Bd. 9. Leipzig 1879, S. 139–141.
Gooch, George Peabody, Geschichte und Geschichtsschreiber im 19. Jahrhundert [1913]. Vom Verfasser neubearbeitete deutsche Ausgabe mit einem Ergänzungskapitel. Frankfurt am Main 1964.
Götz v. Olenhusen, Irmtraud (Hrsg.), 1848/49 und der Mythos der Französischen Revolution. Göttingen 1998.
Graf, Friedrich Wilhelm, Die Nation – von Gott »erfunden«? Kritische Randnotizen zum Theologiebedarf der historischen Nationalismusforschung. In: Gerd Krumeich / Hartmut Lehmann (Hrsg.), »Gott mit uns«. Nation, Religion und Gewalt im 19. und 20. Jahrhundert. Göttingen 2000, S. 285–317.
Gräf, Holger Th., Reich, Nation und Kirche in der groß- und kleindeutschen Historiographie. In: Historisches Jahrbuch 116 (1996), S. 367–394.
Gramley, Hedda, Propheten des deutschen Nationalismus. Theologen, Historiker und Nationalökonomen 1848–1880. Frankfurt am Main 2001.
— Christliches Vaterland, einiges Volk. Zum Protestantismus und Nationalismus von Theologen und Historikern 1848 bis 1880. In: Jörg Echternkamp / Sven Oliver Müller (Hrsg.), Die Politik der Nation. Deutscher Nationalismus in Krieg und Krisen 1760–1960. München 2002, S. 81–105.
Grauert, Hermann, Georg Waitz. In: Historisches Jahrbuch 8 (1887), S. 48–100.
Grundmann, Herbert, Gedenken an Georg Waitz (1813–1886). In: Forschungen und Fortschritte 37 (1963), S. 314–317.
— Monumenta Germaniae Historica 1819–1969. München 1969.
Hachtmann, Rüdiger, Berlin 1848. Eine Politik- und Gesellschaftsgeschichte der Revolution. Bonn 1997.
— 150 Jahre Revolution von 1848. Festschriften und Forschungserträge. Erster Teil. In: Archiv für Sozialgeschichte 39 (1999), S. 447–493.
— Epochenschwelle zur Moderne. Einführung in die Revolution von 1848/49. Tübingen 2002.
Hagemann, Karen, Aus Liebe zum Vaterland. Liebe und Hass im frühen deutschen Nationalismus: Franzosenhass. In: Birgit Aschmann (Hrsg.), Gefühl und Kalkül. Der Einfluss von Emotionen auf die Politik des 19. und 20. Jahrhunderts. Stuttgart 2005, S. 101–123.
Hagen, August, August Friedrich Gfrörer. 1803–1861. In: August Hagen, Gestalten aus dem schwäbischen Katholizismus. Bd. 3. Stuttgart 1954, S. 7–43.
Hagen, Hermann, Vorwort. In: Karl Hagen, Deutschlands literarische und religiöse Verhältnisse im Reformationszeitalter. $^{2}$1868, nicht paginiert.
Hagenah, Hermann, Georg Waitz als Politiker. In: Jahrbuch 1930. Veröffentlichungen der Schleswig-Holsteinischen Universitätsgesellschaft 31 (1931), S. 134–217.
Hahn, Eva / Hans Henning Hahn, Nationale Stereotypen. Plädoyer für eine historische Stereotypenforschung. In: Hans Henning Hahn (Hrsg.), Stereotyp. Identität und Geschichte. Die Funktion von Stereotypen in gesellschaftlichen Diskursen. Frankfurt am Main 2002, S. 17–56.
Hahn, Hans-Henning, Die polnische Nation in den Revolutionen von 1846–49. In: Dieter Dowe / Heinz-Gerhard Haupt / Dieter Langewiesche (Hrsg.), Europa 1848. Revolution und Reform. Bonn 1998, S. 231–252.
Hahn, Joachim / Hans Mayer, Das Evangelische Stift in Tübingen. Geschichte und Gegenwart zwischen Weltgeist und Frömmigkeit. Stuttgart 1985.

Hansen, Johann Jakob, August Friedrich Gfrörer. In: Johann Jakob Hansen, Lebensbilder hervorragender Katholiken des neunzehnten Jahrhunderts. Bd. 4. Paderborn 1906, S. 206–217.

Hansen, Reimer, Friedrich Christoph Dahlmann. In: Hans-Ulrich Wehler (Hrsg.), Deutsche Historiker. Bd. 5. Göttingen 1972, S. 27–53.

— Das Privileg von 1460 im deutsch-dänischen Nationalkonflikt des 19. Jahrhunderts. In: Johannes Burkhardt (Hrsg.), Krieg und Frieden in der historischen Gedächtniskultur. Studien zur friedenspolitischen Bedeutung historischer Argumente und Jubiläen von der Antike bis in die Gegenwart. München 2000, S. 71–89.

— Dahlmann als Historiker. Die Geschichte als Lehrerin der »guten Politik«. In: Wilhelm Knelangen / Utz Schliesky, Friedrich Christoph Dahlmann 1785–1860. Husum 2012, S. 9–33.

— Dahlmann und der Beruf des Historikers. In: Thomas Becker / Wilhelm Bleek / Tilman Mayer (Hrsg.), Friedrich Christoph Dahlmann – ein politischer Professor im 19. Jahrhundert. Göttingen 2012, S. 25–37.

Hardtwig, Wolfgang, Strukturmerkmale und Entwicklungstendenzen des Vereinswesens in Deutschland 1789–1848. In: Otto Dann (Hrsg.), Vereinswesen und bürgerliche Gesellschaft in Deutschland. München 1984, S. 11–50.

— Protestformen und Organisationsstrukturen der deutschen Burschenschaft 1815–1833. In: Helmut Reinalter (Hrsg.) Demokratische und soziale Protestbewegungen in Mitteleuropa 1815–1848/49. Frankfurt am Main 1986, S. 37–76.

— Geschichtskultur und Wissenschaft. München 1990.

— Geschichtsstudium, Geschichtswissenschaft und Geschichtstheorie in Deutschland von der Aufklärung bis zur Gegenwart. In: Wolfgang Hardtwig, Geschichtskultur und Wissenschaft. München 1990, S. 13–57.

— Von Preußens Aufgabe in Deutschland zu Deutschlands Aufgabe in der Welt. Liberalismus und borussianisches Geschichtsbild zwischen Revolution und Imperialismus. In: Wolfgang Hardtwig, Geschichtskultur und Wissenschaft. München 1990, S. 133–146.

— Einleitung. In: Wolfgang Hardtwig, Nationalismus und Bürgerkultur in Deutschland 1500–1914. Ausgewählte Aufsätze. Göttingen 1994, S. 7–13.

— Vom Elitenbewußtsein zur Massenbewegung [1992]. Frühformen des Nationalismus in Deutschland 1500–1800. In: Wolfgang Hardtwig, Nationalismus und Bürgerkultur in Deutschland 1500–1914. Ausgewählte Aufsätze. Göttingen 1994, S. 34–54.

— Die Geschichtserfahrung der Moderne und die Ästhetisierung der Darstellung: Leopold von Ranke. In: Wolfgang Hardtwig, Hochkultur des bürgerlichen Zeitalters. Göttingen 2005, S. 35–50.

Häusler, Wolfgang, Von der Massenarmut zur Arbeiterbewegung. Demokratie und soziale Frage in der Wiener Revolution von 1848. Wien 1979.

Heikaus, Ralf, Die ersten Monate der provisorischen Zentralgewalt für Deutschland (Juli bis Dezember 1848). Grundlagen der Entstehung – Aufbau und Politik des Reichsministeriums. Frankfurt am Main 1997.

Heimpel, Hermann, Friedrich Christoph Dahlmann und die moderne Geschichtswissenschaft. In: Jahrbuch 1957 der Max-Planck-Gesellschaft zur Förderung der Wissenschaften (1958), S. 60–92.

Hein, Dieter, Die Revolution von 1848/49. München [4]2007.

Hintze, Otto, Droysen, Johann Gustav. In: Allgemeine Deutsche Biographie. Bd. 48. Leipzig 1904, S. 82–114.

Hippel, Wolfgang von, Revolution im deutschen Südwesten. Das Großherzogtum Baden 1848/49. Stuttgart 1998.
Hirschi, Caspar, Art. »Nationalgeschichte«. In: Enzyklopädie der Neuzeit. Bd. 8. Stuttgart 2008, Sp. 1084–1087.
Hobsbawm, Eric, Introduction. Inventing Traditions In: Eric Hobsbawm / Terence Ranger (Hrsg.), The Invention of Tradition. Cambridge [11]2003, S. 1–14.
— Nationen und Nationalismus. Mythos und Realität seit 1780. Mit einem aktuellen Vorwort des Autors und einem Nachwort von Dieter Langewiesche. Frankfurt am Main [3]2005.
Hoffmann, Erich, Das Kieler Volksfest vom 18. 8. 1843 und Johann Gustav Droysens Verdun-Rede. In: Silke Göttsch u.a. (Hrsg.), Volkskundliche Streifzüge. Festschrift für Kai Detlev Sievers zum 60. Geburtstag. Kiel 1994, S. 69–101.
Höpel, Thomas (Hrsg.), Deutschlandbilder - Frankreichbilder 1700–1850. Rezeption und Abgrenzung zweier Kulturen. Leipzig 2001.
Horn, Christoph, Dahlmann und der politische Aristotelismus. In: Thomas Becker / Wilhelm Bleek / Tilman Mayer (Hrsg.), Friedrich Christoph Dahlmann - ein politischer Professor im 19. Jahrhundert. Göttingen 2012, S. 51–60.
Howald, Stefan, Aufbruch nach Europa. Karl Viktor von Bonstetten 1745–1832. Leben und Werk. Basel 1997.
Hroch, Miroslav, Die Vorkämpfer der nationalen Bewegung bei den kleinen Völkern Europas. Eine vergleichende Analyse zur gesellschaftlichen Schichtung patriotischer Gruppen. Prag 1968.
— Das Europa der Nationen. Die moderne Nationsbildung im europäischen Vergleich. Göttingen 2005.
Huber, Ernst Rudolf, Friedrich Christoph Dahlmann und die deutsche Verfassungsbewegung. Hamburg 1937.
— Deutsche Verfassungsgeschichte seit 1789. Bd. 1, Reform und Restauration 1789 bis 1830. Stuttgart [2]1975. Bd. 2, Der Kampf um Einheit und Freiheit 1830 bis 1850. Stuttgart [3]1988.
Hübinger, Gangolf, Georg Gottfried Gervinus. Historisches Urteil und politische Kritik. Göttingen 1984.
Hübner, Dietmar, Die Geschichtsphilosophie des deutschen Idealismus. Kant - Fichte - Schelling - Hegel. Stuttgart 2011.
Hübner, Rudolf, Der Verfassungsentwurf der siebzehn Vertrauensmänner. Ein Beitrag zur Vorgeschichte des Frankfurter Verfassungswerkes. In: Festschrift für Eduard Rosenthal zum siebzigsten Geburtstag. Herausgegeben von der Juristischen Fakultät der Universität Jena. Jena 1923, S. 109–168.
Huttner, Markus, Disziplinentwicklung und Professorenberufung. Das Fach Geschichte an der Universität Leipzig im 19. Jahrhundert. In: Neues Archiv für sächsische Geschichte 71 (2001), S. 171–238.
— Historische Gesellschaften und die Entstehung historischer Seminare - zu den Anfängen institutionalisierter Geschichtsstudien an den deutschen Universitäten des 19. Jahrhunderts. In: Matthias Middell u.a. (Hrsg.), Historische Institute im internationalen Vergleich. Leipzig 2001, S. 39–83.
Hye, Hans Peter / Brigitte Mazohl / Jan Paul Niederkorn (Hrsg.), Nationalgeschichte als Artefakt. Zum Paradigma »Nationalstaat« in den Historiographien Deutschlands, Italiens und Österreichs. Wien 2009.
Iggers, Georg G., Geschichtswissenschaft im 20. Jahrhundert. Ein kritischer Überblick im internationalen Zusammenhang. Göttingen 2007.

Jaeger, Friedrich / Jörn Rüsen, Geschichte des Historismus. Eine Einführung. München 1992.

Jahnke, Carsten, »dat se bliven ewich tosamende ungedelt«. Neue Überlegungen zu einem alten Schlagwort. In: Zeitschrift der Gesellschaft für Schleswig-Holsteinische Geschichte 128 (2003), S. 45–59.

Jansen, Christian, Professoren und Politik. Politisches Denken und Handeln der Heidelberger Hochschullehrer 1914–1935. Göttingen 1992.

— Einheit, Macht und Freiheit. Die Paulskirchenlinke und die deutsche Politik in der nachrevolutionären Epoche 1849–1867. Düsseldorf 2000.

— The Formation of German Nationalism. 1740–1850. In: Helmut Walser Smith (Hrsg.), The Oxford Handbook of Modern German History. Oxford 2011, S. 234–259.

— Rezension zu ›Wilhelm Bleek, Friedrich Christoph Dahlmann. Eine Biographie. München 2010‹. In: sehepunkte 11 (2011), Nr. 9.
*URL: http://www.sehepunkte.de/2011/09/18500.html (27.6.2013)*

Jansen, Christian / Henning Borggräfe, Nation – Nationalität – Nationalismus. Frankfurt am Main 2007.

Jaworski, Rudolf, Völkerfrühling 1848. In: Dieter Langewiesche (Hrsg.), Demokratiebewegung und Revolution 1847 bis 1849. Internationale Aspekte und europäische Verbindungen. Karlsruhe 1998, S. 36–51.

Jeismann, Michael, Das Vaterland der Feinde. Studien zum nationalen Feindbegriff und Selbstverständnis in Deutschland und Frankreich 1792–1918. Stuttgart 1992.

— »Feind« und »Vaterland« in der frühen deutschen Nationalbewegung 1806–1815. In: Ulrich Herrmann (Hrsg.), Volk – Nation – Vaterland. Hamburg 1996, S. 279–290.

Jordan, Karl, Georg Waitz als Professor in Kiel. In: Peter Classen / Peter Scheibert (Hrsg.), Festschrift für Percy Ernst Schramm zu seinem siebzigsten Geburtstag von Schülern und Freunden zugeeignet. Bd. 2. Wiesbaden 1964, S. 90–104.

Jordan, Stefan, Geschichtstheorie in der ersten Hälfte des 19. Jahrhunderts. Die Schwellenzeit zwischen Pragmatismus und Klassischem Historismus. Frankfurt am Main 2000.

— Theorien und Methoden der Geschichtswissenschaft. Paderborn 2009.

Kim, Phil-Young, Ein deutsches Reich auf katholischem Fundament. Einstellungen zur deutschen Nation in der strengkirchlichen katholischen Presse 1848–1850. Frankfurt am Main 2010.

Kittel, Manfred, Deutsches Nationalbewußtsein und deutsch-französischer Erbfeindmythos. In: Friedhelm Brusniak / Dietmar Klenke (Hrsg.), »Heil deutschem Wort und Sang!« Nationalidentität und Gesangskultur in der deutschen Geschichte. Augsburg 1995, S. 47–70.

Kleinknecht, Thomas, Mittelalterauffassung in Forschung und politischer Kontroverse. Zu den Beiträgen von James Bryce und Georg Waitz. In: Heinz Dollinger / Horst Gründer / Alwin Hanschmidt (Hrsg.), Weltpolitik, Europagedanke, Regionalismus. Festschrift für Heinz Gollwitzer zum 65. Geburtstag am 30. Januar 1982. Münster 1982, S. 269–286.

Klötzer, Wolfgang, Heinrich Freiherr von Gagern. Präsident der Frankfurter Nationalversammlung. In: Sabine Freitag (Hrsg.), Die Achtundvierziger. Lebensbilder aus der deutschen Revolution 1848/49. München 1998, S. 126–133.

Kluckhohn, August, Zur Erinnerung an Georg Waitz. Hamburg 1887.

Klüpfel, Karl August, Hagen, Karl. In: Allgemeine Deutsche Biographie. Bd. 10. Leipzig 1879, S. 341–343.

Knelangen, Wilhelm / Utz Schliesky, Friedrich Christoph Dahlmann 1785–1860. Husum 2012.

Kolb, Eberhard, Polenbild und Polenfreundschaft der deutschen Frühliberalen. Zu Motivation und Funktion außenpolitischer Parteinahme im Vormärz. In: Saeculum 26 (1975), S. 111–127.

Koselleck, Reinhart u.a., Art. »Geschichte, Historie«. In: Geschichtliche Grundbegriffe. Bd. 3. Stuttgart 1975, S. 593–717.

— Historia Magistra Vitae. Über die Auflösung des Topos im Horizont neuzeitlich bewegter Geschichte. In: Reinhart Koselleck, Vergangene Zukunft. Zur Semantik geschichtlicher Zeiten. Frankfurt am Main 1989, S. 38–66.

— Zur historisch-politischen Semantik asymmetrischer Gegenbegriffe. In: Reinhart Koselleck, Vergangene Zukunft. Zur Semantik geschichtlicher Zeiten. Frankfurt am Main 1989, S. 211–259.

— u.a., Art. »Volk, Nation, Nationalismus, Masse«. In: Geschichtliche Grundbegriffe Bd. 7. Stuttgart 1992, S. 141–431.

Kraus, Hans-Christof, Die historische Entfaltung der Freiheit. Bemerkungen zu Droysens »Vorlesungen über die Freiheitskriege«. In: Klaus Ries (Hrsg.), Johann Gustav Droysen. Facetten eines Historikers. Stuttgart 2010, S. 79–97.

Kuhn, Thomas S., Die Struktur wissenschaftlicher Revolutionen. Frankfurt am Main [10]1989.

Kunz, Georg, Verortete Geschichte. Regionales Geschichtsbewusstsein in den deutschen Historischen Vereinen des 19. Jahrhunderts. Göttingen 2000.

Kunze, Rolf-Ulrich, Nation und Nationalismus. Darmstadt 2005.

Langer, Ulrich, Heinrich von Treitschke. Politische Biographie eines deutschen Nationalisten. Düsseldorf 1998.

Langewiesche, Dieter, Die deutsche Revolution von 1848/49 und die vorrevolutionäre Gesellschaft. Forschungsstand und Forschungsperspektiven. In: Archiv für Sozialgeschichte 21 (1981), S. 458–498.

— Nation, Nationalismus, Nationalstaat: Forschungsstand und Forschungsperspektiven. In: Neue Politische Literatur 40 (1995), S. 190–236.

— Revolution in Deutschland. Verfassungsstaat – Nationalstaat – Gesellschaftsreform. In: Dieter Dowe / Heinz-Gerhard Haupt / Dieter Langewiesche (Hrsg.), Europa 1848. Revolution und Reform. Bonn 1998, S. 167–196.

— Humanitäre Massenbewegung und politisches Bekenntnis. Polenbegeisterung in Südwestdeutschland 1830–1832. In: Dietrich Beyrau (Hrsg.), Blick zurück ohne Zorn. Polen und Deutsche in Geschichte und Gegenwart. Tübingen 1999, S. 11–37.

— Nation, Nationalismus, Nationalstaat in der europäischen Geschichte seit dem Mittelalter – Versuch einer Bilanz. In: Dieter Langewiesche, Nation, Nationalismus, Nationalstaat in Deutschland und Europa. München 2000, S. 14–34.

— Nationalismus im 19. und 20. Jahrhundert: zwischen Partizipation und Aggression. In: Dieter Langewiesche, Nation, Nationalismus und Nationalstaat in Deutschland und Europa. München 2000, S. 35–54.

— Föderativer Nationalismus als Erbe der deutschen Reichsnation. Über Föderalismus und Zentralismus in der deutschen Nationalgeschichte. In: Dieter Langewiesche, Nation, Nationalismus, Nationalstaat in Deutschland und Europa. München 2000, S. 55–79.

— Was heißt ›Erfindung der Nation?‹. Nationalgeschichte als Artefakt – oder Geschichtsdeutung als Machtkampf. In: Historische Zeitschrift 277 (2003), S. 593–617.

— Europa zwischen Restauration und Revolution 1815–1849. München [5]2007.

Leerssen, Joep, Nation, Volk und Vaterland zwischen Aufklärung und Romantik. In:

Alexander von Bormann (Hrsg.), Volk – Nation – Europa. Zur Romantisierung und Entromantisierung politischer Begriffe. Würzburg 1998, S. 171–178.

Lemberg, Eugen, Nationalismus. Bd. 1, Psychologie und Geschichte. Bd. 2, Soziologie und politische Pädagogik. Reinbek bei Hamburg 1964.

Leonhard, Jörn, Vergangenheit als Vorgeschichte des Nationalstaates? Zur retrospektiven und selektiven Teleologie der deutschen Nationalhistoriographie. In: Hye, Hans Peter / Brigitte Mazohl / Jan Paul Niederkorn (Hrsg.), Nationalgeschichte als Artefakt. Zum Paradigma »Nationalstaat« in den Historiographien Deutschlands, Italiens und Österreichs. Wien 2009, S. 179–200.

Lepsius, M. Rainer, Nation und Nationalismus in Deutschland. In: Heinrich A. Winkler (Hrsg.), Nationalismus in der Welt von heute. Göttingen 1982, S. 12–27.

Lill, Rudolf, Großdeutsch und Kleindeutsch im Spannungsfeld der Konfessionen. In: Anton Rauscher (Hrsg.), Probleme des Konfessionalismus in Deutschland seit 1800. Paderborn 1984, S. 29–47.

List, Günter, Historische Theorie und nationale Geschichte zwischen Frühliberalismus und Reichsgründung. In: Bernd Faulenbach (Hrsg.), Geschichtswissenschaft in Deutschland. Traditionelle Positionen und gegenwärtige Aufgaben. München 1974, S. 35–53.

Luhmann, Niklas, Inklusion und Exklusion. In: Helmut Berding (Hrsg.), Nationales Bewußtsein und kollektive Identität. Frankfurt am Main 1994, S. 15–45.

Lülfing, Daniela, Friedrich Christoph Dahlmann – sein Beitrag zur Entwicklung der bürgerlich-liberalen Ideologie im 19. Jahrhundert 1829–1860. Berlin 1985.

Lund, Allan A., Die Erfindung der Germanen. In: Der Altsprachliche Unterricht 38/2 (1995), S. 4–20.

Mährlein, Christoph, Volksgeist und Recht. Hegels Philosophie der Einheit und ihre Bedeutung in der Rechtswissenschaft. Würzburg 2000.

Makowski, Krzystof, Das Großherzogtum Posen im Revolutionsjahr 1848. In: Rudolf Jaworski / Robert Luft (Hrsg.), 1848/49. Revolutionen in Ostmitteleuropa. München 1996, S. 149–172.

McClelland, Charles, Die Deutschen Hochschullehrer als Elite 1815–1850. In: Klaus Schwabe (Hrsg.), Deutsche Hochschullehrer als Elite 1815–1945. Boppard am Rhein 1988, S. 27–53.

Meinecke, Friedrich, Johann Gustav Droysen, sein Briefwechsel und seine Geschichtsschreibung. In: Friedrich Meinecke, Zur Geschichte der Geschichtsschreibung. München 1968, S. 125–167.

Menze, Clemens, Die Bildungsreform Wilhelm von Humboldts. Hannover 1975.

Möller, Heidrun von, Großdeutsch und Kleindeutsch. Die Entstehung der Worte in den Jahren 1848–49. Berlin 1937.

Moltmann, Günter, Die deutsche Flotte von 1848/49 im historisch-politischen Kontext. In: Werner Rahn (Hrsg.), Deutsche Marinen im Wandel. Vom Symbol nationaler Einheit zum Instrument internationaler Sicherheit. München 2005, S. 63–80.

Mommsen, Wolfgang J., Geschichtsschreibung im Deutschen Kaiserreich. In: Arnold Esch / Jens Petersen (Hrsg.), Geschichte und Geschichtswissenschaft in der Kultur Italien und Deutschlands. Wissenschaftliches Kolloquium zum hundertjährigen Bestehen des Deutschen Historischen Instituts in Rom (24.–25. Mai 1988). Tübingen 1989, S. 70–107.

— 1848. Die ungewollte Revolution. Die revolutionären Bewegungen in Europa 1830–1849. Frankfurt [2]1998.

Monod, Gabriel, Georges Waitz. In: Revue historique 31/11 (1886), S. 382–390.

Muhlack, Ulrich, Zum Verhältnis von Klassischer Philologie und Geschichtswissen-

schaft im 19. Jahrhundert. In: HELLMUT FLASHAR (Hrsg.), Philologie und Hermeneutik im 19. Jahrhundert. Zur Geschichte und Methodologie der Geisteswissenschaften. Göttingen 1979, S. 225–239.
— Von der philologischen zur historischen Methode. In: CHRISTIAN MEIER / JÖRN RÜSEN (Hrsg.), Historische Methode. München 1988, S. 154–180.
— Geschichtswissenschaft im Humanismus und in der Aufklärung. Die Vorgeschichte des Historismus. München 1991.
— Johann Gustav Droysen. Das Recht der Geschichte. In: SABINE FREITAG (Hrsg.), Die Achtundvierziger. Lebensbilder aus der deutschen Revolution 1848/49. München 1998, S. 263–276.
— Universal History and National History. Eighteenth- and Nineteenth-Century German Historians and the Scholary Community. In: BENEDIKT STUCHTEY / PETER WENDE (Hrsg.), British and German Historiography 1750–1950. Traditions, Perceptions and Transfers. Oxford 2000, S. 25–48.
— Der »politische Professor« im Deutschland des 19. Jahrhunderts. In: ROLAND BURKHOLZ / CHRISTEL GÄRTNER / FERDINAND ZEHENTREITER (Hrsg.), Materialität des Geistes. Zur Sache Kultur – im Diskurs mit Ulrich Oevermann. Weilerswist 2001, S. 185–204.
— Einleitung. In: ULRICH MUHLACK (Hrsg.), Historisierung und gesellschaftlicher Wandel in Deutschland im 19. Jahrhundert. Berlin 2003, S. 7–17.
— Die Stellung von Georg Waitz in der deutschen Geschichtswissenschaft des 19. Jahrhunderts. In: BOHUMIL JIROUSEK / JOSEF BLÜML / DAGMAR BLÜMLOVA (Hrsg.), Jaroslav Goll a jeho žáci. Budweis 2005, S. 165–181.
MÜHLPFORDT, GÜNTER, Karl Hagen. Vom Historiker der radikalen Reformation zum Radikaldemokraten 1848. In: Jahrbuch des Instituts für deutsche Geschichte 9 (1980), S. 219–272.
— (damit identisch) Karl Hagen. Ein progressiver Historiker im Vormärz über die radikale Reformation. In: Jahrbuch für Geschichte 21 (1980), S. 63–101.
MÜLLER, FRANK LORENZ, Die Revolution von 1848/49. Darmstadt [3]2009.
MÜLLER, JOACHIM, Der Historiker Johann Heinrich Wuttke als Politiker. In: Karl-Marx-Universität Leipzig 1409–1959. Beiträge zur Universitätsgeschichte. Bd. 1. Leipzig 1959, S. 328–342.
— Das politische Wirken Heinrich Wuttkes. Diss. masch. Leipzig 1961.
MÜLLER, JÜRGEN, Deutscher Bund und deutsche Nation 1848–1866. Göttingen 2005.
MÜLLER-FRAUENSTEIN, GEORG, Wuttke, Johann Karl Heinrich. In: Allgemeine Deutsche Biographie. Bd. 44. Leipzig 1898. S. 569–572.
MÜNKLER, HERFRIED / HANS GRÜNBERGER, Nationale Identität im Diskurs der Deutschen Humanisten. In: HELMUT BERDING (Hrsg.), Nationales Bewußtsein und kollektive Identität. Frankfurt am Main 1994, S. 211–248.
NETZER, KATINKA, Wissenschaft aus nationaler Sehnsucht. Die Verhandlungen der Germanisten 1846 und 1847. Heidelberg 2006.
NIPPEL, WILFRIED, Johann Gustav Droysen. Ein Leben zwischen Wissenschaft und Politik. München 2008.
— Droysens »Hellenismus« – eine uneingelöste Ankündigung. In: WOLFGANG HARDTWIG / PHILIPP MÜLLER (Hrsg.), Die Vergangenheit der Weltgeschichte. Univeralhistorisches Denken in Berlin 1800–1933. Göttingen 2010, S. 75–88.
NIPPERDEY, THOMAS, Deutsche Geschichte 1800–1866. Bürgerwelt und starker Staat. München 1983.
OFFERMANN, TONI, Arbeiterbewegung und liberales Bürgertum in Deutschland 1850–1863. Bonn 1979.

PAYK, MARCUS M., Dahlmann, der Konflikt um Schleswig-Holstein und die »Konstitutionalisierung der Nation« in Deutschland 1815–1850. In: THOMAS BECKER / WILHELM BLEEK / TILMAN MAYER (Hrsg.), Friedrich Christoph Dahlmann – ein politischer Professor im 19. Jahrhundert. Göttingen 2012, S. 105–117.

PELZER, ERICH, Die Wiedergeburt Deutschlands 1813 und die Dämonisierung Napoleons. In: GERD KRUMEICH / HARTMUT LEHMANN (Hrsg.), »Gott mit uns«. Nation, Religion und Gewalt im 19. und 20. Jahrhundert. Göttingen 2000, S. 135–156.

PLANERT, UTE, Wann beginnt der »moderne« deutsche Nationalismus? Plädoyer für eine nationale Sattelzeit. In: JÖRG ECHTERNKAMP / SVEN OLIVER MÜLLER (Hrsg.), Die Politik der Nation. Deutscher Nationalismus in Krieg und Krisen 1760–1960. München 2002, S. 25–59.

PLETZING, CHRISTIAN, Vom Völkerfrühling zum nationalen Konflikt. Deutscher und polnischer Nationalismus in Ost- und Westpreußen 1830–1871. Wiesbaden 2003.

POHL, WALTER, Die Germanen. München 2000.

RACKWITZ, MARTIN, Dahlmanns größte Herausforderungen. Die Schleswig-Holstein-Frage und die Verfassungsfrage in der Deutschen Nationalversammlung 1848/49 im Spiegel der politischen Karikatur. In: WILHELM KNELANGEN / UTZ SCHLIESKY, Friedrich Christoph Dahlmann 1785–1860. Husum 2012, S. 71–100.

RAPP, ADOLF (Hrsg.), Großdeutsch – Kleindeutsch. Stimmen aus der Zeit 1815 bis 1914. München 1922.

RAPPORT, MIKE, 1848. Revolution in Europa. Aus dem Englischen übersetzt von Andrea Hahn. Stuttgart 2011.

REAL, WILLY, Geschichtliche Voraussetzungen und erste Phasen des politischen Professorentums. In: Darstellungen und Quellen zur Geschichte der deutschen Einheitsbewegung im neunzehnten und zwanzigsten Jahrhundert 9 (1974), S. 7–95.

REBENICH, STEFAN / HANS-ULRICH WIEMER (Hrsg.), Johann Gustav Droysen. Philosophie und Politik – Historie und Philologie. Frankfurt am Main 2012.

REITHER, DOMINIK, Rechtsgeschichte und Rechtsgeschichten. Die Forschung über Fehde, autonome Gewalt und Krieg in Deutschland im 19. Jahrhundert. Marburg 2009.

RENAN, ERNEST, Was ist eine Nation? Rede am 11. März 1882 an der Sorbonne. Mit einem Essay von Walter Euchner. Hamburg 1996.

RHODE, GOTTHOLD, »Vormärz« und »Völkerfrühling« in Ostmitteleuropa – Triebkräfte und Probleme. In: RAINER RIEMENSCHNEIDER (Hrsg.): Die deutsch-polnischen Beziehungen 1831–1848. Vormärz und Völkerfrühling. XI. deutsch-polnische Schulkonferenz der Historiker vom 16. bis 21. Mai 1978 in Deidesheim. Braunschweig 1979, S. 22–36.

RIBHEGGE, WILHELM, Das Parlament als Nation. Die Frankfurter Nationalversammlung 1848/49. Düsseldorf 1998.

RIES, KLAUS, Zwischen Wissenschaft, Staat und Politik. Heinrich Luden als politischer Professor der Universität Jena. In: HANS-WERNER HAHN / WERNER GREILING / KLAUS RIES (Hrsg.), Bürgertum in Thüringen. Lebenswelt und Lebenswege im frühen 19. Jahrhundert. Rudolstadt 2001, S. 27–51.

— (Hrsg.), Johann Gustav Droysen. Facetten eines Historikers. Stuttgart 2010.

— »Romantischer Nationalismus« – Anmerkungen zu einem vernachlässigten Idealtypus. In: KLAUS RIES (Hrsg.), Romantik und Revolution. Zum politischen Reformpotential einer unpolitischen Bewegung. Heidelberg 2012, S. 221–246.

RIIS, THOMAS, »Up ewig ungedeelt« – Ein Schlagwort und sein Hintergrund. In: THOMAS STAMM-KUHLMANN (Hrsg.), Geschichtsbilder. Festschrift für Michael Salewski zum 65. Geburtstag. Stuttgart 2003, S. 158–167.

RITTER, GERHARD, In: Großdeutsch und Kleindeutsch im 19. Jahrhundert [1950]. In:

Gerhard Ritter, Lebendige Vergangenheit. Beiträge zur historisch-politischen Selbstbesinnung. Zum 70. Geburtstage des Verfassers herausgegeben von Freunden und Schülern. München 1958, S. 101–125.

Rosenthal, David August, August Friedrich Gfrörer. In: David August Rosenthal, Convertitenbilder aus dem neunzehnten Jahrhundert. Bd. 1/2. Schaffhausen 1866, S. 807–831.

Rumpler, Helmut, Die Deformierung der Nationalidee zur Nationalstaatsgeschichte. Geschichtsschreibung und Nationalismus im 19. Jahrhundert. In: Hans Peter Hye / Brigitte Mazohl / Jan Paul Niederkorn (Hrsg.), Nationalgeschichte als Artefakt. Zum Paradigma »Nationalstaat« in den Historiographien Deutschlands, Italiens und Österreichs. Wien 2009, S. 23–42.

Rüsen, Jörn, Johann Gustav Droysen. In: Hans-Ulrich Wehler (Hrsg.), Deutsche Historiker. Bd. 2. Göttingen 1971, S. 7–23.

Sack, Hilmar, Der Krieg in den Köpfen. Die Erinnerung an den Dreißigjährigen Krieg in der deutschen Krisenerfahrung zwischen Julirevolution und deutschem Krieg. Berlin 2008.

Schäfer, Karl Heinz, Ernst Moritz Arndt als politischer Publizist. Studien zur Publizistik, Pressepolitik und kollektivem Bewußtsein im frühen 19. Jahrhundert. Bonn 1974.

Schelsky, Helmut, Einsamkeit und Freiheit. Idee und Gestalt der deutschen Universität und ihrer Reformen. Düsseldorf ²1971.

Schmidt, Georg, Friedrich Meineckes Kulturnation. Zum historischen Kontext nationaler Ideen in Weimar-Jena um 1800. In: Historische Zeitschrift 284 (2007), S. 597–621.

Schmidt, Siegfried, Robert Blum und die vormärzliche deutsche Polenfreundschaft in Mitteldeutschland. In: Zeitschrift für Geschichtswissenschaft 10 (1962), S. 1891–1902.

Schneider, Ute, Die Erfindung des Bösen: Der Welsche. In: Gerd Krumeich / Hartmut Lehmann (Hrsg.), »Gott mit uns«. Nation, Religion und Gewalt im 19. und 20. Jahrhundert. Göttingen 2000, S. 35–51.

Schönemann, Bernd, Die Rezeption des Westfälischen Friedens durch die deutsche Geschichtswissenschaft. In: Heinz Duchhardt (Hrsg.), Der Westfälische Friede. Diplomatie, politische Zäsur, kulturelles Umfeld, Rezeptionsgeschichte. München 1998, S. 805–826.

Schulze, Hagen, Gibt es überhaupt eine deutsche Geschichte? Stuttgart 1998.

Schulze, Winfried, Die Entstehung des nationalen Vorurteils. Zur Kultur der Wahrnehmung fremder Nationen in der europäischen Frühen Neuzeit. In: Wolfgang Schmale (Hrsg.), Menschen und Grenzen in der Frühen Neuzeit. Berlin 1998, S. 23–49.

Searle, John R., Die Konstruktion der gesellschaftlichen Wirklichkeit. Zur Ontologie sozialer Tatsachen. Frankfurt am Main 2011.

Seton-Watson, Hugh, Nations and States. An Enquiry into the Origins of Nations and the Politics of Nationalism. London 1977.

Sieburg, Heinz-Otto, Die Erbfeindlegende. Historische Grundlagen der deutsch-französischen Beziehungen. In: Gustav Adolf Lehmann / Ruth Stiehl (Hrsg.), Antike und Universalgeschichte. Festschrift für Hans Erich Stier zum 70. Geburtstag am 25. Mai 1972. Münster 1972, S. 323–345.

Siemann, Wolfram, Die deutsche Revolution von 1848/49. Frankfurt am Main 1985.

— Die deutsche Revolution von 1848/49. Einheit der Nation und Zwietracht der Na-

tionalitäten. In: Wolfram Siemann, 1848/49 in Deutschland und Europa. Ereignis – Bewältigung – Erinnerung. Paderborn 2006, S. 101– 113.
— Revolution und Kommunikation. In: Wolfram Siemann, 1848/49 in Deutschland und Europa. Ereignis – Bewältigung – Erinnerung. Paderborn 2006, S. 115–129.
Smith, Anthony D., Chosen Peoples. Sacred Sources of National Identity. Oxford 2003.
Springer, Anton, Friedrich Christoph Dahlmann. 2 Bde. Leipzig 1870/72.
— Dahlmann, Friedrich Christoph. In: Allgemeine Deutsche Biographie. Bd. 4. Leipzig 1876, S. 693–699.
Srbik, Heinrich Ritter von, Geist und Geschichte vom deutschen Humanismus bis zur Gegenwart. 2 Bde. Salzburg 1950/51.
Stanzel, Franz K., Europäer. Ein imagologisches Essay. Heidelberg 1997.
Stauber, Reinhard, Art. »Nation, Nationalismus«. In: Enzyklopädie der Neuzeit. Bd. 8. Stuttgart 2008, Sp. 1056–1082.
Steindorff, Ernst, Bibliographische Uebersicht über Georg Waitz' Werke, Abhandlungen, Ausgaben, kleine kritische und publicistische Arbeiten. Göttingen 1886.
Steinhäuser, Martin, Schleswig-Holstein und die Wahlen zur Deutschen Nationalversammlung 1848. In: Fritz Hähnsen u.a. (Hrsg.), Aus Schleswig-Holsteins Geschichte und Gegenwart. Eine Aufsatzsammlung als Festschrift für Volquart Pauls. Neumünster 1950, S. 195–220.
Stern, Alfred, Geschichte Europas von 1848 bis 1871. Bd. 1. Stuttgart 1916.
Stoll, Christoph, Einführung. In: Franz Wigard (Hrsg.), Stenographischer Bericht über die Verhandlungen der deutschen constituirenden Nationalversammlung zu Frankfurt am Main. 9 Bde. Frankfurt am Main 1848/49. Vollständige Ausgabe in IX Bänden, neu vorgelegt und mit einer Einführung versehen von Christoph Stoll. Bd. 1. München 1979, S. V–XXVII.
Stollberg-Rilinger, Barbara, Das Heilige Römische Reich Deutscher Nation. Vom Ende des Mittelalters bis 1806. München [3]2007.
Stolz, Gerd, Die schleswig-holsteinische Erhebung. Die nationale Auseinandersetzung in und um Schleswig-Holstein von 1848/51. Mit einem Beitrag von Inge Adriansen. Husum 1996.
Strobel, Georg W., Die liberale deutsche Polenfreundschaft und die Erneuerungsbewegung Deutschlands. In: Peter Ehlen (Hrsg.), Der polnische Freiheitskampf 1830/31 und die liberale deutsche Polenfreundschaft. München 1982, S. 31–47.
Suter, Andreas, Der Nationalstaat und die »Tradition von Erfindung« – Die Schweiz, Frankreich und Deutschland im Vergleich. In: Ulrike von Hirschhausen / Jörn Leonhard (Hrsg.), Nationalismen in Europa. West- und Osteuropa im Vergleich. Göttingen 2001, S. 68–95.
Sybel, Heinrich von, Georg Waitz. In: Historische Zeitschrift 20 (1886), S. 482–487.
Thamer, Hans-Ulrich, Das Heilige Römische Reich als politisches Argument im 19. und 20. Jahrhundert. In: Heinz Schilling / Werner Heun / Jutta Götzmann (Hrsg.), Heiliges Römisches Reich Deutscher Nation 962 bis 1806. Altes Reich und neue Staaten 1495 bis 1806. Bd. 2, Essays. Dresden 2006, S. 383–395.
Tkaczynski, Jan Wiktor, Der »Drang nach Osten«. Mythos und Realität eines Schlagwortes. In: Zeitschrift für Geschichtswissenschaft 45 (1997), S. 5–20.
Todte, Mario, Studien zum Geschichtswerk von Heinrich Wuttke (1818–1876), München 2010.
Valentin, Veit, Frankfurt am Main und die Revolution von 1848/49. Stuttgart 1908.
— Geschichte der deutschen Revolution 1848–1849. 2 Bde. Berlin 1930/31.
Vammen, Hans, Die Casino-»Revolution« in Kopenhagen 1848. In: Zeitschrift der Gesellschaft für Schleswig-Holsteinische Geschichte 123 (1998), S. 57–90.

VIERHAUS, RUDOLF, Der politische Gelehrte im 19. Jahrhundert. In: CHRISTIAN JANSEN / LUTZ NIETHAMMER / BERND WEISBROD (Hrsg.), Von der Aufgabe der Freiheit. Politische Verantwortung und bürgerliche Gesellschaft im 19. und 20. Jahrhundert. Festschrift für Hans Mommsen zum 5. November 1995. Berlin 1995, S. 17–28.

VIGENER, MARIE, »Ein wichtiger kulturpolitischer Faktor«. Das Deutsche Archäologische Institut zwischen Wissenschaft, Politik und Öffentlichkeit 1918–1954. Rahden 2013.

VÖLKEL, MARKUS, Geschichtsschreibung. Eine Einführung in globaler Perspektive. Köln 2006.

WAITZ, EBERHARD, Georg Waitz. Ein Lebens- und Charakterbild zu seinem hundertjährigen Geburtstag 9. Oktober 1913. Berlin 1913.

WANDRUSZKA, ADAM, Großdeutsche und kleindeutsche Ideologie 1840–1871. In: ROBERT KANN / FRIEDRICH PRINZ (Hrsg.), Deutschland und Österreich. Ein bilaterales Geschichtsbuch. Wien 1980.

WATTENBACH, WILHELM, Gedächtnisrede auf Georg Waitz. In: Abhandlungen der königlichen Akademie der Wissenschaften zu Berlin aus dem Jahre 1886. Berlin 1887, S. 1–12..

WEBER, MAX, Wissenschaft als Beruf [1917]. Mit einem Nachwort von Friedrich Tenbruck. Stuttgart 1995.

— Soziologische Grundbegriffe. Tübingen [6]1984.

— Wirtschaft und Gesellschaft. Grundriß der verstehenden Soziologie. Tübingen [5]2002.

WEBER, ROLF, Die Revolution in Sachsen 1848/49. Entwicklung und Analyse ihrer Triebkräfte. Berlin [Ost] 1970.

WEBER, WOLFGANG, Priester der Klio. Historisch-sozialwissenschaftliche Studien zur Herkunft und Karriere deutscher Historiker und zur Geschichte der Geschichtswissenschaft 1800–1970. Frankfurt am Main 1984.

— Geschichte und Nation. Das ›nationale Princip‹ als Determinante der deutschen Historiographie 1840–1880. In: DANIEL FULDA / SILVIA SERENA TSCHOPP (Hrsg.), Literatur und Geschichte. Ein Kompendium zu ihrem Verhältnis von der Aufklärung bis zur Gegenwart. Berlin 2002, S. 343–365.

WEHLER, HANS-ULRICH, Deutsche Gesellschaftsgeschichte. Bd. 1, Vom Feudalismus des Alten Reiches bis zur Defensiven Modernisierung der Reformära 1700–1815. München 1987. Bd. 2, Von der Reformära bis zur industriellen und politischen »Deutschen Doppelrevolution« 1815–1848/49. München 1987. Bd. 3, Von der »Deutschen Doppelrevolution« bis zum Beginn des Ersten Weltkrieges 1848–1914. München 1995.

— Nationalismus und Nation in der deutschen Geschichte. In: HELMUT BERDING (Hrsg.), Nationales Bewußtseins und kollektive Identität. Frankfurt am Main 1994, S. 163–175.

— Nationalismus. Geschichte, Formen, Folgen. München [3]2007.

WEICHLEIN, SIEGFRIED, Nationalbewegungen und Nationalismus in Europa. Darmstadt [2]2012.

WEIDNER, TOBIAS, Die unpolitische Profession. Deutsche Mediziner im langen 19. Jahrhundert. Frankfurt am Main 2012.

WEILAND, LUDWIG, Georg Waitz. In: Abhandlungen der Königlichen Gesellschaft der Wissenschaften in Göttingen 33 (1886), S. 3–16.

WENDE, PETER, Arnold Ruge: Kavalleriegeneral der Hegelei. In: SABINE FREITAG (Hrsg.), Die Achtundvierziger. Lebensbilder aus der deutschen Revolution 1848/49. München 1998, S. 23–32.

— Der politische Professor. In: Ulrich Muhlack (Hrsg.), Historisierung und gesellschaftlicher Wandel in Deutschland im 19. Jahrhundert. Berlin 2003, S. 21–29.

Werner, Eva Maria, Die Märzministerien. Regierungen der Revolution von 1848/49 in den Staaten des Deutschen Bundes. Göttingen 2009.

Werner, Karl Friedrich, Die Legende von der deutsch-französischen Erbfeindschaft. In: Wilfried Pabst (Hrsg.), Das Jahrhundert der deutsch-französischen Konfrontation. Ein Quellen- und Arbeitsbuch zur deutsch-französischen Geschichte von 1866 bis heute. Hannover 1983, S. 27–31.

Wettengel, Michael, Die Revolution von 1848/49 im Rhein-Main-Raum. Politische Vereine und Revolutionsalltag im Großherzogtum Hessen, Herzogtum Nassau und in der Freien Stadt Frankfurt. Wiesbaden 1989.

Wiemer, Hans-Ulrich, Quellenkritik, historische Geographie und immanente Teleologie in Johann Gustav Droysens ›Geschichte Alexanders des Großen‹. In: Stefan Rebenich / Hans-Ulrich Wiemer, Johann Gustav Droysen. Philosophie und Politik – Historie und Philologie. Frankfurt am Main 2012, S. 95–157.

Winkler, Heinrich A., Einleitung. Der Nationalismus und seine Funktionen. In: Heinrich A. Winkler, (Hrsg.), Nationalismus. Königstein 1978, S. 5–46.

Winterstein, Ulrike, Die Schillerfeiern und der Schillerverein Leipzig. In: »Für Freiheit und Fortschritt gab ich alles hin.« Robert Blum (1807–1848). Visionär. Demokrat. Revolutionär. Herausgegeben von Bundesarchiv. Berlin 2006, S. 34–39.

Wippermann, Wolfgang, Der ›deutsche Drang nach Osten‹. Ideologie und Wirklichkeit eines politischen Schlagwortes. Darmstadt 1981.

Wittkau, Annette, Historismus. Zur Geschichte des Begriffs und des Problems. Göttingen 1992.

Wiwjorra, Ingo, Germanenmythos und Vorgeschichtsforschung im 19. Jahrhundert. In: Michael Geyer / Hartmut Lehmann (Hrsg.), Religion und Nation. Nation und Religion. Beiträge zu einer unbewältigten Geschichte. Göttingen 2004, S. 367–385.

Wolfrum, Edgar, Geschichte als Waffe. Vom Kaiserreich bis zur Wiedervereinigung. Göttingen 2001.

Wolgast, Eike, Karl Hagen in der Revolution von 1848/49. Ein Heidelberger Historiker als radikaler Demokrat und politischer Erzieher. In: Zeitschrift für die Geschichte des Oberrheins 133 (1985), S. 279–299.

Wölky, Guido, Roscher, Waitz, Bluntschli und Treitschke als Politikwissenschaftler. Spätblüte und Untergang eines klassischen Universitätsfaches in der zweiten Hälfte des 19. Jahrhunderts. Bochum 2006.

Wollstein, Günter, Das »Großdeutschland« in der Paulskirche. Nationale Ziele in der bürgerlichen Revolution 1848/49. Düsseldorf 1977.

— Mitteleuropa und Großdeutschland. Visionen der Revolution 1848/49. Nationale Ziele in der deutschen Revolution. In: Dieter Langewiesche (Hrsg.), Die deutsche Revolution von 1848/49. Darmstadt 1983, S. 237–257.

— Die Oktoberdebatte der Paulskirche: Das Votum für Deutschland mit Österreich. In: Rudolf Jaworski / Robert Luft (Hrsg.), 1848/49. Revolutionen in Ostmitteleuropa. München 1996, S. 279–302.

Wülfing, Wulf, »Heiland« und »Höllensohn«. Zum Napoleon-Mythos im Deutschland des 19. Jahrhunderts. In: Helmut Berding (Hrsg.), Mythos und Nation. Frankfurt am Main 1996, S. 164–184.

Zepf, Robert, Karl Hagen. In: Frank Engehausen / Armin Kohnle (Hrsg.), Gelehrte in der Revolution. Heidelberger Abgeordnete in der deutschen Nationalversammlung 1848/49. Heidelberg 1998, S. 155–182.

Zerback, Ralf, Robert Blum. Eine Biografie. Leipzig 2007.

## 8.3 Abbildungsverzeichnis

Abb. 1 (Friedrich Christoph Dahlmann):
Zeichnung von Philipp Winterwerb. In: Album der deutschen Nationalversammlung. Frankfurt am Main 1848.

Abb. 2 (August Friedrich Gfrörer):
Detail aus: Die deutsche Nationalversammlung in der Paulskirche 1848. Lithographie von Eduard Meyer nach einer Zeichnung von Paul Bürde.

Abb. 3 (Johann Gustav Droysen):
http://fr.wikipedia.org/wiki/Johann_Gustav_Droysen
*Abrufdatum: 14. Juni 2013*

Abb. 4 (Karl Hagen):
Lithografie von Frank Hickmann nach Biows Lichtbild. In: Die Männer des deutschen Volkes. Frankfurt am Main 1848.

Abb. 5 (Georg Waitz):
www.histosem.uni-kiel.de/Historiker/Waitz.html
*Abrufdatum: 5. Oktober 2011*

Abb. 6 (Heinrich Wuttke):
http://de.wikipedia.org/wiki/Heinrich_Wuttke
*Abrufdatum: 14. Juni 2013*

# 9. DANK

Bei der vorliegenden Arbeit handelt es sich um meine im Juli 2013 an der Westfälischen Wilhelms-Universität Münster eingereichte Masterarbeit, die für die Drucklegung leicht überarbeitet und um Kapitel 6.3.1 ergänzt wurde. Die Arbeit entspringt einem schon länger bestehenden Interesse an der Revolution von 1848/49. Im Laufe meines Studiums bin ich mit diesem Thema immer wieder in Berührung gekommen. Dabei hatte ich das Glück, zahlreiche Anregungen von Dozenten und Kommilitonen zu erhalten, die ich hier leider nicht alle einzeln erwähnen kann. Herausheben möchte ich aber Prof. Dr. Christian Jansen, der die Arbeit betreut und mit großem Interesse begleitet hat, dabei immer mit wertvollen Ideen und Hinweisen aufwarten konnte und auch in vielerlei Hinsicht ein toller Chef war. Ein herzlicher Dank geht auch an Prof. Dr. Thomas Großbölting, der nicht nur freundlicherweise das Zweitgutachten übernommen hat, sondern auch stets ein kundiger Ansprechpartner war und mich durch die Schaffung einer beruflichen Perspektive in die Lage versetzt hat, den mit jeder Abschlussarbeit verbundenen Druck etwas gelassener zu nehmen.

Ganz besonderer Dank gilt Jan Hendrik Issinger und Julius Noack. Sie beide haben nicht nur durch unzählige kritische Kommentare und (wenn es nötig war) entschiedenen Widerspruch, durch fundierte Ratschläge und akribische Korrekturen die Arbeit verbessert, sondern auch als Freunde außerhalb des Elfenbeinturms wesentlichen Anteil, dass die Arbeit überhaupt geschrieben werden konnte. Ein herzlicher Dank geht auch an Sven Solterbeck, der mit seinem großen Wissen, aber auch als ebenso großer Freund viel dazu beigetragen hat, dass die Arbeit so vorliegt, wie sie vorliegt. Nicht minder verbunden bin ich Lukas Grawe, der das gesamte Manuskript zuverlässig und kritisch durchgesehen und auch zuvor immer wieder mit Rat und Tat zu Seite gestanden hat – einen besseren Büronachbarn kann man sich nicht wünschen. Dankbar bin auch dem Waxmann Verlag, allen voran Frau Dr. Heckel, für die Aufnahme meiner Arbeit in das Verlagsprogramm und die unkomplizierte Betreuung des Projektes.

Besonders am Herzen liegt es mir, Verena zu danken, die mit unglaublicher Geduld, großem Interesse und liebenswürdiger Güte alle mit der Arbeit verbundenen Unannehmlichkeiten ertragen hat und mir stets eine große Unterstützung war. Der größte Dank aber gebührt meinen Eltern. Ohne sie wäre dieses Buch niemals zustande gekommen, ihre Unterstützung ist nicht in Worte zu fassen. Ihnen ist dieses Buch gewidmet.

Münster, im Sommer 2014

# 10. ANHANG

## *10.1 Ordentliche Professuren an Universitäten im Gebiet des Deutschen Bundes (Stand 1848)*

| Universität | Alte Geschichte | Mittlere / Neuere Geschichte | Gesamt |
|---|---|---|---|
| Berlin | | 3 | 3 |
| Bonn | | 3 | 3 |
| Breslau | | 2 | 2 |
| Erlangen | 1 | | 1 |
| Freiburg | | 1 | 1 |
| Gießen | | 1 | 1 |
| Göttingen | | 2 | 2 |
| Greifswald | 1 | | 1 |
| Halle | | 1 | 1 |
| Heidelberg | | 2 | 2 |
| Jena | | 1 | 1 |
| Kiel | 1 | 1 | 2 |
| Königsberg | 1 | 2 | 3 |
| Leipzig | | 2 | 2 |
| Marburg | | 1 | 1 |
| München | | 1 | 1 |
| Rostock | | 1 | 1 |
| Tübingen | | 2 | 2 |
| | | | |
| **Gesamt** | 4 | 26 | 30 |
| | | | |
| **In der FNV** | 1 | 11 | 12 |
| Prozentualer Anteil der Geschichtsordinariate in der FNV | 25 % | 42,3 % | 40 % |

Hinweis: Der erste Lehrstuhl für Geschichte an der Universität Wien wurde 1849 eingerichtet. (Quelle: WEBER, Priester, 1984, S. 533–577)

## 10.2 Übersicht über die Geschichtsprofessoren in der Frankfurter Nationalversammlung

1. *Arndt, Ernst Moritz* (1769–1860), ordentlicher Professor der Geschichte, Bonn; FNV: 18. Mai 1848 bis 20. Mai 1849 (28. Provinz Rheinland, Solingen); fraktionslos, stimmte mit rechtem Zentrum; für Friedrich Wilhelm IV.
2. *Dahlmann, Friedrich Christoph* (1785–1860), ordentlicher Professor der Deutsche Geschichte und Staatswissenschaften, Bonn; FNV: 18. Mai 1848 bis 20. Mai 1849 (6. Holstein, Segeberg); Casino; für Friedrich Wilhelm IV.
3. *Droysen, Johann Gustav* (1808–1884), ordentlicher Professor der Alten Geschichte, Kiel; FNV: 18. Mai 1848 bis 20. Mai 1849 (5. Holstein, Oldenburg), Casino; für Friedrich Wilhelm IV.
4. *Duncker, Maximilian* (1811–1886), außerordentlicher Professor der Geschichte, Halle; FNV: 18. Mai 1848 bis 20. Mai 1849 (11. Provinz Sachsen, Halle); Casino; für Friedrich Wilhelm IV.
5. *Fallati, Johannes Baptista* (1809–1855), ordentlicher Professor der Neueren Geschichte und Statistik, Tübingen; FNV: 20. Mai 1848 bis 24. Mai 1849 (5. Schwarzwaldkreis, Nagold), Württemberger Hof, Augsburger Hof; für Friedrich Wilhelm IV.
6. *Fallmerayer, Jacob Philipp* (1790–1861), ordentlicher Professor der Geschichte, München; FNV: 18. Mai 1848 bis 18. Juni 1849 (2. Oberbayern, München II); Württemberger Hof, Märzverein; gegen Friedrich Wilhelm IV.
7. *Gervinus, Georg Gottfried* (1805–1871), Honorarprofessor der Geschichte und Literatur, Heidelberg; FNV: 18. Mai 1848 bis 31. Juli 1848 (4. Sachsen, Wanzleben), Casino
8. *Gfrörer, August Friedrich* (1803–1861), ordentlicher Professor der Geschichte, Freiburg i. Br.; FNV: 20. Mai 1848 bis 30. Mai 1849 (6. Donaukreis, Ehingen), fraktionslos, stimmte meist mit rechtem Zentrum; gegen Friedrich Wilhelm IV.
9. *Hagen, Karl Heinrich Wilhelm* (1810–1868), außerordentlicher Professor der Geschichte, Heidelberg; FNV: 27. Juni 1848 bis 18. Juni 1849 (17. Baden, Heidelberg); Deutscher Hof, Donnersberg, Märzverein; gegen Friedrich Wilhelm IV.
10. *Kutzen, Joseph August* (1800–1877), ordentlicher Professor der Geschichte und Geographie, Breslau; FNV: 27. Juni 1848 bis 12. Mai 1849 (25. Provinz Schlesien, Frankenstein), Café Milani; für Friedrich Wilhelm IV.
11. *Raumer, Friedrich Ludwig Georg* (1781–1873), ordentlicher Professor der Staatswissenschaften und der Geschichte, Berlin; FNV: 25. Mai 1848 bis 10. Mai 1849 (4. Provinz Brandenburg, Berlin); Casino, für Friedrich Wilhelm IV.
12. *Schmidt, Wilhelm Adolph* (1812–1887), außerordentlicher Professor der Geschichte, Berlin; FNV: 1. Juni 1848 bis 29. Mai 1849 (1. Provinz Brandenburg, Berlin Altkölln); Württemberger Hof; für Friedrich Wilhelm IV.

13. *Schubert, Friedrich Wilhelm* (1799–1868), ordentlicher Professor der Mittleren und Neueren Geschichte, Königsberg; FNV: 18. Mai 1848 bis 20. Mai 1849 (9. Provinz Preußen, Ortelsburg); Casino; für Friedrich Wilhelm IV.
14. *Stenzel, Gustav Adolf Harald* (1792–1854), ordentlicher Professor der Geschichte, Geographie und Statistik, Breslau; FNV: 18. Mai 1848 bis 20. Mai 1849 (22. Schlesien, Neumarkt); Württemberger Hof; für Friedrich Wilhelm IV.
15. *Waitz, Georg* (1813–1886), ordentlicher Professor der Geschichte, Göttingen; FNV: 18. Mai 1848 bis 20. Mai 1849 (4. Holstein, Bordesholm); Casino; für Friedrich Wilhelm IV.
16. *Wuttke, Johann Carl Heinrich* (1818–1876), ordentlicher Professor der Historischen Hilfswissenschaften, Leipzig; FNV: 23. November 1848 bis 30. Mai 1849 (6. Sachsen, Leipzig); Württemberger Hof; gegen Friedrich Wilhelm IV.

(Quelle: Best/Weege, Handbuch, 1996)